2019
中国 500 强企业发展报告

中国企业联合会
中国企业家协会　编

图书在版编目（CIP）数据

2019 中国 500 强企业发展报告/中国企业联合会，中国企业家协会编. -- 北京：企业管理出版社，2019.8

ISBN 978 - 7 - 5164 - 2003 - 4

Ⅰ.①2… Ⅱ.①中… ②中… Ⅲ.①企业发展 - 研究报告 - 中国 - 2019 Ⅳ.①F279.2

中国版本图书馆 CIP 数据核字（2019）第 174947 号

书　　名：	2019 中国 500 强企业发展报告
作　　者：	中国企业联合会　中国企业家协会
责任编辑：	韩天放　田　天
书　　号：	ISBN 978 - 7 - 5164 - 2003 - 4
出版发行：	企业管理出版社
地　　址：	北京市海淀区紫竹院南路 17 号　　邮编：100048
网　　址：	http：//www.emph.cn
电　　话：	编辑部（010）68701638　发行部（010）68701816
电子信箱：	qyglcbs@emph.cn
印　　刷：	北京联兴盛业印刷股份有限公司
经　　销：	新华书店
规　　格：	210 毫米×285 毫米　16 开　36.25 印张　873 千字
版　　次：	2019 年 8 月第 1 版　2019 年 8 月第 1 次印刷
定　　价：	300.00 元

版权所有　翻印必究·印装有误　负责调换

2019 中国 500 强企业发展报告

主　编：王忠禹

副主编：朱宏任　王基铭　李建明

深入推进管理创新　加快企业高质量发展

中国企业联合会、中国企业家协会会长　王忠禹

2018年以来，我国发展面临多年以来少有的国内外复杂严峻形势。广大企业以习近平新时代中国特色社会主义思想为指导，深入贯彻落实党的十九大和十九届二中、三中全会精神，迎难而上，扎实工作，企业管理创新取得了新成绩，为保持我国经济持续健康发展做出了重要贡献。2018年年底召开的中央经济工作会议和刚刚闭幕的全国"两会"对2019年经济工作做出了全面部署，对企业改革发展提出了新要求，我们要认真贯彻落实。这次大会的主题是"深入推进管理创新，加快企业高质量发展"。围绕会议主题，我谈三点意见，供大家参考。

一、管理是企业发展的永恒主题

世界发展的历史经验表明，科技和管理是推动经济发展和社会进步的"两个轮子"，两者相互作用、缺一不可。没有国际一流的管理水平，就不可能造就世界一流产业和企业。一项管理突破要比技术和产品创新更能创造持久的竞争优势，不但能够为单一企业带来强大的竞争优势，使行业的竞争格局发生翻天覆地的变化，还能推动产业乃至国家竞争力提升。欧、美、日等发达国家的竞争力，很大一部分来源于拥有一批技术领先、管理先进的优势企业。第一次工业革命时期，以亚当·斯密的劳动分工理论为代表的古典管理适应了机器化大生产对生产组织方式和操作人员的新要求，显著提高了工厂生产效率，使英国率先崛起。第二次工业革命时期，美国面对经济萧条、激烈竞争的压力，美国工商界把注意力转移到管理创新，兴起了长达40多年的"管理运动"。科学管理、行为科学、公司制、系统工程、运筹学、流水线生产方式、事业部制等现代管理的诞生，极大地提高了企业管理效率，涌现出了一批改变世界的大企业，大大加快了美国超越英国成为世界第一强国的进程。"二战"后，日本的生产效率只有美国的1/8，因而被认为至少要50年才能重建。在这样的危机感和急迫感中，日本采取了"引进技术与引进管理并重"的方针，创造了丰田精益生产方式和日本式管理，到20世纪70年代末期便成为排名世界第二的发达国家。

改革开放以来，我们一方面引进先进技术，另一方面也十分重视学习借鉴国外先进企业的管理经验。中国企业联合会的前身中国企业管理协会是在1979年成立的，主要任务就是推动我国企业管理进步。今天我们发布的全国企业管理现代化创新成果也是从1990年开始组织审定的，一直持续到现在，总结推广了邯钢"模拟市场核算，实行成本否决"、海尔"人单合一管理"、中广核"核电纵深安全管理"等一大批管理创新典型，对促进我国企业管理现代化起到了重要作用。

与此同时，我们也要清醒地看到，长期以来，由于市场驱动和体制转换的要求，许多企业比较重视规模扩张和技术进步，对依靠管理进步提高企业核心竞争力重视不够。加之管理效益也需要通过技术、产品、服务等体现出来，管理水平的提升一般需要长时间积累，不像技术引进和装备改造那样能够短期见效。这使得人们常常认为管理工作可以拖一拖、缓一缓，对加强管理的急迫性、重要性认识不深刻，忽视、轻视管理的现象还普遍存在。企业只有科技和管理两手抓，通过科技创新提升企业硬实力，通过管理创新提升企业软实力，才能打造具有全球竞争力的世界一流企业。

二、着力解决企业管理的薄弱环节

经过40多年的摸索、学习和创新，我国企业的管理水平大幅提升，与世界先进企业的差距日益缩小，涌现出了一大批具有世界影响力的企业和企业管理经验。当前，我国经济发展步入了高质量发展的新阶段，以数字化、网络化、智能化为主要特征的新工业革命迅猛发展，企业面临的宏观环境、国际形势、市场需求、技术条件等都发生了重要变化，与此相对应的是企业的管理还存在许多薄弱环节，需要着力解决。

一是管控能力有待进一步加强。管控能力是衡量企业集团管理水平的重要指标。十八大以来，我国加大了国资国企的结构调整和资源整合力度，通过行政划拨、合并、兼并、重组等多种方式组建了许多特大型企业集团。民营企业的并购投资和兼并重组也十分活跃，形成了许多跨行业、跨区域、多层级、多业务经营的大型企业集团。但这些集团的管控能力却并没有同步提升，集而不团、管而不控的现象仍然存在。一方面表现在合并后的重组整合力度不够，使管理层级多、链条长、内耗严重，协同效应没有充分发挥；另一方面表现在总部和下属公司之间的功能定位不清，权力边界模糊，职能交叉。集团总部或者越俎代庖，控制过度，使下属企业面临多头指挥，缺乏活力；或者出现管控真空，下属企业自行其是，导致许多潜在风险没有及时发现和处理，影响企业的健康运行。

二是管理流程有待进一步理顺。组织与流程是企业管理的基础，决定了企业管理的效率。早在20世纪90年代，针对传统职能化、科层制管理的弊端，美国便兴起了业务流程再造的管理变革热潮。中国一些领先企业，包括海尔、华为等也在20世纪90年代启动了这样的变革，有效支撑了企业的持续成长。然而总体来看，我国企业的组织与流程仍然停留在传统管理阶段，即使投入大量资金购置了许多先进管理软件，企业管理能力仍然没有得到根本改变，机构臃肿、推诿扯皮、沟通不畅、流程冗长、内耗严重的现象还普遍存在。

三是管理信息有待进一步通畅。信息化是企业改善管理、适应市场和技术发展变化的重要举措。经过长期的努力，许多企业的信息化水平得到了显著提升，信息收集处理的能力不断提高。但企业内部"信息孤岛"还广泛存在，企业管理信息分散，流通不畅，导致管理的准确性、有效性和时效性大大降低。在当前大数据应用的时代，企业要高度重视信息资源的管理与应用，用大数据、云计算、边缘计算、人工智能等新技术实现企业各类数据信息的高度集成、互联互通和共享共用，探索依靠数据来决策、来管理的新方式。比如制造业企业的研发、采购、物流、生产、库存、销售等环节会产生大量的数据信息，包括工序节拍信息、产品质量信息、物料流动信息、发货和收货信息、客户需求信息等。通过这些数据信息的集成和分析处理，能够消除生产浪费、等待时间浪费、工序浪费、库存浪费、运输浪费、产品缺陷浪费，有效降低生产成本，提高生产效率和产品质量。

四是管理基础有待进一步夯实。"基础不牢，地动山摇"。基础管理是企业管理的根基，必须日复一日、年复一年地坚持做好。当前，一些企业误认为生产经营已经自动化、智能化了，因此基础管理工作便不再那么重要了。这种认识是错误的。虽然自动化装备、工业机器人能够根据指令自动完成任务，但是它们仍然需要输入程序。编程的工作便是基础性工作，编程的水平就是基础管理的水平。近年来频发的企业安全生产事故、产品质量事故等，无一例外都是企业基础管理松懈导致的。

三、推进企业管理创新工作的着力点

以新一代信息技术为代表的新一轮科技革命和产业变革，正在全方位改变经济形态和生产生活方式，推动人类社会从工业化时代迈入数字经济时代。新时代呼唤新管理。我们要从理念到思维、从组织到流程、从方式到手段、从领导到员工都要进行变革创新。当前，要着力在以下四个方面下功夫。

一是要在"全面"上下功夫。"全面"就是要综合系统地加强管理。改革开放以来，我们学习借鉴西方已经成熟的管理理论和管理经验，企业管理水平显著提升。过去十多年，我们抓住了消费互联网的发展机遇，诞生了以阿里、腾讯、百度、小米、京东等为代表的一大批互联网企业，同时也引领了互联网企业管理的潮流。今天，随着移动互联网、云计算、大数据、人工智能等新技术快速向产业领域渗透，传统企业将面临一次凤凰涅槃般的升级换代，诞生于工业革命的传统管理已经不能适应发展要求，需要对企业管理进行一次综合系统全面的改造，重新认识企业中人与物的关系、物与物的关系、技术与管理的关系、企业与客户的关系、企业与员工的关系、领导与员工的关系，着力构建适应数字经济发展的新管理模式。只有这样，才能引领时代发展潮流。

二是要在"适应"上下功夫。管理是企业主动适应内外部环境变化、优化配置资源的过程。当前，企业管理至少要适应三个方面的变化：一个是适应宏观经济从高速增长阶段转向高质量发展的新变化。这是中国企业未来发展的大背景，企业要围绕这条主线开展管理创新，提升发展质量，否则就有可能被淘汰。第二个是要主动拥抱数字经济、新工业革命，要将增长从主要依靠物质资源转变为主要依靠数据、信息和知识，使数据资源真正成为企业发展壮大的基础性、内生性要素。第三个是要主动适应新生代员工的特点。当前，80后、90后已经成为企业员工主体。他们普遍知识水平高，生活条件较好，且从小生活在互联网环境中。许多企业中大学毕业生当工人、当操作人员已经很普遍。这就对企业领导提出了新要求。领导的观念和思想如何跟上时代变化，如何领导和管理这些员工，如何激发他们的积极性和创造性，成为当前企业领导面临的重要挑战。

三是要在"精准"上下功夫。效率与质量是企业管理永远追求的目标。泰勒的科学管理使生产现场的管理效率实现了数倍提升。丰田借助自动化技术创造的精益生产方式创造了日本汽车产业新的竞争优势。中国企业也通过学习精益管理显著提升了管理水平。中车从2008年开始导入精益生产思想，从工位制节拍化生产开始，到精益产线、精益车间改造，再到精益管理体系建设，一步一个台阶，一步一个脚印，夯实了企业管理基础，有效支撑了高铁的跨越式创新发展。今天，精益管理走到了数字化、智能化的新阶段，越来越多的企业开始将新一代信息技术与精益管理思想结合，探索基于大数据分析的精准管理，使管理的颗粒度、准确性、时效性、前瞻性有了显著提升。

四是要在"提升"上下功夫。创新无止境。丰田汽车花了近35年的时间才使精益生产方式获得成功。海尔创业30多年来，管理创新的脚步从未停止。从创业之初的"管理13条"整顿生产经营秩序，到20世纪80年代当众砸毁76台"问题冰箱"，开展全面质量管理；从20世纪90年代初发明OEC管理法，到90年代末期独创"市场链"经营，开展业务流程再造；从2005年开始的人单合一管理，到2013年进行的"用户个性化、企业平台化、员工创客化"转型。正是这种"咬定青山不放松"的持续创新精神，使海尔从最原始的经验管理一步步走到了世界管理前沿。中广核集团在大亚湾核电站建设时，"一砖一瓦"全套引进法国的技术和管理经验。经过30多年的持续创新，他们实现了后来居上，核电机组走进了欧洲，研发设计和运营管理能力进入世界前列。时代在发展，市场在变化，尤其在全球化、网络化时代更是如此。我们只有紧跟时代步伐，不断否定自己，不断提升自己，持续创新。只有这样，我们的企业才能基业长青。

2019年是中华人民共和国成立70周年，是全面建成小康社会的关键之年。让我们紧密团结在以习近平同志为核心的党中央周围，以习近平新时代中国特色社会主义思想为指导，全面贯彻落实党的十九大、十九届二中、三中全会和中央经济工作会议精神，大力弘扬优秀企业家精神，扎实推进管理创新，加快培育具有全球竞争力的世界一流企业，努力开创企业高质量发展的新局面，以优异成绩庆祝中华人民共和国成立70周年。

（本文摘自作者2019年4月2日在全国企业管理创新大会上的讲话）

目 录

第一章 2019中国企业500强分析报告 ··················· 1

一、2019中国企业500强的规模特征 ··················· 1
二、2019中国企业500强的效益特征 ··················· 5
三、2019中国企业500强的所有制格局和发展特征 ··················· 11
四、2019中国企业500强的行业特征 ··················· 14
五、2019中国企业500强的总部地区分布特征 ··················· 22
六、2019中国企业500强的创新特征 ··················· 25
七、2019中国企业500强的国际化特征 ··················· 31
八、2019中国企业500强的兼并重组活动 ··················· 35
九、2019中国企业500强的其他相关分析 ··················· 39
十、山东省入围企业分析 ··················· 45
十一、当前中国大企业持续发展面临的主要挑战 ··················· 49
十二、以世界一流企业建设促进企业高质量发展的建议 ··················· 56

第二章 2019中国制造业企业500强分析报告 ··················· 62

一、2019中国制造业企业500强规模特征分析 ··················· 62
二、2019中国制造业企业500强利税状况分析 ··················· 66
三、2019中国制造业企业500强创新投入与产出分析 ··················· 69
四、2019中国制造业企业500强所有制比较分析 ··················· 72
五、2019中国制造业企业500强行业指标比较分析 ··················· 74
六、2019中国制造业企业500强区域分布特征分析 ··················· 75
七、2019中国制造业企业500强国际化经营分析 ··················· 78
八、现阶段中国制造业企业发展面临的机遇与挑战 ··················· 79

九、新形势下促进制造业大企业高质量发展的建议 ……………………………… 81

第三章　2019 中国服务业企业 500 强分析报告 …………………………… 85

一、2019 中国服务业企业 500 强规模特征分析 ………………………………… 86
二、2019 中国服务业企业 500 强的经济效益情况分析 ………………………… 89
三、2019 中国服务业企业 500 强的行业情况分析 ……………………………… 93
四、2019 中国服务业企业 500 强并购情况分析 ………………………………… 103
五、2019 中国服务业企业 500 强地域分布特征 ………………………………… 104
六、2019 中国服务业企业 500 强的所有制分布特征 …………………………… 107
七、服务业大企业发展面临的机遇与困境 ……………………………………… 108
八、新形势下促进服务大企业健康成长的建议 ………………………………… 112

第四章　2019 中国跨国公司 100 大及跨国指数分析报告 ………………… 115

一、中国对外投资和企业国际化取得积极进展 ………………………………… 115
二、2019 中国跨国公司 100 大及跨国指数 ……………………………………… 117
三、2019 世界跨国公司 100 大及跨国指数 ……………………………………… 129
四、中国跨国公司的主要差距 …………………………………………………… 133
五、加快提高大企业全球化能力的建议 ………………………………………… 135

第五章　2019 中国战略性新兴产业领军企业 100 强分析报告 …………… 139

一、2019 中国战新产业领军企业 100 强基本情况 ……………………………… 139
二、战新产业业务对企业发展贡献分析 ………………………………………… 154
三、我国战新产业重点领域典型企业案例 ……………………………………… 156
四、中国企业发展战新业务面临的形势和存在的问题 ………………………… 161
五、促进我国战略性新兴产业相关企业发展的建议 …………………………… 163

第六章　2019 中外 500 强企业对比分析报告 ……………………………… 165

一、2019 世界 500 强最新格局及中外上榜企业发展对比 ……………………… 165
二、2019 世界、美国、中国 500 强总体发展态势比较 ………………………… 185
三、中外 500 强若干行业中企业发展状况比较 ………………………………… 194

第七章　2019中国500强与世界500强行业领先企业主要经济指标对比 …… 206

  表7-1　2019中国500强与世界500强车辆与零部件业领先企业对比 ………… 207
  表7-2　2019中国500强与世界500强船务业领先企业对比 ………………………… 207
  表7-3　2019中国500强与世界500强电信业领先企业对比 ………………………… 207
  表7-4　2019中国500强与世界500强电子、电气设备业领先企业对比 ………… 208
  表7-5　2019中国500强与世界500强多元化金融业领先企业对比 ……………… 208
  表7-6　2019中国500强与世界500强工程与建筑业领先企业对比 ……………… 208
  表7-7　2019中国500强与世界500强工业机械业领先企业对比 ………………… 209
  表7-8　2019中国500强与世界500强公用设施业领先企业对比 ………………… 209
  表7-9　2019中国500强与世界500强航空航天业领先企业对比 ………………… 209
  表7-10　2019中国500强与世界500强防务业领先企业对比 ……………………… 210
  表7-11　2019中国500强与世界500强互联网服务和零售业领先企业对比 …… 210
  表7-12　2019中国500强与世界500强化学品业领先企业对比 …………………… 210
  表7-13　2019中国500强与世界500强计算机、办公设备业领先企业对比 …… 211
  表7-14　2019中国500强与世界500强建材、玻璃领先企业对比 ………………… 211
  表7-15　2019中国500强与世界500强金属产品业领先企业对比 ………………… 211
  表7-16　2019中国500强与世界500强炼油业领先企业对比 ……………………… 212
  表7-17　2019中国500强与世界500强贸易业领先企业对比 ……………………… 212
  表7-18　2019中国500强与世界500强能源业领先企业对比 ……………………… 212
  表7-19　2019中国500强与世界500强人寿与健康保险（股份）业领先企业对比 ……… 213
  表7-20　2019中国500强与世界500强人寿与健康保险（互助）业领先企业对比 ……… 213
  表7-21　2019中国500强与世界500强财产与意外保险（股份）业领先企业对比 ……… 213
  表7-22　2019中国500强与世界500强网络、通信设备业领先企业对比 ……… 214
  表7-23　2019中国500强与世界500强银行、商业储蓄业领先企业对比 ……… 214
  表7-24　2019中国500强与世界500强邮件、包裹及货物包装运输业领先企业对比 …… 214
  表7-25　2019中国500强与世界500强制药业领先企业对比 ……………………… 215
  表7-26　2019中国500强与世界500强专业零售业领先企业对比 ………………… 215
  表7-27　2019中国500强与世界500强采矿、原油生产业领先企业对比 ……… 215

第八章　2019中国企业500强数据 ……………………………………………………… 216

  表8-1　2019中国企业500强 ………………………………………………………… 217

表8-2	2019中国企业500强新上榜企业名单	232
表8-3	2019中国企业500强各行业企业分布	234
表8-4	2019中国企业500强各地区分布	245
表8-5	2019中国企业500强净利润排序前100名企业	254
表8-6	2019中国企业500强资产排序前100名企业	255
表8-7	2019中国企业500强从业人数排序前100名企业	256
表8-8	2019中国企业500强研发费用排序前100名企业	257
表8-9	2019中国企业500强研发强度排序前100名企业	258
表8-10	2019中国企业500强净资产利润率排序前100名企业	259
表8-11	2019中国企业500强资产利润率排序前100名企业	260
表8-12	2019中国企业500强收入利润率排序前100名企业	261
表8-13	2019中国企业500强人均营业收入排序前100名企业	262
表8-14	2019中国企业500强人均净利润排序前100名企业	263
表8-15	2019中国企业500强人均资产排序前100名企业	264
表8-16	2019中国企业500强收入增长率排序前100名企业	265
表8-17	2019中国企业500强净利润增长率排序前100名企业	266
表8-18	2019中国企业500强资产增长率排序前100名企业	267

第九章 2019中国制造业企业500强 ... 268

表9-1	2019中国制造业企业500强	269
表9-2	2019中国制造业企业500强各行业企业分布	285
表9-3	2019中国制造业企业500强各地区企业分布	294
表9-4	2019中国制造业企业500强净利润排序前100名企业	303
表9-5	2019中国制造业企业500强资产排序前100名企业	304
表9-6	2019中国制造业企业500强从业人数排序前100名企业	305
表9-7	2019中国制造业企业500强研发费用排序前100名企业	306
表9-8	2019中国制造业企业500强研发强度排序前100名企业	307
表9-9	2019中国制造业企业500强净资产利润率排序前100名企业	308
表9-10	2019中国制造业企业500强资产利润率排序前100名企业	309
表9-11	2019中国制造业企业500强收入利润率排序前100名企业	310
表9-12	2019中国制造业企业500强人均营业收入排序前100名企业	311
表9-13	2019中国制造业企业500强人均净利润排序前100名企业	312
表9-14	2019中国制造业企业500强人均资产排序前100名企业	313

- 表9-15 2019中国制造业企业500强收入增长率排序前100名企业 …… 314
- 表9-16 2019中国制造业企业500强净利润增长率排序前100名企业 …… 315
- 表9-17 2019中国制造业企业500强资产增长率排序前100名企业 …… 316
- 表9-18 2019中国制造业企业500强研发费用增长率排序前100名企业 …… 317
- 表9-19 2019中国制造业企业500强行业平均净利润 …… 318
- 表9-20 2019中国制造业企业500强行业平均营业收入 …… 319
- 表9-21 2019中国制造业企业500强行业平均资产 …… 320
- 表9-22 2019中国制造业企业500强行业平均纳税总额 …… 321
- 表9-23 2019中国制造业企业500强行业平均研发费用 …… 322
- 表9-24 2019中国制造业企业500强行业人均净利润 …… 323
- 表9-25 2019中国制造业企业500强行业人均营业收入 …… 324
- 表9-26 2019中国制造业企业500强行业人均资产 …… 325
- 表9-27 2019中国制造业企业500强行业人均纳税额 …… 326
- 表9-28 2019中国制造业企业500强行业人均研发费用 …… 327
- 表9-29 2019中国制造业企业500强行业平均资产利润率 …… 328

第十章 2019中国服务业企业500强 …… 329

- 表10-1 2019中国服务业企业500强 …… 330
- 表10-2 2019中国服务业企业500强各行业企业分布 …… 346
- 表10-3 2019中国服务业企业500强各地区企业分布 …… 356
- 表10-4 2019中国服务业企业500强净利润排序前100名企业 …… 365
- 表10-5 2019中国服务业企业500强资产排序前100名企业 …… 366
- 表10-6 2019中国服务业企业500强从业人数排序前100名企业 …… 367
- 表10-7 2019中国服务业企业500强研发费用排序前100名企业 …… 368
- 表10-8 2019中国服务业企业500强研发强度排序前100名企业 …… 369
- 表10-9 2019中国服务业企业500强净资产利润率排序前100名企业 …… 370
- 表10-10 2019中国服务业企业500强资产利润率排序前100名企业 …… 371
- 表10-11 2019中国服务业企业500强收入利润率排序前100名企业 …… 372
- 表10-12 2019中国服务业企业500强人均净利润排序前100名企业 …… 373
- 表10-13 2019中国服务业企业500强人均营业收入排序前100名企业 …… 374
- 表10-14 2019中国服务业企业500强人均资产排序前100名企业 …… 375
- 表10-15 2019中国服务业企业500强收入增长率排序前100名企业 …… 376
- 表10-16 2019中国服务业企业500强净利润增长率排序前100名企业 …… 377

表10-17　2019中国服务业企业500强资产增长率排序前100名企业 ········· 378
表10-18　2019中国服务业企业500强研发费用增长率排序前100名企业 ······· 379
表10-19　2019中国服务业企业500强行业平均净利润 ··················· 380
表10-20　2019中国服务业企业500强行业平均营业收入 ················· 381
表10-21　2019中国服务业企业500强行业平均资产 ····················· 382
表10-22　2019中国服务业企业500强行业平均纳税总额 ················· 383
表10-23　2019中国服务业企业500强行业平均研发费用 ················· 384
表10-24　2019中国服务业企业500强行业人均净利润 ··················· 385
表10-25　2019中国服务业企业500强行业人均营业收入 ················· 386
表10-26　2019中国服务业企业500强行业人均资产 ····················· 387
表10-27　2019中国服务业企业500强行业人均纳税总额 ················· 388
表10-28　2019中国服务业企业500强行业人均研发费用 ················· 389
表10-29　2019中国服务业企业500强行业平均资产利润率 ··············· 390

第十一章　2019中国企业1000家 ······································ 391

表　2019中国企业1000家第501名至1000名名单 ······················· 392

第十二章　中国部分地区企业100强数据 ······························ 407

表12-1　2019天津市企业100强 ······································· 408
表12-2　2019上海市企业100强 ······································· 409
表12-3　2019重庆市企业100强 ······································· 410
表12-4　2019山东省企业100强 ······································· 411
表12-5　2019浙江省企业100强 ······································· 412
表12-6　2019广东省企业100强 ······································· 413
表12-7　2019广西壮族自治区企业100强 ······························· 414
表12-8　2019武汉市企业100强 ······································· 415
表12-9　2019厦门市企业100强 ······································· 416
表12-10　2019深圳市企业100强 ······································ 417

第十三章　2019世界企业500强 ······································ 418

表　2019世界企业500强 ··· 419

第十四章 中国 500 强企业按照行业分类名单 ………………………… 436

表 中国 500 强企业按照行业分类 ……………………………………… 437

后 记 ……………………………………………………………………… 471

The Development Report on 2019 China Top 500 Enterprises
Contents

Chapter Ⅰ: Analysis of Top 500 Enterprises of China in 2019
    Scale Features of Top 500 Enterprises of China in 2019
    Performance Features of Top 500 Enterprises of China in 2019
    Ownership and Development Features of Top 500 Enterprises of China in 2019
    Sectoral Features of Top 500 Enterprises of China in 2019
    HeadQuarters Features of Top 500 Enterprises of China in 2019
    Innovative Features of Top 500 Enterprises of China in 2019
    International Features of Top 500 Enterprises of China in 2019
    Merger and Reorganization of Top 500 Enterprises of China in 2019
    Other Relevant Analysis of Top 500 Enterprises of China in 2019
    Analysis of Shandong Enterprises Shortlisted in the Top 500 Enterprises of China in 2019
    Major Challenges Facing Chinese large enterprises for Sustainable Development
    Suggestions for further promoting the high – quality development of Chinese large enterprises as world – class enterprises

Chapter Ⅱ: Analysis of Top 500 Manufacturers of China in 2019
    Scale Features of Top 500 Manufacturers of China in 2019
    Analyses of Profit and tax of Top 500 Manufacturers of China in 2019
    Analyses of Innovation of input and output of Top 500 Manufacturers of China in 2019
    Comparative Analysis of Ownership Features of Top 500 Manufacturers of China in 2019
    Comparative Analysis of the Indexes of Top 500 Manufacturers of China in 2019
    Regional Distribution Features of Top 500 Manufacturers of China in 2019
    International Operation of Top 500 Manufacturers of China in 2019
    Challenges and opportunities in the progress of Chinese large Manufacturers under new conditions

Suggestions to promote the high – quality development of Chinese large Manufacturers

Chapter Ⅲ: Analysis of Top 500 Service Enterprises of China in 2019

Scale Features of Top 500 Service Enterprises of China in 2019

Performance Features of Top 500 Service Enterprises of China in 2019

Sectoral Features of Top 500 Service Enterprises of China in 2019

Merger and Acquisition of Top 500 Service Enterprises of China in 2019

Regional Distribution Features of Top 500 Service Enterprises of China in 2019

Ownership Features of Top 500 Service Enterprises of China in 2019

Opportunities and Challenges Facing the Large Service Enterprises in China

Suggestions to promote the sustainable and healthy development of Service Enterprises

Chapter Ⅳ: Analysis report of Top 100 Transnational Enterprises of China in 2019 and Their Transnationality Index

Achievements of Chinese foreign investment and enterprises internationalization

Top 100 Transnational Enterprises of China in 2019 and Their Transnationality Index

Top 100 Transnational Enterprises of the world in 2019 and Their Transnationality Index

The main gap of Chinese transnational enterprises

Suggestions for improving the competitiveness of Chinese Transnational enterprises

Chapter Ⅴ: Analysis report of China Top 100 Champion Enterprises in Strategic Emerging Sector in 2019

Basics of China Top 100 Champion Enterprises in Strategic Emerging Sector in 2019

Contribution of Champion Enterprises in Strategic Emerging Sector to enterprise development

Typical cases of Champion Enterprises in Strategic Emerging Sector

Opportunities and Challenges facing China Champion Enterprises in Strategic Emerging Sector

Suggestions for further development of Champion Enterprises in Strategic Emerging Sector

Chapter Ⅵ: Comparative Analysis of Domestic and Foreign Top 500 Enterprises

Distribution of 2019 World Top 500 Enterprises and Comparasion of domestic and foreign shortlisted enterprises

Comparative analysis of the momentum of the Top 500 enterprises in China, America and the World

Comparasion of enterprises in selected sectors from domestic and world top 500 enterprises

Chapter VII: **Comparison of Major Indicators of Leading Enterprises in Industries between Global Top 500 and China Top 500 in 2019**
Chapter VIII: **Data of 2019 China Top 500 Enterprises**
Chapter IX: **Data of 2019 China Top 500 Manufacturers**
Chapter X: **Data of 2019 China Top 500 Service Enterprises**
Chapter XI: **Data of 1000 Chinese Enterprises in 2019**
Chapter XII: **Data of 2019 China's Local Top 100 Enterprises**
Chapter XIII: **Data of 2019 Fortune Global 500 Enterprises**
Chapter XIV: **Industrial Lists of 2019 China Top 500 Enterprises, 2019 China Top 500 Manufacturers and 2019 China Top 500 Service Industry Enterprises**

Postscript

第一章
2019 中国企业 500 强分析报告

2019 中国企业 500 强是由中国企业联合会、中国企业家协会连续第 18 次向社会公开发布的"中国企业 500 强"排行榜。2018 年，尽管国际国内环境错综复杂，在党中央、国务院的坚强领导下，我国经济运行总体平稳、稳中有进，较好实现了经济社会发展的主要预期目标；全年实现国内生产总值 90 万亿元，同比增长 6.6%。按全年平均汇率折算，经济总量达到 13.6 万亿美元，稳居世界第二位。存在的问题同样不容忽视，由于受到来自美国的贸易、投资与技术压制因素的影响，一些企业的发展受到冲击，国民经济增速虽然总体平稳，但却创下了 28 年来的新低。新的一年，我国企业，尤其是大企业，必须正视发展所面临的困难，积极主动应对来自国际国内的各种挑战，按照中央要求，坚持创新驱动，推进转型升级，加快转向高质量发展，以企业持续稳健增长进一步夯实宏观经济稳增长基础。

一、2019 中国企业 500 强的规模特征

2019 中国企业 500 强营业收入继续保持增长态势，合计实现营业收入 79.10 万亿元，比上年 500 强增加了 11.14%。500 强企业对 GDP 贡献突出，近年来营业收入与 GDP 的相对比稳中有升。入围门槛连续 17 年提高，2019 中国企业 500 强入围门槛已经提升至 323.25 亿元。500 强企业的资产总额保持中速增长，净资产与归属母公司净资产增速均快于总资产。千亿俱乐部加快扩容，成员已经增至 194 家；千亿企业占全部 500 强营业收入的比重逐年相应提高，平均营业收入稳定增长。2019 中国企业 500 强员工数量恢复性增长，但同口径增速慢于相对上年 500 强增速。

1. 入围门槛持续提升，门槛增幅继续回落

入围门槛实现 17 连升。2019 中国企业 500 强的入围门槛为 323.25 亿元，比上年中国企业 500 强入围门槛提高了 16.36 亿元；自 2002 中国企业 500 强以来，企业入围门槛已经实现了连续 17 年提升。从入围门槛增幅值看，17 年来总体处于波动之中；近两年来入围门槛增幅自最高增幅 39.65 亿元连续回落，自上年回落至 23.78 亿元后，2019 中国企业 500 强入围门槛增幅继续回落至 16.36 亿元。但与历史值相比，这一增幅仍处于较好水平，实现了入围门槛值的较大提升。十八大以前，中国企业 500 强 10 年入围门槛年均增加为 15.51 亿元；十八大以来，中国企业 500 强 7 年入围门槛年

均增加21.16亿元，增幅明显提高。具体见图1-1。

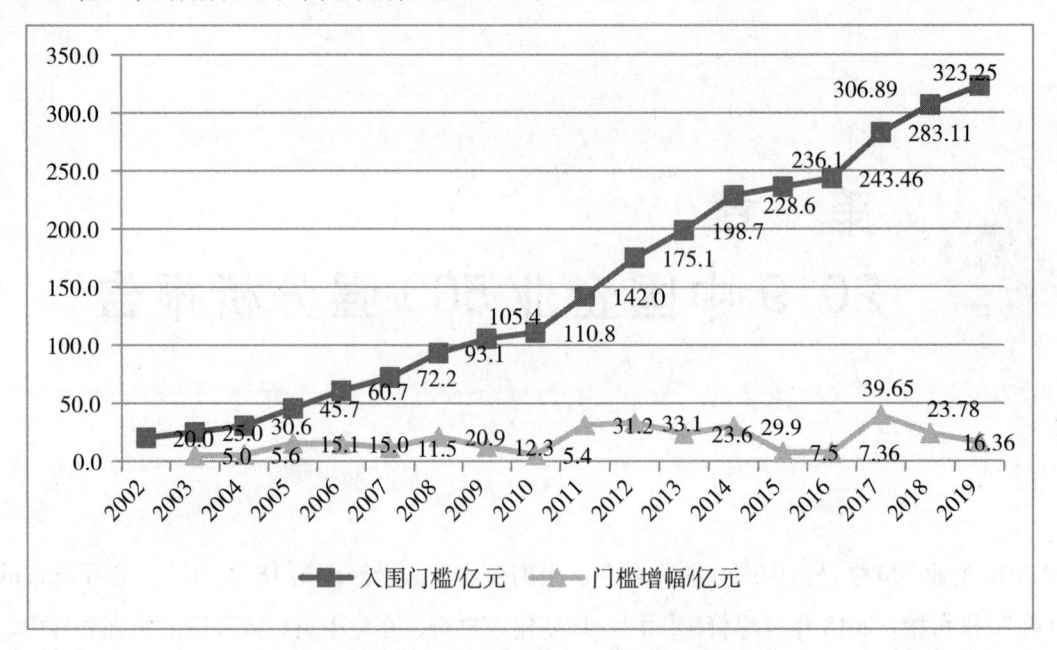

图1-1 中国企业500强入围门槛及其变动趋势

2. 营业收入持续较快增长，营业收入与GDP相对比稳中有升

无论是同口径比，还是与上年500强相比，中国企业500强营业收入总额均保持了较快增长。2019中国企业500强共实现营业收入79.10万亿元，同口径相比增长了12.41%。与上年500强相比，营业收入增加了7.93万亿元，增长了11.14%；与上年500强相比的增速在连续两年提升后略有回落，但总体上仍然保持了较为平稳的增长态势。详见图1-2。17年来，除2016中国企业500强外，其他各年度中国企业500强营业收入总额均实现了不同程度增长。从相较上年500强增速看，十八大以前营业收入年增速的均值为22.36%，十八大以来营业收入年增速的均值为8.52%，中国企业500强的规模扩张明显呈现出放缓趋势。

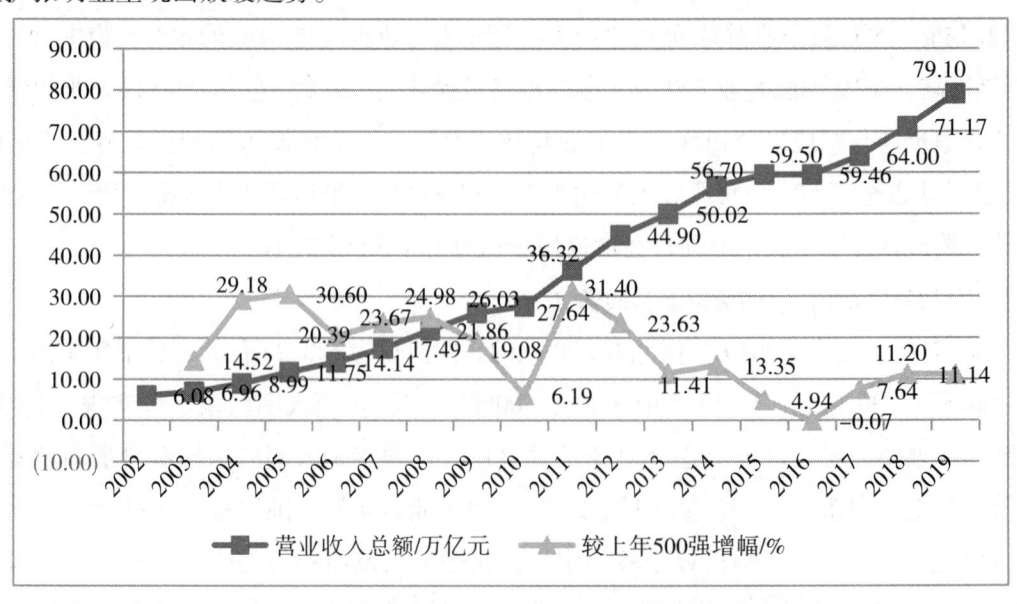

图1-2 中国企业500强营业收入总额与增速变化趋势

中国企业500强对经济增长的贡献稳中有升。2002—2014中国企业500强，当年营业收入总额与GDP的相对比总体上呈现出增长态势，这在一定程度上反映了500强大企业的相对规模在不断增长，对我国经济增长的贡献也在逐年提高。但自2014中国企业500强以来，500强营业收入占GDP的占比逐渐下降，并在近几年总体上稳定在86%~88%；这表明近几年500强营业收入总额增速与GDP名义增速基本接近，大企业群体在GDP增长上的贡献保持稳定。2019中国企业500强营业收入占当年GDP的比重为87.86%，与上年500强相比提升了1.81个百分点。详见图1-3。

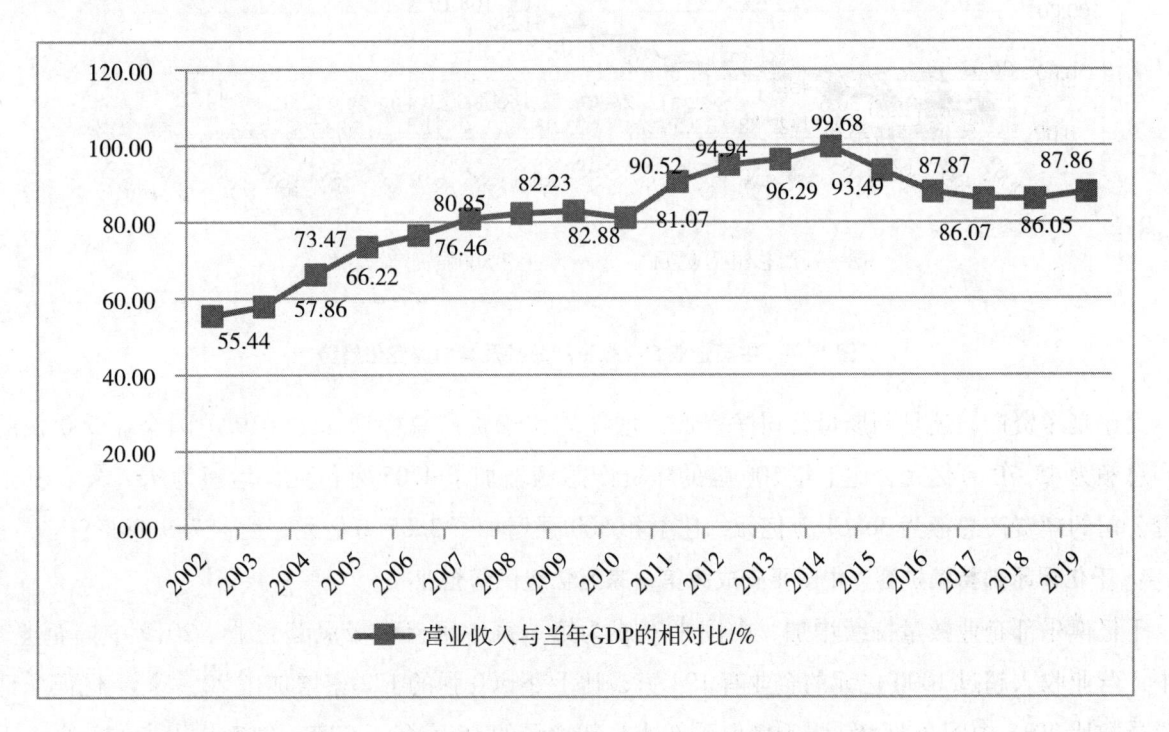

图1-3 中国企业500强营业收入与当年GDP的相对比

3. 资产总额保持中速增长，净资产增速快于资产增速

资产总额保持中速增长。2019中国企业500强资产总额为299.15万亿元，比上年500强增加了24.89万亿元，较上年500强资产增长了9.08%，资产增速较上年提高2个百分点。详见图1-4。总体上看，500强企业资产总额增速近年来呈现出波动下降态势；党的十八大以前500强资产总额年增速的均值为20.41%，党的十八大以来500强资产总额增速的年均值为12.67%，500强企业的资产增长趋于放缓。同口径相比，2019中国企业500强的资产总额比上一年度增长了7.38%，同样呈现出中速增长态势。

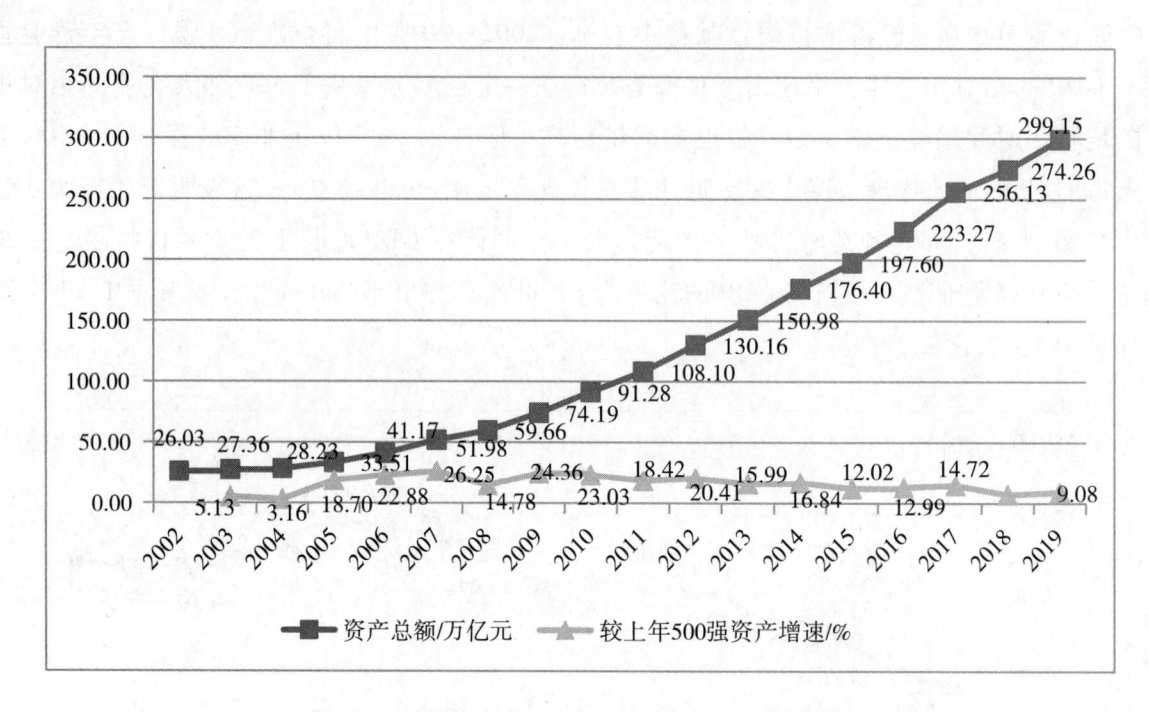

图 1-4　中国企业 500 强资产总额及其增速变化趋势

无论是净资产，还是归属母公司净资产，增速均快于资产总额增速。2019 中国企业 500 强的净资产总额为 45.70 万亿元，比上年 500 强的净资产总额增加了 4.05 万亿元，增速为 9.72%；其中归属母公司的净资产总额为 36.61 万亿元，比上年 500 强增加了 3.05 万亿元，增速为 9.09%。

4. 千亿俱乐部持续扩容，中国平安成为第一家万亿级民营企业

千亿俱乐部企业数量持续增加，中国平安成为第一家中国万亿级民营企业。2019 中国企业 500 强中，营业收入超过 1000 亿元的企业有 194 家，比上年 500 强的 172 家增加了 22 家；千亿俱乐部新增成员数比 2018 中国企业 500 强千亿俱乐部成员新增量的 15 家多了 7 家，创近几年来的新高，千亿俱乐部扩容有逐年加速的趋势。2018 中国企业 500 强的 172 家千亿企业中，有 10 家企业没有进入 2019 中国企业千亿俱乐部，2019 中国企业 500 强中实际新增了 32 家新成员。194 家千亿俱乐部成员中，有 6 家企业的营业收入超过了万亿元门槛，分别是中国石化、中国石油、国家电网、中国建筑、中国工商银行、中国平安。中国平安成为第一家晋升万亿级企业的中国民营企业。紧随其后的是中国建设银行，以 9735 亿元营业收入排在第七位，将有可能在明年越过万亿门槛，成为第七个万亿级企业。

千亿俱乐部营业收入占比相应提升，平均营业收入稳定增长。2019 中国企业 500 强千亿俱乐部 194 家企业的营业收入为 62.11 万亿元，占全部 500 强营业收入的 78.52%；千亿俱乐部在 500 强营业收入中的占比，随着成员数量的增加而相应提高。194 家千亿企业的平均营业收入为 3201.43 亿元，比上年 500 强千亿企业的平均营业收入增加了 52.30 亿元，增幅为 1.66%。详见表 1-1。

表1-1 千亿俱乐部企业主要指标比较

	千亿企业数量/家	千亿俱乐部营收/万亿元	500强营收/万亿元	千亿俱乐部占比/%	千亿俱乐部企均营收/亿元
2017	157	46.91	64.00	73.30%	2988.08
2018	172	53.85	71.16	75.67%	3149.14
2019	192	62.11	79.1	78.52%	3201.43

5. 员工总数实现恢复性增长，同口径增速慢于相对增速

中国企业500强员工数量实现恢复性增长。2019中国企业500强的员工总数为3359.11万人，比上年500强员工数量增加了167.77万人，增幅为5.26%；500强企业员工数量在经历了上年的下降后，快速完成了恢复性增长，员工数量已经恢复到了稍高于2017中国企业500强的水平。详见图1-5。

图1-5 中国企业500强员工总数及其变化趋势

同口径亦保持增长态势，但慢于相对增速。从同口径比较看，2019中国企业500强的员工数量比企业上一年员工数量增加了80.42万人，增长了2.45%；这一同口径增速，明显慢于相较于上年500强的员工相对增速的5.26%。这一结果表明，2019中国企业500强上榜企业上一年度雇佣员工数，明显多于2018中国企业500强上榜企业当年员工雇佣数。

二、2019中国企业500强的效益特征

2019中国企业500强共实现利润总额44864.25亿元，实现归属母公司的净利润（下文简称净利润）35320.95亿元，利润总额、净利润分别比上年500强增长20.74%、10.28%。2019中国企业500强净资产利润率稳中有升，资产利润率微升，收入利润率略降，三项利润率指标总体上窄幅波

动。37家企业发生亏损。亏损面扩大，但亏损额明显下降。企业利润变化幅度存在显著差异，利润下滑企业大幅增至181家。企业税负压力减轻，纳税总额占全国税收收入的比重连续6年下降，整体综合税负连续3年下降。服务业盈利水平好于制造业、其他行业，但服务业与制造业、其他行业之间的盈利水平差距有所缩小；非银企业的盈利水平显著低于商业银行，但二者之间的差距也逐步改善。

1. 利润与净利润持续增长，净利润增速快速回落

中国企业500强利润总额与净利润保持持续增长，净利润增速快速回落。2019中国企业500强共实现利润总额44864.25亿元，比上年500强增长了20.74%；实现归属母公司的净利润35320.95亿元，比上年500强增长了10.28%，增速比上年500强快速回落了3个百分点。详见图1-6。十八大以来，中国企业500强净利润总体保持波动增长态势，年增速的均值为7.79%，与营业收入年增速均值的8.52%，相差0.73个百分点，中国企业500强区间净利润增长总体落后于营业收入增长。

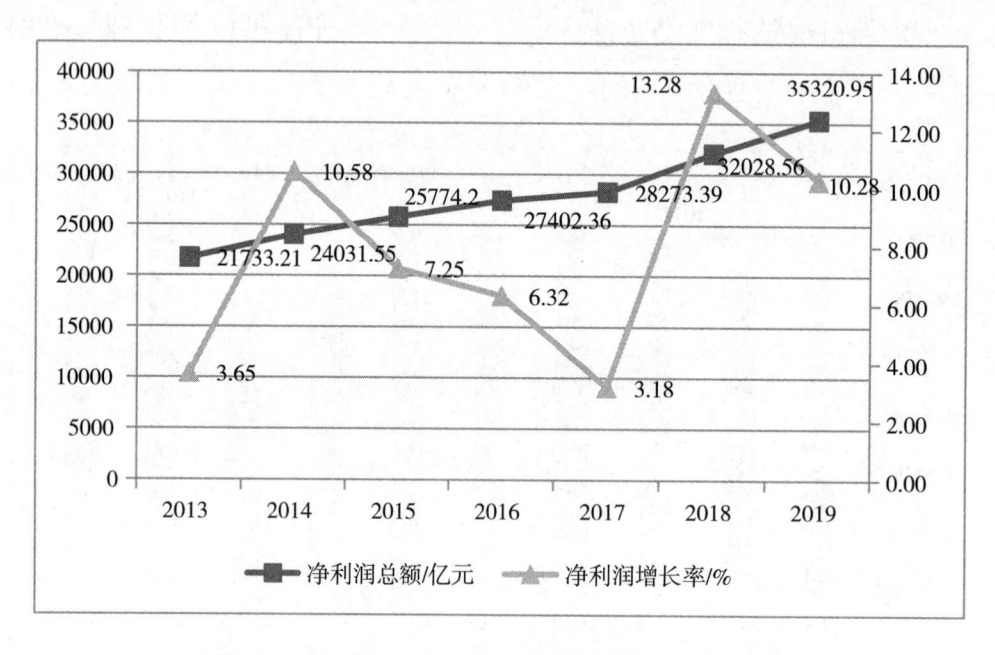

图1-6 中国企业500强净利润总额及增长率变化趋势

2. 利润率指标有升有降，总体呈窄幅波动

2019中国企业500强净资产利润率稳中有升，资产利润率微升，收入利润率略降。2019中国企业500强净资产利润率为9.65%，比上年500强净资产利润率微幅提高了0.11个百分点，近年来稳中有升；资产利润率为1.18%，比上年500强资产利润率微升了0.01个百分点；收入利润率为4.37%，比上年500强收入利润率小幅下降了0.03个百分点。详见图1-7。总体上看，三项利润率指标有升有降，但波动都不大。从长期变动趋势看，十八大前7年中国企业500强净资产利润率、资产利润率、收入利润率的均值分别为10.54%、1.73%、5.11%，十八大以来中国企业500强7年净资产利润率、资产利润率、收入利润率的均值分别为10.16%、1.25%、4.42%。虽然十八大以来中国企业500强三项利润率指标均值都有不同程度下降，但与之前相比，均呈现出更好的稳定性，波动幅度显著缩小。

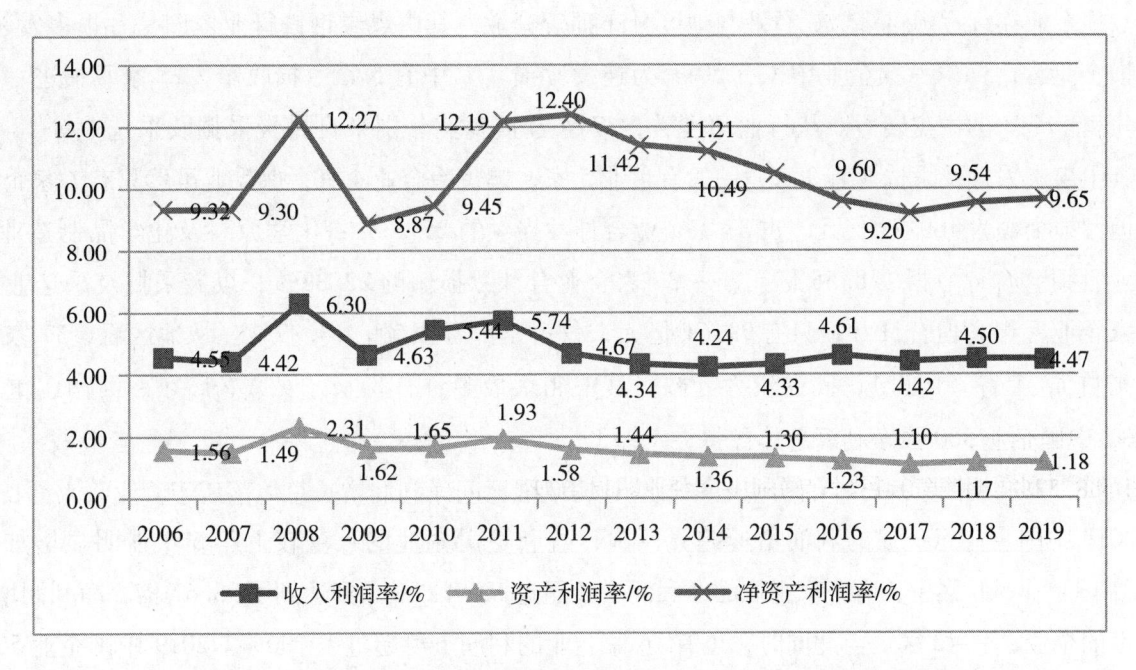

图 1-7 中国企业 500 强收入利润率、资产利润率与净资产利润率变化趋势

3. 企业亏损面有所扩大，煤炭钢铁行业依旧是亏损多发领域

2019 中国企业 500 强的亏损面再次扩大，但企业亏损总额明显减少，亏损额与净利润的相对比下降。2019 中国企业 500 强中，有 37 家企业发生亏损，比上年 500 强多了 5 家，亏损面为 7.40%；亏损面在连续两年下降后，再次回升。37 家亏损企业合计发生 665.20 亿元亏损，与上年 500 强 32 家企业的 726.83 亿元亏损相比，明显减少；平均亏损额从 22.71 亿元，大幅下降至 17.98 亿元。企业亏损额大致相当于 2019 中国企业 500 强净利润总额 34123.16 亿元的 1.95%，低于上年 500 强的 2.27%。详见图 1-8。

图 1-8 中国企业 500 强亏损面与亏损额变化趋势

亏损企业连续亏损占多数，行业与地区分布都较分散，其中煤炭钢铁行业依旧是亏损多发领域。从亏损企业看，37家亏损企业中，有20家为连续亏损（其中有5家亏损收窄，15家亏损进一步扩大）；其他17家为由盈转亏。从行业角度看，37家亏损企业分别来自煤炭采掘及采选业等18个行业，其中煤炭采掘及采选业有9家，一般有色业5家，黑色冶金业4家；保险业虽然只有1家企业亏损，但亏损金额为169.79亿元，占37家企业合计亏损额的25.53%；化学原料及化学品制造业有2家企业亏损，合计亏损148.55亿元，占37家企业合计亏损额的22.33%；煤炭采掘及采选业虽然有9家企业亏损，但合计亏损只有99.61亿元，仅占全部亏损额的14.97%。从地区看，37家亏损企业来自17个省（区市），同样较为分散，其中北京最多，有8家；安徽、广东、河南、重庆各有3家。

4. 企业利润增速差异巨大，盈利下滑企业明显增加

2019中国企业500强的利润增速差异巨大，盈利下滑企业的数量较上年500强明显增加。在2019中国企业500强中，有5家企业的净利润增长超过10倍，最高到达到了93.67倍；净利润增长1倍以上的企业，有42家。与此同时，也有16家企业的利润下滑超过了100%。2019中国企业500强中盈利减少的企业为181家，比上年500强大幅增加了67家，企业盈利下滑数量创下了2008中国企业500强以来的第三高值。详见图1-9。

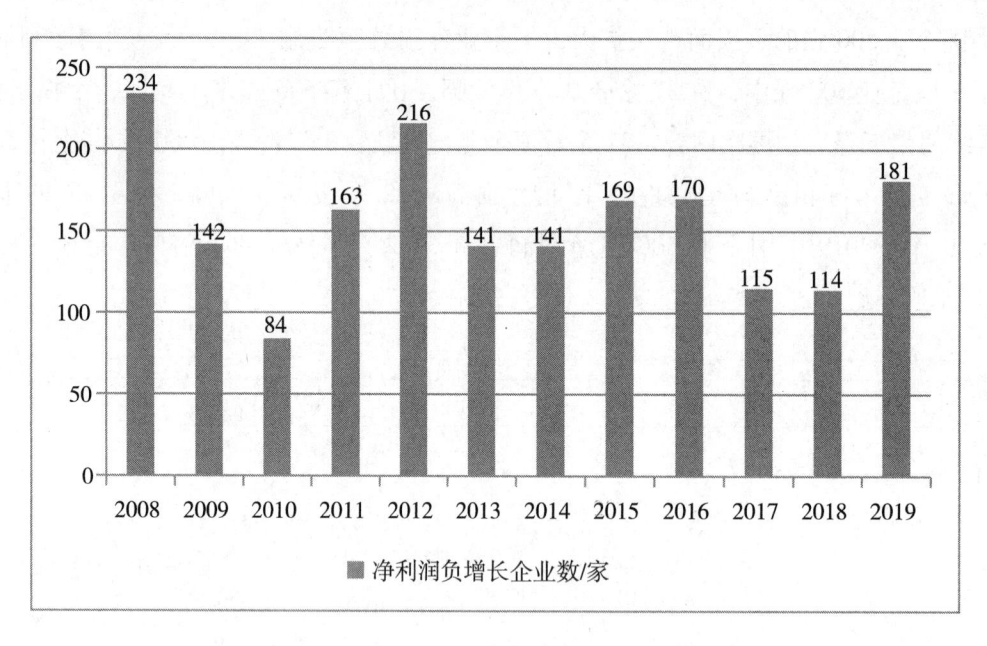

图1-9 中国企业500强净利润负增长企业数波动态势

5. 减税效果显现，税收贡献比6连跌，综合税负3连跌

2019中国企业500强纳税额微降，占全国税收收入的比重实现六连降。2019中国企业500强合计纳税额为4.05万亿元，比上年500强纳税额增加了300亿元。与2018年的全国税收收入15.64万亿元相比，500强企业纳税总额占全国税收收入的25.89%；自十八大以来，中国企业500强对全国税收收入的贡献比已经连续6年下降。详见图1-10。

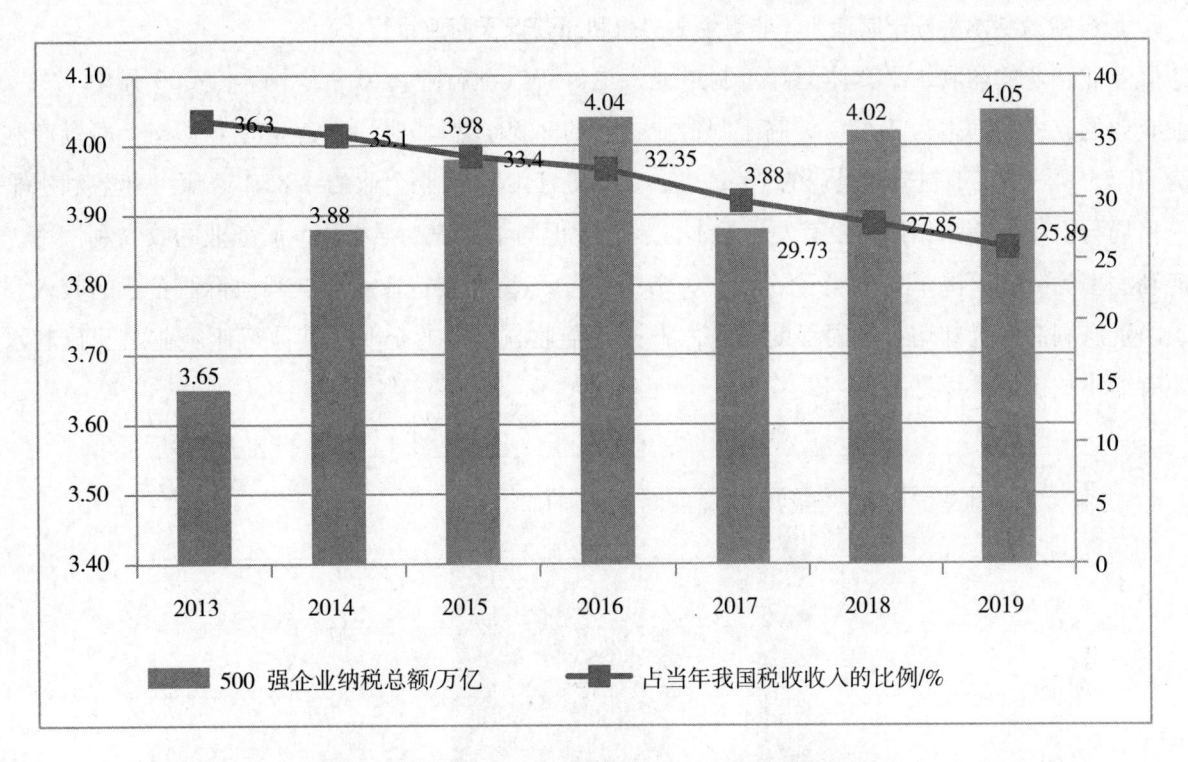

图 1-10 中国企业 500 强纳税总额与年度税收贡献比

2019 中国企业 500 强综合税负延续下降趋势，500 强企业综合税负 3 连跌。2019 中国企业 500 强的综合税负（纳税额/营业收入）为 5.12%，比上年 500 强降低了 0.53 个百分点，已经是自 2016 中国企业 500 强以来综合税负的 3 连跌。详见图 1-11。

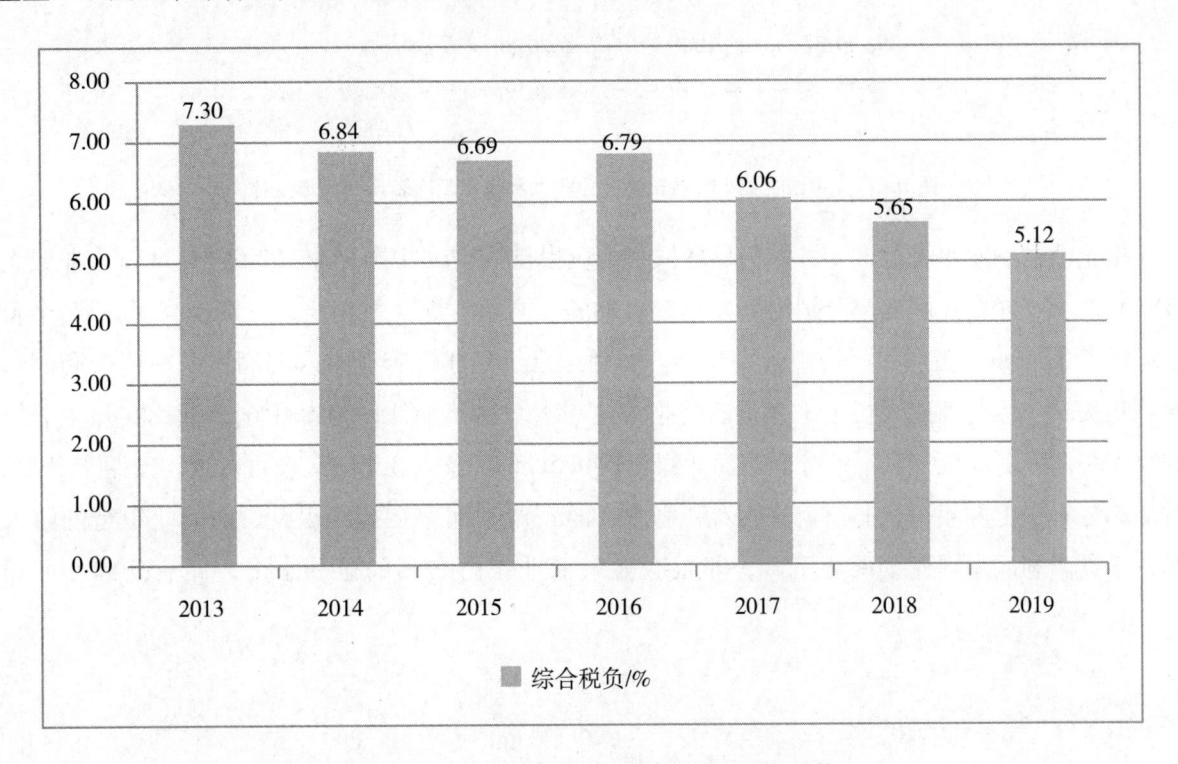

图 1-11 中国企业 500 强综合税负率变化趋势

6. 服务业盈利水平好于制造业，非银企业的盈利显著低于商业银行

服务业企业的盈利水平整体上好于制造业，更好于其他行业。2019 中国企业 500 强中 173 家服务业企业的收入利润率为 7.47%，高于制造业企业的 2.59% 和其他行业企业的 1.70%；净资产利润率为 10.55%，稍高于制造业企业的 10.29%，显著高于其他行业企业的 4.85%。服务业盈利水平的领先格局与上年 500 强相似，没有发生根本性变化。但与上年 500 强相比，服务业的收入利润率、净资产利润率为分别下降了 0.51 个百分点、0.67 个百分点，而制造业企业、其他行业企业的收入利润率、净资产利润率为却均有不同程度提升，服务业企业与制造业企业、其他行业企业之间盈利水平差距有缩小的迹象。详见图 1-12。

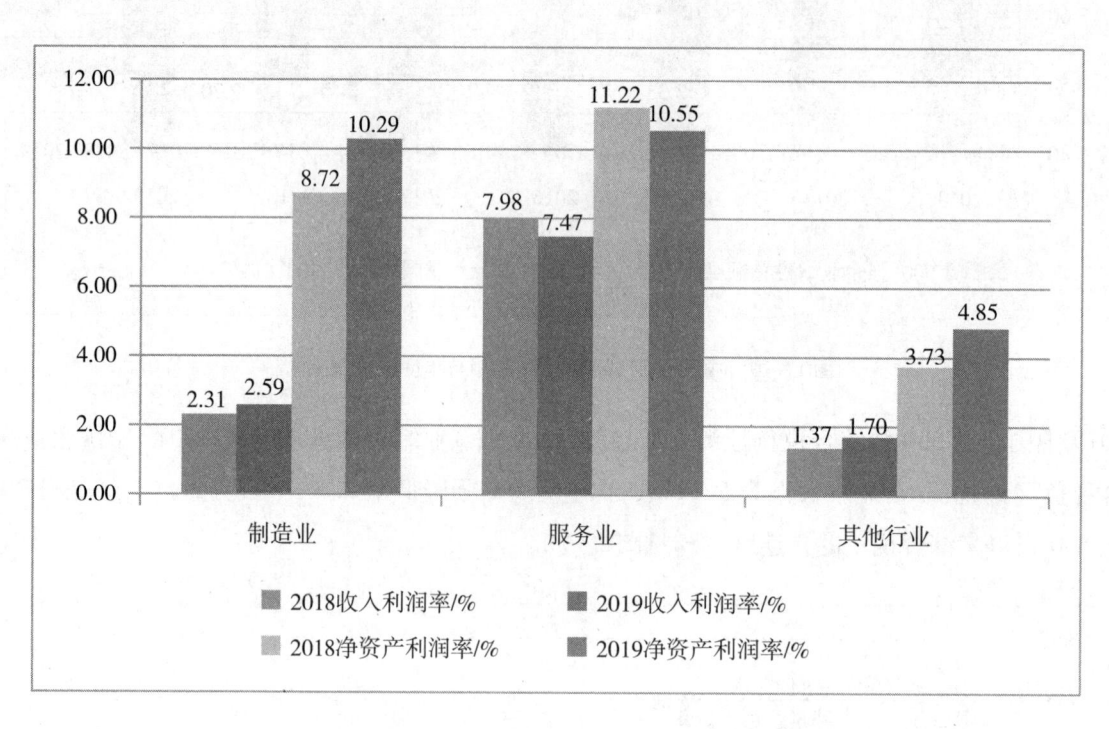

图 1-12　中国企业 500 强三大行业收入利润率、净资产利润率变化

非银企业盈利水平持续改善，但仍显著低于商业银行。2019 中国企业 500 强中，481 家非银企业的收入利润率、净资产利润率分别为 2.86%、8.34%，与上年 500 强相比，分别提高了 0.07 个百分点、2.46 个百分点，盈利水平得到较大改善；而且这已经是非银企业收入利润率与净资产利润率连续第二年提升。但与商业银行相比，非银企业的盈利水平显著偏低；2019 中国企业 500 强中非银企业的收入利润率、净资产利润率分别比商业银行低 9.52 个百分点和 12.67 个百分点，差距十分显著。不过从趋势看，近两年来，非银企业收入利润率、净资产利润率在持续提升，而商业银行的收入利润率、净资产利润率则连续两年下降，非银企业与商业银行之间的盈利水平差距有所缩小。详见图 1-13。

图 1-13 中国企业 500 强商业银行与非银企业盈利指标变化趋势

三、2019 中国企业 500 强的所有制格局和发展特征

2019 中国企业 500 强中，民营企业数量小幅减少 3 家，但总体上看所有制结构基本上较为稳定。在主要指标的占比上，依然是以国有企业为主，国有企业在各主要指标上的占比都超过了其数量上的占比。国有企业承担了比民营企业相对更重的税负压力，但国有企业与民营企业综合税负率均比上年 500 强有所下降，而且二者之间的差距在持续缩小。受宏观经营环境影响，国有企业经营绩效全面下滑，其中金融央企经营绩效全面下滑，非金融央企与地方国企经营绩效总体上有所改善。

1. 所有制结构趋于稳定，主要指标国有企业占比仍然突出

近两年中国企业 500 强的所有制结构波动幅度收窄，所有制结构相对趋于稳定。长期以来，中国企业 500 强中民营企业的数量总体保持着增长趋势，但近年来随着二者上榜数量的逐渐接近，500 强企业中国有企业与民营企业的数量结构相对趋于稳定。2019 中国企业 500 强中，民营企业数量为 235 家，比上年 500 强小幅减少了 2 家，占全部 500 强的 47.00%；国有企业为 265 家，占全部 500 强的 53.00%。详见图 1-14。

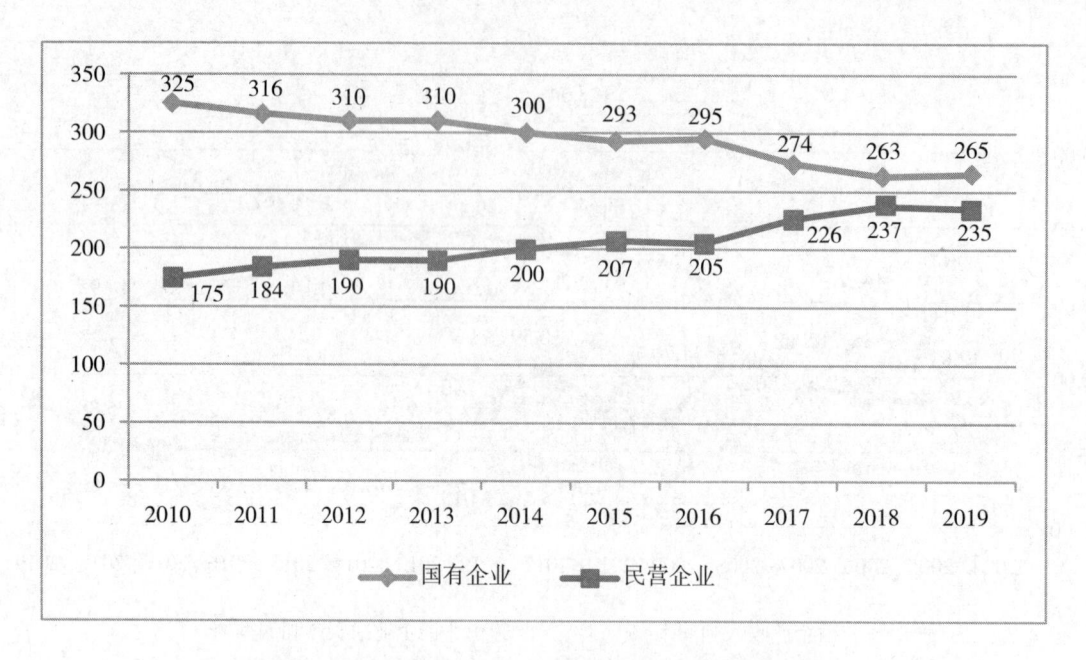

图 1-14 中国企业 500 强入围企业所有制结构变化趋势

国有企业在收入、资产等主要指标上，仍占突出地位。2019 中国企业 500 强中，266 家国有企业营业收入为 55.60 万亿元，占全部 500 强营业收入的 70.29%；净利润为 24340.93 亿元，占全部 500 强的 68.91%；资产、归母净资产（归属母公司净资产，下同）分别为 258.45 万亿元、29.46 万亿元，分别占全部 500 强的 86.40%、80.47%；员工总数 2480.74 万人，占全部 500 强的 73.85%。详见图 1-15。国有企业在上述指标中的占比，明显都高于其数量占比，表明国有企业在规模体量上，总体上大于民营企业。

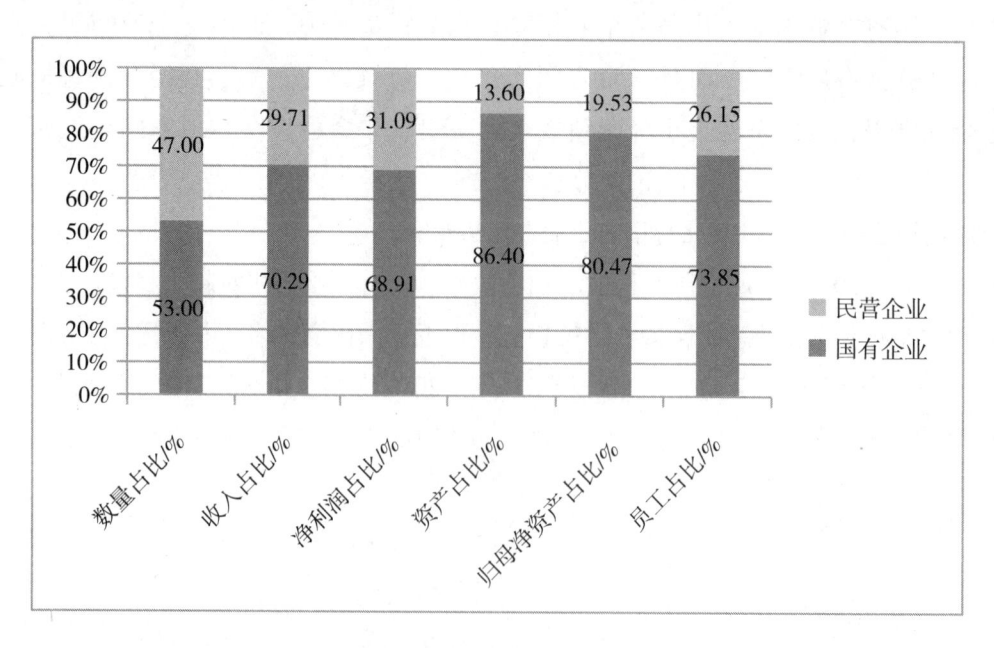

图 1-15 2019 中国企业 500 强国企民企主要指标分布占比

2. 国有企业承担更重税负压力，不同所有制税负差距有所缩小

中国企业 500 强中的国有企业，一直都承担着比民营企业相对更重的税负压力，但近年来二者之间税负压力差距有所缩小。2019 中国企业 500 强中，国有企业的纳税额为 3.18 万亿元，占全部 500 强的 78.52%，综合税负率为 5.72%；而民营企业的综合税负率则只有 3.71%，显著低于国有企业。但从趋势看，国有企业的综合税负在持续下降，民营企业综合税负有所提高，二者之间的差距有所缩小。从与上年 500 强的比较看，国有企业综合税负下降 0.66 个百分点，民营企业综合税负下降 0.07 个百分点，反映政府降税举措在国有企业与民营企业都有一定程度表现。详见图 1 – 16。

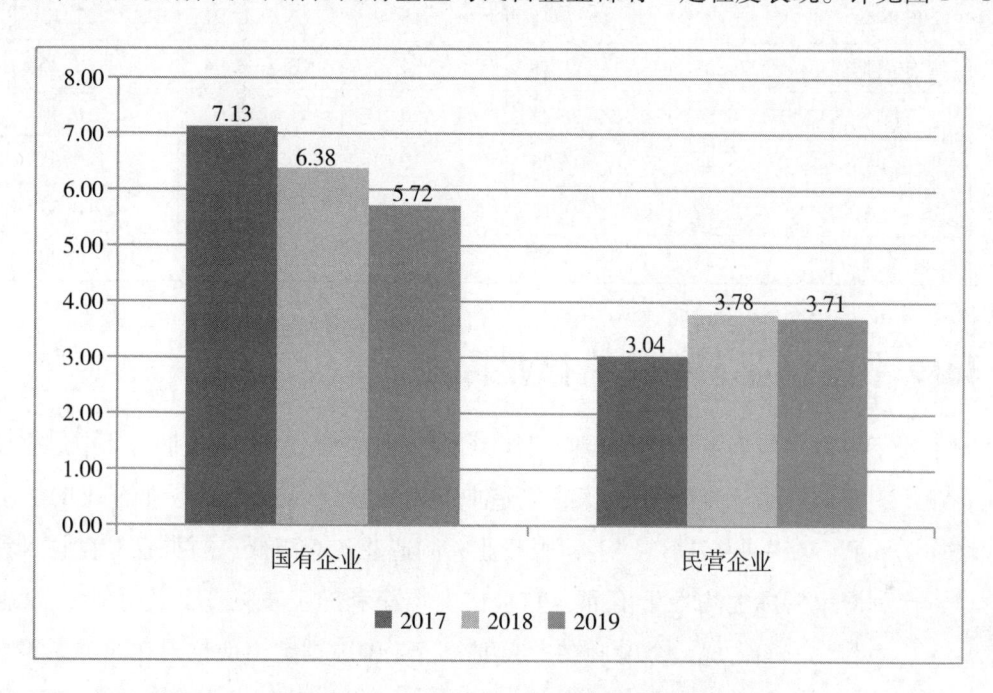

图 1 – 16 中国企业 500 强综合税负率所有制差异及其变化情况比较

3. 金融央企利润率指标全面下滑，非金融央企与地方国企总体改善

2019 中国企业 500 强中各类国有企业的经营绩效表现各异，金融央企的经营绩效全面下滑，非金融央企和地方国企的经营绩效总体上有所改善。2019 中国企业 500 强中，金融央企、非金融央企、地方国企数量分别为 15 家、68 家、183 家；非金融央企增加 2 家，地方国企增加 1 家。国有企业人均营业收入为 224.21 万元，比上年 500 强提高了 1.21 万元；人均净利润为 9.81 万元，比上年 500 强下降 0.23 万元。国有企业收入利润率、资产利润率、净资产利润率分别为 4.38%、0.94%、8.26%，分别比上年 500 强中国有企业下降 0.12 个百分点、0.23 个百分点、1.29 个百分点，三项利润率指标都不同程度下滑。国有企业的资产周转率为 0.22 次/年，也低于上年 500 强的 0.26 次/年。其中，金融央企人均营业收入、人均净利润分别提高了 7.80 万元、0.12 万元，收入利润率、资产利润率、净资产利润率分别下降 0.53 个百分点、0.01 个百分点、0.82 个百分点；非金融央企人均营业收入、人均净利润则分别提高了 25.44 万元、0.98 万元，收入利润率、资产利润率、净资产利润率分别提高了 0.20 个百分点、0.03 个百分点、0.65 个百分点；地方国企人均营业收入、人均净利润分别提高 6.84 万元、0.25 万元，收入利润率、资产利润率分别提高 0.03 个百分点、0.02 个百分点，净资产利

润率则下降了 0.40 个百分点。详见表 1-2。

表 1-2 国有企业主要指标变化

		人均营业收入/万元	人均净利润/万元	收入利润率/%	资产利润率/%	净资产利润率/%	资产周转率/次/年
2019 中国企业 500 强	地方国企	231.32	6.19	2.68	1.03	7.99	0.39
	非金融央企	219.11	5.10	2.33	0.95	5.28	0.41
	金融央企	226.83	37.41	16.49	0.91	12.13	0.05
	国有企业	224.21	9.81	4.38	0.94	8.26	0.22
相对 2018 中国企业 500 强的变化	地方国企	6.84	0.25	0.03	0.02	-0.40	0.00
	非金融央企	25.44	0.98	0.20	0.03	0.65	-0.03
	金融央企	7.80	0.12	-0.53	-0.01	-0.82	0.00
	国有企业	1.21	-0.23	-0.12	-0.23	-1.29	-0.04

四、2019 中国企业 500 强的行业特征

2019 中国企业 500 强共涉及到 76 个行业，比上年 500 强少了文化娱乐业。其中制造业企业 244 家，服务业企业 173 家，其他行业企业 83 家；制造业企业减少了 9 家，服务业企业增加了 3 家，其他行业企业增加了 6 家。在主要指标占比上，服务业、制造业各有高低。酒类企业在收入利润率、资产利润率、净资产利润率指标上均处于前列，并且在人均净利润上也处于领先水平，商业银行则在收入利润率与人均净利润方面占优。金融业在二级细分行业中占据突出地位，在 6 个主要指标中排名位居二级行业之首，但在净利润中的占比已经有所下降。电信及互联网信息服务业在研发费用投入总额、国际标准制定上贡献突出。多个行业企业入围数量发生较大变化，不同行业之间在收入增速、利润增速之间存在显著差异。金融企业盈利水平明显高于非金融企业，但二者之间盈利水平差距有所缩小。汽车行业入围企业数量连续两年均有增长，但对营业收入与净利润的贡献与上年 500 强相比均有所下降，除净资产利润率外，汽车行业其他盈利指标都呈下降态势。房地产业对中国企业 500 强的收入贡献持续增加，但对净利润的贡献与上年 500 强相比有所下降，房地产业净资产利润率持续三年提升，收入利润率、资产利润率下降。

1. 制造业企业数量减少，主要指标占比各有高低

中国企业 500 强中制造业企业数量再次回归下降轨道。从长期趋势看，中国企业 500 强中的制造业企业数量总体呈下降态势，只是在部分年份出现增加现象；在上年 500 强中制造业企业增加 8 家后，2019 中国企业 500 强上榜制造业企业数量再次回归下降轨道，上榜企业数量减少了 9 家。与此同时，服务业企业增加了 3 家，其他行业企业增加了 6 家。详见图 1-17。

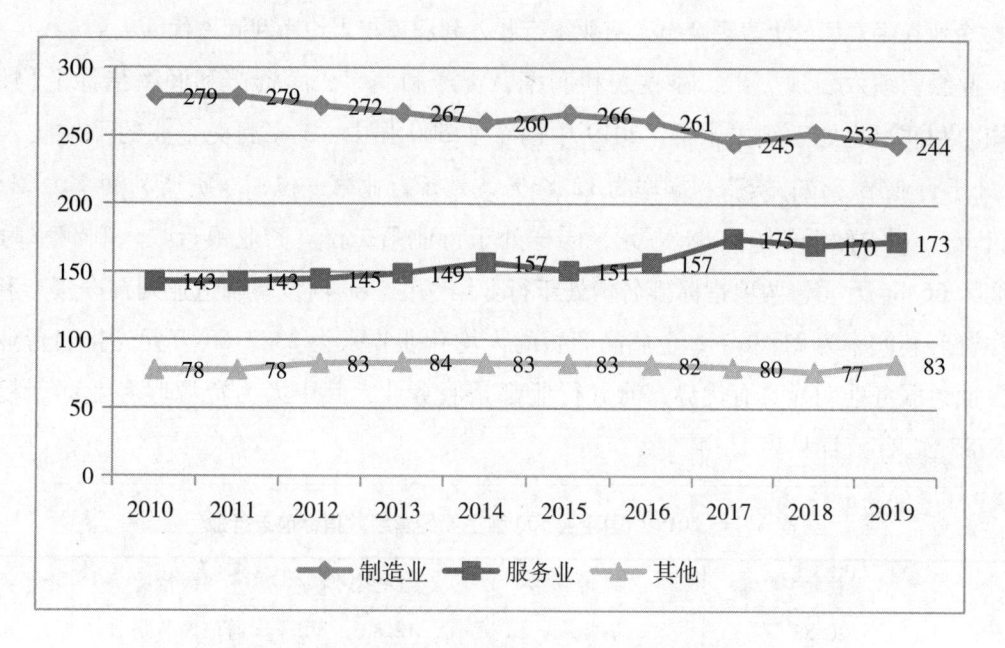

图 1-17 中国企业 500 强三大类行业数量结构变动情况

在主要指标上，制造业、服务业占比各有高低。2019 中国企业 500 强中，服务业在营业收入、归母净利润、资产总额、归母净资产、员工人数、并购或重组企业数、分公司数、国际标准数等指标上占比居于首位；尤其是在资产总额指标上，服务业占到全部 500 强资产总额的 80.52%；此外，服务业分别占归母净利润、归母净资产的 70.32%、64.29%，服务业明显处于支配地位。制造业则在研发费用、参股公司数、全资和控股子公司数、拥有专利项数、发明专利项数、总标准数、国内标准数等指标上占比居于首位；特别是在拥有专利项数、发明专利项数上处于绝对优势，分别占全部 500 强的 71.93%、74.32%，同时，制造业的研发投入占全部 500 强研发费用的 63.11%。详见表 1-3。

表 1-3 2019 中国企业 500 强三大类企业主要指标占比

	营业收入/%	归母净利润/%	资产总额/%	归母净资产/%	员工人数/%
制造业	38.29	22.20	10.49	20.81	32.29
服务业	42.01	70.32	80.52	64.29	42.33
其他行业	19.69	7.49	8.99	14.90	25.38
	并购或重组企业数/%	分公司数/%	国际标准数/%	研发费用/%	参股公司数/%
制造业	26.40	16.32	40.00	63.11	40.80
服务业	61.70	68.37	54.86	19.40	31.47
其他行业	11.90	15.31	5.14	17.49	27.73
	全资和控股子公司数/%	拥有专利项数/%	发明专利项数/%	总标准数/%	国内标准数/%
制造业	41.61	71.93	74.32	49.44	50.57
服务业	34.97	13.61	14.24	33.18	32.62
其他行业	23.42	14.47	11.44	17.38	16.81

2. 酒类企业在经营绩效上表现突出，商业银行收入利润率与人均净利润占优

酒类企业经营绩效表现突出，在收入利润率、资产利润率、净资产利润率指标上均处于前列，并且在人均净利润上也处于领先水平。2019 中国企业 500 强中，3 家酒类企业的平均收入利润率为17.79%，处于行业第二位；资产利润率为 12.83%，处于行业第一位；净资产利润率为 21.13%，处于行业第二位；人均净利润为 47.11 万元，同样处于行业第二位。商业银行收入利润率为 20.88%，人均净利润为 66.86 万元，两项指标排名均处于行业第一位。通信设备制造业则在净资产利润率居于第一位，净资产利润率为 21.88%；金属品商贸的人均营业收入为 2382.68 万元，排名行业榜首。资产周转率方面，服务业明显具有优势，前五行业都是服务业，其中人力资源服务业居于榜首，资产周转率为 8.87 次/年。详见表 1-4。

表 1-4 2019 中国企业 500 强主要经营绩效指标前五行业

三级行业	收入利润率/%	三级行业	资产利润率/%	三级行业	净资产利润率/%
商业银行	20.88	酒类	12.83	通信设备制造	21.88
酒类	17.79	饮料	11.47	酒类	21.13
互联网服务	11.60	医疗设备制造	7.94	家用电器制造	20.76
港口服务	9.60	互联网服务	7.93	轻工百货生产	19.46
多元化金融	9.59	轻工百货生产	7.78	饮料	18.59
三级行业	资产周转率/次/年	三级行业	人均营业收入/万元	三级行业	人均净利润/万元
人力资源服务	8.87	金属品商贸	2382.68	商业银行	66.86
金属品商贸	4.25	轻工百货生产	1146.49	酒类	47.11
生产资料商贸	2.87	生产资料商贸	1098.50	互联网服务	36.98
轻工百货生产	2.83	化工医药商贸	800.67	轻工百货生产	31.54
综合商贸	2.65	铁路运输	715.37	通信设备制造	28.22

3. 二级细分行业金融业优势最为突出，但其净利润占比有所下降

金融业在二级细分行业中占据突出地位，在 6 个主要指标中排名位居二级行业之首，但在净利润中的占比已经有所下降。2019 中国企业 500 强共涉及到 27 个二级行业，金属产品类企业最多，有 73 家；其次分别是房屋建筑、化学品制造、金融业、机械设备，分别有企业 44 家、43 家、38 家、28 家。尽管金融业企业只有 38 家，仅占全部 500 强数量的 7.60%，但却在营业收入、净利润、资产总额、归母净资产、缴纳税款、员工人数共 6 个指标的绝对贡献中排名第一；尤其是在资产总额上，金融业占 64.31%；在归母净利润上，金融业也占据了 48.30%，不过这一占比与上年 500 强相比已经下降了 2.40 个百分点。详见表 1-5。

电信及互联网信息服务业在研发费用投入总额的贡献中占据行业榜首，贡献了 2019 中国企业 500 强研发费用的 14.70%；在国际标准制定上同样贡献突出，共贡献了 2019 中国企业 500 强参与国际标准制定总量的 50.66%，高居行业榜首。计算机、通信设备及其他电子设备制造业在专利贡献上最为突出，贡献了 2019 中国企业 500 强专利总量的 15.05%。综合服务业在总标准数、国内标准数上

占据行业排行榜首位,分别贡献了 2019 中国企业 500 强标准总数、国内标准数的 19.22%、20.34%。详见表 1-5。

表 1-5 2019 中国企业 500 强主要指标行业贡献排名前三行业(单位:%)

营业收入		归母净利润		资产总额		归母净资产	
金融业	15.18	金融业	48.30	金融业	64.31	金融业	38.67
金属产品	9.85	电信及互联网信息服务	8.19	采矿业	3.89	采矿业	9.65
采矿业	8.72	房地产	5.17	房地产	3.46	电信及互联网信息服务	7.33
缴纳税款		研发费用		员工人数		并购或重组企业数	
金融业	16.82	电信及互联网信息服务	14.70	金融业	16.13	公用事业服务	20.00
采矿业	16.06	计算机、通信设备及其他电子设备制造	13.97	采矿业	11.77	房地产	9.30
化学品制造	10.28	交通运输设备及零部件制造	12.44	房屋建筑	7.56	零售业	7.50
全资和控股子公司数		参股公司数		分公司数		拥有专利项数	
房地产	10.69	房屋建筑	10.89	零售业	42.60	计算机、通信设备及其他电子设备制造	15.05
金属产品	9.15	金属产品	7.97	邮政和物流	11.46	消费品生产	14.05
房屋建筑	8.40	交通运输设备及零部件制造	7.00	机械设备	9.19	交通运输设备及零部件制造	13.30
发明专利项数		总标准数		国内标准数		国际标准数	
消费品生产	15.96	综合服务业	19.22	综合服务业	20.34	电信及互联网信息服务	50.66
防务	15.09	金属产品	10.85	金属产品	10.95	金属产品	9.45
化学品制造	10.19	防务	9.57	防务	9.88	消费品生产	7.40

4. 行业入围数量有增有减,收入、利润增速差异显著

多个行业企业入围数量发生较大变化。在全部 76 个行业中,有 34 个行业入围企业数量发生了变化,其中 19 个行业入围数增加,15 个行业入围数减少。入围企业增加最多的是房屋建筑业,新增 4 家入围企业;多元化投资新增入围企业 3 家,化学原料及化学品制造业、水务业、连锁超市及百货业、商业银行业、保险业各新增 2 家。住宅地产业减少企业数最多,入围企业减少了 5 家;一般有色业减少了 4 家,石化及炼焦业、纺织印染业均减少了 3 家,汽车摩托车零售业减少了 2 家。详见表 1-6。

表1-6 2019中国企业500强三级行业入围企业数量变化

三级行业	变化量/家	三级行业	变化量/家
房屋建筑	4	软件和信息技术（IT）	-1
多元化投资	3	互联网服务	-1
化学原料及化学品制造	2	生活消费品商贸	-1
水务	2	农产品及食品批发	-1
连锁超市及百货	2	生产资料商贸	-1
商业银行	2	汽车摩托车零售	-2
保险业	2	纺织印染	-3
石油、天然气开采及生产业	1	石化及炼焦	-3
农副食品	1	一般有色	-4
化学纤维制造	1	住宅地产	-5

不同行业之间在收入增速、利润增速之间存在显著差异。76个行业中，只有纺织印染业、商业地产业、兵器制造业收入同比下降，其他73个行业收入都同比增加；其中旅游和餐饮业收入增长最快，增加了54.16%；工程机械及零部件业收入增长了43.90%，住宅地产业收入增长了34.72%；总体上看，收入增幅居于前十的行业服务业更占优势。在利润增长方面，50个行业净利润有不同程度增加，其中旅游与餐饮业实现了减亏；26个行业净利润不同程度减少；农林牧渔业、旅游与餐饮业两个行业连续两年全行业整体亏损，工程机械及零部件业则由盈转亏；通信与设备制造业净利润增长最快，大幅增长了22.6倍；商业地产业净利润增长了12.26倍。详见表1-7。

表1-7 2019中国企业500强行业收入、利润增长前十排名

三级行业	收入增速/%	三级行业	净利润增速/%
旅游和餐饮	54.16	通信设备制造	2260.38
工程机械及零部件	43.90	商业地产	1225.62
住宅地产	34.72	石油、天然气开采及生产业	288.65
软件和信息技术（IT）	29.91	家电及电子产品零售	138.57
互联网服务	28.84	生产资料商贸	127.49
港口服务	27.87	石化及炼焦	106.84
化学纤维制造	26.81	能源矿产商贸	70.45
人力资源服务	26.38	水泥及玻璃制造	61.25
多元化投资	25.46	生活消费品商贸	54.58
通信设备制造	24.07	水上运输	53.82

5. 金融企业盈利水平明显高于非金融企业，非金融企业收入与净利润增速回升

2019中国企业500强中金融企业的盈利水平明显高于非金融企业，但受非金融企业净利润快速增长影响，二者之间盈利水平差距有所缩小。2019中国企业500强中，有38家金融企业，其中商业银行为19家；金融企业的收入利润率、净资产利润率分别为14.21%、12.05%，均明显高于462家非金融企业的2.72%、8.13%。尤其是其中的19家商业银行，其收入利润率、净资产利润率分别为21.01%、12.38%，更是显著高于非金融企业。在人均净利润方面，非金融企业的人均净利润仅有6.48万元，金融企业的人均净利润为31.49万元，商业银行的人均净利润更是高达70.71万元。显然，金融企业的盈利水平明显高于非金融企业。不过这两年的中国企业500强中，非金融企业的收入、净利润增速都明显快于金融企业，2019中国企业500强中金融企业收入、净利润增速分别为8.98%、3.01%，都显著慢于非金融企业的13.04%、20.96%。详见图1-18。受增速变化影响，金融企业与非金融企业盈利水平差距近年来持续缩小；这意味着中国企业500强的净利润分配，正在朝着积极的方向调整。

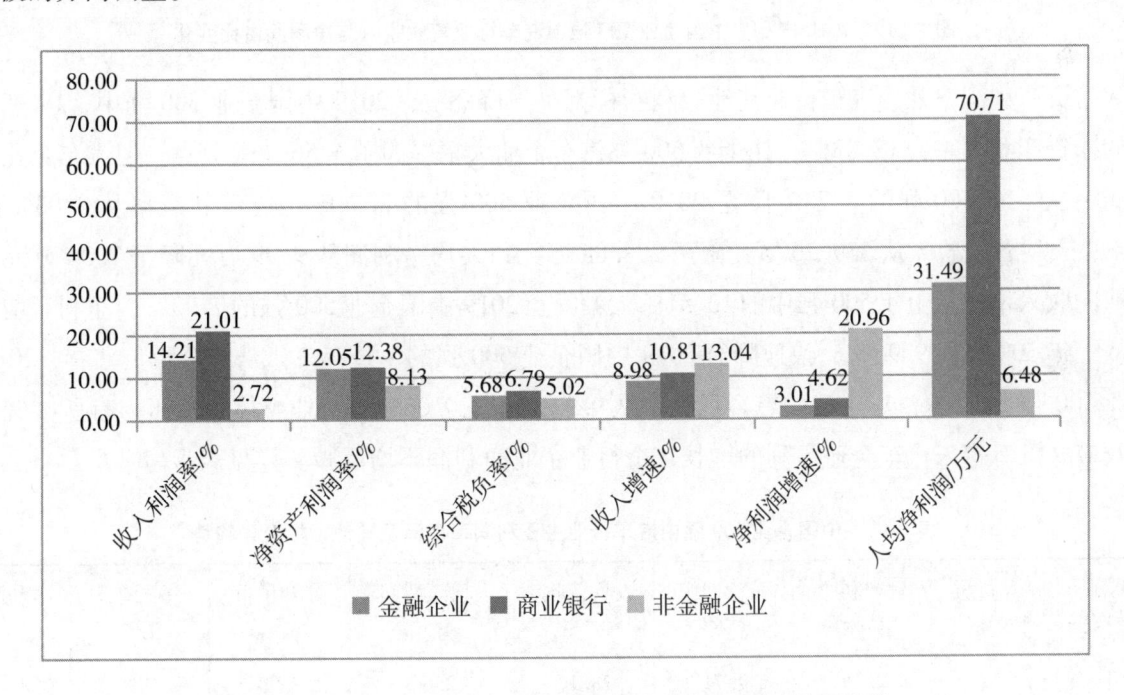

图1-18 2019中国企业500强金融与非金融企业盈利水平比较

6. 汽车行业入围企业数量有所增长，利润率指标总体下降

汽车行业入围企业数量连续两年均有增长，但对营业收入与净利润的贡献与上年500强相比均有所下降。2019中国企业500强中，有19家汽车企业入围，在上年500强增加1家的基础上再次增加1家入围企业。十八大以来，中国企业500强中的汽车企业总体保持平稳增长态势。从汽车企业对全部500强的贡献看，19家汽车企业贡献了2019中国企业500强营业收入的5.56%，贡献度比上年500强下降了0.20个百分点；贡献了全部500强净利润的3.16%，比上年500强下降了0.32个百分点。但与2010中国企业500强相比，汽车企业营业收入贡献度提高了0.52个百分点，净利润贡献度降低了1.44个百分点。详见图1-19。

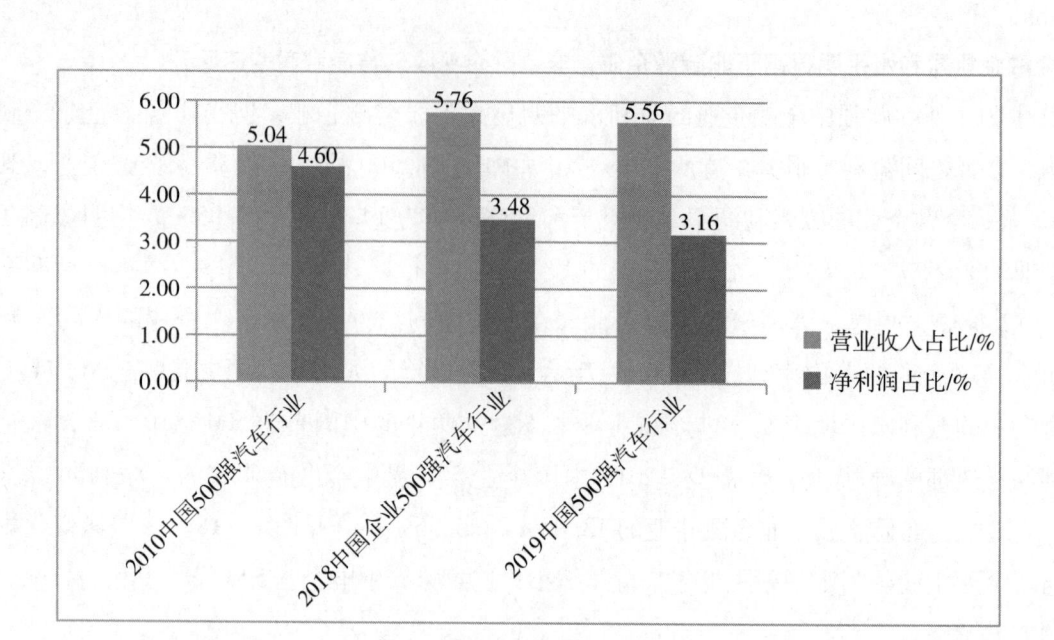

图 1-19 2010—2019 中国企业 500 强中汽车行业营业收入与净利润占比变化

除净资产利润率外，汽车行业其他盈利指标都呈下降态势。2019 中国企业 500 强中，19 家汽车企业的净资产利润率为 12.33%，比上年 500 强汽车企业大幅提高了 3.56 个百分点；但汽车企业的收入利润率从上年 500 强的 2.78% 降至 2019 中国企业 500 强的 2.54%，资产利润率从 3.03% 降至 2.76%；人均营业收入从 359.26 万元降至 288.88 万元，人均净利润从 9.99 万元降至 7.34 万元。汽车企业的收入增速从上年 500 强中的 13.51% 大幅降至 2019 中国企业 500 强的 7.93%，净利润增长率更是从上年 500 强的 9.96%，快速降至 2019 中国企业 500 强的 -1.35%。从综合税负率看，2019 中国企业 500 强中 19 家汽车企业的综合税负率从 9.92% 降至 9.08%，行业整体税负压力有所减轻，但减税效应并没有带来汽车企业盈利的增长，全行业企业净利润不增反减。详见表 1-8。

表 1-8 中国企业 500 强中汽车行业主要利润率指标及其他指标变化趋势

汽车行业主要指标	收入利润率/%	资产利润率/%	净资产利润率/%	人均营收/万元	人均净利润/万元	综合税负率/%	营收增长率/%	净利润增长率/%
2010	3.41	2.39	7.71	78.17	2.66	4.93	—	—
2011	5.40	7.31	21.48	240.10	12.96	9.97	—	—
2012	2.95	4.33	11.00	272.40	8.05	10.28	19.87	-9.51
2013	2.81	4.02	9.88	281.80	7.92	11.26	5.63	1.54
2014	2.75	3.74	9.57	303.12	8.34	10.83	17.01	16.51
2015	2.92	3.79	9.82	299.23	8.72	10.70	9.14	15.21
2016	3.11	3.51	9.10	296.79	9.24	10.03	1.24	8.08
2017	2.94	3.31	8.83	288.02	8.48	10.04	14.01	18.29
2018	2.78	3.03	8.77	359.26	9.99	9.92	13.51	9.96
2019	2.54	2.76	12.33	288.88	7.34	9.08	7.93	-1.35

7. 房地产收入贡献持续增加，利润率指标在波动中有升有降

房地产业对中国企业 500 强的收入贡献持续增加，但对净利润的贡献与上年 500 强相比有所下降。2019 中国企业 500 强中，房地产业共有 66 家企业入围，数量上与上年 500 强持平。66 家房地产企业的营业收入占全部 500 强营业收入的 9.88%，这一比例比上年 500 强提高了 0.57 个百分点，比 2010 中国企业 500 强提高了 1.30 个百分点；9 年来，房地产业对营业收入的贡献呈持续提升态势。66 家房地产企业净利润占全部 500 强净利润的 8.79%，比上年降低了 0.65 个百分点，房地产业对中国企业 500 强净利润的贡献有所下降；但与 2010 中国企业 500 强相比，2019 中国企业 500 强中房地产业对净利润的贡献提高了 3.82 个百分点。详见图 1-20。

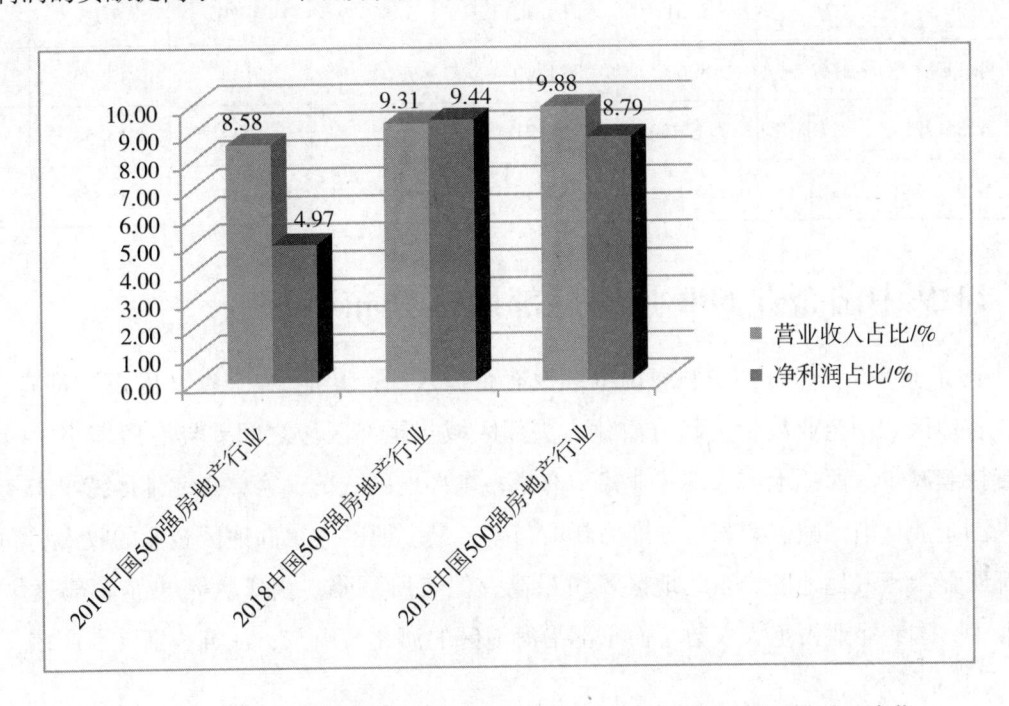

图 1-20 2010—2019 中国企业 500 强中房地产行业营业收入与净利润占比变化

房地产业净资产利润率持续三年提升，收入利润率、资产利润率下降。2019 中国企业 500 强中，房地产业的净资产利润率为 14.84%，比上年 500 强提高了 3.61 个百分点，实现了连续三年提高。收入利润率、资产利润率分比为 3.97%、1.84%，分别比上年 500 强下降了 0.59 个百分点、0.34 个百分点。详见表 1-9。但从同比口径看，66 家房地产企业的净利润增速为 23.53%，明显高于营业收入同比增速，房地产企业的发展质量有所改善。

表 1-9 中国 500 强中房地产行业主要利润率指标及其他指标变化趋势

房地产	收入利润率/%	资产利润率/%	净资产利润率/%	人均营收/万元	人均净利润/万元	综合税负率/%	营收增长率/%	净利润增长率/%
2010	3.15	2.98	12.99	92.09	2.90	4.71	—	—
2011	3.73	3.37	16.29	119.23	4.44	4.92	—	—

续表

房地产	收入利润率/%	资产利润率/%	净资产利润率/%	人均营收/万元	人均净利润/万元	综合税负率/%	营收增长率/%	净利润增长率/%
2012	2.65	2.30	11.83	74.63	1.98	5.42	14.99	15.44
2013	2.35	1.95	9.80	131.65	3.10	5.31	12.99	9.25
2014	2.65	2.24	11.41	158.52	4.20	4.77	18.53	15.49
2015	2.48	1.86	8.41	162.51	4.04	5.18	11.11	11.99
2016	3.29	1.96	8.01	169.12	5.56	5.79	8.03	15.09
2017	4.11	1.96	8.60	171.00	7.04	7.11	13.85	2.44
2018	4.56	2.18	11.23	201.71	9.20	6.11	15.54	37.17
2019	3.97	1.84	14.84	233.46	9.28	6.11	18.13	23.53

五、2019中国企业500强的总部地区分布特征

2019中国企业500强中，西藏、海南继续没有企业入围，其他29个省（区市）都有企业入围。总体上看，各地区入围企业数量更趋分散化，头部区域与尾部区域之间差异有所缩小。中部地区入围企业数量持续减少，西部地区入围企业稳中有增，东部地区减少1家，东北地区持平未变。广东省新增6家入围企业，浙江减少5家，分别为新增与减少最多地区。东部地区企业的收入利润率、净资产利润率都明显高于其他地区，东北地区税负最高，但有所下降。由于大量央企总部聚集北京，北京入围企业中，国有企业占绝大多数，而东部沿海地区的河北、山东、江苏、浙江、广东，则以民营企业为主。

1. 头部区域与尾部区域差距进一步缩小，广东净增加企业最多

头部区域与尾部区域之间入围企业数量差距进一步缩小，中国企业500强的省级区域分布更加趋向于分散化。2019中国企业500强中，北京地区的企业有100家，与上年持平；第二梯队（入围企业数量在40家以上的省级区域），包括广东、山东、江苏和浙江，共有199家企业入围，比上年减少了3家；第三梯队（入围企业数量在10~39家的省级区域），包括上海、河北、四川、重庆、福建、安徽、河北，共有115家企业入围，比上年减少了6家；第四梯队（入围企业数量在9家及以下的省级区域），包括河南等17个省级区域，共有86家企业入围，比上年增加9家。详见图1-21。这一分布表明，随着尾部区域入围企业数量的增加，中国企业500强中头部区域与尾部区域的差距进一步缩小，500强企业在省级区域的分布朝着相对均衡化、分散化的方向发展。

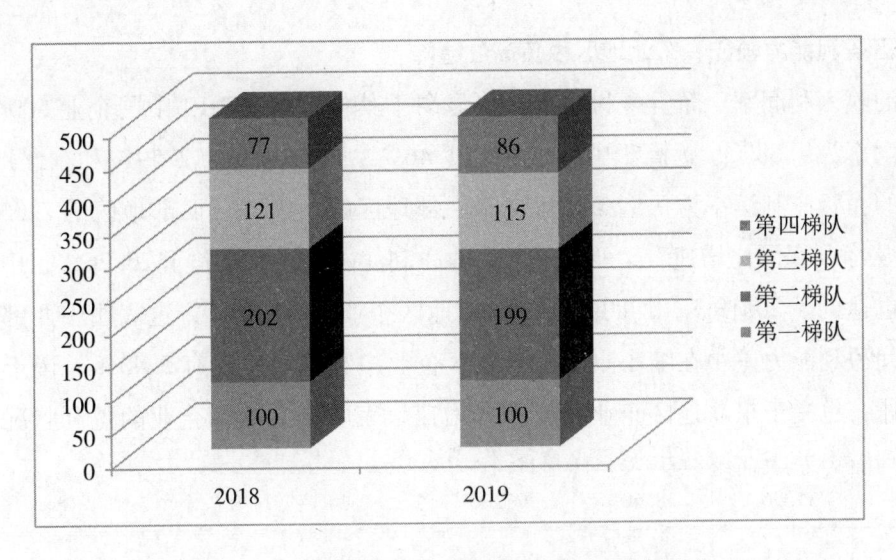

图 1-21 中国企业 500 强各梯队入围企业数量分布

多个省（区市）入围企业数量均有不同程度变化，广东入围企业数量增加最多，浙江减少最多。2019 中国企业 500 强分布在 29 个省（区市），海南、西藏依然没有企业入围中国企业 500 强。广东共有 57 家企业入围 2019 中国企业 500 强，比上年 500 强净增加 6 家，是入围企业增加最多的省级区域；其次是福建，增加了 3 家；再次是辽宁与上海，均增加了 2 家，这也是东北地区三省中唯一一次出现入围企业增加。浙江入围企业减少最多，净减少了 5 家；其次是江苏，减少了 3 家；再次是安徽与天津，各减少了 2 家。从两年变动趋势看，安徽、湖南、吉林、天津入围企业数量连续两年减少，重庆、新疆、江西、福建连续两年入围企业数量增加，广西、贵州、青海、山西、云南入围企业数量则连续三年保持未变，其他省级区域则呈波动态势。

2. 中部地区企业数量持续减少，西部地区稳中有增

四大区域中，中部地区入围中国企业 500 强的企业数量连续减少，西部地区则稳中有增，东北地区止降趋稳。2019 中国企业 500 强中，东部地区入围企业数量为 371 家，比上年减少 1 家；中部地区入围企业 52 家，在上年减少 2 家的基础上，再次减少了 3 家，入围企业数量连续减少；西部地区入围企业为 66 家，比上年增加了 4 家；东北地区入围企业 11 家，与上年持平。详见图 1-22。

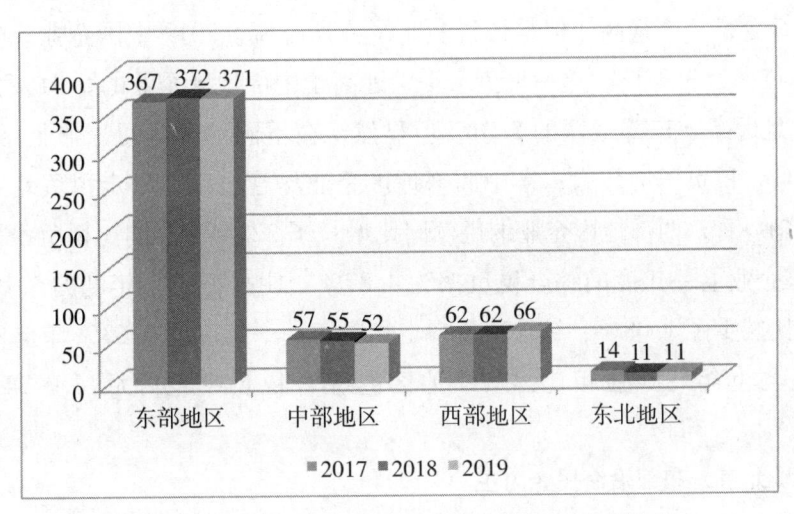

图 1-22 中国企业 500 强四大区域入围企业数量变化

3. 东部地区盈利能力领先，东北地区税负高位趋降

东部地区的收入利润率、净资产利润率都明显高于其他地区。2019中国企业500强中东部地区企业的收入利润率为4.88%，远高于中部地区的1.46%、西部地区的2.59%和东北地区的2.35%；东部地区企业的净资产利润率为9.92%，远高于中部地区的7.46%、西部地区的7.05%和东北地区的6.25%。但从净利润同比增速看，西部地区企业净利润同比快速增长了25.26%，中部地区企业净利润同比增速也达到了20.19%，均明显高于东部地区企业的10.96%，这表明中西部地区企业与东部地区企业之间盈利能力差距在缩小。而东北地区企业净利润增速仅有5.43%，慢于东中西部地区企业净利润增速，也慢于东北地区企业营业收入增速，表明东北地区企业的盈利状况在恶化，与其他地区企业盈利能力差距在继续扩大。详见图1-23。

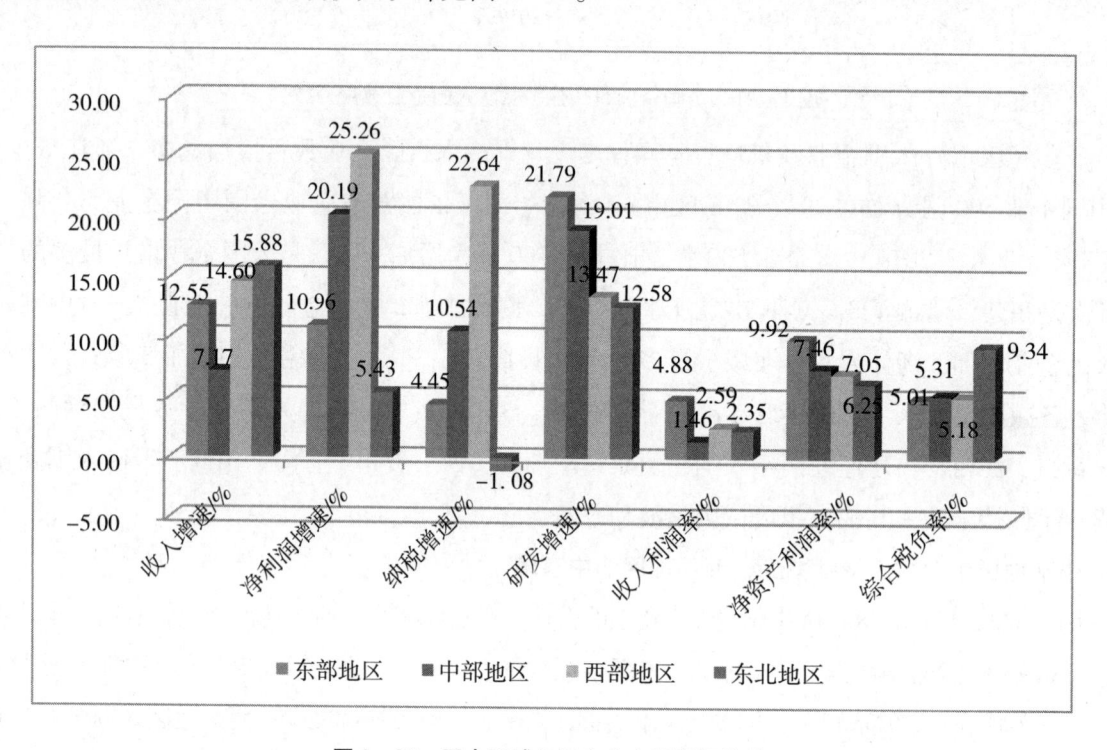

图1-23 四大区域入围企业主要指标比较

东北地区企业综合税负率最高，但整体税负水平有所下降。2019中国企业500强中，东北地区11家企业的综合税负率为9.34%，这一税负水平，远高于中部地区企业的5.31%，也高于西部地区企业的5.18%，更是远高于东部地区的5.01%。显然，在不同地区之间，企业存在税负压力差异，尤其是东北地区企业，税负压力较大；东中西部地区企业尽管也存在一定税负差异，但总体上差异并不明显。从变化趋势看，西部地区企业纳税额同比增长了22.64%，同比税负水平有较大提高，西部地区入围的66家企业上一年度的综合税负率为4.87%，明显低于本年度的5.18%；东北地区11家企业的纳税额同比减少了1.08%，综合税负率也相应由上一年度的9.63%降至9.34%，税负压力有所减轻，即使是与上年500强相比，东北地区的综合税负率也降低了0.24个百分点。详见图1-23。

4. 央企总部扎堆北京，东部沿海民企为主

北京是央企总部最为集中的地方，而东部沿海地区入围企业则以民营企业为主。2019中国企业

500强中，金融央企与非金融央企合计有83家，其中有65家的总部集聚在北京，再加上北京市属的18家地方国企，国有企业一共有83家，占了北京入围2019中国企业500强100家企业的83%。即使是刨除掉中央企业，北京入围企业中，地方国企的数量也比民营企业多1家。而在河北、山东、江苏、浙江、广东这些东部沿海经济发达地区，民营经济高度繁荣，民营企业得到很好发展，所以其当地入围中国企业500强的企业中，多数都是民营企业。如江苏的49家企业中，有43家是民营企业；山东的50家企业中，也有37家是民营企业。此外，东北地区的辽宁，在9家入围企业中，也有6家是民营企业，占了全部入围企业的2/3。详见图1-24。

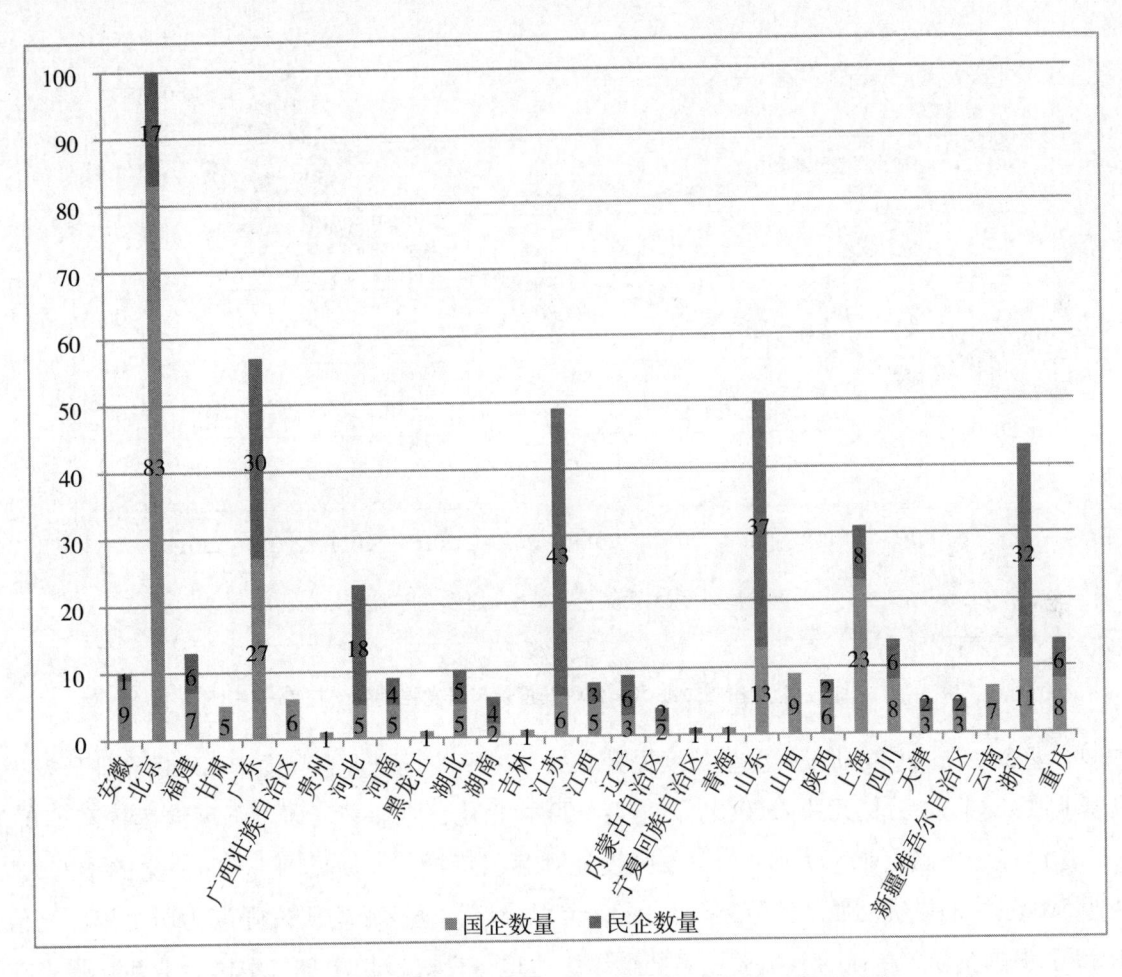

图1-24 2019中国企业500强各省级区域入围企业所有制分布

六、2019中国企业500强的创新特征

中国企业500强研发投入保持持续增加态势，研发强度也相应提高至1.60%，非常接近于历史最高值1.61%的水平。研发投入强度在5%以上的企业数量增加3家，超过半数企业的研发强度同比都有所提升。制造业企业研发强度持续高于服务业，并且保持上升态势。非金融类中央企业的平均研发投入金额明显高于其他企业，且保持逐年增长态势。通信设备制造业在研发强度、人均研发费用、平均研发费用的行业排名中，都高居首位。广东省企业在区域研发强度排名中位居榜首，明显领先于其他地区。中国企业500强的专利与发明专利数量持续增加，发明专利占比6连升。

1. 研发投入持续增加,研发强度进一步提升

中国企业 500 强研发投入保持持续增加态势。2019 中国企业 500 强中有 426 家企业提供了研发数据,这一数字与上年 500 强持平。426 家企业共投入研发费用 9765.48 亿元,比上年 500 强增加了 814.59 亿元,增幅为 9.10%;但与自身同口径比,426 家企业的研发投入同比大幅增长了 21.71%。企均研发投入为 22.92 亿元,比上年 500 强企均研发投入 21.01 亿元增长了 9.11%。党的十八大以来,企业研发投入持续较快增长;2019 中国企业 500 强研发投入总额比 2013 中国企业 500 强增长了 79.96%,年均增速为 10.29%。详见图 1-25。

图 1-25 中国企业 500 强研发投入与研发强度变化趋势

中国企业 500 强的平均研发强度呈持续提升态势。2019 中国企业 500 强中 426 家企业研发投入总额占其营业收入 61.24 万亿元的 1.60%。与上年 500 强相比,企业平均研发强度继续提高了 0.04 个百分点,这已经是中国企业 500 强平均研发强度连续第二年提高。详见图 1-24。党的十八大以来,中国企业 500 强的平均研发强度已经提高了 0.33 个百分点,企业平均研发强度为历史第二高值,仅略低于 2007 中国企业 500 强的 1.61%。若能继续维持这一良好增长态势,中国企业 500 强将在下一年度创下企业平均研发强度新高。

2. 企业研发投入意愿总体有所加强,多数企业研发强度提升

研发投入强度在 5% 以上的企业数量及其研发投入金额占比都呈上升趋势,企业研发投入意愿有所增强。2019 中国企业 500 强中,有 4 家企业的研发强度超过了 10%,比上年 500 强多了 1 家;合计投入研发费用 1411.45 亿元,研发强度 10% 以上企业的研发费用合计占了全部 426 家企业研发投入总额的 14.46%。研发强度在 5%~10% 的企业有 16 家,比上年 500 强增加了 2 家;合计投入研发费用 1825.38 亿元,占 426 家企业的 18.69%。研发强度在 5% 以上的企业合计比上年 500 强增加了 3 家,高投入强度的企业数量有所增加。详见表 1-10。

表1-10 2019中国500强企业研发投入强度区间分布

	企业数量	研发投入/亿元	研发投入占比/%
10%以上	4	1411.45	14.46
5%~10%	16	1825.38	18.69
2%~5%	95	3303.91	33.83
2%以下	311	3224.74	33.02
合计	426	9765.48	100.00

超过半数企业的研发强度同比都有所提升。2019中国企业500强中，426家企业研发强度与上年同口径相比，其中224家企业的研发强度有不同程度的提升，占全部426家企业的52.58%，表明多数企业的研发投入意愿都比上一年有所提高，愿意投入更多资金进行研发；有12家企业的研发投入强度提升值超过了1个百分点，其中百度网络技术有限公司提升超过4个百分点，从15.24%提升至19.25%，接近于将全部营业收入的1/5用于研发。有163家企业研发投入强度有所下降，其中有5家企业下降超过1个百分点；有95家企业是由于研发投入增速慢于营业收入增速导致的研发强度下降，另有68家企业属于研发投入金额的净减少。另外有39家企业的研发强度总体上维持稳定。详见图1-26。另外，有4家企业每年虽然也有研发投入，但投入非常少，已经连续两年研发强度都接近于0。

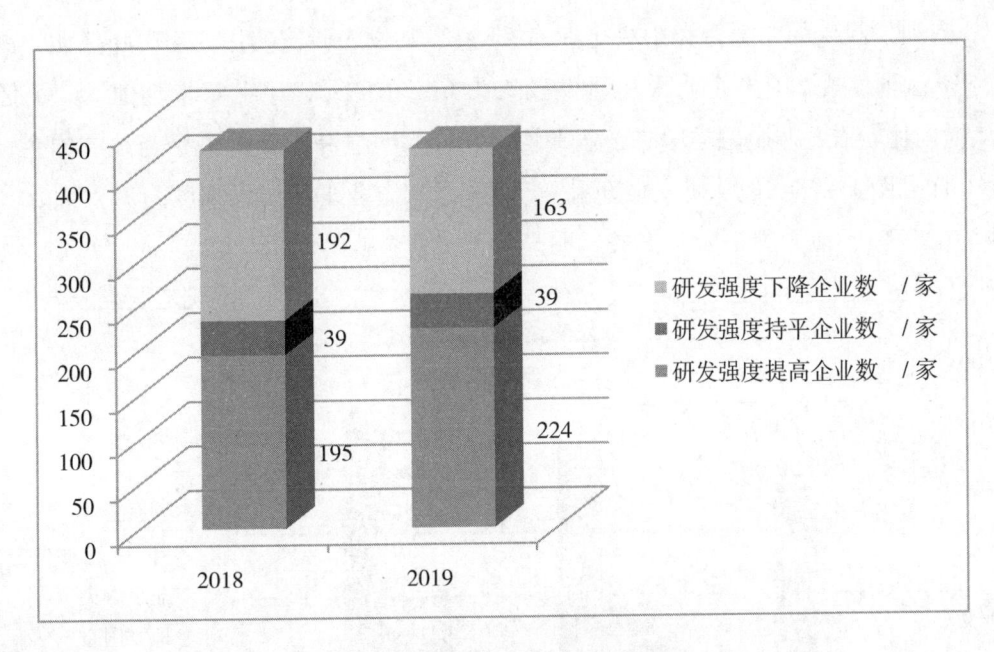

图1-26 中国企业500强研发强度升降情况

3. 制造业研发强度上升，非金融央企平均研发投入金额远超其他企业

制造业企业研发强度高于服务业，并且保持上升态势。2019中国企业500强的426家有研发数据的企业中，包括制造业企业237家，服务业企业112家。237家制造业企业的平均研发强度为2.12%，比上年500强提高了0.05个百分点；112家服务业企业平均研发强度为1.05%，比上年500

强降低了 0.07 个百分点。制造业企业平均研发强度高于服务业企业，而且这一差距在 2019 中国企业 500 强中有所扩大。详见图 1-27。

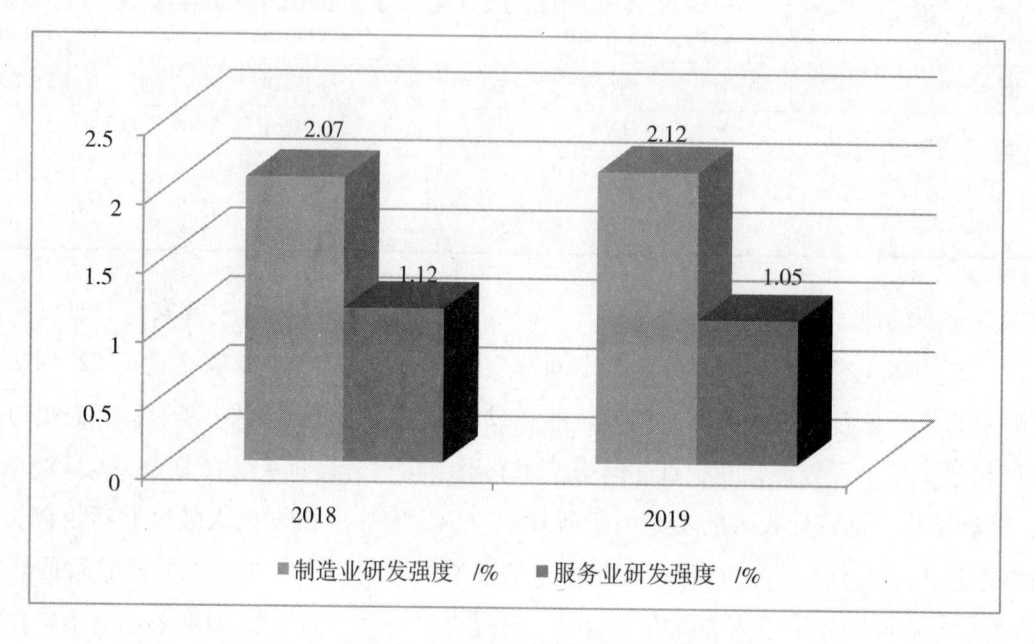

图 1-27 中国企业 500 强制造业、服务业研发强度变化

非金融类中央企业的平均研发投入金额明显高于其他企业，且保持逐年增长态势。2019 中国企业 500 强中，有研发投入的非金融类中央企业有 53 家，共投入研发费用 3249.00 亿元，占全部研发投入的 33.58%；非金融类中央企业平均研发投入为 61.30 亿元，比上年平均值 55.25 亿元提高了 10.96%。从横向比较看，非金融类中央企业平均研发投入明显高于金融央企与地方国企，也显著高于民营企业。详见图 1-28。但从研发强度看，225 家国有企业平均研发强度为 1.27%，其中非金融类中央企业为 1.37%，地方国企为 1.23%，明显低于民营企业的 2.38%。

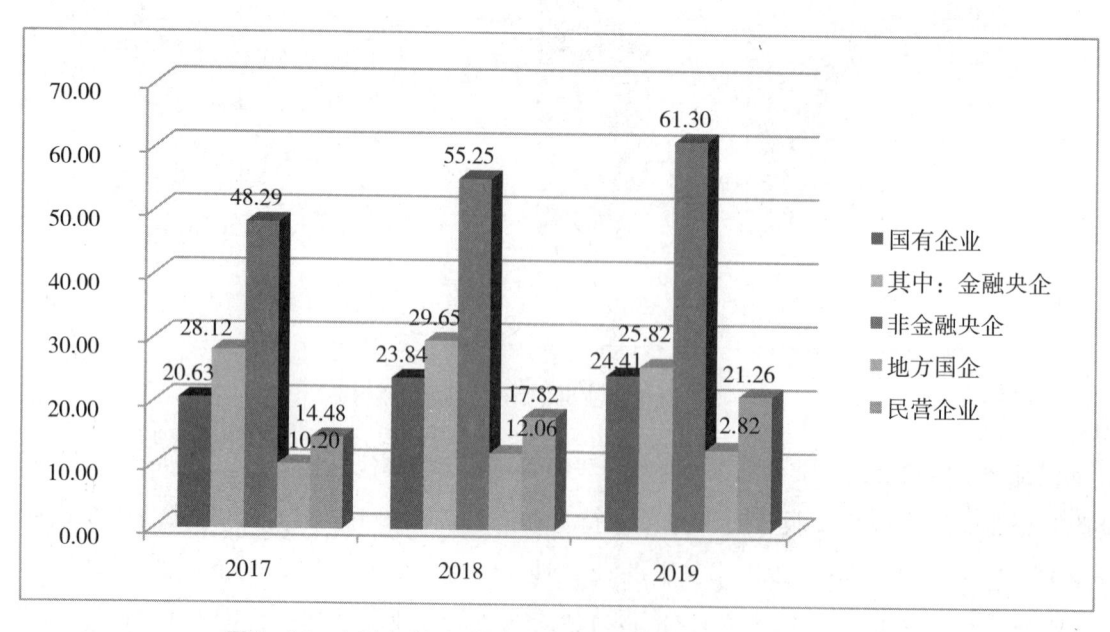

图 1-28 中国企业 500 强企均研发投入金额变化（单位：亿元）

4. 高端装备制造业研发力度持续领先,广东企业研发强度整体领先

通信设备制造业在研发强度、人均研发费用、平均研发费用的行业排名中,都高居首位。2019中国企业500强中,3家通信设备制造企业共投入研发费用1175.67亿元,行业平均研发强度为13.44%,显著高于排位第二的互联网服务业的6.14%;通信设备制造业人均研发费用为49.43万元,也显著高于互联网服务业的19.58万元;通信设备制造业企均研发费用为391.89亿元,同样远高于航空航天的182.90亿元。从研发强度、人均研发费用、平均研发费用排名前五的行业看,主要是高端设备制造行业,这将有力支撑我国高端设备制造业企业的持续高质量发展。详见表1-11。而且与上年500强相比,通信设备制造业的研发强度进一步提高,上年500强中该行业的研发强度只有11.92%。

表1-11 2019中国企业500强中行业研发排序前五

三级行业	研发强度/%	三级行业	人均研发费用/万元	三级行业	平均研发费用/亿元
通信设备制造	13.44	通信设备制造	49.43	通信设备制造	391.89
互联网服务	6.14	互联网服务	19.58	航空航天	182.90
航空航天	5.84	软件和信息技术(IT)	14.00	兵器制造	139.91
半导体、集成电路及面板制造	5.54	工程机械及零部件	12.90	石油、天然气开采及生产业	121.06
工程机械及零部件	4.99	计算机及办公设备	10.89	轨道交通设备及零部件制造	113.41

广东省企业在区域研发强度排名中位居榜首,明显领先于其他地区。与上年500强地区研发强度排序一样,广东依然高居地区平均研发强度排序的首位。2019中国企业500强中,广东企业有57家,其中47家企业提供了研发数据;这47家企业的平均研发强度为3.80%,明显高于其他地区企业的平均研发强度。但在人均研发费用、平均研发费用上,吉林占据了榜首。不过这一地位并不可靠,因为吉林仅有1家企业入围,单一企业的研发数据,并不具备典型的代表性。详见表1-12。与上年500强比较,广东企业的平均研发强度也提高了0.50个百分点。

表1-12 2019中国企业500强中地区研发排序前五

地区	研发强度/%	地区	人均研发费用/万元	地区	平均研发费用/亿元
广东	3.80	吉林	9.67	吉林	147.20
吉林	2.48	浙江	8.22	北京	50.41
浙江	2.23	广东	7.95	广东	41.62
湖南	2.21	青海	7.56	山西	28.14
山西	2.18	湖南	7.46	浙江	22.32

5. 专利数量与质量持续提升，国际标准制定参与度更为活跃

中国企业500强的专利与发明专利数量持续增加，发明专利占比6连升。2019中国企业500强共有396家企业申报了专利数据，共申报专利总数110.80万件；专利申报企业比上年500强增加了14家，专利申报数量比上年500强增加了15.25万件，增长了15.97%。其中，申报发明专利40.56万件，比上年500强增长了17.40%，发明专利数量连续9年持续增长。党的十八大以来，中国企业500强的专利质量持续改善。2019中国企业500强中发明专利占全部专利的36.61%，占比比上年500强提高了0.45个百分点，发明专利占比已经连续6年逐年提高，专利质量稳步提升。详见图1-29。

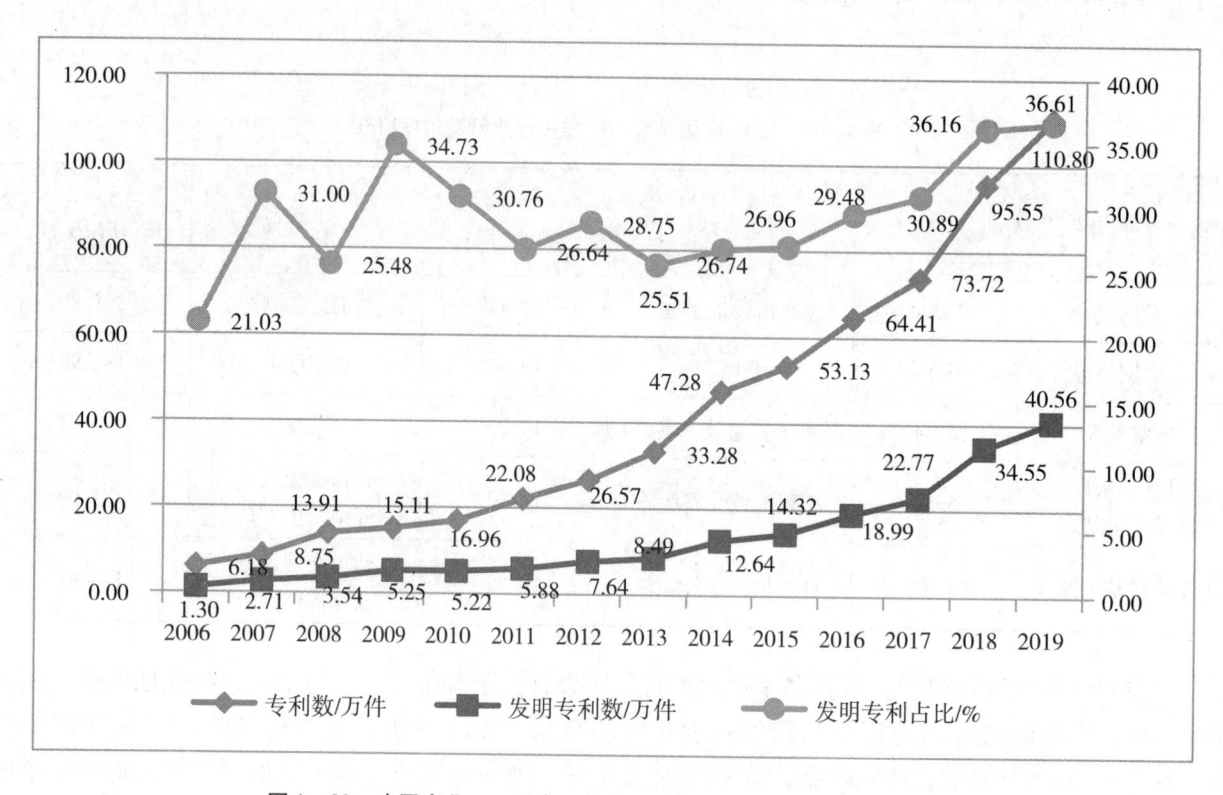

图1-29 中国企业500强专利与发明专利、发明专利占比变动态势

企业参与标准制定情况有所波动，但参与国际标准制定的活跃度持续提升。2019中国企业500强中共有340家企业申报了参与标准制定情况，申报企业数比上年500强多了15家。340家企业共申报参与标准制定47701项，较上年500强申报数有明显减少。党的十八大以来，企业申报参与标准制定数据基本上都维持着波动态势，一年增加，一年减少，增减有规律地交替变化。在参与国际标准制定上，340家企业共申报参与了1905项国际标准制定，这一数据比上年500强增加了350项，连续两年实现增长，创下党的十八大以来的新高。详见图1-30。这在一定程度上表明，我国企业积极参与国际标准制定，活跃度提升，话语权增强。

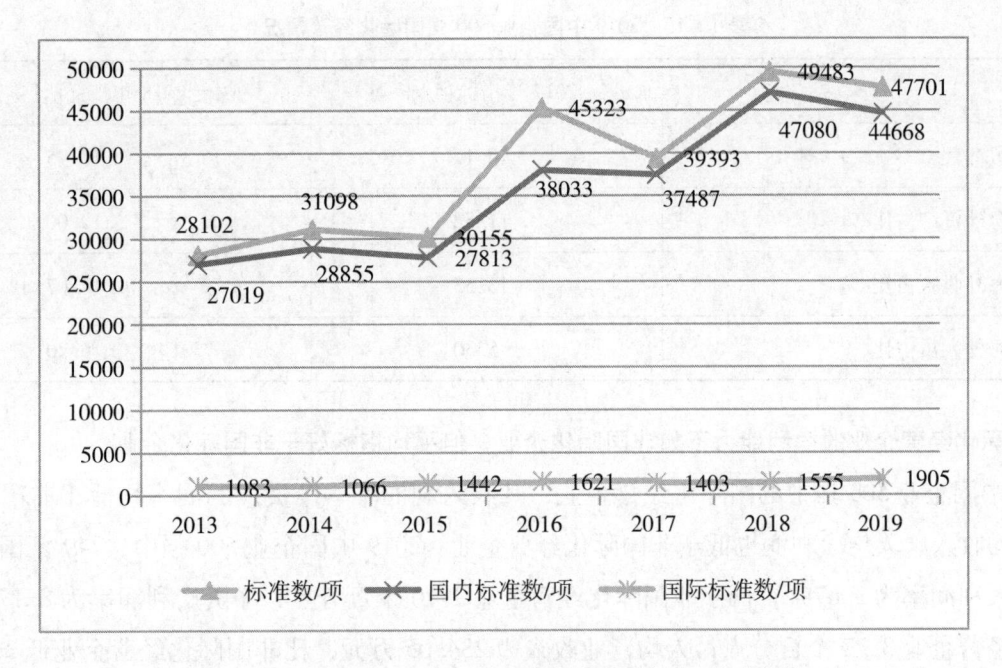

图 1-30 中国企业 500 强企业参与标准制定情况变动趋势

七、2019 中国企业 500 强的国际化特征

2019 中国企业 500 强有 249 家企业申报了完整的国际化经营数据，比上年 500 强多了 8 家，但其跨国指数比上年 500 强有所下降。中国大企业国际化经营能力有待提升，国际化经营企业的收入利润率、净资产利润率均低于非国际化经营企业，人均收入、人均净利润也低于非国际化经营企业。从分类比较看，国有企业收入利润率高于民营企业，服务业企业收入利润率高于制造业企业，民营企业净资产利润率高于国有企业，制造业企业净资产利润率高于服务业企业。76 个行业中，有 44 个行业的企业国际化比率高于 50%，但也有 10 个行业企业的国际化比率依旧为 0。在地区层面，区域企业国际化比率与经济发展水平并无必然联系，但总体上看东部沿海地区的国际化比率更高一些，中西部地区有不少区域企业对国际化经营仍缺乏积极性。

1. 国际化经营程度与上年 500 强相比回落，但同比有所改善

2019 中国企业 500 强中，国际化经营企业的国际化程度与上年 500 强企业相比各指标均有不同程度的下滑，但与本企业的同比口径看，各指标均有所好转。2019 中国企业 500 强中，有 249 家企业的海外收入、海外资产、海外人员数据齐全。这 249 家企业的海外收入占企业全部收入的 14.07%，海外资产占全部资产的 12.00%，海外人员占全部人员的 6.20%；按照联合国贸发组织计算跨国指数的方式，得到 249 家企业的跨国指数为 10.75%。这一跨国指数与 2018 中国企业 500 强中 241 家跨国经营企业相比，下降了 0.11 个百分点；但与 249 家企业自身上一年度的国际化经营情况相比，则上升了 0.63 个百分点。

表 1-13　2019 中国企业 500 强国际化经营情况

	2017 年指标值/%	2018 年指标值/%
跨国指数/%	10.12	10.75
其中：海外资产占比/%	11.52	12.00
海外收入占比/%	13.53	14.07
海外人员占比/%	5.30	6.20

2. 国际化经营企业的盈利能力不如非国际化企业，但平均指标好于非国际化企业

2019 中国企业 500 强中的国际化经营企业，其收入利润率、净资产利润率均低于非国际化经营企业，人均收入、人均净利润也低于非国际化经营企业。2019 中国企业 500 强中，249 家国际化经营企业的收入利润率为 3.67%，低于非国际化经营企业 2.10 个百分点；净资产利润率为 8.17%，低于非国际化经营企业 3.72 个百分点；人均营业收入为 234.05 万元，比非国际化经营企业低 3.79 万元；人均净利润为 8.59 万元，比非国际化经营企业低 5.13 万元。详见图 1-31。这些结果表明，国内市场较好的盈利水平，延缓了国内不少大企业参与国际化经营的步伐；而在国内市场盈利表现不佳的企业，则可能被倒逼选择了国际化经营道路。同时也从另一个侧面反映了中国大企业国际化经营能力不佳的现实，这导致不少参与国际化经营的中国大企业花费了大量国际化经营投入，却没有能够获得与之相对应的收益。这也可能反映了中国国际化企业的另一个客观现实：企业整体技术水平相对偏低，产品附加值低，不得不依靠相对较低的价格来进行市场的拓展，从而拉低了境外业务的盈利能力。

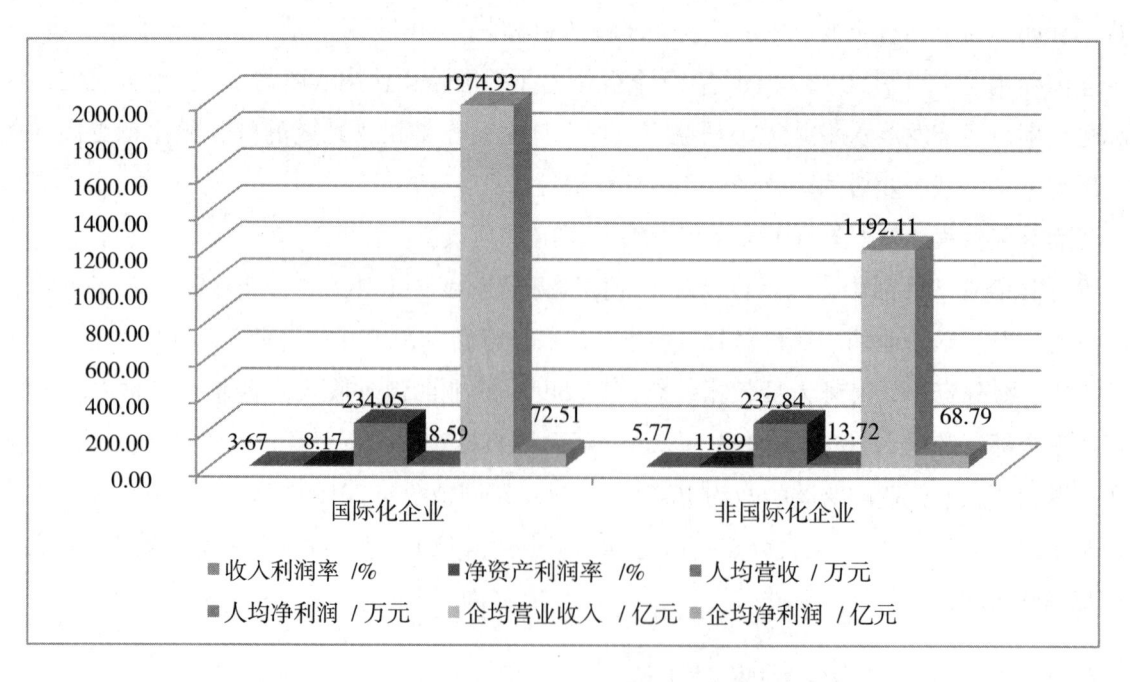

图 1-31　2019 中国企业 500 强国际化与非国际化企业比较

规模越大的企业，越倾向于国际化。2019中国企业500强中，249家国际化经营企业的平均营业收入为1974.93亿元，远高于非国际化经营企业的1192.11亿元；国际化经营企业的平均净利润为72.51亿元，也比非国际化经营企业高3.72亿元。详见图1-31。表1-14的区间分布状况也表明，排名越靠前的企业参与国际化经营的比例越高，前100强企业中有62家企业参与了国际化经营，占全部国际化经营企业的24.90%。这一结果表明：企业国际化经营早期的绩效可能并不理想；规模越大的企业，越倾向于国际化经营，倾向于开拓国际市场作为新的收入与利润增长点。

表1-14　2019中国企业500强中国际化经营企业排名区间分布

区间分布	国际化企业数/家	分布比率/%	累计占比/%
1~100	62	24.90	24.90
101~200	59	23.69	48.59
201~300	53	21.29	69.88
301~400	44	17.67	87.55
401~500	31	12.45	100.00

3. 国际化经营能力所有制各有高低，行业互有优劣

2019中国企业500强中，国有企业国际化经营的收入利润率高于民营企业，但净资产利润率低于民营企业。2019中国企业500强249家国际化经营企业中，含国有企业164家，其平均营业收入利润率为3.78%，高于85家民营企业的3.16%；其平均净资产利润率为7.63%，远低于民营企业的13.53%。国际化经营盈利指标方面，国有企业与民营企业各有高低。详见表1-15。

表1-15　2019中国企业500强国际化与非国际化企业的所有制差异比较

	收入利润率/%		净资产利润率/%	
	非国际化企业	国际化企业	非国际化企业	国际化企业
国有企业	5.97	3.78	9.61	7.63
民营企业	5.56	3.16	16.09	13.53

服务业收入利润率高于制造业，但制造业净资产利润率高于服务业。2019中国企业500强的249家国际化经营企业中，有制造业企业133家，服务业企业59家，其他行业企业57家。133家制造业企业的平均收入利润率为2.32%，低于59家服务业企业的7.29%；但在净资产利润率方面，制造业企业平均值为9.39%，高于服务业企业的9.01%。从行业比较看，制造业与服务业的国际化经营盈利水平也是各有千秋。详见表1-16。

表1-16 2019中国企业500强国际化与非国际化企业行业差异比较

	收入利润率/%		净资产利润率/%	
	国际化企业	非国际化企业	国际化企业	非国际化企业
制造业	3.23	2.32	12.33	9.39
服务业	7.63	7.29	12.27	9.01

4. 多数行业企业积极参与国际化经营，部分行业依旧固守本土市场

多数行业的企业都在积极参与国际化经营。2019中国企业500强的76个行业中，有44个行业的国际化比率（行业入围企业中参与国际化经营企业的占比）高于50%；其中有17个行业的国际化比率为100%，不过这17个行业中有8个行业的入围企业都只有1家，其他9个行业入围企业数量在2~4家不等。在16个入围企业数量超过10家的行业中，国际化经营比率最高为汽车及零配件制造业，19家入围企业中有16家参与了国际化经营，行业国际化比率为84.21%；其次是家用电器制造业，10家入围企业中有8家积极参与国际化经营，国际化比率为80%；此外，房屋建筑业、综合制造业、一般有色业、化学原料及化学品制造业、多元化投资业的行业国际化比率均超过了50%。详见表1-17。

表1-17 2019中国企业500强主要行业国际化参与程度

所属行业	入围企业数/家	国际化企业数/家	行业国际化比率/%
黑色冶金	46	18	39.13
房屋建筑	44	31	70.45
住宅地产	20	7	35.00
汽车及零配件制造	19	16	84.21
一般有色	19	11	57.89
煤炭采掘及采选业	19	9	47.37
商业银行	19	4	21.05
电力电气设备制造	16	6	37.50
石化及炼焦	15	6	40.00
化学原料及化学品制造	14	8	57.14
保险业	12	4	33.33
多元化投资	11	6	54.55
互联网服务	11	1	9.09
家用电器制造	10	8	80.00
综合制造业	10	6	60.00
综合能源供应	10	3	30.00

部分行业依旧固守本土经营。2019中国企业500强中，共有19个行业入围企业的国际化比率低

于 30%，行业企业整体上仍更倾向于固守本土进行经营，参与国际化经营的意愿比较弱。19 家入围的商业银行中，只有 4 家银行报告了海外收入、海外资产与海外人员；中国银行业的整体实力虽然很强，规模很大，在全球都排在前列，但终归还是只是在国内强，在国外并没有开展业务，更谈不上参与国际竞争。此外，软件和信息技术业（IT）、酒类业、航空运输业、饮料业、化工医药商贸业、医药及医疗器材零售业、水上运输业、航空港及相关服务业、农产品及食品批发业、汽车摩托车零售业的国际化比率为 0，行业入围 500 强的企业中没有企业参与国家化经营。详见表 1-17。

5. 企业国际化经营与区域经济发展水平并无必然联系

企业是否参与国际化经营，与其总部所在地所属区域的经济发展水平之间并无必然联系，但总体上看，中西部地区与东北地区企业的国际化参与程度更低一些。2019 中国企业 500 强地区企业国际化比率 70% 以上的区域有黑龙江、吉林、陕西、云南、甘肃、新疆、安徽，都来自中西部与东北地区；不过，由于这些地区入围企业数量均不多，其高百分比并不具有可靠性与代表性。入围企业数量比较多的东部沿海的北京、浙江、江苏、上海、山东，入围企业数量都在 30 家以上，企业参与国际化经营的比例也都在 50% 以上。而贵州、内蒙古、宁夏与青海，入围企业中都没有企业参与国际化经营。详见图 1-32。

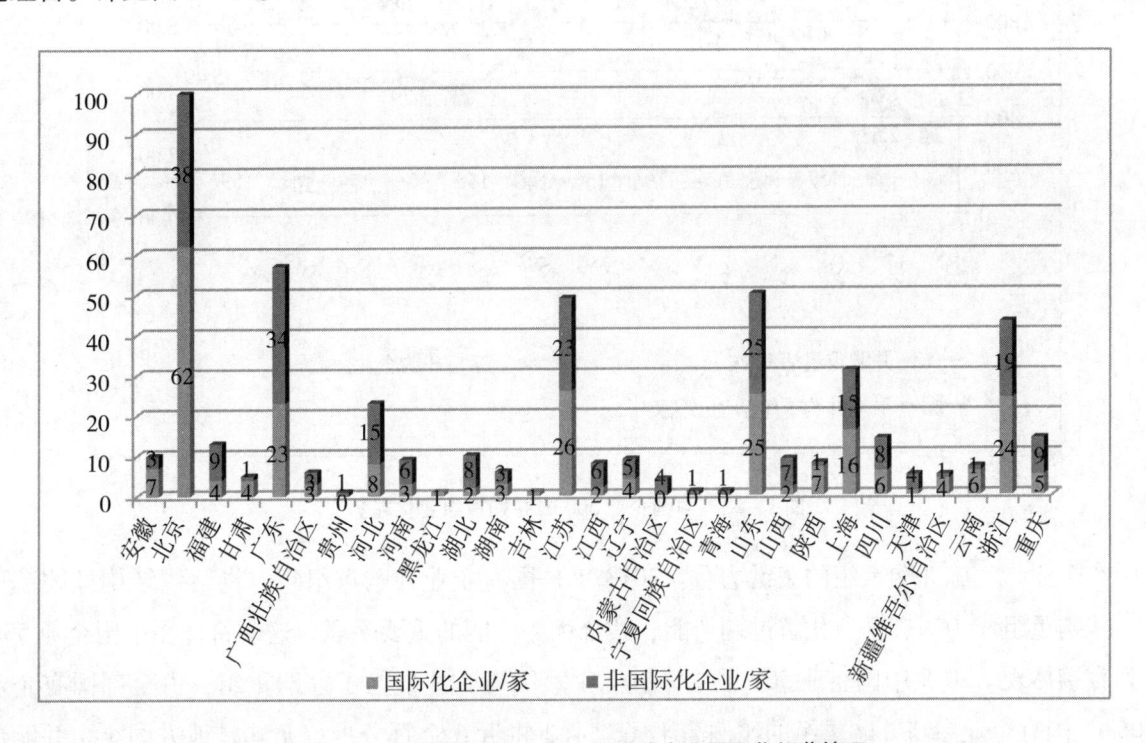

图 1-32　2019 中国企业 500 强区域企业国际化经营情况

八、2019 中国企业 500 强的兼并重组活动

2019 中国企业 500 强的并购重组重回活跃轨道，共有 182 家企业参与了并购重组，比上年 500 强增加了 23 家；共实施了 1000 次并购重组，比上年 500 强增加了 178 次。国有企业是并购重组的关键

力量，104家国有企业完成了613次并购重组；68家服务业企业共完成了617次并购重组，远多于84家制造业企业的264次和30家其他行业企业的119次。参与并购的182家企业，其盈利水平整体上都明显低于未参与并购重组的318家企业，其综合税负水平也低于未并购企业。

1. 并购重组活跃度回升，国企是并购参与关键力量

中国企业500强的并购重组活跃度有所回升。2019中国企业500强中，有182家企业参与了并购重组，共完成对1000家企业的并购重组；无论是从并购参与数量，还是从完成并购企业数量看，500强企业的并购重组活跃度都有明显回升；其中参与并购企业数比上年500强增加了23家，完成并购重组的次数比上年500强增加了178次。从企业平均并购次数看，2019中国企业500强中182家并购主体的平均并购次数为5.49次，比上年500强的企业平均并购次数多了0.32次。详见图1-33。

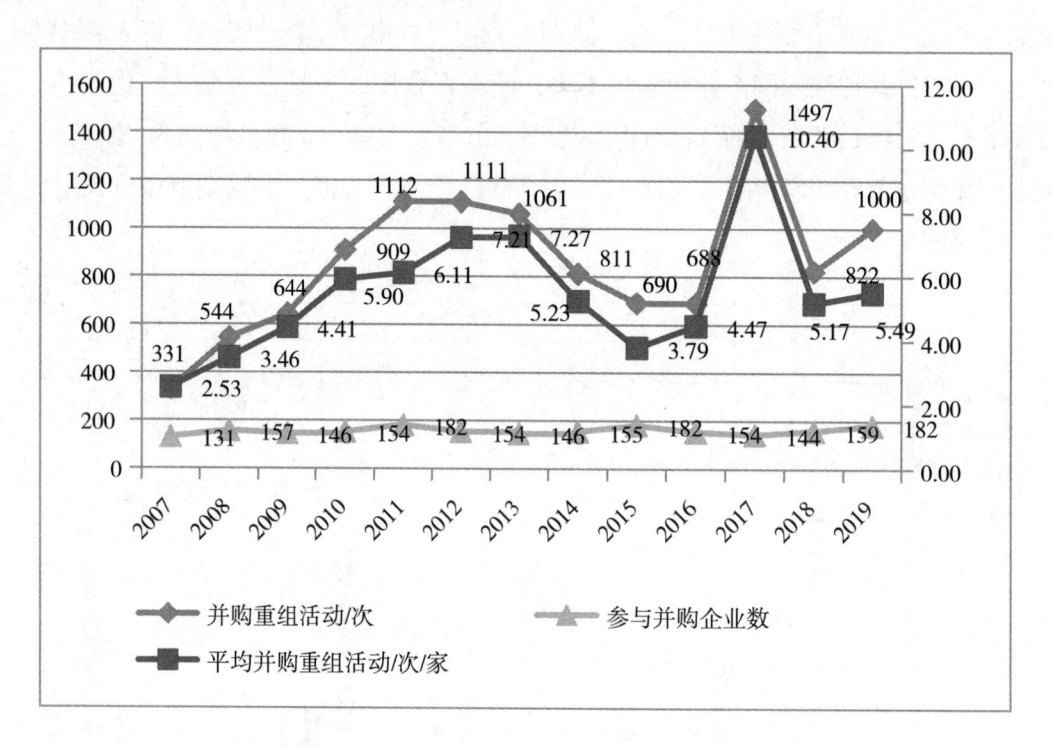

图1-33 中国企业500强并购重组变化趋势

国有企业是实施并购重组的关键力量。2018年是国有企业并购重组年，供给侧结构性改革稳步推进，并购重组成为国有企业化解过剩产能、整合优势产能的重要手段。这一特征在中国企业500强中得到直接体现。2019中国企业500强中，有104家国有企业参与了并购重组，占全部国有企业的39.10%，国有企业参与并购重组的比例高于民营企业将近6个百分点；尤其是地方国企，并购参与率达到了44.81%，高出民营企业11.47个百分点。从实施并购次数看，国有企业共实施了613次并购重组，占全部并购重组次数的61.30%，也明显高于国有企业在2019中国企业500强中的数量占比。从企业平均并购次数看，国有企业为5.89次，高于民营企业的4.96次，其中非金融央企的平均并购次数更是多达10.86次。详见表1-18。

表1-18 2019中国企业500强不同所有制企业并购参与情况

	并购参与企业数/家	并购次数/次	平均并购次数/次	并购参与率/%
国有企业	104	613	5.89	39.10
其中：非金融央企	22	239	10.86	32.35
地方国企	82	374	4.56	44.81
民营企业	78	387	4.96	33.33

2. 服务业并购重组最为积极，江浙沪企业并购重组较为活跃

服务业企业更倾向于实施并购重组。2019中国企业500强中，173家服务业企业中有68家企业参与了并购重组，并购参与度为39.31%，高于其他行业的36.59%和制造业的34.29%。68家服务业企业共完成了617次并购重组，远多于84家制造业企业的264次和30家其他行业企业的119次。详见图1-34。68家服务业企业的平均并购次数为9.07次，远高于其他行业企业的3.97次和制造业企业的3.14次。从三级行业看，有35个行业的并购参与度高于50%，但其中多数行业的实际入围企业数只有1~2家，缺乏代表性；其中入围企业数量较多的行业有综合能源供应业、电力生产业、化学原料及化学品制造业、水泥及玻璃制造业、家用电器制造业。从并购重组实施次数看，电网业完成了138次并购重组，居于行业首位；其次是住宅地产业，完成并购重组92次；公路运输完成并购重组67次，医药及医疗器材零售业完成60次，多元化投资业完成53次；上述行业都是服务业。

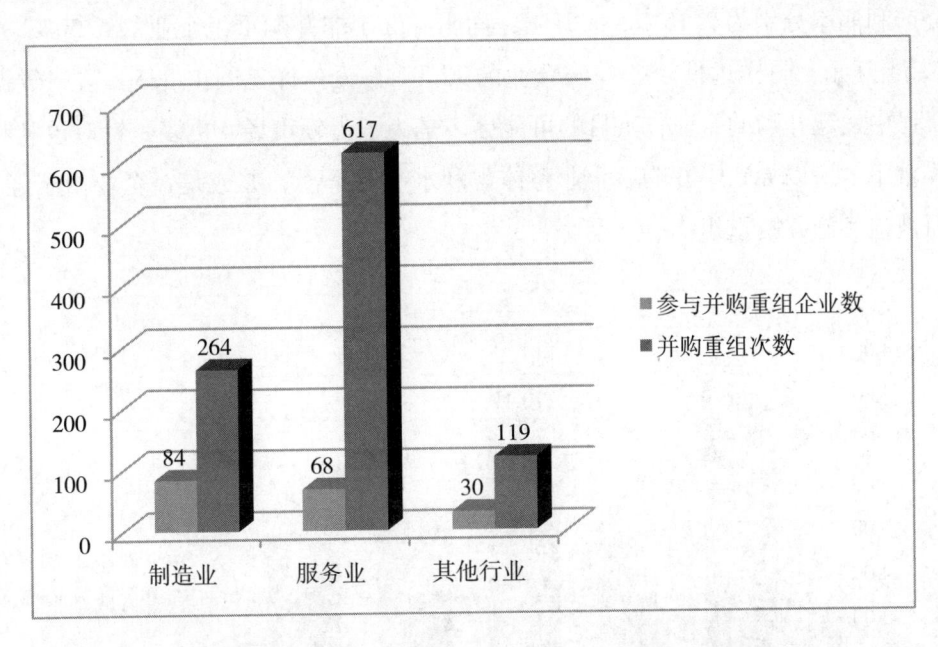

图1-34 2019中国企业500强制造业、服务业、其他行业并购重组比较

江浙沪地区的企业，在并购重组上相对较为活跃。2019中国企业500强中，并购参与度地区排名如表1-19所示。在表中，排名居前的地区是广西、甘肃，但由于两地实际入围企业数量有限，同样缺乏代表性。在入围企业数量较多的地区中，江浙沪排在并购参与度地区排行榜前列，并购重组相对较为活跃；其中浙江有23家企业参与了并购重组，并购参与度为53.49%；江苏有22家企业参

与了并购重组,并购参与度为44.90%;上海有13家企业参与了并购重组,并购参与度为41.94%。

表1-19 2019中国企业500强并购重组活跃地区

地区	参与并购数/家	并购企业数/家	入围企业数/家	并购参与度/%
广西壮族自治区	5	8	6	83.33
甘肃	3	5	5	60.00
浙江	23	146	43	53.49
内蒙古自治区	2	2	4	50.00
江苏	22	42	49	44.90
四川	6	20	14	42.86
云南	3	13	7	42.86
上海	13	105	31	41.94
湖北	4	72	10	40.00
新疆维吾尔自治区	2	12	5	40.00

3. 并购参与企业的盈利水平低于非并购企业,税负率相对也低于非并购企业

参与并购的企业,其盈利水平整体上都明显低于未参与并购重组的企业。2019中国企业500强中,182家参与并购重组的企业,其净利润增速为9.84%,低于318家非并购企业的11.87%;收入利润率、净资产利润率分别为2.15%、6.81%,均明显低于非并购重组企业的5.50%、10.41%;人均净利润为5.54万元,同样远低于非并购企业的12.91万元。详见图1-35。这一数据说明,2019中国企业500强中发起并购的企业,其目的可能更多是为了占领市场,更多是针对盈利状况不佳的企业实施了并购重组,所以导致了并购后企业整体盈利水平的下滑;亦或是,企业由于经营陷入困境,为摆脱困境而被迫实施并购重组。

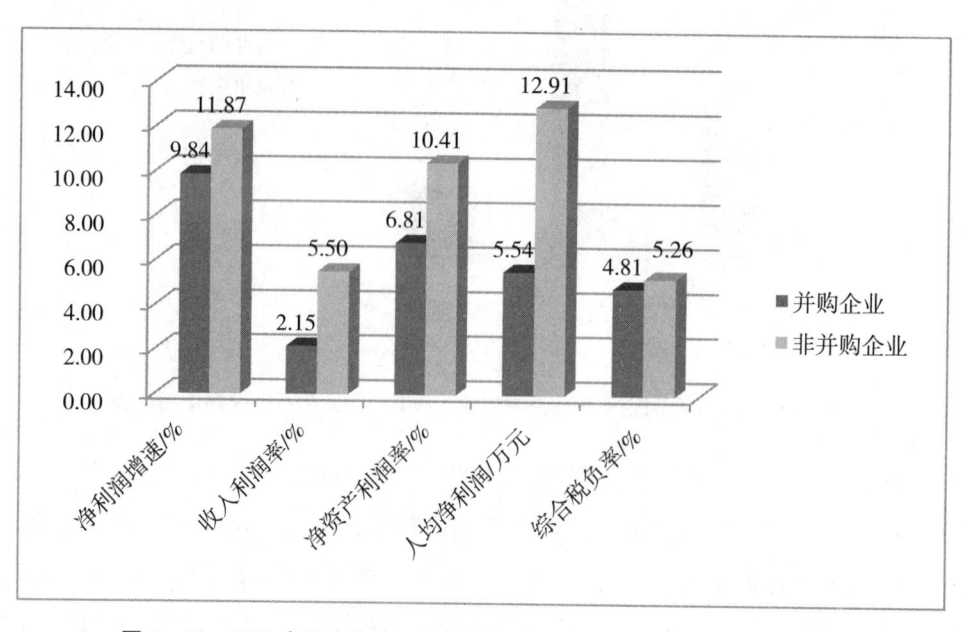

图1-35 2019中国企业500强并购企业与非并购企业盈利与税负比较

并购企业的税负水平整体上稍低于非并购企业。2019 中国企业 500 强 182 家参与并购重组企业的综合税负率为 4.81%，比未参与并购重组的 318 家企业的综合税负率低了 0.45 个百分点。详见图 1-35。这意味着，企业在并购重组活动中，可能享受到了政府的税收减免。结合并购重组企业整体盈利水平低于非并购重组企业的结论看，可能并购主体是由于受到地方政府的邀请，并在地方政府提出给予适当税收减免优惠的前提下，完成了对地方政府致力脱困发展企业的并购重组。

九、2019 中国企业 500 强的其他相关分析

中美贸易摩擦的不利影响在东部沿海地区开始显现，企业平均收入利润率有所下滑。2019 中国企业 500 强的资产负债率总体平稳；资产周转率总体上保持稳定，国有企业微升，民营企业略降。企业资本劳动比持续提高，技术水平的提升推动大企业由劳动密集向资本密集转变。人均产出水平持续改善，国有企业与民营企业之间差距有所缩小。企业换榜率自高位趋稳后有所回落，新进企业营业收入高速增长，但净利润不增反减，效益差于连续上榜企业。新进上榜企业主要来自东部沿海地区，连续上榜企业的排名变化明显，部分企业的排名变动较大。

1. 中美贸易摩擦对我国企业的影响开始显现，东部沿海地区多数企业收入利润率下滑

东部地区企业平均收入利润率下滑，中美贸易摩擦的不利影响开始显现。2019 中国企业 500 强中，东部地区企业的平均收入利润率为 4.88%，比上年 500 强低 0.07 个百分点；东部 9 省市中，有 6 省市企业平均收入利润率下降。2019 中国企业 500 强中，100 家北京企业的平均收入利润率为 5.04%，比上年 500 强的北京企业下降了 0.02 个百分点；13 家福建企业的平均收入利润率为 5.05%，比上年 500 强福建企业下降了 0.28 个百分点；57 家广东企业的平均收入利润率为 7.00%，比上年 500 强的广东企业下降了 0.63 个百分点；23 家河北企业的平均收入利润率为 2.86%，比上年 500 强河北企业下降了 0.05 个百分点；50 家山东企业的平均收入利润率为 2.50%，比上年 500 强山东企业下降了 0.55 个百分点；31 家上海企业平均收入利润率为 5.65%，比上年 500 强上海企业下降了 0.33 个百分点。详见图 1-36。企业收入利润率的下降，在很大程度上受到产品销售价格的影响；东部地区企业收入利润率的下降，可能是由于中美贸易摩擦所导致，因为美方的加税行为，迫使中方出口企业采取降价行动，以部分抵消加税对出口的不利影响。尤其是对山东企业的影响最为突出，不仅收入利润率下滑 0.55 个百分点，净资产利润率也明显下降了 2.13 个百分点。

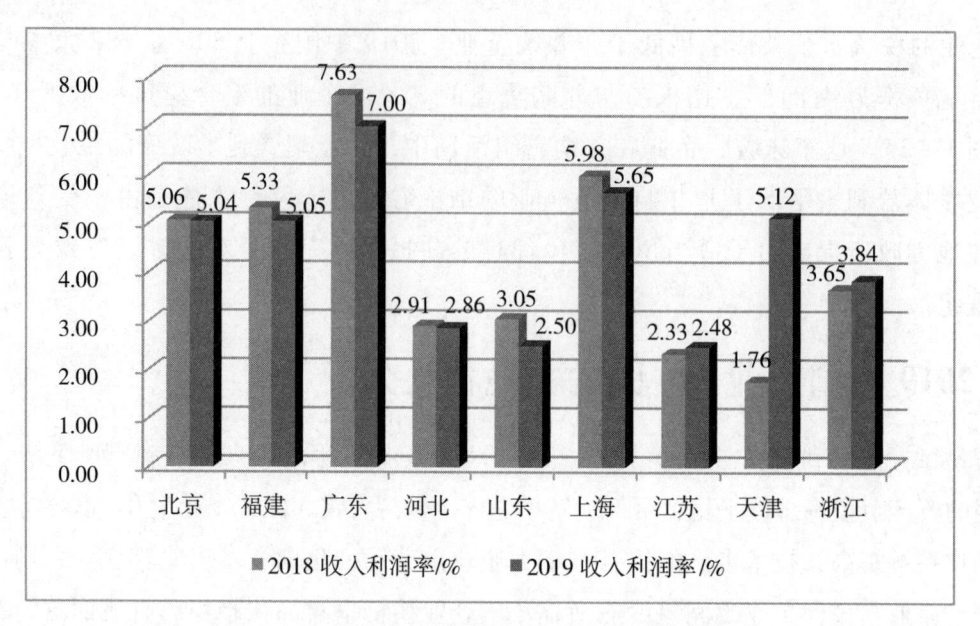

图 1-36 东部沿海地区企业平均收入利润率变化

2. 资产负债率总体平稳，资产周转率总体保持稳定

企业资产负债率总体平稳。2019 中国企业 500 强的资产负债率为 83.78%，与上年 500 强相比，微升 0.05 个百分点。其中 19 家银行的杠杆为 92.41%，比上年 500 强中银行的杠杆率微升 0.01 个百分点。2019 中国企业 500 强中 481 家非银行企业的资产负债率为 72.66%，比上年 500 强非银行企业资产负债率下降了 0.21 个百分点。详见图 1-37。其中国有企业资产负债率为 84.96%，提高了 0.26 个百分点；民营企业资产负债率为 76.40%，下降了 0.94 个百分点。

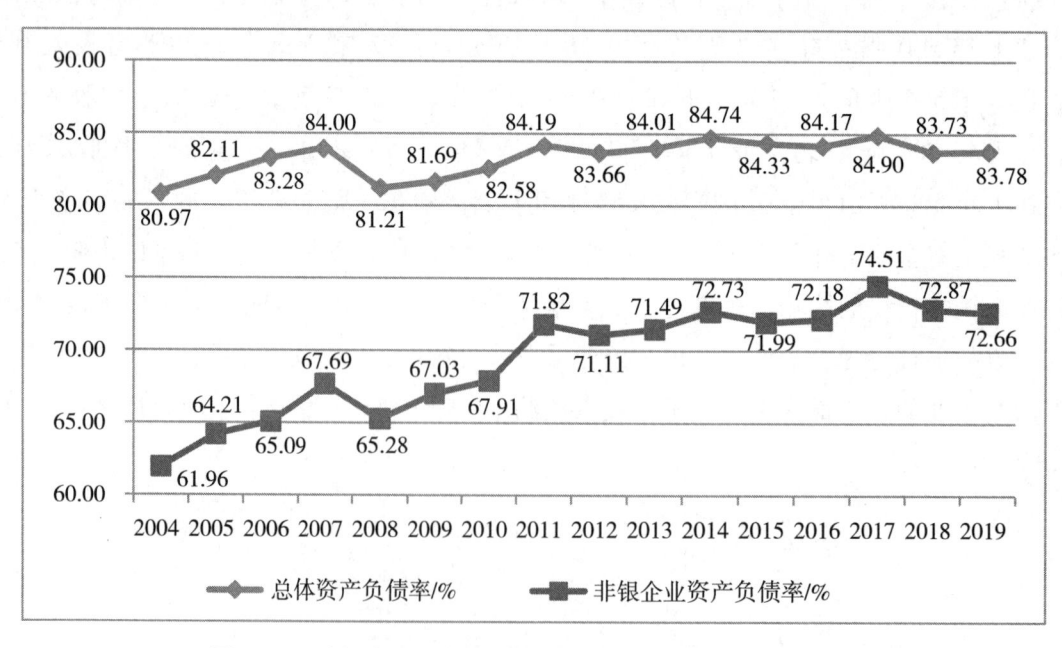

图 1-37 中国企业 500 强总体与非银企业资产负债率变动趋势

企业资产周转保持稳定。2019 中国企业 500 强综合资产周转率为 0.26 次/年，与上年 500 强持平；近两三年来，中国企业 500 强的资产周转水平总体上保持稳定，但与更早时间相比资产周转率有所下降。其中，非银企业的资产周转率为 0.51 次/年，明显高于总体水平，但与上年 500 强非银企业相比,资产周转率微降了 0.01 次。其中国有企业资产周转率为 0.22 次/年,比上年 500 强国有企业提高了 0.01 次;民营企业资产周转率为 0.58 次/年,比上年 500 强民营企业降低了 0.01 次。详见表 1-20。

表 1-20 中国企业 500 强资产周转率变化

	总体资产周转率/（次/年）	非银企业资产周转率/（次/年）	国有企业资产周转率/（次/年）	民营企业资产周转率/（次/年）
2004	0.32	0.68	0.29	1.31
2005	0.35	0.75	0.33	0.64
2006	0.34	0.79	0.31	1.05
2007	0.34	0.78	0.31	0.78
2008	0.37	0.75	0.32	1.29
2009	0.35	0.70	0.32	0.85
2010	0.30	0.62	0.28	0.59
2011	0.34	0.71	0.31	0.60
2012	0.34	0.71	0.31	0.61
2013	0.33	0.69	0.30	0.69
2014	0.32	0.69	0.28	0.73
2015	0.30	0.64	0.26	0.66
2016	0.27	0.54	0.23	0.62
2017	0.25	0.49	0.21	0.51
2018	0.26	0.52	0.21	0.59
2019	0.26	0.51	0.22	0.58

3. 资本劳动比连续提升,人均产出水平继续改善

企业资本与劳动的比率持续提高,技术水平的提升推动劳动密集的整体特征有所改变。2019 中国企业 500 强的人均资本投入（资产/员工数）为 890.55 万元,比上年 500 强提高了 31.17 万元;其中非银企业的人均资本投入为 445.42 万元,比上年 500 强提高了 24.16 万元。具体见图 1-38。人均资本投入水平,可以视为资本劳动比;人均资本投入水平的变化趋势,也就代表着资本劳动比的变化趋势。图 1-38 表明,中国企业 500 强的资本劳动比一直呈上升态势,这意味着中国企业 500 强的整体技术水平在不断改进,对劳动投入的依赖持续弱化,劳动密集型特征有所减弱,资本密集特征逐渐加强。

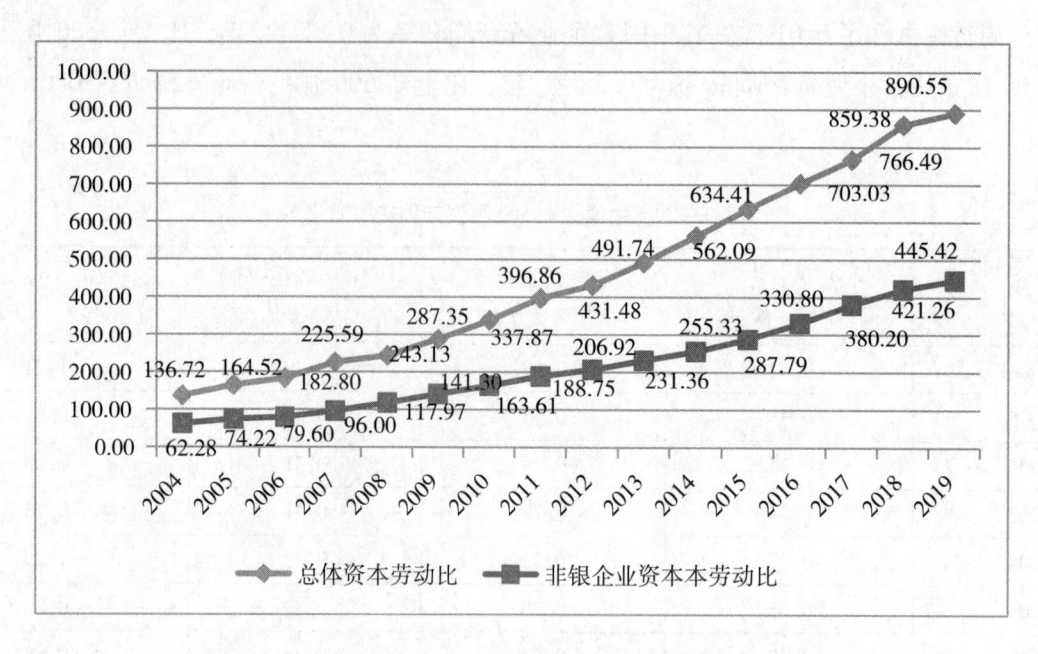

图 1-38 中国企业 500 强总体与非银企业资本劳动比变动趋势

中国企业 500 强人均产出水平继续改善。2019 中国企业 500 强的人均营业收入为 235.47 万元，比上年 500 强增加了 12.47 万元，实现了三连升；人均净利润为 10.51 万元，比上年 500 强提高了 0.47 万元，完成了两连增。详见图 1-39。其中，国有企业人均营业收入为 224.21 万元，比上年 500 强提高了 17.20 万元；民营企业人均营业收入为 267.35 万元，比上年 500 强降低了 9.35 万元。国有企业人均净利润为 9.81 万元，比上年 500 强增加了 0.66 万元；民营企业人均净利润为 12.51 万元，比上年 500 强降低了 0.51 万元。国有企业与民营企业之间的人均产出水平差距有所缩小。

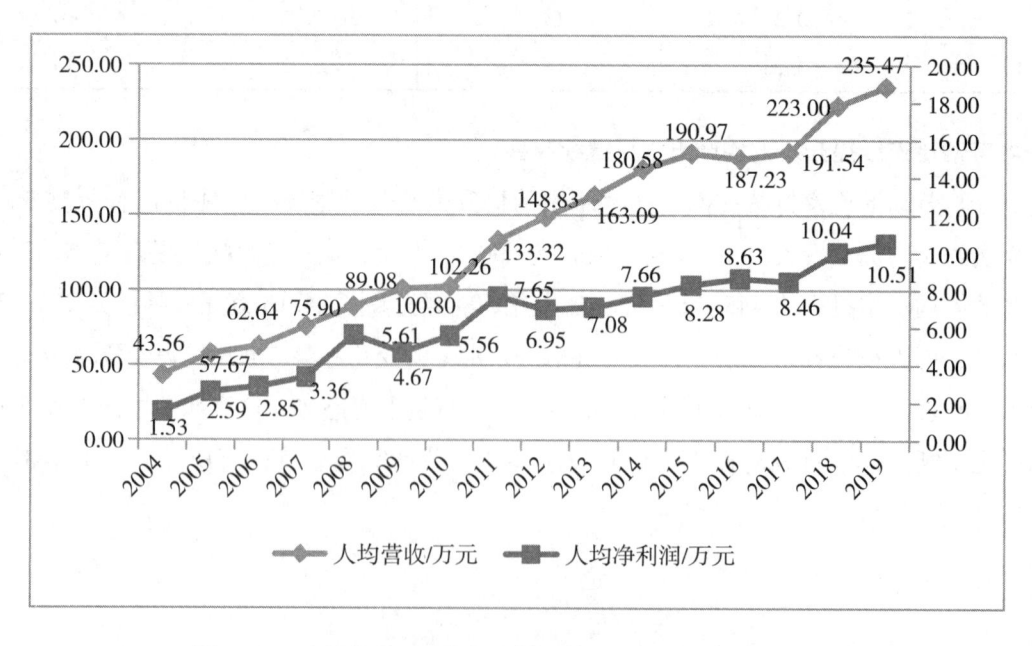

图 1-39 中国企业 500 强人均营业收入、人均净利润变动趋势

4. 换榜率高位趋稳回落，新进企业效益差于连续上榜企业

中国企业500强换榜率高位趋稳回落。2019中国企业500强有50家企业进出，换榜企业数比上年500强减少了3家，为连续第二年减少。企业换榜率为10%，比上年500强持续回落了0.60个百分点。与2017中国企业500强的11.00%的换榜率高位相比，已经回落了1.00个百分点。但与2012中国企业500强相比，换榜率提高了4.40个百分点。总体上看，十八大以来中国企业500强换榜率经历了先升后降的过程，目前已经自高位趋稳回落。详见图1－40。

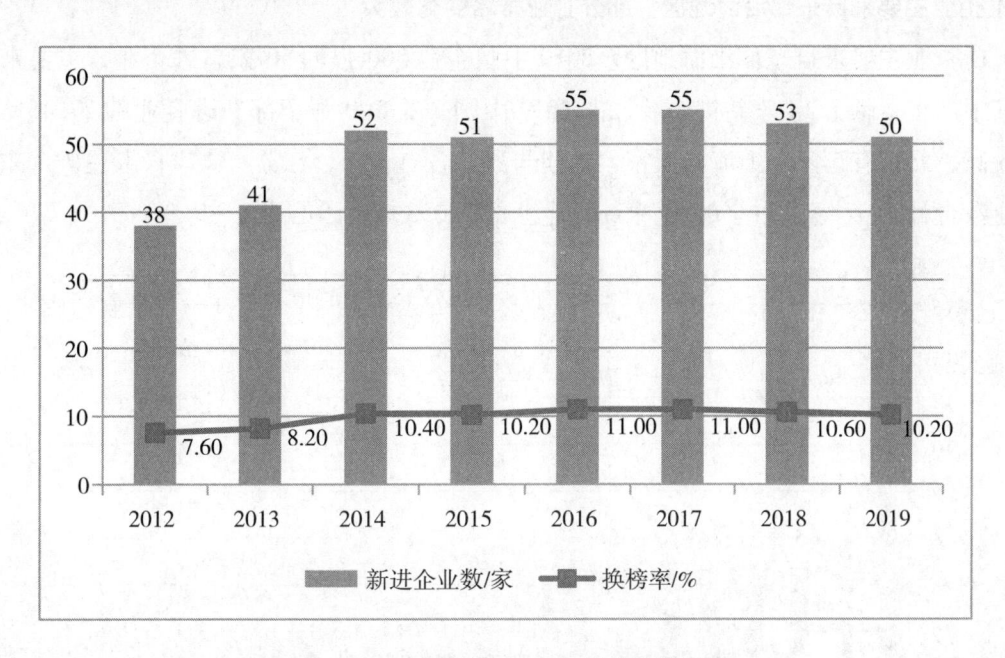

图1－40　中国企业500强换榜率变化趋势

新进企业表现不佳，整体效益不如连续上榜企业。2019中国企业500强50家新进企业的收入利润率为3.65%，净资产利润率为7.17%，分别比450家连续上榜企业的收入利润率、净资产利润率低0.84个百分点、2.57个百分点，新进企业盈利能力明显不如连续上榜企业。而且从同比口径看，新进企业的收入利润率、净资产利润率分别下降了1.24个百分点、1.24个百分点，而连续上榜企业的收入利润率与上年持平，净资产利润率提高了0.26个百分点。从收入与利润增速看，新进企业收入增速为29.41%，明显高于连续上榜企业，这表明新进企业可能为了越过中国企业500强入围门槛，采取了相对更为激进的营销策略，以谋求实现销售收入的更快增长。但收入的增长并没有给新进企业带来利润增加，新进企业的净利润反而同比减少了3.46%，这是拉低新进企业净资产利润率的关键所在。详见表1－21。

表1－21　2019中国企业500强新进企业与连续上榜企业比较

		收入利润率/%	净资产利润率/%	收入增速/%	净利润增速/%
新进企业	2017年	4.89	8.41		
	2018年	3.65	7.17	29.41	－3.46

续表

		收入利润率/%	净资产利润率/%	收入增速/%	净利润增速/%
连续上榜企业	2017年	4.49	9.48		
	2018年	4.49	9.74	11.90	12.05

5. 新进企业主要来自东部沿海地区，部分企业排名变化较大

新进上榜企业主要来自东部沿海地区。2019中国企业500强的50家新进企业，主要来自东部沿海地区。其中广东贡献了14家新进企业，占2019中国企业500强全部新进企业的27.45%；山东有新进企业6家，北京有5家，上海有4家，福建与浙江各有3家，江苏有2家；上述7个东部沿海地区新进企业数合计为37家，占全部51家新进企业的72.55%。详见图1-40。

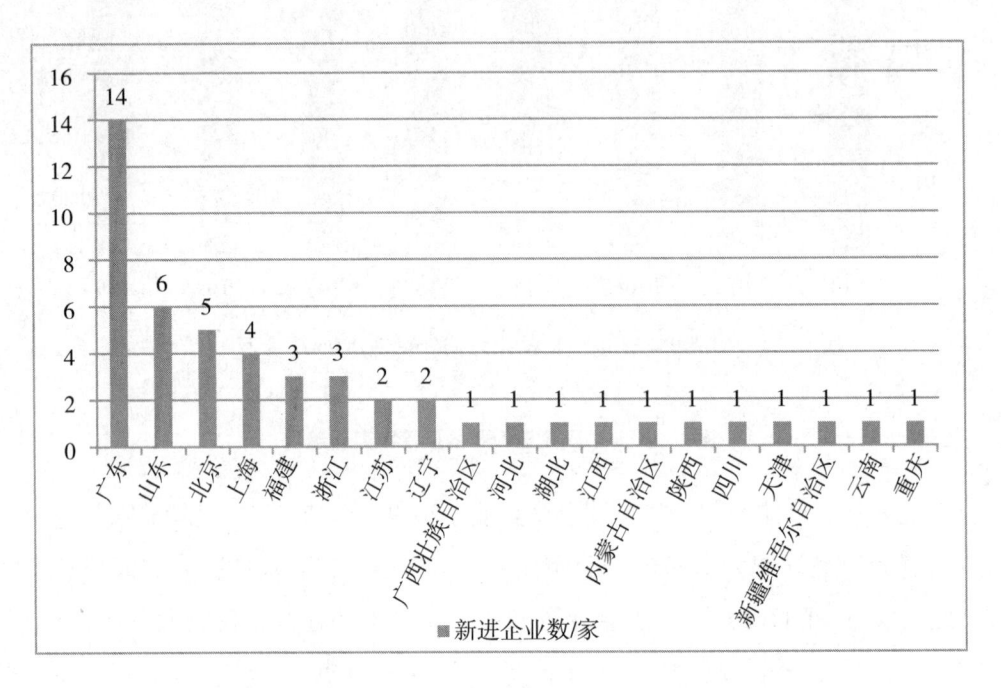

图1-41 2019中国企业500强新进企业来源地区分布

连续上榜企业的排名变化明显，部分企业的排名变动较大。2019中国企业500强的449家连续上榜企业中，只有13家企业的排名维持不变，227家企业排名上升，209家企业排名下降；排名上升超过50位的有34家，排名下降超过50位的有14家。其中，弘阳集团有限公司排名上升最快，上升了165位，从上年500强的414位，升至2019中国企业500强的249位；远大物产集团有限公司排名下降最快，下降了107位，从上年500强的167位，跌至2019中国企业500强的274位。排名上升前十与排名下降前十的企业，详见表1-22。

表1-22 2019中国企业500强排名变化较大的企业

2019中国企业500强排名	排名变化/位	企业名称	2019中国企业500强排名	排名变化/位	企业名称
249	165	弘阳集团有限公司	437	-59	江苏华宏实业集团有限公司
343	134	重庆市能源投资集团有限公司	482	-59	晶龙实业集团有限公司
350	134	东华能源股份有限公司	413	-81	山东科达集团有限公司
193	121	新疆中泰（集团）有限责任公司	450	-87	武汉金融控股（集团）有限公司
307	115	中基宁波集团股份有限公司	390	-90	广东省广物控股集团有限公司
305	112	浙江省国际贸易集团有限公司	433	-93	上海仪电（集团）有限公司
255	109	荣盛控股股份有限公司	449	-93	天瑞集团股份有限公司
322	99	杭州市实业投资集团有限公司	250	-102	开滦（集团）有限责任公司
377	99	红狮控股集团有限公司	320	-106	内蒙古伊泰集团有限公司
301	93	武安市文安钢铁有限公司	274	-107	远大物产集团有限公司

十、山东省入围企业分析

山东入围世界500强的企业数保持稳定，入围中国企业500强的数量减少1家。山东入围世界500强和中国企业500强的企业，都呈现出典型的重化工特色，这在很大程度上导致了山东入围企业盈利水平的不佳。在世界500强中，山东入围4家企业的盈利水平不仅远低于世界500强总体水平，也明显低于世界500强中国内地企业整体盈利水平。在中国企业500强中，山东入围企业的贡献度有所下降，盈利水平也有所下滑；与中国企业500强相比，山东入围企业的收入利润率、人均净利润指标低于中国企业500强整体水平，但净资产利润率指标，山东入围企业则好于中国企业500强整体水平。

1. 4家企业入围世界500强，盈利能力低于世界500强及中国内地企业总体水平

2019世界500强中的山东入围企业，其整体盈利水平不仅低于世界500强总体水平，也明显低于入围的中国内地企业整体水平。2019世界500强中，山东有4家企业入围，分别是来自济南的山东能源，来自青岛的海尔智能，来自滨州的山东魏桥，来自邹城的兖矿集团，数量上与2018世界

500强入围企业持平。其中2家为采矿、原油生产企业，1家为纺织企业，1家为电子、电气设备企业；4家企业中有1家企业亏损，3家企业盈利。4家山东入围企业的收入利润率为1.43%，比世界500强总体水平低5.16个百分点，比中国内地入围企业低4.19个百分点；净资产利润率为7.97%，比世界500强总体水平低4.16个百分点，比中国内地入围企业低2.08个百分点；人均净利润为0.50万美元，比世界500强总体水平低2.61万美元，比中国内地入围企业低1.44万美元。详见图1-42。入围企业的行业属性，在很大程度决定了山东企业整体盈利水平的低下。即便是在电子、电气设备行业的海尔，其净资产收益率也只有19.60%，在世界500强同行业中也仅排在第六位，远低于行业榜首企业东芝的69.43%。

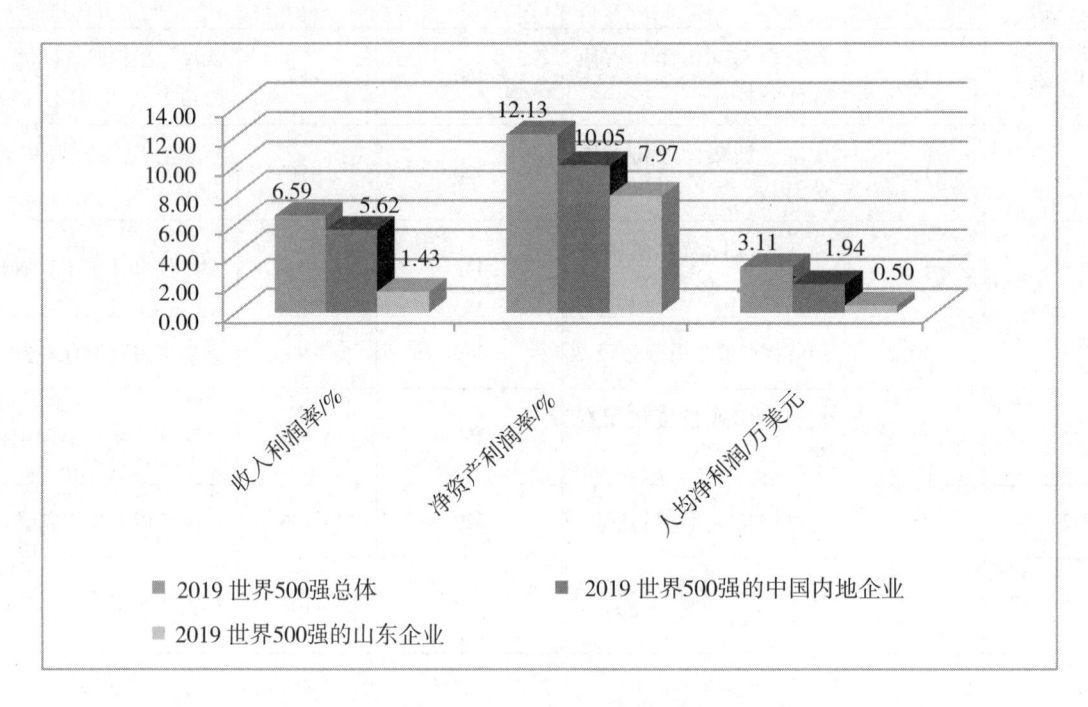

图1-42 2019世界500强中的山东企业盈利比较

2. 入围中国企业500强数量总体稳中有降，行业分布以重化工为主

山东入围中国企业500强的数量总体上稳中有降。2019中国企业500强中，山东入围企业为50家，比上年500强减少了1家，比2011中国企业500强的入围数量高点相比，减少了2家，但与9年来的低值相比，增加了4家。自2011中国企业500强以来，山东入围企业数量总体上维持着波动态势，但总体上在49家上下波动。详见图1-43。50家山东入围企业中，有6家为新进榜单企业，上年上榜的7家山东企业退出了中国企业500强榜单。在排名上，44家连续上榜的山东企业中，只有19家企业排名上升，另外25家企业排名下滑，排名下滑超过10个名次的企业多达17家，其中有1家企业排名下滑多达81位。

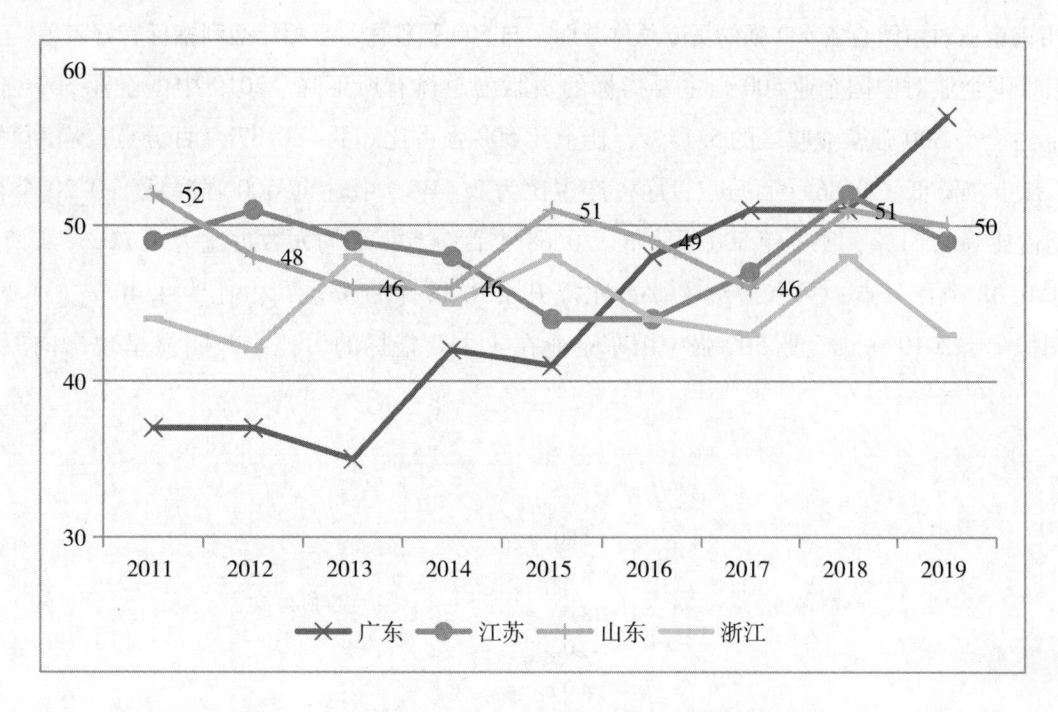

图 1-43　中国企业 500 强中山东入围企业数量变化情况

山东入围企业的重化工特色突出。2019 中国企业 500 强的 50 家山东企业，来自 23 个行业，其中石化及炼焦业企业 10 家，黑色冶金行业 6 家，一般有色业、化学原料及化学品制造业各有 3 家，煤炭采掘及采选业等 9 个行业各有 2 家，另外 10 个行业各有 1 家。50 家山东入围企业中包括制造业企业 40 家，服务业企业 5 家，其他行业企业 5 家，制造业占有绝对优势，而且具有典型的重化工特色。与 2019 中国企业 500 强相比，山东入围企业与中国企业 500 强总体的行业分布存在较大差异；在中国企业 500 强行业分布最为集中的前十行业中，山东有 5 个行业没有企业入围；甚至是在 500 强企业分布排名第二的房屋建筑业、第三的住宅地产业，都没有山东企业入围。详见表 1-23。

表 1-23　2019 中国企业 500 强前十行业与山东入围企业前十行业（单位：家）

行业	2019 中国企业 500 强入围企业数量	行业	2019 山东企业入围数量
黑色冶金	46	石化及炼焦	10
房屋建筑	44	黑色冶金	6
住宅地产	20	化学原料及化学品制造	3
煤炭采掘及采选业	19	一般有色	3
一般有色	19	煤炭采掘及采选业	2
汽车及零配件制造	19	农副食品	2
商业银行	19	纺织印染	2
电力电气设备制造	16	家用电器制造	2
石化及炼焦	15	造纸及包装	2
化学原料及化学品制造	14	轮胎及橡胶制品	2

3. 山东企业对中国企业500强的贡献总体减弱，与500强整体水平相比盈利指标有好有差

山东入围企业对中国企业500强主要指标的贡献度总体有所下降。2019中国企业500强中山东50家企业占全部500强营业收入的5.15%，比上年500强占比降低了0.37个百分点；净利润占比为2.88%，比上年降低了0.86个百分点；净资产占比为2.44%，比上年500强降低了0.20个百分点；研发费用占比为7.61%，比上年500强降低了0.68个百分点；平均人数占比为3.72%，比上年500强降低了0.08个百分点；只有缴纳税款占比提升了0.48个百分点，占比为4.40%。详见图1-43。在图像上，2019中国企业500强中山东企业在各主要指标的占比上，明显呈现出向原点收缩的态势。

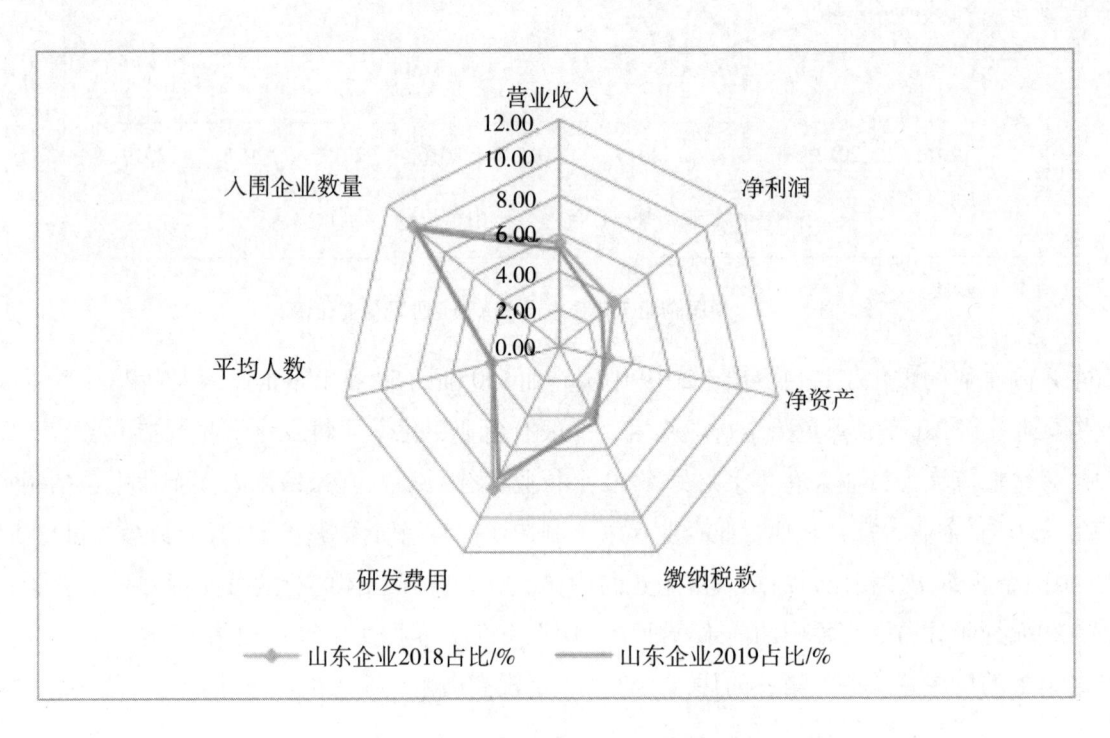

图1-44 中国企业500强中山东企业贡献度变化

山东入围企业盈利能力有所下降，与中国企业500强总体水平相比，盈利指标有好有差。2019中国企业500强中山东入围企业的收入利润率为2.50%，比2019中国企业500强整体水平分别低1.97个百分点；人均净利润为8.14万元，比2019中国企业500强整体水平低2.37万元；但山东入围企业的净资产利润率为11.36%，高于2019中国企业500强1.71个百分点。与2018中国企业500强中山东入围企业相比，2019中国企业500强中山东入围企业的收入利润率、净资产利润率分别下降了0.55个百分点、2.13个百分点，人均净利润减少了1.72万元。详见图1-44。在图1-44中，图形明显呈现出左钝右尖特征。

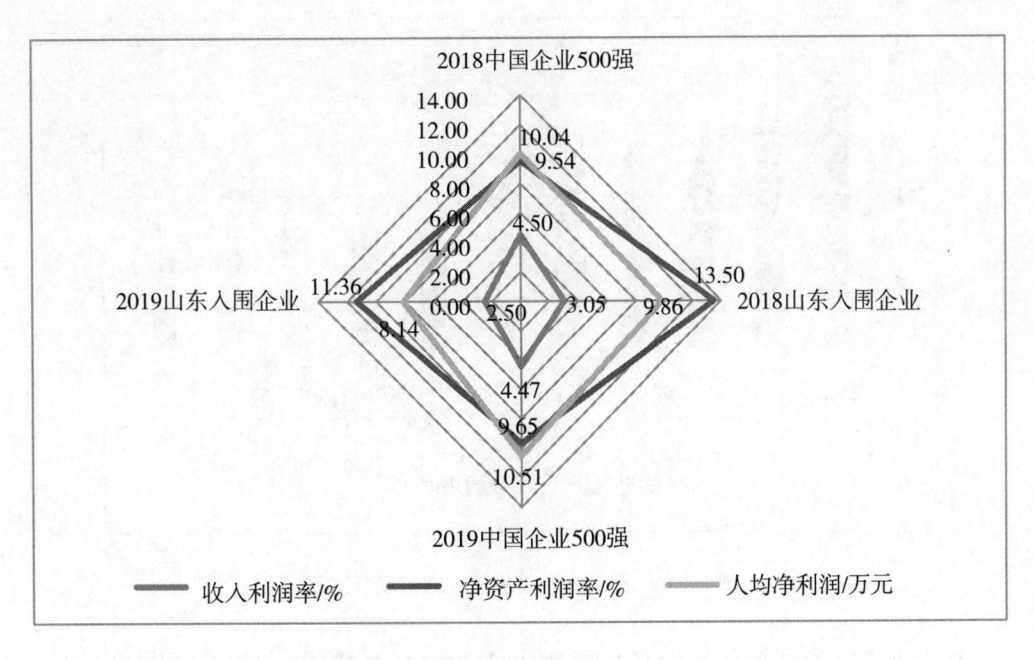

图1-45 山东入围企业盈利水平与中国企业500强整体水平比较

十一、当前中国大企业持续发展面临的主要挑战

1. 快速成长对现有领先企业构成严峻挑战

21世纪以来企业成长速度明显加快。长期以来关于企业成长的研究都倾向于认为，一个企业的成长往往需要经历一个相对漫长的过程，并将那些由于自身某些优势（如行业领先、技术垄断和管理高效等）而可能在将来迎来高速增长的，具有可持续发展能力、能得到高投资回报的创业企业，称之为快速成长型企业。但显然进入21世纪以来，传统管理学关于企业成长的一些认知逐渐被推翻，越来越多的企业展现给人们快速成长的特征。甚至于某些企业的爆炸性成长，其速度快到令人惊讶。过去培育一家世界500强企业需要几十年时间，而新产业新经济的出现，以及新商业模式的创设，却可以大大缩短一家优秀企业向世界500强迈进的时间。高科技企业谷歌1998年成立，2009年进入世界500强，仅仅只是用了十年；十年时间对很多企业来说，可能都还没有平安度过成长初期。京东与阿里巴巴进入世界500强也只用了17年，腾讯则用了18年完成了对世界500强的追求，小米则更是只用了8年就跻身世界500强。详见图1-45。《2018胡润中国独角兽指数》显示，中国目前有独角兽企业186家，企业平均成立时间只有6年；其中猫眼微影、瑞幸咖啡、度小满金融、爱驰汽车、拜腾汽车和零跑汽车6家独角兽成立不足三年，零跑汽车更是成立仅1年估值便已超过70亿元，是榜单中最年轻的新晋独角兽企业。总体上看，目前推动企业快速成长的因素有三个方面：一是新经济本身具有无可比拟的竞争优势，一经诞生便可迎来爆炸式增长；二是互联网技术支撑了企业商业模式的颠覆式创新，加快了企业市场拓展；三是竞争激化成为频繁并购重组的催化剂，强强联合大大缩短了企业规模扩张时间。

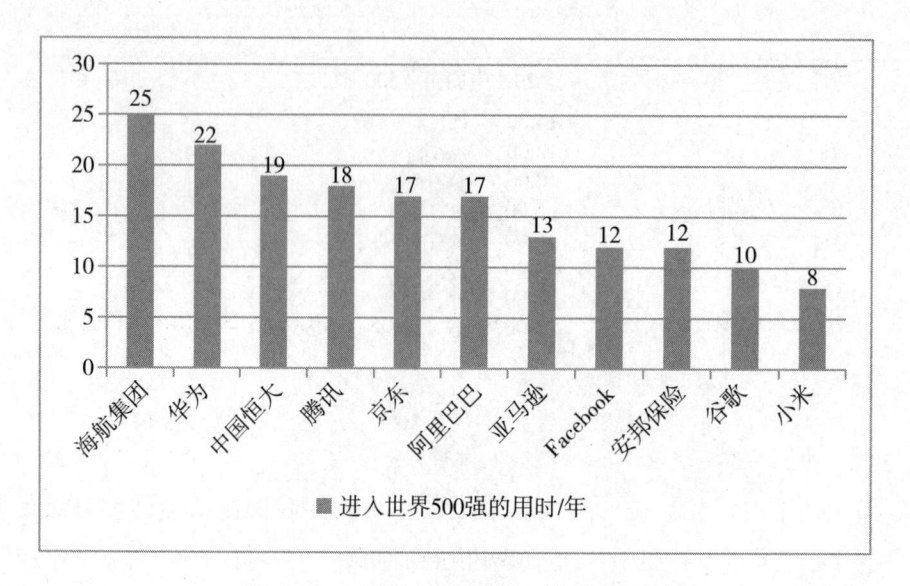

图 1-46 企业进入世界 500 强的成长时间

潜在竞争者的快速成长，显然加大了现有领先企业的竞争压力，对其持续发展构成严峻挑战。快速成长企业的存在，是产业生态的不安定因素，将加速提升产业市场竞争的紧张程度，加快优胜劣汰进程。这类企业的目标，肯定不会满足于抢夺同行业领域中已有中小企业的市场份额，而是瞄准行业领先企业，致力于快速取而代之。在这些企业创立的早期，尽管它们可能已经表现出了快速成长的特质，但往往由于企业规模不大，总是被行业领先者所忽略而放任了它们的成长壮大；而等到这些企业成长到足以引起行业领先者重视，觉察到它们带来的巨大潜在威胁，并准备采取措施遏制其成长的时候，却已经是无法阻挡其快速成长的步伐，不得不黯然接受竞争失败的事实，甚至被逐出市场。对长期适应于慢成长生态，并一直基于慢成长生态制定竞争策略的现有领先企业来说，如何以及能否破除其思维惯性，敏锐捕捉潜在竞争威胁，准确定位及跟踪潜在竞争者，并采取行之有效的新竞争策略，是企业应对来自快速成长企业竞争的关键所在。在当前快速成长日益多见的时代，任何一个领先企业一旦安于现状、无视市场变化的发生，或者是跟不上快生态对竞争的新要求，不能建立与之相适应的敏捷反应机制，以快制快，离失败可能也就为之不远了。

2. 核心技术、基础材料是持续发展的关键短板

不少领域的核心技术都掌握在欧、美、日等国企业手中，对我国相关产业的持续发展构成巨大潜在威胁。技术贸易本来应该是市场化的经济活动，但对关键技术、核心技术，政府往往对其转让采取管制措施。核心技术买不来，要不来，也讨不来，必须靠自己去突破。核心技术是企业在产品开发过程中通过长期、持续、高投入研发形成的具有关键性、独特性的技术体系，在某种程度上具有不可复制性，并控制着同行业的技术制高点。近年来，不少媒体就我国当前尚不掌握的核心技术进行了盘点，发现我国在光刻机、光刻胶、芯片、操作系统、短舱、触觉传感器、真空蒸镀机、手机射频器件、iCLIP 技术、重型燃气轮机、适航标准、电容和电阻、核心工业软件、核心算法、高压柱塞泵、航空软件、透射式电镜、燃料电池、高端焊接电源、超精密抛光工艺、水下连接器等诸多领域，都存在受制于人的关键核心技术。全球顶尖精密仪器前 25 强基本上被美、日、德垄断，其中美国 10 家，日本 6 家，德国 4 家，英国 2 家。激光显示的投影机核心成像器件被美国和日本所把持。工业机器人三大核心技术基本掌握在日本企业手中。激光投影机的 DMD 成像芯片，完全被美国德州仪器垄断。OLED 制造设备真空蒸镀机，被日韩厂商所把控。高性能的柱塞泵，美、德、日的 4 家龙头企业占据中国市场 70% 以上份额，在技术方面却对中国严密封锁。在高端机床、火箭、大飞机、发动机等尖端领域，虽然部分零件实现了国产，但生产零件的设备却受制于技术，95% 依赖进口。美国先后对中兴通讯与华为的制裁，生动演绎了核心技术受制于人对我国企业持续经营的不利影响。而企业是否提前制订有应对预案，则成为决定企业持续运营受冲击程度的关键。我国技术追赶的步伐越快，欧美国家的焦虑与猜忌也就越严重，未来基于核心技术而对我国企业采取打压措施的可能事件也许会进一步增加，相关领域的企业必须对此有所预判。

材料也是我国工业生产领域一个突出的薄弱环节，是制约我国制造业转型升级的突出短板。中国科技被卡脖子的领域，一大半都是材料问题。历史原因决定了我国材料工业水平整体较差，但这似乎并没有影响我国科研工作者在材料学领域表现出特殊的天赋；在全球顶尖的 100 位材料学家榜单中，共有 15 位华人科学家入选，其中榜单前 6 位均为华人，遗憾的是他们绝大多数都选择了去国外发展。当前我国材料领域，明显表现出科研强生产弱的格局；一方面我国科研人员近十年来在世界知名材料领域学术期刊上发表大量高质量论文，另一方面我国材料制造业却总体上处于弱势地位，不少关键材料、基础材料都要依赖进口。据统计全球总共有约 130 种关键核心材料，其中 32% 我国完全空白，另有 52% 依赖进口。液晶面板的关键材料——间隔物微球及导电金球，全世界只有日本一两家公司可以提供；液晶分子材料多数来自于德国企业；偏光片两大核心原材料 PAC 膜和 TAC 膜依赖日本进口；OLED 制造材料也是靠进口。车用燃料电池有两大关键部件，膜电极组件与双极板，长期依赖国外。生产半导体芯片需要的 19 种必须材料中，日本企业在硅晶圆、合成半导体晶圆、光罩、光刻胶、药业、靶材料、保护涂膜、引线架、陶瓷板、塑料板、TAB、COF、焊线、封装材料等 14 种重要材料上均占有 50% 及以上的份额。相关领域的中国企业，它们所做的工作，就是对进口原材料进行后续加工，或是采购国外零部件进行集成装配。这导致一方面中国企业只能赚取低廉的加工费，另一方面企业的持续经营也完全受制于国外材料供应方，中国企业处于十分不利的地位。此外，就我国可以自给自足的材料来说，如果不能在材料水平上实现提升，或是在新材料研发上取得突破，制造业的转型升级必然难以顺利推进。

3. 效益、效率不佳延缓高质量发展转型进程

高质量发展是当代企业的根本追求。2017 年，党的十九大提出，中国经济由高速增长阶段转向高质量发展阶段，自此以来，高质量发展成为我国企业发展的基本遵循。按照党中央的部署，企业积极在质量变革、效率变革、动力变革采取措施，力图加快转变发展方式与发展道路，切实提高企业发展的质量，实现企业在效率与效益上的改善。南方电网公司坚持以管理创新推动公司质量、效率与动力变革，围绕"四个抓实""五个提升"用劲发力、攻坚克难、争先进创一流，推动改革发展、生产经营取得显著成绩；公司 2018 年完成营业收入 5373 亿元，增长 9.2%，利税总额 436.8 亿元，连续 12 年获国资委经营业绩考核 A 级。美的集团以创新实现动力变革，不断投入资源，加大研发与创新能力的构建，公司 2018 年实现营业收入 2596.7 亿元，同比增长 7.9%；归属于公司股东的净利润 202.3 亿元，同比增长

17.1%，归母净利润增速高出营业收入增速9.2个百分点。淮南矿业集团沿着煤、电、气三大能源主业的产业链、服务链、价值链，调整产业布局、优化产业结构、强化产业协同，坚持创新驱动，引领企业高质量发展迈出新步伐；2018年实现营业收入445亿元，利润总额26.3亿元，虽然收入大幅下降，但利润总额却逆势增长8.3亿元。在企业自身加快向高质量发展转型的同时，政府部门也在积极采取措施，为企业提高发展质量创造更好环境、提供更有利条件；包括持续减税降费，深化供给侧结构性改革，推进"放管服"改革，提供有助于推动企业增加研发投入的税收优惠政策等。

表现不佳的效益与效率，将不可避免地延缓企业向高质量发展转型的进程。从企业发展实践结果看，我国大企业在效率与效益上虽然有所提升，但与欧美国家大企业在效率效益上的巨大差距并没有取得实质性的改善。2019中国企业500强的净资产利润率为9.65%，尽管与上年500强相比已经有了一定程度改善，但与世界500强、美国500强相比，盈利能力仍有很大差距；2019中国企业500强的净资产利润率比当年世界500强低2.68个百分点，比当年美国500强低5.51个百分点。从长期趋势看，除金融危机期间，由于世界500强、美国500强企业受危机影响较大，企业盈利能力大幅下滑，中国企业500强盈利能力在短期内领先于世界500强、美国500强外，其他年份中国企业500强的净资产利润率一直都低于世界500强与美国500强；自2012榜单开始，中国企业500强的净资产利润率就低于美国500强，而且两者之间的差距甚至有逐年扩大的趋势；自2014榜单开始，世界500强的净资产利润率也一直都高于中国企业500强。详见图1-46。在人均净利润方面，中国企业500强也同样远低于世界500强与美国500强。这一盈利能力方面的差距，显然在很大程度上抑制了中国大企业向高质量发展的转型，延缓了企业转型的进程。导致这一盈利能力巨大差距的原因，主要还是在于企业技术能力上的差距，以及国际品牌塑造能力上的不足，这使得中国企业的产品与服务附加价值偏低，竞争实力偏弱，只能依靠低价格、低利润来提升竞争力；而低利润则又可能反过来进一步加强了对中国企业的低端锁定，进而导致中国企业无力去推进向高质量发展转型的相关战略。对中国大企业来说，迫切需要打破这一不利循环的制约，增强企业向高质量发展转型的潜力与动能。

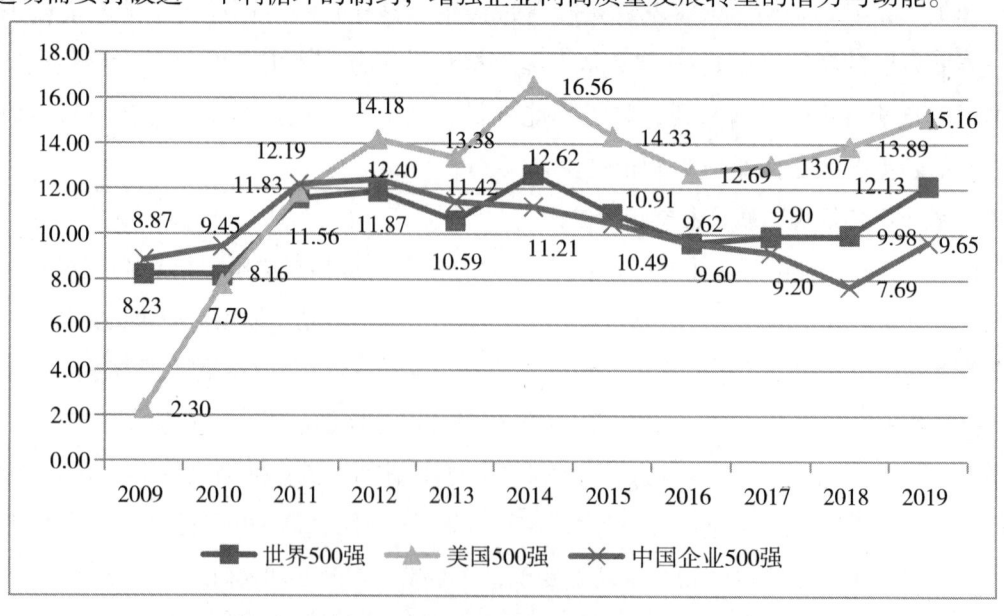

图1-47 世界500强、美国500强与中国企业500强净资产利润率比较

4. 贸易摩擦与逆全球化阻碍国际贸易增长

贸易是推动全球经济增长的发动机。大卫·李嘉图在《政治经济学及赋税原理》中提出比较优势理论，认为国际贸易的基础是生产技术的相对差别，以及由此产生的相对成本的差别；因此每个国家都应根据"两利相权取其重，两弊相权取其轻"的原则，集中生产并出口其具有"比较优势"的产品，进口其处于"比较劣势"的产品；所以对外贸易对促进一国增加生产扩大出口供给具有重要作用。20世纪30年代，罗伯特逊提出对外贸易是"经济增长的发动机"。20世纪50年代，诺克斯根进一步补充和发展了这一命题，认为19世纪国际贸易的发展是许多国家经济增长的主要原因。20世纪60年代以来，西方经济学家进一步补充了这一学说，认为对外贸易较高速的增长，特别是出口的高速增长会给全球经济带来多个方面的重要动态利益。2001年正式加入世界贸易组织后，国际贸易对我国国民经济增长的促进作用越来越大，国际贸易已经成为确保我国经济持续稳定发展的重要力量。改革开放40年来，中国贸易进出口总额从1978年的355亿元增至2018年的30.51万亿元；进出口贸易的快速增长，不仅对中国经济增长做出了巨大贡献，也是拉动全球经济增长的重要力量，为全球经济增长提供了需求潜力巨大的市场。据估计，在过去20多年来，全球贸易总量每增长2个百分点，都能带来约1个百分点的全球经济产出增长。

逆全球化思潮的回魂与贸易摩擦的频发，严重阻碍了全球贸易的持续增长，这将对全球经济增长产生严重不利影响。尽管全球化是不可避免的全球共识，但不可否认，近年来在一些国家存在逆全球化思潮的涌现，贸易保护主义也时有抬头，导致贸易摩擦频繁爆发。自特朗普执政以来，在"美国优先"原则的导向下，美国与多国之间都发生了程度不一的贸易摩擦，其中中美两国之间的贸易摩擦最为突出。2018年7月6日，美国首先开始对中国出口美国的340亿美元商品加征关税，中国还以颜色，中美贸易战终于最终打响，至今美国对中国加征额外关税的商品已经覆盖到2500亿美元的中国出口商品，而且加征税率基本上都达到了25%。与此同时，美国还与欧盟、日本、印度、墨西哥、加拿大等多国拉开了打贸易战的架势。看起来美国似乎是想要和全球各国大打一场全面的、一对多的贸易战。虽然中美两国元首在G20日本峰会后达成了不再对中国输美3000亿美元商品加征额外关税的约定，但既有的贸易摩擦举措并没有被取消，美国对中国实体企业的不合理制裁也没有被取消，而且最近特朗普又背弃了G20日本峰会期间两国元首会谈结果，宣称要对中国输美3000亿美元商品加征额外关税。尤为令人担忧的是，单方挑起贸易摩擦对他国经济进行报复的做法，似乎有被其他国家所借用的趋势；G20峰会刚刚结束，日本就宣布，将加强3种半导体核心原料对韩国的出口管制。如果最终真的演变成全球性贸易冲突，对全球经济的影响将可能是灾难性的。根据经济学家的粗略估计，进口商品每受到关税影响达到1000亿美元，就会使全球贸易减少约0.5%，全球GDP增速将降低0.1个百分点。国际货币基金组织前任总裁拉加德警告称，关税或令2020年全球GDP减少5%，损失约4550亿美元，指出贸易冲突是对全球经济前景的"主要威胁"。摩根大通强调，全球范围内的贸易冲突将减少贸易量、中断全球供应量，并打击企业和消费者信心；若美国将所有进口商品关税提高10个百分点，而其他国家不实施报复，全球GDP增速未来1~2年间将下滑约0.2个百分点；若美国对所有进口商品关税提高10个百分点，同时遭美国关税打击的国家也将美国商品关税提高10个百分点，未来1~2年全球GDP增长将下降约0.4个百分点；若全球各国均整体将关税提高10个百分点，全球贸易战全面爆发，这将导致未来两年全球GDP增长至少下降1.4个百分点。

5. 债务违约与不良贷款增加成为金融稳定的暗礁

债券违约不仅影响违约企业本身存续发展，也会对资本市场与投资者产生不良影响，甚至会对金融环境的稳定产生扰动。债券违约对金融市场稳定性的影响体现在三个方面：一是在违约事件冲击下，债券作为质押品进行再融资的能力将大幅下降，债券抛压加大，导致市场流动性恶化；二是债券违约可能导致持有相关债券的金融产品面临集中赎回风险，并因金融产品相互嵌套、关联而快速向更大范围扩散，快速放大金融市场风险；三是债券违约加上前两方面影响，加速市场恐慌情绪蔓延，导致金融机构对流动性的敏感度明显增强，进而导致信用风险从企业层面向金融机构层面扩散，诱发金融系统同业挤兑，进而影响金融稳定和金融安全。Wind数据显示，2018年我国共有123只违约债券、1198.5亿元的违约金额。从数量看，123只违约债券的数量，比2014年首次发生债券违约以来4年违约债券总和122只还多1只；金额方面，1198.5亿元的债券违约金额，也比之前4年总和的859.9亿元还要多出39.4%。2019年上半年，债券市场违约事件较2018年继续大幅增加；共有96只债券发生违约，比上年同期的22只增加了74只，暴增236.4%；违约金额约668亿元，相比2018年同期的184亿元，增加了263.0%。2019年上半年新增违约企业共计19家，共涉及147.1亿元的首次违约债券余额；其中民营企业为18家，占比达到94.7%。从行业属性看，2014年以来违约企业中制造业占比超过50%；其中2015—2016年以过剩产能行业为主；2018年整体行业较为分散，制造业占比接近1/3；2019年上半年，制造业占比超过60%。显然，尽管总体上看我国企业债券违约还不足以引发系统性金融风险，危及金融稳定与安全，但近年来债券违约事件的快速增长，必须加以高度重视，并采取措施，消除引发企业债券违约集中爆发隐患。

不良贷款率的持续上升，既反映了企业运营状况的恶化，也表明了银行资产安全程度的下降，对金融体系的稳定与安全具有不可轻视的负面影响。根据中国人民银行1995年7月27日发布的《贷款通则》，不良贷款分为逾期贷款、呆滞贷款和呆账贷款。不良贷款预示着银行将要发生风险损失，把不良贷款控制到尽可能少，是商业银行风险管理的首要目标。对商业银行来说，发生一定比例的不良贷款可能是必然的，合适比例限额下的不良贷款率也是商业银行可以承受的；但一旦不良贷款持续上升且超过安全红线，则会恶化商业银行流动性与经营安全。如果系统重要性银行，或者是商业银行普遍性出现不良贷款率接近甚至越过安全红线，则可能会引起金融系统的动荡。近年来，不良贷款问题已成为中国经济发展中的一大突出隐患。根据银保监会公布的数据，截至2018年年末，商业银行不良贷款余额2万亿元，不良贷款率为1.83%，连续6年上升，创下10年来新高。详见图1-47。其中农商银行不良贷款余额为5354亿元，不良贷款率为3.96%，较上年同期增加0.80个百分点。分区域看，黑龙江、吉林、山西2018年年末的不良贷款率分别为3.24%、4.28%、3.04%；广西在2018年三季度末时不良率更是高达4.61%，直逼5%的监管红线。尤其是个别农商行，不良贷款率已经明显越过安全警戒水平；截至2018年年底，贵州乌当农商行不良贷款率为11.75%，尽管已经连续数个季度下降，但仍远高于5%的监管标准。据审计署2019年第1号公告指出，全国有7个地区的部分地方性金融机构存在不良贷款率高、拨备覆盖率低、资本充足率低、掩盖不良资产等问题；河南问题尤为突出，截至 2018 年年底，河南浚县农商行等 42 家商业银行贷款不良率超过 5% 的警戒线，其中有 12 家超过 20%，个别商业银行贷款不良率甚至超过 40%。

图 1-48　2009—2019 商业贷款不利良率变化趋势

6. 地缘政治风险可能恶化全球经济增长环境

尽管并没有证据证明地缘政治风险与全球经济活动显著负相关，但也没有证据可以完全排除地缘政治对地缘经济发展与全球经济增长的负面影响。事实上，地缘政治和地缘经济之间相互交织、相互影响的程度在日益深化；伊拉克、叙利亚、利比亚、乌克兰，都是这一影响的生动案例。而且大国的地缘竞争加剧，国家内部冲突的蔓延，以及由此而产生的效应叠加和放大，一方面升高了全球安全的不稳定因素，另一方面也显著影响了人们对世界经济复苏的信心，并将不可避免地阻碍经济全球化和地区融合的深入发展。当然，对远离冲突地区的各国企业来说，有可能借助济活动的多元化，以及恰当的应对措施，来弱化地缘政治冲突对企业发展的影响。

2019 年及今后几年内，影响全球经济增长的主要地缘政治风险，可能来自南美的委内瑞拉和中东的伊朗。当然，对中国来说，可能还要高度关注由于中国台湾地区选举而导致的台海局势紧张，以及南海态势的恶化。无论是委内瑞拉，还是伊朗，其实背后都是美国与俄罗斯之间的较量；只是在具体表现形式上，委内瑞拉表现为反对派与现任政府之间的冲突，而伊朗则表现为特朗普对伊核协议的不满。作为深陷危局的主体，委内瑞拉经历了本国乃至美洲历史上最严重的经济危机，经济已经是连续四年负增长，2019 年将是其经济最为困难的一年；再加上反对派的扰乱，以及美国等国家对委内瑞拉的制裁升级，经济前景无疑更是雪上加霜，世界银行预计 2019 年委内瑞拉 GDP 将减少 25%。根据 2019 年彭博悲惨指数报告，委内瑞拉连续五年被评为全球最"悲惨"经济体。随着美国对伊制裁的升级，伊朗石油出口几乎被完全切断，其他领域的国际贸易也深受影响；国际货币基金组织预测伊朗的经济 2019 年将出现 6% 的负增长，估计伊朗的通货膨胀将超过 40%，创下自 1980 年以来的最高水平，仅低于陷入政治动荡的委内瑞拉和津巴布韦。

美俄两国在委内瑞拉、伊朗的较量,也将给全球经济增长蒙上阴影。这些影响将主要表现在如下几个方面:一是影响石油供应,推高石油进口国用油成本。中国是高度依赖原油进口的全球最大石油进口国,石油价格的上涨,将显著影响到我国石油石化产业链上企业的运营成本,并将进而几乎全面性地提高我国生产资料与消费品价格,提高通胀水平,影响经济持续增长前景。二是影响国际贸易安全,阻碍全球国际贸易发展。降低国际贸易增速;一方面对出口加工型企业、原材料高度依赖进口型企业的发展产生不利影响,另一方面对进口国的消费需求实现产生不利影响。三是降低全球经济增长预期,影响投资者信心。基于对地缘政治风险及其风险扩散的深刻担忧,市场对全球经济增长前景的预期将随之降低,国际投资者将变得更为谨慎,跨国投资流量可能会有所下降,甚至国内投资活动也会受到影响。

十二、以世界一流企业建设促进企业高质量发展的建议

党的十九大以来,面对来自国内外的多重挑战与压力,我国企业积极主动多方位采取措施,迈出了向高质量发展转型的坚定步伐,在结构调整、资源优化配置、资产质量提升、效率效益改善等方面取得了初步成就,但与欧美领先龙头企业相比,我国企业在发展质量上还与世界一流企业具有不小差距。2019年,世界经济环境的深刻变化仍将延续,世界经济增速可能小幅回落,主要经济体增长态势进一步分化;国内经济面临的风险也不容忽视,上述六个方面问题的存在,以及需求走弱、投资疲弱、金融与实体发展失衡、产业体系重构,都对稳增长目标的实现构成严峻挑战。困难固然存在,前景未必不佳。广大企业家既要清醒认知当前面临的困难,也要坚信中国经济的韧劲,坚定发展信心,弘扬优秀企业家精神,科学谋划与部署,带领企业沿着高质量发展正确道路,不断攻坚克难,矢志前行。

1. 转变创新战略,聚力关键技术核心技术突破

党的十八大明确提出:"科技创新是提高社会生产力和综合国力的战略支撑,必须摆在国家发展全局的核心位置",强调要坚持走中国特色自主创新道路、实施创新驱动发展战略。2016年5月,中共中央、国务院印发了《国家创新驱动发展战略纲要》,指出创新驱动是国家命运所系,是世界大势所趋,是发展形势所迫,是中央在新的发展阶段确立的立足全局、面向全球、聚焦关键、带动整体的国家重大发展战略。近年来,大企业在落实国家创新驱动战略方面积极行动,创新成果不断涌现,创新能力明显增强;但在核心技术关键技术的突破上却建树不多,国外在关键技术核心技术上"卡脖子"的问题并没有得到根本缓解。

解决技术上"卡脖子"的问题,关键还是要靠大企业。与广大中小企业相比,大企业更具创新投入能力,更具创新能力积累,更能承担创新风险,而且更有义务承担与履行推动民族产业技术进步的责任。尤其是国有企业,更应承担更多核心技术关键技术突破责任。大企业既要认真总结技术创新的成就,更要反思技术创新上的问题与不足;要在深刻反思的基础上,对创新战略进行根本性的调整,围绕核心技术、关键技术来重新规划创新战略,聚焦创新资源,凸显创新引领与示范作用。

大企业应当成为创新投入的典范。大企业在创新投入上的典范作用,应当从两方面进行展示:一是要努力带动中小企业持续稳定增加创新投入总额,不断提高研发强度。当前我国大企业的研发

强度尽管在波动中有所提升，但离具有竞争力的研发强度还有一定距离。从产业横向比较看，2016年中国制造业研发支出9651亿元，约为美国的66%；中国制造业研发强度为1.0%，远低于美国的4.4%。代表性企业层面，据欧盟2017年全球研发投入2500强企业排行榜，中国376家上榜企业研发支出中值480万欧元，约为美国的70%，中国上榜企业平均研发强度8.6%，而美国企业高达29.7%。上市公司层面，2017年A股上市企业总研发支出5468亿元，仅为美股的22%；中国上市公司平均研发支出1.9亿元，仅为美股的13%。大企业应加大研发投入力度，缩小与欧美企业在研发强度上的差距。二是要调整研发投入结构，增加对基础研发、核心技术、关键技术的研发投入，争取在重大发明创新上早日取得突破，而不是长期满足于改良式创新；应提前做好技术储备，以免陷入技术竞争或技术压制的被动局面。在这方面，华为的成功经验值得学习与借鉴。每年高达14%以上的研发强度，成就了华为在核心技术关键技术上的突破，即使是面临美国的极端技术压制，也能有自己的备选替代方案，不至于完全陷入被动挨打的严重不利局面。

大企业应当争当创新范式的典范。信息化为创新提供了新工具、新平台，传统创新范式正在被新的创新范式所取代，开源式创新、开放式创新日益被企业所采纳。开放式创新突破了传统封闭式创新模式对企业创新的约束，强调引入外部创新能力，整合外部创新资源，在开放式平台上联合进行技术探索，这无疑将有助于弥补单一企业技术创新能力局限，加快企业创新步伐。打造开源平台已经成为信息化3.0时代商业模式创新的重要方向，基于开源平台的开源式创新，也正在以非传统创新方法将个体层面和集体层面的创新知识和资源有机结合并共同创造一种公共产品。有机构预测，到2030年开源技术将得到更加深入的应用，将有更多创新基于开源技术，开源技术也将渗透进企业应用的方方面面。作为大企业，应主动根据行业共性技术、关键技术、核心技术突破的需要，一方面主动联合行业其他企业进行技术攻关，另一方面着力推进行业开放式创新平台建设，为行业企业提供更多创新路径选择。同时应积极探索构建行业甚至跨行业开源技术平台，为行业企业或跨行业企业进一步创新提供基础支撑。

大企业应当是创新成果转化的典范。目前看，我国创新成果的转化率不高，整体上约在10%，与发达国家相比存在很大差距。我国大企业应在创新成果的商业化应用上积极发挥作用，带动更多企业切实将创新成果转化为实物产出，将创新投入转化为收入与盈利，为消费升级做出应有贡献。一方面大企业应积极将自身创新成果加快商业化应用，另一方面大企业也应与国内科研院所保持沟通，推动科研院所创新成果向市场转化。

2. 落实对表对标，缩小与世界一流企业差距

党的十九大提出要"培育具有全球竞争力的世界一流企业"，为新时代我国大企业发展指明了方向，提供了根本遵循。此后，国家有关部门也先后出台了一些举措，旨在促进我国企业加快具有全球竞争力世界一流企业的建设。尤其是国务院国资委，在2019年年初，正式启动了中央企业打造世界一流企业建设试点，航天科技、中石油、国家电网、三峡集团、国家能源集团、中移动、中航集团、中国建筑、中国中车、中广核10家企业被选为创建世界一流示范企业，力争在3年左右取得显著成效。虽然中国企业一直在努力追赶，也在发展进程中取得了实质性的进步，持续缩小了与世界一流企业之间的技术差距、管理差距，但不可否认的是，在绝大多数领域，中国企业与世界一流企业之间依然存在着较大差距。

首先要明确什么样的企业才是真正的世界一流企业，为中国企业建设世界一流企业提供一个明确的方向。目前看并没有一个公认的用来衡量世界一流企业的标准，因此迫切需要国家或者是具有公信力的机构提出一个科学合理的世界一流企业的评价标准；基于这一评价标准，中国企业既可以分析自身与世界一流企业之间客观存在的差距，也可以动态把握自我努力追赶所取得的实际成效。总体上看，作为一个具有全球竞争力的世界一流企业，应当在技术、管理、品牌与渠道等方面，具有全球领先地位，能够拥有相对于其他同行竞争者的独特优势，并能够凭借这些优势对全球行业发展施加深刻影响。建设具有全球竞争力的世界一流企业，需要在技术上持续突破，自主掌握行业核心技术、关键技术；需要在管理上创新，有效提升管理效率，打造全球企业学习的管理样本；需要加大国际品牌建设力度，打造具有全球知名度、影响力的品牌；需要在全球市场进行布局，为全球用户提供服务。一个仅仅在规模上占据全球榜首的企业，或者仅仅是在国内市场具有垄断地位的企业，算不上是一个真正意义上的具有全球竞争力的世界一流企业。

其次要明确缩小与世界一流企业差距的操作路径，以对表对标落实对世界一流企业的追赶。对总体上居于落后阵营并试图追赶世界一流企业的中国大企业来说，对表对标是其落实并完成追赶任务的根本路径；必须借助"对标"先进来明确差距，通过"对表"来落实具体任务以促进企业发展。中国大企业应以具有全球竞争力的世界一流企业为"标"，与其进行深度比较，明确企业与"对标"企业之间在各方面的差距，找准关键差距，并明确未来突破的优先次序、重点任务等，制订可操作的追赶世界一流企业的发展计划、工作方案。要抓好对标管理，坚持以高质量发展要求为"表"，以追赶世界一流企业的发展计划、工作方案为"表"，随时进行对表检查，确保企业经营实践不会偏离建设具有全球竞争力世界一流企业的根本方向；要做好"标"的动态跟踪，根据对标对象企业的实际发展态势，对"标"进行必要调整，确保所对的"标"始终是真正具有全球竞争力的世界一流企业。此外，中国大企业要科学合理制订追赶世界一流企业的发展计划、工作方案，发展目标与工作方案要符合企业实际情况，阶段性追赶目标既不宜定得太低，也不能定得过高，应定在企业付出较大努力可以实现的水平上，使得企业既不至于轻易实现，也不至于不可企及。

3. 优化供应链战略，降低供应链脆弱性

供应链是指围绕产业链核心企业，从配套零件开始，到中间产品，到最终产品，最后到消费者，连接供应商、制造商、分销商直到最终用户的整体功能网链结构。对供应链各个环节上的企业来说，供应链的完整性、稳定性、可靠性，对企业持续稳定发展至关重要。换而言之，一个企业对供应链的影响力、掌控能力，将对企业发展有着决定性的作用。在供应链日益全球化的当今时代，供应链的重要性更加凸显，供应链的竞争与冲突也更为频繁。对全球价值链、产业链、供应链进行干预，甚至是利用国内法强行切断特定供应链，已经成为某些发达国家扰乱、阻滞发展中国家企业发展、实现自我狭隘政治目的、不当保护本国落后企业的重要政策工具选项。中国大企业应当在保障我国产业、企业供应链安全上，确保民族产业与企业持续发展上发挥应有作用。

优化供应链布局，加强全球供应链掌控。当前我国大企业的供应链布局存在两大突出问题：一是大企业供应链依然主要集中布局于国内市场；二是国际市场的供应链过于依靠单一国家、单一企业。上述问题的存在，使得我国大企业无法对全球供应体系施加影响，无法有效整合全球资源稳定生产要素供应，以及在全球范围内快速进行产品分销。2018 年，中国购买了 10.64 亿吨铁矿石，占全球铁矿石贸易量的 65%，但对铁矿石定价却没有话语权。作为全球最大的石油进口国，2018 年中国原油进口量达 4.62 亿吨，即使是纳入上海的人民币原油期货交易，我国对原油定价也没有实质性影响力。我国大企业应尽快调整企业供应链战略，主动站在国家竞争制高点，来大力推进供应链的全球化布局，包括在全球范围内对矿产资源进行勘探开采，对矿业类及矿业贸易类企业进行股权投资或并购重组，或是积极与国际矿业巨头通过交叉持股开展战略合作；同时加快培养国际资源类大宗商品期货交易高端人才，在加强风险控制的前提下，积极参与资源类大宗商品的期货交易，这既有助于提高对国际资源类大宗商品定价的话语权，也有助于稳定原材料供应与价格。同时，也应加大对国际关键中间制成品企业的股权投资、并购重组，或是战略合作，以稳定关键中间制成品的供应；而且必须实现其供应的分散化，确保供应渠道的可替换，避免因供应渠道的不可替代性而受制于人。

增强供应链协同，实现本土产业链协同发展。供应链协同，是指供应链中各节点企业在产业整体发展中采取协同一致的发展战略，通过相互合作支持供应链不同环节企业实现共同发展。实现供应链协同，需要供应链各环节企业树立"共赢"思想，而且需要建立公平公正的利益共享与风险分担机制。目前看，我国供应链各环节企业之间的协同水平不高，在部分供应链体系中，甚至存在特定环节优势企业滥用优势地位，恶意侵蚀劣势环节企业利益的情形。如在我国汽车产业领域，整车组装企业天然具有规模优势，面对规模明显弱小的汽车零配件制造商，二者之间似乎根本就不可能达成协同发展的关系；整车组装企业侵蚀零配件制造商利润，或是通过自行生产零配件挤占零配件市场，更是产业生态常见现象。也正是因为如此，所以在我国 500 强大企业中，尽管汽车组装企业数量明显多于美国 500 强，但却并没有像美国 500 强一样，能够有一批规模壮大的汽车零配件企业进入榜单。增强供应链安全，大企业需要修正当前供应链战略，应始终坚持以与国内上下游环节企业的协同发展为前提，来推进供应链管理，促进供应链发展，力争形成供应链各环节大中小企业并存、不同环节之间协同合作的发展格局。只有在各环节都形成优势龙头大企业，供应链的整体技术水平与供应能力才能得以稳定提升，供应关系才能持续稳固存续，本土供应链安全才能得到保障。

4. 打造国际知名品牌，持续深化国际化经营

改革开放以来，我国企业一直都在稳步推进国际化经营。经过 40 多年的耕耘，国际化经营已经取得了一定成果。截至 2017 年年底，中国对外直接投资存量为 1.8 万亿美元，排名升至全球第二位；共有 2.55 万家中国境内企业在国（境）外设立对外直接投资企业 3.92 万家，分布在全球 189 个国家（地区）；与 2007 年相比，对外投资存量增长了近 17 倍，设立对外投资企业数增长了 2.9 倍。2018 年，我国新增对外直接投资 1298.3 亿美元，同比增长 4.2%；全年商务部和省级相关主管部门共备案或核准对外投资企业 8786 家。其中，对外金融类直接投资 93.3 亿美元，同比增长 105.1%；对外非金融类直接投资 1205 亿美元，同比增长 0.3%。但在国际化经营能力、国际市场卷入深度等方面，我国企业还存在较大差距：一方面，中国企业国际化业务巨额亏损时有发生，国际化经营企业绩效水平远低于优秀跨国公司；另一方面，国际化业务的占比还很低，绝大多数企业离真正的国际化企业还有很长距离。

以国际知名品牌建设为敲门砖、铺路石,加快推进大企业国际化进程。改革开放40多年来我国贸易实现了持续高速增长,但国际投资与产业布局所取得的进展要小得多,走出国门的企业数量,以及国际业务在企业业务中的比重,都还有很大的可提升空间。我国企业国际化步伐不快、程度不深,可能在一定程度上与企业的国际化品牌建设有关;或者说,由于大企业国际化品牌意识不强,迟缓了我国大企业国际化进程的步伐。在国际机构发布的全球品牌榜上,我国品牌上榜数量,远低于进入世界500强中国企业的数量;世界品牌实验室发布的"2018世界品牌500强"中,中国品牌只有38个;即便是历来中国品牌上榜数量最多的由Brand Finance发布的"全球最具价值品牌500强"中,2019年榜单中也只有77个中国品牌上榜;国际品牌建设与企业规模建设并不同步,品牌建设亟待加强。近年来,国家高度重视推动企业品牌建设,大企业应积极响应国家号召,利用好国家政策,切实加大对品牌建设尤其是国际知名品牌建设的投入力度,在资本、产品走出国门的同时,让更多中国品牌也走进全球市场,得到全球消费者认可。推进国际品牌建设,既要抓好产品质量,以优质产品满足全球用户需求;也要抓好品牌形象建设与品牌市场推广,让更多全球公众接触、了解、认知并接受品牌。在策略选择上,既可以品牌先行,产品跟进,也可以产品与品牌同步输出。

深度参与国际分工,积极推进国际布局,全面整合两个市场、两类资源。一方面,信息化3.0与全球化3.0时代的到来,为全球化分工合作的深化提供了更为广阔的空间,积极参与全球分工合作,已经成为提高企业国际竞争力的必然要求;另一方面,国际金融危机以来的全球经济结构调整仍在继续,经济复苏国家及发展中的新兴经济体对外国直接投资的需求持续旺盛,投资资金进行国际布局的良好机会普遍存在。尤其是特朗普政府推动下的美国资本回流,可能为中国资本的全球化布局打开历史性的机会窗口。中国企业,特别是大企业,应在政府对外投资政策的指引下,在投资风险可控的前提下,积极融入全球价值链、产业链与供应链的分工合作,并借助投资布局调整,将企业价值链、产业链与供应链向境外延伸;通过对国内市场、国际市场的同步渗透,对国内资源、国际资源的整合利用,将原来局限于中国本土的企业,转型为深度参与全球经营,业务实现全球布局的全球化企业。为此,大企业应确立全球化思维,制定全球化战略,积极培养与储备全球化经营人才,建立全球市场动态跟踪与分析机制,完善企业内部全球化经营支撑体系。与此同时,企业要做好全球化经营的风险管控,既要防范好海外业务本身可能面临的各种风险,更要预防全球化步伐过快可能引致的发展失速风险。

5. 加快培育新动能,全力打造新优势

数字化正在推动全球经济转型。传统经济增长动力不断弱化,传统产业的数字化转型正在努力推进,基于数字化的新产业、新业态更是在加快发展,数字经济已经成为未来经济增长的重要动力。我国经济也已嵌入数字经济快速发展的洪流,在大力发展数字化新产业的同时,也在加大数字化技术在传统产业中的应用,力促传统产业转型升级。我国经济发展的动能,不再是来自传统产业的要素驱动,而是来自于新技术、新产业、新业态。在数字化的新时代,企业越来越难以固守其低成本优势,也难以持续将国际竞争优势建立在有限区域的产业链完备性与成熟产业工人的可供给性基础之上。借助于数字技术,低成本的全球化产业链与供应链整合,已经成为可能,全自动化车间正在

变成现实。中国大企业必须顺应这一时代新变化，以数字化为基石，以技术创新为抓手，以转型升级为方向，加快培育持续发展新动能，全力打造国际竞争新优势。

新发展，需要新动能。要素驱动支撑了我国经济自改革开放以来将近40年的高速发展，但近年来要素驱动对经济增长的贡献日益减少；继续维持中国经济的中高速增长，需要转向于培育新动能。总体上看，当前我国经济处于新动能逐渐发力、新旧动能有序转换的转型期。据估算，2018年我国数字经济总量为31.3万亿元，增长20.9%，占当年GDP的34.8%。其中数字产业化规模为6.4万亿元，占GDP的7.1%；产业数字化规模为24.9万亿元，占GDP的27.6%。2019年上半年，全国工业战略性新兴产业增加值同比增长7.7%，快于规模以上工业1.7个百分点；高技术制造业增加值同比增长9.0%，快于规模以上工业3.0个百分点，占全部规模以上工业比重为13.8%，比上年同期提高0.8个百分点；新能源汽车、太阳能电池产量同比分别增长34.6%和20.1%。2019年上半年，全国网上零售额48161亿元，同比增长17.8%，比全国社会消费品零售额增速快9.4个百分点。2019年1~5月，战略性新兴服务业、高技术服务业和科技服务业营业收入分别增长12.5%、12.3%和12.0%，增速分别快于全部规模以上服务业2.4、2.2和1.9个百分点。显然，数字经济、新产业、新业态，已经成为助力国民经济持续增长的关键力量。基于新产业和数字经济对技术研发投入的巨大需求，以及市场前景的不确定性，大企业应该在相关领域的发展中发挥带头作用。传统领域大企业，一方面应加大数字化转型与创新研发投入，力争在技术突破的基础上，塑造数字化新企业；另一方面要积极探索发展战略新兴产业，为未来培育新的增长点。战略新兴领域的大企业，则应持续做大、做优、做强，并切实为传统领域企业的转型升级提供支持，以进一步壮大新动能。但在投资发展战略新兴产业时，各企业应充分做好投资前的市场研判，避免由于盲目的一窝蜂式的投资，导致战略新兴产业领域出现大规模的产能过剩。

新竞争，需要新优势。新时代的竞争有了新变化：一方面，国家之间的产业竞争，不再是单纯建立在产业配套能力上，传统供应链与产业链的重要性有所下降，而数字化基础设施建设的重要性快速上升，数字化能力逐渐成为国家间产业竞争的关键。另一方面，企业发展环境发生了翻天覆地的变化，企业竞争也有了新特点，从单纯竞争转向竞争合作，并进一步转向合作竞争；在合作竞争框架下，企业之间首先是为了共同发展而合作，以打造共生商业生态圈，然后在共生基础上展开竞争。企业开展竞争的手段，也不再是单纯降成本，技术的作用也有所弱化，企业竞争更多的是比速度、比快速响应市场变化的能力。基于竞争的这些新变化，企业需要重新构建新优势。首先，大力开发与掌握数字化新技术，并加大数字化技术在企业生产经营活动中的应用，实现生产运营设施的数字化、自动化；其次，建立大数据系统，快速收集与处理企业生产运营信息、市场需求信息、用户反馈信息、市场竞争者信息以及产业技术变化信息等；最后，建立快速决策响应系统，大数据系统要将关键信息适时呈现给决策者，决策机构则要快速科学做出决策，并将决策迅速传递给执行部门，立即予以执行落实。此外，还应充分利用数字化技术，丰富消费者或潜在消费者线上线下虚拟体验场景，提升虚拟体验感受，增强消费购买欲望。所有上述举措，归根究底都与数字化技术有关；所以，对新时代的大企业来说，构建竞争新优势的关键，即在于掌握先进数字化技术，并具备数字化技术应用能力。

第二章
2019 中国制造业企业 500 强分析报告

2019 中国制造业企业 500 强是中国企业联合会、中国企业家协会连续第 15 次向社会发布的中国制造业最大 500 家企业年度排行榜。总体上看，在过去的一年，我国制造业大企业在高质量发展战略的引导下，积极应对国际环境变化带来的冲击，营业收入、盈利能力、创新能力和国际化水平等方面均有稳步提升，成为我国经济发展的压舱石。

2019 年是中华人民共和国成立 70 周年。70 年来，我国制造业从小到大，快速发展，取得了举世瞩目的成就。国家统计局数据显示，我国工业增加值从 1952 年的 120 亿元增加到 2018 年的 305160 亿元，按不变价格计算增长 970.6 倍，年均增长 11.0%。制造业增加值自 2010 年首次超过美国，并连续 9 年稳居世界第一；目前我国制造业增加值占世界的份额高达 27.0%，成为驱动全球工业增长的重要引擎。

一、2019 中国制造业企业 500 强规模特征分析

1. 营业收入增长稳中放缓

营业收入平稳增长。党的十八大以来，中国制造业企业 500 强营业收入逐步摆脱徘徊局面，呈现平稳扩大态势，由 2013 年（指发布 500 强年份，下同）的 23.38 万亿元扩大至 2019 年的 34.92 万亿元，增幅为 49.36%。2019 中国制造业企业 500 强营业收入增速为 9.67%，较上年增幅下滑 3.04 个百分点，但仍处于合理区间。自 2017 年增速由负转正后，整体呈现出波动上涨态势。详见图 2-1。

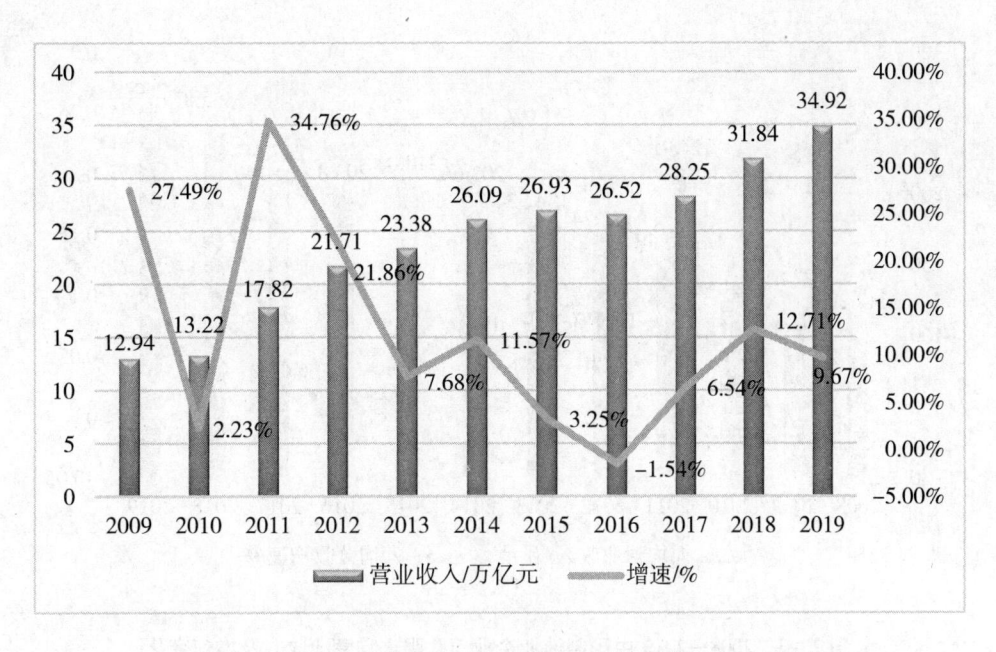

图 2-1　2009—2019 中国制造业企业 500 强营业收入及增速变化

入围门槛小幅提升。中国制造业企业 500 强入围门槛在 2014—2016 年两度下降之后，近三年来逐年上涨。2019 中国制造业企业 500 强排名第 500 名企业的营业收入为 88.57 亿元，入围门槛在上年大幅提升的基础上，进一步提高 2.2 亿元，提升幅度为 2.55%。详见图 2-2。

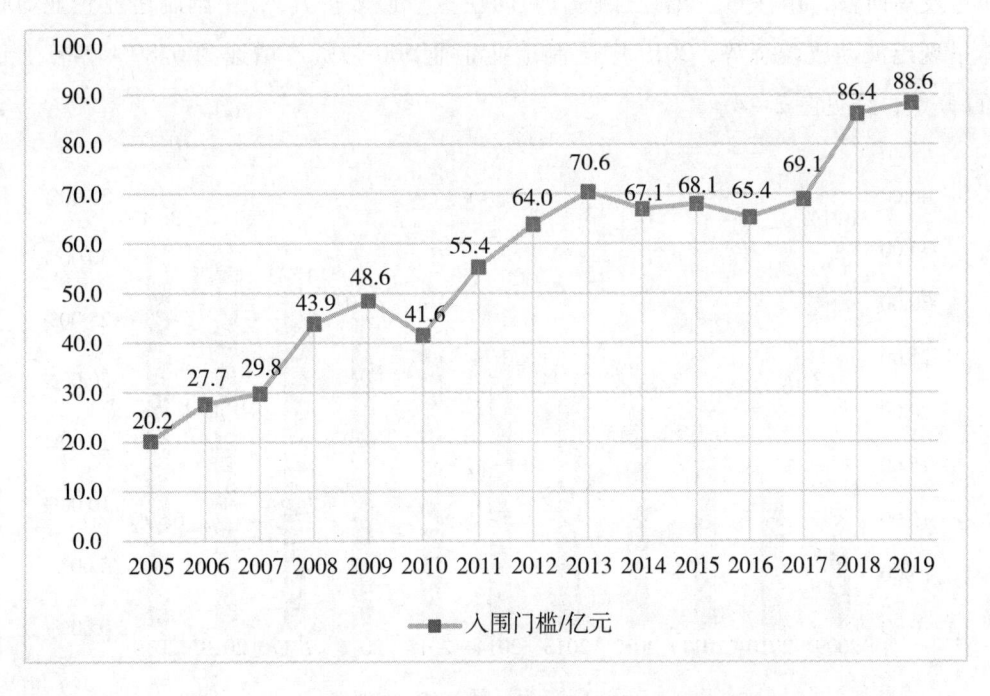

图 2-2　2005—2019 中国制造业企业 500 强入围门槛变化

人均营业收入增速波动频繁。中国制造业企业 500 强人均营业收入增速波动较大，在 2017 年由负转正之后，连续两年实现了快速提升。2019 中国制造业 500 强人均营收为 262 万元，增速较上年再次明显下滑。详见图 2-3。

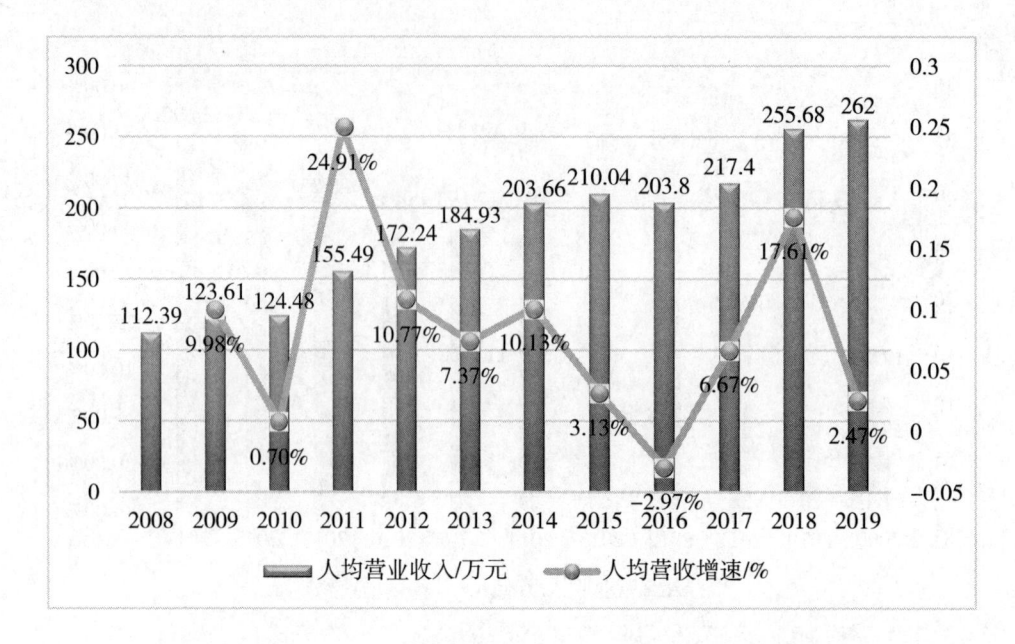

图 2-3　2008—2019 中国制造业企业 500 强人均营业收入及增速变化

2. 资产及负债情况持续改善

资产规模稳健扩大，增速平稳放缓。2019 中国制造业企业 500 强总资产规模达到 36.47 万亿元，自党的十八大以来，在绝对数量方面保持了持续扩大的态势。在资产增速方面，伴随我国制造业逐步迈向高质量发展阶段，由注重"增速加快"转向注重"质效提升"，中国制造业企业 500 强资产规模增速整体呈现出波动放缓态势，2019 中国制造业企业 500 强资产增速为 6.89%，较上年 500 强放缓 2.02 个百分点。详见图 2-4。

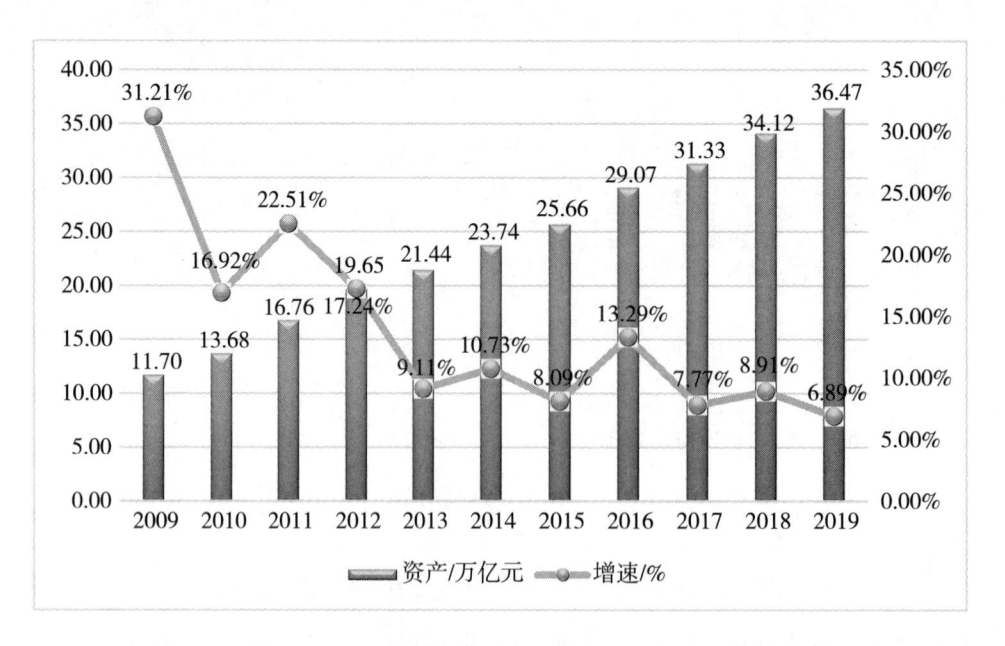

图 2-4　2009—2019 中国制造业企业 500 强资产及资产增速变化情况

资产负债率继续好转。2019 中国制造业企业 500 强的资产负债率为 62.74%，较上年下降 0.46 个百分点。从长期趋势来看，资产负债情况呈现较为明显的持续好转态势，相对 2013 年 64.10% 的资产负债率高点，下降了 1.36 个百分点，侧面反映出国家采取的"去杠杆"措施在制造业领域的效果正在逐步显现。详见图 2-5。

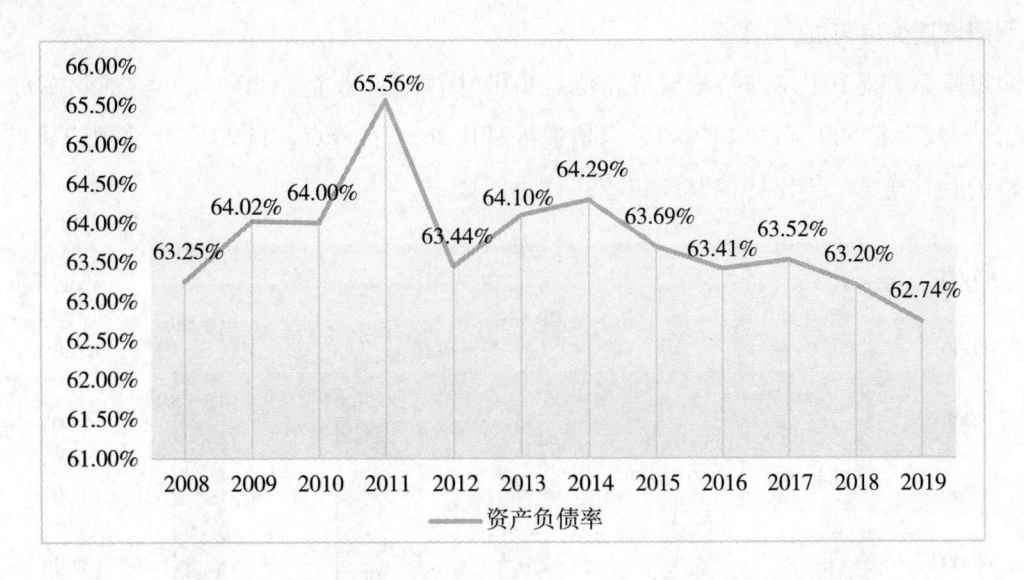

图 2-5 2008—2019 中国制造业企业 500 强资产负债率变化情况

3. 企业并购重组积极性有所回升

参与并购重组企业数量稳步增加，并购重组次数略有回升。2019 中国制造业企业 500 强在 2018 年发起并购重组的企业共有 141 家，较上年增多 13 家，整体呈现逐年稳步增多态势。但在并购重组次数方面，随着近年来证监会在企业并购重组方面监管力度的不断加大，特别是对"忽悠式""跟风式"和盲目跨界重组等行为打击力度的加大，中国制造业企业 500 强并购重组次数由 2017 年的 878 次迅速跌落至 2018 年的 407 次；2019 中国制造业企业 500 强并购重组次数略有回升，达到 452 次，较上年 500 强高出 45 次，并购重组积极性呈现缓慢回升态势。详见图 2-6。

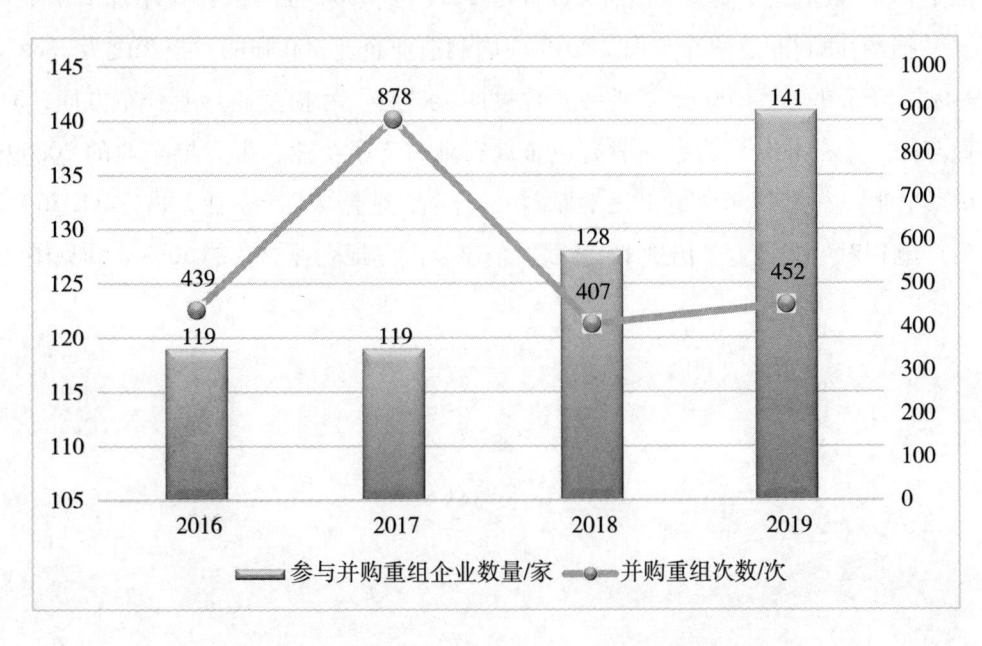

图 2-6 2016—2019 中国制造业企业 500 强并购重组情况

二、2019中国制造业企业500强利税状况分析

1. 净利润增速保持高位

净利润规模显著提升，增速持续保持高位。2019中国制造业企业500强共实现归属母公司利润9767.29亿元，较上年500强高出19.44%，增速提高0.26个百分点。自2017年实现归属母公司利润增速由负转正后，连续三年保持在19%以上。详见图2-7。

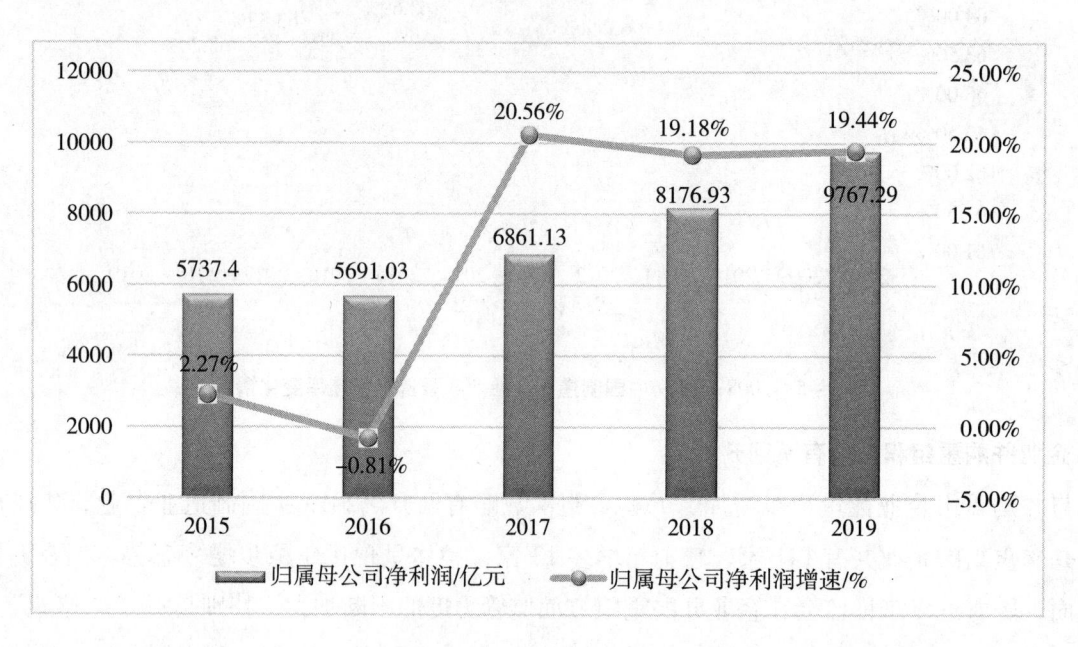

图2-7 2015—2019中国制造业企业500强归属母公司股东净利润规模及增速

企业亏损面略有扩大，亏损深度下降明显，亏损企业主要分布在产能过剩行业。2019中国制造业企业500强中有34家企业亏损，亏损面为6.80%，较上年500强的4.40%增加2.4个百分点；但在亏损深度（亏损额/净利润总额）方面，2019中国制造业企业500强的亏损深度为3.85%，较上年500强的8.94%下降5.09个百分点，企业亏损深度明显改善。亏损企业行业分布方面，34家亏损企业中，数量最多的三个行业分别为，一般有色金属行业（7家企业，占亏损企业的20.59%）、黑色冶金行业（6家企业，占比17.65%）、化学原料及化学品制造（4家企业，占比11.76%），该三类行业均为落后产能相对过剩行业，出现17家亏损企业，占亏损企业总数的50%。详见图2-8。

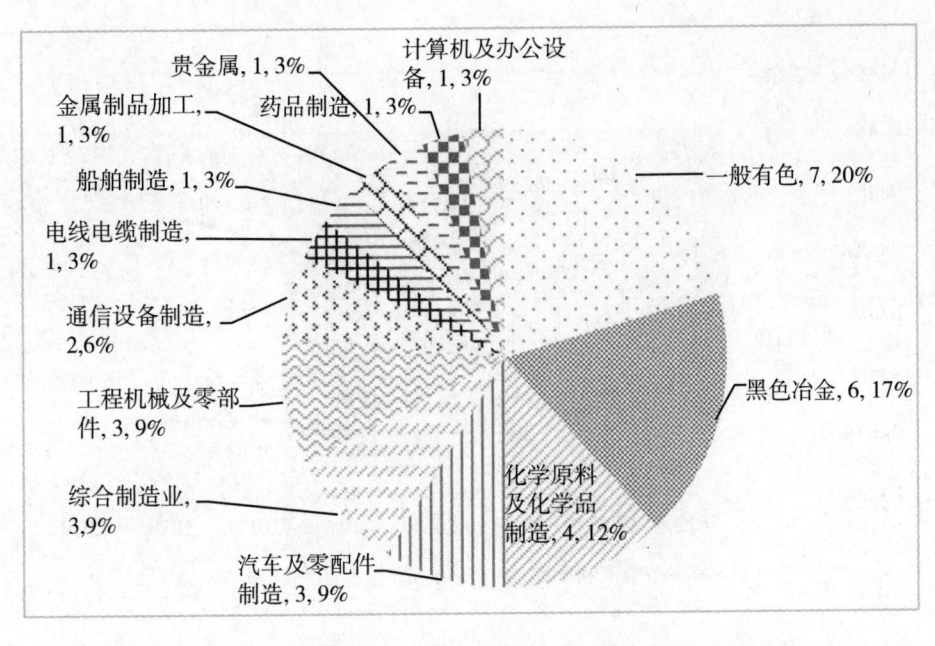

图 2-8 2019 中国制造业企业 500 强亏损企业行业分布情况（家数及占比）

2. 企业经营绩效明显回暖

净资产利润率达近 7 年来的高值。净资产利润率是反映企业经营绩效的重要指标。2019 中国制造业企业 500 强的净资产利润率为 10.48%，较上年 500 强高出 1.25 个百分点。从长期趋势来看，受 2008 年国际金融危机的影响，中国制造业企业 500 强在 2008 年之后，净资产利润率呈现出了缓步下降的态势，但随着制造业转型升级不断推进，中国制造业企业 500 强的净资产利润率在 2016 年触底后有了明显回升，在 2017—2019 年实现了"三连涨"，从 7.59% 的阶段性低点上涨到至 2019 年的 10.48%，呈现出积极向好态势。详见图 2-9。

营业收入利润率及资产周转率均呈现回暖态势。净资产利润率的变化与营业收入利润率和资产周转率的变化直接相关。2019 中国制造业企业 500 强的营业收入利润率为 2.80%，相较上年 500 强高出 0.23 个百分点，为 2015 年营业收入利润率触底后的连续第四年上涨，高出 2015 年 0.67 个百分点。详见图 2-10。资产周转率方面，2019 中国制造业企业 500 强的资产周转率为 0.96 次/年，较上年加快 0.03 次/年。从长期变化来看，2008—2017 年间，我国制造业企业 500 强将资产转化为产出的流转效率呈现出波动下滑的态势，于 2017 年跌至 0.90 次/年的阶段性低点，跌幅达 21.05%；而后于 2018 年开始逐步回升，2019 年是党的十八大以来连续第二年上升。详见图 2-10。

图 2-9　2011—2019 中国制造业企业 500 强净资产利润率及营业收入利润率变化

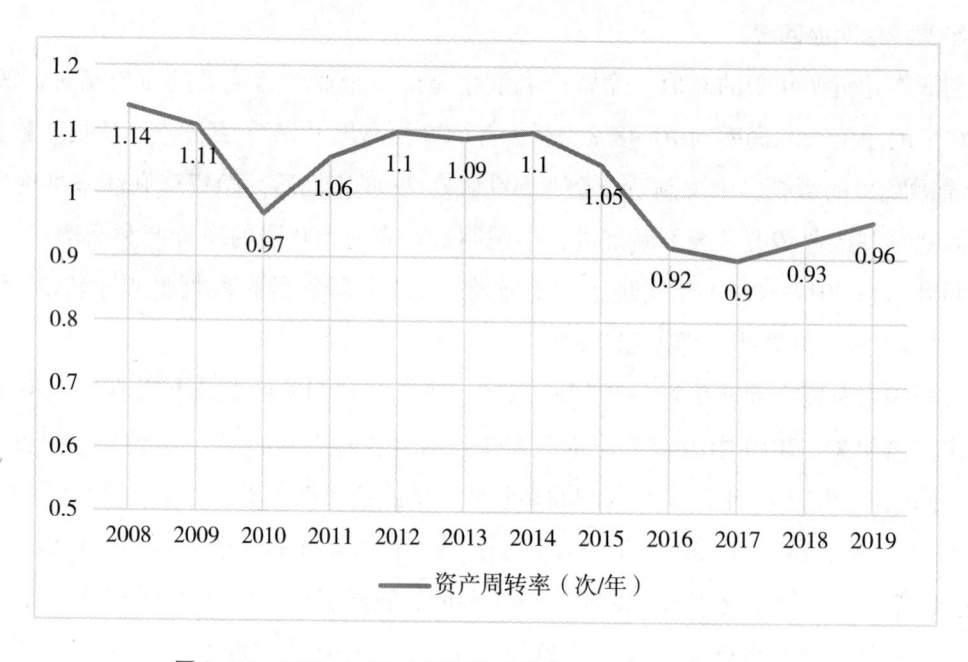

图 2-10　2008—2019 中国制造业企业 500 强资产周转率变化

3. 企业综合税负持续下降

企业纳税总额波动上升，纳税与营业收入比值稳步下降。2019 中国制造业企业 500 强在 2018 年全年共纳税 1.70 万亿元，较上年 500 强高出 5.86%。企业纳税总额与营业收入比值呈现稳步下滑态势，2019 年中国制造业企业 500 强纳税总额与营业收入的比值为 4.85%，较上年 500 强下降 0.18 个百分点，为 2016 年以来的连续第三年下降，在一定程度上反映出我国制造业企业 500 强的综合税负稳步减缓的局面。详见图 2-11。

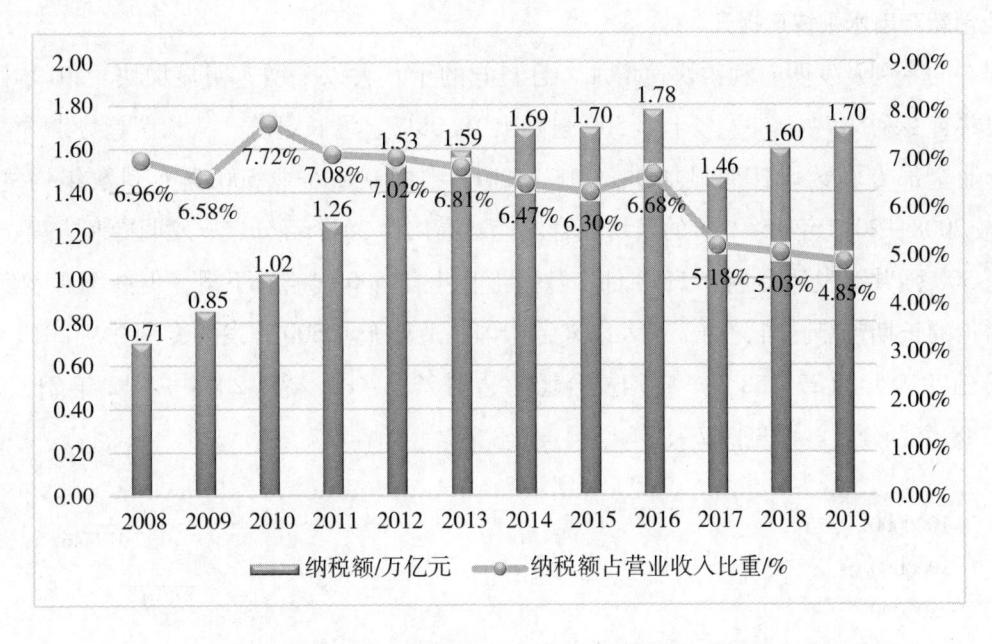

图 2-11 2008—1019 中国制造业企业 500 强纳税及纳税占营业收入比重变化

三、2019 中国制造业企业 500 强创新投入与产出分析

1. 企业研发积极性稳步提升

企业研发投入持续上涨，研发强度波动提高。十八大以来，中国制造业企业 500 强的研发费用规模不断扩大。2019 中国制造业企业 500 强共有 480 家企业提供了完整研发费用数据，其研发费用总规模达到 7110.87 亿元，较上年同比高出 8.63%。详见图 2-12。研发强度方面，2019 中国制造业企业 500 强的研发费用占营业收入的比重为 2.14%，较上年 500 强提高 0.06 个百分点，实现了 2016 年以来研发强度的"三连涨"。从研发强度自身发展趋势看，十八大以来，由 2013 年的 1.87% 上涨至 2019 年的 2.14%，涨幅较为明显。详见图 2-12。

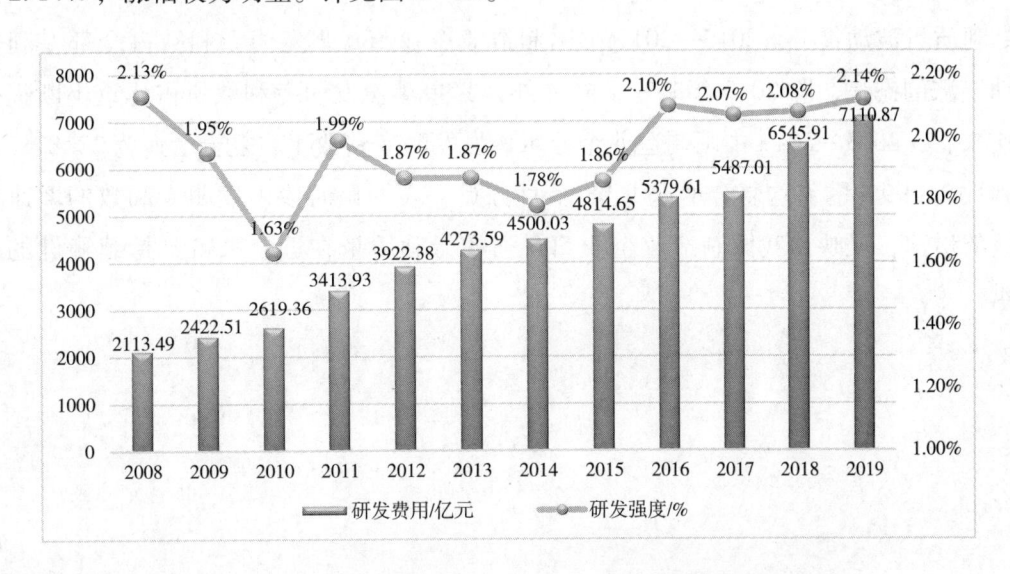

图 2-12 2008—2019 中国制造业企业 500 强研发费用及研发强度变化

2. 企业创新产出水平快速提升

企业拥有的专利及发明专利数快速增加，且自党的十八大以来增速明显加快。2019中国制造业企业500强共有专利917446件，较上年500强高出18.06%，增长显著。从长期趋势来看，党的十八大以来，企业全部专利数增速明显加快，2013—2019中国制造企业500强专利数年均复合增速达21.99%，较2008—2012年15.21%的年均复合增速，高出6.78个百分点。发明专利方面，2019中国制造业企业500强共有发明专利271158件，数量上比上年500强略有下滑，但并不影响发明专利数整体快速增长的长期趋势。自党的十八大以来，中国制造业企业500强发明专利数从2013年的75055件快速增长至2019年的271158件，年均复合增速达到23.87%，高出2008—2012年21.39%的年均复合增速2.48个百分点。详见图2-13。

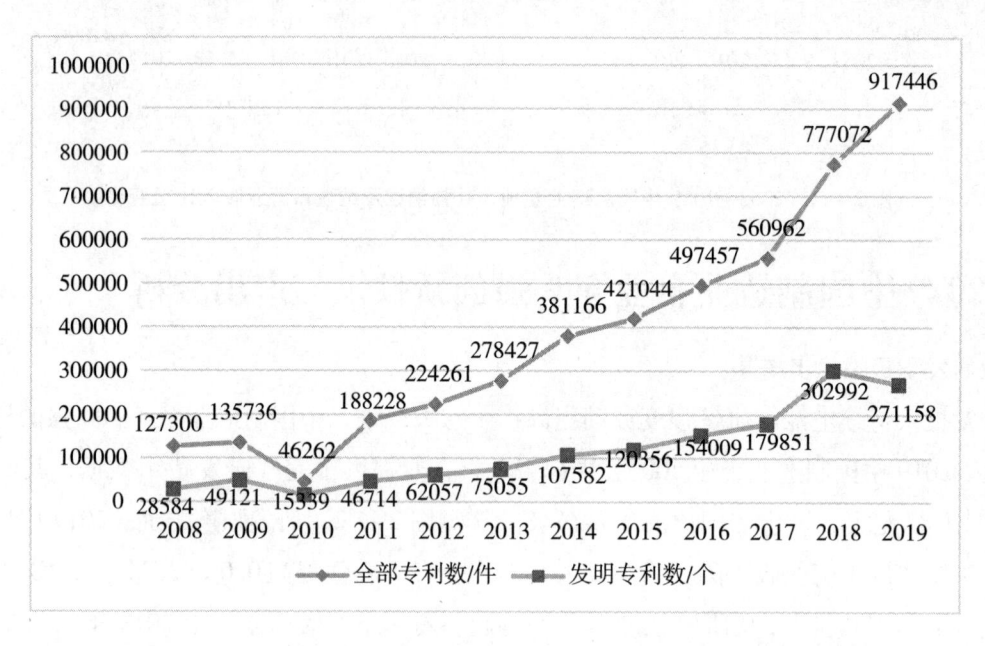

图2-13　2008—2019中国制造业企业500强全部专利数及发明专利数

企业专利质量波动提升。2013—2019中国制造业企业500强发明专利数占全部专利数的比重呈现逐波动上涨的态势，除2019年略有下降之外，其余年份发明专利数所占比重不断提升。从年均复合增速来看，2013—2019中国制造业企业500强发明专利数年均复合增速为23.87%，高出同期全部专利数21.99%的年均复合增速1.88个百分点，表明该时段内发明专利数的增速整体快于全部专利数的增速，反映出我国制造业企业500强的专利质量在近年来得到持续稳健的提升。详见图2-14。

图 2-14 2008—2019 中国制造业企业 500 强发明专利数占全部专利数比重

龙头企业成为创新的主体。2019 中国制造业企业 500 强全部专利数前 10 位企业共拥有专利数 398851 件，占到当年 500 强全部专利总数的 43.47%，较上年 500 强高出 5.12 个百分点。同年发明专利数前 10 位企业共拥有发明专利数 136622 件，占到当年 500 强发明专利总数的 50.38%，尽管较上年 500 强下降了 6.87 个百分点，但仍集聚了全部 500 强企业中超 5 成的发明专利，侧面反映出我国制造业企业龙头企业在创新中的核心地位。详见表 2-1。

表 2-1 2019 中国制造业企业 500 强全部专利数、发明专利数前十企业

排名	公司名称	全部专利数量/个	排名	公司名称	发明专利数量/个
1	华为投资控股有限公司	87805	1	中国石油化工集团有限公司	26779
2	北京电子控股有限责任公司	60000	2	海尔集团公司	20684
3	美的集团股份有限公司	46831	3	中国航空工业集团有限公司	16265
4	中国石油化工集团有限公司	38305	4	北京电子控股有限责任公司	15000
5	海尔集团公司	36538	5	中国航天科工集团有限公司	14116
6	中国航空工业集团有限公司	30667	6	中国船舶重工集团有限公司	9856
7	中国五矿集团有限公司	27187	7	中国信息通信科技集团有限公司	9569
8	珠海格力电器股份有限公司	26406	8	美的集团股份有限公司	8570
9	中国航天科工集团有限公司	23893	9	中国兵器工业集团有限公司	8043
10	中国中车集团有限公司	21219	10	中国五矿集团有限公司	7740
	合计	398851		合计	136622
	占全部专利总数比重	43.47%		占发明专利总数比重	50.38%

四、2019 中国制造业企业 500 强所有制比较分析

1. 民营企业在制造业 500 强中影响力稳步增强

民营企业数量比重不断上升。2019 中国制造业企业 500 强中共有民营企业 340 家，较上年多出 4 家；自 2010 年以来，中国制造业企业 500 强中民营企业数量不断增加，占比从 54.6% 持续增长至 68%。详见图 2-15。民企数量与国企数量之比从 1.20：1 持续扩大至 2.13：1，且在千亿元级企业方面，2019 中国制造业企业 500 强中共有 83 家千亿元级企业，其中 33 家为民营企业，占比为 39.76%，较 2018 年和 2017 年分别高出 2.26 和 12.34 个百分点，占比呈现出连年增长态势，显示出民营企业向龙头位置不断发力的态势。详见图 2-16。

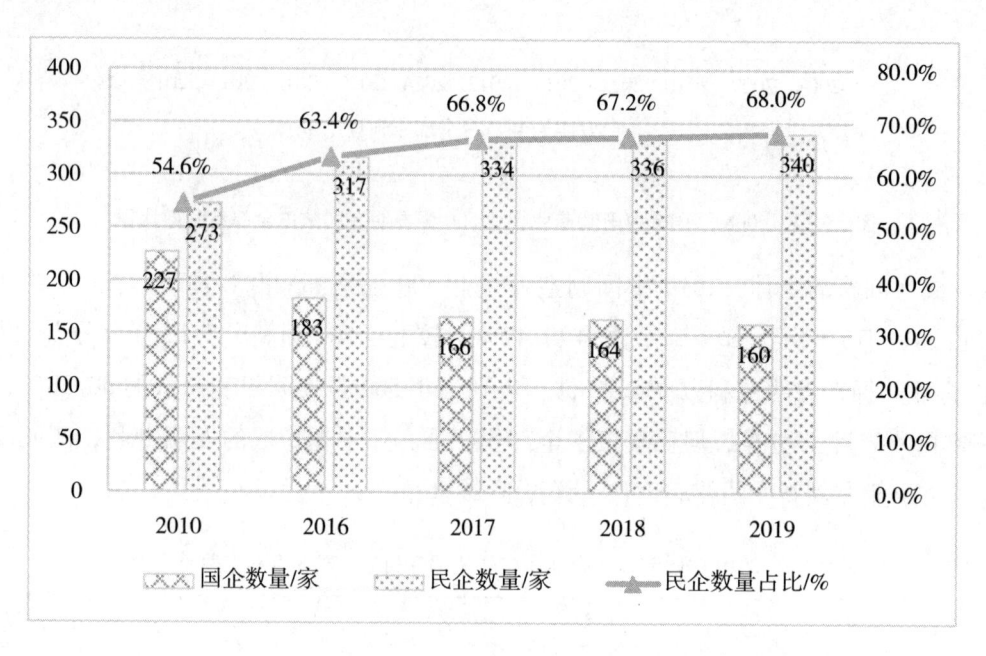

图 2-15 2010—2019 中国制造业企业 500 强民营企业、国有企业数量变化

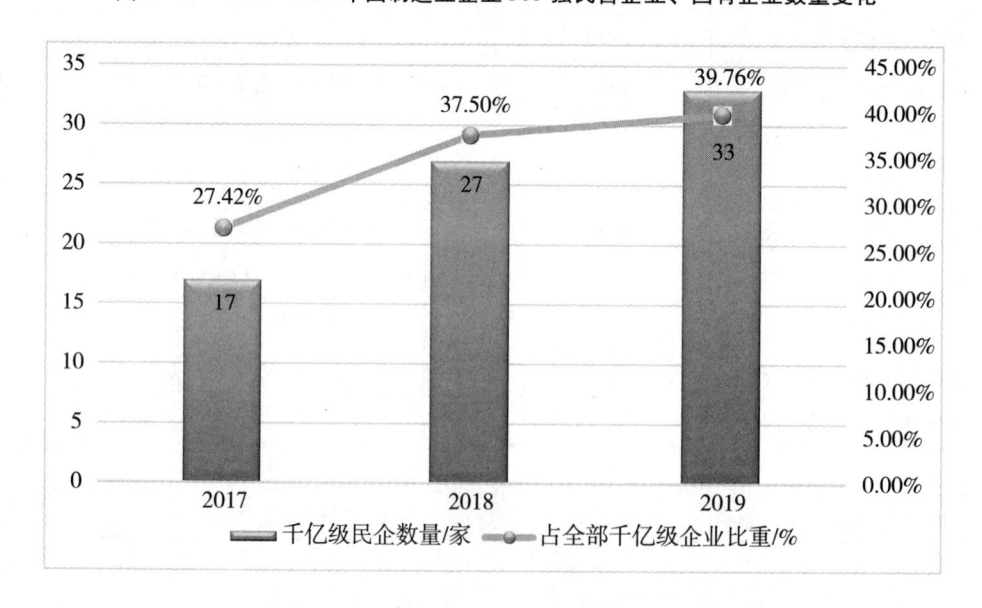

图 2-16 2017—2019 中国制造业企业 500 强千亿元级民营企业数量及占比变化

民营企业营业收入、资产及净利润占比不断提升。自2010年以来，中国制造业企业500强中民营企业在营业收入、资产及净利润方面的占比分别从30.75%、21.66%和39.45%持续上升至2019年的46.19%、37.40%和62.30%，反映出民营企业力量逐步壮大，民营企业在中国制造业企业500强中占据的位置越来越重要。详见图2-17。

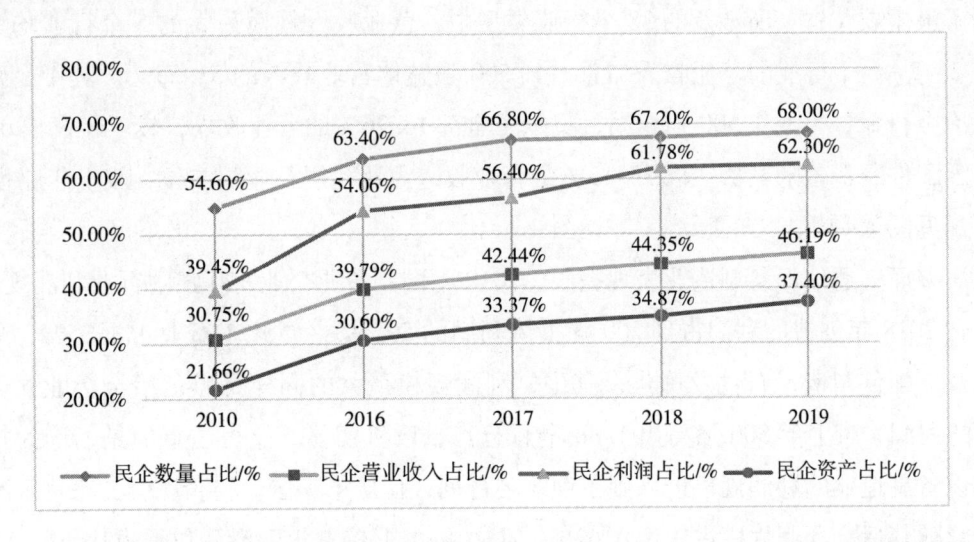

图2-17　2010—2019民营企业营业收入、资产及利润占中国制造业企业500强比重变化

2. 民营企业盈利状况相对较好

民营企业利润率指标稳步上涨，且相较于国有企业有较大优势。2019中国制造业企业500强中民营企业的营业收入利润率和资产利润率分别为3.77%和4.46%，比上年500强分别高出0.19和0.22个百分点，呈现稳健增长态势。同时，民营企业在营业收入利润率和资产负债率方面均显著领先于国有企业。2019中国制造业企业500强中，民营企业营业收入利润率及资产利润率分别高于国有企业1.81和2.85个百分点，与2018年1.82和2.83的差距相比大致相同。详见图2-18。

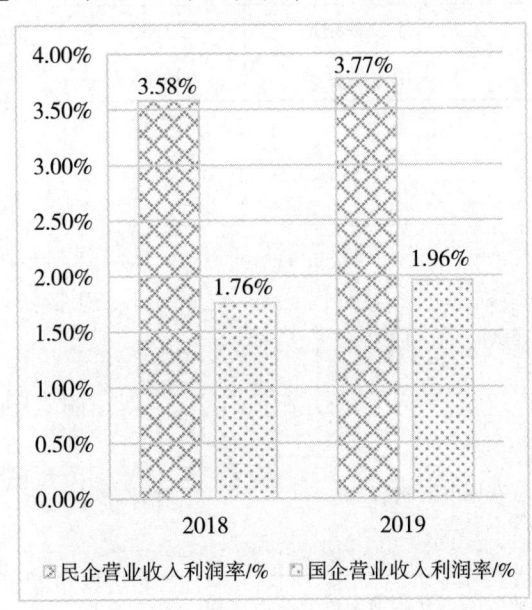

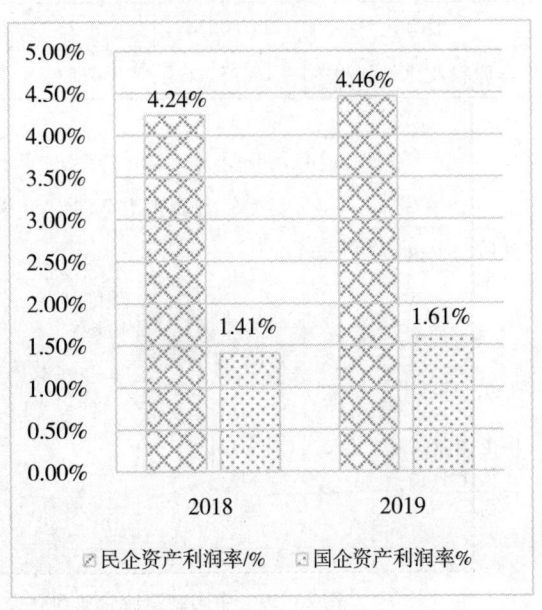

图2-18　中国制造业企业500强民企、国企营业收入利润率及资产利润率对比

五、2019中国制造业企业500强行业指标比较分析

1. 重化工行业依然是制造业营业收入及利润的主要来源

行业营业收入方面，重化工行业包揽营业收入前五位。2019中国制造业企业500强中重化工行业依然占据了最主要位置，所涉及的38个行业类型中，营业收入规模最大的5个行业均为重化工行业，详见表2-2。5个行业的营业收入加总占到500强整体营业收入的51.55%。其中，营业收入最多的为黑色冶金行业，与上年500强相同，贡献了全部14.76%的营业收入，较上年高出0.34个百分点；汽车及零配件制造紧随其后，以13.13%的营业收入占比位居行业第二位，较上年略微下降0.43个百分点。详见图2-19。

行业利润方面，通信设备制造业表现亮眼。2019中国制造业企业500强中行业利润规模最大的5个行业中，在2018年创造的利润占到500强整体利润的50.3%。重化工行业占据3席，分别是黑色冶金、汽车及零配件制造、石化及炼焦；其中，利润规模最大的同样是黑色冶金行业，创造了全部500强16%的利润，较上年500强高出1.86个百分点，改善明显。值得注意的是，作为技术密集型产业的通信设备制造业的利润规模进入到了前5名行列，位居第4位，利润规模占比达7.55%；家用电器制造业紧随其后，利润规模占比为6.62%，但在位次上较上年下滑2位，占比下滑1.42个百分点，详见表2-2、图2-19。

表2-2 2019中国制造业企业500强营业收入及利润贡献前5行业

排名	行业	营业收入/亿元	营业收入占比/%	排名	行业	利润/亿元	利润占比/%
1	黑色冶金	51558.90	14.76	1	黑色冶金	1562.73	16.00
2	汽车及零配件制造	45845.28	13.13	2	汽车及零配件制造	1168.71	11.97
3	石化及炼焦	38065.95	10.90	3	石化及炼焦	796.89	8.16
4	一般有色	28738.78	8.23	4	通信设备制造	737.35	7.55
5	化学原料及化学品制造	15825.41	4.53	5	家用电器制造	646.68	6.62

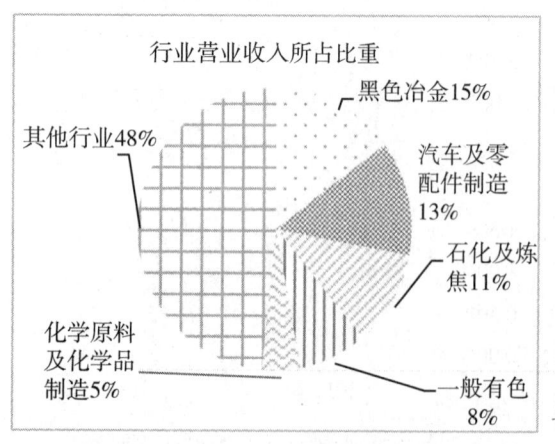

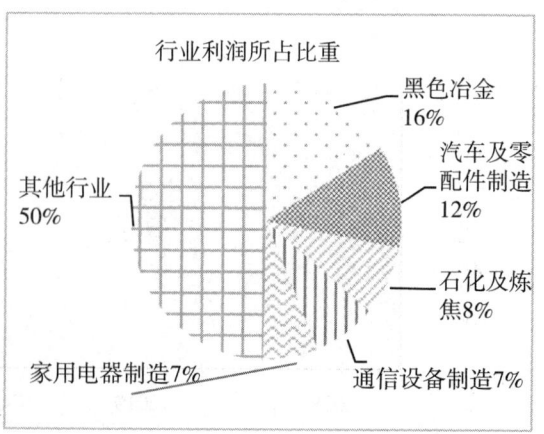

图2-19 中国制造业企业500强营业收入、利润前5行业所占比重

2. 部分先进制造业行业表现突出

部分先进制造业在行业平均营业收入、平均利润及平均研发投入方面占据领先位置。在行业平均营业收入指标方面，兵器制造、航空航天、轨道交通设备及零配件制造、汽车及零配件制造、通信设备制造分列前五；在行业平均利润指标方面，通信设备制造、航空航天、酒类、船舶制造、汽车及零配件制造分列前五；在行业平均研发费用指标方面，航空航天、通信设备制造、兵器制造、轨道交通设备及零配件制造、汽车及零配件制造位列前五。可以发现，上述行业都是技术含量较高的先进制造业行业，详见表2-3。在行业平均营业收入利润率和行业平均资产利润率两项指标方面，医疗设备制造业和通信设备制造业也分别进入前5名行列，详见表2-4。但也应注意到，我国制造业企业500强中高利润率行业仍以酒类、饮料、造纸及包装、轮胎及橡胶制品等一般制造业为主，先进制造业占比有待进一步加强；同时，在整体营业收入、利润及资产规模方面占据优势的重化工行业，在行业平均营业收入利润率及平均资产利润率方面表现平平，说明行业发展的质量和效益有待进一步提升。

表2-3 2019中国制造业企业500强行业平均营业收入、利润及研发费用排名

排名	行业名称	行业平均营业收入/亿元	排名	行业名称	行业平均利润/亿元	排名	行业名称	行业平均研发费用/亿元
1	兵器制造	3395.76	1	通信设备制造	128.87	1	航空航天	182.9
2	航空航天	3129.52	2	航空航天	110.36	2	通信设备制造	173.21
3	轨道交通设备及零配件制造	2293.51	3	酒类	74.23	3	兵器制造	139.91
4	汽车及零配件制造	1528.18	4	船舶制造	52.01	4	轨道交通设备及零配件制造	113.41
5	通信设备制造	1409.58	5	汽车及零配件制造	43.51	5	汽车及零配件制造	38.13

表2-4 2019中国制造业企业500强行业平均营业收入利润率、资产利润率排名

排名	行业名称	行业平均营业收入利润率/%	排名	行业名称	行业平均资产利润率/%
1	酒类	15.63	1	饮料	12.34
2	医疗设备制造	11.51	2	医疗设备制造	9.14
3	饮料	8.57	3	酒类	8.1
4	通信设备制造	6.54	4	通信设备制造	6.6
5	造纸及包装	5.35	5	轮胎及橡胶制品	5.34

六、2019中国制造业企业500强区域分布特征分析

1. 东部地区企业持续占据主要位置

东部地区与中西部地区企业数量差距进一步扩大。2019中国制造业企业500强在东部、中部、西部及东北地区的分布情况为：东部地区占据363席，占到500强总数的72.6%，较上年500强高出2.0个百分点，可见东部地区制造业企业仍是制造业500强中的绝对主力军，且地位进一步增强。剩余137席的分布情况分别为，中部地区63家企业入围，占比为12.6%，较上年500强下滑1.6个百

分点；西部地区 62 家企业入围，占比 12.0%，较上年 500 强下滑 0.6 个百分点；东北地区 14 家企业入围，占比 2.8%，与上年 500 强占比持平，详见图 2-20。

东部地区制造业企业贡献了 500 强企业绝大部分营业收入和利润，但利润占比略有下滑。2019 中国制造业企业 500 强中，东部地区制造业企业总营业收入及利润分别占到 500 强的 78.32% 和 1.64%，营业收入占比较上年 500 强高出 0.32 个百分点，但利润占比下降 1.64 个百分点。东部制造业企业利润占比下降的份额主要由中西部企业补齐，中部和西部地区企业的利润占比分别高出上年 0.62 和 1.46 个百分点，详见表 2-5。需要注意的是，东北地区制造业企业的利润占比较上年进一步下滑了 0.44 个百分点，反映出东北地区制造业企业在化解落后产能、推动制造业质量效益提升方面仍需进一步加强力度。

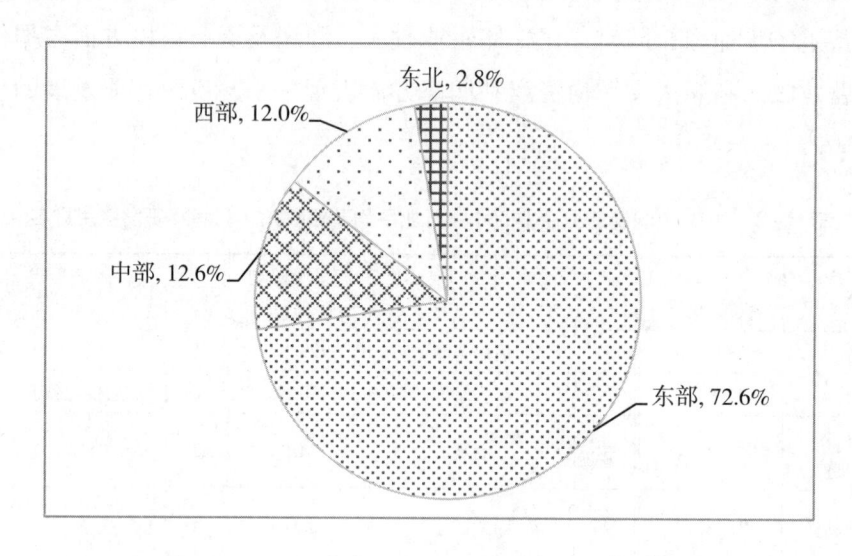

图 2-20 2019 中国制造业企业 500 强地区分布情况

表 2-5 2019 中国制造业企业 500 强营业收入及利润分布情况

地区	营业收入/万亿元	营业收入所占比重/%	同比上年/百分点	利润/亿元	利润所占比重/%	同比上年/百分点
东部	27.35	78.32	↑0.32	7545.49	77.25	↓1.64
中部	3.33	9.54	↓0.56	955.57	9.78	↑0.62
西部	2.94	8.43	↑0.08	979.19	10.03	↑1.46
东北	1.30	3.72	↑0.17	287.05	2.94	↓0.44

注：同比上年变化部分，"↑"代表同比增长，"↓"代表同比减少。

2. 企业总部分布的省市排名相对固化

浙鲁苏粤牢牢占据前列位置，东北老工业基地振兴任重道远，河北省企业数量下滑明显。2019 中国制造业企业 500 强中，拥有企业数最多的为浙江省，企业数量达 84 家，比上年 500 强排名上升 1 位。山东省则由上年第 1 名的位置滑落至第 2 位，企业数量为 83 家，但在营业收入方面略高于浙江省。江苏省和广东省紧随其后，分居第 3 和第 4 位，入围企业数量比上年分别增加了 6 家和 11 家。从入围企业数量和营业收入来看，浙江、山东、江苏、广东四省领先优势巨大，与除北京和上海之外的全国其他省份相比形成了明显优势。此外，2019 中国制造业企业 500 强入围企业数量最少的为宁夏回族自治区、贵州省和吉林省（扣除没有企业入围的海南省和西藏自治区），分别只有1家企业。入围企业数量比上年减少最多的省份为河北省，2019年共有25家企业进入中国制造业企业500强，较上年500强减少9家。出现这种情况的原因主要是由于河北省近年来大力推进供给侧结构性改革，压减淘汰了大批过剩产能，清退关停了大批污染企业，导致企业数量有所减少，这属于转型期的阵痛。详见表2-6。

表2-6 2019中国制造业企业500强省份分布情况

数量排名	省份	企业数量/家	数量同比上年变化	营业收入/亿元
1	浙江	84	↓4	36490.89
2	山东	83	↓4	38806.34
3	江苏	56	↑6	29617.32
4	广东	43	↑11	32822.22
5	北京	31	—	92154.08
6	河北	25	↓9	14701.32
7	上海	19	↑5	22106.13
8	河南	16	↑2	5739.95
9	重庆	15	—	4504.92
10	安徽	15	—	7370.59
11	天津	14	↑1	3500.46
12	四川	13	—	6994.60
13	广西壮族自治区	11	↑1	2805.33
14	辽宁	10	—	6552.71
15	湖北	9	↓3	8768.30
16	江西	9	↓3	6423.20
17	湖南	8	↓3	3284.32
18	福建	8	↑4	3302.12
19	山西	6	↓1	1715.80
20	陕西	5	—	3500.30
21	云南	4	↓1	2134.01
22	黑龙江	3	↑1	504.92
23	甘肃	3	↓1	3788.93
24	新疆维吾尔自治区	3	↓1	1900.63
25	青海	2	—	562.09
26	内蒙古自治区	2	↑1	1666.22
27	吉林	1	↓1	5940.30
28	贵州	1	—	771.99
29	宁夏回族自治区	1	↓1	793.47
30	海南	0	—	0.00
31	西藏自治区	0	—	0.00

注：同比上年变化部分，"↑"代表同比增长，"↓"代表同比减少，"—"代表与上年持平。

七、2019中国制造业企业500强国际化经营分析

1. 海外市场持续较快扩张

海外营业收入稳步扩大，且增速快于总营业收入增速。得益于"一带一路"倡议的深入发展，我国制造业企业"走出去"步伐不断加快。自2016年以来，中国制造业企业500强海外市场营业收入规模呈现持续扩大态势，由2.94万亿元稳步扩大至2019年的4.22万亿元。且自2017年以后，海外营业收入增速明显高于总营业收入增速，2018和2019中国制造业企业500强的海外营业收入增速分别为21.61%和11.94%，分别高出同年总营业收入增速8.9和2.27个百分点，详见图2-21。可见随着我国制造业技术和产品水平的不断提升，海外市场成为我国制造业企业的重要增长点，海外市场营业收入的快速扩大也一定程度上有助于缓解国内经济下行趋势给制造业企业发展带来的压力。

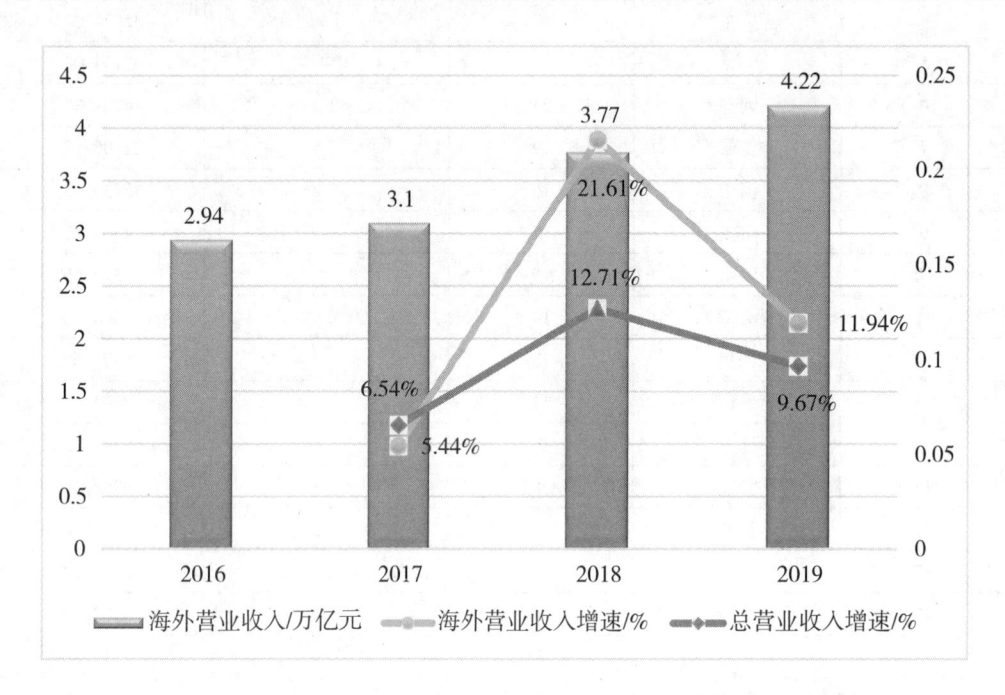

图2-21 2016—2019中国制造业企业500强海外营业收入及增速变化

2. 海外资产布局遭遇瓶颈

海外资产规模略有下降。2019中国制造业企业500强的海外资产规模为3.67万亿元，较上年下降5.66%，为近年来首次规模下降，详见图2-22。分析原因，主要是由于近年来，许多国家加强了对我国企业海外并购、海外资产购置的监管和限制，如部分西方国家提高战略性行业投资的准入门槛，加强对外资的国家安全审查，加大了我国制造业企业的海外投资难度；同时我国也出台了系列文件，加大对外海投资的监管力度等。

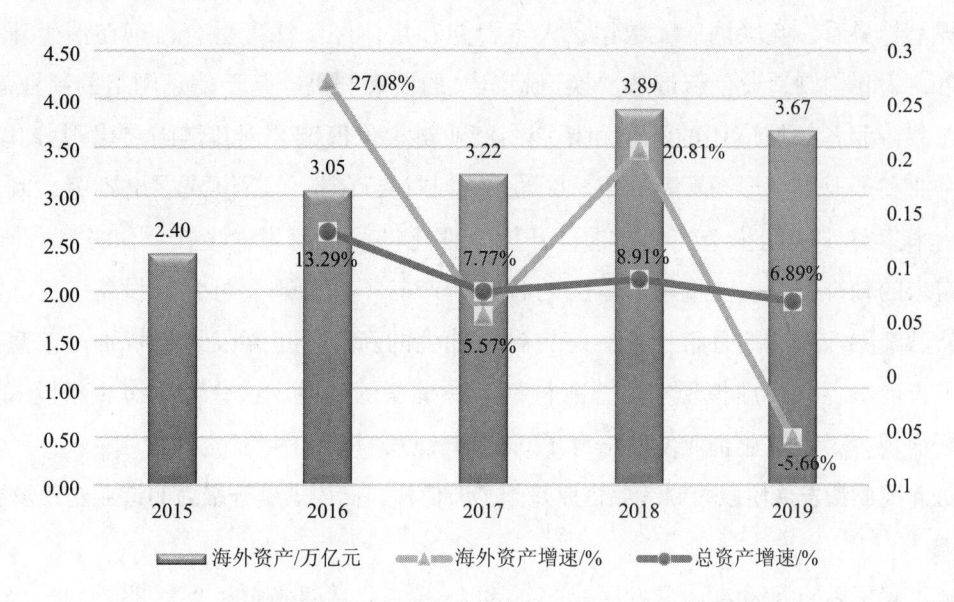

图 2-22 2015—2019 中国制造业企业 500 强海外资产规模及增速变化

八、现阶段中国制造业企业发展面临的机遇与挑战

2018 年以来，我国制造业发展的国内外环境发生了较大变化。从全球看，国际局势日趋复杂多变，影响制造业发展的不确定性与不稳定性因素明显增多；从国内看，我国经济进入高质量发展阶段，对制造业发展提出了新要求；从制造业自身看，我国制造业企业发展面临的机遇与挑战并存，优势和短板同在。

1. 国际发展环境日益趋紧为我制造业企业发展增添了新变数，技术发展和产业变革为先进制造业企业发展带来新契机

从国际竞争格局看，全球多边贸易格局面临重构，国际产业竞争博弈更趋激烈。一方面，美、德等发达国家对内实施"再工业化"战略，制定一系列战略规划和体系化推进措施，紧紧抓住全球制造业发展战略制高点，对制造业领域的竞争不断加剧。例如，美国陆续发布《先进制造业领导力战略》《美国主导未来产业》《国家人工智能研发战略规划》等政策文件，将人工智能、量子信息、先进制造等作为未来产业重点，加强战略布局。德国于 2019 年 2 月发布《国家工业战略 2030》，不仅强调坚持以制造业为基础的发展模式，提出将制造业增加值比重由目前的 23% 提高到 25%，更指出在涉及能够改变游戏规则的新技术领域，政府有必要进行激励性援助，通过修订竞争法、政府收购股份、国家直接援助等方式，鼓励企业合并或组成大型集团，培育一批"国家工业冠军"。另一方面，欧美发达国家还对外动用技术封锁、专利壁垒、原料断供、投资限制、贸易保护等手段针对我代表企业的战略压制在加剧。如美国以高技术制造业为重点目标，采取多种手段对我限制。又如，2019 年 2 月 19 日，德法两国发布《关于 21 世纪欧洲工业政策宣言》，呼吁欧盟各国跟上德法步伐，进一步重视产业政策作用，强化外国投资审查，以保持欧洲工业竞争力。可以预见，我国制造业特别是高技术制造业发展将面临越来越严峻的国际形势，发达国家对我封堵会越来越多，制造业企业尤其是行业领军企业国际发展空间将会受到压缩，需要做好应对措施。

从全球技术趋势看，互联网、大数据、人工智能和实体经济深度融合，正在催生新一轮科技革命和产业变革，为我国制造业创新带来"换道超车"的发展契机。基于信息网络的新业态蓬勃发展，随着互联网在制造业各领域应用的深化和拓展，产业链、价值链、创新链随之出现分化、融合、重组，新型的企业和产业组织形态不断形成。个性化定制、云制造等新模式层出不穷，制造业企业可以利用互联网采集并对接用户个性化需求，开展个性化产品的研发、生产、服务和商业模式创新，促进供给与需求的精准匹配。注重用户体验的智能新产品不断涌现，可穿戴设备、无人机、智能汽车等新型产品已经融入人们的日常生活。跨界融合催生的新产业迅猛发展，特别是信息技术的发展和渗透催生了智能机器人、虚拟现实、智能材料等一批新的产业。这些新业态、新模式、新产品和新产业的不断涌现，为制造业企业发展培育了新的增长点，拓展了增长空间。

2. 我国进入高质量发展阶段为制造业企业赋予了新使命，国内消费升级为制造业企业发展提供了新机遇

从国家政策导向看，推动高质量发展是当前和今后一个时期确定发展思路、制定经济政策、实施宏观调控的根本要求。高质量发展不仅意味着品种质量的提升，更包括产业结构优化、发展方式转变和效率效益提升。制造业是实体经济的主体，供给侧结构性改革的主要领域，科技创新的主战场，制造业是推动经济高质量发展的关键和重点。2018年年底召开的中央经济工作会议明确将制造业高质量发展作为七大任务之首，提出"要推动先进制造业和现代服务业深度融合，坚定不移建设制造强国。要稳步推进企业优胜劣汰，加快处置'僵尸企业'，制定退出实施办法，促进新技术、新组织形式、新产业集群形成和发展。要增强制造业技术创新能力，构建开放、协同、高效的共性技术研发平台，健全需求为导向、企业为主体的产学研一体化创新机制，抓紧布局国家实验室，重组国家重点实验室体系，加大对中小企业创新支持力度，加强知识产权保护和运用，形成有效的创新激励机制。"可以说，一系列最新表述表明，中央对推动制造业高质量发展、建设制造强国的紧迫感显著增强，进一步突出了制造业的重要地位，不仅提振了市场信心，也为实体经济特别是制造业创造了更为有利的发展环境。2019年上半年，会议政策红利不断释放，国家各部委都陆续出台了一系列支持制造业发展的政策措施，坚定了广大制造业特别是高端制造业企业践行高质量发展的决心。

从国内市场需求看，随着经济社会的发展，人民生活水平的不断提高，我国的消费升级步伐在不断加快。我国制造业通过仿造国外成熟或流行产品、设计、服务模式和理念的模仿型排浪式增长阶段基本结束，消费者消费能力和需求向高端化发展，符合中国文化观念、消费理念和市场形态的本土化、个性化、多样化消费产品渐成主流。人们更多追求品质、注重绿色环保、崇尚智能便捷，消费需求由满足日常需要向追求品种、品质、品牌转变。比如，在购买家用电器、家居设备时，消费者看重的不仅是价格、质量等因素，更关注产品的智能、健康、舒适等特性。消费升级为制造业带来广阔市场空间的同时，也要求制造业创新供给，适应消费升级的变化，激发了企业新的发展动力。

3. 数字经济蓬勃发展为制造业企业发展增添了新动力，产业链脆弱性和传统比较优势削弱对制造业企业发展提出了新要求

从制造模式看，随着信息网络技术的广泛应用，新业态、新模式不断涌现。传统经济范式下，市场上相当多的产品并不是消费者需要的，消费者想要的很多需求又不能及时满足。随着信息网络技术的广泛应用,这种格局逐步改变。在前端,企业通过提供相对标准化的模块来供消费者组合,或是吸引消费者参与到设计、生产的环节中来;在内部,企业通过提升组织能力,以平台+前端等方式去对接个性化需求;在后端,企业积极调整供应链,使之具备更强大的柔性化能力。由此,生产环节和消费环节深度融合,智能制造、在线生活、数字经济等成为重要趋势,不少传统领域市场规模急剧扩张。比如,传统的家居行业连接互联网后,诞生智能家居,通过物联网技术将家中各种设备链接,提供全方位的信息交互功能,提高居住体验感并更加绿色节能。2018年,我国数字经济规模突破31万亿元,预计2035年将达到150万亿元,占GDP比重将突破55%,达到发达国家平均水平。随着人工智能、虚拟现实、机器学习等技术在制造业的广泛渗透,数字经济和制造业的融合日益深入,为我国制造业企业发展赋予了新动力。

从产业发展短板看,在当前国际形势下,我国制造业表现最突出的问题就是产业链存在脆弱性。我国技术基础薄弱,特别是在关键核心领域的投入相对长期形成的技术短板而言依然不足,核心关键技术和零部件"造不出"或者"造得出,用不了"的问题没有得到根本解决,重点产业链关键核心技术对外依存度较高,容易受到出口国限制甚至"断供"威胁,严重影响产业链安全。同时,我国制造业自身面临一系列突出结构性矛盾。从投入端看,制造业要素投入成本不断攀升。一是人工成本持续上升,对企业尤其是劳动密集型领域企业的经营形成挑战。二是我国制造业总税率虽呈缓慢下降态势,但总体仍为美国的1.5倍左右。三是包括信息搜寻成本、协商与决策成本、监督成本、执行成本、违法赔偿成本等在内的制度性交易成本过高,种类繁多、弹性较大且其中暗藏"灰色地带",成为企业发展的最大困扰。从产出端来看,制造业产出效益整体偏低。一是产品质量不高,高端产品"造不出",高铁、大型工程机械、船舶制造等核心零部件、元器件和关键技术严重依赖进口;低端产品"用不了",机械设备等重要产品的质量稳定性、可靠性和使用效率与国外相比差距较大。二是生产效率偏低,以劳动生产率为例,我国仅为世界平均水平40%。三是品牌建设不足。我国产品品牌主要集中在低价值的大众市场,在高价值的中高端市场中国品牌严重缺位。这些困难和问题,是我国制造业尤其是广大企业在践行高质量发展过程中必须要跨过的坎。

九、新形势下促进制造业大企业高质量发展的建议

推动制造业企业高质量发展,就是要深入学习贯彻习近平总书记新时代中国特色社会主义思想,通过创新发展、融合发展激发新动能,实现在质量品牌、供给体系、产业链水平上的新突破,奋力向制造强国建设宏伟目标迈进。

1. 把创新摆在核心位置不断提高企业竞争力

创新是引领制造业转型升级的第一动力。我国制造业在核心技术、关键产品、重大技术装备等方面的瓶颈短板多,根本就是创新能力不强的问题。要把创新摆在制造业发展全局的核心位置,谁牵住了科技创新这个牛鼻子,谁走好了科技创新这步先手棋,谁就能占领先机、赢得优势。与发达国家相比,我国研发整体水平仍然存在多而不优的情况。其中企业研究意愿低、投入少、能力弱是重要原因。比如,虽然我国企业研发支出占全社会研发支出的比例已接近80%,但主要用于应用技术研发。因此,企业要着力强化创新主体地位,着力提升创新能力。一是以企业为主体推进产学研

协同创新。行业内骨干企业要牵头组建创新联合体，主动承担科技项目和重大工程任务，加快突破关键和新技术，加速企业主导产业技术研发格局的形成。二是加快知识产权布局。美国作为全球公认的创新强国，强就强在企业的创新能力。2018年，美国专利商标局授权发明专利30多万件，其中，近一半专利（46%）授予美国企业，IBM以9100项实用专利蝉联第一，这家公司在过去的25年中已经获得了超过10万项专利。我国大企业在这方面的表现也越来越突出。比如，华为公司2018年向世界知识产权组织（WIPO）提交了5405项专利申请，居全球第1位，较2017年增长34%，其专利数量是第2位日本三菱电机的约2倍，远远领先于其他公司。我国的中兴通讯、京东方分别位居第5和第7位。更多的企业需要在各自领域诞生一批创新成果，布局一批专利，引领产业发展方向。三是加强标准体系建设。企业要积极参与国际标准、国家标准和行业标准制定，不断扩大自身影响力，提升企业形象和行业内权威性。

2. 以智能制造为主攻方向加快推进两化融合

新一代信息技术与制造业的深度融合正推动制造业模式和企业形态根本性变革，全球经济正加速向以融合为特征的智能经济转型。2019年的德国汉诺威工业博览会，以"融合的工业——工业智能"为主题，聚焦人工智能、第五代移动通信技术（5G）等，展出了超过100个典型案例，代表了全球工业融合发展的最新风向。广大制造业企业要牢牢把握智能制造主攻方向，推动互联网、大数据、人工智能和制造业深度融合。一是传统领域企业加快智能化升级。我国传统产业体量大，在工业中仍占到80%以上的比重。传统产业经过先进技术的改造提升，就能够焕发出新的生机和活力。传统领域大企业要加大技术改造力度，对传统设备和生产线数字化进行升级，激发出传统设备新的价值，提高企业发展的质量效益。二是积极建设智能车间和智能工厂。比如沈阳新松公司实施的"机器人智能工厂"项目，可满足多种机器人产品的智能柔性化生产制造，建立了多层管理系统，通过先进的数字化系统，对整个生产流程进行统一管理。通过该项目实施，使得企业生产模式的信息化、智能化程度得到了极大提升，企业生产效率提高200%，企业运营成本降低21%，产品研制周期缩短33%，产品不良品率降低60%，能源利用率提升11%。同时，在产品质量控制、物流管理、工艺设计等各方面整体提升企业生产水平。三是大力发展工业互联网。信息技术与制造业逐步融合，大数据作为新的生产要素越来越重要，工业互联网作为新一代信息技术与工业系统全方位深度融合的产业和应用生态，已成为行业巨头角逐的新战场。国内一些优势企业也在积极研发和应用，如三一重工的"树根互联"平台、航天科工的航天云网等，已形成一定竞争力，为行业骨干企业加快培育工业互联网平台探索出了新路径。

3. 促进先进制造业与现代服务业融合发展

先进制造业与现代服务业的深度融合是产业高质量发展的必然途径。二者的融合正在推动科技产业创新，催生出一批新业态、新模式，在新的产业链上形成核心竞争力和高端供给能力，实现更高层次的价值创造，有利促进产业的转型升级。企业是先进制造业与现代服务业融合发展的主体，从成功实现产业转型升级的企业和国家来看，一个共同特点就是推动二者融合，构建起了服务型制造体系。例如，美国通用电气等大型跨国公司已经呈现了制造业高度服务化趋势，服务业务占公司总收入比重的比例超过2/3。我国的大型制造业企业也要加快新型通用技术、新业态新模式发展应用,推动从以产品为中心向以服务为中心的转型。一是培育发展网络化协同制造、大规模个性化定制、云制造等融合型、服务型制造新模式。比如,尚品宅配利用 CRM、云计算和大数据等互联网信息技术,采用柔性生产方式,把消费者被动接受产品转变为主动参与到产品的设计、制造过程中,提供全程数码服务;在设计完成后,基于虚拟现实技术,客户可以在网上体验成套的家居,家居的风格、款式、大小、颜色、质地等都可以持续调试直到客户满意,最大限度满足消费者的个性化需求。二是延伸在线设计、数据分析、智能物流、远程运维等增值服务。如陕鼓集团在为客户提供产品的同时,开发应用了远程监测及故障诊断系统,向用户提供相关故障诊断与检修维护咨询服务,并有针对性地制订了个性化解决方案,有效提高了系统服务能力,该企业也正逐步从单一产品供应商向动力成套装备系统解决方案商品和系统服务商转变。三是加快商业模式创新,提升价值创造能力。如沈阳机床的"i5 机床",可以使用户按照加工零部件的数量、或加工零部件的时间来付费。过去很多中小企业要花十几万元、几十万元买个机床,现在不花一分钱就可以让 i5 机床进到你的生产线上,按照加工零部件的数量、或加工零部件的时间给沈阳机床付费。中小企业购买的不是"机床",而是"机床加工能力";中小企业拥有的是机床"使用权",而不是机床的"所有权"。

4. 以质量品牌建设为抓手不断提升供给体系质量

近年来,我国制造业质量品牌建设取得了明显成效。产品质量稳中有升,国家产品监督抽查和格局从 1985 年的 66.5% 上升到 2018 年的 89.7%,出口产品召回指数从 2005 年的 4.04 下降到 2018 年的 2.58。制造业质量综合实力持续提升,全国制造业竞争力指数从 1999 年的 75.95 提升到 2017 年底的 84.47。然而,我国制造业质量水平的提高明显滞后于制造业规模的增。统计显示,近年来我国居民境外消费规模每年以 20% 的速度增长,目前已超过 1.6 万亿元人民币。这暴露出我国部分产品档次偏低,高端产品质量满足不了居民消费需求升级的要求。品牌发展仍滞后于制造业发展,品牌数量众多但世界知名品牌仍然偏少。比如,在 2018 年世界 500 强中,我国有 120 家企业入围,有 3 家企业进入前五;而当年品牌 500 强中,我国却只有 38 家企业入围,排名最高的国家电网仅位于第 30 位。质量是企业的生命,品牌是企业的灵魂。制造业企业尤其是大企业必须把质量品牌建设摆在突出位置,积极出新品、出精品、创品牌,推动中国产品向中国品牌转变。一是加快企业质量管理体系建设。推广和普及卓越绩效管理模式,开展六西格玛管理、"6S"、质量诊断等质量提升行动。推广采用先进生产工艺技术及检验检测设备,强化质量管理,提高重点产品的质量稳定性、可靠性和环境适应性等。行业骨干企业加快建立质量追溯平台、质量信息库,实现产品追溯信息电子化,强化质量在线监测控制和全生命周期的质量管理和质量追溯。二是加强品牌建设。增强以质量和信誉为核心的品牌意识,支持工业企业开发品牌管理机制和品牌塑造方法,建立品牌战略,实施品牌经营,提升品牌培育能力,把所具备的能力和优势转化为顾客感知的品牌价值。同时,加强与品牌培育和运营专业服务机构对接,向专业机构购买品牌管理咨询、市场推广等服务。

5. 以培育平台型大企业为路径保障产业链安全

国家的经济竞争力核心在产业,产业的竞争力关键又在企业。近几年,我国涌现出了一批世界 500 强企业,但也要看到,与美国、德国、日本等制造强国相比,我国在制造业领域还缺少一批真正具有国际竞争力的大企业集团,在全球制造商集团独家编制的 2017 年度(首届)《全球制造 500 强》

排行榜中，中国大陆仅有 57 家企业入围，而美国占据 133 席，以绝对优势雄居全球之首，日本以 85 家公司位列第二。此外，我国的大企业在经济效益、创新能力、品牌影响、管理水平等方面还存在较大差距。拥有一批世界领先的优质企业，是我国制造业高质量发展的迫切要求。要大力发展平台型大企业。一方面，大企业要通过强强联合、战略收购、并购重组等手段，加快形成行业龙头；另一方面，行业大企业要充分发挥引领带动作用，利用"互联网+"手段，采用线上线下相结合的方式，搭建大中小企业创新协同、产能共享、供应链互通的新型产业创新生态。同时，大企业要向中小企业开放科研基础设施和大型仪器和供应链体系，提供金融、咨询、法律等服务，强化大中小企业产业协作配套对接，为整个行业赋能。比如海尔的 COSMOPlat 平台，整合企业内外部资源，汇聚创业创新孵化资源 3600 余家，为 200 万个创业小微和百万个微店提供服务，创造就业机会超过 160 万个。同时，在国际发展环境日益趋紧的形势下，大企业不仅肩负着参与国际竞争的重任，更对整合、优化所在领域供应链体系，确保国家产业链安全起到关键作用。行业龙头企业要积极融入全球产业链体系，并构建我国企业占据重要地位的全球产业链分工网络，提高我国全球产业链安全水平和参与全球供应链规则制定的话语权，保障国家产业链安全。

第三章
2019 中国服务业企业 500 强分析报告

2019 中国服务业企业 500 强是由中国企业联合会、中国企业家协会连续第十五次向社会发布的我国服务业大企业榜单。本报告着重分析了党的十八大以来，即 2013—2019 中国服务业企业 500 强在总量增长、经营效益、行业分布、地区变化、不同资本布局以及并购等方面所呈现的变化和特征，同时报告还对非银行服务业 500 强企业的盈利能力进行了分析。总体上，中国服务业企业 500 强的发展呈现以下特点。

第一，规模大幅增长。党的十八大以来，营业收入总额由 20.48 万亿元增加到 37.63 万亿元，复合增长率高达 10.68%，连续 4 年超过制造业 500 强；入围门槛由 24.16 亿元，增加到 49.64 亿元，翻了一番。

第二，获利水平出现波动式增长，净利润总额由 1.55 万亿元增长至 2.68 万亿元，2019 年利润增速出现最低点。剔除银行的影响，非银行服务业企业所实现的利润增长迅速（年均 15.24%），好于服务业 500 强企业的增长水平（年均 11.07%），也好于制造业 500 强企业的增长水平（年均 9.61%）。此外，服务业企业 500 强的平均资产利润率、平均净资产利润率和平均资产周转率呈现出持续下降的态势。

第三，行业表现出重大分化，传统贸易零售和交通运输等企业占比持续走低，互联网、金融和供应链等现代服务业企业快速崛起，服务业大企业内部产业结构持续优化。但商务中介、科技研发、教育、医疗健康等服务业态鲜有大企业入围，这既是不足，也是未来服务业发展的机遇。具体而言，金融服务业呈现多种业态发展，银行与非银行金融呈两分天下之势头；互联网服务业在消费和产业广泛应用，已经开花结果；房地产行业明显分化，房产巨头在世界舞台上尽显辉煌，小型房企面临破产窘境；供应链服务，数量和质量双双持续进步，成为生产性服务的一股新势力；公共事业服务，国企主导，需要平衡社会责任和经营责任的双重目标。

第四，并购整合持续升温，大企业的生态版图构建、流通渠道的整合和集中、新兴业态的快速迭代突围成为三种推动力量。

第五，企业向少数区域不断集中，北上广三个省市所包含的中国服务业企业 500 强占全国的比重高达42.4%。不同地区间服务业企业发展差距扩大，有强者恒强之趋势，广东99家企业入围榜单，大幅超过其他省份。

第六，国有企业入围253家，数量持续减少，民营企业入围247家，数量接近国有。国有资本在公用事业、交通运输业、电信业、金融业、多元化投资等具有基础性、公共性和传统性为特征的行业具有显著优势，近年来，非银行民营服务企业的盈利能力显著提高。

党的十八大以来，服务业在三次产业结构中的占比已经连续7年位居第一位，对经济增长的贡献连续4年居于第一。消费服务端，互联网相关业态的蓬勃发展；生产制造服务端，物流和供应链相关服务逐步承接"分离"出来的中间需求，日渐崛起。几年来，服务业的大力发展，有效地提高了人们生活质量，大幅提高了国家经济发展的效率。过去长期存在于服务业领域中的问题，即"生产性服务业水平总体不高、生活性服务业有效供给不足"得到了明显缓解。服务业企业的高质量发展，仍存在创新方向偏离价值创造、专业化服务不足等问题，面临商业新逻辑带来冲击、关键员工管理困难等难题。在未来，服务业企业要勇于抓住住国内大市场的需求性机遇，提升规模化水平；抓住技术普及的突围性机遇，提升产业发展能级；抓住混改落地的制度性机遇，激发企业发展活力；抓住对外开放的跟随性机遇，打造全球化服务能力。同时，要以价值创造为商业本源，健全管理机制，促进人力资本增值，以开放有机的组织体系，广泛连接资源，以技术和硬件为抓手提升服务能力。

一、2019中国服务业企业500强规模特征分析

中国服务业大企业500强增长依然强劲，2019中国服务业企业500强营收总额接近38万亿元，入围门槛、资产、员工等指标与上年相比呈现较大进步。中国服务业企业500强已经成为控股3.6万家、参股9308家、分公司3.3万家的大企业群落，是服务业产业发展的中流砥柱，对国民经济的进步具有重大的支撑作用。

1. 营收较快增长，入围门槛接近50亿元

2019中国服务业企业500强的规模继续增长，实现营业收入总额达37.63万亿元，资产总额达到258.52万亿元，与2018中国服务业500强企业（以下简称上年）相比较，分别增长11.35%和6.88%，同比分别增长12.87%和7.31%。员工人数为1649万人，比上年增长8.92%。入围门槛为49.64亿元，比上年增长12.2%，与上年增幅持平。详见图3-1。

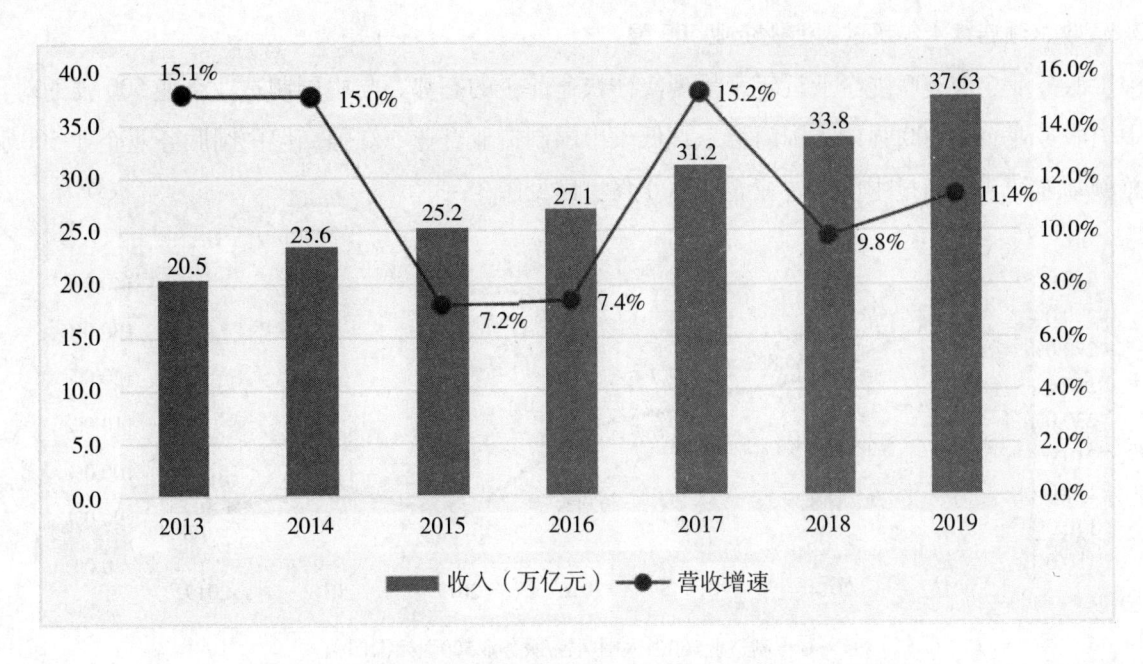

图 3-1 中国服务业企业 500 强营业收入及增速（2013—2019）

党的十八大以来，即 2013—2019 年榜单发布的 7 年时间内，中国服务业企业 500 强营业收入总额由 20.48 万亿元增加到 37.63 万亿元，复合增长率高达 10.68%。入围门槛由 24.16 亿元增加到 49.64 亿元，翻了一番。详见图 3-2。

图 3-2 中国服务业企业 500 强入围门槛及增速（2013—2019）

近几年，以服务业企业做大做强做优为目标的政策密集出台，从十三五规划纲要到健康、养老、体育、文化等产业政策相继落地，双创、混改等政策持续推进，给服务业企业的发展带来重要支撑和新的生机。过去几年，传统服务业拥抱互联网，以新技术为手段加快转型升级，新兴业态大量涌现，以服务品质提升为落脚点，我国服务业大企业正迎来增数量和提质量的双重进步。

2. 营收总额连续 4 年超过制造业企业 500 强

中国服务业企业 500 强企业近年来呈现集体快速前进的态势,与中国制造业企业 500 强的对比来看,中国服务业企业 500 强的入围门槛一直低于中国制造业企业 500 强,但中国服务业企业 500 强的营收总额却连续 4 年超过中国制造业企业 500 强。详见图 3-3。

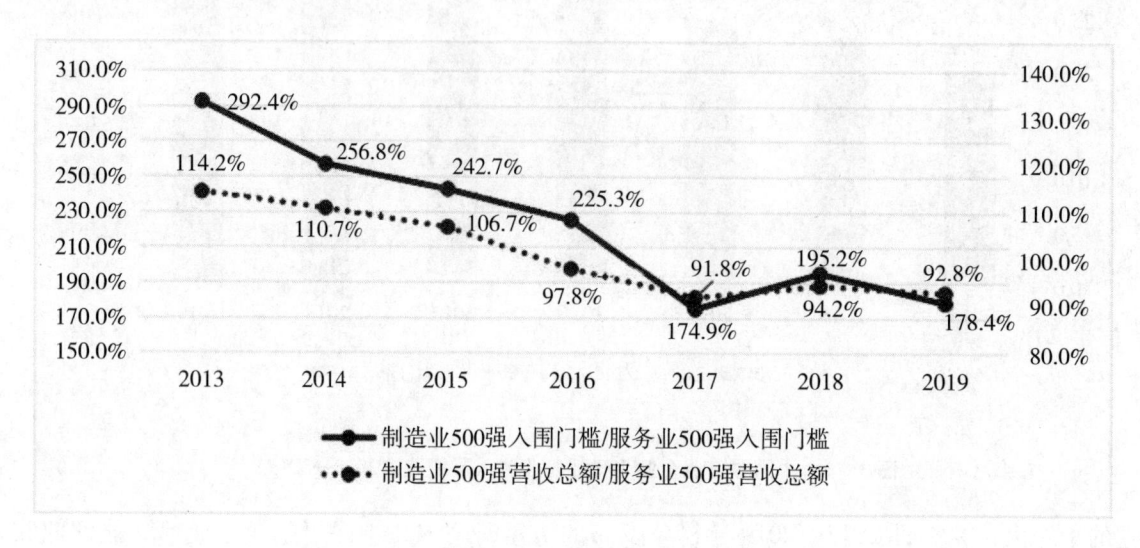

图 3-3 中国制造业/服务业企业 500 强营收总额和入围门槛比较(2013—2019)

具体而言,2019 中国制造业企业 500 强的入围门槛和营收总额分别为 88.57 亿元和 34.92 万亿元,分别相当于中国服务业企业 500 强的 178.4% 和 92.8%。过去 7 年中,中国服务业企业 500 强与中国制造业企业 500 强的入围门槛的差距有所缩小,差距由 2013 年榜单的 2.92 倍缩小到今年榜单的 1.78 倍。与此同时,中国服务业企业 500 强的营收总额自 2016 年超过中国制造业企业 500 强后,一直以微弱的优势保持领先。服务业大企业的发展由追赶到一定程度的领先,与宏观经济中的产业格局具有一致性。

3. 千亿企业继续扩容,集中在金融、互联网行业

2019 中国服务业企业 500 强中,营业收入达到千亿元以上的企业继续增加,达到 76 家。2013 年榜单中仅为 46 家,7 年时间增加了 30 家。与此同时,100 亿元以下规模区间企业数量不断减少,并逐年向高规模区间移动。2013—2019 中国服务业企业 500 强中,100 亿~1000 亿元规模区间的企业数量增加了 110 家,100 亿元规模以下的企业数量减少了 140 家。这导致中国服务业企业 500 强由金字塔形逐渐转向橄榄形分布,2017 年开始,100 亿~1000 亿元区间的企业入围数量超过 100 亿元规模以下的企业入围数量,橄榄形中部的企业数量不断聚集。详见表 3-1。

表 3-1 中国服务业企业 500 强企业营收规模分布(2013—2019)(单位:家)

	超过 1000 亿元	100 亿~1000 亿元	100 亿元以下
2013	46	174	280
2014	48	188	264
2015	53	190	257

续表

	超过1000亿元	100亿~1000亿元	100亿元以下
2016	59	213	228
2017	66	248	186
2018	68	284	148
2019	76	284	140

76家千亿元企业中，国有企业56家，民营企业20家。所处行业分布：公用事业服务2家、交通运输5家、邮政和物流2家、电信及互联网信息服务8家、批发贸易11家、零售业3家、金融25家、房地产7家、商务服务6家和综合服务业7家，旅游餐饮及文化娱乐、教育及医疗卫生服务两个行业均没有千亿级以上企业出现。对比中国服务业企业500强各个行业中的分布情况，可以看出，金融业、电信及互联网服务、综合服务业三个行业中千亿级企业所占比例最高。

互联网相关行业以"突起"的姿态，成长为千亿元企业，金融业受益于银行、保险的强势发展在千亿元这个规模层面上具有明显的优势，而物流供应链服务企业尽管近年来快速发展，入围中国服务企业500强数量显著增加，但达到千亿元规模还不多，当然潜力巨大。房地产业在不断趋紧的调控中，大中小企业分化会更为明显，目前入围榜单的58家房企中，还有一些企业会成长为千亿级企业。公共服务业、零售业、交通运输等传统服务具有很强的地域特色，除非有大资本进行并购整合，否则千亿之路并不容易。最后，餐饮及文化娱乐、教育医疗等面向C端的服务业态，在国内广阔的消费市场中，具有成为千亿企业的天然需求基础，未来成长空间可期。详见表3-2。

表3-2 2019中国服务业企业500强中千亿级企业的行业分布

行业	服务500强企业/家	千亿企业数量/家	千亿企业数量占比/%
公用事业服务	37	2	5.41
交通运输业	38	5	13.16
邮政和物流	31	2	6.45
电信及互联网信息服务	30	8	26.6
批发贸易	96	11	11.46
零售业	65	3	4.62
金融业	71	25	35.21
房地产	58	7	12.07
商务服务	40	6	15.00
旅游餐饮及文化娱乐	18	0	0
教育及医疗卫生服务	1	0	0
综合服务业	15	7	46.67

二、2019中国服务业企业500强的经济效益情况分析

2019中国服务业企业500强总体上实现的净利润增速有较大回落，仅为3.45%。剔除掉银行业的利

润贡献，服务业500强中的非银行服务业利润增速为4.17%，延续了自2014年以来非银行服务业500强企业利润增速快于银行业的态势，但非银行服务业500强企业利润增速也回落至个位数值得注意。

1. 净利润总体保持增长，增速出现最低值

2019中国服务业企业500强实现净利润（指归属母公司所有者净利润，下同）总额为26830.24亿元，较上年增长3.45%，同比增长4.37%。相较于上一年增长水平，增速出现大幅回落。党的十八大以来，2013—2019中国服务业500强企业所实现的利润持续增长，由1.55万亿元增长至2.68万亿元，但利润增速变化比较大，总体呈现下降趋势，尤其是2019中国服务业企业500强的利润增速出现最低点。详见图3-4。

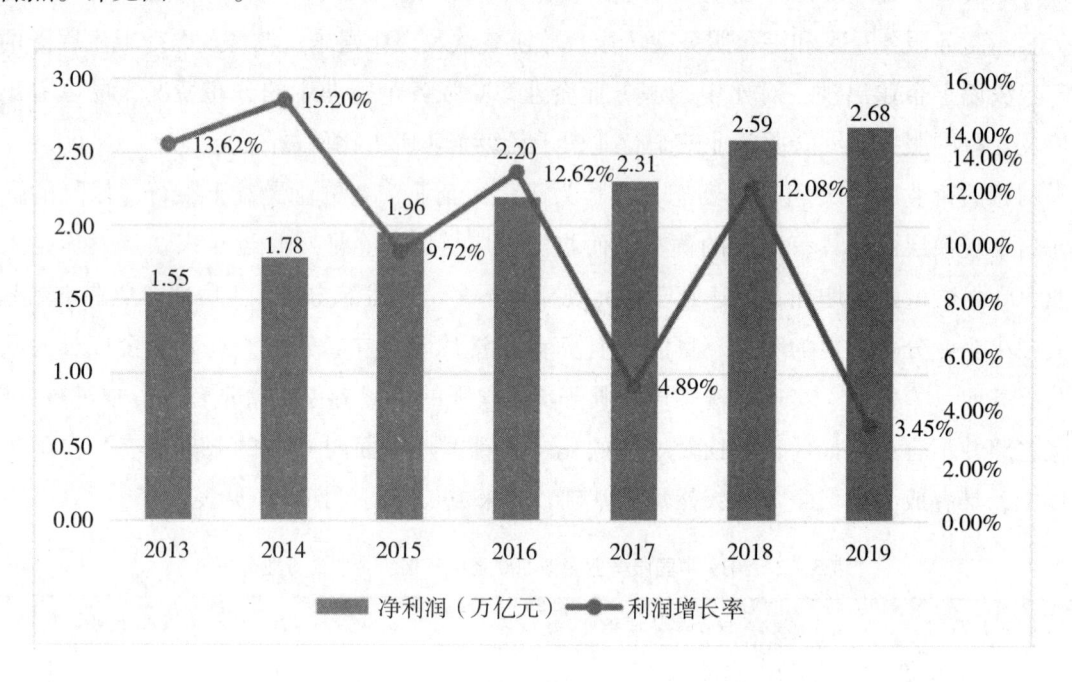

图3-4 中国服务业企业500强净利润总额变化（2006—2019）

2. 非银行服务企业利润增长快于制造业

剔除掉银行高利润水平的影响，近年来非银行服务业企业所实现的利润增长迅速，好于中国服务业企业500强的平均水平，也好于制造业企业500强的平均水平。具体来说，2013—2019中国服务业企业500强榜单中的非银行服务企业的净利润增长234.17%，高于中国服务业企业500强总体净利润增长水平（173.38%），当然也高于银行业的净利润增长水平（144.11%）。这一变化始于2015中国服务业企业500强，彼时非银行服务企业的净利润较上年增长23.71%，而银行业的净利润增速降低至个位数，仅为4.59%，这一态势延续至今。详见表3-3。

表3-3 2013—2019中国服务业企业500强净利润增长情况（单位:%）

	服务业500强净利润增长率	服务业500强（除去银行）净利润增长率	银行业净利润增长
2013	13.58	2.46	19.85
2014	14.86	1.84	21.13
2015	10.10	23.71	4.59

续表

	服务业500强净利润增长率	服务业500强（除去银行）净利润增长率	银行业净利润增长
2016	12.60	33.88	2.41
2017	5.02	10.37	1.68
2018	12.08	20.76	6.18
2019	3.45	4.17	2.89

银行业侵蚀制造业的利润，导致长期以来服务业500强企业的利润高于制造业，这是普遍性的认识。但事实上，非银行服务业500强企业自身净利润快速增长，已经显著超过中国制造业企业500强的净利润总额。具体而言，2013中国服务业企业500强的净利润总额为1.55万亿元，是同期制造业企业500强净利润总额的2.97倍，剔除掉49家银行的影响，451家非银行服务业企业净利润总额为5029.5亿元，为500家制造业企业净利润总额的97%，考虑企业数量上的差异，可以判断非银行服务业500强的获利水平此时应该已经高于制造业。在2019中国服务业企业500强，这一特点更加显著，剔出银行业的影响，451家非银行服务业企业净利润总额为1.18万亿元，是500家制造业企业净利润总额的1.21倍。从这7年的增长来看，制造业企业500强净利润总额的年均增速为11.07%，服务业企业500强净利润总额的年均增速为9.61%，除去银行的服务业500强的净利润总额的年均增速高达15.24%。详见表3-4。

表3-4 2013—2019中国服务业/制造业企业500强净利润比较（单位：万元）

	制造业500强	服务业500强	服务业500强（除去银行）	服务业500强（除去银行）/制造业500强	服务业500强/制造业500强
2019	97672911	268302463	117775378	1.21	2.75
2013	52028652	154746441	50295433	0.97	2.97
年均增长	11.07%	9.61%	15.24%	—	—

3. 企业获利水平分布趋于稳定

2019中国服务业企业500强实现净利润超过100亿元的企业有37家，在10亿～100亿元之间的企业有135家，净利润在0～10亿元以上的企业数合计为303家，亏损企业数量为23家。净利润分布与上年基本一致。详见表3-5。

表3-5 中国服务业企业500强净利润分布企业数量变化（2011—2019）

利润	2013	2014	2015	2016	2017	2018	2019
100亿元以上	22	23	29	34	32	37	37
10亿～100亿元之间	83	93	92	93	140	135	135
0～10亿元之间	370	363	344	323	308	300	303
亏损	24	17	32	37	18	25	23
合计	499	496	497	487	498	497	498

在净利润超过100亿元的37家企业中，有20家金融机构，其中银行13家，保险3家（泰康、

人保和太平洋保险），多元化金融5家（信达、光大、招商局、中信和平安）；2家电网公司（国家电网和南方电网），5家房地产公司（绿地、恒大、万科、碧桂园、龙湖地产），2家电信公司（中国移动和中国电信），3家互联网公司（腾讯、阿里巴巴、百度）。上一年，这些净利润超过100亿元服务业企业，尤其是互联网、房地产和非银行金融企业的净利润增长水平大都超过整体的净利润增长水平，甚至达到两位数的增长。今年的情况不容乐观，37家企业中，净利润下降的企业有7家，净利润增速在1%～10%之间的有14家。此外，利润增长超过50%的有3家，分别为百度、恒大和中国远洋海运。

4. 资产利用状况与上年持平

2019中国服务业企业500强的平均资产利润率为1.04%，平均净资产利润率为9.89%，较上年均略微有下降。平均资产周转率为0.146次/年，较上年有所提高。

从更长的时间来看，中国服务业企业500强的平均资产利润率、平均净资产利润率和平均资产周转率呈现出持续下降的态势，2013—2019中国服务业企业500强这7年间，已经分别下降0.21个百分点、3.06个百分点和1.95个百分点。详见表3-6。

表3-6 中国服务业企业500强企业资产利用效率情况变化（2013—2019）

	平均资产利润率/%	平均净资产利润率/%	资产周转率/（次/年）
2013	1.25	12.95	0.165
2014	1.21	12.76	0.159
2015	1.19	12.06	0.153
2016	1.16	11.21	0.142
2017	1.04	10.08	0.138
2018	1.07	10.20	0.140
2019	1.04	9.89	0.146

5. 获利能力差异大，金融业获利能力最强

2019中国服务业企业500强的平均收入利润率为7.14%，较上年下降0.53个百分点。综合近几年的情况看，这一指标维持在7%～8%之间，未出现较大波动。但在不同的行业间，却出现较大的差异性。商贸零售类依旧处于较低的水平，整体的收入利润率在2%以下，而除了保险之外金融业的所有细分行业的收入利润率都高于服务业企业500强总体水平。

收入利润率超过平均水平（7.14%）的行业有8个，分别是：商业银行（20.94%）、基金信托及其他金融服务（18.43%）、证券业（16.39%）、教育服务（15.11%）、互联网服务（11.19%）、园区地产（8.65%）、多元化金融（8.09%）和住宅地产（7.16%），与上年情况基本一致。其他低于平均水平的33个行业中，有7个行业的收入利润率水平低于1%，有28个行业的收入利润率水平在1%到平均水平（7.14%）之间。详见表3-7。

表 3-7 2019 中国服务业企业 500 强企业各行业收入利润率比较（单位:%）

行业	收入利润率	行业	收入利润率	行业	收入利润率
商业银行	20.94	邮政	4.83	保险业	1.68
基金、信托及其他金融服务	18.43	航空港及相关服务业	4.68	机电商贸	1.60
证券业	16.39	公路运输	3.59	旅游和餐饮	1.60
教育服务	15.11	航空运输	3.14	铁路运输	1.48
互联网服务	11.19	综合能源供用	3.06	生活资料商贸	1.42
园区地产	8.65	水务	2.96	汽车摩托车零售	1.34
多元化金融	8.09	多元化投资	2.64	能源矿产商贸	1.28%
住宅地产	7.16	综合服务业	2.29	家电及电子产品零售	0.93
全国	7.13	科技研发、规划设计	2.22	化工医药商贸	0.85
广播电视服务	6.88	物流及供应链	2.19	农产品及食品批发	0.72
电讯服务	6.02	电网	2.14	软件和信息技术	0.60
港口运输	5.79	连锁超市及百货	2.12	人力资源服务	0.56
文化娱乐	5.12	生活消费品商贸	1.99	综合商贸	0.49
水上运输	5.02	医药及医疗器材零售	1.75	金属品商贸	0.46
商业地产	5.02	国际经济合作（工程承包）	1.70		

三、2019 中国服务业企业 500 强的行业情况分析

2019 中国服务业企业 500 强共分布在 44 个小类行业，12 个中类行业，包括批发贸易（96 家企业）、金融业（71 家企业）、零售业（65 家企业）、房地产（58 家企业）、商务服务（40 家企业）、交通运输服务（38 家企业）、公用事业服务（37 家企业）、物流和供应链服务（31 家企业）、电信及互联网服务（30 家企业）、旅游餐饮及文化娱乐（18 家企业）、综合服务业（15 家企业）、教育及医疗卫生服务（1 家企业）。

1. 行业重大分化，新型服务业蓬勃发展

观察 2006—2019 期间 13 年的中国服务业企业 500 强，可以发现，伴随着传统贸易零售和交通运输等企业的持续走低，互联网、金融和供应链等现代服务业企业快速崛起，中国服务业企业所在行业表现出重大分化，产业结构持续优化。详见图 3-5。

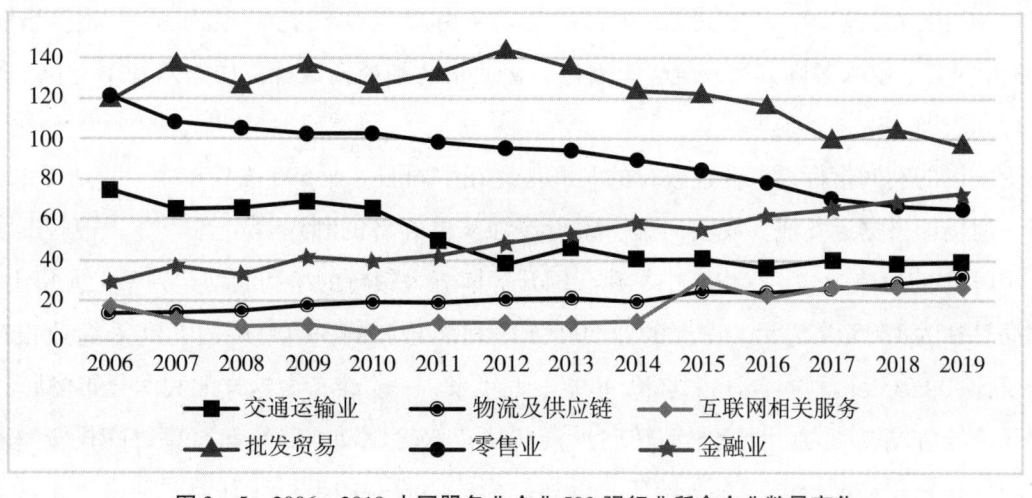

图 3-5 2006—2019 中国服务业企业 500 强行业所含企业数量变化

在2006中国服务业企业500强中，批发贸易、零售、交通运输三大类行业涉及313家，占比62.6%，而历经14年变迁，这三类企业日渐式微，减少到199家，占比也下降为39.8%。与此相对应的，金融、供应链服务、互联网信息服务等行业的企业却日渐强大，由2006中国服务业企业500强中的59家攀升至127家，占比也由11.80%增加至25.4%。值得一提的是，商务中介、科技研发、教育、医疗健康等服务业态鲜有大企业入围，这些服务行业关系着生产端的进步，也关系着人民美好生活的水平，这是未来服务业态发展的重点，也是服务企业发展的重要机遇。

2. 金融服务业：多种金融业态快速发展

（1）银行业：利润占比虽持续下降，但仍占近六成。

2019服务业企业500强中，商业银行共有39家，实现的营收、净利润、资产、纳税分别为7.18万亿元、1.51万亿元、164.2万亿元、4958.32亿元，从业人数为215.56万人。它们在整个服务业500强中的占比分别为7.80%、19.10%、56.10%、63.52%、28.35%和13.07%，相较于上年的占比分别减少1.2、0.3、0.3、2.1、2.4和1.4个百分点。近年来，银行各项指标占比出现持续下降，2013—2019中国服务业企业500强中，银行业的企业数量、实现的营收、净利润、资产、纳税占比分别减少0、2.51、11.4、7.75、12.1和3.58个百分点。详见表3-8。

表3-8 中国服务业企业500强中银行业各项指标占比（2013—2019）（单位:%）

	数量占比	营收占比	净利润占比	资产占比	纳税占比	人数占比
2013	7.80	21.61	67.50	71.27	40.45	16.65
2014	8.60	22.94	70.95	72.35	39.45	17.94
2015	8.20	24.36	67.62	71.24	38.81	17.50
2016	9.00	23.84	61.50	69.34	38.15	16.55
2017	8.40	19.47	59.54	64.04	31.37	13.42
2018	9.00	19.40	56.41	65.59	30.76	14.51
2019	7.80	19.10	56.10	63.52	28.35	13.07

今年榜单入围的39家商业银行中，工、建、农、中四大传统巨头位列前四，营收分别为1.17万亿元、9735.02亿元、9229.05亿元、8447.90亿元，由政策性银行转型而来的国家开发银行以6817.95亿元的营业收入紧随其后，位居第五位，交通银行和招商银行位居第六和第七位，股份制银行、城商行和农商行占据其他席位。

从饱受争议的利润指标看，商业银行的利润占比在中国服务业500强榜单中一直居于高位，虽然持续下降，但仍旧占据近6成。脱实向虚，银行侵蚀实体经济的利润等声音一直"鞭打"着银行业的发展。2019年的榜单中，工、农、中、建、国开等前五大银行的净利润均达到千亿元以上，5家银行的净利润总和为1.05万亿元，占服务业500强净利润总和的39.01%，占39家商业银行利润的69.54%，其他34家银行利润合计占比30.46%。近年来，一直维持着这样的利润分布格局。

随着我国经济发展动力由投资驱动转向投资和消费双轮驱动，以高储蓄率、高投资率和低消费率为特征的"投资驱动型经济"有所转变，以利差为核心收益的银行获利模式迎来下半场。互联网科技在各行各业的普遍应用，给银行业传统的发展带来了机遇，但对比新兴科技金融、互联网金融的蓬勃发展，银行业的发展也面临竞争困境。工商银行为代表的"宇宙银行"距离世界级金融企业的发展质量还有不少差距，面临实体经济迫切需求和自身创新不足的双重压力。近期包商银行被接管，背后所反映的问题是大量中小银行和城市银行以套利手段，追求规模的弯道超车和获利方式简单化的生存模式。

银行业在服务业企业500强中各项指标的占比逐步下降的背后，我们看到了经济结构调整，以及实体和金融逐步走向健康协同的明显成果，但也应该看到我国银行业自身发展的局限性，尤其是面向未来，走向世界的发展中，银行自身竞争力提升的迫切性，以及大、中、小银行如何各司其职、协同进步值得关注。

（2）非银行金融势头迅猛。

2019中国服务业企业500强中，非银行金融企业有32家，其中保险公司14家，证券公司4家，基金及信托企业2家，多元化金融机构10家，分别比上年增加3家、2家、2家和2家，非银行金融企业合计增加9家。非银行金融企业入围数量（32家）和银行业（39家）差距越来越小，其崛起也打破了银行业一家独大的局面，多元化的金融发展，不但是金融业健康发展应有之局面，也是对中国经济高质量发展的有力支撑，详见表3-9。

特别需要记录的是，我国保险企业的快速发展。中国服务业企业500强从2006年有6家入围，增加到2019年的14家。世界舞台上，共有28家保险企业入围2019世界500强榜单，相较于美国的6家、日本的5家和瑞士3家，我国入围9家，大幅领先。充分竞争行业中的保险企业，在全球市场上的表现可圈可点，这是市场化的成果，也得益于国内庞大市场中保险意识的逐步觉醒。当然不能否认的是以平安集团为代表的保险企业勇于求新求变，以金融、科技为抓手，服务医疗健康、养老，不断扩大企业版图，并充分发挥保险资金长期稳健投资优势，服务国家实体经济和重要战略项目等方面所取得的重要进步。2018年我国保险总资产18.3万亿元，相比较2006年的1.97万亿元，增长了近10倍。2018年资金运用余额为16.4万亿元，未来，保险作为重要的金融一极和实体企业的携手共进值得期待。

表3-9　2019中国服务业500强中非银行金融企业（单位：万元）

	总排名	营业收入	净利润
中国人寿保险（集团）公司	7	76843831	-1697931
中国人民保险集团股份有限公司	15	50379900	1345000
中国太平洋保险（集团）股份有限公司	26	35436300	1801919
华夏人寿保险股份有限公司	48	18847090	263830
中国太平保险控股有限公司	49	18181022	287092
泰康保险集团股份有限公司	52	16491538	1187047
新华人寿保险股份有限公司	54	15416700	792200
富德生命人寿保险股份有限公司	78	9704849	18510

续表

	总排名	营业收入	净利润
阳光保险集团股份有限公司	88	8657283	403548
前海人寿保险股份有限公司	110	6440466	73105
中华联合保险集团股份有限公司	141	4342309	87916
中国大地财产保险股份有限公司	154	3821973	90800
合众人寿保险股份有限公司	264	1695732	−85835
渤海人寿保险股份有限公司	377	907930	−76753
国泰君安证券股份有限公司	177	3122939	670812
兴华财富集团有限公司	197	2654290	6173
海通证券股份有限公司	214	2376501	521109
广发证券股份有限公司	286	1527037	430012
中泰证券股份有限公司	432	702522	100915
方正证券股份有限公司	463	572259	66137
马上消费金融股份有限公司	347	1086752	80120
天弘基金管理有限公司	357	1012521	306863
中国平安保险（集团）股份有限公司	3	108214600	10740400
中国中信集团有限公司	17	46738743	3020276
招商局集团有限公司	34	30378400	2955900
中国光大集团有限公司	42	27702100	1250700
中国华融资产管理股份有限公司	72	10725305	157550
中国信达资产管理股份有限公司	73	10702603	1203613
武汉金融控股（集团）有限公司	156	3750100	37893
中国万向控股有限公司	223	2206940	70902
河南交通投资集团有限公司	297	1427352	75641
广州金融控股集团有限公司	309	1342515	154774

除此之外，证券、基金、信托和多元化金融的入围数量也显著增加。金融控股集团（简称金控）老三家中信、平安和广大不断革新做强，新的金控企业也跃跃欲试，中国人寿控股广发银行，长城、信达、东方、华融四大资产管理公司也在朝全牌照方向努力，这是具有金融基因的金控平台。另外一侧，中航工业、中石油、华能为代表的央企产业集团，广州越秀、天津泰达为代表的地方政府平台，恒大、复星、万向为代表的民企集团，和腾讯、阿里巴巴代表的互联网企业等四类产融系金控平台的格局也在形成。

3. 互联网服务业：广泛应用后开花结果

中国服务业企业500强中，互联网信息服务企业成为一股强劲的新势力，2006年有6家互联网服务企业入围，2019年的榜单中扩张至21家，数量获得大幅增长。京东、阿里巴巴、腾讯位列前三。21家入围企业在一定程度上反映出互联网在经济生活中的应用程度，除了广为熟知的BAT巨头，还有网易、新浪、搜狐等传统新闻门户，当然他们在电商、游戏、新媒体方面的建树也实现了另一个维度的扩张。京东、美团、唯品会的入围是互联网在购物、本地生活等消费互联领域的开花结果，上海钢联和深圳中农网的入围反映互联网在钢铁、农林产品等产业领域的崛起。2018年腾讯提出"ALL IN"产业互联让互联网在工业和农业等范围的应用有着更多的想象空间。这些需要依托于通鼎、网宿科技这样的互联网技术企业的支撑和推动。详见表3-10。

表3-10 2019中国服务业企业500强中互联网服务企业情况（单位：万元）

	总排名	企业性质	营业收入
北京京东世纪贸易有限公司	19	民营	46201976
阿里巴巴集团控股有限公司	24	民营	37684400
腾讯控股有限公司	32	民营	31269400
上海钢联电子商务股份有限公司	79	民营	9605509
福中集团有限公司	89	民营	8537865
百度网络技术有限公司	92	民营	8191200
唯品会（中国）有限公司	95	民营	7947835
网易公司	106	民营	6715646
互诚信息技术（上海）有限公司	109	民营	6522728
通鼎集团有限公司	142	民营	4283825
深圳市中农网有限公司	167	民营	3497344
无锡市不锈钢电子交易中心有限公司	262	民营	1704311
新浪公司	302	民营	1394959
上海景域文化传播股份有限公司	316	民营	1287712
搜狐网络有限责任公司	324	民营	1245567
深圳市环球易购电子商务有限公司	325	民营	1240668
云账户（天津）共享经济信息咨询有限公司	340	民营	1165776
广州华多网络科技有限公司	363	民营	972311
深圳乐信控股有限公司	412	民营	759690
上海东方电视购物有限公司	440	民营	652138
网宿科技股份有限公司	446	民营	633746

4. 房地产业：存量阶段的高光时刻

2019中国服务业企业500强中，房地产入围58家，较上年减少2家，但也保持了房企占服务业企业500强10%左右的地位。其中国有企业18家，民营企业40家；住宅地产52家，园区地产3家，商业地产3家。这58家企业中，除了1家亏损，1家没有提供数据，其余56家全部盈利，其中利润实现增长的企业有40家。详见表3-11。

另一方面，在2019世界500强中，我国6家房地产企业上榜，并承揽了这个行业入围企业的所有席位。相较于去年的排名，各自都有大幅进步，其中碧桂园幅度最大，进步176位。这是我国房地产企业在世界舞台高光时刻，背后反映的是我国所处的经济发展阶段与其他国家的差异性。

表 3-11 2019 中国服务业企业 500 房地产企业情况（单位：万元）

排名	公司名称	营业收入
18	恒大集团有限公司	46619600
23	碧桂园控股有限公司	37907900
27	绿地控股集团股份有限公司	34842646
37	万科企业股份有限公司	29708306
50	大连万达集团股份有限公司	18076999
66	龙湖集团控股有限公司	11579846
69	华侨城集团有限公司	11034881
91	卓尔控股有限公司	8226308
96	弘阳集团有限公司	7632357
98	荣盛控股股份有限公司	7284241
114	天津泰达投资控股有限公司	5997826
121	蓝润集团有限公司	5608577
125	珠海华发集团有限公司	5327885
136	广州越秀集团有限公司	4482086
140	成都兴城投资集团有限公司	4366431
143	福佳集团有限公司	4273426
144	北京首都开发控股（集团）有限公司	4265257
162	北京江南投资集团有限公司	3655988
171	北京金融街投资（集团）有限公司	3302822
172	香江集团有限公司	3292301
173	重庆华宇集团有限公司	3266656
174	天津亿联投资控股集团有限公司	3205700
175	文一投资控股集团	3180620
179	重庆市中科控股有限公司	3096989
180	奥园集团有限公司	3076634
182	卓越置业集团有限公司	3057621
184	上海中梁企业发展有限公司	3042009
206	苏州金螳螂企业（集团）有限公司	2572981
209	厦门禹洲集团股份有限公司	2430587
212	广州市方圆房地产发展有限公司	2411267
216	建业控股有限公司	2365943
229	杭州滨江房产集团股份有限公司	2111547
237	广微控股有限公司	1993158

续表

排名	公司名称	营业收入
244	联发集团有限公司	1872529
251	广州珠江实业集团有限公司	1833055
268	广田控股集团有限公司	1661728
270	西安高科（集团）公司	1628373
281	天津现代集团有限公司	1542226
282	上海三盛宏业投资（集团）有限责任公司	1537725
284	大华（集团）有限公司	1535415
323	广西云星集团有限公司	1247561
351	天津住宅建设发展集团有限公司	1060076
358	南京大地建设集团有限责任公司	1005937
361	桂林彰泰实业集团有限公司	985684
365	卓正控股集团有限公司	962537
383	武汉东湖高新集团股份有限公司	869250
392	中锐控股集团有限公司	825260
410	安徽文峰置业有限公司	761810
419	安徽省众城集团	745273
421	天元盛世集团	743277
422	武汉地产开发投资集团有限公司	742061
424	亿达中国控股有限公司	735696
436	绿城物业服务集团有限公司	670991
441	奥山集团有限公司	651169
449	厦门住宅建设集团有限公司	620004
454	东渡国际集团有限公司	603211
488	宁波富达股份有限公司	516326
498	深圳市奇信建设集团股份有限公司	499937

2018年地产调控依旧严厉，全年各地超过450次调控政策出台，然而大型房企仍旧进步显著，与此同时小型房企受困于流动性危机，纷纷破产，这恰恰让我们看到了房地产行业在存量时代的分化。截至2019年7月23日，宣告破产清算的房企已经达到271家，曾经位居中国企业500强多年的银亿集团也没能幸免。另一方面，房企巨头也纷纷朝向多元化转变，"恒大地产集团"变更为"中国恒大集团"，形成了地产、旅游文化、健康养生、新能源汽车四大产业。以住宅领域专业化著称的万科，从2012年的"城市配套服务商"战略到2018年的"城乡建设与生活服务商"，以地产业务板块为核心，在物业管理、商业和物流、养老教育等方面不断扩大业务的半径。碧桂园、融创也大体如此，差别只是多元化的程度问题。在地产的存量时代，房企巨头喊出再造新的增长极，无非都是为了未来更好地活下去。

5. 供应链服务业：持续进步

2019中国服务业企业500强中，物流及供应链服务企业入围31家，比2018年增加4家，排在前5位的分别为：中国邮政、厦门建发、顺丰、腾邦和怡亚通。入围企业中，国有企业12家，民营企业19家。这31家企业既包含了广为熟知的顺丰和"三通一达"类别的快递企业，包含了玖隆钢铁、九立这样深度根植于钢铁、电子产品等行业提供供应链服务的企业，包含了河北物流、德邦这样大宗商品的运输仓储的物流企业，也包含像怡亚通、厦门建发这样提供广度供应服务的企业。详见表3-12。

表3-12 2019中国服务业企业500强中物流及供应链服务企业情况（单位：万元）

企业名称	总排名	企业性质	营业收入	净利润
中国邮政集团公司	13	国有	56640155	2734271
厦门建发集团有限公司	39	国有	28262119	417607
深圳顺丰泰森控股（集团）有限公司	82	民营	9094269	441863
腾邦集团有限公司	90	民营	8451483	99053
深圳市怡亚通供应链股份有限公司	102	民营	7007207	20009
河北省物流产业集团有限公司	126	民营	5289403	11300
深圳金雅福控股集团有限公司	161	民营	3657301	15521
深圳市富森供应链管理有限公司	193	民营	2807308	8221
圆通速递股份有限公司	195	民营	2746514	190398
深圳市信利康供应链管理有限公司	199	民营	2650017	22553
广西交通投资集团有限公司	201	国有	2631453	31145
山西能源交通投资有限公司	208	国有	2486830	8564
深圳市思贝克集团有限公司	213	民营	2389143	-2998
德邦物流股份有限公司	221	民营	2302532	70040
深圳市华富洋供应链有限公司	239	民营	1947058	12952
中通快递股份有限公司	257	民营	1760445	438302
申通快递有限公司	263	民营	1701277	209352
玖隆钢铁物流有限公司	304	国有	1385507	3117
福建省交通运输集团有限责任公司	314	国有	1291708	34584
深圳市东方嘉盛供应链股份有限公司	315	民营	1289631	13473
江苏大经供应链股份有限公司	321	民营	1260933	2603
深圳市旗丰供应链服务有限公司	335	民营	1177571	441
安通控股股份有限公司	359	民营	1005753	49151
深圳市英捷迅实业发展有限公司	370	民营	952496	283
浙江华瑞集团有限公司	389	民营	842355	13958
青海省物产集团有限公司	395	国有	810063	2919
准时达国际供应链管理有限公司	409	民营	761967	14580

续表

	总排名	企业性质	营业收入	净利润
承志供应链有限公司	423	国有	737232	10573
深圳市九立供应链股份有限公司	437	民营	665355	6066
四川安吉物流集团有限公司	469	国有	557433	7773
重庆长安民生物流股份有限公司	490	国有	512710	4611

过去12年来，供应链服务获得了快速增长，2006—2019年服务业企业500强中的上榜企业增加了18家。在数量上显著进步的同时，供应链企业发展的模式也在积极发生变化，从金融、贸易、分销、物流某一功能解决方案出发，逐渐转向对"物流、资金流、信息流和商流"的拓展和集合，提供综合性的解决方案，将"四流"融为一体，提供全流程的服务逐渐成为趋势，也更加趋近于供应链服务企业的全貌。如以贸易起家的厦门建发集团、以物流起家的腾邦集团都在朝着"多流"服务转型。顺丰以消费端的快递起家，逐步拓展了重货、仓储、冷链、国际、同城配送等新业务，收购了夏晖和DHL供应链的大中华区业务，试图提供综合型物流服务，未来将面向生产者提供供应链服务。

梳理供应链服务进步的原因，必须要追溯到2009年《邮政法》的出台，这部堪称行业的"根本大法"的法规，为非邮快递赋予合法身份，为民营资本进入快递流通业打开了通道，为快递的发展清理了一系列政策性障碍。而此后"双11"为代表的电商爆发则提供了"新大陆"般广阔的需求市场，让中国快递从默默无闻的"黑快递"成长为中国经济的"黑马"，并为服务业贡献了巨大增量。2017年10月国务院办公厅印发《关于积极推进供应链创新与应用的指导意见》，这是国家层面首次就供应链创新发展出台纲领性指导文件，2017年也因此被称为中国供应链变革的元年。而新一代信息技术的应用，也让"四流"的集聚、连接和互动变得可行，未来"供应链+互联网"将成为提升服务效能，提高经济发展效率的重要手段。

近年来，供应链思维无论在制造业中还是服务领域都受到更多的重视，供应链管理的内容在于把原料商、生产商、分销商、零售商和终端用户紧密联结在一起，对其进行协调、优化和管理，使得各个主体之间的产品、信息等要素实现高效流动和反馈。供应链服务企业的存在和发展正是通过整合优化经济运行中物流、资金流、信息流和商流，促使其高效流动和反馈，从而降低企业经营和交易成本，推动产业跨界和协同发展。供应链服务的发展正在成为我国经济发展的新动能。

6. 公共事业服务：国企的社会责任和经营责任

2019中国服务业企业500强中，共有37家公共事业服务企业上榜，涉及电力、热力、天然气、水务、航道等公共事业的供应服务，共计拥有资产9.21万亿元，实现收入4.24万亿元，其中国有企业30家，民营企业7家。这些企业大都以融资控股平台为形式，对城市的基础设施和公用事业进行投资、运营和管理，入围榜单的37家企业掌控全资及控股企业4337家，参股企业1407，这些分支机构遍布在全国各地，为各地城镇提供能源公共产品服务。除此之外，华润、中石油等巨头也积极布局燃气、电力板块，并形成了特色的能源服务板块。详见表3-13。

公共事业服务涉及民生，是城市赖以生存和发展的重要基础条件，具有自然垄断以及准公共产品的特征,产品服务标准受到政府的严格监管,国有企业以公益性和收益性为双重发展目标,成为公共服务事业的主要力量。随着市场化改革的深入,特许经营逐渐普及、PPP 模式积极推进,国有、民营和外资各类资本共同开拓市场,形成了国家电网、南方电网、内蒙古电力等三大电网企业;中国燃气、新奥燃气、华润燃气、港华燃气、昆仑燃气 5 大行业巨头;在各省市也形成了一批综合性的地方公共事业服务企业。随着《外商投资准入特别管理措施(负面清单)(2019 年版)》中基础设施建设对外商投资条件的放宽,公共事业服务未来会更加市场化、竞争会更加激烈。

表 3-13 2019 中国服务业企业 500 公共事业服务企业情况(单位:万元)

排名	公司名称	企业性质	营业收入
1	国家电网有限公司	国有	256025424
14	中国南方电网有限责任公司	国有	53554900
94	内蒙古电力(集团)有限责任公司	国有	8143203
81	北京控股集团有限公司	国有	9253946
129	北京首都创业集团有限公司	国有	5002567
160	齐鲁交通发展集团有限公司	国有	3679513
168	南昌市政公用投资控股有限责任公司	国有	3481931
202	广州市水务投资集团有限公司	国有	2626944
204	湖北省交通投资集团有限公司	国有	2607673
259	宁波华东物资城市场建设开发有限公司	民营	1738200
276	武汉市城市建设投资开发集团有限公司	国有	1585782
280	天津城市基础设施建设投资集团有限公司	国有	1544659
356	路通建设集团股份有限公司	民营	1012549
381	深圳市水务(集团)有限公司	国有	876512
384	上海临港经济发展(集团)有限公司	国有	863494
450	天津市政建设集团有限公司	国有	618725
467	武汉市水务集团有限公司	国有	559646
485	无锡市市政公用产业集团有限公司	国有	521472
80	浙江省能源集团有限公司	国有	9364713
84	云南省能源投资集团有限公司	国有	9043249
104	福建省能源集团有限责任公司	国有	6948526
107	北京能源集团有限责任公司	国有	6664213
113	新奥能源控股有限公司	民营	6069800
127	重庆市能源投资集团有限公司	国有	5063249
130	东华能源股份有限公司	民营	4894286
139	四川省能源投资集团有限责任公司	国有	4383274
147	申能(集团)有限公司	国有	4221935
163	广州国资发展控股有限公司	国有	3574440

续表

排名	公司名称	企业性质	营业收入
236	无锡市国联发展（集团）有限公司	国有	2007103
248	深圳能源集团股份有限公司	国有	1852740
317	深圳市燃气集团股份有限公司	国有	1274139
337	新疆天富集团有限责任公司	国有	1170454
354	四川华油集团有限责任公司	民营	1025170
362	安徽国祯集团股份有限公司	民营	978414
457	天津拾起卖科技有限公司	民营	597624
468	武汉市燃气热力集团有限公司	国有	558250
493	佛山市燃气集团股份有限公司	国有	509430

四、2019 中国服务业企业 500 强并购情况分析

1. 并购整合持续升温

近年来，服务业的并购整合持续升温，在中国服务业企业 500 强中，参与并购的企业数量从 2013 年榜单的 86 家，增长到 2019 年榜单的 144 家；被并购企业数量也成倍的在增长，从 357 家到 1056 家。详见表 3-14。

2019 中国服务业企业 500 强中，参与并购企业数超过 20 家的有：国家电网（137 家）、安徽华源医药（69 家）、九州通医药（60 家）、浙江交通投资集团（57 家）、浙江宝利德（54 家）、绿地集团（49 家）、瑞康医药（47 家）、奥园集团（44 家）、重庆金科控股（31 家）和腾邦集团（20 家）。涉及公共事业服务、医药及汽车流通零售、房地产、物流供应链等行业。

从统计数据来看，2019 中国服务业企业 500 强中参与并购的行业主要集中在：公共事业服务（19 家企业参与并购了 219 家企业）、交通运输业（13 家企业参与并购了 114 家企业）、物流及供应链行业（7 家企业参与并购了 48 家企业）、零售流通业（24 家企业参与并购了 335 家企业），尤其是医疗零售流通业 10 家企业全部参与了并购，合计并购 240 家。2013—2019 中国服务业企业 500 强，参与并购最多的行业也大致如此。

表 3-14 2013—2019 中国服务业企业 500 强并购情况

	企业数量	重组并购个数
2013	86	357
2014	117	587
2015	99	518
2016	151	634
2017	121	906
2018	136	695
2019	144	1056

2. 三种力量推动推动并购进程

推动服务业企业并购升温主要有以下三种力量。

一是以掌控更多服务资源为目的，构建自己的生态版图。目前，我国已经有相当一部分的服务业企业已经由发展之初的强调生存和利润，发展到了在领域、业务、区域等方面的战略扩张阶段。大企业以规模优势，以核心资源为中心，进行并购、整合已经成为服务业大企业的发展趋势。2014年前后，阿里巴巴和腾讯以大规模的并购为手段，快速构建了各自的互联网生态帝国。近两年房地产巨头们在存量时代的分化中纷纷布局未来的产业，可谓是服务业并购中不容忽视的势力，万科大手笔拓展高端酒店、养老业务和物流业务可见一斑。

二是以医药、电子为代表的流通渠道的整合和集中，细分行业分销渠道龙头逐渐形成。放眼世界，国际分销巨头大都是通过不断并购重组来完善产品线、整合渠道资源，来提升行业地位，并从价格差这一微薄的利润形成模式中，转型成为更具话语权、能提供专业咨询服务和供应链支持的分销服务商。本土分销企业，也正在遵循这一路径，利用并购来迅速扩大自身规模，复制分销巨头的成长道路。近几年中国服务业企业500强中，流通企业的并购最为活跃，既包含腾邦、德邦物流、怡亚通等供应链企业，也有浙江国贸、九州通、中国医药、安徽华源医药、瑞康医药等行业分销商。无一例外，这些企业都在夯实并扩建各自的流通渠道。此外，各地的交通运输投资平台也都纷纷通过并购整合来实现规模和协同效应。

三是具有互联网基因的新兴业态，近年来大量涌现也快速迭代，并购整合成为其中的重要推手，其中不乏许多明星企业迅速突围成长为服务巨头。近年来，每隔一段时间，互联网相关行业就会发生集体的"合并同类项"。相比于BAT在建立初期的内生性增长，TMD（头条、美团、滴滴）的壮大从一开始就有了资本主导的并购的帮助，具有更显著的外生性特质。

五、2019中国服务业企业500强地域分布特征

1. 企业向少数区域不断集中，东北部地区入围企业数持续减少

2019中国服务业企业500强分布在27个省、自治区、直辖市，贵州、宁夏、西藏、海南4个省、自治区没有企业入围。近5年来，服务业大企业有向少数区域不断集中的趋势显著。2013中国服务业企业500强中排名前三位的省市所拥有的企业数量为172家（浙江59家、北京64家、广东49家），而在2019年中国服务业企业500强中，地区三甲包含企业数量为212家（广东99家、北京60家、上海53家），7年间增加了40家。北上广三个地区所包含的服务业500强企业占全国的比重高达42.4%。

与上年相比，2019中国服务业企业500强中，东部地区企业优势显著，企业数量为372家，占比74.4%，较上年增加4家；中部地区63家，较上年增加2家；西部地区59家，较上年减少2家；东北部入围6家，比上年减少4家。

在2013—2019中国服务业企业500强中，东部企业从366家入围增加到372家，中部企业从60家入围增加到63家，西部企业从55家入围增加到59家，东北部地区企业入围在2014年达到峰值21家，而后持续下降，7年间减少13家。详见表3-15。

表 3-15 2019 中国服务业企业 500 强地区分布（单位：家）

地域	2013	2014	2015	2016	2017	2018	2019
东部	366	354	349	350	361	368	372
中部	60	62	64	65	63	61	63
西部	55	63	69	70	63	61	59
东北	19	21	18	15	13	10	6

服务业的发展分离于工业和农业，又随着生产服务业的壮大，对工业和农业的升级产生推动作用，三大产业的壮大推动着经济的发展和人均收入的提高，从而刺激消费服务业的发展。这是三大产业互助发展的基本逻辑，也是从需求端考量服务业企业成长的基础。而在另一侧，人口素质的提高、技术水平的进步又对服务业企业的发展形成强大的供给支撑。当然，在一个时期内，政策的利好和有力的营商环境更会有效推动服务业企业壮大。这是服务业企业成长来自外部的三个动力基础，也是地区间服务业发展差距的原因。东北地区所拥有的服务业企业数量从本不具有优势的 19 家进一步减少为 6 家，结合东北地区经济的发展考量来看，东北地区服务业企业发展状况或将是三大外部动力全面供给不足导致。

2. 地区分化显著，广东遥遥领先

近年来，地区间服务业大企业发展差距扩大，有强者恒强之趋势。广东在服务业领域持续发力，入围中国服务业企业 500 强企业的数量稳居第一位，大幅超过排在第二位的北京和上海，今年入围 99 家，在上年增加 14 家后，今年又增加 5 家。中国服务业企业 500 强中，广东占据了全国近 20% 的份额，而这 99 家企业分布行业较为广泛，几乎每一个行业中都涌现出了全国的优秀代表，尤其以物流及供应链（13 家）、电信及互联网服务（8 家）、金融（9 家）和住宅地产（13 家）更具有优势，部分行业甚至覆盖了中国服务业企业 500 强所有入围企业。广东处于改革开放阵地的前沿，是我国开放型经济的典型代表，人力资源的供给、技术能力的供给、新业态发展的土壤等服务业企业成长的条件都相对更具有优势。详见表 3-16。

表 3-16 2018—2019 中国服务业企业 500 广东入围企业情况（单位：家）

	2018	2019	代表企业
综合服务业	6	7	雪松控股
住宅地产	13	13	恒大、万科、碧桂园、华侨城
物流及供应链	13	13	顺丰、腾邦、怡亚通
批发贸易	15	14	广州轻工
旅游餐饮	2	2	岭南文旅
零售	9	11	名创优品、天音通信、爱施德
金融	9	9	平安、招商、前海人寿、广发证券
交通运输	5	6	南航
公用事业	6	7	南方电网
多元化投资	4	5	广晟资产、深圳投资
电信及互联网服务	5	8	腾讯、唯品会
文化娱乐	0	1	酷狗音乐
商务服务	4	3	南油外服

3. 不同地区模式选择的差异

2010—2019 中国服务业企业 500 强，广东入围企业数量从 28 家增加到 99 家，8 年的时间增长了 2 倍多。相比较而言，曾经排名位居前列的北京和浙江地区，入围企业数量近几年已走下坡路，从 2010 年榜单中鼎盛时期的 75 家和 78 家，降低至今年榜单的 60 家和 46 家。另一地区，人才素质和技术供给都不缺乏的上海，服务业大企业入围数量稳中有进，近几年稳居排名第三位，随着携程、美团、拼多多等新业态在上海的诞生和壮大，以上海特色文化发展起来的服务业值得期待。另一个区域，江苏入围榜单的数量从 30 家增长到 44 家，江苏经济近年来在各方面全面进步，江苏服务的发展或将成为一股新的势力。详见表 3-17。

表 3-17 中国服务业企业 500 强部分地区入围企业数量（2010—2019）（单位：家）

	2010	2011	2012	2013	2014	2015	2016	2017	2018	2019
浙江	78	75	61	59	59	65	63	50	48	46
广东	28	33	52	49	59	63	78	77	91	99
上海	33	54	46	49	46	41	47	55	48	53
北京	75	76	60	64	61	60	51	65	60	60
江苏	30	32	44	40	31	32	28	29	42	44

上述服务业 500 强在不同地区表现的差异性值得深思，这其中既有营商环境的差异，也有不同发展模式的选择。有数据表明，全国 80% 的供应链企业在广东深圳，而这些供应链企业的发芽、成长大都缘起于广东的外贸服务。过去以加工贸易占主导地位的广东因在制造业领域话语权较弱常受到诟病，而浙江以一般贸易为主导，并在长久的国际贸易中形成很强的制造能力，今日来看两个省份的转型，广东从加工贸易到整个供应链领域进一步精耕细作，浙江朝制造业转型并具备核心优势。广东和浙江在 2007—2019 中国服务业企业 500 强中所表现出的巨大差异性值得思考。详见图 3-6。

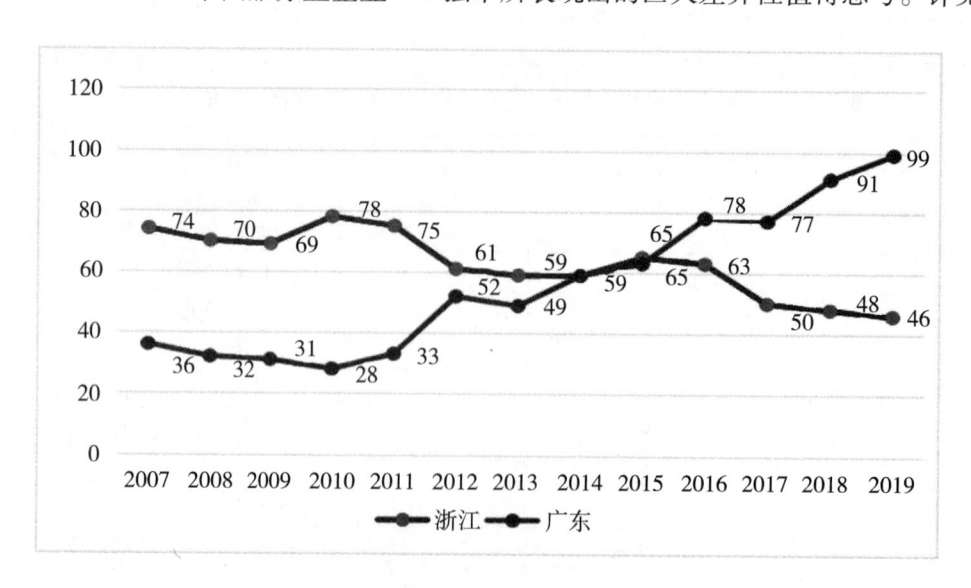

图 3-6 中国服务业企业 500 强地区分布比较（2007—2019）（单位：家）

六、2019中国服务业企业500强的所有制分布特征

1. 国有、民营占比数量接近

2019中国服务业企业500强中，国有及国有控股企业共计253家，占比50.6%，比上年减少8家。民营企业共计247家，比上年增加8家。近年来，中国服务业企业500强中，国有及国有控股企业数量持续减少，2012年以来合计减少34家，而同时民营企业的占比提升6.8个百分点，截至今，在年中国服务业企业500强中占比已经达到49.4%。

从规模指标看，国有及国有控股服务业企业的营收、资产和人员分别为26.38万亿元、225.12万亿元和1187.82万人，占比分别为70.06%、87.08%和72.04%，与2012中国服务业企业500强的占比（81.34%、89.82%和83.65%）相比较，分别减少11.2、2.7和11.6个百分点。结合数量占比的变化，可以判断，民营企业和国有企业的平均营收规模和员工规模差距在缩小，但平均资产规模差距却在扩大。

从盈利指标看，国有及国有控股服务业大企业共获得利润1.95万亿元，占中国服务业企业500强的比重为74.5%，与营收、资产、人员等规模性指标的占比并未出现显著偏离。详见表3-18。

表3-18 2019中国服务业企业500强所有制分布比较（单位：万元）

名称	企业数	营业收入	利润	资产	纳税	从业人数（个）
全国	500	3763467029	268302463	25852002555	174873112	16487292
国有	253	2636749777	199886455	22512265582	121930987	11878176
民营	247	1126717252	68416008	3339736973	52942125	4609116

2. 非银行民营服务企业的盈利水平提升

分析银行对不同所有制企业贡献的影响，可以看出在2012—2019中国服务企业500强中，非银行民营服务企业的盈利水平在显著提升，而非银行国有服务企业的盈利水平在相对下降。具体而言，过去7年中，国有服务企业净利润在服务业500强中占比从85.2%减少至74.5%，降低10.7个百分点，同时，国有银行对国有服务企业的净利润贡献几乎没有变化，只从69.15%降至68.21%，这其中的差异说明非银行国有企业利润贡献在降低。另看民营服务企业，其净利润在服务业500强中占比从14.80%增加至25.50%，民营银行对民营服务企业的净利润贡献从34.16%降低至25.45%，一升一降，在中国服务业企业500强这个群体中，非银行民营服务企业的盈利能力显著提高。详见表3-19。

表3-19 2012—2019中国服务业企业500强中不同所有制企业利润贡献比较（单位:%）

	民营银行/民营服务	民营服务/服务500强	国有银行/国有服务	国有服务/服务500强
2012	34.16	14.80	69.15	85.20
2019	25.45	25.50	68.21	74.50

3. 国有资本集中在传统/公共服务

从国有和民营资本的行业分布来看，国有资本在公用事业服务、交通运输业、电信业、金融业、

多元化投资等具有基础性、公共性和传统性为特征的行业具有显著优势。具体而言，在公用事业服务中，国有企业30家，民营企业7家；在交通运输业中，国有企业35家，民营企业3家；电信业中，国有企业3家，民银企业0家；金融业中，国有企业50家，民营企业21家。相比而言，民营资本在互联网服务、零售业、房地产等领域更具有优势。尤其是互联网服务中，民营企业有20家，国有企业仅为1家。其他批发贸易、旅游餐饮文化娱乐等行业，国有和民营各有千秋。详见表3-20。

总结来看，国有资本重在基础设施服务的打造，民营资本强在应用层面，这很明显地体现在两种企业在交通运输业和物流业入围榜单的区别上，体现在电信服务和互联网应用入围榜单的不同中；国有资本强在对人们生活的保障，民营企业强在对消费品质的提升，这体现在入围中国服务业企业500强中，两种企业在公共事业服务和零售、餐饮教育等各自具有显著优势。

表3-20 2019中国服务业企业500强所有制和行业分布比较（单位：家）

	总数	国有	民营	国有-民营
公用事业服务	37	30	7	23
交通运输业	38	35	3	32
邮政和物流	31	12	19	-7
电信及互联网信息服务	30	8	22	-14
批发贸易	96	41	55	-14
零售业	65	16	49	-33
金融业	71	50	21	29
房地产	58	18	40	-22
商务服务	40	25	15	10
旅游餐饮及文化娱乐	18	9	9	0
教育及医疗卫生服务	1	0	1	-1
综合服务业	15	8	7	1

七、服务业大企业发展面临的机遇与困境

服务业企业的成长面临着难得的历史机遇和更好的外部环境，信息技术的支撑、服务需求的增长、政策红利和物理空间的风口同时到来，但同时面临着诸多困境和问题，并集中体现在专业化服务能力不足，价值创造不足，从而影响了相关产业竞争力和国家竞争力的提升；体现在新的经济模式中，企业面临着商业逻辑需要适时调整以及对新的资源要素进行有效管理的双重难题。

1. 服务业大企业发展面临的机遇

目前，我国服务业企业的发展面临做大和做强的双重机遇，国内市场的大发展，以及企业走出去中迫切需要的服务支撑给服务业企业的发展带来了提升规模的机会，互联网技术广泛应用和混改等相关政策的落地激发了企业发展的效能，推动着服务业企业可以与国际服务巨头去竞争，实现做强。

(1) 国内大市场的需求性机遇。

我国拥有庞大的服务需求市场，且随着经济的进步，这个市场本身也迸发出更多新的需求，这对服务业的大发展是难得的机遇。首先，从消费服务市场来看，近年来，四、五线消费逐步觉醒，乡村振兴战略正在激活着农村消费，消费服务具有了更大的潜力，拼多多、村淘、途远旅游等企业应运而生。与此同时，消费升级的态势更加明朗，从衣食、到住行，再到康乐（健康娱乐），这一进程激发着保险、教育、医疗卫生、娱乐、旅游、养老等诸多行业的市场空间迅速扩容，而过去以成本和性价比导向的服务内容也向以高标准、个性化、高效便捷、专业性、体验价值为内容的方向升级，这为高端服务的发展创造了更多机会。更为重要的是，14亿人口的庞大用户数量可以支撑众多新兴服务的产生。其次，从对生产者的服务来看，需求本身的广阔空间不言自明，服务创新和服务能力的提升需要时间和成本，要有庞大的市场来滋养，进行能力的迭代，如此服务的有效供给和生产者的需求之间的匹配度才会不断提高。近年来，我国经济总体在不断进步，众多产业不断优化，诸多生产性服务需求迫切，并不断被分离出来，这是B端服务不断提高水平的重要机会。

(2) 技术普及的突围性机遇。

在网络和数据时代，服务业正在成为高效率产业和可贸易产业，这改变了服务的不可储存、生产和消费同时同地等特点，以此为基础，服务业的规模经济效应会变得显著，且边际成本极低。比如一场演唱会现场观众最多万人，但视频网站可以实现在线千万人甚至上亿人同时及随时观看，让演唱会这种有钱、有闲的消费行为变成大众娱乐项目，中低收入消费者甚至可以用极低的成本获得。这不但扩大了消费的规模，也改变了服务提供的方式和相应的商业模式。传统服务可以依靠技术大规模提供跨时间、远距离甚至跨国服务，如远程教育、互联网医疗等，互联网相关技术的发展催生了诸多新生服务，甚至从底层逻辑上改变了服务业企业的商业行为。而更为重要的是，我国服务业企业和国外同行正同时面临这一机遇，在国内强大市场的推动下，我们有能够产生具有国际竞争力企业的潜力，在世界500强的榜单上，我们有和几乎美国入围数量相当的互联网服务企业，是一种佐证。

(3) 混改落地的制度性机遇。

混合所有制作为一种不同所有制资本之间相互参股的股份制经济，是一种富有活力且高效的资本组织形式，混改将不同的要素、资源进行重新优化组合，取各种所有制之长，集各种所有制之优推动企业发展。这对激活国有服务企业的活力，提升国有服务的质量和能力是重要的制度性机遇；对进一步发挥民营服务的灵活、高效和更加贴近客户的优势，提升民营服务的信誉和获取客户的能力是重要的战略机遇。十八届三中全会以来，混合所有制改革，从讲政策到重行动，成效显著。相比制造环节，服务企业标的小，资产轻，更容易操作和出效益，混改往往更容易推动，近年来中国联通、东航物流、中石化销售环节、宝钢的欧冶云商、山东交运等服务企业的混改都成为各个领域的标杆。通过混改，不同资源的组合，也会催生出诸多新兴业态，如百联集团携手阿里巴巴，实现了线上线下优势资源的整合，打造出"新零售"业态。值得强调的是，科教文卫服务的有效供给不足与人们对美好生活的向往的矛盾一直是一个突出问题，而这些服务大都存在于事业单位内，以混改为机遇，激发健康、养老、教育、医疗等庞大市场的活力，不但能满足老百姓的迫切需求，更是经济增长的重要动能。

（4）对外开放的跟随性机遇。

企业全球化经营是大势所趋，在"一带一路"倡议的推动下，我国企业加快了"走出去"的步伐，但也面临着文化差异、法律支持、金融支撑、标准体系等方面的诸多问题，面临着全球化的供应链管理能力不足、全球范围内的并购整合不足等诸多困境，企业跨国经营的过程中迫切需要有相关的专业化的服务支撑。日本综合商社对企业"走出去"过程的贴身服务模式及欧美等国发达的情报信息支撑系统，一直是企业海外经营中产业联动发展的典范。20世纪90年代初期，我国很多商贸集团尝试的综合商社因为发展阶段和金融等要素支撑不足的局限性，未能实现大力发展，但跟随性服务的精神、产业联动的经验依然值得继续发扬。当前，我国在物流供应链服务、营销品牌服务、人力资源服务、专业事务所等领域涌现出一批服务业企业，具备了跟随性服务的基础。伴随着对外开放进程加快推进，我国服务业企业可以对标国际先进规则、服务业的相关标准，引进先进的理念、技术、设备，进而更深入、更全面地参与到市场竞争当中，企业的活力及内生动力得以激发。在我国企业全面参与全球化竞争中，服务业企业要抓住这难得的机遇，打造全球化服务能力，实现全球化的布局发展。

2. 服务业大企业发展面临的问题

从服务业的发展规模来看，在三次产业结构占比中已经连续7年居于第一位，对经济增长的贡献连续4年来居于第一位。从服务业的发展结构来看，消费端，互联网相关业态的蓬勃发展；在生产制造端，物流和供应链相关服务逐步承接"分离"出来的中间需求，日渐崛起。几年来，服务业的大力发展，有效地提高了人们生活质量，大幅提升了国家经济发展的效率。过去长期存在于服务业领域中的"生产性服务业水平总体不高、生活性服务业有效供给不足"的困境得到了显著化解。然而，服务业企业的高质量发展，仍面临以下问题。

（1）专业化服务能力不足。

长期以来，我国服务业大企业的发展，是一种"摊大饼"的发展模式，非相关多元化发展模式比比皆是，过去一段时间内，金融和房地产甚至成为很多服务业企业做大过程中的标配，企业怀着极大的热情在追逐一个又一个发展的风口。此外，从服务产业特性看，传统服务的异质性和难以分离等特点使服务业企业做大具有天然的劣势，服务业企业往往以扩大服务业务类别来实现范围经济，以综合性的发展逻辑不断扩大产业的边界。与此同时，在多年的对外开放战略中，以"四大"咨询公司、"四大"会计师事务所为代表的国际服务巨头广泛布局中国市场，其强大的品牌知名度和服务的专业性让本土服务的崛起有夹缝中的艰难感。这些共同导致一个严重问题，就是没有经过市场有效锤炼的服务业企业，其专业化服务能力不足，服务业企业的供给能力跟不上经济发展的需求，其表象就是专业化服务巨头的缺乏，美国500强榜单中有很多超级细分领域的服务巨头，如提供配餐服务的爱玛客（Aramark）、电子产品分销巨头艾睿电子（Arrow），而我国500强榜单中在很多领域存在着"有没有"和"好不好"的双重不足。

（2）商业新逻辑带来冲击。

互联网相关技术在消费端及各个行业的广泛应用中，信息进入空前的爆炸期，海量信息唾手可得。争夺顾客的关注力、个性化甚至一对一的服务成为竞争的焦点，流量和关注变得和服务本身一样重要，且具备了显著的商业价值。投资回报的逻辑也从直接收益转向对潜在需求的挖掘和间接收益，估值甚至比利润更加为投资者所看重。这是因为，信息服务往往有较高的固定成本，但边际成本又非常低甚至近乎为零，一旦流量资源被聚集后，对流量的"变现"就会相对容易。另外，资源和能力的所有权正在弱化，以企业所独有的资源能力为基础，能连接并使用到的资源范围成为企业发展空间的决定因素，"小核心、大外围"成为商业生态的选择。以此，平台经济、共享经济、社群经济等一批新的商业模式诞生，并显示出用户互动化社群化、收费转移化长期化、渠道线上线下深度融合等特征。在新的商业逻辑中，数据、知识和平台代替土地、劳动和资金成为企业的关键资源，企业的关键能力也从企业内部管理能力的提升发展到供应链和产业链上的连接、整合和协同能力。这些新的逻辑和商业基础对传统服务而言，从理念和行为上的接受都是极大的考验。几年来，百货业进入倒闭潮，从万达关店到北京最早的高端购物赛特倒闭，以电商的线上线下结合和吃喝玩乐一体化的商业中心已经取代单一的购物场所，百货业的转型已然开始，更多传统服务的转型迫在眉睫。

（3）创新方向偏离价值创造。

互联网相关业态极大发展中，各种概念极大兴起，赚快钱的风口似乎无处不在。在资本的助推下，企业的成长稍显浮躁，"PPT 公司"并不少见。共享经济的浪潮中，共享睡眠、共享雨伞等沦为笑谈，名噪一时的共享单车在顶峰时刻有近百家企业同时进入市场，进行疯狂的车辆投放，在推动绿色出行的同时给社会留下了不少难题，押金难退和废车难处理，"资金池"模式也饱受质疑，由此造成对经济和社会资源巨大的浪费。在传统领域，创新方向严重偏离价值创造的也并不少见。近期包商银行被接管，背后所反映的问题是大量中小银行和城市银行简单粗暴赚钱的思维，这些银行以发行同业存单，发短买长的期限错配，购买同业理财及风险更高的同业存单等进行套利，追求规模的弯道超车和获利方式的简单化，也蕴藏巨大的系统性风险。金融作为经济发展的血液和服务实体的功能被大大削弱。简而言之，商业的本源在于价值创造，服务业企业成长的有效方式是为用户创造价值，金融是用来服务实体的，共享经济是为了有效利用资源便捷顾客的，这些才是创新的方向。与此同时，在新经济发展的浪潮中，有些传统服务企业自我革新意识差，故步自封，跟不上时代的步伐，从而面临窘境，是对价值创造的另一种偏离，也应当引起重视。

（4）关键员工的管理难题。

无论是消费服务还是生产性服务，都呈现显著的劳动密集型特征，服务业企业的关键人才不仅是高科技高端人才，也有"快递小哥"这样的决定企业核心竞争力的一线普通员工。与此同时，"新经济"背景下，就业市场发生了显著的变化，新生代员工的崛起，也让领导和员工之间的上下级关系受到考验。

总体而言，服务业企业的关键员工管理难题主要有三个：一是走入舞台中央的80后、90后新生代员工，具有鲜明的个性和多元化的价值观，这对长久以来惯用的管理方式和领导方式提出挑战，如何留住人并激发其工作潜能是一个崭新的课题。二是生产服务业的发展需求，以及企业的科技化趋势，对具有高知识、高科技含量的高端人才需求迫切，而同时"让世界成为我的人力资源部"的人才平台搭建正为越来越多的企业接受，拥有这些人才可能不在重要，但如何吸引并发挥这些人才的价值，并为我所有用值得关注。三是新经济推动就业和用工形态多样化，灵活用工发展迅速，雇主与雇员之间的关系正在重新定义，相关的权利和义务甚至走向法律和规章的空白地带。同时，外卖小哥之于外卖平台、出租司机之于打车平台的重要性为人们所接受，企业的关键员工可能不再局限于组织内部，如何增加这部分员工的黏性需要思考。

八、新形势下促进服务大企业健康成长的建议

在互联网时代，商业模式眼花缭乱，成长机会面临众多风口，服务业企业要更加守住初心，回归价值创造的本源，在一切都在连接和整合中，注重核心能力的建立。政策层面，打造公平、有序的竞争环境，强化企业发展所需的基础设施和基础网络构建，有助于服务业大企业的更好、更快成长。

1. 回归价值创造的商业本源

在互联网时代，商业模式眼花缭乱，成长机会面临众多风口，服务业企业要更加守住初心，坚守价值创造的商业本源，坚守价值创造这一任何一种发展模式所必需坚守的基本面，从管理1.0到2.0，再到新一代管理模式的不断继承、演变和发展中，企业和顾客之间从传统的买卖关系转向共同创造的关系，以顾客需求为起点，提供更加有价值的产品和服务应当成为企业的商业发展之道。

首先，坚守为顾客创造价值的常识，积极理解并运用新的商业逻辑，以不断创新的价值创造承载和路径，去满足顾客的现有需求，并布局、挖掘潜在需求，这是时代不断向前发展的要求。其次，摒弃"赚快钱"的发展逻辑，在资本加持和新技术催生的众多独角兽崛起的趋势中，对"商业模式决定企业成败"的理念保持清醒认识，逐步沉淀技术，积累能力，回归到服务内容本身的提升上来，并力争做到管理水平、技术投入和模式创新实现协同式、融合式推进，不可偏废其一，这是企业健康发展的基础。最后，坚守主业，强化核心能力的构建，这既决定了企业的发展质量，也决定了在未来不断开放和共享的产业格局中，企业所能够连接和整合的边界。没有核心业务和核心能力作为支撑的融合共享发展，无异于无基之塔。红极一时乐视模式最终崩塌正是如此。在上行的经济周期中，不盲从，坚持价值底线；在下行的周期中不慌张，坚守价值创造。商业的本源，重在价值和常识，要义在于时刻保持清醒的认知。

2. 打造人力资本增值的管理机制

"以人为中心"，充分尊重人力资本的价值，实现人力资本的增值，制定个人和企业之间的激励相容机制是企业必须认真对待的命题，这也是从根源上解决企业的发展受制于人才有效供给不足的困境。此外，因为服务的"产销同时性"，员工对服务能力的提升至关重要，企业需要像对待顾客一样对待员工，来发挥人力资本的价值。

首先，充分发挥互联网平台，广泛连接不同空间、地域的合适人才，构建虚拟的人力资源平台，甚至以兼职和短期雇佣等灵活化的手段来满足未来更加开放和生态的组织发展趋势。其次，以投资收益的理念实现人力资本的持续增值，加大对人力资本的投入力度，坚定不移地在报酬与待遇上下功夫，激发员工的积极性。华为研发投入的70%用在人头费上，对于任何一类的企业都具有标杆意义。同时，要切实制定人才发展战略，以创业平台等手段实现企业和员工的目标协同。企业实践中，

由财务资本主导转向财务资本和人力资本共创共享成为趋势，阿里巴巴、百度等公司的"同股不同权"是有益的尝试。最后，要充分尊重员工的个性化特质，不搞"一刀切"的人才发展政策和过于单一的人才评价体系，至少做到员工的考核以企业战略为导向，而不是以便于管理为导向。

3. 增加服务提供的技术和硬度

如何更好地发挥员工积极性，提升效能是服务业企业永恒的话题，但在"HOW"这个问题的解决上，已经不能局限于员工本身。科技正在改变服务业，服务业也因此获得了前所未有的发展，而硬件设备的支撑影响了服务水平的优劣，甚至决定了服务水平所能够达到的高度。服务业企业作为一个有机体，整体的效率提高和发展依赖于各类要素的集成和耦合，未来服务业企业的利润创造和成长对于技术投入和硬件支持的依赖会更加显著。

首先，要重视对技术的投入，提升服务水平。技术对服务优化的影响已经体现在服务领域的各行各业，如分拣系统的广泛使用让中国的快递数量在2018年达到500亿件，连续五年稳居世界第一，以顺丰为代表的优质快递大放异彩，沃尔玛更是早在20世纪80年代就拥有了联通全球的专属物流卫星，并将供应链效率做到了极致。其次，要依赖对技术的投入，挖掘潜在需求。现有需求的满足决定了企业发展的现在，潜在需求的激发则影响着企业的未来，大数据时代的信息联通，让企业有更好的条件去在未来形成先发优势。同时，企业要重视人工智能应用所带来的契机，依靠海量的数据分析和人工智能强大的学习能力，提供精准化和个性化的差异化服务。再次，以技术投入减少劳动依赖，优化员工的工作环境，甚至是提升安全性。不管是传统的以家政为代表的生活类服务企业，还是"互联网+"模式下的服务创新中的外卖团队，劳动力密集依赖的掣肘与裹挟都影响了企业未来发展。外卖骑手将派送速度置于人身安全之上的行径更是不可持续，这些问题的解决需要技术的不断投入，优化服务方式，甚至进行劳动力的替代。最后，不断提高服务中的硬度。在过去12年，A股服务业上市公司中人均使用固定资产有大幅提高，尤其表现在仓储物流、批发零售、金融等行业，这是注脚更是信号。硬件是技术和人力资源的集成，提升企业发展中硬件资源的使用，有利于服务标准化的实现和服务效率的提升。

4. 构建有机开放的组织体系

当今的竞争格局不是企业单体的竞争，而是价值链跟价值网的竞争，创造价值可持续创造的开放整合模式，正在取代原有的以资本增值和利润为中心的零和博弈模式。服务业企业的价值创造不能在自身封闭的系统内完成，而是要和环境融合在一起，以开放和共享的心态重塑与顾客、竞争者、供应商、服务商等利益相关者之间的关系。

首先，服务业企业要借助互联网进行端到端的重塑，借助互联网业态所具备的平台属性、共享属性、协同属性，整合企业的研发、设计、采购、生产及营销等各个环节形成网络化的平台，最大限度地打破信息壁垒，进而实现对客户需求的即时响应。其次，拓展企业边界，实现产业融合式发展。产业互联时代，企业边界渐趋模糊，过去几年，电商和实体商超百货构建出一种线上+线下融合模式；互联网金融和传统银行也从博弈走向BATJ与四大行集体合作，这些都是传统服务与新兴模式融合式发展的范式。最后，提升"三链"的整合能力，打造综合服务体系。服务业决定经济运转的效率，其根源在于服务的管道和流通功能，如贸易零售、交通运输和金融服务，他们强大的终极体现就是让商品、要素的传输更加高效、便捷、低成本。交通运输行业的整合联盟和多式联运、供应链行业的"四流"合一，流通渠道的扁平化都是有益的尝试。

5. 增加政策供给的及时性和有效性

近年来，新兴业态大量涌现，政策的供给和企业发展的需求在一定程度上出现了时间的错位，未来应增强政策出台的及时性，促进新兴业态的发展，同时规制其走向良性的运行轨道。例如，某从事运输服务的互联网平台企业拥有近千名研发人员，获得上百件发明专利，但在认定上仍旧为传统运输企业，无法享受高新技术企业的扶持政策。此类新兴互联网平台的性质认定和管理在存在很大的政策空白。又如，以爆发式增长的共享单车在方便市民出行的同时，因为配套设施不足、管理服务滞后导致诸多乱骑乱停乱放和废车处理难问题。另外，服务业态的快速发展，急需政策的有效供给，这在地方政府的招商引资中体现得非常显著。土地"赠送"、税收优惠，这些传统手段并不能足够吸引服务企业，反而是人才供给、人才服务的配套，以及在"市场教育"中政府的支持和营商软环境更加能够吸引企业落户。

6. 强化服务基础设施建设

数字经济时代，数据和信息正在驱动各类企业走向连接和整合，完善健全的网络基础设施和服务基础设施能够有效地提升企业发展效能，国家层面应以此为手段，促进服务业发展，提升经济发展效率。

首先，加快建设低延时、更可靠、广覆盖、高安全的工业互联网基础设施，制定面向工业服务的协同制造技术标准，支持制造业企业、互联网企业、信息技术服务企业接入统一的数据平台，来实现制造资源、制造能力和物流配送开放共享，顺应制造服务化和服务制造化的大趋势。其次，整合提升各类资源，快速推进建设物流基础设施，健全我国物流基础设施网络。以国家物流枢纽为骨干，同时有机衔接现有物流园区、配送中心，以及菜鸟、京东、沃尔玛等企业建成的物流枢纽，有效分工协作，形成多层次、立体化、广覆盖的物流枢纽设施体系。不断化解东中西部地区基础设施条件和服务能力差距较大、物流基础设施功能单一，多式联运转运设施不足，不同运输方式之间衔接不畅、网络化规模经济效应不明显等问题。为物流业的发展带来规模化效应，更好支持实体经济发展。

第四章
2019 中国跨国公司 100 大及跨国指数分析报告

为了贯彻党的十九大精神，发展我国大型跨国公司，提高国际化经营水平，培育具有全球竞争力的世界一流企业，同时为社会各界提供我国大企业跨国经营水平及其相关信息，中国企业联合会、中国企业家协会连续第八年推出中国跨国公司 100 大分析报告。

"中国 100 大跨国公司及跨国指数"是中国企业联合会在中国企业 500 强、中国制造业企业 500 强、中国服务业企业 500 强的基础上，依据企业自愿申报的数据，参照联合国贸易和发展组织的标准产生的。中国 100 大跨国公司是由拥有海外资产、海外营业收入、海外员工的非金融企业，依据企业海外资产总额的多少排序产生；跨国指数则按照（海外营业收入÷营业收入总额＋海外资产÷资产总额＋海外员工÷员工总数）÷3×100% 计算得出。

一、中国对外投资和企业国际化取得积极进展

1. 中国对外直接投资结构持续优化

随着我国经济快速增长，企业走出去步伐加快，我国企业不断加大海外投资力度。2018 年 1~12 月，我国对外全行业直接投资 1298.3 亿美元，同比增长 4.2%。其中，我国境内投资者共对全球 161 个国家和地区的 5735 家境外企业进行了非金融类直接投资，累计实现投资 1205 亿美元，同比增长 0.3%。投资主要流向租赁和商务服务业、制造业、批发和零售业、采矿业，占比分别为 37%、15.6%、8.8% 和 7.7%，显示出对外投资结构持续优化，同时非理性投资得到有效遏制，房地产业、体育和娱乐业海外投资没有新增项目。

2018 年，我国企业完成并购项目 405 起，实际交易总额 702.6 亿美元。从并购金额来看，2018 全年中国企业海外并购主要流向电力和公用事业（313.8 亿美元，占 29.1%）、消费品（162.6 亿美元，占 15.1%）、TMT（154.1 亿美元，占 14.3%）三大行业，占当年总额近六成。其中电力和公用事业并购金额同比增长 3 倍，消费品增长 1 倍。从并购数量来看，TMT（173 宗）、消费品（152 宗）、

金融服务（95宗）是当事国最受投资者青睐的行业，并购数量占到总量的58%，TMT更是连续5年成为中国企业海外并购宗数最多的行业。欧洲仍是中企海外并购金额最多的地区，达659.4亿美元，且录得迅猛增长（同比增长37.9%），占中国企业全球总并购额的六成，比2017年增长近两成。但目前欧盟进一步收紧外商投资的法案已进入最后审批流程，法案通过后预计将对中国企业在欧洲未来并购活动有一定影响。中国企业在北美洲宣布的海外并购金额达156.5亿美元，与2017年基本持平。但美国已于2018年8月通过《外国投资风险审查现代化法案》以加强国家安全审查机制，预计未来中国企业赴美并购投资将遭遇更多的监管和政治阻力。

2. "一带一路"合作稳步推进

数据显示，截至2018年12月，中国已同140多个国家和国际组织签署共建"一带一路"合作协议；在"一带一路"沿线国家建设境外经贸合作区达80多个；亚投行成员总数扩大到93个……夯基垒台、立柱架梁，一幅磅礴大气、笔墨酣畅的"一带一路"大写意已然绘就。截至2019年3月底，中国政府已与125个国家和29个国际组织签署173份合作文件。共建"一带一路"国家已由亚欧延伸至非洲、拉美、南太等区域。

2013—2018年，我国企业对"一带一路"沿线国家直接投资超过900亿美元，年均增长5.2%，仅2018年我国在"一带一路"共建国家实现直接投资156.4亿美元，同比增长8.9%，占同期总额的13%。"一带一路"项目实施以来，我国企业投资主要集中于制造业、信息传输、计算机服务和软件业、采矿业、交通运输业等行业。其中，对外承包工程在"一带一路"沿线的63个国家完成营业额893.3亿美元，建设了75个境外经贸合作区，累计投资270多亿美元。中央企业在"一带一路"沿线共承担3120个项目。项目分布在基础设施建设、能源资源开发、国际产能合作，以及产业园区建设等各个领域。基础设施建设方面，目前在已开工和准备开工的基础设施项目中，中央企业承担的项目数占比超过60%，合同金额占比接近80%。在铁路、公路、港口和通信网络等多方面参与建设，有力推动了沿线国家的互联互通和协同发展。比如，央企承建的蒙内铁路是肯尼亚近百年来新建的第一条铁路，通车近两年来已累计发送旅客超过260万人次。国际产能合作方面，央企在20多个国家开展了60多个油气合作项目，完成了一大批水电、火电、风电项目，为缓解当地电力供应不足做出了贡献。比如，由中国能建葛洲坝集团承建的孔拉水电站项目，是中拉合作的最大项目，项目建成后阿根廷的电力装机总容量可提升约6.5%。央企还在履行社会责任等方面发挥了积极作用，如中国建筑集团在项目所在地出资建设医院、学校，解决就医难、上学难等问题。

3. 境外园区建设取得积极进展

截至2018年年末，我国在46个国家初具规模的境外经贸合作区入区企业共计933家，累计投资209.6亿美元，上缴东道国税费22.8亿美元，创造就业岗位14.7万个。同时，以资源和能源开发作为基本依托，我国企业加快了相关产业开发，以优势企业主导，优势企业与中小企业集聚，形成产业间集聚功、相互协助的产业协同效果。如巴基斯坦海尔—鲁巴经济区形成了"单个大企业+东道国企业"建设型模式，建设了赞比亚中国经贸合作区、尼日利亚莱基自由贸易区重点发展石油加工等。我国企业在走出去过程中，带动了其他国内企业走出去，同时实现了与东道国经济互利共赢。

4. 对外承包工程稳中有增

据商务部数据显示，2018年，我国对外承包工程完成营业额1690.4亿美元，同比增长0.3%，与上年同期基本持平。其中在"一带一路"沿线的63个国家对外承包工程完成营业额893.3亿美元，占同期总额的52%。对外承包工程主要集中在交通运输、一般建筑和电力工程建设行业，占比66.5%，有效改善了东道国基础设施条件，为当地创造就业岗位84.2万个，惠及东道国民生。同时，对外承包工程带动我国设备材料出口近170亿美元，同比增长10.4%。

二、2019中国跨国公司100大及跨国指数

依据2019中国企业500强、2019中国制造业企业500强、2019中国服务业企业500强的海外数据，中国企业联合会推出了2019中国跨国公司100大及其跨国指数，中国石油天然气集团有限公司、中国石油化工集团有限公司、中国中信集团有限公司、中国远洋海运集团有限公司、腾讯控股有限公司、中国海洋石油集团有限公司、中国化工集团有限公司、华为投资控股有限公司、国家电网有限公司、中国交通建设集团有限公司位列2019中国跨国公司100大前10位，前10位首次有民营企业进入，分别是腾讯控股有限公司第五位、华为投资控股有限公司第八位。详见表4-1。2019中国跨国公司100大及其跨国指数有以下主要特点。

1. 规模和入围门槛继续提高

2019中国跨国公司100大海外资产总额为95134亿元、海外营业收入为63475亿元、海外员工总数为1391971人，分别比上年提高8.93%、6.41%和7.31%；2019中国跨国公司100大入围门槛为98.58亿元，比上年提高26.36亿元。详见表4-2。

2019中国跨国公司100大的平均跨国指数为15.96%，比2011中国跨国公司100大的平均跨国指数提高3.72个百分点。2019中国跨国公司100大的海外资产占比、海外营业收入占比、海外员工占比分别为16.96%、20.17%、10.74%，与2011中国跨国公司100大相比海外营业收入占比、海外员工占比分别提高了2.23、2.83、6.07个百分点。详见表4-3。

表4-1 2019中国跨国公司100大及跨国指数

排名	公司名称	海外资产/万元	企业资产/万元	海外收入/万元	营业收入/万元	海外员工/人	企业员工/人	跨国指数/%
1	中国石油天然气集团有限公司	91912417	413246385	113679952	259941742	122704	1382401	24.95
2	中国石油化工集团有限公司	62238419	226009434	87697937	274277981	39658	619151	21.97
3	中国中信集团有限公司	57071538	677161916	8889769	46738743	30293	287500	12.66
4	中国远洋海运集团有限公司	55840636	72129335	15081516	22931842	8091	100550	50.41
5	腾讯控股有限公司	51326103	79259981	1028586	35595685	35169	54309	44.13
6	中国海洋石油集团有限公司	47812263	121655788	43068281	71524936	4671	93601	34.83
7	中国化工集团有限公司	37201734	80331563	21688278	39176222	86025	158425	51.99
8	华为投资控股有限公司	36618560	66579200	3490400	72120200	45000	180000	28.28
9	国家电网有限公司	28636578	392930558	10283503	256025424	15759	970457	4.31
10	中国交通建设集团有限公司	23774955	136588769	15540775	58302428	31788	183876	20.45

续表

排名	公司名称	海外资产/万元	企业资产/万元	海外收入/万元	营业收入/万元	海外员工/人	企业员工/人	跨国指数/%
11	中国五矿集团有限公司	20456022	89684471	8667796	52968018	10609	200677	14.82
12	中国铝业集团有限公司	20348804	64131357	2460351	30019956	1974	123698	13.84
13	浙江吉利控股集团有限公司	19250515	33343131	19646095	32852088	43107	124846	50.69
14	中国建筑股份有限公司	17883034	186184030	9026893	119932453	27935	308456	8.73
15	广州越秀集团有限公司	17619634	51811002	334399	4482086	1884	22508	16.61
16	复星国际有限公司	15797227	54258400	4607139	8614985	20381	70000	37.24
17	中国兵器工业集团有限公司	14370787	39598196	20273853	45494275	12907	213882	28.96
18	中国电力建设集团有限公司	13044568	85007817	9634837	40497782	98305	185269	30.73
19	联想集团有限公司	12982010	18849249	22485350	30147157	16929	45754	60.15
20	美的集团有限公司	11708680	25219205	10225003	23675996	35000	101826	41.33
21	中国航空工业集团公司	11643163	94803416	7120570	43880445	36830	479986	12.06
22	潍柴控股集团有限公司	11633856	22433703	7069174	23537254	37202	82094	42.40
23	中国广核集团有限公司	11102603	67009161	2089595	9785084	3391	42085	15.33
24	大连万达集团股份公司	10515670	95860638	5658096	18076999	44211	154728	23.61
25	海尔集团公司	8649915	35693177	8110472	26611837	28069	84239	29.34
26	绿地控股集团股份公司	8339697	103654546	691564	34842646	573	39091	3.83
27	万洲国际有限公司	8213878	10499323	10149580	14958633	55000	112000	65.06
28	兖矿集团有限公司	7909798	30741001	8352749	25722761	5079	104668	21.02
29	中粮集团有限公司	7899936	54767732	4722234	47221020	14000	101708	12.73
30	中国华能集团有限公司	7088936	107329589	1412696	27862708	611	136031	4.04
31	北京首都创业集团公司	6910406	32734062	264059	5002567	1804	31966	10.68
32	河钢集团有限公司	6903289	43751844	10173348	33682397	12720	118656	18.90
33	中国能源建设集团公司	6894201	39655389	3748137	22606682	7220	129929	13.18
34	洛阳栾川钼业集团股有限公司	6609785	10121612	2080878	2596286	4636	10900	62.66
35	中国铁路工程集团有限公司	6233729	94687724	4286098	74172281	9802	292809	5.24
36	苏宁控股集团	6204212	43399017	1914256	60245624	1485	256842	6.02
37	光明食品（集团）有限公司	6186478	25743707	5864118	15800752	25658	128655	27.03
38	中国有色矿业集团有限公司	6007507	12061992	3260204	11136531	11032	52044	33.43
39	中国铁道建筑集团有限公司	5634809	92124128	3557293	73063133	39849	369251	7.26
40	国家开发投资集团有限公司	5507668	58228321	3805234	12138044	12215	57999	20.62
41	TCL集团股份有限公司	4966518	19276394	5558641	11336008	2663	89750	25.92
42	中国移动通信集团有限公司	4961846	175224030	1723544	74147987	7708	462046	2.27
43	中国国际海运集装箱（集团）股份有限公司	4401629	15888396	4893913	9349762	5130	51253	30.02
44	紫金矿业集团股份有限公司	4220800	11287930	849431	10599425	9401	19226	31.43
45	海信集团有限公司	4203101	11764865	3782904	12663497	3590	79442	23.37
46	三一集团有限公司	4027221	12072488	1414157	6419458	3457	23306	23.41
47	中国宝武钢铁集团有限公司	4009500	71180908	4264500	43862002	2697	138470	5.77
48	首钢集团有限公司	4006313	50165684	2467016	20551263	4625	109943	8.07

续表

排名	公司名称	海外资产/万元	企业资产/万元	海外收入/万元	营业收入/万元	海外员工/人	企业员工/人	跨国指数/%
49	中国电子信息产业集团有限公司	3876919	27684676	8466001	21836738	9611	148042	19.75
50	上海汽车集团股份有限公司	3860528	78276985	3664378	90219406	24215	146452	8.51
51	金川集团股份有限公司	3849048	11620436	3358516	22087513	2713	27791	19.36
52	中国机械工业集团有限公司	3657310	39443915	2544903	30046546	11430	147099	8.50
53	山东如意时尚投资控股有限公司	3615405	6901205	2912245	5966729	11794	42001	43.09
54	中国华电集团有限公司	3613355	81562141	413933	21445755	1732	97629	2.71
55	青山控股集团有限公司	3442612	5851390	4028922	22650146	25815	56088	40.88
56	华侨城集团有限公司	3362698	44400361	2780698	11034881	364	58616	11.13
57	万向集团公司	3327913	9486124	2375674	11210043	18721	31212	38.75
58	北京电子控股有限责任公司	3268225	35024364	7850112	10948121	533	89377	27.21
59	北京汽车集团有限公司	3044788	45855643	1663522	48073807	10000	127000	5.99
60	上海电气（集团）总公司	2990895	25079629	856517	11452758	3000	49968	8.47
61	中国中车集团有限公司	2811296	39847345	1953600	22935095	6080	187959	6.27
62	中国建材集团有限公司	2648900	58089474	2594200	34800245	10619	207958	5.71
63	中国联合网络通信集团有限公司	2202349	57882208	531605	29218529	842	266213	1.98
64	雅戈尔集团股份有限公司	2192750	9393134	1376821	8792583	27740	55522	29.65
65	云南省投资控股集团有限公司	2155904	30135680	233964	10892371	383	20269	3.73
66	云南省能源投资集团有限公司	2147564	13302800	191341	9043249	688	10729	8.22
67	中国化学工程集团有限公司	2090265	11220557	2781580	8695062	9742	44049	24.25
68	鞍钢集团有限公司	2039777	33964373	1931323	21576689	663	125008	5.16
69	新华联集团有限公司	1929167	15579861	2528200	9529585	1046	69685	13.47
70	广东粤海控股集团有限公司	1922718	10273105	587205	1757770	539	12258	18.84
71	广东省广晟资产经营有限公司	1911587	14352173	1797107	5830524	3857	54940	17.05
72	江苏新潮科技集团有限公司	1891100	3536239	1294100	2402508	5940	23953	44.05
73	中国通用技术（集团）控股有限责任公司	1810885	17322704	1747380	17052053	255	34752	7.14
74	东风汽车集团有限公司	1807711	45586271	1002000	60150128	225	167528	1.92
75	北京建工集团有限责任公司	1793039	8920593	389648	4725870	218	20554	9.80
76	铜陵有色金属集团控股有限公司	1697588	8697801	547553	17758240	1877	25357	10.00
77	中国电信集团有限公司	1629509	84411002	1087611	45449206	4846	403014	1.84
78	北京首农食品集团有限公司	1610291	13352496	336095	12665547	488	54820	5.20
79	北京控股集团有限公司	1593727	32043777	569862	9253946	1792	81046	4.45
80	中国大唐集团有限公司	1555040	74584273	363200	18954300	330	93800	1.45
81	珠海华发集团有限公司	1524926	28261660	875393	5327885	8529	21828	20.30
82	云南省建设投资控股集团有限公司	1435223	34656206	270752	11604985	1026	45365	2.91
83	东方国际（集团）有限公司	1381380	6696978	4003563	11147834	54964	84539	40.52
84	上海建工集团股份有限公司	1261107	21591766	521056	17054578	449	42924	3.32
85	郑州煤矿机械集团股份有限公司	1252963	2769085	1053533	2601173	5854	17914	39.48
86	上海振华重工（集团）股份有限公司	1176875	7059836	1087489	2181239	390	8831	23.65

续表

排名	公司名称	海外资产/万元	企业资产/万元	海外收入/万元	营业收入/万元	海外员工/人	企业员工/人	跨国指数/%
87	海亮集团有限公司	1157230	5517570	3249752	17364210	1213	19510	15.30
88	浙江龙盛控股有限公司	1152811	5522192	1065238	3502530	2273	8207	26.33
89	远景能源（江苏）有限公司	1145031	6640337	145932	3419727	392	1958	13.84
90	青建集团	1136515	7031289	1234805	6138475	1402	14895	15.23
91	中国黄金集团有限公司	1128430	10848409	74086	10525711	1053	45040	4.48
92	新疆广汇实业投资（集团）有限责任公司	1106238	26374696	57156	18894202	288	82175	1.61
93	广东省广新控股集团有限公司	1103475	5703235	1340413	5629013	7608	25430	24.36
94	徐州工程机械集团有限公司	1070699	11476160	1522645	6434137	3740	26396	15.72
95	中国信息通信科技集团有限公司	1065263	8324175	316477	5132135	495	37723	6.76
96	白银有色集团股份有限公司	1045887	4569688	456729	6194657	2548	15560	15.55
97	中国航天科工集团有限公司	1039029	32301845	2478338	25049695	4365	146436	5.36
98	安徽中鼎控股（集团）股份有限公司	1022438	2033339	767875	1415802	9242	22806	48.35
99	山东魏桥创业集团有限公司	1021611	24276585	2013066	28448728	8938	106044	6.57
100	中联重科股份有限公司	985780	9345666	359049	2869654	257	15121	8.25
	合计数	951344722	5610824016	634748337	3146585398	1391971	12955694	25.96

注：中国远洋海运集团有限公司、腾讯控股有限公司、中国化工集团有限公司的海外资产、海外营业收入和海外员工数来自2019世界跨国公司100大；复星国际有限公司、联想集团公司、美的集团有限公司、中粮集团公司的海外资产、海外营业收入和海外员工数来自2017发展中国家跨国公司100大。华为投资控股有限公司的海外资产和海外员工数是作者依据有关公开数据推算出来的，其余企业数据都由企业申报。

表4-2　2011—2019中国跨国公司100大有关数据

发布年份	2011	2012	2013	2014	2015	2016	2017	2018	2019
海外资产/亿元	32503	38187	44869	52473	56334	70862	80783	87331	95134
海外营业收入/亿元	31015	43517	47796	50074	51771	47316	49012	59652	63475
海外员工数/人	421000	485480	624209	72392	754731	1011817	1166176	1297121	1391971
入围门槛/亿元	7.52	8.82	14.91	21.00	26.67	41.48	61.47	72.22	98.58

表4-3　2011—2019中国跨国公司100大平均跨国指数及相关指标

发布年份	2011	2012	2013	2014	2015	2016	2017	2018	2019
跨国指数/%	12.24	12.93	13.98	13.60	13.66	14.40	14.85	15.80	15.96
海外资产占比/%	14.73	13.73	14.61	14.65	14.32	15.55	16.01	18.79	16.96
海外营业收入占比/%	17.34	21.51	22.25	20.86	20.83	20.00	19.54	20.86	20.17
海外员工占比/%	4.67	3.55	5.07	5.29	5.84	7.64	8.99	9.76	10.74

2019中国跨国公司100大海外营业收入排前10位的企业分别是中国石油天然气集团有限公司、中国石油化工集团有限公司、中国海洋石油集团有限公司、联想集团有限公司、中国化工集团有限

公司、中国兵器工业集团有限公司、浙江吉利控股集团有限公司、中国交通建设集团公司、中国远洋海运集团有限公司。详见表4-4。

表4-4 2019中国跨国公司100大海外营业收入排序

排名	公司名称	海外资产/万元	海外收入/万元	海外员工/人	跨国指数/%
1	中国石油天然气集团有限公司	91912417	113679952	122704	24.95
2	中国石油化工集团有限公司	62238419	87697937	39658	21.97
3	中国海洋石油集团有限公司	47812263	43068281	4671	34.83
4	联想集团有限公司	12982010	22485350	16929	60.15
5	中国化工集团有限公司	37201734	21688278	86025	51.99
6	中国兵器工业集团有限公司	14370787	20273853	12907	28.96
7	浙江吉利控股集团有限公司	19250515	19646095	43107	50.69
8	中国交通建设集团有限公司	23774955	15540775	31788	20.45
9	中国远洋海运集团有限公司	55840636	15081516	8091	50.41
10	国家电网有限公司	28636578	10283503	15759	4.31
11	美的集团有限公司	11708680	10225003	35000	41.33
12	河钢集团有限公司	6903289	10173348	12720	18.90
13	万洲国际有限公司	8213878	10149580	55000	65.06
14	中国电力建设集团有限公司	13044568	9634837	98305	30.73
15	中国建筑股份有限公司	17883034	9026893	27935	8.73
16	中国中信集团有限公司	57071538	8889769	30293	12.66
17	中国五矿集团有限公司	20456022	8667796	10609	14.82
18	中国电子信息产业集团有限公司	3876919	8466001	9611	19.75
19	兖矿集团有限公司	7909798	8352749	5079	21.02
20	海尔集团公司	8649915	8110472	28069	29.34
21	北京电子控股有限责任公司	3268225	7850112	533	27.21
22	中国航空工业集团有限公司	11643163	7120570	36830	12.06
23	潍柴控股集团有限公司	11633856	7069174	37202	42.40
24	光明食品（集团）有限公司	6186478	5864118	25658	27.03
25	大连万达集团股份有限公司	10515670	5658096	44211	23.61
26	TCL集团股份有限公司	4966518	5558641	2663	25.92
27	中国国际海运集装箱（集团）股份有限公司	4401629	4893913	5130	30.02
28	中粮集团有限公司	7899936	4722234	14000	12.73
29	复星国际有限公司	15797227	4607139	20381	37.24
30	中国铁路工程集团有限公司	6233729	4286098	9802	5.24
31	中国宝武钢铁集团有限公司	4009500	4264500	2697	5.77
32	青山控股集团有限公司	3442612	4028922	25815	40.88
33	东方国际（集团）有限公司	1381380	4003563	54964	40.52
34	国家开发投资集团有限公司	5507668	3805234	12215	20.62
35	海信集团有限公司	4203101	3782904	3590	23.37
36	中国能源建设集团有限公司	6894201	3748137	7220	13.18

续表

排名	公司名称	海外资产/万元	海外收入/万元	海外员工/人	跨国指数/%
37	上海汽车集团股份有限公司	3860528	3664378	24215	8.51
38	中国铁道建筑集团有限公司	5634809	3557293	39849	7.26
39	华为投资控股有限公司	36618560	3490400	45000	28.28
40	金川集团股份有限公司	3849048	3358516	2713	19.36
41	中国有色矿业集团有限公司	6007507	3260204	11032	33.43
42	海亮集团有限公司	1157230	3249752	1213	15.30
43	山东如意时尚投资控股有限公司	3615405	2912245	11794	43.09
44	中国化学工程集团有限公司	2090265	2781580	9742	24.25
45	华侨城集团有限公司	3362698	2780698	364	11.13
46	中国建材集团有限公司	2648900	2594200	10619	5.71
47	中国机械工业集团有限公司	3657310	2544903	11430	8.50
48	新华联集团有限公司	1929167	2528200	1046	13.47
49	中国航天科工集团有限公司	1039029	2478338	4365	5.36
50	首钢集团有限公司	4006313	2467016	4625	8.07
51	中国铝业集团有限公司	20348804	2460351	1974	13.84
52	万向集团公司	3327913	2375674	18721	38.75
53	中国广核集团有限公司	11102603	2089595	3391	15.33
54	洛阳栾川钼业集团股份有限公司	6609785	2080878	4636	62.66
55	山东魏桥创业集团有限公司	1021611	2013066	8938	6.57
56	中国中车集团有限公司	2811296	1953600	6080	6.27
57	鞍钢集团有限公司	2039777	1931323	663	5.16
58	苏宁控股集团	6204212	1914256	1485	6.02
59	广东省广晟资产经营有限公司	1911587	1797107	3857	17.05
60	中国通用技术（集团）控股有限责任公司	1810885	1747380	255	7.14
61	中国移动通信集团有限公司	4961846	1723544	7708	2.27
62	北京汽车集团有限公司	3044788	1663522	10000	5.99
63	徐州工程机械集团有限公司	1070699	1522645	3740	15.72
64	三一集团有限公司	4027221	1414157	3457	23.41
65	中国华能集团有限公司	7088936	1412696	611	4.04
66	雅戈尔集团股份有限公司	2192750	1376821	27740	29.65
67	广东省广新控股集团有限公司	1103475	1340413	7608	24.36
68	江苏新潮科技集团有限公司	1891100	1294100	5940	44.05
69	青建集团	1136515	1234805	1402	15.23
70	中国电信集团有限公司	1629509	1087611	4846	1.84
71	上海振华重工（集团）股份有限公司	1176875	1087489	390	23.65
72	浙江龙盛控股有限公司	1152811	1065238	2273	26.33
73	郑州煤矿机械集团股份有限公司	1252963	1053533	5854	39.48
74	腾讯控股有限公司	51326103	1028586	35169	44.13
75	东风汽车集团有限公司	1807711	1002000	225	1.92

续表

排名	公司名称	海外资产/万元	海外收入/万元	海外员工/人	跨国指数/%
76	珠海华发集团有限公司	1524926	875393	8529	20.30
77	上海电气（集团）总公司	2990895	856517	3000	8.47
78	紫金矿业集团股份有限公司	4220800	849431	9401	31.43
79	安徽中鼎控股（集团）股份有限公司	1022438	767875	9242	48.35
80	绿地控股集团股份有限公司	8339697	691564	573	3.83
81	广东粤海控股集团有限公司	1922718	587205	539	18.84
82	北京控股集团有限公司	1593727	569862	1792	4.45
83	铜陵有色金属集团控股有限公司	1697588	547553	1877	10.00
84	中国联合网络通信集团有限公司	2202349	531605	842	1.98
85	上海建工集团股份有限公司	1261107	521056	449	3.32
86	白银有色集团股份有限公司	1045887	456729	2548	15.55
87	中国华电集团有限公司	3613355	413933	1732	2.71
88	北京建工集团有限责任公司	1793039	389648	218	9.80
89	中国大唐集团有限公司	1555040	363200	330	1.45
90	中联重科股份有限公司	985780	359049	257	8.25
91	北京首农食品集团有限公司	1610291	336095	488	5.20
92	广州越秀集团有限公司	17619634	334399	1884	16.61
93	中国信息通信科技集团有限公司	1065263	316477	495	6.76
94	云南省建设投资控股集团有限公司	1435223	270752	1026	2.91
95	北京首都创业集团有限公司	6910406	264059	1804	10.68
96	云南省投资控股集团有限公司	2155904	233964	383	3.73
97	云南省能源投资集团有限公司	2147564	191341	688	8.22
98	远景能源（江苏）有限公司	1145031	145932	392	13.84
99	中国黄金集团有限公司	1128430	74086	1053	4.48
100	新疆广汇实业投资（集团）有限责任公司	1106238	57156	288	1.61

2019 中国跨国公司 100 大海外员工数排前 10 位的企业分别是中国石油天然气集团公司、中国电力建设集团有限公司、中国化工集团有限公司、万洲国际有限公司、东方国际（集团）有限公司、华为投资控股有限公司、大连万达集团股份有限公司、浙江吉利控股集团有限公司、中国铁道建筑集团有限公司、中国石油化工集团有限公司。详见表 4-5。

表 4-5 2019 中国跨国公司 100 大海外员工数排序

排名	公司名称	海外资产/万元	海外收入/万元	海外员工/人	跨国指数/%
1	中国石油天然气集团有限公司	91912417	113679952	122704	24.95
2	中国电力建设集团有限公司	13044568	9634837	98305	30.73
3	中国化工集团有限公司	37201734	21688278	86025	51.99
4	万洲国际有限公司	8213878	10149580	55000	65.06
5	东方国际（集团）有限公司	1381380	4003563	54964	40.52
6	华为投资控股有限公司	36618560	3490400	45000	28.28

续表

排名	公司名称	海外资产/万元	海外收入/万元	海外员工/人	跨国指数/%
7	大连万达集团股份有限公司	10515670	5658096	44211	23.61
8	浙江吉利控股集团有限公司	19250515	19646095	43107	50.69
9	中国铁道建筑集团有限公司	5634809	3557293	39849	7.26
10	中国石油化工集团有限公司	62238419	87697937	39658	21.97
11	潍柴控股集团有限公司	11633856	7069174	37202	42.40
12	中国航空工业集团有限公司	11643163	7120570	36830	12.06
13	腾讯控股有限公司	51326103	1028586	35169	44.13
14	美的集团有限公司	11708680	10225003	35000	41.33
15	中国交通建设集团有限公司	23774955	15540775	31788	20.45
16	中国中信集团有限公司	57071538	8889769	30293	12.66
17	海尔集团公司	8649915	8110472	28069	29.34
18	中国建筑股份有限公司	17883034	9026893	27935	8.73
19	雅戈尔集团股份有限公司	2192750	1376821	27740	29.65
20	青山控股集团有限公司	3442612	4028922	25815	40.88
21	光明食品（集团）有限公司	6186478	5864118	25658	27.03
22	上海汽车集团股份有限公司	3860528	3664378	24215	8.51
23	复星国际有限公司	15797227	4607139	20381	37.24
24	万向集团公司	3327913	2375674	18721	38.75
25	联想集团有限公司	12982010	22485350	16929	60.15
26	国家电网有限公司	28636578	10283503	15759	4.31
27	中粮集团有限公司	7899936	4722234	14000	12.73
28	中国兵器工业集团有限公司	14370787	20273853	12907	28.96
29	河钢集团有限公司	6903289	10173348	12720	18.90
30	国家开发投资集团有限公司	5507668	3805234	12215	20.62
31	山东如意时尚投资控股有限公司	3615405	2912245	11794	43.09
32	中国机械工业集团有限公司	3657310	2544903	11430	8.50
33	中国有色矿业集团有限公司	6007507	3260204	11032	33.43
34	中国建材集团有限公司	2648900	2594200	10619	5.71
35	中国五矿集团有限公司	20456022	8667796	10609	14.82
36	北京汽车集团有限公司	3044788	1663522	10000	5.99
37	中国铁路工程集团有限公司	6233729	4286098	9802	5.24
38	中国化学工程集团有限公司	2090265	2781580	9742	24.25
39	中国电子信息产业集团有限公司	3876919	8466001	9611	19.75
40	紫金矿业集团股份有限公司	4220800	849431	9401	31.43
41	安徽中鼎控股（集团）股份有限公司	1022438	767875	9242	48.35
42	山东魏桥创业集团有限公司	1021611	2013066	8938	6.57
43	珠海华发集团有限公司	1524926	875393	8529	20.30
44	中国远洋海运集团有限公司	55840636	15081516	8091	50.41
45	中国移动通信集团有限公司	4961846	1723544	7708	2.27

续表

续表

排名	公司名称	海外资产/万元	海外收入/万元	海外员工/人	跨国指数/%
46	广东省广新控股集团有限公司	1103475	1340413	7608	24.36
47	中国能源建设集团有限公司	6894201	3748137	7220	13.18
48	中国中车集团有限公司	2811296	1953600	6080	6.27
49	江苏新潮科技集团有限公司	1891100	1294100	5940	44.05
50	郑州煤矿机械集团股份有限公司	1252963	1053533	5854	39.48
51	中国国际海运集装箱（集团）股份有限公司	4401629	4893913	5130	30.02
52	兖矿集团有限公司	7909798	8352749	5079	21.02
53	中国电信集团有限公司	1629509	1087611	4846	1.84
54	中国海洋石油集团有限公司	47812263	43068281	4671	34.83
55	洛阳栾川钼业集团股份有限公司	6609785	2080878	4636	62.66
56	首钢集团有限公司	4006313	2467016	4625	8.07
57	中国航天科工集团有限公司	1039029	2478338	4365	5.36
58	广东省广晟资产经营有限公司	1911587	1797107	3857	17.05
59	徐州工程机械集团有限公司	1070699	1522645	3740	15.72
60	海信集团有限公司	4203101	3782904	3590	23.37
61	三一集团有限公司	4027221	1414157	3457	23.41
62	中国广核集团有限公司	11102603	2089595	3391	15.33
63	上海电气（集团）总公司	2990895	856517	3000	8.47
64	金川集团股份有限公司	3849048	3358516	2713	19.36
65	中国宝武钢铁集团有限公司	4009500	4264500	2697	5.77
66	TCL集团股份有限公司	4966518	5558641	2663	25.92
67	白银有色集团股份有限公司	1045887	456729	2548	15.55
68	浙江龙盛控股有限公司	1152811	1065238	2273	26.33
69	中国铝业集团有限公司	20348804	2460351	1974	13.84
70	广州越秀集团有限公司	17619634	334399	1884	16.61
71	铜陵有色金属集团控股有限公司	1697588	547553	1877	10.00
72	北京首都创业集团有限公司	6910406	264059	1804	10.68
73	北京控股集团有限公司	1593727	569862	1792	4.45
74	中国华电集团有限公司	3613355	413933	1732	2.71
75	苏宁控股集团	6204212	1914256	1485	6.02
76	青建集团	1136515	1234805	1402	15.23
77	海亮集团有限公司	1157230	3249752	1213	15.30
78	中国黄金集团有限公司	1128430	74086	1053	4.48
79	新华联集团有限公司	1929167	2528200	1046	13.47
80	云南省建设投资控股集团有限公司	1435223	270752	1026	2.91
81	中国联合网络通信集团有限公司	2202349	531605	842	1.98
82	云南省能源投资集团有限公司	2147564	191341	688	8.22
83	鞍钢集团有限公司	2039777	1931323	663	5.16
84	中国华能集团有限公司	7088936	1412696	611	4.04

续表

排名	公司名称	海外资产/万元	海外收入/万元	海外员工/人	跨国指数/%
85	绿地控股集团股份有限公司	8339697	691564	573	3.83
86	广东粤海控股集团有限公司	1922718	587205	539	18.84
87	北京电子控股有限责任公司	3268225	7850112	533	27.21
88	中国信息通信科技集团有限公司	1065263	316477	495	6.76
89	北京首农食品集团有限公司	1610291	336095	488	5.20
90	上海建工集团股份有限公司	1261107	521056	449	3.32
91	远景能源（江苏）有限公司	1145031	145932	392	13.84
92	上海振华重工（集团）股份有限公司	1176875	1087489	390	23.65
93	云南省投资控股集团有限公司	2155904	233964	383	3.73
94	华侨城集团有限公司	3362698	2780698	364	11.13
95	中国大唐集团有限公司	1555040	363200	330	1.45
96	新疆广汇实业投资（集团）有限责任公司	1106238	57156	288	1.61
97	中联重科股份有限公司	985780	359049	257	8.25
98	中国通用技术（集团）控股有限责任公司	1810885	1747380	255	7.14
99	东风汽车集团有限公司	1807711	1002000	225	1.92
100	北京建工集团有限责任公司	1793039	389648	218	9.80

2. 48家公司跨国指数高于平均跨国指数

2019中国跨国公司100大按照跨国指数排序，前10名的企业分别是万洲国际有限公司、洛阳栾川钼业集团股份有限公司、联想集团有限公司、中国化工集团有限公司、浙江吉利控股集团有限公司、中国远洋海运集团有限公司、安徽中鼎控股（集团）股份有限公司、腾讯控股有限公司、江苏新潮科技集团有限公司、山东如意时尚投资控股有限公司。其中，万洲国际有限公司居首位，达到65.06%。2019中国跨国公司100大的平均跨国指数为15.96%，比上年提高0.16个百分点。详见表4-6。

表4-6 2019中国跨国公司100大跨国指数排序

排名	公司名称	海外资产/万元	海外收入/万元	海外员工/人	跨国指数/%
1	万洲国际有限公司	8213878	10149580	55000	65.06
2	洛阳栾川钼业集团股份有限公司	6609785	2080878	4636	62.66
3	联想集团有限公司	12982010	22485350	16929	60.15
4	中国化工集团有限公司	37201734	21688278	86025	51.99
5	浙江吉利控股集团有限公司	19250515	19646095	43107	50.69
6	中国远洋海运集团有限公司	55840636	15081516	8091	50.41
7	安徽中鼎控股（集团）股份有限公司	1022438	767875	9242	48.35
8	腾讯控股有限公司	51326103	1028586	35169	44.13
9	江苏新潮科技集团有限公司	1891100	1294100	5940	44.05
10	山东如意时尚投资控股有限公司	3615405	2912245	11794	43.09
11	潍柴控股集团有限公司	11633856	7069174	37202	42.40

续表

排名	公司名称	海外资产/万元	海外收入/万元	海外员工/人	跨国指数/%
12	美的集团有限公司	11708680	10225003	35000	41.33
13	青山控股集团有限公司	3442612	4028922	25815	40.88
14	东方国际（集团）有限公司	1381380	4003563	54964	40.52
15	郑州煤矿机械集团股份有限公司	1252963	1053533	5854	39.48
16	万向集团公司	3327913	2375674	18721	38.75
17	复星国际有限公司	15797227	4607139	20381	37.24
18	中国海洋石油集团有限公司	47812263	43068281	4671	34.83
19	中国有色矿业集团有限公司	6007507	3260204	11032	33.43
20	紫金矿业集团股份有限公司	4220800	849431	9401	31.43
21	中国电力建设集团有限公司	13044568	9634837	98305	30.73
22	中国国际海运集装箱（集团）股份有限公司	4401629	4893913	5130	30.02
23	雅戈尔集团股份有限公司	2192750	1376821	27740	29.65
24	海尔集团公司	8649915	8110472	28069	29.34
25	中国兵器工业集团有限公司	14370787	20273853	12907	28.96
26	华为投资控股有限公司	36618560	3490400	45000	28.28
27	北京电子控股有限责任公司	3268225	7850112	533	27.21
28	光明食品（集团）有限公司	6186478	5864118	25658	27.03
29	浙江龙盛控股有限公司	1152811	1065238	2273	26.33
30	TCL集团股份有限公司	4966518	5558641	2663	25.92
31	中国石油天然气集团有限公司	91912417	113679952	122704	24.95
32	广东省广新控股集团有限公司	1103475	1340413	7608	24.36
33	中国化学工程集团有限公司	2090265	2781580	9742	24.25
34	上海振华重工（集团）股份有限公司	1176875	1087489	390	23.65
35	大连万达集团股份有限公司	10515670	5658096	44211	23.61
36	三一集团有限公司	4027221	1414157	3457	23.41
37	海信集团有限公司	4203101	3782904	3590	23.37
38	中国石油化工集团有限公司	62238419	87697937	39658	21.97
39	兖矿集团有限公司	7909798	8352749	5079	21.02
40	国家开发投资集团有限公司	5507668	3805234	12215	20.62
41	中国交通建设集团有限公司	23774955	15540775	31788	20.45
42	珠海华发集团有限公司	1524926	875393	8529	20.30
43	中国电子信息产业集团有限公司	3876919	8466001	9611	19.75
44	金川集团股份有限公司	3849048	3358516	2713	19.36
45	河钢集团有限公司	6903289	10173348	12720	18.90
46	广东粤海控股集团有限公司	1922718	587205	539	18.84
47	广东省广晟资产经营有限公司	1911587	1797107	3857	17.05
48	广州越秀集团有限公司	17619634	334399	1884	16.61
49	徐州工程机械集团有限公司	1070699	1522645	3740	15.72
50	白银有色集团股份有限公司	1045887	456729	2548	15.55
51	中国广核集团有限公司	11102603	2089595	3391	15.33

续表

排名	公司名称	海外资产/万元	海外收入/万元	海外员工/人	跨国指数/%
52	海亮集团有限公司	1157230	3249752	1213	15.30
53	青建集团	1136515	1234805	1402	15.23
54	中国五矿集团有限公司	20456022	8667796	10609	14.82
55	中国铝业集团有限公司	20348804	2460351	1974	13.84
56	远景能源（江苏）有限公司	1145031	145932	392	13.84
57	新华联集团有限公司	1929167	2528200	1046	13.47
58	中国能源建设集团有限公司	6894201	3748137	7220	13.18
59	中粮集团有限公司	7899936	4722234	14000	12.73
60	中国中信集团有限公司	57071538	8889769	30293	12.66
61	中国航空工业集团有限公司	11643163	7120570	36830	12.06
62	华侨城集团有限公司	3362698	2780698	364	11.13
63	北京首都创业集团有限公司	6910406	264059	1804	10.68
64	铜陵有色金属集团控股有限公司	1697588	547553	1877	10.00
65	北京建工集团有限责任公司	1793039	389648	218	9.80
66	中国建筑股份有限公司	17883034	9026893	27935	8.73
67	上海汽车集团股份有限公司	3860528	3664378	24215	8.51
68	中国机械工业集团有限公司	3657310	2544903	11430	8.50
69	上海电气（集团）总公司	2990895	856517	3000	8.47
70	中联重科股份有限公司	985780	359049	257	8.25
71	云南省能源投资集团有限公司	2147564	191341	688	8.22
72	首钢集团有限公司	4006313	2467016	4625	8.07
73	中国铁道建筑集团有限公司	5634809	3557293	39849	7.26
74	中国通用技术（集团）控股有限责任公司	1810885	1747380	255	7.14
75	中国信息通信科技集团有限公司	1065263	316477	495	6.76
76	山东魏桥创业集团有限公司	1021611	2013066	8938	6.57
77	中国中车集团有限公司	2811296	1953600	6080	6.27
78	苏宁控股集团	6204212	1914256	1485	6.02
79	北京汽车集团有限公司	3044788	1663522	10000	5.99
80	中国宝武钢铁集团有限公司	4009500	4264500	2697	5.77
81	中国建材集团有限公司	2648900	2594200	10619	5.71
82	中国航天科工集团有限公司	1039029	2478338	4365	5.36
83	中国铁路工程集团有限公司	6233729	4286098	9802	5.24
84	北京首农食品集团有限公司	1610291	336095	488	5.20
85	鞍钢集团有限公司	2039777	1931323	663	5.16
86	中国黄金集团有限公司	1128430	74086	1053	4.48
87	北京控股集团有限公司	1593727	569862	1792	4.45
88	国家电网有限公司	28636578	10283503	15759	4.31
89	中国华能集团有限公司	7088936	1412696	611	4.04
90	绿地控股集团股份有限公司	8339697	691564	573	3.83

续表

排名	公司名称	海外资产/万元	海外收入/万元	海外员工/人	跨国指数/%
91	云南省投资控股集团有限公司	2155904	233964	383	3.73
92	上海建工集团股份有限公司	1261107	521056	449	3.32
93	云南省建设投资控股集团有限公司	1435223	270752	1026	2.91
94	中国华电集团有限公司	3613355	413933	1732	2.71
95	中国移动通信集团有限公司	4961846	1723544	7708	2.27
96	中国联合网络通信集团有限公司	2202349	531605	842	1.98
97	东风汽车集团有限公司	1807711	1002000	225	1.92
98	中国电信集团有限公司	1629509	1087611	4846	1.84
99	新疆广汇实业投资（集团）有限责任公司	1106238	57156	288	1.61
100	中国大唐集团有限公司	1555040	363200	330	1.45

3. 经济发达地区占大多数，国有控股公司仍然占据明显的主导地位

从企业总部所在地看，2019中国跨国公司100大覆盖16个省、直辖市、自治区，主要在经济发达地区，其中北京占43%，广东占12%，上海占9%，山东占7%，浙江占6%，江苏占4%，河南、云南各占3%，安徽、辽宁、湖南、湖北、甘肃各占2%。河北、福建、新疆各占1%。

从公司所有制性质看，2019中国跨国公司100大中，民营企业27家，国有及国有控股公司73家，其中中央企业38家，说明当前大企业国际化的主力军仍然是国有控股公司。

从公司所在行业看，2019中国跨国公司100大中，金属制品业15家，工业和商业机械装备业10家，建筑业10家，交通运输设备及零部件制造业7家，消费品生产业6家，房地产、批发贸易业、商务服务业5家，计算机通信设备及其他电子设备制造、电力生产、电信及互联网信息服务、公用事业服务业4家，化学品制造、食品饮料生产、军工、采矿业、综合制造3家，建材生产、综合服务各2家。

三、2019世界跨国公司100大及跨国指数

联合国贸发会议出版的《2019年世界投资报告》中公布了2019世界跨国公司100大及跨国指数，皇家壳牌石油公司、丰田汽车公司、英国石油公司、软银公司、道达尔公司、大众汽车、英美烟草公司、雪佛龙公司、戴姆勒股份公司、埃克森美孚公司荣列2019世界跨国公司100大前10名。详见表4-7。

从跨国公司总部所在国家看，2019世界跨国公司100大主要分布在发达国家。美国有19家，英国14家，法国13家，德国11家，日本10家，中国（大陆6家、香港和台湾地区各1家）8家，瑞士6家，意大利、爱尔兰、西班牙各3家，加拿大2家，比利时、挪威、荷兰、卢森堡、以色列、韩国、澳大利亚、印度各1家。

从跨国公司所在行业看，2019世界跨国公司100大主要分布在以下17大行业：电信及互联网信息服务业13家，制药业11家，汽车及零部件业12家，公用事业10家，化学品制造业、采掘业、批发零售贸易业各6家，食品饮料业、石油炼制及相关业各5家，电子零部件、工业和商业机械、通信

电子设备、飞机制造、建材、金属及制品、运输仓储业各2家。

表4-7 2019世界跨国公司100大及跨国指数

排名	公司名称	海外资产/百万美元	企业资产/百万美元	海外收入/百万美元	营业收入/百万美元	海外员工/人	企业员工/人	跨国指数/%
1	皇家壳牌石油公司	343713	400563	281628	405978	58000	82000	75.3
2	丰田汽车公司	300384	468872	65857	272513	236480	369124	50.8
3	英国石油公司	254533	283144	243690	312293	65624	73000	85.9
4	软银公司	240305	325869	44551	86573	55272	74953	66.3
5	道达尔公司	233692	256327	128675	189389	68422	104460	74.9
6	大众汽车	224191	524566	226903	278255	365000	656000	60.0
7	英美烟草公司	185974	187330	32415	32660	37468	63877	85.7
8	雪佛龙公司	181006	253863	75549	158767	34652	48600	63.4
9	戴姆勒股份公司	169115	322440	168193	197454	124020	298683	59.7
10	埃克森美孚公司	168053	346196	85701	279332	34465	71000	42.6
11	安海斯—布希英博NV	162270	202375	40265	47623	148999	172603	83.7
12	苹果计算机公司	153545	365725	167534	265595	55419	132000	49.0
13	长江和记黄埔公司	144891	157337	33036	35358	279000	300000	92.8
14	本田汽车公司	143280	184338	124832	143251	147219	211915	78.1
15	沃达丰	143259	160501	42960	50534	98318	111556	87.5
16	通用电气公司	134637	309129	74848	121616	186000	283000	56.9
17	西门子	133891	160800	78228	98768	136440	379000	66.2
18	Enel SpA	133459	189402	53849	86284	38987	69272	63.1
19	杜邦公司	122998	188030	30181	85977	64106	98000	55.3
20	日产汽车公司	122276	171097	87180	104352	79480	138911	70.7
21	Iberdrola SA	121510	148434	36874	41383	24256	34078	80.7
22	雀巢公司	120407	139215	92170	93439	298334	308000	94.0
23	宝马公司	118908	239272	98966	115007	42349	134682	55.7
24	拜耳股份公司	117977	144590	42198	46704	61627	116998	74.9
25	强生公司	115837	152954	58295	81581	101156	135100	74.0
26	亚马逊	115397	162648	91521	232887	459394	647500	60.4
27	微软公司	114648	258848	54434	110360	53000	131000	44.7
28	德国电信集团	112360	166447	59787	89259	115448	216369	62.6
29	嘉能可	111197	129113	150277	229712	136075	158000	79.2
30	EDF SA	107145	324215	37759	81378	34381	165790	33.4
31	鸿海精密工业	106644	110609	171647	175576	824063	987613	92.5
32	Eni SpA	106042	135625	59621	89441	10374	30950	59.5
33	武田制药股份公司	105448	125235	13760	18908	42331	50274	80.4
34	西班牙电信公司	100094	130578	42458	57448	94833	120138	76.5
35	力拓	91178	91261	41954	42358	47171	47458	99.5
36	美敦力公司	88435	91393	29868	29953	83217	86000	97.7
37	菲亚特克莱斯勒公司	87365	110915	119864	130264	133929	198545	79.4

续表

排名	公司名称	海外资产/百万美元	企业资产/百万美元	海外收入/百万美元	营业收入/百万美元	海外员工/人	企业员工/人	跨国指数/%
38	三井公司	87357	107843	33596	62728	2657	43993	46.9
39	三星电子	84717	304057	136064	221464	215542	308746	53.0
40	中国远洋运输总公司	84419	109044	22800	34668	8091	100550	50.4
41	诺华公司	83259	145563	52293	53166	66482	125161	69.6
42	日本电报电话	82633	201274	19738	107108	116000	282550	33.5
43	福特汽车公司	79979	256540	62792	160338	99000	199000	40.0
44	安赛乐米塔尔	77897	79562	61366	66295	120232	209000	82.7
45	腾讯控股有限公司	77594	119824	1555	53813	35169	54309	44.1
46	林德公司	75863	93386	13448	14900	70438	80820	86.2
47	辉瑞公司	74988	159422	28318	53647	43462	92400	49.0
48	眼力健公司	74583	101788	3513	15787	12383	16900	56.3
49	巴斯夫	71922	99102	52574	73944	66565	122404	66.0
50	空客公司	71735	131896	54185	75162	72701	133671	60.3
51	法国天然气苏伊士集团	71437	175981	42016	71491	85340	160301	50.9
52	橙色公司	69489	110593	27336	48821	58826	150711	52.6
53	罗氏集团	68941	79777	57448	58089	53315	94442	80.6
54	IBM	68772	123382	42597	79591	195421	350600	55.0
55	三菱公司	68378	149254	57511	145191	15985	77477	35.4
56	中国海洋石油公司	67282	173408	21348	81482	12738	97986	26.0
57	John Swire & Sons	65930	69400	27260	29312	134849	136211	95.7
58	Enbridge	64540	122463	21112	35794	6324	12000	54.8
59	Equinor ASA	61606	111863	21975	83424	2763	20525	31.6
60	联合利华	61545	68424	46621	61120	128000	158000	82.4
61	葛兰素史克公司	61120	74329	1231	41100	53547	95490	47.1
62	国家电网公司	60000	585299	45003	343796	16535	913546	8.4
63	沃尔玛公司	59553	219295	122140	514405	700000	2200000	27.6
64	Lafargeholcim Ltd	59202	60723	27763	28790	57055	77055	89.3
65	克里斯汀迪奥公司	57744	88471	49947	55245	124932	156088	78.6
66	联合技术公司	56601	134211	27020	66501	101215	240000	41.7
67	中国化工集团公司	56241	121444	32788	59226	86025	158425	52.0
68	英特尔公司	56080	127963	56545	70848	53700	107400	57.9
69	雷诺公司	55240	131665	52795	67743	134399	183002	64.4
70	罗伯特博世有限公司	55161	95780	74380	92573	270459	409881	68.0
71	SAP	55128	58955	24835	29151	54649	96497	78.4
72	宝洁公司	54905	118310	39519	66832	42694	92000	50.6
73	RWE AG	54773	91720	10450	15795	34900	58441	61.9
74	Atlantia SpA	54605	91223	2358	8763	17515	30903	47.8
75	Alphabet 公司	53296	232792	73550	136819	22613	98771	33.2
76	蒙德莱兹国际公司	52429	62729	19537	25938	68000	80000	81.3

续表

排名	公司名称	海外资产/百万美元	企业资产/百万美元	海外收入/百万美元	营业收入/百万美元	海外员工/人	企业员工/人	跨国指数/%
77	英美资源集团	50512	52375	27056	28861	62000	64000	95.7
78	蒂斯欧洲公司	50010	51902	15409	16818	34041	35328	94.8
79	Fresenius SE & Co KGaA	50002	64922	22471	39559	117811	276750	58.8
80	赛诺菲	49960	127557	39259	42092	57970	104226	62.7
81	Unibail - Rodamco SE	48761	73880	1081	2609	2442	3700	57.8
82	丸红株式会社	48367	61470	33045	66729	32539	41354	69.0
83	RepsolYPFSA	48081	69588	28954	58840	7766	24506	50.0
84	阿斯利康公司	47240	60859	20593	23091	56000	63200	85.1
85	横加公司	47232	72581	6496	10557	4608	7081	63.9
86	英国国家电网公司	46985	82412	12973	19592	16414	23024	64.8
87	达能集团公司	46960	50580	26574	29083	80395	105783	86.7
88	必和必拓集团公司	46088	111728	42773	45158	10006	26510	57.9
89	江森自控国际公司	45302	48797	28395	31400	74000	122000	81.3
90	索尼公司	45051	189416	54762	78129	65800	117300	50.0
91	施耐德电气公司	44894	48384	28406	30345	135332	152058	91.8
92	Reckitt Benckiser Plc	44868	48195	15815	16798	38746	42400	92.9
93	甲骨文公司	44576	137851	20761	39831	88000	137000	49.6
94	液化空气公司	44270	48066	23722	24789	40920	66000	83.3
95	Teva 制药工业公司	43444	60683	15207	18854	37406	42535	80.1
96	通用汽车公司	43267	227339	30467	147049	70000	173000	26.7
97	托克集团公司	43056	53801	139256	180744	3454	4316	79.0
98	中国五矿集团公司	42790	131338	17308	72997	13348	203786	20.9
99	塔塔汽车有限公司	42146	50844	36577	45820	39795	81090	70.6
100	Compagnie de Saint - Gobain SA	41234	50426	36384	49285	137933	181001	77.3
	合计数	9238102	15483007	5578600	9348121	9562554	17429653	58.07

来源：联合国贸发会议（UNCTAD），《2019年世界投资报告》。

受近年来一些国家逆全球化思潮的涌现、贸易保护主义抬头、贸易摩擦频繁爆发的影响，2019世界跨国公司100大全球化经营出现停滞或倒退，主要指标出现较大幅度下降。一是入围门槛与上年基本持平。2019世界跨国公司100大入围门槛为412亿美元，只比上年提升了1亿美元，而前两年入围门槛较其上年至少提升20亿美元。二是跨国指数较大幅度下降。2019世界跨国公司100大的平均跨国指数为58.07%，比上年下降3.84个百分点，比2016年还下降2.94个百分点。2019世界跨国公司100大的海外资产占比、海外收入占比、海外员工占比分别为59.67%、59.68%、54.86%，分别比上年下降2.48、5.25和3.79个百分点，比2016年还下降2.29、4.53和2.01个百分点。三是海外资产、海外营业收入、海外员工数增速下降或负增长。2019世界跨国公司100大海外资产总额、海外收入总额、海外员工总数分别为92381亿美元、55786亿美元、9562554人，分别比上年增长2.56%、7.88%和下降2.06%。详见表4-8。

表 4-8 2016—2019 世界跨国公司 100 大有关指标

发布年份	入围门槛/亿美元	跨国指数/%	海外资产占比/%	海外收入占比/%	海外员工占比/%
2016	351	61.01	61.96	64.21	56.87
2017	372	61.31	62.49	64.06	57.38
2018	411	61.91	62.15	64.93	58.65
2019	412	58.07	59.67	59.68	54.86

四、中国跨国公司的主要差距

尽管中国跨国公司发展已取得较大进步，在 2019 中国跨国公司 100 大中，有 9 家公司达到 2019 世界跨国公司的入围门槛，与上年持平；有 3 家公司的跨国指数达到 2019 世界跨国公司的平均跨国指数，比上年增加 1 家；有 42 家公司达到 2017 发展中经济体跨国公司的入围门槛；有 17 家公司的跨国指数达到 2017 发展中经济体的平均跨国指数，比上年增加 1 家。但世界一流跨国公司是在世界范围内跨国化程度高、拥有全球行业领导地位、全球资源配置高效的跨国公司。具体来说，世界一流跨国公司的一般标准包括：跨国化程度高（体现为跨国化指数不低于 30%），在品牌营销、技术创新、商业模式、管理水平、服务能力等方面在全球行业拥有领先地位，有能力高效配置和重组全球资源，具有较强的企业软实力或影响力。按照上述标准衡量，我国跨国公司还存在较大差距。

1. 国际化程度远远落后于世界平均水平

2019 中国 100 大跨国公司的平均跨国指数只有 15.96%，不仅远远低于 2019 世界 100 大跨国公司的平均跨国指数 58.07%，而且也低于 2017 发展中国家 100 大跨国公司的平均跨国指数 35.70%。2019 中国 100 大跨国公司中跨国指数在 30% 以上的只有 22 家，达到 2019 世界 100 大跨国公司平均跨国指数的企业只有 3 家，达到 2017 发展中经济体 100 大跨国公司平均跨国指数的企业也只有 17 家，还有 14 家企业的跨国指数没有超过 5%。

除此之外，中国跨国公司 100 大的海外资产、海外营业收入、海外员工的比例都亟须提高，海外经营业绩也亟待改善。2019 中国 100 大跨国公司的入围门槛只有 98.58 亿元，而 2019 世界 100 大跨国公司的入围门槛高达 2727.50 亿元，2017 发展中经济体 100 大跨国公司的入围门槛也达到 458.07 亿元；2019 中国跨国公司 100 大的平均海外资产比例只有 16.96%，而 2019 世界 100 大跨国公司的平均海外资产比例高达 59.67%，2017 发展中经济体 100 大跨国公司的平均海外资产比例为 28.37%；2019 中国跨国公司 100 大的平均海外营业收入比例只有 20.17%，而 2019 世界 100 大跨国公司的平均海外营业收入比例高达 59.68%，2017 发展中经济体 100 大跨国公司的平均海外营业收入比例为 43.47%；2019 中国跨国公司 100 大的平均海外员工比例只有 10.74%，而 2019 世界 100 大跨国公司的平均海外员工比例高达 54.86%，2017 发展中经济体 100 大跨国公司的平均海外员工比例为 35.29%。详见表 4-9。

表 4-9 中外跨国公司 100 大有关指标

	入围门槛/亿元人民币	平均海外资产比例/%	平均海外营业收入比例/%	平均海外员工比例/%	跨国指数/%
2019 中国	98.58	16.96	20.17	10.74	15.95
2017 发展中经济体	458.07	28.37	43.47	35.29	35.71
2019 世界	2727.50	59.67	59.68	54.86	58.07

注：汇率按照 1 美元 = 6.6147 元人民币换算。

2. 在技术、品牌方面差距仍然很大

当前公认的世界级跨国公司无一例外都拥有自己的企业核心竞争优势，这些核心竞争优势或者体现在产品和技术创新方面，或者体现在品牌方面，或者体现在经营管理方面。与世界级跨国公司相比，当前中国跨国公司仍然主要体现为"大而不强""大而不优"，规模庞大但缺少拿的出手的"撒手锏"，即企业的核心竞争优势。具体来看，中国跨国公司与世界级跨国公司在竞争优势方面主要差在技术、品牌和管理上。一是缺核心技术。相当一部分中国跨国公司的技术创新能力还不够强，尚未开发出突破性的原创技术，或者仍然处在追赶阶段。大多数中国跨国公司的成功与中国庞大的市场、迅速崛起的居民购买力是分不开的。而与欧美大公司相比，中国跨国公司在"核心技术"的掌握上差距还很大，如集成电路方面，我国没有芯片的核心技术，而且差了 1.5 到 2 代，中低端芯片对外依存度达到 80%，高端芯片对外依存度超过 90%。2017 年我国服务器销售了 255 万台，98% 都是英特尔 X86CPU 指令集的服务器，尽管曙光、华为、联想及浪潮等国产厂商占据了主要的整机份额，但 85% 以上的材料来自国外供应商，技术受制于人。事实上，我们在许多核心技术领域与国外的差距十分巨大。二是缺知名品牌。当前越来越多的我国大企业已经意识到品牌的重要性，然而拥有世界一流品牌的中国跨国公司仍然不多，在 2019 年 BRANDZ 全球榜前 20 名中，除了阿里、腾讯以及排名第 17 位的德国思爱普（SAP），其他 17 家都是美国品牌。三是缺卓越管理。无论是生产管理、研发管理还是营销管理，中国跨国公司均存在不小差距。

3. 影响力和全球行业地位尚待提升

全球行业领导企业往往是整个行业的技术领先者、商业模式首创者、行业价值链的组织者和控制者。与世界级跨国公司相比，当前不少中国跨国公司的生产经营规模位居世界前列，但其全球影响力却远远不够，尤其缺少全球行业领导企业。

4. 人才国际化程度低

当前我国大企业国际化程度低的问题十分严重。根据《应对中国隐现的人才短缺》报告，我国满足跨国公司所需技能要求的综合型管理人才严重不足。预计到 2020 年，中国将需要 7.5 万名具备国际经验的经理人，而目前中国仅具备 5000 名此类人才。2018 世界 100 大跨国公司国际化员工的比例达到 54.86%，而 2019 中国 100 大跨国公司国际化员工的比例只有 10.74%。

5. 风险管控能力有待进一步强化

与国际跨国公司相比，我国大多数参与国际竞争的企业风险管理能力较差，有些企业规章制度不健全，监督机制、合规责任追究机制缺失；有些企业内控制度与日常业务相互分离，内控事项监

控失灵，重大风险事项的事先预警准备不足，亟须全面加强风险管理的各项制度建设。此外，在海外经营过程中，一些海外经营的企业合规经营意识不强，一些企业本土监管方式无法适用海外情况，在海外经营过程中简单地把国内做法照搬到海外，出现了"水土不服"的情况；有些企业习惯钻政策法规的漏洞，甚至违规决策、超授权从事高风险经营活动，不仅给企业自身带来重大损失，甚至还给中国企业和国家形象造成重大影响。

五、加快提高大企业全球化能力的建议

党的十八届五中全会提出，要支持企业扩大对外投资，推动装备、技术、标准、服务走出去，深度融入全球产业链、价值链、物流链，建设一批大宗商品境外生产基地，培育一批跨国企业；党的十九大报告指出，要培育具有全球竞争力的世界一流企业，这为我国大企业国际化发展指明了方向。当前和今后一个时期，我国大企业需要全面审视全球经贸走向，更好地融入国家发展更高层次开放型经济的新理念，把握国内外经济形势的复杂变化，及时调整发展战略，认真审视自身差距，扎实学习世界一流企业的先进经验，同时应增强紧迫感和危机意识，抓住新的机遇，迎接新的挑战，不断修炼并增强国际化能力，努力提升国际化经营水平。

1. **关注并学会把握和驾驭国内外经济形势的复杂变化**

当前全球经济仍处于不均衡复苏阶段，市场波动剧烈，发达国家仍未最终摆脱危机的束缚，美国经济虽然率先复苏，但也存在众多深层次的矛盾。国际形势复杂多变，经济全球化出现波折，单边主义、保护主义倾向明显抬头，国际金融市场波动起伏，地缘政治风险上升，不稳定不确定因素增多。我国大企业一定要全面了解投资目的国的政治、法律、经济状况，并对这些发展变化有一个准确的判断和把握，以避免大规模投资后一旦政治经济形势恶化带来的不必要的经济损失。

2. **加快构建自主全球价值链**

我国大企业对外投资不能仅着眼于短期收益，而应有长远规划。大企业需要明确全球价值链的解构，促使研发设计、原料选配、加工组装、物流配送和品牌营销等环节广布于世界不同的国家或地区，各环节有序承接为完整链条，在此链条中每一环节都体现价值创造，反映其不同的增值能力。我国大企业不仅要借助对外直接投资来获取单一链节优势，如通过逆向对外直接投资来获取研发资源或技术优势，或是借助海外并购来提升品牌价值、扩展营销渠道，而且应结合国家特定优势、企业自身优势和各区位要素禀赋优势，对全球价值链进行系统治理，以赢得竞争优势，提升市场竞争力。

为突破全球价值链中的"低端锁定"，我国大企业可以在价值链中进行横向和纵向的协同发展。可以通过沿着价值链条升级，即从价值链条的低端制造区段向高端研发区段、营销区段和营运区段横向升级；也可以在价值链之间进行选择升级，即从各区段价值网络的最低端，沿着模块供应商、系统集成商、规则设计商纵向升级。价值链条、价值网络上的节点企业，既可以选择横向价值链条升级的"一"字形成长模式，也可以选择纵向价值网络升级的"1"字形成长模式，还可以选择混合升级的"十"字形成长模式，纵横同步推进我国大企业全面成长。除了嵌入全球价值网络，我国大企业也可以通过构建全球价值网络，成为全球价值网络的网主企业。我国大企业只有通过建立自主

发展型的价值网络，推进分工深化，才能摆脱价值链"被俘获"的处境，掌握价值链网络的主导权。

构建自主全球价值链，我国大企业首先需要以开放合作的心态在全球价值链中整合全球资源进行创新，而不是关起门来自己创新。为了突破技术瓶颈，吉利通过整合全球创新资源，迅速学习到别人在几十年，甚至上百年积累的经验和技术。通过在全球各地设置研发中心、设计中心，吉利利用这些平台与全球汽车产业链上最先进或前沿的合作伙伴们一起合作，极大地促进了其竞争力的提升。其次，需要由从过去注重整合国内创新资源到现在注重整合国际创新资源，由过去的注重引进国外先进技术到现在主动走出去并购国际先进技术企业，获得知识产权和技术人才并能持续性发展。吉利在全球汽车产业格局的变化中，抓住机会通过跨国并购获得了像沃尔沃这样的国际知名汽车品牌，使得吉利获得了实现跨越式发展的机会。最后，需要紧跟全球行业发展潮流，与世界先进的企业和研发机构协同合作，锻炼、培养自己的技术研发、管理人才等，才有可能形成自身的创新能力，并与世界同行竞争。并购沃尔沃给了吉利突破的机会，吉利和沃尔沃在研发领域的协同布局，让吉利的触角真正伸入到国际化研发体系循环之中。不同于传统的合资企业外方合作伙伴对核心技术的保留，吉利与沃尔沃作为吉利控股集团的两大品牌，双方可以共享资源、共同开发全新的中级车模块架构CMA，吉利在CMA架构上打造领克品牌，而沃尔沃则在CMA架构上打造40系列产品，这使得吉利和沃尔沃的协同效应和学习达到了一个更高层次。

3. 建立适应跨国经营的公司治理结构

实施有效的内部激励措施，构建恰当的组织结构，从而建立适应跨国经营的公司治理结构，对企业利用跨国经营网络内不同国家经济环境差异来应对全球不确定性至关重要。

设计良好的薪酬契约是提高管理者主动性的重要方式。企业可通过完善海外经营评价、考核和激励体系，不断优化公司内部员工的薪酬契约，实施有针对性的内部激励措施，增强员工薪酬业绩弹性，加大薪酬契约的激励效果，从而提高员工在跨国经营中的主观能动性。一是鼓励管理者在国际投资区位、规模和所有权等方面做出更好的决策，优化跨国战略布局，提高跨国经营网络，从而赋予企业更加灵活的经营弹性。二是激励管理者面对全球不确定性时主动把握时机，积极采取应对措施，提高业绩上行潜力，降低业绩下行风险。

国家间的市场环境存在显著差异，跨国公司管理者和监督者拥有的国际市场相关知识对管理和监督跨国经营活动具有重要影响。跨国公司应提高公司治理的国际化水平，实现对跨国经营活动更加有效的监督和管理。具体措施包括：聘用具有海外背景的经理人、董事和监事；加强对公司经理人、董事以及监事的国际市场知识培训与交流；引入海外战略投资者，优化公司股权结构。

母公司与海外子公司之间的关系影响企业利用跨国经营网络应对外部环境不确定性的效果。跨国公司应厘清母公司和海外子公司之间错综复杂的关系。如通过合资与联营等方式，设置恰当的海外子公司股权结构；通过平衡外派员工和东道国本土员工比例，构建高水平的海外子公司管理团队。从而实现既能有效控制海外子公司又能保持其灵活性的经营目标。

在跨国公司内部构建完善的跨国经营制度体系。通过建立健全境外投资决策、授权管理以及财务管理等内部规章制度，明确跨国经营各个环节的责任主体，从而进一步使跨国公司的内部治理结构制度化与规范化。

4. 加强国际化人才的培养

我国大企业要成为世界一流跨国公司就必须有世界级人才，世界一流跨国公司不仅善于从世界范围内吸引中级和高级人才，并公平对待、充分尊重具有多元文化背景的员工，全面激发员工的创造力和主动性，在企业文化上体现海纳百川的气魄，而且在构建全球知识流动机制的基础上，使员工形成开放的学习与合作态度，树立灵活的全球职业发展理念，从而最大限度地发挥全球范围的智力优势。我国大企业要在以下五个方面下功夫。一是制定明确的人才计划。要根据企业国际化发展战略要求制订全球的人才计划和分配，如哪些部门和业务环节需要本地化员工，哪些地方需要全球的管理人员。二是加大国际化人才培训力度。要依据国际化人才培训需求，完善企业内部人才培养培训体系。通过与国外跨国公司、知名院校建立战略合作关系，选派优秀人才到境外研修，培养人才的国际化思维、全球视野和跨文化经营管理能力。要注重在跨国经营和海外投资项目中培养人才，通过实践锻炼，使得大批国际化人才在跨国经营中茁壮成长。要通过多种方式选派员工参加海外工作，体验海外文化和生活方式，培养一批能够融入海外市场，具有多元文化背景的专家，使得企业的触角多元化、丰富化。如中国建筑股份有限公司大胆使用年轻的管理人员，从企业内部培养国际化的人才。通过多年的全球化运作，已经培养了一大批年轻的全球化业务骨干。30出头的年轻人，在海外独当一面，管理几万人，数亿美元的工程。三是加大海外优秀人才引进力度。要根据企业发展需要，注重择优聘用外籍人士参与海外分支机构管理；可以逐步加大从国外知名院校接受优秀毕业生的工作力度，为国际化经营管理人才队伍建设做好人才储备。同时，要建立有效的激励机制吸引和挽留国际先进人才。四是加大境内外人才交流力度。要建立交换项目，为员工提供在不同工作环境中工作的机会，促进不同文化背景的员工相互沟通与交流，设计共同的信息和通信技术平台，鼓励知识共享和建设性讨论。要有计划地选派国内优秀的经营管理人才到境外合资合作企业、海外分支机构工作锻炼，使其进一步熟悉国外的经营环境和国际商业规则，提高涉外工作能力、多元化团队领导力和跨国经营管理水平。要注重把经过海外复杂环境考验、境外工作业绩突出的优秀人才优化配置到集团总部、国内重要分支机构的关键岗位上，使其在推动企业国际化经营中担当重任。五是实施人员本土化战略。招聘和雇用当地各类人才，有利于跨文化交流和沟通，降低东道国市场进入门槛。

5. 强化合规管理

近年来，强化合规管理已经从反腐败专项合规扩展到包括竞争规则合规（反垄断）、金融规则合规（反洗钱）、贸易规则合规（遵守出口管制以及经济制裁之规）以及数据保护合规、知识产权合规等的全面合规。合规已经成为企业参与全球竞争必须跨越的门槛，合规已经成为企业重要的软实力。强化合规已经引起中国党和政府的高度重视。为规范我国企业的跨国经营行为，政府部门出台了一系列政策文件，如2017年5月23日，中央全面深化改革领导小组第三十五次会议审议通过《关于规范企业海外经营行为的若干意见》；2017年12月18日，国家发改委等部门联合发布《民营企业境外投资经营行为规范》；2018年7月5日，国家发改委印发《企业境外经营合规管理指引》。这些指引和相关规定为企业跨国经营中加强廉洁合规管理提供了有益指导。我国跨国公司应把握全球企业合规发展新趋势，加强企业合规体系建设和合规文化的培育；应切实按照有关要求，采取一系列措施规范跨国经营行为。在实施海外投资项目前，做好扎实的调研和风险评估工作，制定严密的投资方案和风险应对预案，避免非理性跨国经营行为，最大限度地降低海外经营风险可能对企业经营成本的负面影响。在项目实施过程中，遵守东道国法律法规，采取正当的方式进行市场竞争，如依法依规使用他人的技术或商标，避免侵犯知识产权，从而降低海外诉讼给企业带来的经营风险和成本；尊重东道国文化、宗教和民俗，避免因不同国家间的风俗习惯、价值观以及宗教信仰等方面的差异对企业产生负面影响。随着公众的环境保护意识和全球公民意识的不断增强，跨国公司要切实履行社会责任，通过加强资源环境保护、适当捐助慈善事业以及雇用社会弱势群体等方式，在东道国树立良好的品牌形象。

6. 加强跨文化管理

跨文化管理包括跨越国界和跨越民族界限的文化管理，认识到不同的文化之间的差异以及如何消除不同文化间的差异是跨文化管理着力解决的核心问题。一是建立包容的企业文化。文化没有"好""坏"和"对""错"之分，每一种文化都有其优缺点，文化只存在差异，文化差异可能来自沟通与语言的理解不同、宗教信仰与风俗习惯迥异、刚性的企业文化隔阂等诸多因素。中国企业跨国经营时，要正确看待不同文化之间的差异，需要将母公司的企业文化与国外分公司当地文化进行有效整合，通过各种渠道促进不同的文化相互了解、适应、融合，从而在母公司文化和当地文化基础之上构建一种新型的企业文化，以这种新型文化作为国外分公司的管理基础。这种新型文化既保留着母公司企业文化的特点，又与当地文化环境相适应，既不同于母公司的企业文化，又不同于当地文化，而是两种文化的有机结合。这样不仅使中国企业跨国经营能适应不同国家的文化环境，而且还能大大增强竞争优势。二是实施"本土化"策略。企业在国外的子公司需要尽可能地雇用当地员工，这些员工更加了解和熟悉当地的风俗习惯、市场动态以及其政府的各项法规。三是开展跨文化培训。通过跨文化培训不仅能够让员工全面系统地了解异国文化、政治法律制度、价值观念、风俗习惯等，还能够使员工认识到不同文化间的价值差异，从而减少文化冲突，加强不同文化间的理解和包容力。

第五章
2019 中国战略性新兴产业领军企业 100 强分析报告

为助力我国战略性新兴产业相关企业做强做优做大，培育具有全球竞争力的世界一流企业，同时为了更好地了解我国大企业转型升级的现实途径，中国企业联合会、中国企业家协会在有关机构支持下，在 2019 中国企业 500 强、中国制造业企业 500 强、中国服务业企业 500 强基础上，依据相关企业填报的战略性新兴产业（简称"战新产业"）业务归口统计的营业收入，2019 年首次推出了"中国战略性新兴产业领军企业 100 强"及其分析报告。

2018 年，我国新旧动能转换加快，工业经济不断向中高端迈进，战略性新兴产业发展呈现稳中有进态势。高技术制造业、装备制造业增加值分别比上年增长 11.7%、8.1%，增速快于规模以上工业 5.5 和 1.9 个百分点，占规模以上工业增加值比重分别为 13.9% 和 32.9%。工业战略性新兴产业增加值较上年增长 8.9%，增速高于规模以上工业 2.7 个百分点。主要代表性产品增势强劲。新能源汽车产量比上年增长 66.2%，生物基化学纤维增长 23.5%，智能电视增长 17.7%，锂离子电池增长 12.9%，集成电路增长 9.7%。随着战略性新兴产业规模快速壮大，中国 500 强企业以发展战新业务探索转型升级取得了良好成效，战新业务在企业中占比逐步提高，战新业务收入、利润实现一定程度增长，研发投入不断加大，发展新动能正在孕育。在取得较好成绩的同时，相关分析也反映出我国战新产业发展中存在的普遍问题。为积极应对复杂多变的国际形势和多期叠加下国内经济形势，应充分发挥大企业的领军作用，不断提升自主创新能力、加快新旧动能转换，深化国际合作，补足企业发展中存在的短板，推动我国战略性新兴产业实现高质量发展。

一、2019 中国战新产业领军企业 100 强基本情况

1. 入围企业发展整体情况

我国战新企业整体发展势头良好。2019 中国战新产业领军企业 100 强（以下也称"中国战新产业 100 强企业"）入围门槛为 132.9 亿元，入围企业共实现战新业务收入 6.13 万亿元，较上一年增长 17.7%（本报告增长率计算均剔除了未能提供往年相应财务数据的企业）；入围企业中共有 82 家实现战

新业务收入正增长。入围企业战新资产总额达到 7.9 万亿元，较上一年增长 11.6%。入围企业拥有相关员工总数达 276.5 万人，较上一年增长 5.2%。2019 中国战新产业 100 强企业名单详见表 5-1。

表 5-1　2019 中国战新产业 100 强企业名单

名次	企业名称	战新业务所属领域	战新业务总收入/亿元	企业所属行业
1	华为投资控股有限公司	新一代信息技术	7212.0	通信设备制造
2	中国移动通信集团有限公司	新一代信息技术	5363.9	电信服务
3	北京京东世纪贸易有限公司	新一代信息技术	4620.2	互联网服务
4	中国航空工业集团有限公司	高端装备制造	2900.7	航空航天
5	中国电信集团有限公司	新一代信息技术	2544.2	电信服务
6	中国联合网络通信集团有限公司	新一代信息技术	2449.5	电信服务
7	中国中车集团有限公司	高端装备制造	2262.0	轨道交通设备及零部件制造
8	浙江吉利控股集团有限公司	新能源汽车	1626.3	汽车及零配件制造
9	中国电子信息产业集团有限公司	新一代信息技术	1508.2	电力电气设备制造
10	北京电子控股有限责任公司	新一代信息技术	1074.0	半导体、集成电路及面板制造
11	浪潮集团有限公司	新一代信息技术	1016.1	软件和信息技术（IT）
12	上海钢联电子商务股份有限公司	新一代信息技术	960.5	互联网服务
13	中国五矿集团有限公司	新材料	857.5	综合制造业
14	海信集团有限公司	新一代信息技术	833.1	家用电器制造
15	中国建材集团有限公司	新材料	808.0	水泥及玻璃制造
16	协鑫集团有限公司	新能源	769.3	风能、太阳能设备制造
17	中国中信集团有限公司	新材料	762.0	多元化金融
18	苏宁控股集团	新一代信息技术	760.8	家电及电子产品零售
19	陕西有色金属控股集团有限责任公司	新材料	748.7	一般有色
20	国家电网有限公司	新能源	649.5	电网
21	四川长虹电子控股集团有限公司	节能环保	596.0	家用电器制造
22	卓尔控股有限公司	新一代信息技术	561.2	住宅地产
23	福中集团有限公司	新一代信息技术	541.0	互联网服务
24	比亚迪股份有限公司	新能源汽车	524.2	汽车及零配件制造
25	深圳海王集团股份有限公司	生物	500.7	医药
26	广东省广新控股集团有限公司	新材料	497.2	机电商贸
27	晶科能源有限公司	新能源	483.4	风能、太阳能设备制造
28	中国宝武钢铁集团有限公司	新材料	478.6	黑色冶金
29	新疆特变电工集团有限公司	高端装备制造	445.3	电力电气设备制造
30	江铃汽车集团有限公司	新能源汽车	437.8	汽车及零配件制造
31	中国电力建设集团有限公司	新能源	432.4	土木工程建筑
32	欧菲光集团股份有限公司	新一代信息技术	430.4	计算机及办公设备

续表

名次	企业名称	战新业务所属领域	战新业务总收入/亿元	企业所属行业
33	中国建筑股份有限公司	节能环保	417.4	房屋建筑
34	中国铝业集团有限公司	新材料	413.6	一般有色
35	河南森源集团有限公司	新能源汽车	390.2	电力电气设备制造
36	中国航天科工集团有限公司	高端装备制造	390.2	航空航天
37	中天科技集团有限公司	新一代信息技术	382.6	电线电缆制造
38	海尔集团公司	节能环保	378.1	家用电器制造
39	东旭集团有限公司	新一代信息技术	368.9	水泥及玻璃制造
40	中国华电集团有限公司	新能源	365.8	电力生产
41	徐州工程机械集团有限公司	高端装备制造	363.5	工程机械及零部件
42	海亮集团有限公司	新材料	339.3	一般有色
43	中国船舶重工集团有限公司	高端装备制造	338.5	船舶制造
44	郑州宇通企业集团	新能源汽车	338.0	汽车及零配件制造
45	创维集团有限公司	新一代信息技术	336.1	家用电器制造
46	江苏中利能源控股有限公司	新能源	327.0	能源矿产商贸
47	盛虹控股集团有限公司	新材料	312.4	化学纤维制造
48	隆鑫控股有限公司	高端装备制造	295.6	摩托车及零配件制造
49	恒申控股集团有限公司	新材料	289.1	化学纤维制造
50	哈尔滨电气集团有限公司	高端装备制造	283.5	锅炉及动力装备制造
51	雪松控股集团有限公司	新材料	279.2	综合服务业
52	TCL集团股份有限公司	新一代信息技术	276.7	家用电器制造
53	新凤鸣集团股份有限公司	新材料	269.8	化学纤维制造
54	舜宇集团有限公司	新一代信息技术	259.3	计算机及办公设备
55	美的集团股份有限公司	节能环保	242.0	家用电器制造
56	江苏新潮科技集团有限公司	新一代信息技术	238.6	电力电气设备制造
57	歌尔股份有限公司	高端装备制造	237.5	电力电气设备制造
58	浙江大华技术股份有限公司	新一代信息技术	236.7	计算机及办公设备
59	深圳市信利康供应链管理有限公司	新一代信息技术	230.8	物流及供应链
60	广东德赛集团有限公司	新能源汽车	228.0	电力电气设备制造
61	正泰集团股份有限公司	新能源	223.8	电力电气设备制造
62	隆基绿能科技股份有限公司	新能源	219.9	风能、太阳能设备制造
63	山东齐鲁制药集团有限公司	生物	211.1	药品制造
64	北京金隅集团股份有限公司	节能环保	210.0	水泥及玻璃制造
65	深圳市世纪云芯科技有限公司	新一代信息技术	206.1	半导体、集成电路及面板制造
66	南山集团有限公司	新材料	202.2	一般有色
67	巨化集团有限公司	新材料	199.9	化学原料及化学品制造

续表

名次	企业名称	战新业务所属领域	战新业务总收入/亿元	企业所属行业
68	厦门钨业股份有限公司	新材料	195.0	一般有色
69	华峰集团有限公司	新材料	194.7	化学纤维制造
70	中国能源建设集团有限公司	高端装备制造	190.6	土木工程建筑
71	石药控股集团有限公司	生物	189.8	药品制造
72	福建省电子信息（集团）有限责任公司	新一代信息技术	189.3	通信设备制造
73	广东省建筑工程集团有限公司	新能源	182.8	房屋建筑
74	兴达投资集团有限公司	新材料	180.4	化学纤维制造
75	北京能源集团有限责任公司	新能源	179.8	综合能源供应
76	西王集团有限公司	新材料	178.0	农副食品
77	国家开发投资集团有限公司	相关服务业	176.8	多元化投资
78	通鼎集团有限公司	新一代信息技术	176.8	互联网服务
79	广西玉柴机器集团有限公司	高端装备制造	174.1	锅炉及动力装备制造
80	广州视源电子科技股份有限公司	新一代信息技术	170.0	电力电气设备制造
81	中国大唐集团有限公司	新能源	169.8	电力生产
82	北京汽车集团有限公司	新能源汽车	164.4	汽车及零配件制造
83	四川科伦实业集团有限公司	生物	163.5	药品制造
84	金浦投资控股集团有限公司	新材料	163.1	化学原料及化学品制造
85	玲珑集团有限公司	新材料	153.0	轮胎及橡胶制品
86	广东省广晟资产经营有限公司	新一代信息技术	152.9	多元化投资
87	深圳市三诺投资控股有限公司	新一代信息技术	152.9	家用电器制造
88	沪东中华造船（集团）有限公司	高端装备制造	151.4	船舶制造
89	广西建工集团有限责任公司	高端装备制造	150.1	房屋建筑
90	江苏扬子江船业集团	高端装备制造	149.3	船舶制造
91	天士力控股集团有限公司	生物	143.0	药品制造
92	山东科达集团有限公司	相关服务业	142.1	房屋建筑
93	四川九洲电器集团有限责任公司	新一代信息技术	139.6	通信设备制造
94	安徽中鼎控股（集团）股份有限公司	高端装备制造	138.5	汽车及零配件制造
95	湖南博长控股集团有限公司	新材料	138.4	黑色冶金
96	深圳迈瑞生物医疗电子股份有限公司	生物	137.5	医疗设备制造
97	浙江东南网架集团有限公司	新材料	134.7	金属制品加工
98	康美药业股份有限公司	生物	133.4	药品制造
99	深圳市宝德投资控股有限公司	新一代信息技术	133.2	计算机及办公设备
100	鲁西集团有限公司	新材料	132.9	化学原料及化学品制造
合计			61277.3	

11家企业战新业务收入超过千亿元。2019中国战新产业100强实现战新业务收入超千亿元的企业共有11家,排名首位的是华为投资控股有限公司,其战新业务收入达7212亿元;这11家企业战新业务收入总计达到3.3万亿元,占所有入围企业战新业务总收入的53.2%,占比过半,头部效应凸显。详见表5-2。

表5-2 2019中国战新产业100强企业战新业务收入超千亿元的企业

排名	战新业务收入超千亿元以上企业
1	华为投资控股有限公司
2	中国移动通信集团有限公司
3	北京京东世纪贸易有限公司
4	中国航空工业集团有限公司
5	中国电信集团有限公司
6	中国联合网络通信集团有限公司
7	中国中车集团有限公司
8	浙江吉利控股集团有限公司
9	中国电子信息产业集团有限公司
10	北京电子控股有限责任公司
11	浪潮集团有限公司

入围企业战新业务经营效益低速增长,经营效率有所下滑。2019中国战新产业100强企业2018年共实现战新业务利润3565.4亿元(指按战新业务归口统计的利润总额,下同),较2017年增长4.4%。从企业战新业务亏损情况来看,5家企业出现亏损,1家企业实现扭亏为盈;5家亏损企业均属于由盈转亏,亏损额合计18亿元,平均每家企业亏损3.6亿元。从利润增长情况来看,入围企业共有38家战新业务利润出现一定程度下滑,其中民营企业25家,国有企业13家,反映出现阶段宏观经济尚未企稳情况下企业经营尤其是民营企业经营压力较大。从经营效率来看,入围企业战新业务平均利润率为7.37%(指战新业务利润/战新业务收入,下同),较上一年下降1个百分点,利润率指标有一定程度恶化。从人均来看,入围企业人均实现战新业务收入165.9万元,较上一年增长11.9%,人均实现战新利润12.6万元,较上一年下降0.2%。

入围企业国有、民营各占半壁江山,国有企业发展质量更高。从入围企业数量来看,2019中国战新产业100强企业中入围的国有企业为43家,入围的民营企业为57家,民营企业数量相对较多。

从战新业务收入来看,43家国有企业共实现战新业务收入3.2万亿元,占100强企业战新业务总收入的51.9%,其中有8家企业超过千亿元,这8家国有企业战新业务收入达1.9万亿,占比超过100强企业的31.2%,入围头部国有企业战新业务发展水平较高。入围的57民营企业共实现战新业务收入2.9万亿元,占100强企业战新业务总收入的48.1%,其中有3家企业战新业务收入超千亿元。

从盈利能力来看,入围国有企业战新业务利润总额达到2593亿元,占入围企业战新利润总额的比重为72.7%。入围民营企业战新业务利润总额达到972.4亿元,占入围企业战新总利润的比重为27.3%。详见表5-3。

表5-3 2019中国战新产业100强企业国有、民营企业主要指标占比情况(单位:%)

	战新总收入占比	战新利润占比	战新资产占比	员工占比	入围数量占比
国有占比	51.9	72.7	74.0	67.5	43.0
民营占比	48.1	27.3	26.0	32.5	57.0

从企业经营效益来看,入围国有企业平均利润率为9.74%,人均实现战新业务收入142.6万元,人均实现战新业务利润13.9万元。入围民营企业平均利润率为4.47%,人均实现战新业务收入214.2万元,人均实现战新业务利润9.8万元。详见表5-4。

表5-4 2019中国战新产业100强企业国有、民营企业经营效率对比

企业性质	平均利润率/%	人均战新收入/万元	人均战新利润/万元
国有企业	9.74	142.6	13.9
民营企业	4.47	214.2	9.8

整体来看,2019中国战新产业100强企业中入围国有企业在经营状况上变现更佳。从规模来看,入围国有战新企业数量是入围民营企业数量的75.4%,战新业务总收入、战新业务总利润、战新资产总额分别是入围民营企业的1.1倍、2.7倍、2.8倍。从效益来看,入围的国有企业平均利润率是入围民营企业的2.2倍。

2. 入围企业战新业务领域特征分析

以新一代信息技术产业、新材料产业为主要战新业务的企业是榜单主体。从战略性新兴产业分类来看,2019中国战新产业100强中以新一代信息技术产业作为主要战新业务的企业有30家入围,入围企业数量排名第一,其中有8家企业实现收入超千亿元。以新材料产业作为主要战新业务的企业有23家入围,入围企业数量排名第二;以高端装备制造产业作为主要战新业务的企业有15家入围,入围企业数量排名第三,其中有两家企业实现收入超千亿元;以新能源产业作为主要战新业务的企业共有11家入围,入围企业数排名第四;随后分别是新能源汽车产业、生物产业、节能环保产业、相关服务业,入围企业数量分别为7家、7家、5家、2家;数字创意产业尚无企业入围。详见图5-1。

[饼图数据: 30, 23, 15, 11, 7, 7, 5, 2]

■ 新一代信息技术　■ 新材料　　高端装备制造　■ 新能源
　新能源汽车　　生物　　■ 节能环保　　■ 相关服务业

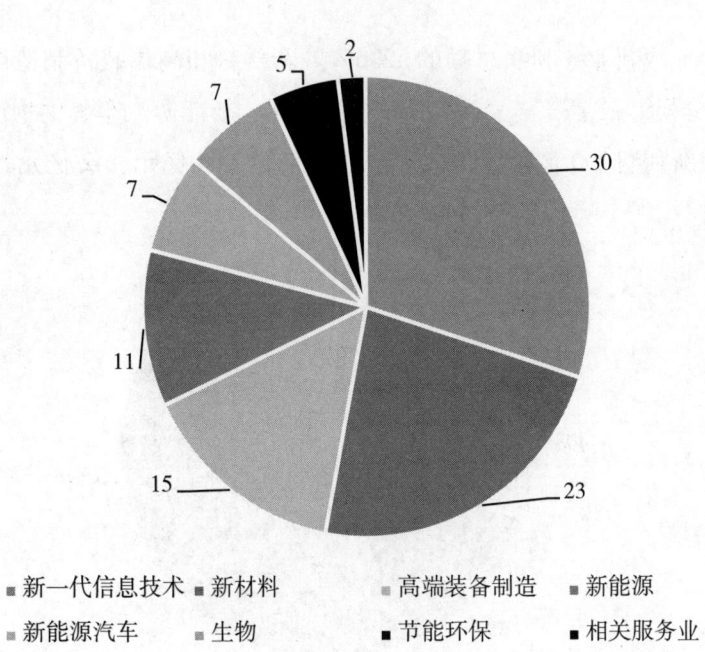

图 5-1　2019 中国战新产业 100 强企业各领域入围企业数量

新一代信息技术产业引领战新产业发展。战新业务收入方面，收入最高的是新一代信息技术产业，入围企业共实现战新业务收入 33525 亿元，占比超过入围企业战新业务总收入的一半，达到 54.7%；高端装备制造、新材料产业分别实现战新业务收入 8471 亿元、7928 亿元，占比达到 13.8%、12.9%，战新业务收入排名分列第二、第三；新能源、新能源汽车、节能环保、生物产业和相关服务业战新业务收入相对较少，分别为 4003 亿元、3709 亿元、1844 亿元、1479 亿元、319 亿元，加起来占所有入围企业战新业务收入的 18.5%，相关产业尚待培育壮大。详见图 5-2。

[饼图数据: 54.7, 13.8, 12.9, 6.5, 6.1, 3.0, 2.4, 0.5]

■ 新一代信息技术　■ 新材料　　高端装备制造　■ 新能源
　新能源汽车　　节能环保　■ 生物　　■ 相关服务业

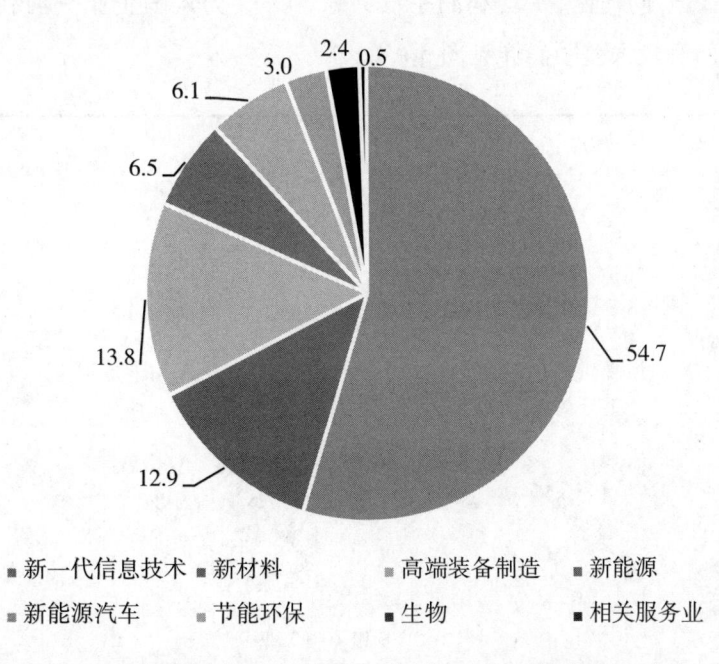

图 5-2　2019 中国战新产业 100 强企业入围企业分领域战新收入占比/%

从盈利能力来看，战新业务利润额最高的是新一代信息技术产业，入围企业共实现战新业务利润

1897亿元，占100强企业战新业务利润总额的52.6%。新材料和高端装备制造产业分别实现战新利润533亿元和408亿元，分列第二、第三。新能源、节能环保、新能源汽车、生物产业和相关服务业利润规模较小，分别实现战新利润290亿元、119亿元、119亿元、84亿元、42亿元。详见图5-3。

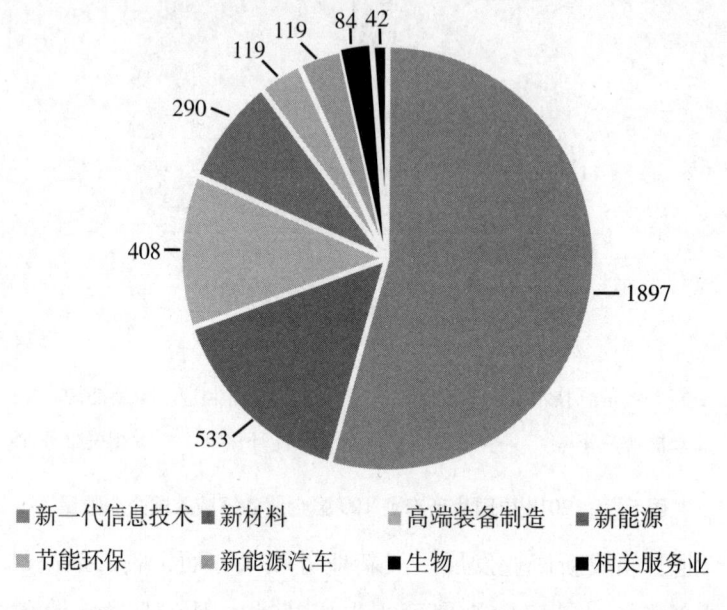

图5-3 2019中国战新产业100强各领域利润完成情况（亿元）

以生物产业作为主要战新业务的入围企业整体经营效益更佳。从企业经营效益来看，利润率最高的是相关服务业，平均利润率达到13.13%，是入围企业平均利润率的1.8倍。其次是生物产业，平均利润率达13.04%；再次是新一代信息技术和新能源产业，平均利润率分别为8.9%和7.24%。利润率最低的是新能源汽车产业，平均利润率仅为3.74%，为入围企业平均利润率的50.7%，各领域入围企业经营效益尚有较大差距。详见图5-4。

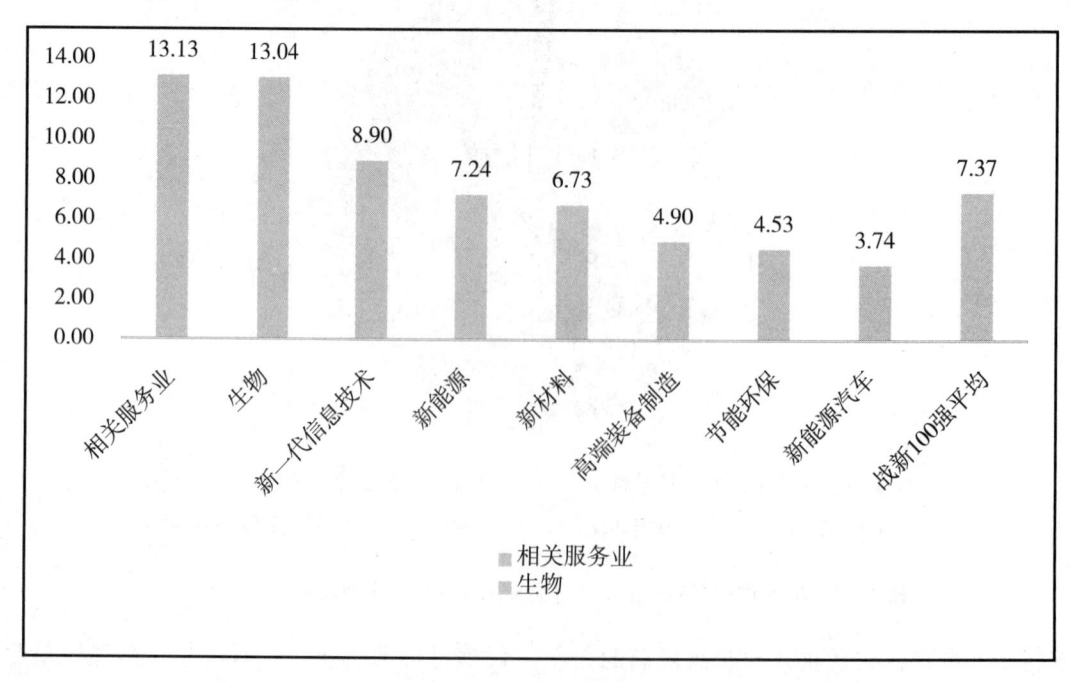

图5-4 2019中国战新产业100强各领域平均利润率（%）对比

2019中国战新产业100强中有38家战新业务出现利润下滑,利润下滑企业中占比最高的是相关服务业,共有1家企业出现一定程度的利润下滑,占相关服务业入围企业数量的一半。其次是新一代信息技术、高端装备制造产业,分别有14家、7家企业出现一定程度的利润下滑,占相关产业入围企业数量的比重均为46.7%。利润下滑企业占比最低的是新能源产业,3家企业出现利润下滑,占新能源产业入围企业数的27.3%。从企业亏损情况来看,5家出现亏损的企业中,4家属于新一代信息技术产业,1家属于高端装备制造产业。详见图5-5。

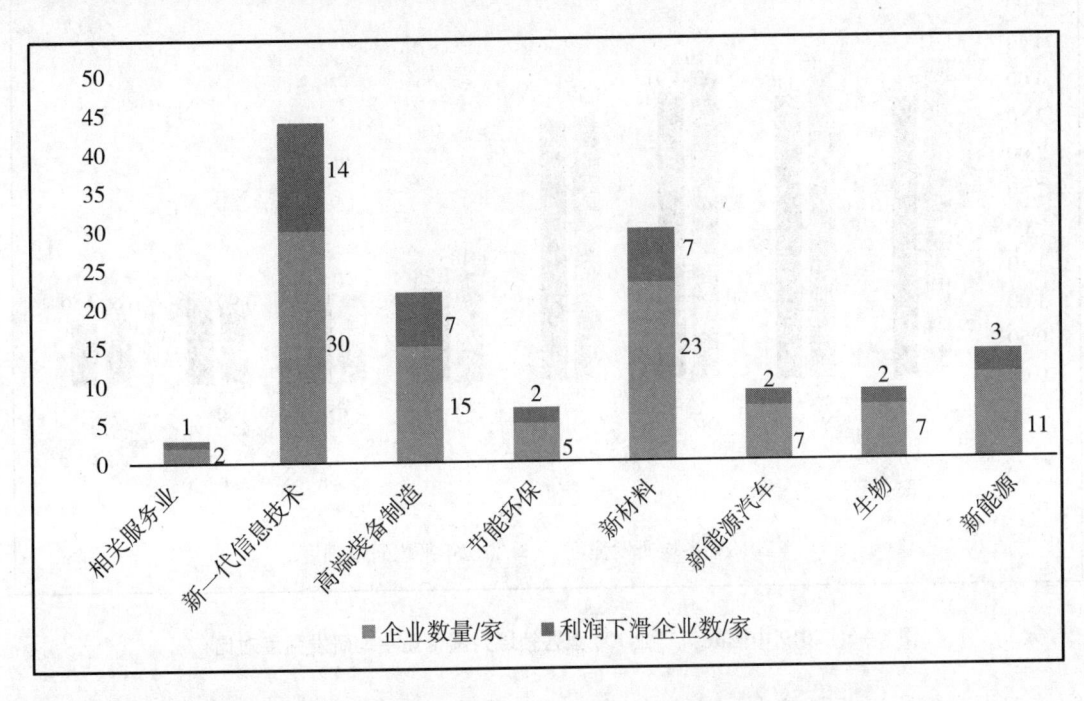

图5-5 2019中国战新产业100强各领域利润下滑企业对比情况

3. 入围企业研发投入分析

加大研发投入和知识产权积累正成为共识。对入围企业整体研发投入和专利、标准获取情况进行分析,入围企业2018年投入研发费用总计4384.7亿元,同比增长22%,平均每家企业研发费用投入达到43.8亿元,平均研发强度2.55%,较上一年提高0.25个百分点。94家企业提供了专利授权情况,共拥有60.7万项专利授权,其中发明专利19万项,占专利授权总数的31.3%,平均每家企业拥有2020项发明专利授权。87家企业提供了标准参与情况,共参与制定标准20897项,平均每家企业参与制定240项标准。

各领域研发投入差异明显。从产业分布来看,研发强度最高的是新一代信息技术产业,入围企业平均研发强度达到4.31%,排名第一;高端装备制造产业入围企业平均研发强度达到4.22%,排名第二;生物、新能源汽车产业入围企业平均研发强度分别为4.19%和3.59%,排名第三、第四;节能环保、新材料、相关服务业和新能源产业入围企业平均研发强度偏低,分别为1.48%、1.2%、0.99%、0.93%。从增速来看,入围企业分属的八个领域,有七个领域平均研发强度较上一年有所提高,增速最快的是新一代信息技术产业,入围企业平均研发强度较上一年提高0.51个百分点;其次是高端装备制造、生物、节能环保产业,入围企业平均研发强度分别较上一年提高 0.39、0.28、0.20 个百分点；新材料、新能源、新能源汽车产业入围企业平均研发强度均有一定增长，相关服务业入围企业平均研发强度较上一年下降 0.2 个百分点。从图 5-6 可以看出，战新各领域之间研发强度分层较为严重，新一代信息技术、高端装备制造、生物、新能源汽车产业四个领域入围企业平均研发强度均超过 3.5%，超过剩余四个领域入围企业平均研发强度的两倍。

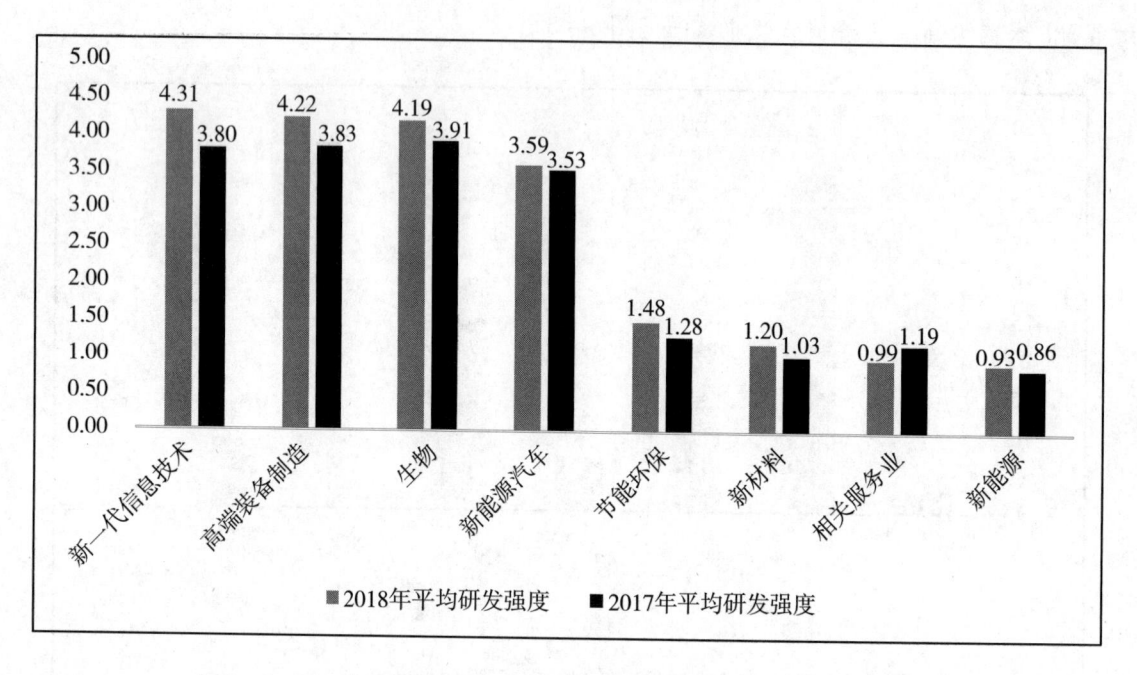

图 5-6 2019 中国战新产业 100 强各领域入围企业平均研发强度对比/%

各领域知识产权积累差距较大。从专利授权情况来看，获得发明专利授权最多的是节能环保产业，平均每家入围企业获得 6593 件发明专利授权；排名第二的是高端装备制造产业，平均每家入围企业获得 3578 件发明专利授权；其次是新能源、新一代信息技术、新能源汽车产业，平均每家入围企业获得 2330 件、2004 件、1155 件发明专利授权；生物产业、相关服务业入围企业获得的发明专利授权较少，平均每家入围企业分别获得 462 件、76 件专利授权，与其他领域尚有较大差距。专利授权中，发明专利占比最高的是生物产业，入围企业获得的发明专利占比达 43.7%，其次是高端装备制造、新一代信息技术、节能环保产业，入围企业获得的发明专利占比分别为 39.7%、36.6%、30%；新能源产业、相关服务业、新能源汽车产业发明专利占比相对较低，平均入围企业发明专利占比分别达到 22.1%、21.4% 和 19%。详见图 5-7。

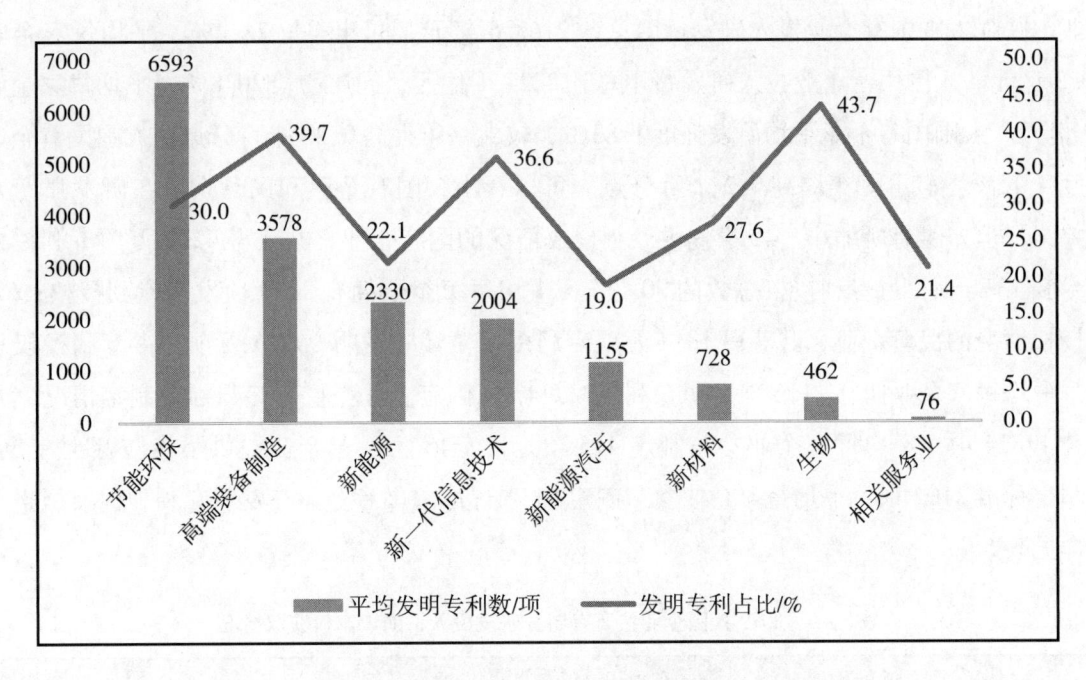

图 5-7　2019 中国战新产业 100 强各领域入围企业专利授权情况

从参与标准制定的情况看，参与制定标准数量最多的是高端装备制造产业，平均每家入围企业参与制定标准 574 项；其次是节能环保产业，平均每家入围企业参与制定标准 251 项；新一代信息技术、新能源、新材料产业，平均每家入围企业参与制定标准 207、203、199 项；新能源汽车、相关服务业、生物产业入围企业参与标准制定情况相对较少，平均每家入围企业参与制定标准 63、59、45 项。从入围企业来看各领域在标准化参与方面存在较大差距。详见图 5-8。

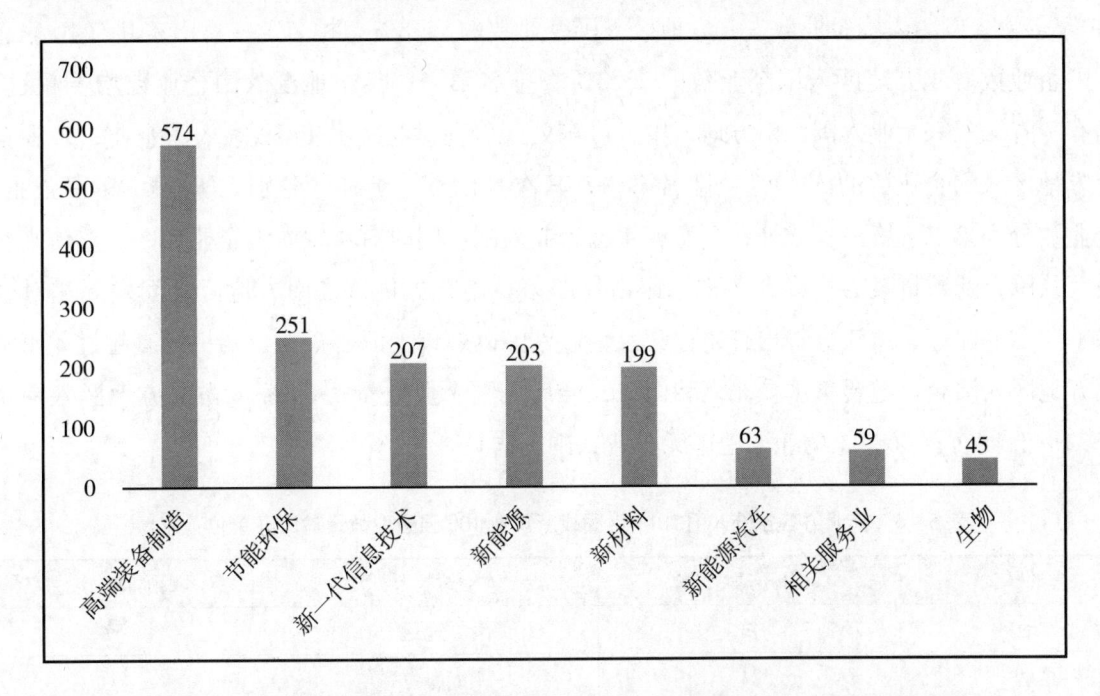

图 5-8　2019 中国战新产业 100 强各领域入围企业标准制定参与平均情况/项

入围民营企业研发强度普遍更高，国有企业知识产权积累更多。从所有制格局来看，2019 中国

战新产业100强入围国有企业投入研发费用总计2163.5亿元，同比增长23.2%，平均每家企业研发投入50.3亿元。入围民营企业投入研发费用总计2221.1亿元，同比增长20.8%，平均每家企业研发投入39亿元。入围国有企业平均研发强度1.83%，较上一年提高0.23个百分点；入围民营企业平均研发强度4.15%，较上一年提高0.2个百分点。可以看出，国有企业和民营企业在研发强度方面尚有较大差距，但差距有所缩小。42家提供专利授权情况的国有企业，共获得42.2万项专利授权，其中发明专利13万项，占专利授权总数的30.7%，平均每家企业拥有3090项发明专利授权；52家提供专利授权情况的民营企业，共获得18.4万项专利授权，其中发明专利6万项，占专利授权总数的32.6%，平均每家企业拥有1155项发明专利授权。43家国有企业提供了参与标准制定情况，共参与制定标准17824项，平均每家企业参与制定415项标准；46家民营企业提供了参与标准制定情况，共参与制定标准3102项，平均每家企业参与制定67项标准。国有企业在发明专利和标准积累上表现更佳。详见表5-5。

表5-5　2019入围企业按所有制分研发投入、知识产权获取情况

	平均研发强度	发明专利占比	平均发明专利授权数/项	平均参与标准制定数/项
国有企业	1.83%	30.7%	3090	415
民营企业	4.15%	32.6%	1155	67

4. 入围企业总部分布分析

南方入围企业分布更均衡，北方入围企业分布更集中。2019中国战新产业100强企业榜单中，15个北方省份共有43家企业入围，16个南方省份共有57家企业入围。北方地区中，北京一枝独秀，共有24家企业入围，入围企业数占北方地区入围企业数的55.8%，排名第一；山东共有10家企业入围，入围企业数占北方地区入围企业数的23.3%，排名第二；其余地区入围企业数均不超过2家，同时尚有7省无一家企业入围。南方地区中，广东处于领先地位，共有19家入围企业，入围企业数量占南方地区入围企业数的33.3%，排名第一；其次是江苏、浙江，分别有12家、9家企业入围，入围企业数分列第二、第三；此外，上海有4家企业入围；同时有4省尚无企业入围。整体来看，南北方地区入围企业数量较为均衡，南方地区占比略多；南北方内部，南方地区之间发展相对较为均衡，除了广东、江苏、浙江三省均有超过9家企业入围以外，上海、福建、四川各有超过3家企业入围；北方地区入围企业主要集中在北京和山东，合计入围企业数量达34家，占北方地区入围企业数量的79.1%，同时有46.7%的北方地区无企业入围。详见表5-6。

表5-6　南北方各省份入围2019中国战新产业100强企业数量对比（单位：家）

省份	入围企业数量	省份	入围企业数量
北方地区	43	南方地区	57
北京	24	上海	4
天津	1	江苏	12
河北	2	浙江	9

续表

省份	入围企业数量	省份	入围企业数量
黑龙江	1	安徽	1
山东	10	福建	3
河南	2	江西	1
陕西	2	湖北	1
新疆维吾尔自治区	1	湖南	1
-	-	广东	19
-	-	广西壮族自治区	2
-	-	重庆	1
-	-	四川	3

南方民营企业占多数，北方国有企业占多数。从所有制格局来看，北方各省43家入围企业中，国有企业占28家，民营企业占15家，国有企业占比达到65.1%。南方各省57家入围企业中，国有企业占15家，民营企业占42家，民营企业占比73.7%。北方省份入围企业以国有企业为主，南方省份入围企业以民营企业为主。详见图5-9。

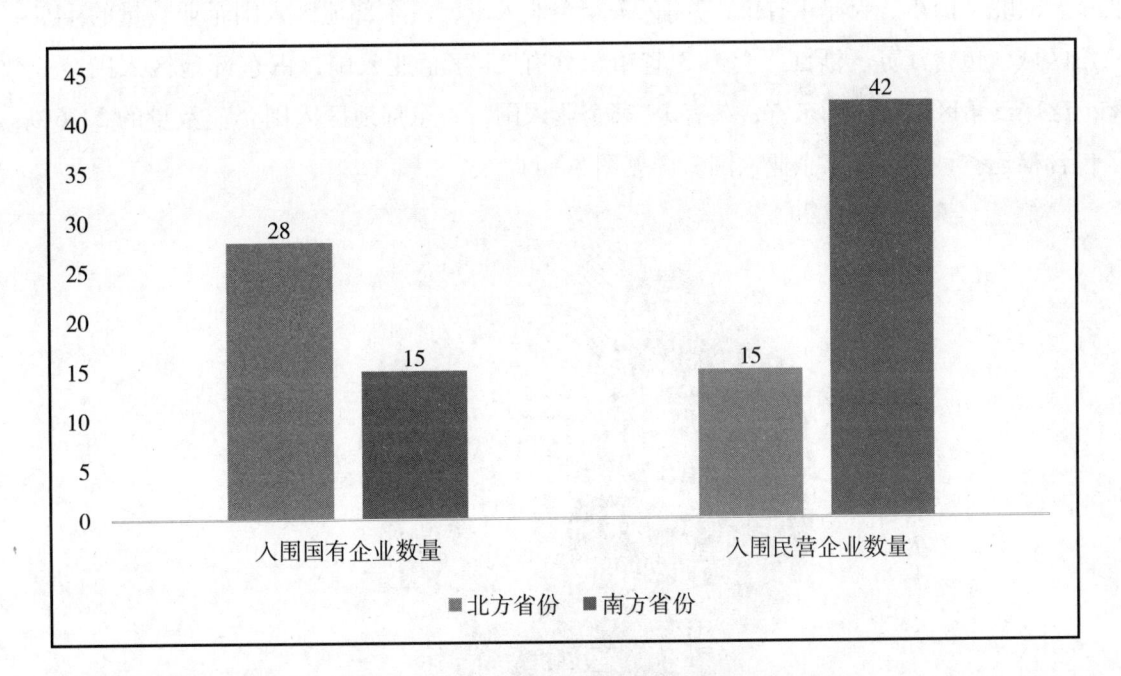

图5-9 南北方省份入围企业所有制对比

东部地区是我国培育战新产业100强企业的重要摇篮。从四大区域分布来看，东部地区入围企业数量达到84家，占比超过入围企业的八成，排名第一；其中北京战新产业发展最为突出，共有24家企业入围，占东部地区的28.6%。西部地区共有9家企业入围，排名第二；其中四川战新产业发展较为突出，共有3家企业入围，占西部地区入围企业数的33.3%。中部地区共有6家企业入围，排名第三，其中河南表现相对突出，共有2家企业入围，占中部地区入围企业数的33.3%。东北地区仅有1家企业入围,属于黑龙江,战新产业发展较为薄弱。详见图5-10。

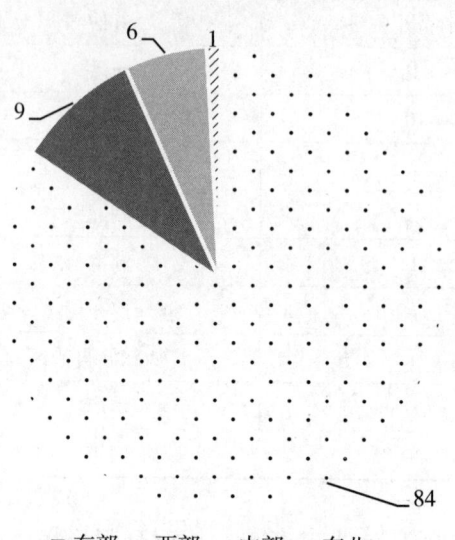

图5-10 我国四大区域入围企业数量对比

东部地区细分为京津冀、长三角、泛珠三角、海西经济区。京津冀地区是入围企业的重要来源,包含北京、河北、山东、天津4省市,共有37家企业入围,占东部地区入围企业数量的44%;其次是长三角区域,包含江苏、浙江、上海3省市,共有25家企业入围,占东部地区入围企业数量的29.8%;泛珠三角区域包含广东省,共有19家企业入围,占东部地区入围企业数量的22.6%;海西经济区包含福建省,共有3家企业入围。详见图5-11。

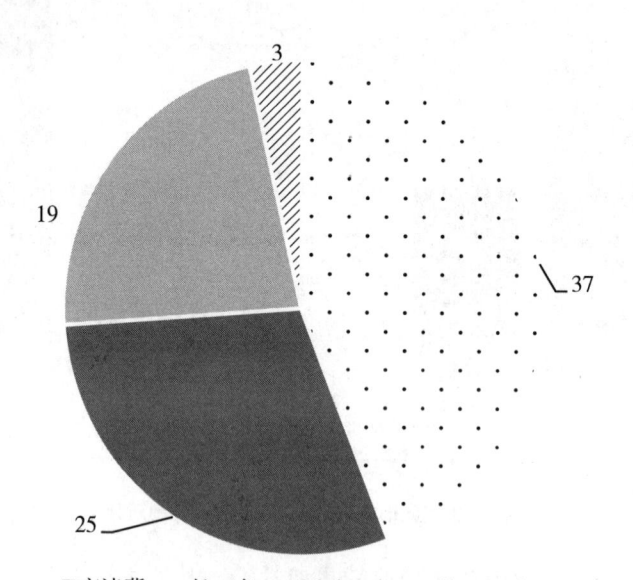

图5-11 东部地区四大经济带入围企业数量对比

东部地区81家入围企业涵盖战新8个领域,战新产业发展最为均衡。东部地区发展最好的是新一代信息技术产业,共有28家企业入围,占东部地区入围企业数量的33.3%;其次是新材料产业,共有21家企业入围,占东部地区入围企业数量的25%;新能源、高端装备制造、生物、新能源汽车、节能环保产业和相关服务业入围企业数量分别为 10 家、9 家、6 家、4 家、4 家、2 家，合计占东部地区入围企业数量的 41.7%。和其他区域相比，东部地区战新产业各领域入围企业数量均处于领先地位，优势最为突出的是相关服务业、新一代信息技术、新材料产业，占全国同领域入围企业数量之比分别达到 100%、93.3%、91.3%，均超过九成。

西部地区 9 家入围企业涵盖战新产业 6 个产业分类，战新产业发展水平仅次于东部地区，其中发展相对较好的是高端装备制造产业，共有 4 家企业入围，占西部地区入围企业数量的 44.4%；新一代信息技术、新材料、新能源、生物、节能环保产业各有 1 家企业入围。和其他区域相比，西部地区高端装备制造产业发展相对较好，占全国同领域入围企业数量之比的 26.7%。

中部地区 6 家入围企业涵盖战新产业 4 个产业分类，其中发展相对较好的是新能源汽车产业，共有 3 家企业入围，占中部地区入围企业数量的一半；新一代信息技术、新材料、高端装备制造产业各有 1 家企业入围。与其他区域相比，中部地区新能源汽车产业发展较好，占该产业全国入围企业数量的 42.9%。

东北地区仅有 1 家企业入围，属于高端装备制造产业，战新产业发展与其他地区差距明显。

我国战新产业分布不均，入围企业集中在东部发达省份。全国 31 个省份中，有企业入围的省份共 20 个，另有 11 个省份无一家企业入围。其中，总部所在地为北京的企业数量最多，达到 24 家，发展遥遥领先，相关企业是我国战新产业培育主体，属于第一梯队；其次是广东、江苏、山东、浙江 4 个省份，入围企业数量分别为 19 家、12 家、10 家、9 家，属于第二梯队；其余 15 个有企业入围的省份，入围企业数均不超过 4 家，属于第三梯队；尚无企业入围的 11 个省份属于第四梯队，战新产业发展尚未形成一定规模。详见表 5-7。

表 5-7 2019 中国战新产业 100 强企业总部省域分布情况（单位：家）

省市	战新 100 强企业数	省市	战新 100 强企业数
北京	24	河北	2
广东	19	广西壮族自治区	2
江苏	12	重庆	1
山东	10	新疆维吾尔自治区	1
浙江	9	天津	1
上海	4	江西	1
四川	3	湖南	1
福建	3	湖北	1
陕西	2	黑龙江	1
河南	2	安徽	1

二、战新产业业务对企业发展贡献分析

1. 战新业务对企业经营总体贡献

培育发展新动能是中国大企业转型创新、提高发展质量的现实途经。2019 中国战新 100 强中 92 家提供了完整收入利润数据的企业，共实现营业收入 12.7 万亿元，其中战新业务收入 4.7 万亿元，战新业务收入占营业收入的比重为 37.2%，较上一年提高 2.7 个百分点。92 家入围企业共实现营业利润 7562.4 亿元，其中战新业务利润 3475.3 亿元，战新业务利润占营业利润的比重为 46.0%，较上一年降低 3 个百分点。92 家入围企业战新业务利润率较总体营业利润率高出 1.39 个百分点。入围企业通过发展战新业务以 37.2% 的收入实现了 46.0% 的利润，显示出战新业务在助力企业转型升级中发挥出的积极作用，但入围企业战新业务的盈利能力有所下滑。

2. 各行业战新业务发展情况简要分析

按 500 强行业分类来看，2019 中国战新产业 100 强企业主营业务共涵盖了 22 个行业（报告选取前十个行业重点分析），详见表 5-8。其中属于机械设备行业的企业有 15 家入围，入围企业数量排名第一；属于化学品制造行业和计算机、通信设备及其他电子设备制造行业的企业各有 9 家入围，入围企业数量并列第二；电信及互联网信息服务行业、交通运输设备及零部件制造行业和金属产品行业各有 8 家企业入围；其余排名前十的其他行业分别是消费品生产、建筑业、药品及医疗设备制造、防务，入围企业数分别为 7 家、6 家、6 家、5 家，排名前十的行业入围企业数共计 81 家，占比超八成。

表 5-8 2019 中国战新产业 100 强企业行业（按企业 500 强分类）分布情况

所属行业	入围企业数	战新业务总收入/亿元	战新业务利润总额/亿元
机械设备	15	6117.54	225.2
化学品制造	9	1895.24	168.18
计算机、通信设备及其他电子设备制造	9	9880.56	112.89
电信及互联网信息服务	8	17672.03	1547.79
交通运输设备及零部件制造	8	5786.69	237.39
金属产品	8	2650.46	94.61
消费品生产	7	2814.86	103.99
建筑业	6	1515.37	45.77
药品及医疗设备制造	6	978.41	180.43
防务	5	3930.11	198.06
建材生产	3	1386.93	174.09
电力生产	2	535.57	80.85
公共事业服务	2	829.27	92.89
零售业	2	1261.49	32.17

续表

所属行业	入围企业数	战新业务总收入/亿元	战新业务利润总额/亿元
批发贸易	2	824.15	40.5
商务服务	2	329.75	65.8
房地产	1	561.19	23.37
金融业	1	762.04	64.93
食品饮料生产	1	178.04	10.48
邮政和物流	1	230.81	-1.25
综合服务业	1	279.24	9.77
综合制造业	1	857.51	57.51
合计	100	61277.26	3565.42

计算机、通信设备及其他电子设备制造行业战新业务发展强劲，化学品制造行业战新业务增速最快。从收入看，入围企业战新业务收入占营业收入比重最高的是计算机、通信设备及其他电子设备制造行业，战新业务收入占比达到98.1%；其次是电信及互联网信息服务行业、机械设备行业和药品及医疗设备制造行业，占比分别为77.6%、73.0%、63%；战新业务收入占比超过30%的行业还有化学品制造、交通运输设备及零部件制造、防务行业。从增速看，入围企业战新业务普遍增速较快。增速最快的是化学品制造行业入围企业，战新业务收入同比增速达38.1%；其次是建筑业入围企业，战新业务收入同比增速达26.2%；交通运输设备及零部件制造行业入围企业战新业务收入同比增速为24.3%，其余行业战新业务收入同比增速均处于10%~20%之间。

从研发投入看，计算机、通信设备及其他电子设备制造行业独占鳌头，各领域研发投入差异明显。研发强度最高的是计算机、通信设备及其他电子设备制造行业，入围企业平均研发强度达到12.4%，排名第一；药品及医疗设备制造行业入围企业平均研发强度达到5.5%，排名第二；防务、消费品生产、交通运输设备及零部件制造、机械设备入围企业平均研发强度分别为5.1%、3.7%、3.7%、3.0%；电信及互联网信息服务、化学品制造、建筑业及金属产品行业入围企业平均研发强度均低于100强榜单企业平均研发强度2.53%。从增速来看，入围企业所属十大行业中，平均研发强度均较上一年有所提高，增速最快的是计算机、通信设备及其他电子设备制造行业，平均研发强度较上一年提高2.5个百分点；其次是药品及医疗设备制造、防务行业，平均研发强度均较上一年提高0.8个百分点。

药品及医疗设备制造行业的入围企业经营战新业务效益更高。从企业经营效益来看，药品及医疗设备制造行业的入围企业战新业务利润占营业利润比重最高，达93.9%，电信及互联网信息服务、机械设备、化学品制造行业战新利润占比分别为81.5%、78.6%、72.4%，其余行业战新利润占比均小于40%。分析战新业务研发投入、战新业务收入和营业利润占比可以看出，药品及医疗设备制造、机械设备行业入围企业研发投入高，大力发展战新业务，战新业务利润增长对企业利润增长的带动作用明显，电信及互联网信息服务行业属于服务业，研发投入较小，但由于其本身战新业务规模大，战新业务利润率最高，达26.7%，化学制造品行业近一年战新业务规模扩增最快，战新业务利润同样增速最快，达43%，远超过其他行业增速。计算机、通信设备及其他电子设备制造行业战新业务规模最大，但高强度的研发投入导致战新业务利润相对较低。

3. 制造业、服务业500强中战新企业贡献分析

2019中国制造业500强企业中共有72家企业入围2019中国战新产业100强企业榜单。其中有71家提供了完整的收入利润数据，71家入围企业共实现营业收入7.4万亿元，占2019中国制造业500强总营收的比重为21.1%，较上一年下降0.5个百分点；71家入围企业营业收入同比增长10.4%，增速低于2019中国制造业500强1.8个百分点。71家入围企业共实现营业利润3729.1亿元，占2019中国制造业500强总营业利润的比重为22.7%，较上一年下降1.3个百分点；71家入围企业营业利润同比增长11.7%，增速低于2019中国制造业500强6.2个百分点。71家入围企业营业利润率为5.06%，高于2019中国制造业500强0.34个百分点，利差较上一年收窄0.13个百分点。对2019中国制造业500强企业中入围战新100强的企业进行分析可以看出，通过发展战新业务，71家企业以14.2%的数量占比，实现了21.1%的营业收入占比和22.7%的利润占比，转型升级取得积极进展。同时应该看到，71家企业2018年营业收入、利润增速均低于2019中国制造业500强整体增速，导致营业收入、利润占比出现一定程度下滑。

2019中国服务业500强企业中共有20家企业入围2019中国战新产业100强企业榜单。20家入围企业共实现营业收入6.7万亿元，占2019中国服务业500强总营收的比重为17.8%，较上一年下降0.5个百分点；20家入围企业营业收入同比增长9.7%，增速低于2019中国服务业500强3.2个百分点。20家入围企业共实现营业利润4106亿元，占2019中国服务业500强总营业利润的比重为14.5%，较上一年微升0.1个百分点；21家入围企业营业利润同比增长4.9%，增速高于2019中国服务业500强0.6个百分点。20家入围企业营业利润率为6.43%，低于2019中国服务业500强1.7个百分点，利率差较上一年扩大0.34个百分点。对2019中国服务业500强企业中入围战新100强的企业进行分析可以看出，通过发展战新业务，20家企业以4%的数量占比，实现了17.8%的营业收入占比和14.5%的利润占比，展现出更高的发展质量，为其他服务业大企业转型发展进行了有效的探索。

三、我国战新产业重点领域典型企业案例

1. 新一代信息技术领域

浪潮集团（以下简称浪潮）于2018年8月发布了全新的业务战略云计算3.0，提出了向云服务、大数据、智慧城市新三大运营商转型，成为"云+数"新型互联网企业。通过在战新业务领域的创新发展，构建公共服务数字新场景，打造新业态，释放数据的政用、商用、民用价值。

在云计算、工业互联网领域，浪潮云面向政府机构和企业组织，提供IaaS、PaaS、DaaS、SaaS整体云解决方案的能力，逐步形成了"可信赖、专业化、生态化"三大差异化特色。2017年，基于浪潮云推出浪潮工业互联网平台，已面向工程机械、电子信息、电力等10大行业，构建了涵盖研发设计、采购供应、生产制造等9大领域的解决方案，入选2018年工业互联网创新发展工程和工信部

2018年工业互联网试点示范项目。同时，积极拓展生态布局，于2018年8月发布"云梯计划"，面向全国推进"1+N"工业互联网平台体系建设，并在山东、天津、宁夏、江西、安徽、重庆等多个省市落地。浪潮还牵头成立中国开源工业PaaS联盟，发布工业PaaS平台，与欧洲知名的开源软件企业Odoo合资，深化云ERP转型发展，推动开源工业PaaS平台建设。

在互联网应用领域，浪潮凭借在政务云和政府数据授权运营领域的服务经验，通过梳理自身优势与能力，优化出消费级的服务能力和服务模式，让服务直接触及最终受众，满足让科技"更懂我"和"帮我实现增长"这两个核心诉求，解决数字经济时代下的新"供需矛盾"，打造了爱城市网、一贷通、质量链等应用。

在ERP领域，浪潮为企业提供一站式解决方案，2018年已服务超过100万家企业，浪潮云ERP蝉联集团管理软件市场占有率第一，在建筑、粮食、医药、快消品、装备制造等行业应用占有率保持第一。2018年，浪潮云ERP高端优势进一步扩大，开拓多家新央企，成功验收30余项大项目，大客户交付取得新突破；控股中华粮网，进一步巩固了智慧粮食市场占有率第一的地位。同时，不断开拓民企市场，成功签约韵达物流、吉祥航空、中蕴马业、百果园等客户。

在健康医疗大数据领域，2018年4月，国家卫健委、山东省、济南市授权浪潮开展健康医疗大数据运营，试点启动后，济南在全国率先完成城市健康医疗数据全量汇聚。浪潮还与济南市卫健委合作，率先在全国建设国家级健康医疗大数据支撑服务平台。目前山东16地市数据已全部汇聚到山东全民健康信息平台，并接入国家健康医疗大数据北方中心，成为全国第一个实现省级健康医疗数据接入医疗大数据中心的省份。此外，浪潮还在济南打造了全国第一个数据驱动的互联网+医疗健康服务平台——爱健康APP，每天入驻企业超过30家。

在服务器领域，根据IDC、Gartner发布的报告，浪潮服务器销售量和销售额目前位居全球第三、中国第一，增速全球第一，自主研发的中国第一款关键应用主机浪潮K1使中国成为继美、日之后第三个掌握高端服务器核心技术的国家，荣获国家科技进步一等奖。此外，浪潮HPC跃居全球前二，AI服务器市场占有率稳居中国第一，已成功助力今日头条、旷视科技、科大讯飞等大量人工智能企业的创新应用，为金融、交通等传统产业创造新价值。

2. 高端装备制造领域

（1）新疆特变电工坚持探索战新业务。

新疆特变电工始终坚持走自主创新道路，坚持每年将销售收入的4%左右用于自主创新研发投入，建成了输变电、新能源、新材料领域国家级工程实验室，不断取得关键产品和核心技术的突破。先后荣获国家科技成果特等奖2项、一等奖4项、二等奖2项、行业及省部级科技进步奖200余项。

公司紧紧围绕输变电高端装备制造、新能源、新材料"一高两新"三大战略性新兴产业，推动公司高质量发展。在输变电高端装备制造领域，公司变压器年产量达2.6亿kVA，位居中国第一位、世界第一位。创新实现柔性直流输电技术、集成能源互联网技术的重大突破。在新能源领域，打造新型能源产业链，公司光伏EPC总量排名全球第一，累计承建光伏、风电、海上风电并网项目5000余座，累计装机容量超过10GW。多晶硅年产能全国第二、世界前四，在高品质多晶硅领域已经取得重大突破，成功打破了欧美国家垄断，将全面替代进口，实现出口。在新材料领域，形成了行业唯一的"能源—高纯铝—电子铝箔—电极箔"铝电子新材料循环经济产业链,取得国家JM"四证"体系认证,公司与中国航发北京航空材料研究院合作成立了合资公司;与有研集团有限公司合作,产品广泛应用于辽宁舰等国防军工、大飞机制造、轨道交通等领域。通过对成都富江机械的投资,进入了军工及航天铝合金特种铸造及精密加工领域,实现了与高纯铝等产品研发、生产上的协同效应。公司相关产品打破国外关键技术壁垒,实现了向原产地的出口。

(2)江苏扬子江船业高质量发展实践。

江苏扬子江船业集团以设计制造大型远洋运输船舶和海洋工程装备为主业,拥有大型船舶和海洋工程装备生产能力600万载重吨。2018年集团手持造船订单量位居全国造船行业首位,居全球第3位;造船完工产量居全国同行业首位,是我国主要的超大型集装箱船和超大散货运输船设计制造基地。在国际航运和船舶市场长期低迷的严峻形势下,扬子江船业集团始终坚持科技领先发展道路,积极发展战略性新兴产业。集团高新技术产品销售收入占企业总收入超过70%,产品结构不断优化,产品技术和附加值含量进一步提升,在国际船舶市场上的核心竞争力持续增强。

加大研发费用投入,为发展战略性新兴产业提供强大技术支撑。集团瞄准世界高端船舶和海洋工程装备等战略性新兴产业领域,与国内外著名船级社和上海交通大学、哈尔滨工程大学、中国船舶工业集团公司第七〇八研究所、上海船舶研究设计院等顶级专业院所合作,不断加大科研费用投入,近10年来集团科技研发投入费用占产品销售收入的平均比例超过3.6%,年均研究开发项目超过50项,获得各种专利和技术诀窍等自主知识产权600多项。集团加快科技转化运用,同时积极承担国家和省级研发项目,在国家重点鼓励支持的高技术、高附加值船舶和海洋工程产品研发、设计和制造方面取得一系列成果,先后有50多个新研发产品被评为高新技术产品,为企业发展战略性新兴产业提供强大技术支撑。

成功研发超大型集装箱船,打破日本韩国长期垄断局面。为加快战略性新兴产业发展,集团瞄准被日、韩长期垄断的超大型集装箱船领域,经过两年多时间攻克超大型集装箱船关键设计和制造技术,成功研发出具有完全自主知识产权的高技术、高附加值和高性能产品10000标箱集装箱船,与同期韩国已建造万箱级船相比,装箱量增加10%,油耗下降20%,排放指标降低20%。2011年集团与世界集装箱船航运巨头西斯番公司一次性签订总金额达25亿美元的25艘建造合同,创中国造船史第一大订单,彻底打破日本韩国长期垄断局面,使我国造船业在超大型集装箱船设计建造方面迈上一个新台阶,达到世界一流水平,被国家科技部列为国家火炬计划产业化示范项目。

积极开拓海洋工程装备和清洁能源运输船领域,推进产业战略转型升级。海洋工程装备和清洁能源运输船是集团转型升级的重要发展方向。2012年集团投资组建江苏扬子江海洋油气装备有限公司项目,计划总投资7.5亿美元,建设形成年产8~10座海洋钻井平台和3~5艘FPSO大型储油船的大型海工装备制造基地,成功研发新型高效节能环保安全型Super116E自升式海洋钻井平台。同时与美国"SSP_ Aisa Pte Ltd"公司共同研发世界最先进的"SSP-HUB超大型海洋油气田储备、中转与供给站"海工项目,被列为江苏省战略性新兴产业发展重大关键核心技术研发支持项目。在海洋钻井平台市场因石油价格大调整的情况下,集团积极研发开拓清洁能源运输船,成功建造27500立方的天然液化气运输船,成为国内为数不多能够设计建造完工天然气运输船和海洋钻井平台的船厂。

全力开发高端船舶产品，不断取得新突破。集团以国际市场需求为导向，紧紧围绕绿色、环保、低排放的高端船型为主攻方向，努力突破关键核心技术，使研发的新船型在节能减排、装载量、绿色环保等关键技术指标均达到世界先进水平，受到国际高端客户和著名船级社的广泛认可。特别是企业成功研发的400000DWT矿砂船和83500DWT（OBO）兼用船作为目前世界上运载量最大的绿色环保干散货船和世界首制高技术高附加值船舶，达到世界领先水平。

3. 新材料领域

盛虹集团（以下简称盛虹）以江苏国望高科纤维有限公司和江苏斯尔邦石化有限公司为生产研发主体，在纤维新材料、化工新材料领域展开研发攻关。

持续加大研发攻关力度，搭建企业"最强大脑"。2017年，盛虹联合东华大学牵头创建了先进功能纤维创新中心，是全国第13家，江苏省第1家国家级创新中心。2019年6月，盛虹集团打造了集研发、中试、孵化为一体的国家级石化创新中心。截至目前，集团拥有科研团队人数超过400人，研发投入始终保持在销售收入的4%以上。江苏国望高科纤维有限公司开展研发项目15项，承担省部级以上研发项目4项，主持或参与5项行业标准及2项国家标准的制定。江苏斯尔邦石化有限公司获评省级企业技术中心，共申请专利37项，其中发明专利18项，实用新型专利19项，已获授权实用新型专利16项，发明专利1项，获评国家级"高新技术企业"。在"自主研发"带动下，两个公司涉及的战新业务总销售额突破300亿元。

瞄准国内市场空白，解决"进口替代"问题。一直以来，EVA光伏料产品的国内市场都被国外企业垄断经营。据统计，2017年，国内市场需求量为40.7万吨，其中依赖进口38万吨，国产产品市场占有率仅为6.7%。韩华道达尔、韩华化学、新加坡TPC、泰国TPI等国外企业，长期牢牢掌控着国内光伏料市场的话语权和定价权。2018年，盛虹石化集团在乙烯产品链EVA光伏料研发领域取得重要突破，研发出以V2825为代表的光伏料系列产品并销售3.2万吨，使EVA光伏料国产产品市场占有率达到17%，较上一年提高10.3个百分点，EVA产品国内价格从14000元/吨下降至12500元~13000元/吨，成功改变了同类产品的国内市场格局和产品价格，显著降低了国内下游企业的使用成本，盛虹集团随之成为国内最大的光伏料生产商。

瞄准行业关键共性核心技术，在新材料领域加快转化。在化学纤维领域，依托国家级先进功能纤维创新中心，盛虹在多个关键核心技术领域也已取得成效。2018年，先进功能纤维创新中心针对聚酰胺纤维高效柔性化技术研发及成果转化开展了一系列工作。为了推进纤维行业绿色制造，创新中心进行了无锑纤维研制及首次应用，研发生产的钛系催化剂将逐步替代锑系催化剂，解决太湖流域锑超标问题。在阻燃纤维的研制及成果转化方面，开发了阻燃耐熔滴聚酯、聚酰胺等纤维品种，为社会提供安全防护用品。

针对航空航天、国防安全、重大工程与装备等战略领域对新兴材料的需求，创新中心分别围绕阻燃纤维、生物基合成高分子纤维、聚酰亚胺等进行了项目前期准备。下一步，创新中心围绕国家战略和先进功能材料的应用需求，针对碳纤维、对位芳纶、聚酰亚胺等及其复合材料的行业共性关键技术，紧盯全球先进功能纤维发展趋势，逐渐让中心成为关键核心技术的"发源地"、科技创新资源的"集聚地"、科研成果转化的"助推器"，支撑我国纤维产业升级和可持续发展，支持我国纺织及终端制品领域取得竞争优势。

4. 新能源领域

协鑫集团（以下简称协鑫）是一家以新能源、清洁能源为主，相关产业多元化发展的综合能源企业，主营业务涉及电力、光伏制造、天然气、产业园、集成电路材料、移动能源及电动产业新生态等多个产业领域。

首先，协鑫已成为全球最大的多晶硅和硅片生产企业。凭借独创的GCL多晶硅生产法等多项自主核心技术，将多晶硅每公斤生产成本从360美元降到不足7美元；将光伏电池光电转换效率从10%左右提升至22%。由协鑫掌握自主科技的第三代复合纳米技术，可将光伏电池转换效率提升至28%以上。带动光伏制造成为我国极少数全产业链都在全球形成绝对优势的产业，全球市场占比分别实现：多晶硅料55%，硅片83%，电池片68%，组件71%，光伏发电47%。光伏设备国产化高达80%左右。协鑫集团拥有完整覆盖硅料、硅片、电池、组件、系统集成、光伏电站开发运营的光伏垂直一体化产业链。在电池和组件制造领域，跻身全球十大出货供应商之列。积极实施"单多晶同行"策略，通过自主研发、国内外合作与并购，引领光伏产业技术进步、成本下降，推动光伏发电平价上网。

其次，协鑫已成为全球第二、中国第一的光伏发电企业，中国清洁电力装机占比最高的民营企业。创新清洁能源与可再生能源技术及应用，推动国家实施清洁能源替代与能源转型变革。协鑫在全球持有环保火电、燃气、光伏、风力、生物质及垃圾发电等多种类型的发电装机4000万千瓦，目前清洁能源装机占比已超过70%，其中光伏发电总装机7139兆瓦，居全球第二。投资建设光伏扶贫电站，光伏扶贫规模全国第一，4.2万贫困户受益；每年直接或间接生产的清洁电能，可大量减少原煤消耗及二氧化碳、二氧化硫排放。在智慧能源科技领域，协鑫集团通过能源互联网将电网、热网、天然气管网、信息网智慧整合，以大数据云平台为支撑，实现能源微网和区域能源网的快速响应与联通调配。依托分布式能源、"六位一体"微网、电力需求侧集控平台等技术优势，积极拓展增量配网及售电业务。

最后，协鑫已成为中国"一带一路"能源投资最大的民营企业。协鑫在亚、欧、非及北美等地区10多个国家布局电力和制造项目，实施包括从天然气勘探、开发、储运到终端应用和服务等在内的气电一体化战略。由协鑫与中国保利集团共同打造的"埃塞俄比亚—吉布提石油天然气"项目，是"一带一路"非洲沿线最大的能源项目之一，是中非产能合作重要项目，被国家发改委列入"一带一路"项目储备库重点项目，被埃塞俄比亚和吉布提两国确立为国家一号建设工程。初步探明天然气可开采资源量5万亿立方米，同时伴有部分原油资源可开采量。项目采出的天然气大部分将通过管道从埃塞俄比亚输往吉布提，在吉布提液化处理后海运回中国，为有效增加中国天然气补给，改善中国"多煤、贫油、少气"的资源约束，打赢蓝天保卫战做出贡献。在推动"一带一路"能源合作、增强中国发展模式地区影响力、强化支撑人民币国际化等方面发挥重要作用。

总体来看，协鑫以绿色为发展理念，以智慧为企业硬核，以核心能源科技接驳数字经济，顺应全球能源变革趋势，衔接国家能源发展战略，适配国际国内市场需求，坚持主业并延伸发展新能源周边产业生态与周边服务，推动协鑫走主业特征明显、科技优势突出、产业与资本经营能力双领先的相关多元化发展之路。

四、中国企业发展战新业务面临的形势和存在的问题

尽管我国战略性新兴产业相关企业发展较快，多个细分领域已达到国际领先水平，但面对复杂多变的国内外形势，我国企业发展难度不小，要实现持续健康发展仍存在不少问题。

1. 发展形势

现阶段，我国经济运行稳中有变、变中有忧，下行压力明显。一是消费市场增速下探至10%以下区间。2018年我国社会消费品零售总额达38万亿元，比上年增长9.0%，增速呈现持续下滑态势，相比2017年下降1.2个百分点，5年来首次低于10%。二是固定资产投资增速缓降趋稳。2018年，全国共完成固定资产投资（不含农户）63.6万亿元，比上年增长5.9%，增速较2017年下降1.3个百分点。三是实体经济融资出现困难。2018年，结构性去杠杆深入推进，各经济主体的融资活动都受到抑制，全年实体经济从金融体系共获得融资19.3万亿元，同比增速为-0.9%，较2017年大幅下降10个百分点。当前宏观经济尚未企稳，预计2019年下半年到2020年上半年经济将再下台阶，中美经贸摩擦悬而未决，将对我国出口造成一定冲击，企业势必面临更大的经营压力。

我国经济正由高速增长阶段向高质量发展阶段转变，处在转变发展方式、优化经济结构、转换增长动能的关键时期，以新技术、新产业、新业态、新模式为代表的战略性新兴产业正逐渐成为推动我国经济前进的新引擎。部分传统产业污染高、能耗大、效益低，持续发展遇到瓶颈，在劳动力成本优势丧失、产能过剩问题严重、经济下行压力加大的背景下，诸多传统企业正积极拥抱战略性新兴产业，加快产业转型升级，推动产业迈向中高端。

党中央、国务院高度重视战略性新兴产业，"十三五"以来，我国先后出台多项与战略性新兴产业相关的顶层政策文件。新一代信息技术领域，相继出台了《"十三五"国家信息化规划》《新一代人工智能发展规划》等专项规划；高端装备制造领域，相继出台了《智能制造发展规划（2016—2020年）》《中国民用航空发展第十三个五年规划》《新材料产业发展指南》等细分领域规划；节能环保领域，相继出台了《"十三五"节能环保产业发展规划》等专项规划；生物领域，出台了《"十三五"生物产业发展规划》；数字创意领域，出台了《文化部关于推动数字文化产业创新发展的指导意见》等。相关政策文件的出台为战略性新兴产业发展提供了强有力的政策支撑。

2. 存在的主要问题

一是我国战新产业发展不均衡。新一代信息技术产业一枝独秀。入围企业中，新一代信息技术产业相关企业无论是入围企业数量、战新业务收入、战新业务利润，均占据绝对优势；生物产业、节能环保产业、相关服务业等领域入围企业规模较小，数字创意产业尚无企业入围。区域之间、区域内部产业发展差距较大。2019东部地区集中了中国战新产业100强绝大部分企业，入围企业数量占比超过八成，在战新产业所有领域均处于绝对优势地位；在东部地区，依然存在发展不平衡的问题，表现在入围企业高度集中在北京、广东、江苏、浙江、山东等地。与此同时，我国有19个省份没有或仅有一家企业入围。从南北方来看，北方入围企业集中分布在北京、山东，其他地区战新产业发展薄弱。

二是我国战新产业相关企业整体实力较弱。战新企业整体规模偏小。入围2019中国企业500强的战新企业数量共有71家，占比仅为14.2%，而美国战新企业在美国500强企业中的占比达32.2%，入围企业数量是我国的2.2倍，我国在战新头部企业数量上与美国尚有较大差距。战新产业发展质量有待提高。我国战新产业仍存在整体水平不高、科技含量较低的问题，多数企业仍处在产业链和价值链的低端。体量不够大，2018年美国战新100强企业平均营业收入为2861.3亿元，我国战新100强企业平均营业收入为1711.2亿元，仅为美国同类企业的59.8%。效益不够好，2019中国战新产业100强企业所属集团平均营业利润率为5.49%，低于美国战新100强企业10.7个百分点，在利润率上与美国企业差距更大。

三是我国战新企业自主创新能力较低。从关键核心技术看，新一代信息技术企业在核心芯片、高端元器件、基础软件上，生物医药企业在研发设备、试剂上，高端装备制造企业在关键材料、基础元器件和生产设备上，均高度依赖国外。美国对中兴、华为等企业的制裁充分暴露了我国战新企业在关键核心技术上存在的致命短板，一旦美国从技术上对我国战新企业"卡脖子"，将会给相关企业造成系统性风险。从产品应用生态看，新一代信息技术、新材料等领域的企业创新产品不同程度面临国内企业不愿用、不敢用的情况，国内产业协同不足，以应用带动技术升级的良性循环还未形成。

四是发展生态尚不成熟。一流集群尚未形成。我国战新产业发展还缺乏像"硅谷"一样具有国际影响力的产业集群，集群内以领军企业为核心的产业协同也不够，领军企业之间、领军企业与配套企业之间的协同不够，尚未形成规模效应和集聚优势。产业链协同不够，重点领域产业链未能形成有效协同，如一方面我国高端装备制造产业对上游材料大量进口，另一方面我国新材料企业大量产品只能出口海外等。领军企业少，对产业带动能力不强。从战新产业领域分布来看，战新9大领域有5个领域全国入围企业总数不足10家，且部分入围企业规模较小，缺乏对产业整合能力，对中小企业的辐射带动能力不强。各地产业选择趋同，各地战新产业集群小、散、弱等问题较为突出，未能充分发挥各地区位优势，产业同质化竞争严重。

五是企业"内功"有待加强。体制机制创新不够。2019中国战新产业100强企业中，国有企业共43家，占比接近榜单企业半数，国有企业普遍存在股权激励措施难落地，考核制度、薪酬制度体系较传统等问题；民营企业共57家，部分民营企业公司法人治理结构不够完善，管理体制较为落后，亟待进一步完善现代公司治理结构和机制。品牌建设能力不强，与美国战新企业相比，我国战新产业100强企业整体品牌知名度不高，品牌缺乏国际影响力，总体上企业国际话语权不足，更多依赖国内市场。在福布斯发布的全球最具价值品牌100强排行榜中，我国战新产业相关企业仅有华为一家入围。

六是部分传统企业转型升级不快。转型升级顶层设计不完善。现阶段对于传统产业转型升级的路线、方向缺乏科学合理的顶层规划和设计，致使产业发展方向不明确，发展过程中一味追求规模而忽视质量的现象突出。转型升级内生动力不充足。部分传统产业企业自身转型意愿不强，部分有条件转型升级的企业不清楚如何转型升级，少数传统产业企业尚未达到转型升级所需条件。转型升级受重视程度不够。少数地区"喜新厌旧"现象突出，大干快上发展新兴产业，造成产业同质化竞争严重和产能过剩等问题，而在对待传统产业转型升级方面，重视程度不够，只强调发展增量，忽视改造升级存量。

五、促进我国战略性新兴产业相关企业发展的建议

以中国战新产业100强企业为代表的领军企业，是我国发展战略性新兴产业的重要支撑力量，也是我国抢占新一轮科技革命和产业变革制高点，实现新旧动能转换的主力军。相关领军企业应加快补齐短板，从创新能力、研发投入、品牌打造、发展效能、海外拓展等方面发力，使公司发展形成良性循环，不断做大做强，努力缩小与国际先进水平的差距，为我国传统产业转型升级，实现经济高质量发展探索出一条成功路径。

1. 提升创新能力

一方面，要强化关键技术研发。我国战新产业领军企业应结合企业自身技术短板，面向最为紧迫的核心技术，加大力度组织攻关，争取集中突破各阶段"卡脖子问题"。以新一代信息技术产业为例：硬件方面，部分高端元器件、多数集成电路装备和基础材料供应对外依赖严重；软件方面，美国以操作系统、开发工具为依托建立了规模庞大的生态体系，形成了事实垄断，美国很容易通过限制关键产品出口、停止知识产权授权等手段阻碍我国新一代信息技术产业发展。另一方面，要加大研发投入力度。我国战新产业在研发投入方面与美国仍有较大差距，尤其在基础研发领域投入长期不足。中美围绕科技领域的争夺将常态化，在引进国外核心技术基础上再创新的发展路径存在系统性风险，我国战新企业应树立忧患意识，加大研发投入力度，尤其是加强基础性研究，将企业发展的主动权牢牢掌握在自己手中。

2. 发挥领军作用

一是加快打造领军企业品牌。以入围2019中国战新100强企业为代表的领军企业要加大品牌建设力度，提升品牌知名度；要完善质量管理体系，提高产品全生命周期追溯水平，把产品质量放在第一位，为市场提供技术先进、性能优异、质量稳定的产品，逐步攻占高端市场。二是做大做强新兴产业集群。领军企业应充分发挥技术、规模优势，积极作为，主动承担建设科技创新平台、中试基地、共性技术研发平台，依托平台推进产学研用深度结合，聚集一批中小企业，形成围绕领军企业的产业生态，打造差异化发展的战略性新兴产业集群。三是加强政企沟通。领军企业应代表产业加强与政府部门的信息沟通，及时了解政府对企业的政策和动向，提高本行业话语权，为行业发展争取政策支持。

3. 加快动能转换

一是加快企业转型步伐。领军企业应利用发展战新产业积累的经验，加强对传统产业部分进行转型升级。二是模式创新开拓新空间。领军企业应围绕价值链开展商业模式创新，加快探索发展网络制造、生产外部等现代制造模式和委托研发等组织模式，促进技术—管理—商业模式等的协同创新。三是探索企业内部创业创新机制。建议领军企业开展内部创业，有条件的企业可发起或参与设立战略性新兴产业投资基金，积极参股、投资内部创业项目，加速整合优质资源。

4. 深化国际合作

一是积极拓展海外市场。我国战新企业应依托国家"一带一路"倡议，以发达国家和"一带一路"沿线国家为重点，拓展海外市场空间，提高企业国际化发展程度。二是提高企业协同。领军企业应发挥带头作用，组织相关领域战新企业"抱团"走出去，加强与国外企业合作，积极到海外建设境外合作园区等国际发展模式。三是加大人才引进力度。要实现企业走出去，人才是关键，企业应根据国际化拓展需求制定更具竞争力的人才政策，包括项目经费保障、薪酬待遇、职业发展、父母子女安顿等，集中资源开展创新人才及其团队的国际引进工作。

第六章
2019 中外 500 强企业对比分析报告

世界 500 强排行榜展现了各国企业的实力，2019 年中国企业实现了上榜数量上的历史性突破。世界 500 强大约占据了全球生产的 40%、国际贸易的 50%、国际技术贸易的 60% 和国际直接投资的 90%，每年世界 500 强排行榜不仅反映了各国企业实力的变化，而且代表了各国经济的发展态势。从最新发布的 2019 世界 500 强、美国 500 强和中国 500 强发展看，世界大企业在规模和盈利方面都创下历史新高，中国企业世界 500 上榜企业数量、新上榜企业和榜单排名位次都有了新的突破。中国企业经营状况得到改善，中国 500 强营业收入增长率领先世界和美国 500 强，入围世界 500 强企业的营业收入和净利润总额位居美国之后，居第二位。中华人民共和国成立 70 年特别是改革开放以来，中国大企业在网络通信设备、船务、建材玻璃、工程与建筑、工业机械、纺织、贸易等领域具备了一定的国际竞争力。当然，中国大企业与发达国家大企业仍然存在一定的差距。中国企业要聚焦提高发展质量，把握未来产业和技术发展趋势，主动进行结构调整，推进实业振兴发展和制造业转型升级，加快企业国际化步伐，加强企业研发创新，提高全球竞争力，创建世界一流企业。

一、2019 世界 500 强最新格局及中外上榜企业发展对比

1. 2019 世界 500 强最新格局

（1）营业收入突破 30 万亿美元，营业收入增长率有所提高。

2019 世界 500 强的营业收入共计 326639.12 亿美元，达到近 5 年营业收入的峰值。与上年世界 500 强的总营业收入相比明显增长，增长率为 8.89%，创近 5 年增长率新高，高出上年 0.83 个百分点，详见图 6-1。

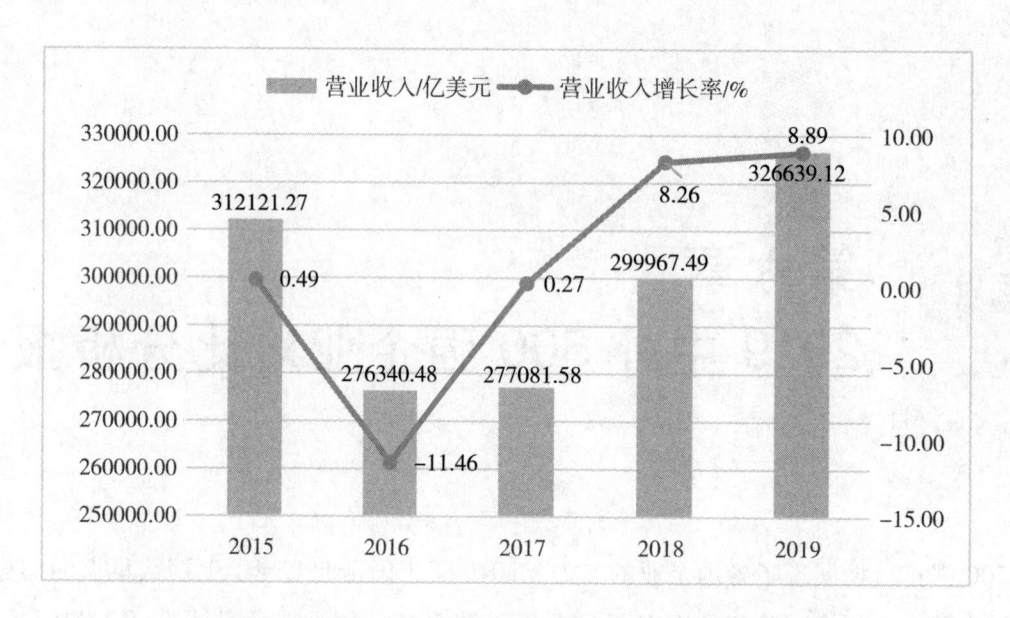

图 6-1 世界 500 强的营业收入总额及增长率（2015—2019）

（2）净利润增幅下降，金融企业仍为创利主力。

2019 世界 500 强的净利润总额突破 2 万亿美元，达到创纪录的 21537.58 亿美元，较上年世界 500 强增长了 14.52%，该增长率虽较上年下降 8.84 个百分点，但仍保持在 10% 以上。从 2015—2019 年的情况来看，经历短暂低迷之后，近 3 年净利润均在增加。2019 世界 500 强净利润水平为近 5 年最高，详见图 6-2。从榜单企业来看，沙特阿美公司以近 1110 亿美元的高额净利润登顶利润榜首位，苹果位列第二。利润榜前 10 位的 4 家中国公司仍然是工建农中四大银行，谷歌母公司 Alphabet 则以年度 142.7% 的利润增长率成功跻身前 10 强，位列第七。

图 6-2 世界 500 强的净利润总额及增长率（2015—2019）

2019 世界 500 强共有 113 家金融企业，涉及财产与意外保险、多元化金融、人寿与健康，以及商业储蓄等多个领域。金融企业共实现净利润 6920.449 亿美元，约为非金融企业净利润总额的一半，占500强净利润总额的32.13%，该比例较上年增加了0.37个百分点。近年来金融企业的净利润占比虽有所下降，但仍是500强企业中的创利主力。详见图6-3。

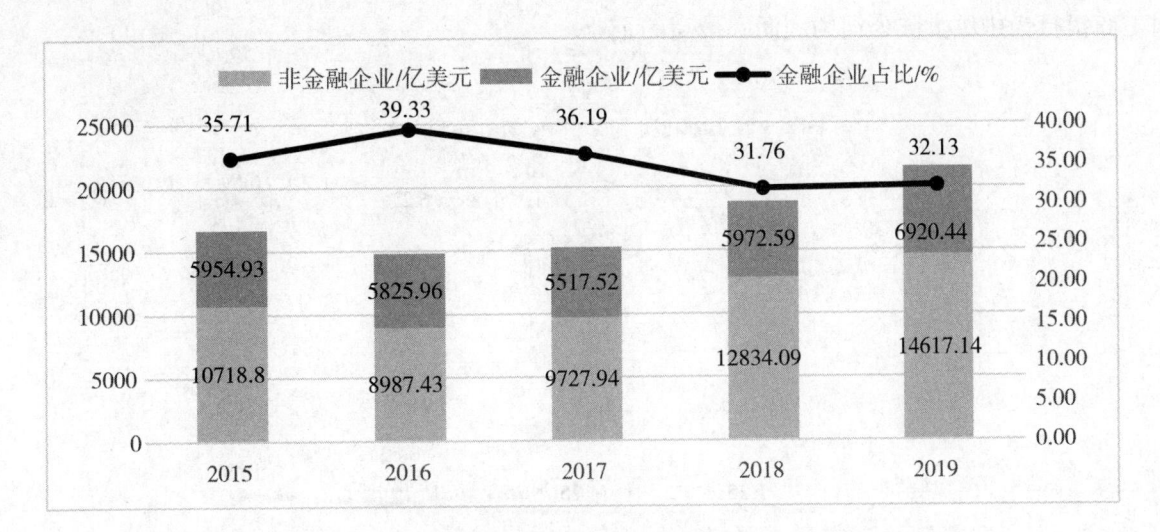

图6-3 世界500强的金融和非金融企业的净利润分布（2015—2019）

（3）亏损企业数量进一步下降，亏损额有所增加。

2019世界500强有亏损企业31家，与上年相比进一步下降，为近5年亏损企业数量最少的一年。从亏损额来看，31家企业的亏损额共计777.07亿美元，高于上年的亏损额。详见图6-4。从亏损公司子榜看，通用电气亏损约223.6亿美元，成为最大亏损公司。在12家中国亏损公司中，中国人寿保险亏损最多，接近25.7亿美元。从行业分布来看，采矿、原油生产类企业亏损最为严重，共有6家，共计亏损102.35亿美元；金属产品类企业有4家，共计亏损7.76亿美元。

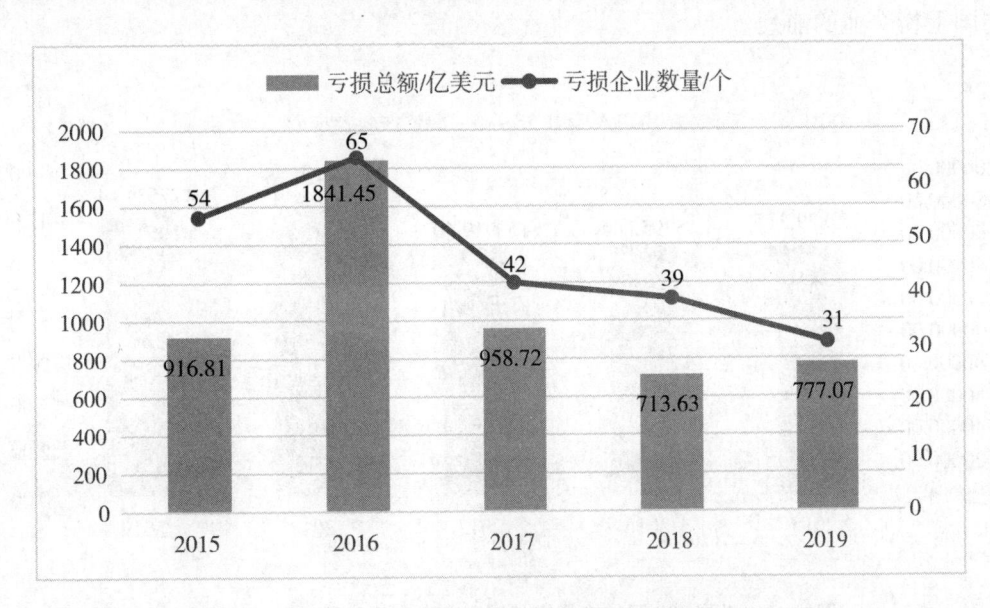

图6-4 世界500强的亏损企业数量及亏损总额（2015—2019）

（4）收入净利率、资产净利润率均有所增长，净资产收益率上升明显。

2019世界500强的收入净利润率和资产净利润率分别为6.59%和1.60%。相比于上年，两者都有所提高，收入净利率上升了 0.32 个百分点，资产净利润率上升了 0.18 个百分点，均为近 5 年的最高水平，详见图 6-5。在利润率排行榜上，2019 年新上榜的美光科技公司位列第一，Facebook 第二。中国工商银行为中国大陆公司中利润率最高的企业。

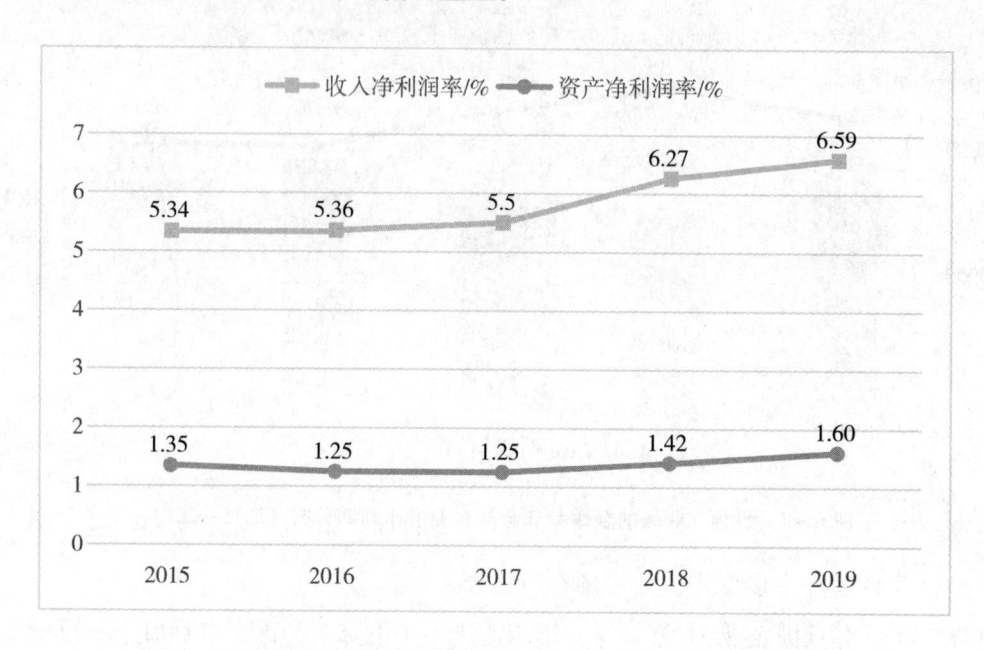

图 6-5 世界 500 强的收入净利润率和资产净利润率（2015—2019）

2019 世界 500 强共拥有归属母公司的所有者权益（净资产）177534.44 亿美元，与上年相比有所下降，详见图 6-6。2019 世界 500 强的净资产收益率为 12.13%，高于上年 2.15 个百分点。在净资产收益率榜上，波音公司位居首位，珠海格力电器股份有限公司、碧桂园、恒大、华为和安徽海螺集团位居中国上榜企业的前列。

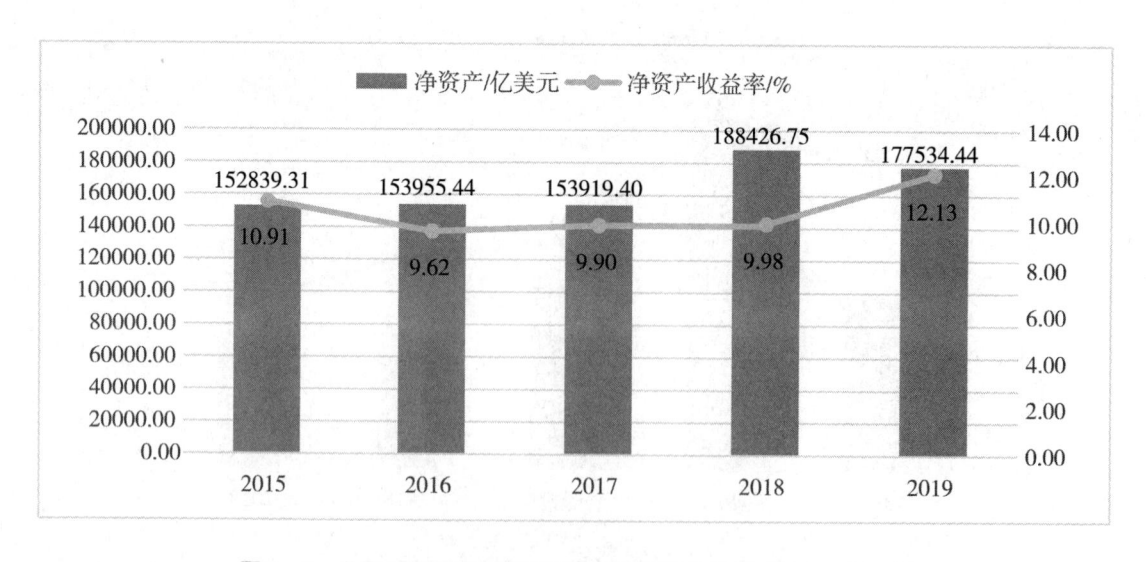

图 6-6 世界 500 强的净资产规模和净资产收益率（2015—2019）

2019 世界 500 强中共有 9 家企业归属母公司的所有者权益为负，详见表 6-1。墨西哥石油公司最严重，其归属母公司的所有者权益为 -741.369 亿美元，已连续 11 年为负值；美国邮政近 11 年中有 10 年为负值；菲利普-莫里斯国际公司连续 8 年为负值。艾伯维、戴尔科技公司、HCA 医疗保健公司、家得宝和美国航空集团为2019年新增的企业。

表6-1 2019世界500强中"归属母公司的所有者权益为负"的企业

名次	企业名称	行业	营业收入/亿美元	净利润/亿美元	归属母公司的所有者权益/亿美元
95	墨西哥石油公司	采矿、原油生产	874.03	-93.779	-741.37
136	美国邮政	邮件、包裹及货物包装运输	706.6	-39.13	-626.37
422	菲利普-莫里斯国际公司	烟草	296.25	79.11	-124.59
381	艾伯维	制药	327.53	56.87	-84.46
84	戴尔科技公司	计算机、办公设备	906.21	-23.1	-57.65
241	HCA医疗保健公司	保健：医疗设施	466.77	37.87	-49.5
62	家得宝	专业零售	1082.03	111.21	-18.78
173	惠普公司	计算机、办公设备	584.72	53.27	-6.39
257	美国航空集团	航空	445.41	14.12	-1.69

(5) 员工人数平稳增长，劳动生产率有所提高。

2019世界500强企业共有员工6926.46万人，较上年增加了158.25万人，自2015年至今，世界500强的员工人数整体呈现平稳上升趋势，详见图6-7。2019世界500强的人均营业收入为47.16万美元，较上年增加2.84万美元。其中，沃尔玛多年来仍是员工人数最多的世界500强公司，共有220万员工，其次为中石油，共有138.2万员工。

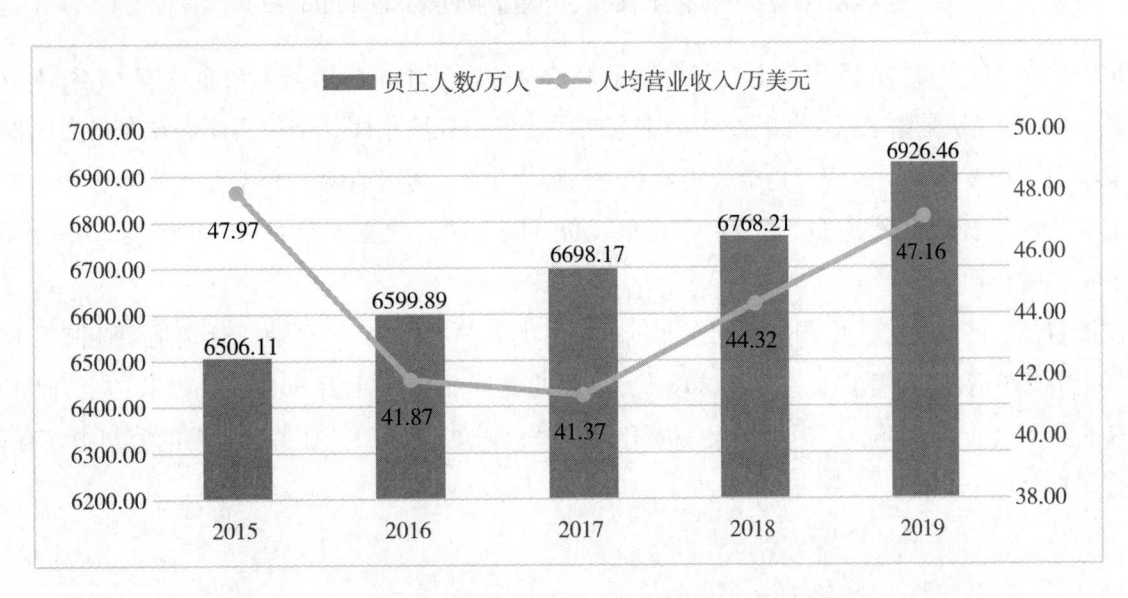

图6-7 世界500强的员工总数及人均营业收入（2015—2019）

2. 世界 500 强中外上榜企业对比

（1）中国上榜企业数量首次位居榜首，营业收入和净利润总额位居第二。

2019 世界 500 强的上榜企业共分布在 35 个国家或地区，中国和美国的企业数量占据了半壁江山。中国共有 129 家企业上榜，首次超过美国，成为全球上榜企业数量最多的国家，实现历史性突破。中国大陆共有 116 家（下文分析均针对中国大陆企业数据，不含中国香港、台湾地区），相比上年增加了 9 家，实现近 5 年最大增幅，详见图 6-8；美国上榜企业数量再次下降，共有 121 家，为近 5 年的最低值；日本排在第三位，近 5 年上榜企业数量较为稳定，上榜企业共有 52 家，不到中、美的一半；随后依次为法国 31 家、德国 29 家、英国 16 家和韩国 16 家。

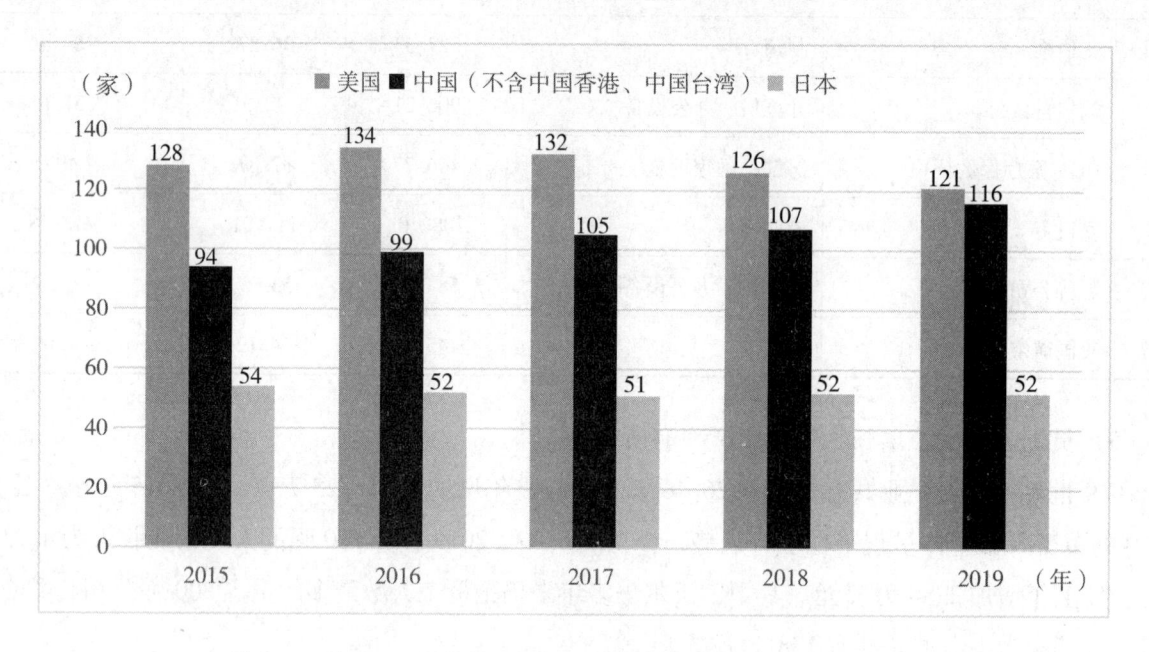

图 6-8　世界 500 强美国、日本、中国企业数量分布（2015—2019）

2019 世界 500 强共有 25 家新上榜和重新上榜的企业，其中，中国新上榜企业有 13 家（中国台湾地区 1 家），分别是国家开发银行、中国中车集团、青山控股集团、金川集团、珠海格力电器、安徽海螺集团、华夏保险、铜陵有色金属集团、山西焦煤集团、小米集团、海亮集团有限公司、中国通用技术（集团）控股有限责任公司、台塑石化股份有限公司。成立 9 年的小米集团是 2019 世界 500 强中最年轻的公司。

在排名位次的变化上，中国有 6 家企业进入排名上升最快的 10 家企业，分别是碧桂园控股有限公司（上升 176 位）、阿里巴巴（上升 118 位）、阳光龙净集团（上升 96 位）、腾讯（上升 94 位）、苏宁易购集团（上升 94 位）、中国恒大（上升 92 位），详见表 6-2。在持续上榜的公司中，有 77 家中国公司排名比上年上升。

表6-2 2019世界500强中排名上升最快的前10名企业

排名	较上年上升位数	公司名称	国家	行业	营业收入/亿美元	净利润/亿美元
177	176	碧桂园控股有限公司	中国	房地产	573.09	52.34
65	139	日本伊藤忠商事株式会社	日本	贸易	1046.27	45.14
182	118	阿里巴巴集团	中国	互联网服务和零售	561.47	130.94
335	107	SK海力士公司	韩国	半导体、电子元件	367.63	141.25
33	96	三菱商事株式会社	日本	贸易	1452.43	53.28
368	96	阳光龙净集团有限公司	中国	多元化金融	333.95	6.14
333	94	苏宁易购集团	中国	专业零售	370.32	20.15
237	94	腾讯控股有限公司	中国	互联网服务和零售	472.73	119.01
180	92	布鲁克菲尔德资产管理公司	加拿大	多元化金融	567.71	35.84
138	92	中国恒大集团	中国	房地产	704.79	56.53

从2019世界500强主要国家的总营业收入来看，美国以94024.80亿美元继续排名第一，中国位列第二，美国仍然超过中国近16000亿美元。中美远远超出其他国家，中国是第三位日本的2倍多。其他国家依次为德国、法国和英国，详见图6-9。

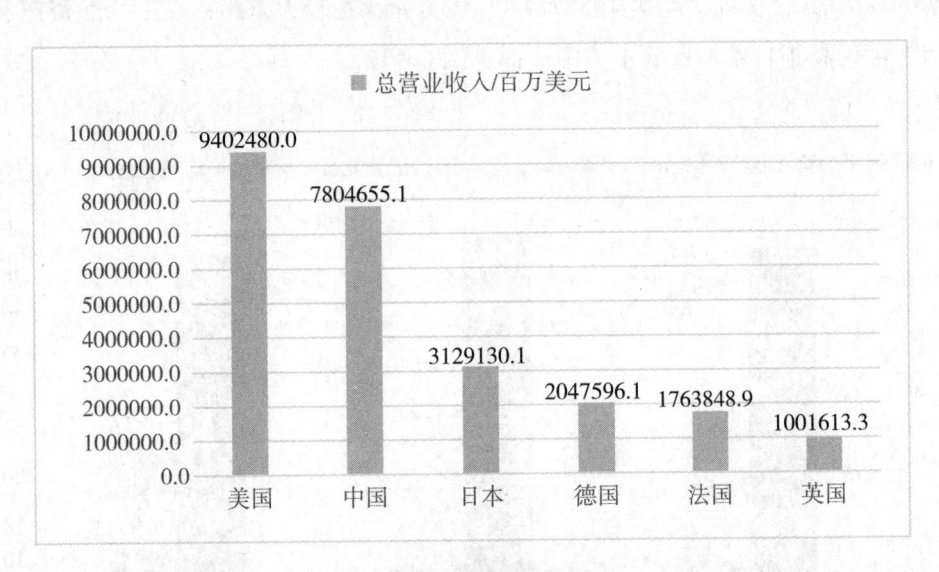

图6-9 2019世界500强主要国家的总营业收入

从2019世界500强主要国家企业的净利润总额来看，美国以7301亿美元高居第一，超过第二名的中国近一倍，中国超过第三名的日本一倍多，其他国家依次为德国、法国和英国，详见图6-10。

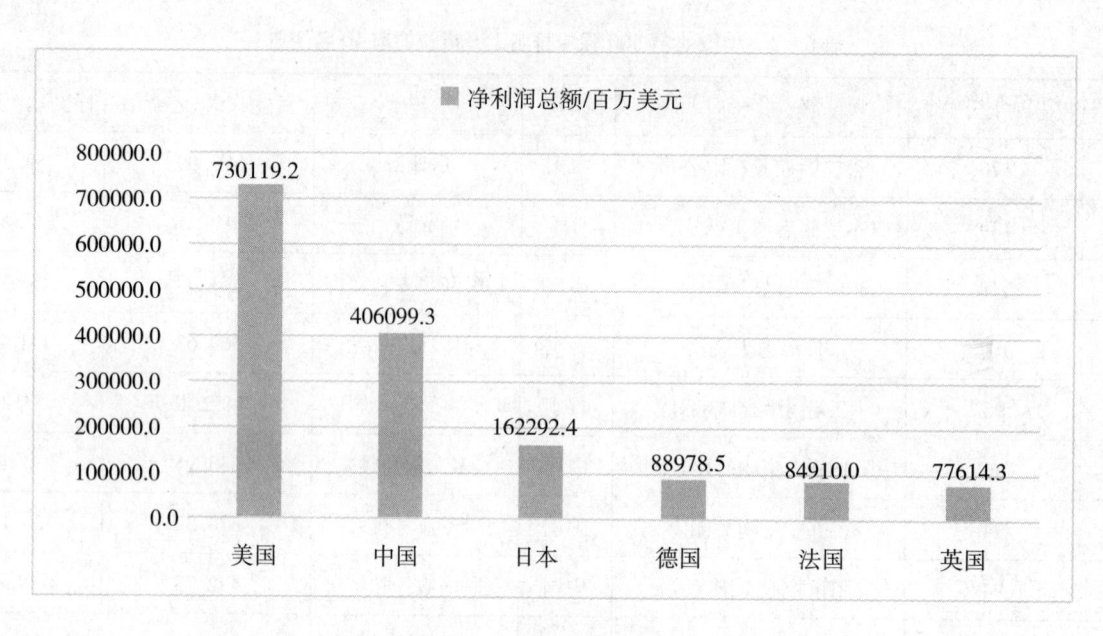

图 6-10 2019 世界 500 强主要国家企业的净利润总额

(2) 中国上榜企业经营状况有所改善，相比美国企业仍有差距。

2019 世界 500 强中国上榜企业平均营业收入为 672.82 亿美元，中国上榜企业的平均营业收入高于世界平均水平，但是，中国上榜企业平均净资产为 352.46 亿美元，略低于世界平均水平；平均净利润为 35.01 亿美元，低于世界平均水平。详见图 6-11。与美国、日本相比，中国企业的平均营业收入高于日本的 601.76 亿美元，与美国的 777.06 亿美元存在较大差距；在平均净资产和平均净利润方面情况类似，中国高于日本、远低于美国。详见图 6-12。

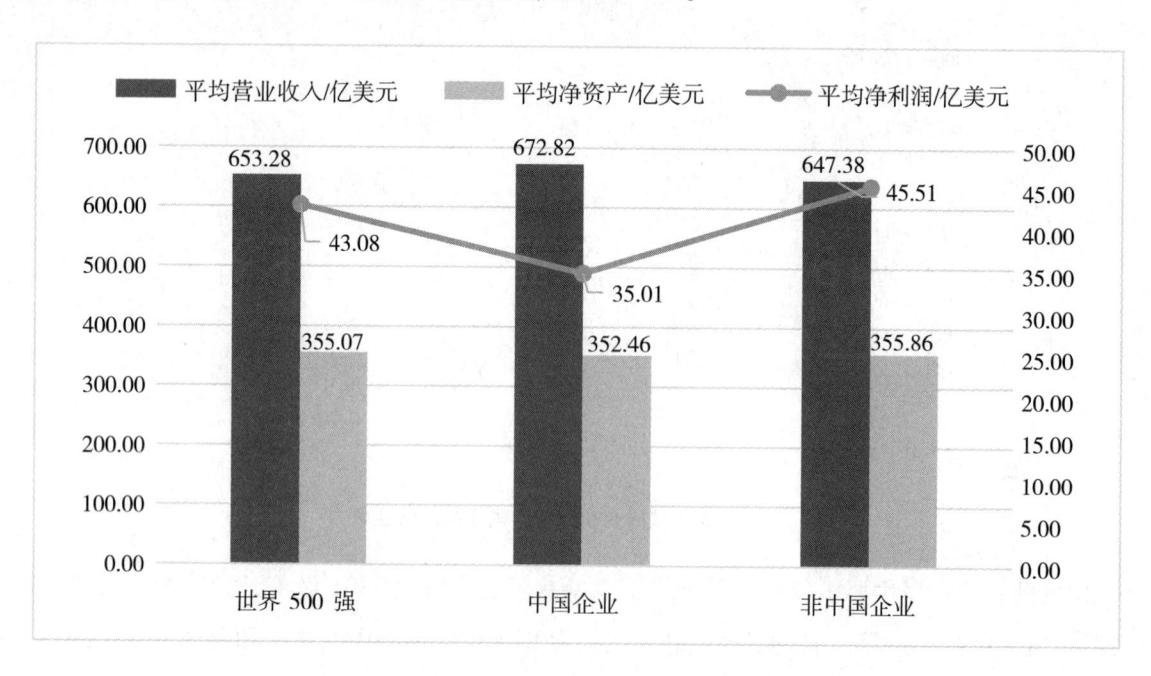

图 6-11 2019 世界 500 强中外企业平均营业收入、平均净资产和平均净利润

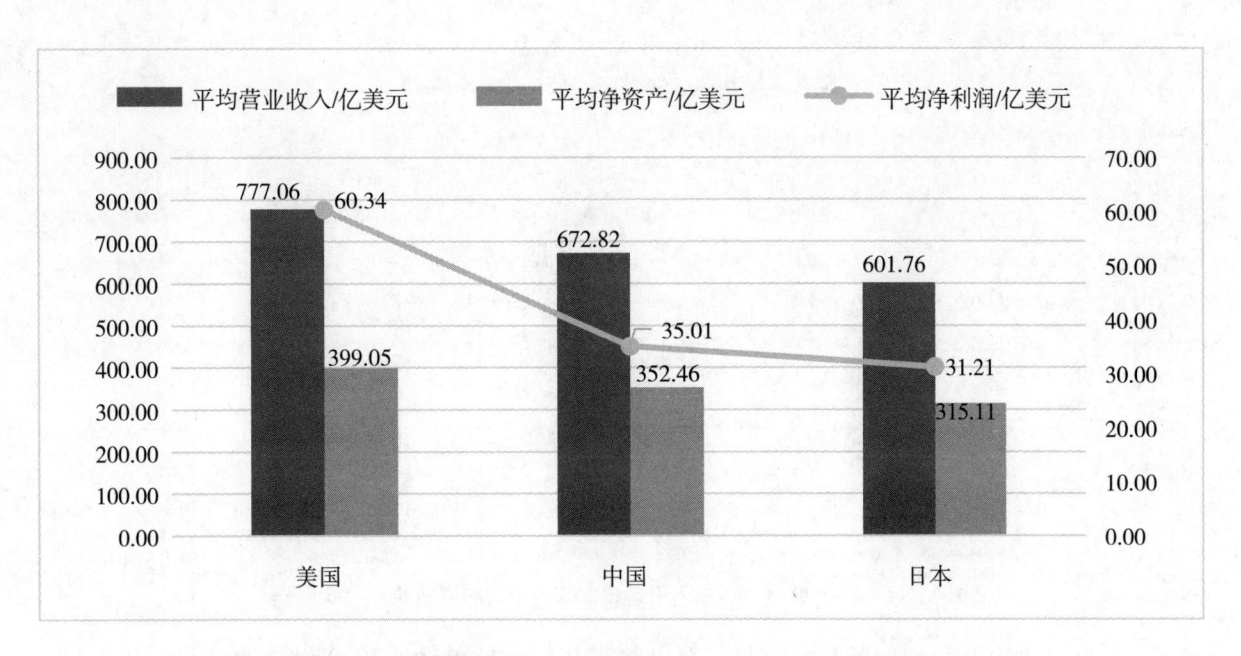

图 6-12 2019 世界 500 强美中日企业平均营业收入、平均净资产和平均净利润

中国上榜企业收入净利率和净资产收益率与其他国家企业存在一定距离。2019 世界 500 强中国上榜企业收入净利润率和净资产收益率分别为 5.20% 和 9.93%，与自身相比，中国公司在收入净利润率和净资产收益率两个指标上已经扭转了近年来的下行趋势，但是，仍然低于世界平均水平及其他国家企业的平均水平。详见图 6-13。与美国和日本比较，两个指标仍然低于美国，但已略高于日本，中国企业经营状况在逐渐改善。详见图 6-14。

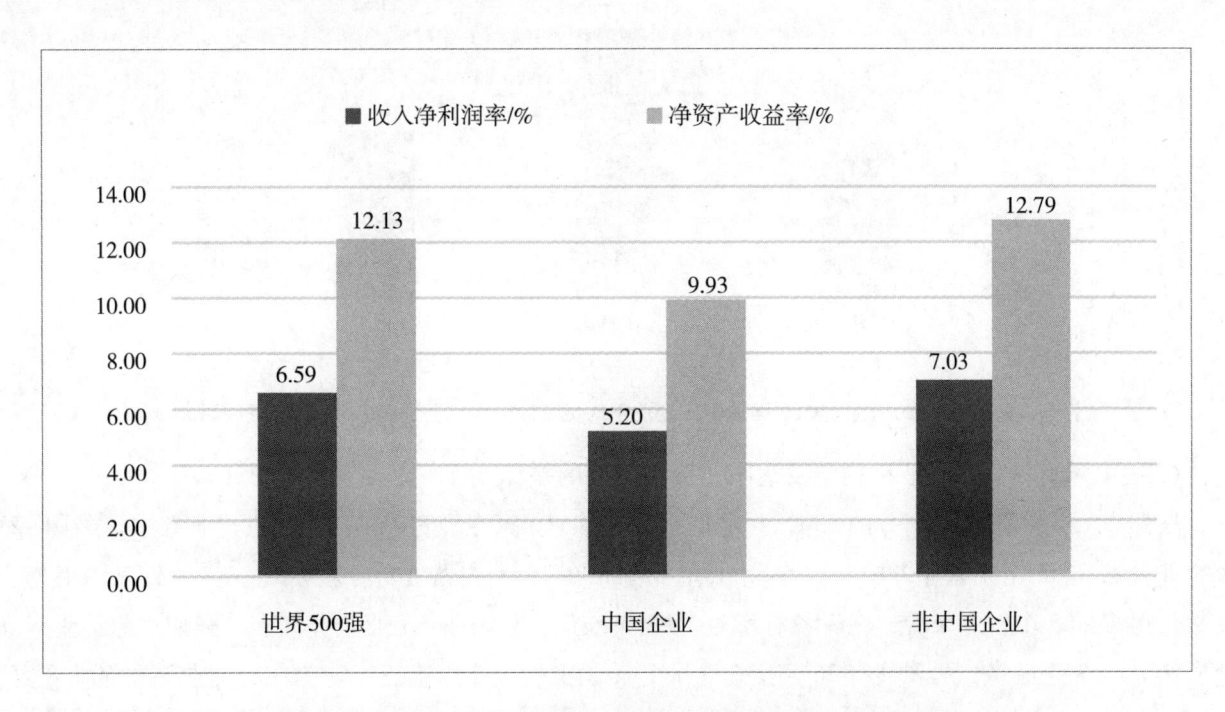

图 6-13 2019 世界 500 强中外企业收入净利润率和净资产收益率

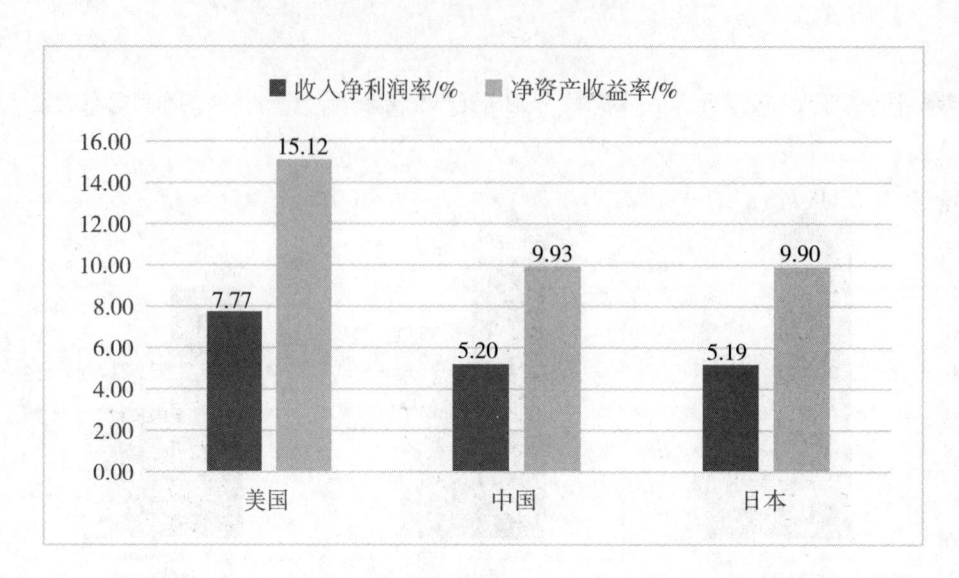

图 6-14 2019 世界 500 强美中日企业收入净利润率和净资产收益率

中国企业与发达国家企业在人均指标方面仍然存在较大的差距。2019 世界 500 强中国上榜企业平均员工数为 17.73 万人，是美国的 1.27 倍、日本的 1.61 倍。在人均营业收入和人均净利润方面，中国企业为 37.95 万美元和 1.97 万美元，分别是美国的 67.94% 和 44.47%；日本的 69.24% 和 69.37%。详见图 6-15。

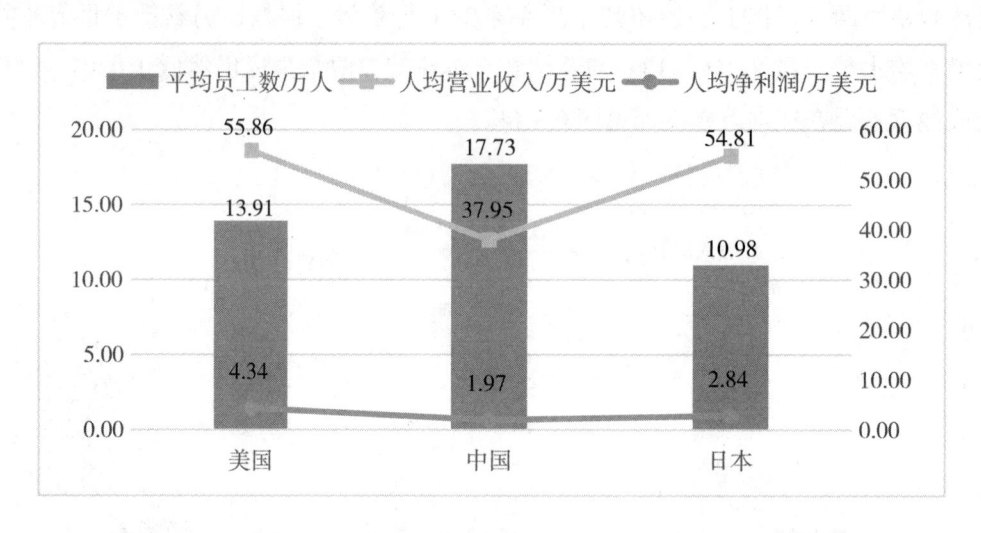

图 6-15 2019 世界 500 强美中日企业平均员工数、人均营业收入和人均净利润

（3）中国上榜企业行业结构与发达国家存在明显的差异。

按照世界 500 强企业划分的 53 个主营业务，中国 116 家企业分布在 28 个主营业务中，美国 121 家企业分布在 45 个主营业务中，日本 52 家企业分布在 19 个主营业务中。从中、美、日三国上榜企业数量最多的 5 个行业来看，三者各有特色。中国上榜企业中的重工业企业居多，采矿、原油生产和金属产品的企业最多，两者共有 26 家上榜企业；美国上榜企业以第三产业为主，商业储蓄企业 8 家，保险、保健企业地位突出；日本上榜企业以制造业为主，10 家车辆和零部件企业，5 家电子、电气设备企业。详见表 6-3。

表6-3 2019世界500强中美日上榜企业的主要行业

中国主要行业	上榜企业数量/家	美国主要行业	上榜企业数量/家	日本主要行业	上榜企业数量/家
采矿、原油生产	13	银行：商业储蓄	8	车辆与零部件	10
金属产品	13	财产与意外保险（股份）	7	贸易	6
银行：商业储蓄	11	航天与防务	6	电子、电气设备	5
贸易	10	炼油	6	财产与意外保险（股份）	3
工程与建筑	8	保健：保险和管理医保	5	电信	3

中国上榜企业行业结构与美国企业行业结构存在较大的差异。为了便于研究，将世界500强的主营业务类别进一步整合归类为47个主营业务，美国涉及39个主营业务，中国涉及26个主营业务，中美共涉及45个主营业务。

从主营业务总营业收入来看，第一类，美国一些高营业收入的主营业务，没有中国企业上榜，诸如综合商业、批发、保健、食品店和杂货店、食品生产、计算机软件、航空、半导体电子元件等；第二类，中国一些高营业收入的主营业务，没有或极少美国企业上榜，诸如工程与建筑、金属产品、采矿原油生产、贸易、公用设施、房地产、船务等；第三类，中美都有企业上榜，美国营业收入明显超过中国，诸如计算机办公设备、保险、电信、互联网服务和零售；第四类，中美都有企业上榜，中国营业收入明显超过美国，诸如银行商业储蓄、车辆与零部件、网络通信设备、电子电气设备、能源等；第五类，中美营业收入相差不大的，诸如炼油、航天与防务、工业机械、制药、化学品等。第一、二类突出反映了中美行业结构的差异；第三、四类部分反映中美行业结构的差异；第五类反映中美行业结构的一致性。中美企业主营业务收入差异明显。详见图6-16。

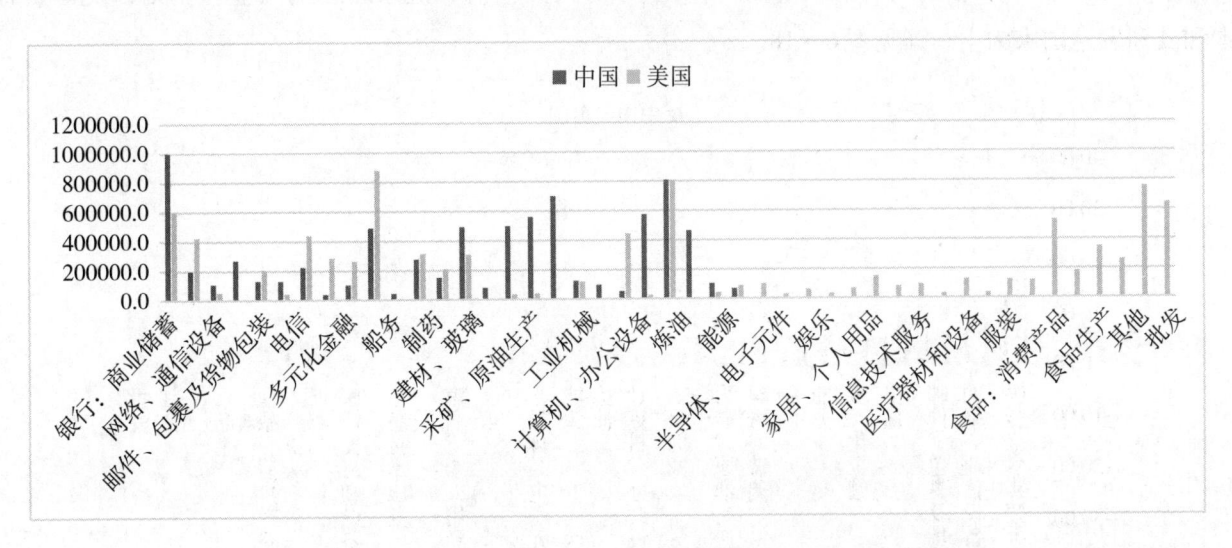

图6-16 2019世界500强中美各主营业务总营业收入比较（百万美元）

从主营业务净利润总额来看，第一类，美国一些高营业收入的主营业务，没有中国企业上榜，部分领域如半导体电子元件、综合商业、保健等，仅有美国企业总利润；第二类，中国一些高营业收入的主营业务，没有或极少美国企业上榜，部分领域如工程与建筑、房地产、贸易、船务等，仅有中国企业的总利润；第三、四、五类，中美都有企业上榜，中美企业均有大小不等的总利润，中国企业表现突出的诸如网络通信设备、商业储蓄、车辆与零部件等，美国企业表现突出的诸如炼油、电信、互联网服务和零售、多元化金融、保险等。主营业务总利润反映企业的行业盈利能力，说明中美企业主营业务竞争力差异显著。详见图6-17。

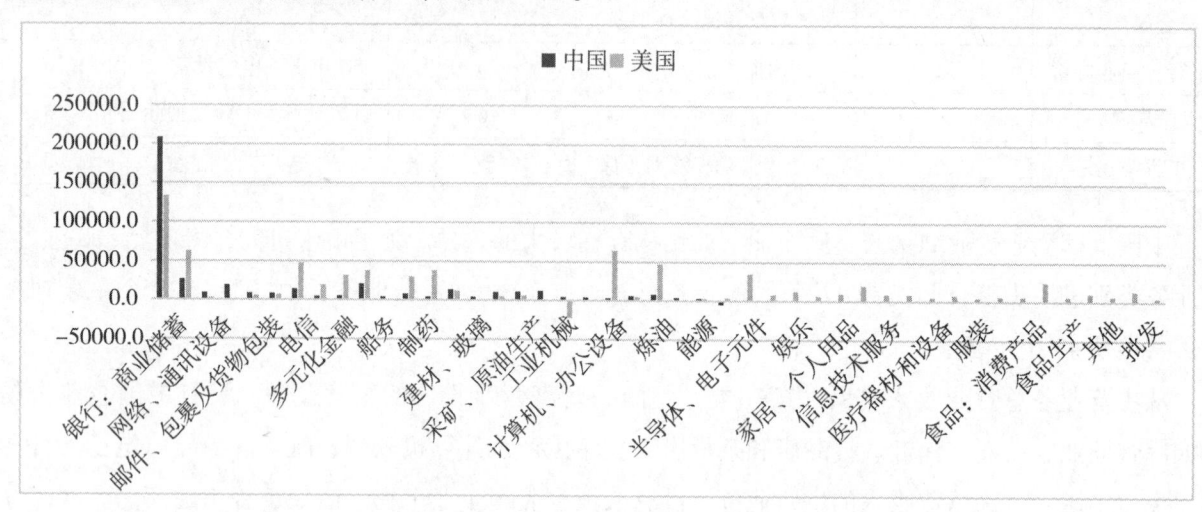

图6-17 2019世界500强中美各主要行业净利润总额比较/百万美元

从主营业务利润率来看，除了第二类没有美国企业上榜领域，美国企业在其他各类主营业务利润率大都具有明显的优势，即使中国总利润明显超过美国的商业银行业务上也是如此。中国企业则在网络通信设备、房地产、船务、建材玻璃、工程与建筑、工业机械、纺织、贸易等具有明显的优势。利润率反映企业的行业竞争力，说明中国企业竞争力主要体现在传统行业，仍呈现明显的发展中国家工业化阶段的特征。在保健、食品和娱乐等与人类生活和健康密切的行业里，则以美国、日本和欧洲发达国家为主。详见图6-18。

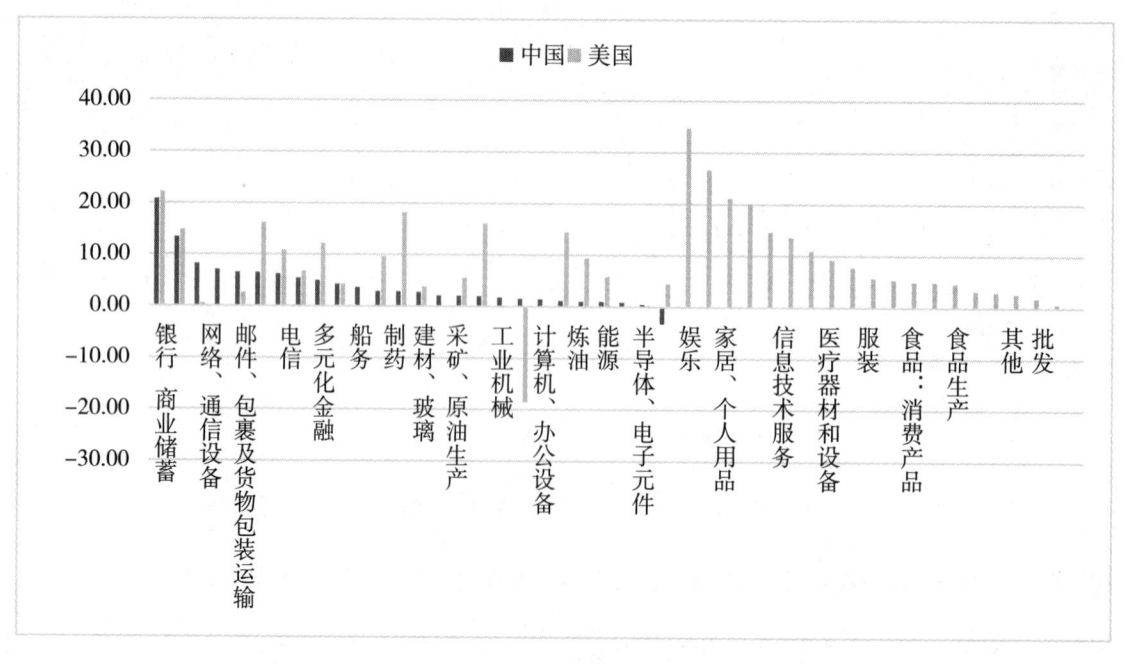

图6-18 2019世界500强中美各主要行业利润率比较/%

(4) 中国大企业国际化程度有待加强。

据《2019世界投资报告》发布的世界非金融跨国公司100大显示，其平均跨国指数为58.07%，平均海外资产占比为59.67%，平均海外营业收入占比为59.68%，平均海外人员占比为54.86%。其中，中国有6家企业上榜，美国有19家，日本有10家，德国、英国和法国各有11家、14家和13家。比较分析表明，在海外资产、海外营业收入、海外员工以及跨国指数各方面，英国最为领先，各指标均在80%以上；而中国各指标在6个国家中最低，且均低于世界平均水平，其中，平均海外资产占比为45.02%，平均海外营业收入占比为31.17%，平均海外员工占比最弱，仅为24.74%。中国平均跨国指数仅为33.64%，约为世界平均水平的一半。虽然近年来中国企业开始大规模走出去，中国企业海外资产、海外销售和海外员工数量不断增加，但是，与全球最大跨国公司相比，中国最大跨国公司的国际化程度仍有待加强。详见图6-19。

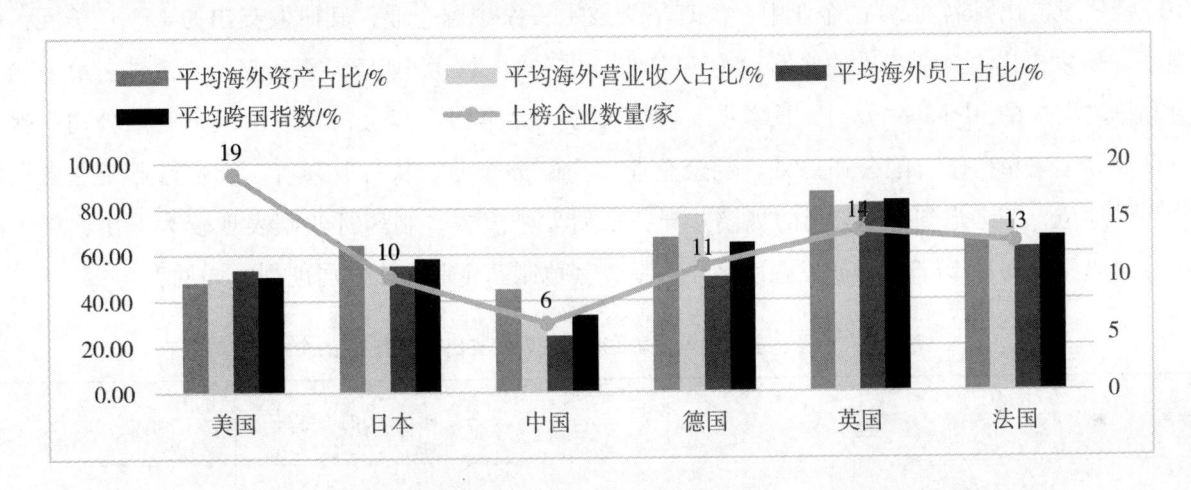

图6-19 世界非金融跨国公司100强美日中德英法上榜企业数量和平均情况

根据世界非金融跨国公司100强的海外资产排名进一步分析，英国皇家壳牌石油公司位居榜首，日本、法国、德国、美国和中国排名最高的企业依次为丰田汽车公司（第2位）、道达尔公司（第5名）、大众汽车集团（第6名）、雪佛龙公司（第8位）、中国远洋运输总公司（第40位）。在海外资产占比、海外营业收入占比指标上，中国远洋运输总公司差距不大，甚至超过一些企业，但是在海外员工占比指标上，中国远洋运输总公司仅为8.05%，远远低于其他企业，从而拉低了其跨国指数。详见表6-4。

表6-4 美日中德英法海外资产占比领先企业

排名	企业名称	国家	海外资产占比/%	海外营业收入占比/%	海外员工占比/%	跨国指数/%
1	皇家壳牌石油公司	英国	85.81	69.37	70.73	75.30
2	丰田汽车公司	日本	64.07	24.17	64.07	50.77

续表

排名	企业名称	国家	海外资产占比/%	海外营业收入占比/%	海外员工占比/%	跨国指数/%
5	道达尔公司	法国	91.17	67.94	65.50	74.87
6	大众汽车集团	德国	42.74	81.55	55.64	59.97
8	雪佛龙公司	美国	71.30	47.58	71.30	63.40
40	中国远洋运输总公司	中国	77.42	65.77	8.05	50.41

（5）中国大企业研发支出领先发展中国家，距国际水平存在差距。

美欧发达国家研发支出方面实力突出。根据《2019世界投资报告》显示，在世界非金融跨国公司100强研发支出排名前20的企业中，仅有华为技术一家中国企业，其研发支出为153亿美元，研发强度（研发支出占营业收入的比例）为14.1%，排名第四；美国有9家企业，包括排名第一的亚马逊和排名第二的Alphabet公司；日本占有两席，分别为丰田汽车公司和本田汽车有限公司；除了第三名为韩国三星电子有限公司以外，剩余企业均为欧洲企业。从行业来看，技术行业企业占据绝对领先的地位，若考虑到跨国公司的规模差异，从研发强度看，制药行业则表现较为突出，瑞士的罗氏控股股份公司以20.3%的研发强度高居第一，其他制药企业亦多位居前列。详见表6-5。

表6-5 世界非金融跨国公司100强中研发支出排名前20的企业

排名	企业名称	国家	行业	研发支出/亿美元	研发强度/%
1	亚马逊	美国	技术	288	12.4
2	Alphabet公司	美国	技术	214	15.7
3	三星电子有限公司	韩国	技术	165	7.5
4	华为技术	中国	技术	153	14.1
5	微软公司	美国	技术	147	13.3
6	苹果公司	美国	技术	142	5.4
7	英特尔公司	美国	技术	135	19.1
8	罗氏控股股份公司	瑞士	制药	123	20.3
9	强生公司	美国	制药	108	13.2
10	丰田汽车公司	日本	汽车	100	3.6
11	大众汽车公司	德国	汽车	96	3.4
12	诺华公司	瑞士	制药	91	16.5
13	罗伯特博世有限公司	德国	汽车	87	9.2

续表

排名	企业名称	国家	行业	研发支出/亿美元	研发强度/%
14	福特汽车公司	美国	汽车	82	5.1
15	辉瑞公司	美国	制药	80	14.9
16	通用汽车公司	美国	汽车	78	5.3
17	戴姆勒股份公司	德国	汽车	75	3.9
18	本田汽车有限公司	日本	汽车	73	5.1
19	Sanof	法国	制药	67	16.0
20	西门子公司	德国	产业	64	6.7

进一步比较发展中国家和转型经济体的企业研发情况，研发强度排名前15的企业中，中国（不含中国台湾地区）有7家，处于领先水平，华为技术位列第一，研发强度遥遥领先。排名第二的是中国台湾联合微电子公司，韩国三星电子有限公司位列第三。技术行业企业仍为主力。详见表6-6。

表6-6 发展中国家/地区非金融跨国公司100强中研发强度排名前15的企业

排名	企业名称	国家/地区	行业	研发支出/百万美元	研发强度/%
1	华为技术	中国	技术	15300	14.1
2	联合微电子公司	中国台湾	技术	424	8.5
3	三星电子有限公司	韩国	技术	16451	7.5
4	腾讯控股有限公司	中国	技术	3465	7.3
5	中国移动有限公司	中国	电信	6421	5.9
6	SK海力士公司	韩国	技术	2047	5.6
7	诚信橡胶工业有限公司	中国台湾	产业	173	4.8
8	先进半导体工程公司	中国台湾	技术	394	4.0
9	美的集团有限公司	中国	技术	1218	3.1
10	联想集团有限公司	中国	技术	1274	2.8
11	青岛海尔股份有限公司	中国	产业	739	2.7
12	石油天然气股份有限公司	印度	提取	1236	2.2
13	宝成国际集团	中国台湾	产业	203	2.1
14	中国交通建设股份有限公司	中国	施工	1457	2.0
15	纬创公司	中国台湾	技术	469	1.6

（6）中国上榜国有企业保持重要地位，民营企业数量增加。

2015—2019年间，中国国有企业上榜数量从84家上升为88家，一度只有80家，近三年呈现上升趋势。但是，国有企业数量占比则整体呈现下降趋势，从2015年的89.36%下降到2019年的75.86%。详见图6-20。民营企业数量及占比相应增加。2019世界500强中国上榜企业中有88家国有企业，包括48家国务院国资委出资企业，中国石化位居第二；12家财政部出资企业，国家开发银行首次上榜位居67位；28家地方国有企业，上汽集团排名第39位。

图6-20 世界500强中国国有企业上榜数量和占比（2015—2019）

2019世界非金融跨国公司100大中，国有企业共有16家，中国国有企业占据5席，包括中国远洋运输股份有限公司（排名第40）、中国海洋石油总公司（排名第56）、中国国家电网公司（排名第62）、中国化工集团公司（排名第67）和中国五矿集团（排名第97）。从国家分布来看，除了中国以外以欧洲国家居多；从排名来看，欧洲国家的企业排名靠前，大众汽车集团排名第六，Enel SpA排名第18，中国企业排名总体偏后。详见表6-7。

表6-7 世界非金融跨国公司100强中的国有企业

排名	企业名称	国家	行业
6	大众汽车集团	德国	机动车
18	Enel SpA	意大利	电、煤气和水
28	Deutsche Telekom AG	德国	电信
30	EDF SA	法国	电、煤气和水
32	Eni SpA	意大利	石油炼制及相关产业
40	中国远洋运输股份有限公司	中国	运输和储存
42	日本电报电话公司	日本	电信
50	空客SE	法国	飞机
51	法国天然气苏伊士集团	法国	电、煤气和水
52	Orange SA	法国	电信

续表

排名	企业名称	国家	行业
56	中国海洋石油总公司	中国	采矿、采石和石油
59	Equinor ASA	挪威	石油炼制及相关产业
62	中国国家电网公司	中国	电、煤气和水
67	中国化工集团公司	中国	化学品和相关产品
69	雷诺 SA	法国	机动车
97	中国五矿集团	中国	金属和金属制品

（7）对标世界500强主要国家企业，非金融企业与金融企业表现不同。

2019世界500强主要国家企业比较，中国平均营业收入67282百万美元，低于美国和德国，高于日本、英国和法国；中国平均利润3501百万美元，低于美国和英国，高于日本、德国和法国；中国平均资产308155百万美元，低于英国和法国，高于美国、日本和德国；中国平均员工人数177291人，低于德国，高于美国、日本、英国和法国；中国杠杆倍数8.74，低于日本、英国和法国，高于美国和德国；中国净资产利润率9.93%，低于美国、德国和英国，高于日本和法国；中国收入利润率5.2%，低于美国和英国，高于日本、德国和法国；中国人均营业收入37.95万美元，低于美国、日本、德国和英国，高于法国；中国人均资产173.81万美元，低于美国、日本、英国和法国，高于德国；中国人均利润1.97万美元，低于美国、日本和英国，高于德国和法国。与世界500强主要国家比较，中国企业各项指标高低不一，基本处于中间水平。

从2016—2019世界500强主要国家企业变化分析，中国企业数量增加明显，美国和英国有所减少，其他国家变化不大；中国、美国、日本和英国平均营业收入有所增长，德国和法国变化不大；中国平均利润增长有限，其他国家都有不同程度增长，尤其是日本、德国和英国增长显著；中国、美国和英国平均资产有所增长，其他国家变化不大；中国和法国平均员工人数有所下降，美国、日本、德国和英国有所增加；中国、美国德国杠杆倍数有所增加，日本和英国有所下降，德国波动变化；中国净资产利润率波动变化有限，美国、日本、德国英国和法国都有不同程度增长，尤其英国、德国和法国增长显著；中国和美国收入利润率略有降低，日本、德国、英国和法国都有提高，尤其英国提高显著；中国及其他主要国家人均营业收入都有所增加；中国、美国、日本和法国人均资产均略有增加，德国变化不大，英国有所下降；中国及其主要国家人均利润均有提高，英国和日本提高显著。中国企业各项指标变化与其他主要国家相比各有不同，呈现较为复杂的局面。详见表6-8。

表6-8 世界500强中主要国家企业有关指标比较（2016—2019）

国家	年度	企业数/家	平均营业收入/百万美元	平均利润/百万美元	平均资产/百万美元	平均员工人数/人	杠杆倍数	净资产利润率/%	收入利润率/%	人均营业收入/（万美元/人）	人均资产/（万美元/人）	人均利润/（万美元/人）
美国	2016	134	63187	5087	214726	125944	6.06	14.37	8.05	50.17	170.49	4.04
	2017	132	64218	4863	226999	128553	6.3	13.5	7.57	49.95	176.58	3.78
	2018	126	70489	5210	244148	132403	5.57	11.89	7.39	53.24	184.4	3.93
	2019	121	77706	6034	257584	139113	6.45	15.12	7.77	55.86	185.16	4.34
日本	2016	52	49570	1962	265768	103755	10.51	7.76	3.96	47.78	256.15	1.89
	2017	51	53164	2702	280455	104564	10.2	9.82	5.08	50.84	268.21	2.58
	2018	52	55778	3405	295677	108316	9.56	11.01	6.1	51.5	272.98	3.14
	2019	52	60176	3121	288772	109783	9.16	9.9	5.19	54.81	263.04	2.84
中国	2016	99	57932	3141	269568	181899	8.46	9.86	5.42	31.85	148.2	1.73
	2017	104	56437	2933	275788	183040	8.92	9.48	5.2	30.83	150.67	1.6
	2018	107	61882	3157	304744	182319	8.67	8.98	5.1	33.94	167.15	1.73
	2019	116	67282	3501	308155	177291	8.74	9.93	5.2	37.95	173.81	1.97
德国	2016	28	66889	1801	200770	177262	6.72	6.03	2.69	37.73	113.26	1.02
	2017	29	63915	1867	194436	173225	7.97	7.66	2.92	36.9	112.24	1.08
	2018	32	63123	3151	199140	163513	6.74	10.67	4.99	38.6	121.79	1.93
	2019	29	70607	3068	209957	182390	6.97	10.19	4.35	38.71	115.11	1.68
英国	2016	26	46365	1434	368634	107066	10.83	4.21	3.09	43.31	344.31	1.34
	2017	24	51589	1894	337662	105243	11.5	6.45	3.67	49.02	320.84	1.8
	2018	21	56870	5134	397138	114008	10.25	13.25	9.03	49.88	348.34	4.5
	2019	17	58918	4566	400555	131885	9.1	10.37	7.75	44.67	303.71	3.46
法国	2016	29	56904	1938	340374	163656	10.02	5.7	3.41	34.77	207.98	1.18
	2017	29	55232	2535	341230	161451	11.13	8.27	4.59	34.21	211.35	1.57
	2018	28	59826	2967	393374	154867	10.74	8.1	4.96	38.63	254.01	1.92
	2019	31	56898	2739	356156	150372	10.63	8.18	4.81	37.84	236.85	1.82

注：受限于数据，本文杠杆倍数指标计算公式为：总资产/归属母公司所有者权益，用于衡量负债风险情况。下同。

2019世界500强主要国家非金融企业共计293家，其中，中国96家、美国94家、日本41家、法国25家、德国24家、英国13家。2019世界500强主要国家非金融企业比较，中国平均营业收入64672百万美元，低于美国和德国，高于日本、英国和法国；中国平均利润1785百万美元，低于其他主要国家，尤其远远低于美国、日本、德国和英国；中国平均资产108914百万美元，高于其他主要国家；中国平均员工人数174386人，低于德国，高于美国、日本、英国和法国；中国杠杆倍数4.76，明显高于其他主要国家；中国净资产利润率7.8%，明显低于其他主要国家9.48%~18.93%区间；中国收入利润率2.76%，明显低于其他主要国家4.35%~6.88%区间；中国人均营业收入37.09万美元，略高于德国和法国，低于美国、日本和英国；中国人均资产62.46万美元，低于日本，高于美国、英国、德国和法国；中国人均利润1.02万美元，明显低于其他主要国家1.45万~3.57万美元区间。总体上，非金融企业各项指标与其他世界500强主要国家存在较明显的差距，尤其盈利能力方面差距明显。

从2016—2019世界500强主要国家非金融企业变化分析，中国和法国企业数量增加，美国和英国有所减少，其他国家变化不大；中国及其他主要国家平均营业收入、平均利润、平均资产、人均营业收入、人均资产等指标均有所增长，中国和法国平均员工人数有所下降，美国、日本、德国和英国有所增加；中国、美国、德国和法国杠杆倍数有所增加，日本和英国有所下降；中国及其他主要国家净资产利润率都有不同程度增长，美国一直处于高资产利润率水平；除了美国略有降低，中国及其主要国家收入利润率都有提高；中国及其主要国家人均利润均有提高，美国一直处于人均利润高水平。

中国非金融企业上榜数量在增加，与其他世界500强主要国家企业发展变化大体方向一致，但是中国非金融企业总体上发展速度慢于其他主要国家，特别在一些盈利能力指标上具有阶梯性落差，需要致力于长期经营管理水平的提高。详见表6-9。

表6-9 世界500强中主要国家非金融企业有关指标比较（2016—2019）

国家	年度	企业数/家	平均营业收入/百万美元	平均利润/百万美元	平均资产/百万美元	平均员工人数/人	杠杆倍数	净资产利润率/%	收入利润率/%	人均营业收入/（万美元/人）	人均资产/（万美元/人）	人均利润/（万美元/人）
美国	2016	108	64279	4633	75094	137480	2.89	17.8	7.21	46.76	54.62	3.37
	2017	105	66038	4465	79830	141712	3.19	17.81	6.76	46.6	56.33	3.15
	2018	99	73151	5071	88239	147514	3.1	17.82	6.93	49.59	59.82	3.44
	2019	94	81454	5602	94894	156898	3.21	18.93	6.88	51.92	60.48	3.57
日本	2016	41	49825	1645	73564	111445	3.31	7.41	3.3	44.71	66.01	1.48
	2017	40	53067	2598	77141	111848	3.16	10.63	4.9	47.45	68.97	2.32
	2018	41	56387	3376	84932	116409	3.05	12.11	5.99	48.44	72.96	2.9
	2019	41	61584	3173	85447	117745	2.97	11.02	5.15	52.3	72.57	2.69
中国	2016	83	54198	1272	94950	181281	4.34	5.82	2.35	29.9	52.38	0.7
	2017	87	53315	1262	97359	183479	4.65	6.04	2.37	29.06	53.06	0.69
	2018	89	59339	1477	110932	181469	4.71	6.27	2.49	32.7	61.13	0.81
	2019	96	64672	1785	108914	174386	4.76	7.8	2.76	37.09	62.46	1.02
德国	2016	23	67892	1948	87828	201203	3.15	6.99	2.87	33.74	43.65	0.97
	2017	24	64418	1775	85178	195492	4.02	8.37	2.76	32.95	43.57	0.91
	2018	27	63244	3398	89002	181604	3.33	12.72	5.37	34.83	49.01	1.87
	2019	24	72176	3139	101417	206844	3.64	11.28	4.35	34.89	49.03	1.52
英国	2016	18	47195	1159	64144	112203	3.19	5.76	2.46	42.06	57.17	1.03
	2017	16	45799	1930	66847	122383	3.28	9.46	4.21	37.42	54.62	1.58
	2018	15	53088	5754	82415	130358	2.98	20.79	10.84	40.72	63.22	4.41
	2019	13	62208	3944	88064	141124	2.88	12.91	6.34	44.08	62.4	2.79
法国	2016	23	48352	1276	84171	179822	3.21	4.87	2.64	26.89	46.81	0.71
	2017	23	47002	1939	84944	176934	3.92	8.95	4.13	26.56	48.01	1.1
	2018	22	51920	2508	100096	168828	3.8	9.51	4.83	30.75	59.29	1.49
	2019	25	52504	2343	94399	161648	3.82	9.48	4.46	32.48	58.4	1.45

注：非金融企业是指除去主营业务为财产与意外保险（股份）、财产与意外保险（互助）、多元化金融、人寿与健康保险（股份）、人寿与健康保险（互助）、银行（商业储蓄）的企业。下同。

2019世界500强主要国家金融企业共计73家，其中，美国27家、中国20家、日本11家、德国5家、英国4家、法国6家。2019世界500强主要国家金融企业比较，中国平均营业收入79809百万美元，高于其他主要国家；中国平均利润11735百万美元，远远高于其他主要国家2730百万～7538百万美元区间；中国平均资产1264510百万美元，低于英国和法国，高于美国、日本和德国；中国平均员工人数191235人，远远高于其他主要国家65013～103385人区间；中国杠杆倍数13.37，高于美国，低于其他主要国家；中国净资产利润率12.41%，明显高于其他主要国家6.27%～9.95%区间；中国收入利润率14.7%，明显高于除了英国（13.65%）以外其他主要国家4.33%～11.66%区间；中国人均营业收入41.73万美元，明显低于其他主要国家47.35万～97.01万美元区间；中国人均资产661.23万美元，明显低于其他主要国家1067.39万～1399.44万美元区间；中国人均利润6.14万美元，高于日本、德国和法国，低于美国、英国。中国金融企业多数指标高于世界500强主要国家企业，具备更高的盈利能力，但是劳动效率仍有提升空间。

从2016—2019世界500强主要国家金融企业变化分析，中国企业数量增加4家，英国减少4家，其他国家变化不大；中国及其他主要国家平均营业收入、平均资产都有所增长；中国、美国、德国和英国平均利润都有所增长，日本有所减少，法国变化不大；美国和德国平均员工人数有所下降，中国、日本、英国和法国有所增加；中国及其他主要国家杠杆倍数变化不大；中国、日本和法国净资产利润率下降，美国、德国和英国有所增长；中国、美国和日本略有下降，德国、英国和法国有所提高；中国和法国人均营业收入略有减少；美国、日本、德国、英国有所增加；除了英国有所增加，中国及其他主要国家人均资产均变化不大；中国和法国人均利润略有下降，其他主要国家均有提高。中国金融企业各项指标在调整完善进程中。详见表6－10。

表6－10 世界500强中主要国家金融企业有关指标比较（2016—2019）

国家	年度	企业数/家	平均营业收入/百万美元	平均利润/百万美元	平均资产/百万美元	平均员工人数/人	杠杆倍数	净资产利润率/%	收入利润率/%	人均营业收入/（万美元/人）	人均资产/（万美元/人）	人均利润/（万美元/人）
美国	2016	26	58649	6973	794736	78027	10.68	9.37	11.89	75.17	1018.54	8.94
	2017	27	57141	6413	799323	77378	10.16	8.15	11.22	73.85	1033.01	8.29
	2018	27	60730	5718	815816	76995	8.15	5.71	9.42	78.88	1059.57	7.43
	2019	27	64660	7538	823984	77196	10.87	9.95	11.66	83.76	1067.39	9.76
日本	2016	11	48623	3145	982166	75094	26.74	8.56	6.47	64.75	1307.91	4.19
	2017	11	53518	3080	1019779	78077	26.39	7.97	5.76	68.54	1306.11	3.95
	2018	11	53508	3513	1081181	78152	25.57	8.31	6.57	68.47	1383.43	4.5
	2019	11	54924	2928	1046622	80108	25.11	7.03	5.33	68.56	1306.51	3.65

续表

国家	年度	企业数/家	平均营业收入/百万美元	平均利润/百万美元	平均资产/百万美元	平均员工人数/人	杠杆倍数	净资产利润率/%	收入利润率/%	人均营业收入/(万美元/人)	人均资产/(万美元/人)	人均利润/(万美元/人)
中国	2016	16	77302	12840	1175403	185106	14.04	15.33	16.61	41.76	634.99	6.94
	2017	17	72416	11483	1188925	180795	14.47	13.97	15.86	40.05	657.61	6.35
	2018	18	74458	11459	1263036	186523	13.66	12.4	15.39	39.92	677.15	6.14
	2019	20	79809	11735	1264510	191235	13.37	12.41	14.7	41.73	661.23	6.14
德国	2016	5	62275	1127	720301	67133	18.44	2.89	1.81	92.76	1072.95	1.68
	2017	5	61502	2308	718873	66346	18.14	5.83	3.75	92.7	1083.53	3.48
	2018	5	62470	1816	793884	65824	17.75	4.06	2.91	94.91	1206.08	2.76
	2019	5	63072	2730	730945	65014	17.8	6.65	4.33	97.01	1124.29	4.2
英国	2016	8	44498	2052	1053738	95506	16.13	3.14	4.61	46.59	1103.32	2.15
	2017	8	63168	1822	879293	70963	18.62	3.86	2.88	89.02	1239.09	2.57
	2018	6	66326	3581	1183946	73132	17.83	5.39	5.4	90.69	1618.91	4.9
	2019	4	48228	6585	1416154	101859	16.12	7.5	13.65	47.35	1390.3	6.47
法国	2016	6	89688	4474	1322487	101684	20.73	7.01	4.99	88.2	1300.59	4.4
	2017	6	86777	4817	1323663	102097	20.33	7.4	5.55	85	1296.48	4.72
	2018	6	88812	4646	1468728	103676	19.77	6.25	5.23	85.66	1416.66	4.48
	2019	6	75210	4391	1446810	103385	20.65	6.27	5.84	72.75	1399.44	4.25

注：金融企业是指主营业务为财产与意外保险（股份）、财产与意外保险（互助）、多元化金融、人寿与健康保险（股份）、人寿与健康保险（互助）、银行（商业储蓄）的企业。下同。

世界500强中国企业与主要国家企业对标，进一步展示了中国企业的竞争力及其特点。企业整体性比较，中国企业各项指标高低不一，多项指标基本处于中间水平，变化趋势呈现比较复杂的情形。对非金融企业和金融企业分类比较分析，则比较清晰地反映两类中国企业各自的特点和差距。与其他世界500强主要国家对比，非金融企业总体差距明显，尤其是盈利方面更为突出；金融企业具有一定的竞争力，劳动效率仍有提升空间。

二、2019世界、美国、中国500强总体发展态势比较

1. 2019美国500强发展态势

（1）营业收入创出新高。

2019美国500强共实现营业收入总额达137213.10亿美元，较上年增长7.08%，为近5年最高增长率，高出上年0.79个百分点。2013美国500强首次营业收入总额超过12万亿美元（为120624.28亿美元）后，2019美国500强营业收入总额突破13万亿美元大关，创出新高。详见图6-21。

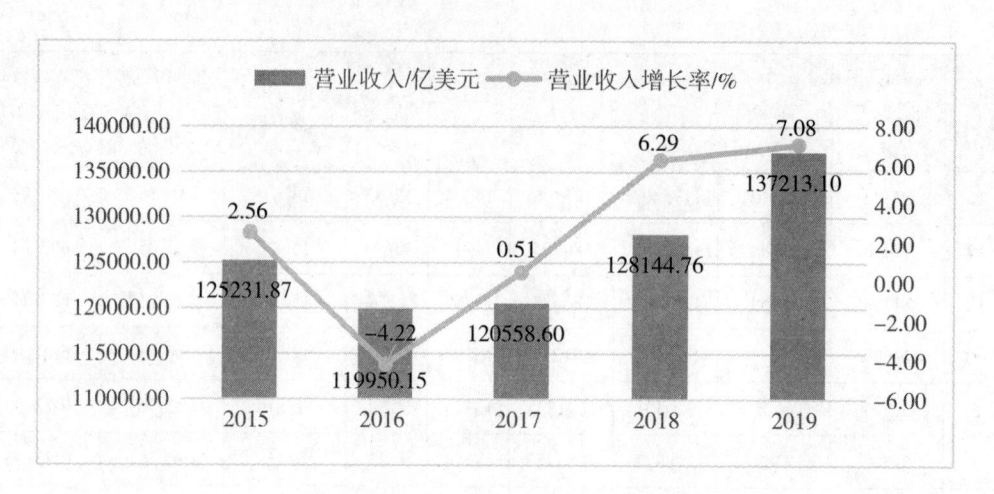

图 6-21　美国 500 强的营业收入总额及增长率（2015—2019）

(2) 净利润保持增长，金融企业占有一定比例。

2019 美国 500 强共实现净利润为 11366.56 亿美元，达到近五年峰值，较上年增长 13.12%，为近 5 年最高增长率，高出上年 0.21 个百分点。美国 500 强的净利润经历了短暂的下降，2017 年后已逐渐恢复。从上榜企业来看，苹果公司重回第三位，仍是美国 500 强中最赚钱的公司，盈利高达 595.31 亿美元，相比上年大幅上涨了 23%；摩根大通位列利润榜第二；谷歌母公司 Alphabet 进入第三，利润大涨 142.7%。在最赚钱的前 10 家公司中，科技和金融行业的公司占据 8 家，这两个行业仍是最赚钱的行业。详见图 6-22。

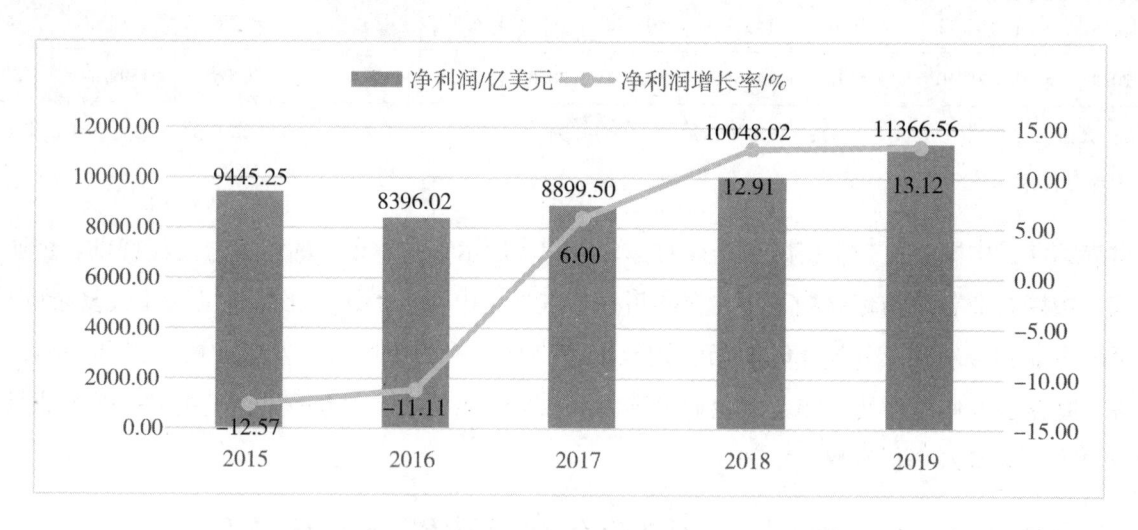

图 6-22　美国 500 强的净利润总额及增长率（2015—2019）

美国 500 强企业中金融企业数量及其净利润占比小幅波动。2019 美国 500 强企业中有金融企业 81 家（占比 16.20%），与上年 83 家相比略有减少，仍然多于 2015 年的 70 家、2016 年的 72 家，2017 年的 79 家。这些金融企业包括证券、商业银行、保险、多元化金融等多种形式。2019 美国 500 强金融企业共实现净利润 2802.78 亿美元，占比为 24.66%，较上年占比 22.28% 有所增长。从近 5 年情况来看，金融企业净利润占比位于 22.28% 至 27.55% 的区间。详见图 6-23。

图6-23 美国500强的金融和非金融企业的净利润分布（2015—2019）

（3）亏损企业数量下降，亏损总额有所增加。

2019美国500强中，亏损企业45家，较上年减少8家，亏损企业数量再次下降。受电力业务影响，通用电气成为亏损最多的公司，亏损额达到223.55亿美元；卡夫亨氏位列亏损榜第二位，亏损额也达百亿美元以上。亏损企业主要集中在零售业（5家）、食品饮料生产（4家）、批发贸易（4家）等领域。45家企业累计亏损额达673.25亿美元，较上年有所增长，约为2015年的2倍、2016年的一半。详见图6-24。

图6-24 美国500强的亏损企业数量及亏损总额（2015—2019）

2019美国500强中，有26家企业归属母公司的所有者权益（净资产）为负值。其中，菲利普-莫里斯国际公司的归属母公司所有者权益最小，为-124.59亿美元，其次为iHeartMedia公司，归属母公司所有者权益为-115.912亿美元。著名的食品企业百盛餐饮集团和麦当劳，以及家居、个人用品业的著名企业高露洁-棕榄也位列其中。500强排名前100的企业戴尔科技（34名）、HCA公司

(63名)和普惠(55名)也存在程度不等的净资产为负情况。详见表6-11。

表6-11 2019美国500强中"归属母公司的所有者权益为负"的知名企业

名次	企业名称	行业	营业收入/亿美元	净利润/亿美元	归属母公司的所有者权益/亿美元
110	菲利普-莫里斯国际公司	烟草	296.25	79.11	-124.59
466	iHeartMedia公司	娱乐	63.258	-2.019	-115.912
494	百胜餐饮集团	食品、饮食服务业	56.88	15.42	-79.26
149	麦当劳	食品、饮食服务业	210.252	59.243	-62.584
34	戴尔科技	计算机、办公设备	906.21	-23.1	-57.66
63	HCA公司	保健、医疗设施	466.77	37.87	-49.5
308	航星	建筑和农业机械	102.5	3.4	-39.31
416	摩托罗拉系统	网络、通信设备	73.43	9.66	-12.93
55	惠普	计算机、办公设备	584.72	53.27	-6.39
202	高露洁-棕榄	家居、个人用品	155.44	24	-1.02

(4)收入净利润率、净资产收益率继续增长。

2019美国500强的收入净利润率和资产净利率分别是8.28%和2.25%,相比上年,分别上升了0.44个百分点和下降了0.14个百分点。从近5年情况来看,收入净利率呈现增长趋势,而资产净利率出现小幅下降。详见图6-25。

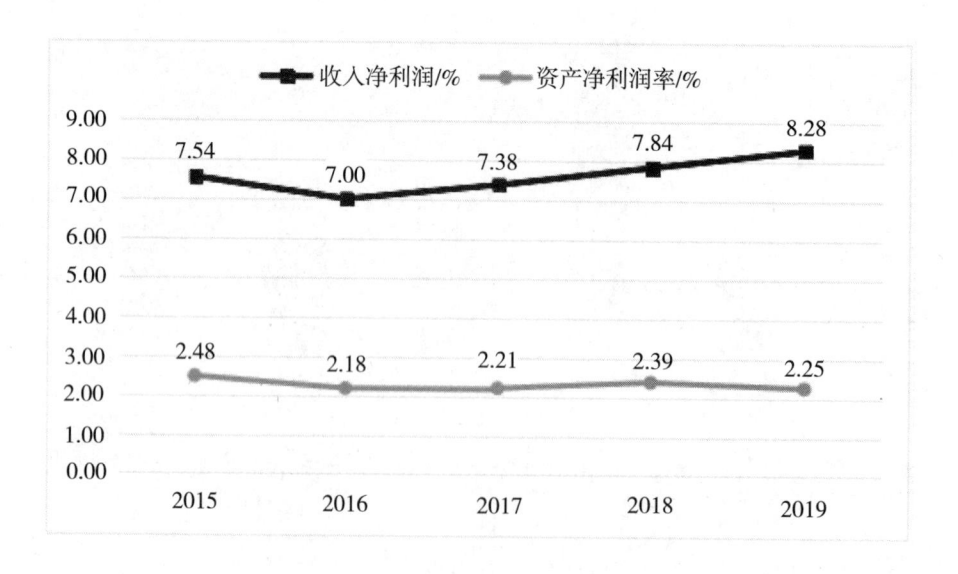

图6-25 美国500强的收入净利润率和资产净利率(2015—2019)

2019美国500强上榜企业共拥有归属母公司的所有者权益(净资产)75002.03亿美元,较上年增长了3.67%,突破了7.5万亿美元,为近5年最大值。2019美国500强的净资产收益率为

15.15%，较上年增加了 1.26 个百分点，也为近 5 年最大值，美国 500 强的净资产收益率自 2016 年开始持续增长，详见图 6-26。

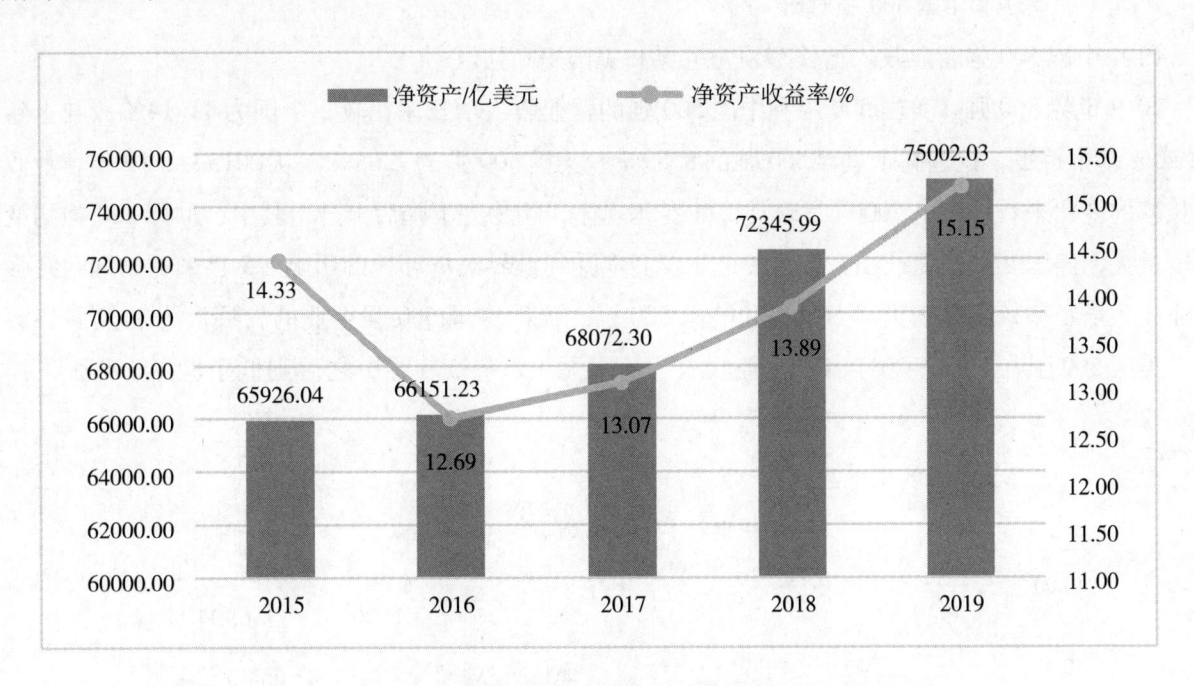

图 6-26　美国 500 强的净资产规模和净资产收益率（2015—2019）

（5）员工人数、劳动生产率保持增长态势。

2019 美国 500 强共有员工 2864.36 万人，相比于上年，增加 41.17 万人，增长了 1.46%，继续保持了增长态势，近 5 年的员工人数不断增加。按照人均营业收入衡量美国 500 强企业的劳动生产率，2019 美国 500 强的人均营业收入为 47.90 万美元，从低谷恢复上升，达到近 5 年的峰值。详见图 6-27。

图 6-27　美国 500 强的员工总数及人均营业收入（2015—2019）

2. 世界、美国和中国 500 强对比

（1）中国 500 强营业收入增长率领先世界和美国 500 强。

2019 世界 500 强、美国 500 强和中国 500 强的营业收入增长率比较，中国为 11.14%，与上年的 11.20% 基本持平，但远高于世界 500 强的 8.89% 和美国 500 强的 7.08%。从 2015—2019 年营业收入增长率的变化来看，三个 500 强呈现类似的变化规律，均为先下降后上升，其中，世界 500 强的变动幅度最大，美国变动幅度最小，各国大企业发展都受到世界经济环境的影响。5 年来，中国 500 强的营业收入增长率始终高于世界 500 强和美国 500 强，说明中国 500 强企业的发展潜力和发展势头良好。美国 500 强在 2015—2017 年的营业收入增长率大于世界 500 强，之后则低于世界 500 强。详见图 6-28。

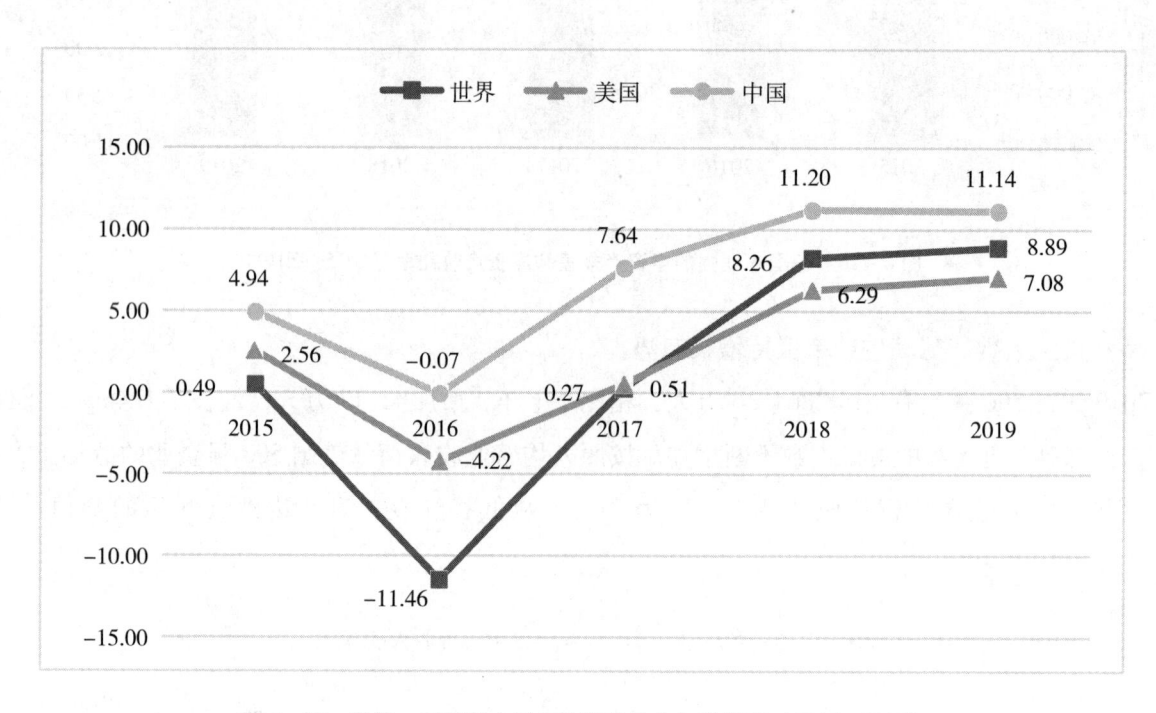

图 6-28 世界、美国和中国 500 强营业收入增长率（2015—2019）

（2）中国 500 强净利润增长率与世界和美国 500 强差距缩小。

2019 世界 500 强、美国 500 强和中国 500 强的净利润增长率比较，世界 500 强最高为 14.52%，其次为美国 500 强 13.12%，中国 500 强最低为 10.28%，与上年世界 500 的差距相比有所缩小，但是总体上讲中国 500 强在获利能力方面还有待提高。2015—2019 年，世界 500 强和美国 500 强净利润增长率变动较大，中国相对较为平稳。具体而言，2015 和 2016 年中国 500 强领先，2017 年发生转折，2018 年世界 500 强和美国 500 强提高明显，到 2019 年榜单中三个 500 强的净利润增长率差距又在缩小。详见图 6-29。

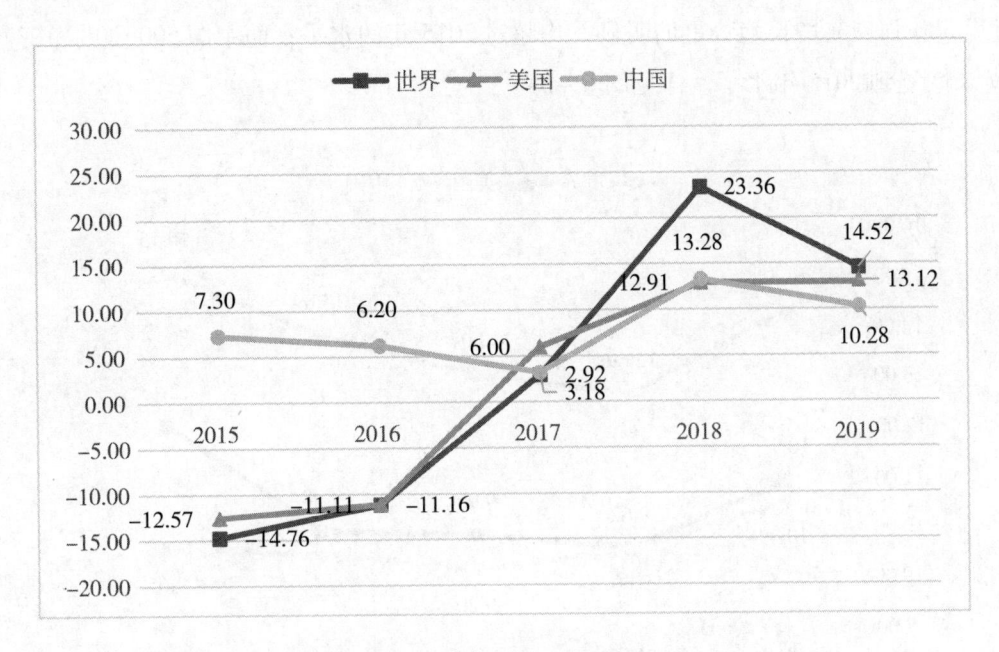

图 6-29 世界、美国和中国 500 强的净利润增长率（2015—2019）

(3) 中国 500 强在收入净利润率、净资产收益率方面差距较为明显。

2019 世界 500 强、美国 500 强和中国 500 强的收入净利润率和资产净利润率比较，美国 500 强最高，为 8.28%，中国 500 强最低，为 4.47%。并且，2015—2019 榜单一直处于这种情况。从中国与世界和美国的差距来看，中国收入净利润率与世界和美国的差距均在扩大。详见图 6-30。

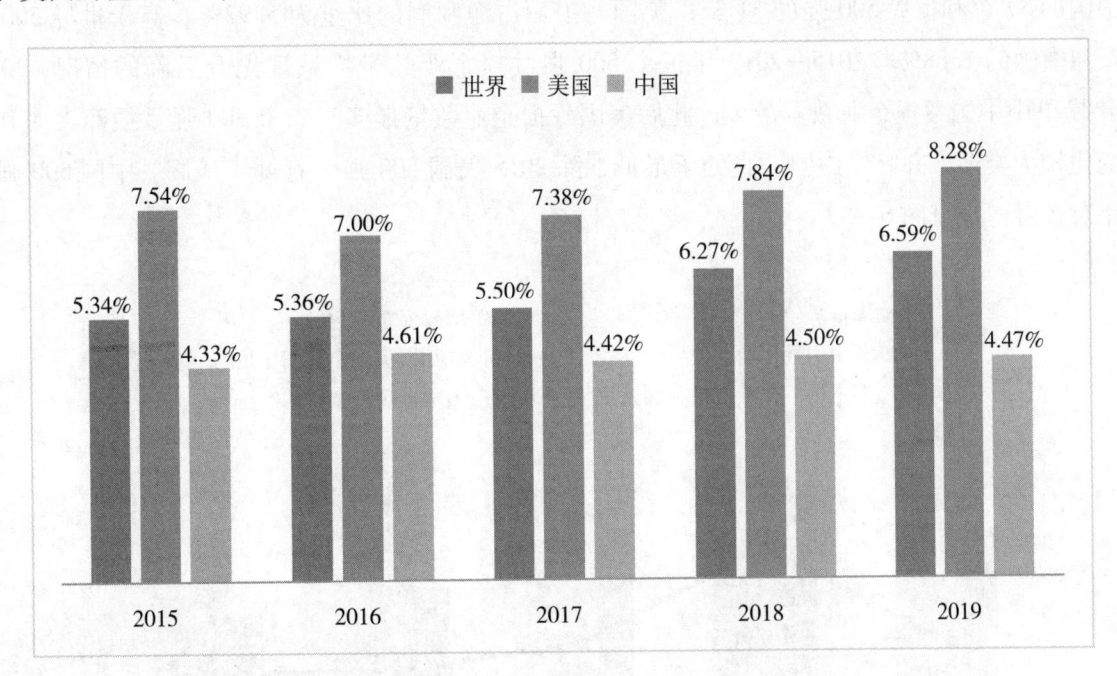

图 6-30 世界、美国和中国 500 强的收入净利润率对比（2015—2019）

从 2019 世界 500 强、美国 500 强和中国 500 强的净资产收益率来看，美国为 15.15%，明显高于世界 500 强和中国 500 强，中国分别低于美国 500 强和世界 500 强 5.5 个百分点和 2.48 个百分点。从近 5 年情况来看，三个 500 强的位次相同，变化趋势类似，呈现先下降后上升的趋势。但是，美国

500强和世界500强恢复增长趋势更加明显，均超过2015年的水平；而中国500强的净资产收益率增长缓慢，尚未恢复到2015年水平。详见图6-31。

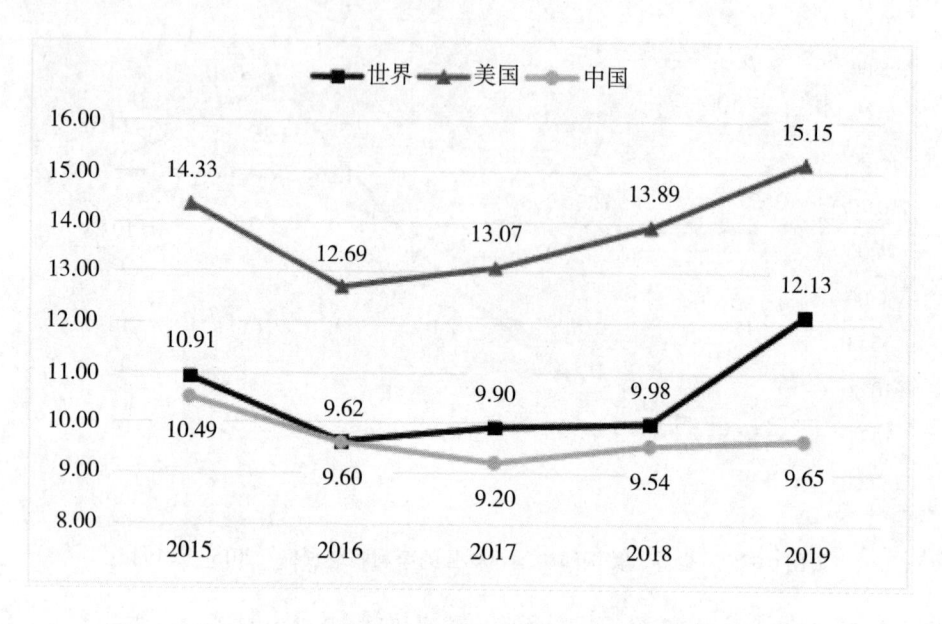

图6-31 世界、美国和中国500强的净资产收益率对比（2015—2019）

（4）中国500强比美国500强企业亏损情况相对较轻。

从2019世界500强、美国500强和中国500强的亏损企业情况来看，美国亏损企业数量45个，多于中国的37个和世界500强的31个；美国亏损额占净利润的比重为5.92%，高于世界500强的3.61%和中国的1.88%。2015—2019年三个500强亏损企业数量均呈现先升后降的情况，2015和2016年榜单中中国亏损企业数量最多；此后美国亏损企业数量最多。三个500强亏损额占净利润比重的变化较为类似，并且，中国一直处于最低，除2015美国500强一直处于最高。中国500强亏损情况相对较轻。详见图6-32。

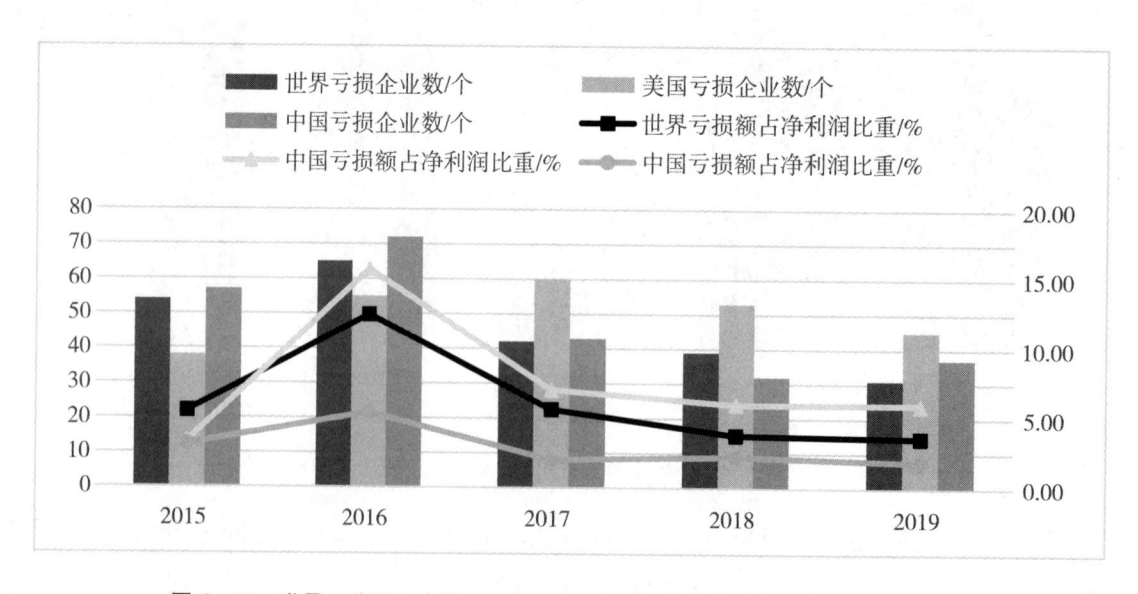

图6-32 世界、美国和中国500强亏损企业和亏损额占比对比（2015—2019）

若将归属母公司的所有者权益（净资产）为负值的企业视为"僵尸企业"，世界500强和美国500强企业中均存在一定数量的"僵尸企业"，2019美国500强有26家，世界500强有9家，中国500强则没有。美国的"僵尸企业"现象最为严重。

（5）世界、美国和中国500强行业比较：制造业、服务业、非金融服务业。

根据中国500强榜单的一级行业类别，将三个500强企业按照一级行业类别划分制造业、服务业和其他行业三大类。其中，制造业包括防务，化学品制造，机械设备，计算机、通信设备及其他电子设备制造，建材生产，交通运输设备及零部件制造，金属产品，科学、摄影和控制设备，食品饮料生产，消费品生产，药品和医疗设备制造，综合制造业共12个二级行业。服务业包括保健，出版印刷，电信及互联网信息服务，房地产，公用事业服务，交通运输业，零售业，旅游、餐饮及文化娱乐，批发贸易，商务服务，邮政和物流，租赁，金融业共13个二级行业。其他行业则包括采矿业、电力生产、房屋建筑、农林牧渔业、土木工程建筑共5个二级行业。

从企业数量来看，2019中国500强制造业企业最多，共247家，美国500强最少；美国500强服务业和非金融服务业最多，分别为305家和224家，中国500强最少。2016—2019中国500强和世界500强制造业企业数量在增加；美国500强服务业和非金融服务业企业数量变化不大，中国500强均在增加。

从平均排名来看，2019美国500强制造业企业平均排名251最前，中国500强最后；中国500强服务业平均排名231最前，世界500强最后；世界500强非金融服务业平均排名238最前，中国500强最后。2016—2019中国500强制造业平均排名上升，服务业和非金融服务业平均排名下降；世界500强和美国500强平均排名变化均不大。

从收入净利润率来看，2019美国500强制造业、服务业和非金融服务业收入净利润率都最高，分别为9.27%、7.74%和6.19%；中国500强制造业和非金融服务业均最低，分别为2.63%和3.70%；服务业为7.60%，低于美国，高于世界6.96%的水平。2016—2019年除了中国500强服务业收入净利润率下降以外，其他均有所上升。

从资产净利润率来看，2019美国500强制造业、服务业和非金融服务业资产净利润率都最高，分别为6.49%、1.57%和5.18%；中国500强制造业、服务业和非金融服务业均最低，分别为2.47%、1.03%和1.61%，差距明显。2016—2019中国500强服务业和非金融服务业，以及美国服务业资产净利润率下降，其他均有所上升。中国制造业资产净利润率上升较明显。

从净资产收益率来看，2019美国500强制造业、服务业和非金融服务业净资产收益率都最高，分别为19.82%、13.29%和16.72%；中国500强制造业、服务业和非金融服务业均最低，分别为10.40%、10.56%和8.24%，差距较大。2016—2019榜单中除了中国500强服务业和美国500强非金融服务业净资产收益率下降，其他均有所上升。

从劳动生产率来看，2019世界500强服务业和非金融服务业劳动生产率都最高，分别为44.61万美元/人和39.01万美元/人，美国500强制造业劳动生产率最高为57.17万美元/人；中国500强制造业、服务业和非金融服务业均最低，分别为41.30万美元/人、35.79万美元/人和37.30万美元/人，与美国制造业差距较大。2016—2019三个500强制造业、服务业和非金融服务业劳动生产率均有所提高，中国 500 强非金融服务业提高较大。

从人均净利润来看，2019 年美国 500 强制造业、服务业和非金融服务业人均净利润都最高，分别为 5.30 万美元/人、3.39 万美元/人和 2.35 万美元/人；中国 500 强制造业、服务业和非金融服务业均最低，分别为 1.08 万美元/人、2.72 万美元/人和 1.38 万美元/人，与美国差距较大。2016—2019 年除了中国服务业人均净利润下降外其他均有所提高。

三个 500 强制造业、服务业和非金融服务业比较，美国 500 强大多数指标都领先；中国 500 强大多数指标与美国 500 强和世界 500 强存在差距。详见表 6-12。

表 6-12 世界、美国和中国 500 强行业比较：制造业、服务业、非金融服务业（2016—2019）

行业		制造业				服务业				非金融服务业			
年份		2016	2017	2018	2019	2016	2017	2018	2019	2016	2017	2018	2019
企业数量/个	世界 500 强	187	182	191	195	276	282	272	266	167	171	160	153
	美国 500 强	172	163	166	168	300	312	309	305	228	233	226	224
	中国 500 强	262	247	255	247	155	173	168	171	123	139	135	133
平均排名	世界 500 强	246	243	252	253	253	251	246	247	266	267	251	238
	美国 500 强	253	247	249	251	244	247	247	246	249	250	246	247
	中国 500 强	271	272	274	268	224	227	226	231	245	247	247	249
收入净利润率/%	世界 500 强	5.21	5.39	6.32	6.20	6.41	6.17	6.84	6.96	4.22	4.39	5.25	4.69
	美国 500 强	9.16	9.38	8.36	9.27	7.31	7.01	7.70	7.74	5.76	5.63	6.82	6.19
	中国 500 强	2.12	2.26	2.33	2.63	8.65	7.88	8.13	7.60	3.54	3.34	3.98	3.70
资产净利润率/%	世界 500 强	3.87	3.70	4.30	4.68	0.96	0.93	0.99	1.04	3.07	3.12	3.57	3.26
	美国 500 强	6.17	6.03	5.32	6.49	1.74	1.66	1.84	1.57	5.11	4.78	5.76	5.18
	中国 500 强	1.90	2.02	2.14	2.47	1.16	1.02	1.07	1.03	1.65	1.45	1.75	1.61
净资产收益率/%	世界 500 强	10.90	11.00	12.42	13.64	10.15	10.08	9.22	10.99	10.73	12.15	13.51	12.46
	美国 500 强	17.74	18.09	15.84	19.82	13.02	12.08	13.31	13.29	18.05	16.65	19.93	16.72
	中国 500 强	7.34	8.27	8.76	10.40	12.01	11.02	11.23	10.56	7.98	7.36	8.75	8.24
劳动生产率/（万美元/人）	世界 500 强	45.50	44.32	47.73	52.54	41.74	41.68	43.99	44.61	35.25	34.49	37.23	39.01
	美国 500 强	50.22	50.61	53.77	57.17	39.82	39.70	41.89	43.81	34.53	34.76	36.45	37.92
	中国 500 强	33.33	33.79	39.12	41.30	33.76	29.89	34.28	35.79	31.40	31.29	34.24	37.30
人均净利润/（万美元/人）	世界 500 强	2.37	2.39	3.02	3.26	2.68	2.57	3.01	3.10	1.49	1.51	1.96	1.83
	美国 500 强	4.60	4.75	4.49	5.30	2.91	2.78	3.23	3.39	1.99	1.96	2.48	2.35
	中国 500 强	0.71	0.76	0.91	1.08	2.92	2.35	2.79	2.72	1.11	1.05	1.36	1.38

注：非金融服务业指在服务业中去除了金融业。

三、中外 500 强若干行业中企业发展状况比较

1. 中国 500 强与世界 500 强汽车行业比较

汽车工业是 500 强企业中较为传统的行业，历来在 500 强中占据重要地位。2019 世界 500 强中有 34 家汽车企业（即主营业务为车辆与零部件的企业），去掉中国大陆的 6 家（上海汽车集团股份有限

公司、东风汽车集团有限公司、中国第一汽车集团有限公司、北京汽车集团有限公司、广州汽车工业集团有限公司、浙江吉利控股集团有限公司）还有 28 家。其中，大众公司和丰田汽车公司分别排名第 9 和第 10 名，处于世界汽车企业领先地位，除此之外，100 名之内还有 9 家，100~200 名有 1 家，200~300 名有 8 家，300~400 名有 5 家，400 名之后有 3 家。汽车企业主要集中于 100 名之内和 200~300 名之间。从国家和地区分布来看，日本 10 家，德国 6 家，法国 3 家，韩国 3 家，美国 2 家，加拿大 1 家，瑞典 1 家，印度 1 家，中国香港 1 家。日本企业具有优势，德国紧随其后。从收入净利润率来看，日本的普利司通最高为 7.99%，印度塔塔汽车公司最低为 -9.45%；从资产净利润率来看，加拿大的麦格纳国际以 8.85% 领先，印度塔塔汽车公司以 -9.29% 落在最后；从净资产收益率来看，加拿大的麦格纳国际以 21.46% 仍为领先，印度塔塔汽车公司以 -47.44% 落在最后；从员工人数来看，大众公司拥有员工最多为 66.45 万人，日本斯巴鲁公司拥有员工最少仅 3.42 万人，相差明显。详见表 6-13。

表 6-13 2019 世界 500 强中的汽车企业

排名	公司名称	国家/地区	收入净利润率/%	资产净利润率/%	净资产收益率/%	员工/万人
9	大众公司	德国	5.15	2.74	10.70	66.45
10	丰田汽车公司	日本	6.23	3.62	9.71	37.09
18	戴姆勒股份公司	德国	4.33	2.66	11.57	29.87
30	福特汽车公司	美国	2.29	1.43	10.23	19.90
32	通用汽车公司	美国	5.45	3.53	20.62	17.30
34	本田汽车	日本	3.84	2.98	7.37	21.97
53	宝马集团	德国	7.30	3.52	12.77	13.47
66	日产汽车	日本	2.76	1.68	5.10	14.85
77	博世集团	德国	3.88	3.76	8.46	40.99
94	现代汽车	韩国	1.56	0.85	2.25	12.22
96	标致	法国	3.82	4.71	17.08	21.65
143	雷诺	法国	5.75	2.96	9.59	18.30
205	德国大陆集团	德国	6.52	7.40	16.76	24.32
227	起亚汽车	韩国	2.13	2.26	4.30	5.26
230	电装公司	日本	4.75	4.39	7.07	17.20
253	沃尔沃集团	瑞典	6.37	5.35	20.57	9.87
265	印度塔塔汽车公司	印度	-9.45	-9.29	-47.44	8.11
266	采埃孚	德国	2.44	3.45	13.03	14.90
280	怡和集团	中国香港	4.07	2.01	6.58	46.90
299	麦格纳国际	加拿大	5.62	8.85	21.46	17.40
339	爱信精机	日本	2.72	2.93	8.16	11.97
357	铃木汽车	日本	4.62	5.24	12.03	6.77

续表

排名	公司名称	国家/地区	收入净利润率/%	资产净利润率/%	净资产收益率/%	员工/万人
374	普利司通	日本	7.99	7.50	11.24	14.35
389	马自达汽车株式会社	日本	1.78	2.21	5.63	5.00
393	现代摩比斯公司	韩国	5.37	4.45	6.25	3.48
437	住友电工	日本	3.71	3.86	8.04	27.28
440	斯巴鲁公司	日本	4.68	4.95	9.07	3.42
478	米其林公司	法国	7.61	5.88	14.26	11.11

注：此表不包含世界500强中的中国汽车企业。

2019中国500强中有19家汽车企业（即行业分类为汽车及零配件制造的企业），约为世界500强中汽车企业数量的一半。从企业排名来看，仅位列第9名的上海汽车集团股份有限公司进入前10名，此外，100名以内还有5家，100~200名有6家，200~300名有3家，300~400名有4家。企业排名主要集中于100名之内和100~200名之间。从企业的收入净利润率来看，长城汽车股份有限公司最高为5.25%，重庆小康控股有限公司最低为-0.88%；从资产净利润率来看，中国重型汽车集团有限公司以5.86%位于首位，重庆小康控股有限公司以-1.22%排在末位；从净资产收益率来看，中国重型汽车集团有限公司以35.12%高居榜首，重庆小康控股有限公司以-16.61%位居末位；从员工人数来看，比亚迪股份有限公司最多有22.02万人，重庆小康控股有限公司仅有1.60万人，详见表6-14。

表6-14　2019中国500强中的汽车企业

排名	公司名称	收入净利润率/%	资产净利润率/%	净资产收益率/%	员工/万人
9	上海汽车集团股份有限公司	3.99	4.60	15.36	14.65
20	东风汽车集团有限公司	1.76	2.32	11.46	16.75
21	中国第一汽车集团有限公司	2.96	3.84	9.56	15.22
31	北京汽车集团有限公司	1.51	1.58	9.78	12.70
48	广州汽车工业集团有限公司	1.61	2.01	13.75	11.35
58	浙江吉利控股集团有限公司	3.97	3.91	22.54	12.48
127	华晨汽车集团控股有限公司	0.30	0.27	10.19	4.42
142	比亚迪股份有限公司	2.14	1.43	5.04	22.02
165	万向集团公司	1.04	1.23	6.10	3.12
171	中国重型汽车集团有限公司	4.81	5.86	35.12	4.13
192	江铃汽车集团有限公司	1.25	1.67	13.70	4.35
195	长城汽车股份有限公司	5.25	4.66	9.91	6.35
211	江苏悦达集团有限公司	0.35	0.36	3.22	3.92
267	奇瑞控股集团有限公司	1.07	0.43	6.60	3.08

续表

排名	公司名称	收入净利润率/%	资产净利润率/%	净资产收益率/%	员工/万人
276	陕西汽车控股集团有限公司	2.42	4.21	18.49	2.88
318	宁波均胜电子股份有限公司	2.35	2.22	10.60	5.93
342	安徽江淮汽车集团控股有限公司	-0.36	-0.37	-4.74	3.37
385	重庆小康控股有限公司	-0.88	-1.22	-16.61	1.60
393	郑州宇通企业集团	4.31	2.07	10.86	3.93

两个500强比较，中国500强中的汽车企业平均排名位次（177）更高，说明汽车工业在中国经济中的地位更为突出。中国500强中的汽车企业平均净资产收益率（10.05%）高于世界500强，但平均收入净利润率（2.10%）、平均资产净利润率（2.16%）和平均员工人数（8.01万人）均低于世界500强。说明中国500强中的汽车企业自有资产的利用率较强，但是，经营获利能力有待提高。详见表6-15。

表6-15　2019世界和中国500强中汽车企业平均水平的比较

	平均排名	平均收入净利润率/%	平均资产净利润率/%	平均净资产收益率/%	平均员工/万人
世界	211	4.05	3.42	8.66	19.34
中国	177	2.10	2.16	10.05	8.01

注：世界500强的汽车企业平均水平计算未包含中国汽车企业。

2. 中国500强与世界500强健康娱乐业比较

健康和娱乐业在国民经济中的地位日益提升，成为市场潜力巨大的新兴产业。健康娱乐业在发达国家通常更加突出，是一国进入后工业化时代的标识之一。健康娱乐产业涉及医疗、保健、制药、食品、休闲、娱乐等多个领域，在此仅考虑医疗、保健、制药和娱乐领域。

2019世界500强中健康娱乐企业共27家，去掉中国大陆的2家（中国华润有限公司和中国医药集团）还有25家，涉及的业务领域有保健，即保险和管理医保（5家）、医疗设施（2家），批发，即保健（5家）、医疗器材和设备（2家）、制药（9家）和娱乐（2家）；涉及的国家有美国（15家）、德国（3家）、瑞士（2家）、爱尔兰（1家）、法国（2家）、日本（1家）和英国（1家），美国企业数量占比60.00%，基本为欧美国家。从企业排名来看，美国的联合健康集团位列14名，最为突出，进入前100名的还有4家企业，100~200名有6家，200~300名有7家企业，300~400名有2家企业，400名之后有5家企业，健康娱乐企业的排名主要位于300名之前。从企业的收入净利润率来看，瑞士的诺华公司最高为23.72%，德国的菲尼克斯医药公司最低为-0.58%；从资产净利润率来看，瑞士的瑞士罗氏公司以13.48%占据榜首，德国的菲尼克斯医药公司以-1.82%处于末位；从净资产收益率来看，英国葛兰素史克公司以87.04%排名第一，美国的HCA医疗保健公司以-76.51%处于末位；从企业员工数量来看，联合健康集团有30.00万人位列第一，日本的Medipal控股公司仅有1.56万人排在最后。详见表6-16。

表6-16 2019世界500强中的健康娱乐企业

排名	公司名称	国家	主营业务	收入净利润率/%	资产净利润率/%	净资产收益率/%	员工/万人
14	联合健康集团	美国	保健：保险和管理医保	5.30	7.87	23.19	30.00
17	麦克森公司	美国	批发：保健	0.02	0.06	0.42	7.00
27	美源伯根公司	美国	批发：保健	0.99	4.40	56.55	2.05
38	康德乐	美国	批发：保健	0.19	0.64	4.23	5.02
79	Anthem公司	美国	保健：保险和管理医保	4.07	5.24	13.14	6.39
109	强生	美国	制药	18.75	10.00	25.60	13.51
163	瑞士罗氏公司	瑞士	制药	17.65	13.48	38.31	9.44
168	Centene公司	美国	保健：保险和管理医保	1.50	2.91	8.24	4.73
170	华特迪士尼公司	美国	娱乐	21.20	12.78	25.83	20.10
179	哈门那公司	美国	保健：保险和管理医保	2.96	6.62	16.56	4.16
198	辉瑞制药有限公司	美国	制药	20.79	7.00	17.59	9.24
201	诺华公司	瑞士	制药	23.72	8.66	16.04	12.52
229	信诺	美国	保健：保险和管理医保	5.42	1.72	6.43	7.38
240	拜耳集团	德国	制药	4.28	1.39	3.81	11.70
241	HCA医疗保健公司	美国	保健：医疗设施	8.11	9.66	-76.51	22.90
285	默沙东	美国	制药	14.71	7.53	23.30	6.90
288	赛诺菲	法国	制药	12.07	3.99	7.55	10.42
296	英国葛兰素史克公司	英国	制药	11.75	6.54	87.04	9.55
313	费森尤斯集团	德国	保健：医疗设施	6.05	3.69	13.58	27.68
381	艾伯维	美国	制药	17.36	9.58	-67.33	3.00
408	雅培公司	美国	医疗器材和设备	7.74	3.53	7.76	10.30
412	菲尼克斯医药公司	德国	批发：保健	-0.58	-1.82	-5.98	2.96
419	美敦力公司	爱尔兰	医疗器材和设备	10.36	3.40	6.12	9.80
436	Medipal控股公司	日本	批发：保健	1.08	2.12	7.66	1.56
456	Financière de l'Odet公司	法国	娱乐	0.53	0.24	3.31	8.10

注：此表不包含世界500强中的中国健康娱乐企业。

2019中国500强中共8家健康娱乐企业，涉及医疗设备制造（1家）、医药及医疗器材零售（2

家）和药品制造（5 家）三个业务领域。从企业排名来看，仅有中国医药集团有限公司（排名第 43 位）进入前 100 名；100~200 名中有 2 家企业；200~300 名有 2 家企业，300~400 名有 2 家企业；400 名之后有 1 家企业。从收入净利润率来看，威高集团有限公司最高为 9.34%，太极集团有限公司最低为 0.05%；从资产净利润率来看，扬子江药业集团位于首位为 13.47%，太极集团有限公司处于末位为 0.16%；从净资产收益率来看，广州医药集团有限公司凭借 20.55% 位列第一，而太极集团有限公司仅为 0.89%；从员工人数来看，中国医药集团有限公司规模最大，有 12.86 万人，太极集团有限公司规模最小，仅有 1.31 万人。详见表 6-17。

表 6-17 2019 中国 500 强中的健康娱乐企业

排名	公司名称	主营业务	收入净利润率/%	资产净利润率/%	净资产收益率/%	员工/万人
43	中国医药集团有限公司	医药及医疗器材零售	1.47	1.71	10.03	12.86
122	上海医药集团股份有限公司	药品制造	2.44	3.06	9.95	4.76
160	广州医药集团有限公司	药品制造	1.26	2.79	20.55	3.39
224	九州通医药集团股份有限公司	医药及医疗器材零售	1.54	2.01	7.26	2.61
242	扬子江药业集团	药品制造	6.69	13.47	17.42	1.61
380	太极集团有限公司	药品制造	0.05	0.16	0.89	1.31
381	威高集团有限公司	医疗设备制造	9.34	7.94	14.09	2.61
416	四川科伦实业集团有限公司	药品制造	3.03	3.76	9.40	2.22

两个 500 强对比来看，中国 500 强中的健康娱乐企业数量明显少于世界 500 强，且企业平均排名为 246，低于世界 500 强中健康娱乐企业的平均排名（见表 6-18），说明健康娱乐企业在中国经济中的作用较弱。世界 500 强健康娱乐企业的平均收入净利润率、平均资产净利润率和平均员工数均高于中国 500 强，而中国 500 强健康娱乐企业平均净资产收益率高于世界 500 强，说明中国的健康娱乐业盈利能力存在差距。中国应积极扩大与民众生活、健康娱乐相关的内需市场，学习借鉴欧美等发达国家经验，以后工业化时代的产业结构为调整方向，推进产业转型升级。

表 6-18 2019 世界和中国 500 强中健康娱乐企业平均水平的比较

	平均排名	平均收入净利率/%	平均资产净利润率/%	平均净资产收益率/%	平均员工/万人
世界	231	8.64	5.25	10.50	10.26
中国	246	3.23	4.36	11.20	3.92

注：世界 500 强的健康娱乐企业平均水平计算未包含中国健康娱乐企业。

3. 中国 500 强与美国 500 强互联网行业比较

互联网技术的蓬勃发展，带动了相关产业的快速发展，本文的互联网经济为广义的概念，既包括互联网软硬件开发制造企业,也包括互联网应用层面的零售、社交媒体、搜索引擎等方面的企业。从互联网应用企业和互联网软硬件支持企业两个方面分析比较。

美国500强互联网应用企业,主要是指互联网服务和零售领域的企业。2019美国500强中有8家互联网应用企业。亚马逊位列第5名,Alphabet公司和Facebook公司位列前100名;Booking Holdings公司等4家企业位于200~300名之间;仅Wayfair公司位于400名之后。从收入净利润率来看,Facebook公司最高(39.60%),Wayfair公司最低(-7.44%);从资产净利润率看,亚马逊最高(23.13%),Wayfair公司最低(-26.66%);从净资产收益率看,Wayfair公司最突出(152.43%),亚马逊为最低(6.19%);从员工数量来看,则是亚马逊最多(64.75万人),而Wayfair公司仅有1.21万人。详见表6-19。

表6-19 2019美国500强中的互联网应用企业

排名	公司名称	收入净利润率/%	资产净利润率/%	净资产收益率/%	员工/万人
5	亚马逊	4.33	23.13	6.19	64.75
15	Alphabet公司	22.46	13.20	17.30	9.88
57	Facebook公司	39.60	22.72	26.28	3.56
216	Booking Holdings公司	27.52	17.62	45.51	2.45
225	Qurate Retail集团	6.51	5.13	16.29	2.72
280	Expedia集团	3.62	2.25	9.89	2.45
295	eBay公司	23.54	11.09	40.28	1.40
446	Wayfair公司	-7.44	-26.66	152.43	1.21

中国500强中的互联网应用企业指互联网服务行业的企业。2019中国500强中有11家互联网应用企业,北京京东世纪贸易有限公司排名第35名,100名之内的还有阿里巴巴集团控股有限公司和腾讯控股有限公司;200~300之间的有上海钢联电子商务股份有限公司等6家企业;400名之后的有2家企业。从收入净利润率来看,百度网络技术有限公司最高(33.66%),互诚信息技术(上海)有限公司最低(-16.67%);从资产净利润率来看,腾讯控股有限公司领先(10.88%),最低仍为互诚信息技术(上海)有限公司(-9.01%);从净资产收益率看,通鼎集团有限公司最突出(28.65%),互诚信息技术(上海)有限公司最低(-125.67%);从员工人数来看,北京京东世纪贸易有限公司有17.89万人,而深圳市中农网有限公司仅有0.07万人,两者相差悬殊。详见表6-20。

表6-20 2019中国500强中的互联网应用企业

排名	公司名称	收入净利润率/%	资产净利润率/%	净资产收益率/%	员工/万人
35	北京京东世纪贸易有限公司	0.75	1.65	5.79	17.89
45	阿里巴巴集团控股有限公司	23.32	9.11	17.85	7.30
60	腾讯控股有限公司	25.17	10.88	24.33	5.43
200	上海钢联电子商务股份有限公司	0.13	1.25	12.63	0.24
231	福中集团有限公司	0.69	4.27	9.10	3.04
237	百度网络技术有限公司	33.66	9.27	16.93	4.23
244	唯品会（中国）有限公司	3.47	8.02	19.27	5.75
269	网易公司	9.16	7.07	13.60	2.27
277	互诚信息技术（上海）有限公司	-16.67	-9.01	-125.67	5.93
402	通鼎集团有限公司	3.08	5.78	28.65	1.34
483	深圳市中农网有限公司	0.12	0.37	5.17	0.07

两国互联网应用企业比较，2019美国500强中的互联网应用企业的平均排名更高；平均收入净利润率、平均资产净利润率和平均净资产收益率均更高；平均员工人数更多。说明美国互联网应用企业在500强中的地位更为突出，规模更大，中国虽然企业数量略多，但是排名相对靠后，各项指标差距明显。详见表6-21。

表6-21 2019美国和中国500强中的互联网应用企业平均水平比较

国家	平均排名	平均收入净利润率/%	平均资产净利润率/%	平均净资产收益率/%	平均员工/万人
美国	192	15.02	8.56	39.27	11.05
中国	226	7.53	4.42	2.51	4.86

美国500强互联网软硬件支持企业，主要是指半导体、电子元件，计算机、办公设备，信息技术服务，计算机软件，网络、通信设备领域的企业。2019美国500强中的互联网软硬件支持企业共36家。企业排名从第3名到第485名，其中，半导体、电子元件企业有13家，英特尔公司（43）和美光科技（105）排名靠前；计算机、办公设备领域企业有8家，苹果公司和惠普分列第3位和第55位；计算机软件领域企业有5家，微软以第26位的排名领先；网络、通信设备领域企业有3家，排名第64位的思科公司为首；信息技术服务领域企业有7家，排名第38位的国际商业机器公司占据主导。从收入净利润率来看，半导体、电子元件领域的博通最高（58.80%），高通公司收入净利润率最差（-21.40%）；从资产净利润率来看，美光科技最高（32.59%），高通公司最低（-14.88%）；从净资产收益率来看，信息技术服务领域的CDW公司领先（65.94%），惠普以-833.65%位列最末

位；企业员工人数相差巨大，国际商业机器公司有38.11万人，而信息技术服务领域的Insight Enterprises公司仅有0.74万人。详见表6-22。

表6-22 2019美国500强中的互联网软硬件支持企业

排名	公司名称	主营业务	收入净利润率/%	资产净利润率/%	净资产收益率/%	员工/万人
3	苹果公司	计算机、办公设备	22.41	16.28	55.56	13.20
26	微软	计算机软件	15.02	6.40	20.03	13.10
34	戴尔科技	计算机、办公设备	-2.55	-2.07	40.06	15.70
38	国际商业机器公司	信息技术服务	10.97	7.07	51.96	38.11
43	英特尔公司	半导体、电子元件	29.72	16.45	28.24	10.74
55	惠普	计算机、办公设备	9.11	15.39	-833.65	5.50
64	思科公司	网络、通信设备	0.22	0.10	0.25	7.42
81	甲骨文公司	计算机软件	9.60	2.79	8.37	13.70
102	慧与	计算机、办公设备	6.18	3.44	8.98	6.00
105	美光科技	半导体、电子元件	46.51	32.59	43.77	3.60
122	DXC Technology公司	信息技术服务	7.13	5.16	12.98	15.00
137	高通公司	半导体、电子元件	-21.40	-14.88	-524.14	3.54
140	捷普	半导体、电子元件	0.39	0.72	4.42	19.90
150	博通	半导体、电子元件	58.80	24.46	45.99	1.50
152	Western Digital公司	计算机、办公设备	3.27	2.31	5.85	7.16
182	应用材料公司	半导体、电子元件	19.20	18.64	48.44	2.10
191	CDW公司	信息技术服务	3.96	8.97	65.94	0.90
193	高知特资讯技术公司	信息技术服务	13.03	13.20	18.39	28.16
199	德州仪器公司	半导体、电子元件	35.35	32.56	62.04	2.99
240	salesforce.com	计算机软件	8.36	3.61	7.11	3.50
268	英伟达	半导体、电子元件	35.34	31.15	44.33	1.33
287	泛林集团	半导体、电子元件	21.49	19.08	36.62	1.09
311	Leidos Holdings公司	信息技术服务	5.70	6.62	17.56	3.20
318	施乐公司	计算机、办公设备	3.67	2.43	7.21	3.24
339	Adobe公司	计算机软件	28.69	13.80	27.67	2.14
369	Amphenol公司	网络、通信设备	14.69	12.00	30.00	7.36
416	摩托罗拉系统	网络、通信设备	13.16	10.27	-74.71	1.60
429	新美亚	半导体、电子元件	-1.34	-2.34	-6.48	4.12
430	Insight Enterprises公司	信息技术服务	2.31	5.90	16.59	0.74
460	超威半导体公司	半导体、电子元件	5.20	7.40	26.62	1.01
465	NCR公司	计算机、办公设备	-1.37	-1.13	-7.02	3.40
472	亚德诺半导体	半导体、电子元件	24.12	7.31	13.61	1.58

续表

排名	公司名称	主营业务	收入净利润率/%	资产净利润率/%	净资产收益率/%	员工/万人
475	博思艾伦咨询有限公司	信息技术服务	4.94	8.47	55.01	2.46
482	财捷集团	计算机软件	20.31	23.39	51.44	0.89
483	NetApp 公司	计算机、办公设备	1.29	0.77	3.68	1.03
485	安森美半导体公司	半导体、电子元件	10.67	8.27	19.78	3.57

2019 中国 500 强中的互联网软硬件支持企业共 12 家，分别属于半导体、集成电路及面板制造（2 家）、计算机及办公设备（2 家）、软件和信息技术（4 家）、通信设备制造（4 家）领域。企业排名从 15 名到 471 名，其中半导体、集成电路及面板制造中的北京电子控股有限责任公司排名 173；计算机及办公设备的联想集团排名第 53 位；软件和信息技术领域的北大方正集团有限公司排名第 138 位；通信设备制造领域的华为投资控股有限公司排名第 15 位。从收入净利润率来看，最高的为华为投资控股有限公司（8.21%），最低为中国信息通信科技集团有限公司（-2.09%）；从资产净利润率来看，小米集团最突出（9.20%），欧菲光集团股份有限公司最低（-1.37%）；从净资产收益率来看，华为投资控股有限公司最高（25.46%），中国信息通信科技集团有限公司最低（-6.48%）；从员工数来看，华为投资控股有限公司共有 18.00 万人，上海新增鼎资产管理有限公司仅有 0.04 万人。详见表 6-23。

表 6-23 2019 中国 500 强中的互联网软硬件支持企业

排名	公司名称	主营业务	收入净利润率/%	资产净利润率/%	净资产收益率/%	员工/万人
15	华为投资控股有限公司	通信设备制造	8.21	8.90	25.46	18.00
53	联想集团有限公司	计算机及办公设备	1.17	1.92	16.92	5.70
113	小米集团	通信设备制造	7.63	9.20	18.72	1.67
138	北大方正集团有限公司	软件和信息技术	-0.26	-0.10	-1.83	3.49
173	北京电子控股有限责任公司	半导体、集成电路及面板制造	0.78	0.24	7.10	8.94
187	亨通集团有限公司	通信设备制造	0.33	0.53	4.31	2.01
189	浪潮集团有限公司	软件和信息技术	1.56	1.96	12.77	3.39
238	神州数码集团股份有限公司	软件和信息技术	0.63	1.97	13.34	0.42
339	中国信息通信科技集团有限公司	通信设备制造	-2.09	-1.29	-6.48	3.77
398	欧菲光集团股份有限公司	计算机及办公设备	-1.21	-1.37	-6.04	4.26
407	上海新增鼎资产管理有限公司	软件和信息技术	0.01	0.09	2.31	0.04
471	立讯精密工业股份有限公司	半导体、集成电路及面板制造	7.59	7.47	17.57	7.84

两国互联网软硬件支持企业比较，中国 500 强平均排名（227）和平均净资产收益率高于美国企业，而美国 500 强中的互联网软硬件支持企业不仅数量是中国的三倍，平均员工人数多于中国，平均收入净利润率和平均资产净利润率也远远高于中国。这说明中国的互联网软硬件支持企业在企业规

模方面和盈利能力方面有待提高。详见表6-24。

表6-24 2019美国和中国500强中的互联网软硬件支持企业平均水平比较

国家	平均排名	平均收入净利润率/%	平均资产净利润率/%	平均净资产收益率/%	平均员工/万人
美国	243	12.89	9.63	-15.76	6.96
中国	227	2.03	2.46	8.68	4.96

4. 中国500强与美国500强能源行业比较

能源行业在经济发展中具有重要地位，本文所说的能源行业包括采矿、原油、炼油、天然气、电气等广义的能源行业。能源企业多属于国家公共事业。

2019美国500强中能源行业企业共52家，包括天然气和电力22家，采矿、原油生产13家，炼油8家，能源7家，油气设备和服务2家。2019中国500强中能源行业企业共57家，包括电力生产6家，石油、天然气开采及生产业3家，煤炭采掘及采选业19家，石化及炼焦15家，综合能源供应10家，能源矿产商贸4家。从企业数量来看，两国相差不大，中国略多。

选择两国各领域排名第一的企业比较分析。从企业排名看，与中国石油化工集团有限公司和中国石油天然气集团有限公司分别位列中国500强第一和第二，美国埃克森美孚在美国500强中排名第二；美国其他企业分布于80~150名之间，中国的浙江省能源集团有限公司位列204名，表中其他企业均在100名以内。从收入净利润率来看，美国康菲石油公司最高为16.16%，中国浙江省能源集团有限公司最高为5.01%，中国企业普遍低于美国企业；从资产净利润率来看，美国康菲石油公司最高为8.94%，中国航空油料集团有限公司最高为5.70%，其他中国企业普遍低于美国企业；从净资产收益率来看，美国康菲石油公司高达19.59%，中国航空油料集团有限公司为15.31%，其他中国企业普遍低于美国企业；从员工人数来看，中国企业明显规模更加庞大，普遍超过美国企业，中国石油天然气集团有限公司有138.24万人，而美国员工最多的企业——埃克森美孚只有7.10万人。详见表6-25。

表6-25 2019美国和中国500强中的领先能源企业

国家	排名	公司名称	主营业务	收入净利润率/%	资产净利润率/%	净资产收益率/%	员工/万人
美国	2	埃克森美孚	炼油	7.18	6.02	10.87	7.10
	83	全球燃料服务公司	能源	0.32	2.25	7.03	0.50
	86	康菲石油公司	采矿、原油生产	16.16	8.94	19.59	1.08
	93	Exelon公司	公用事业：天然气和电力	5.59	1.68	6.53	3.34
	127	哈里伯顿公司	油气设备与服务	6.90	6.37	17.39	6.00
中国	1	中国石油化工集团有限公司	石化及炼焦	1.41	1.71	5.35	61.92
	2	中国石油天然气集团有限公司	石油、天然气开采及生产业	0.58	0.36	0.75	138.24
	26	国家能源投资集团有限责任公司	煤炭采掘及采选业	4.31	1.31	5.86	33.85

续表

国家	排名	公司名称	主营业务	收入净利润率/%	资产净利润率/%	净资产收益率/%	员工/万人
中国	74	中国航空油料集团有限公司	能源矿产商贸	1.12	5.70	15.31	1.51
	75	中国华能集团有限公司	电力生产	0.02	0.01	0.07	13.60
	204	浙江省能源集团有限公司	综合能源供应	5.01	2.23	6.27	2.17

两国能源行业企业比较，2019 中国 500 强的能源企业平均排名和平均员工人数高于美国，其他指标均低于美国 500 强企业。2019 美国能源企业平均收入净利润率为 8.17%，是中国的 4 倍多；平均资产净利润率为 3.71%，高出中国 1.5 个百分点；平均净资产收益率为 12.23%，约为中国的 2 倍。中国能源企业在盈利能力方面有待提高。详见表 6-26。

表 6-26 2019 美国和中国 500 强中能源企业平均水平比较

国家	平均排名	平均收入净利润率/%	平均资产净利润率/%	平均净资产收益率/%	平均员工/万人
美国	253	8.17	3.71	12.23	1.48
中国	237	1.99	2.21	6.17	9.66

第七章
2019中国500强与世界500强行业领先企业主要经济指标对比

第七章 2019中国500强与世界500强行业领先企业主要经济指标对比

表7-1 2019中国500强与世界500强车辆与零部件业领先企业对比

对比指标	大众公司（1）（德国）	上海汽车集团股份有限公司（2）	[(2)/(1)]/%
营业收入/百万美元	278342	136393	49.00
净利润/百万美元	14323	5444	38.01
资产/百万美元	523672	114012	21.77
所有者权益/百万美元	523672	34136	6.52
员工人数/人	664496	147738	22.23
收入净利率/%	5.15	3.99	77.57
资产净利率/%	2.74	4.77	174.58
净资产收益率/%	10.70	15.95	149.05
劳动生产率/（万美元/人）	41.89	92.32	220.40
人均净利润/（万美元/人）	2.16	3.68	170.96

表7-2 2019中国500强与世界500强船务业领先企业对比

对比指标	马士基集团（1）（丹麦）	中国远洋海运集团有限公司（2）	[(2)/(1)]/%
营业收入/百万美元	41256	42608	103.28
净利润/百万美元	3169	1555	49.05
资产/百万美元	56636	117702	207.82
所有者权益/百万美元	32621	27289	83.65
员工人数/人	84404	111397	131.98
收入净利率/%	7.68	3.65	47.50
资产净利率/%	5.60	1.32	23.60
净资产收益率/%	9.71	5.70	58.64
劳动生产率/（万美元/人）	48.88	38.25	78.25
人均净利润/（万美元/人）	3.75	1.40	37.17

表7-3 2019中国500强与世界500强电信业领先企业对比

对比指标	美国电话电报公司（1）（美国）	中国移动通信集团公司（2）	[(2)/(1)]/%
营业收入/百万美元	170756	112096	65.65
净利润/百万美元	19370	11745	60.64
资产/百万美元	531864	255217	47.99
所有者权益/百万美元	184089	143531	77.97
员工人数/人	268220	462046	172.26
收入净利率/%	11.34	10.48	92.37
资产净利率/%	3.64	4.60	126.36
净资产收益率/%	10.52	8.18	77.77
劳动生产率/（万美元/人）	63.66	24.26	38.11
人均净利润/（万美元/人）	7.22	2.54	35.20

表 7-4　2019 中国 500 强与世界 500 强电子、电气设备业领先企业对比

对比指标	三星电子（1）（韩国）	美的集团股份有限公司（2）	[(2)/(1)]/%
营业收入/百万美元	221579	39582	17.86
净利润/百万美元	39895	3059	7.67
资产/百万美元	304165	38409	12.63
所有者权益/百万美元	215173	12100	5.62
员工人数/人	309630	114765	37.07
收入净利率/%	18.00	7.73	42.92
资产净利率/%	13.12	7.96	60.71
净资产收益率/%	18.54	25.28	136.33
劳动生产率/（万美元/人）	71.56	34.49	48.19
人均净利润/（万美元/人）	12.88	2.67	20.68

表 7-5　2019 中国 500 强与世界 500 强多元化金融业领先企业对比

对比指标	EXOR 集团（1）（荷兰）	中国中信集团有限公司（2）	[(2)/(1)]/%
营业收入/百万美元	175010	70659	40.37
净利润/百万美元	1590	4566	287.22
资产/百万美元	190052	986297	518.96
所有者权益/百万美元	13956	48767	349.44
员工人数/人	314790	287500	91.33
收入净利率/%	0.91	6.46	711.40
资产净利率/%	0.84	0.46	55.35
净资产收益率/%	11.39	9.36	82.20
劳动生产率/（万美元/人）	55.60	24.58	44.21
人均净利润/（万美元/人）	0.51	1.59	314.49

表 7-6　2019 中国 500 强与世界 500 强工程与建筑业领先企业对比

对比指标	万喜集团（1）（法国）	中国建筑工程总公司（2）	[(2)/(1)]/%
营业收入/百万美元	52345	181525	346.78
净利润/百万美元	3520	3160	89.75
资产/百万美元	86133	272769	316.68
所有者权益/百万美元	21929	18747	85.49
员工人数/人	211233	302827	143.36
收入净利率/%	6.73	1.74	25.88
资产净利率/%	4.09	1.16	28.34
净资产收益率/%	16.05	16.85	104.98
劳动生产率/（万美元/人）	24.78	59.94	241.89
人均净利润/（万美元/人）	1.67	1.04	62.60

表7-7 2019中国500强与世界500强工业机械业领先企业对比

对比指标	通用电气公司（1）（美国）	中国机械工业集团有限公司（2）	[（2）/（1）]/%
营业收入/百万美元	120268	45424	37.77
净利润/百万美元	-22355	488	——
资产/百万美元	309129	57451	18.58
所有者权益/百万美元	30981	9825	31.71
员工人数/人	283000	283000	100.00
收入净利率/%	-18.59	1.07	——
资产净利率/%	-7.23	0.85	——
净资产收益率/%	-72.16	4.97	——
劳动生产率/（万美元/人）	42.50	13.11	30.84
人均净利润/（万美元/人）	-7.90	0.33	——

表7-8 2019中国500强与世界500强公用设施业领先企业对比

对比指标	意大利国家电力公司（1）（意大利）	国家电网公司（2）	[（2）/（1）]/%
营业收入/百万美元	89306	387056	433.41
净利润/百万美元	5652	8175	144.64
资产/百万美元	189080	572310	302.68
所有者权益/百万美元	36256	240042	662.07
员工人数/人	69272	917717	1324.80
收入净利率/%	6.33	2.11	33.37
资产净利率/%	2.99	1.43	47.79
净资产收益率/%	15.59	3.41	21.85
劳动生产率/（万美元/人）	128.92	42.18	32.71
人均净利润/（万美元/人）	8.16	0.89	10.92

表7-9 2019中国500强与世界500强航空航天业领先企业对比

对比指标	波音（1）（美国）	中国航空工业集团公司（2）	[（2）/（1）]/%
营业收入/百万美元	101127	65534	64.80
净利润/百万美元	10460	695	6.64
资产/百万美元	117359	138083	117.66
所有者权益/百万美元	339	26644	7859.68
员工人数/人	153000	446613	291.90
收入净利率/%	10.34	1.06	10.25
资产净利率/%	8.91	0.50	5.65
净资产收益率/%	3085.55	2.61	0.08
劳动生产率/（万美元/人）	66.10	14.67	22.20
人均净利润/（万美元/人）	6.84	0.16	2.28

表 7-10　2019 中国 500 强与世界 500 强防务业领先企业对比

对比指标	联合技术公司（1）（美国）	中国兵器工业集团公司（2）	[(2)/(1)]/%
营业收入/百万美元	66501	68778	103.42
净利润/百万美元	5269	966	18.34
资产/百万美元	134211	57675	42.97
所有者权益/百万美元	38446	15180	39.48
员工人数/人	240200	210507	87.64
收入净利率/%	7.92	1.41	17.73
资产净利率/%	3.93	1.68	42.68
净资产收益率/%	13.70	6.37	46.45
劳动生产率/（万美元/人）	27.69	32.67	118.01
人均净利润/（万美元/人）	2.19	0.46	20.93

表 7-11　2019 中国 500 强与世界 500 强互联网服务和零售业领先企业对比

对比指标	亚马逊（1）（美国）	京东集团（2）	[(2)/(1)]/%
营业收入/百万美元	232887	69848	29.99
净利润/百万美元	10073	-377	——
资产/百万美元	162648	30465	18.73
所有者权益/百万美元	43549	8706	19.99
员工人数/人	647500	178927	27.63
收入净利率/%	4.33	-0.54	——
资产净利率/%	6.19	-1.24	——
净资产收益率/%	23.13	-4.33	——
劳动生产率/（万美元/人）	35.97	39.04	108.54
人均净利润/（万美元/人）	1.56	-0.21	——

表 7-12　2019 中国 500 强与世界 500 强化学品业领先企业对比

对比指标	杜邦公司（1）（美国）	中国化工集团公司（2）	[(2)/(1)]/%
营业收入/百万美元	85977	67398	78.39
净利润/百万美元	3844	-2208	——
资产/百万美元	188030	116354	61.88
所有者权益/百万美元	94571	356	0.38
员工人数/人	98000	214480	218.86
收入净利率/%	4.47	-3.28	——
资产净利率/%	2.04	-1.90	——
净资产收益率/%	4.06	-620.98	——
劳动生产率/（万美元/人）	87.73	48.61	55.41
人均净利润/（万美元/人）	3.92	-1.59	——

表 7-13 2019 中国 500 强与世界 500 强计算机、办公设备业领先企业对比

对比指标	苹果公司（1）（美国）	联想集团（2）	[（2）/（1）]/%
营业收入/百万美元	265595	51038	19.22
净利润/百万美元	59531	596	1.00
资产/百万美元	365725	29989	8.20
所有者权益/百万美元	107147	3397	3.17
员工人数/人	132000	57000	43.18
收入净利率/%	22.41	1.17	5.21
资产净利率/%	16.28	1.99	12.22
净资产收益率/%	55.56	17.56	31.60
劳动生产率/（万美元/人）	201.21	89.54	44.50
人均净利润/（万美元/人）	45.10	1.05	2.32

表 7-14 2019 中国 500 强与世界 500 强建材、玻璃领先企业对比

对比指标	圣戈班集团（1）（法国）	中国建材集团有限公司（2）	[（2）/（1）]/%
营业收入/百万美元	49300	52611	106.71
净利润/百万美元	496	69	14.00
资产/百万美元	50340	84608	168.07
所有者权益/百万美元	20495	5957	29.07
员工人数/人	181001	207958	114.89
收入净利率/%	1.01	0.13	13.12
资产净利率/%	0.98	0.08	8.33
净资产收益率/%	2.42	1.16	48.17
劳动生产率/（万美元/人）	27.24	25.30	92.88
人均净利润/（万美元/人）	0.27	0.03	12.19

表 7-15 2019 中国 500 强与世界 500 强金属产品业领先企业对比

对比指标	安赛乐米塔尔（1）（卢森堡）	中国五矿集团公司（2）	[（2）/（1）]/%
营业收入/百万美元	76033	80076	105.32
净利润/百万美元	5149	-374	——
资产/百万美元	91249	130627	143.15
所有者权益/百万美元	42086	6623	15.74
员工人数/人	208583	199442	95.62
收入净利率/%	6.77	-0.47	——
资产净利率/%	5.64	-0.29	——
净资产收益率/%	12.23	-5.64	——
劳动生产率/（万美元/人）	36.45	40.15	110.14
人均净利润/（万美元/人）	2.47	-0.19	——

表 7-16 2019 中国 500 强与世界 500 强炼油业领先企业对比

对比指标	荷兰皇家壳牌石油公司（1）（荷兰）	中国石油化工集团公司（2）	[（2）/（1）]/%
营业收入/百万美元	396556	414650	104.56
净利润/百万美元	23352	5845	25.03
资产/百万美元	399194	329186	82.46
所有者权益/百万美元	198646	105182	52.95
员工人数/人	81000	619151	764.38
收入净利率/%	5.89	1.41	23.94
资产净利率/%	5.85	1.78	30.35
净资产收益率/%	11.76	5.56	47.27
劳动生产率/（万美元/人）	489.58	66.97	13.68
人均净利润/（万美元/人）	28.83	0.94	3.27

表 7-17 2019 中国 500 强与世界 500 强贸易业领先企业对比

对比指标	托克集团（1）（新加坡）	中国中化集团公司（2）	[（2）/（1）]/%
营业收入/百万美元	180744	89358	49.44
净利润/百万美元	849	701	82.60
资产/百万美元	53801	71333	132.59
所有者权益/百万美元	5921	7450	125.81
员工人数/人	4316	66713	1545.71
收入净利率/%	0.47	0.78	167.07
资产净利率/%	1.58	0.98	62.30
净资产收益率/%	14.34	9.42	65.65
劳动生产率/（万美元/人）	4187.77	133.94	3.20
人均净利润/（万美元/人）	19.68	1.05	5.34

表 7-18 2019 中国 500 强与世界 500 强能源业领先企业对比

对比指标	俄罗斯天然气工业股份公司（1）（俄罗斯）	中国华能集团公司（2）	[（2）/（1）]/%
营业收入/百万美元	131302	42281	32.20
净利润/百万美元	23199	9	0.04
资产/百万美元	300355	156327	52.05
所有者权益/百万美元	191958	11817	6.16
员工人数/人	466100	136031	29.18
收入净利率/%	17.67	0.02	0.12
资产净利率/%	7.72	0.01	0.07
净资产收益率/%	12.09	0.08	0.62
劳动生产率/（万美元/人）	28.17	31.08	110.34
人均净利润/（万美元/人）	4.98	0.01	0.13

表 7-19 2019 中国 500 强与世界 500 强人寿与健康保险（股份）业领先企业对比

对比指标	安联保险集团（1）（德国）	中国平安保险（集团）股份有限公司（2）	[(2)/(1)]/%
营业收入/百万美元	126800	163597	129.02
净利润/百万美元	8806	16237	184.38
资产/百万美元	1025919	1040383	101.41
所有者权益/百万美元	69988	81056	115.81
员工人数/人	142460	376900	264.57
收入净利率/%	6.95	9.93	142.91
资产净利率/%	0.86	1.56	181.82
净资产收益率/%	12.58	20.03	159.20
劳动生产率/（万美元/人）	89.01	43.41	48.77
人均净利润/（万美元/人）	6.18	4.31	69.69

表 7-20 2019 中国 500 强与世界 500 强人寿与健康保险（互助）业领先企业对比

对比指标	日本生命保险公司（1）（日本）	华夏人寿保险（2）	[(2)/(1)]/%
营业收入/百万美元	74202	28493	38.40
净利润/百万美元	2515	399	15.86
资产/百万美元	712113	74402	10.45
所有者权益/百万美元	17893	2403	13.43
员工人数/人	89198	500000	560.55
收入净利率/%	3.39	1.40	41.30
资产净利率/%	0.35	0.54	151.80
净资产收益率/%	14.05	16.59	118.08
劳动生产率/（万美元/人）	83.19	5.70	6.85
人均净利润/（万美元/人）	2.82	0.08	2.83

表 7-21 2019 中国 500 强与世界 500 强财产与意外保险（股份）业领先企业对比

对比指标	伯克希尔—哈撒韦公司(1)（美国）	中国人民保险集团股份有限公司(2)	[(2)/(1)]/%
营业收入/百万美元	247837	75377	30.41
净利润/百万美元	4021	1952	48.55
资产/百万美元	707794	150259	21.23
所有者权益/百万美元	348703	22292	6.39
员工人数/人	389000	198457	51.02
收入净利率/%	1.62	2.59	159.61
资产净利率/%	0.57	1.30	228.67
净资产收益率/%	1.15	8.76	759.35
劳动生产率/（万美元/人）	63.71	37.98	59.62
人均净利润/（万美元/人）	1.03	0.98	95.15

表 7-22 2019 中国 500 强与世界 500 强网络、通信设备业领先企业对比

对比指标	思科公司（1）（美国）	华为投资控股有限公司（2）	[(2)/(1)]/%
营业收入/百万美元	49330	109030	221.02
净利润/百万美元	110	8954	8139.91
资产/百万美元	108784	96974	89.14
所有者权益/百万美元	43204	33887	78.43
员工人数/人	74200	188000	253.37
收入净利率/%	0.22	8.21	3682.84
资产净利率/%	0.10	9.23	9131.26
净资产收益率/%	0.25	26.42	10377.92
劳动生产率/（万美元/人）	66.48	57.99	87.23
人均净利润/（万美元/人）	0.15	4.76	3212.67

表 7-23 2019 中国 500 强与世界 500 强银行、商业储蓄业领先企业对比

对比指标	摩根大通公司（1）（美国）	中国工商银行（2）	[(2)/(1)]/%
营业收入/百万美元	131412	168979	128.59
净利润/百万美元	32474	45002	138.58
资产/百万美元	2622532	4034482	153.84
所有者权益/百万美元	256515	339368	132.30
员工人数/人	256105	449296	175.43
收入净利率/%	24.71	26.63	107.77
资产净利率/%	1.24	1.12	90.08
净资产收益率/%	12.66	13.26	104.75
劳动生产率/（万美元/人）	51.31	37.61	73.30
人均净利润/（万美元/人）	12.68	10.02	78.99

表 7-24 2019 中国 500 强与世界 500 强邮件、包裹及货物包装运输业领先企业对比

对比指标	德国邮政敦豪集团（1）（德国）	中国邮政集团公司（2）	[(2)/(1)]/%
营业收入/百万美元	75001	85628	114.17
净利润/百万美元	2449	4134	168.80
资产/百万美元	57687	1429122	2477.36
所有者权益/百万美元	15533	51125	329.13
员工人数/人	499018	935191	187.41
收入净利率/%	3.27	4.83	147.85
资产净利率/%	4.24	0.29	6.81
净资产收益率/%	15.76	8.09	51.29
劳动生产率/（万美元/人）	15.03	9.16	60.92
人均净利润/（万美元/人）	0.49	0.44	90.07

第七章 2019中国500强与世界500强行业领先企业主要经济指标对比

表7-25 2019中国500强与世界500强制药业领先企业对比

对比指标	强生（1）（美国）	中国华润有限公司（2）	[(2)/(1)]/%
营业收入/百万美元	81581	91986	112.75
净利润/百万美元	15297	3475	22.71
资产/百万美元	152954	209652	137.07
所有者权益/百万美元	59752	28199	47.19
员工人数/人	135100	421274	311.82
收入净利率/%	18.75	3.78	20.14
资产净利率/%	10.00	1.66	16.57
净资产收益率/%	25.60	12.32	48.13
劳动生产率/（万美元/人）	60.39	21.84	36.16
人均净利润/（万美元/人）	11.32	0.82	7.28

表7-26 2019中国500强与世界500强专业零售业领先企业对比

对比指标	家得宝公司（1）（美国）	苏宁易购集团（2）	[(2)/(1)]/%
营业收入/百万美元	108203	37032	34.22
净利润/百万美元	11121	2015	18.12
资产/百万美元	44003	29053	66.02
所有者权益/百万美元	-1878	11786	——
员工人数/人	413000	130455	31.59
收入净利率/%	10.28	5.44	52.94
资产净利率/%	25.27	6.93	27.44
净资产收益率/%	-592.17	17.10	——
劳动生产率/（万美元/人）	26.20	28.39	108.35
人均净利润/（万美元/人）	2.69	1.54	57.36

表7-27 2019中国500强与世界500强采矿、原油生产业领先企业对比

对比指标	嘉能可（1）（瑞士）	中国海洋石油总公司（2）	[(2)/(1)]/%
营业收入/百万美元	219754	108130	49.21
净利润/百万美元	3408	7331	215.11
资产/百万美元	128672	177194	137.71
所有者权益/百万美元	45738	77493	169.43
员工人数/人	85504	93601	109.47
收入净利率/%	1.55	6.78	437.18
资产净利率/%	2.65	4.14	156.21
净资产收益率/%	7.45	9.46	126.96
劳动生产率/（万美元/人）	257.01	115.52	44.95
人均净利润/（万美元/人）	3.99	7.83	196.51

注：2018年美元兑换人民币汇率为平均汇率1:6.6147、年底汇率1:6.8657。

第八章
2019 中国企业 500 强数据

表 8-1　2019 中国企业 500 强

上年名次	名次	企业名称	地区	营业收入/万元	净利润/万元	资产/万元	所有者权益/万元	从业人数/人
2	1	中国石油化工集团有限公司	北京	274277981	3866272	226009434	72214460	619151
3	2	中国石油天然气集团有限公司	北京	259941742	1501884	413246385	199928221	1382401
1	3	国家电网有限公司	北京	256025424	5407400	392930558	164805258	970457
5	4	中国建筑股份有限公司	北京	119932453	3824132	186184030	24396119	308456
4	5	中国工商银行股份有限公司	北京	116641100	29767600	2769954000	233000100	449296
6	6	中国平安保险（集团）股份有限公司	广东	108214600	10740400	714296000	55650800	376900
7	7	中国建设银行股份有限公司	北京	97350200	25465500	2322269300	197646300	366996
9	8	中国农业银行股份有限公司	北京	92290500	20278300	2260947100	167029400	477526
8	9	上海汽车集团股份有限公司	上海	90219406	3600921	78276985	23436856	146452
11	10	中国银行股份有限公司	北京	84479000	18088600	2126727500	161298000	310119
10	11	中国人寿保险（集团）公司	北京	76843831	-1697931	398438259	7389148	153064
13	12	中国铁路工程集团有限公司	北京	74172281	820823	94687724	8602121	292809
12	13	中国移动通信集团有限公司	北京	74147987	7769172	175224030	98543734	462046
14	14	中国铁道建筑集团有限公司	北京	73063133	785091	92124128	7766928	369251
16	15	华为投资控股有限公司	广东	72120200	5922700	66579200	23265800	180000
19	16	中国海洋石油集团有限公司	北京	71524936	4849268	121655788	53204485	93601
20	17	国家开发银行股份有限公司	北京	68179500	11075800	1617982000	127798100	9507
18	18	中国华润有限公司	广东	60850900	2298400	143940400	19360400	421274
17	19	苏宁控股集团	江苏	60245624	844721	43399017	8950115	256842
15	20	东风汽车集团有限公司	湖北	60150128	1058129	45586271	9231824	167528
32	21	中国第一汽车集团有限公司	吉林	59403025	1759696	45782509	18415684	152175
21	22	中国交通建设集团有限公司	北京	58302428	1048550	136588769	11799600	183876
23	23	中国中化集团公司	北京	58107620	463980	48974860	5114840	66713
22	24	太平洋建设集团有限公司	江苏	57298100	2243000	39941200	18182100	387525
28	25	中国邮政集团公司	北京	56640155	2734271	981192488	35101023	929342
24	26	国家能源投资集团有限责任公司	北京	54225660	2335900	178264090	39875770	338472
26	27	中国南方电网有限责任公司	广东	53554900	1179025	81499700	32251800	289735
25	28	中国五矿集团有限公司	北京	52968018	-247132	89684471	4547013	200677
27	29	正威国际集团有限公司	广东	50511826	980938	14583171	8891552	16901
29	30	中国人民保险集团股份有限公司	北京	50379900	1345000	103169000	15246800	1038158
31	31	北京汽车集团有限公司	北京	48073807	726122	45855643	7422721	127000
30	32	中粮集团有限公司	北京	47111990	223470	56063500	8155740	117842
36	33	中国中信集团有限公司	北京	46738743	3020276	677161916	33482128	287500
49	34	恒大集团有限公司	广东	46619600	3739000	188002800	3750200	131694
42	35	北京京东世纪贸易有限公司	北京	46201976	345977	20916486	5977097	178927

续表

上年名次	名次	企业名称	地区	营业收入/万元	净利润/万元	资产/万元	所有者权益/万元	从业人数/人
34	36	中国兵器工业集团有限公司	北京	45494275	639272	39598196	10422075	213882
35	37	中国电信集团有限公司	北京	45449206	1101115	84411002	36754195	403014
39	38	中国化工集团有限公司	北京	44581360	-1460250	79884890	244080	138652
37	39	中国航空工业集团有限公司	北京	43880445	459702	94803416	18293143	479986
38	40	中国宝武钢铁集团有限公司	上海	43862002	1434176	71180908	25159847	138470
40	41	交通银行股份有限公司	上海	43404600	7363000	953117100	69840500	89542
41	42	中国电力建设集团有限公司	北京	40497782	531721	85007817	7916970	185269
44	43	中国医药集团有限公司	北京	39675030	585010	34207230	5835310	128600
80	44	碧桂园控股有限公司	广东	37907900	3461800	162969400	12133000	131387
69	45	阿里巴巴集团控股有限公司	浙江	37684400	8788600	96507600	49225700	73000
51	46	恒力集团有限公司	江苏	37173616	385590	15379379	2799640	81350
46	47	招商银行股份有限公司	广东	36564800	8056000	674572900	461274	74590
45	48	广州汽车工业集团有限公司	广东	36405363	585758	29213354	4260380	113474
47	49	中国太平洋保险（集团）股份有限公司	上海	35436300	1801919	133595892	14957551	113303
60	50	绿地控股集团股份有限公司	上海	34842646	1137478	103654546	7010431	39091
57	51	中国建材集团有限公司	北京	34800245	45896	58089474	4090089	207958
50	52	山东能源集团有限公司	山东	33897377	379029	30042001	6443892	160064
55	53	联想集团有限公司	北京	33760068	394463	20589194	2331903	57000
53	54	兴业银行股份有限公司	福建	33729200	6062000	671165700	46595300	59659
54	55	河钢集团有限公司	河北	33682397	272914	43751844	7035734	118656
52	56	上海浦东发展银行股份有限公司	上海	33438200	5591400	628960600	47156200	55692
99	57	国美控股集团有限公司	北京	33409846	166037	24361036	7161016	52269
62	58	浙江吉利控股集团有限公司	浙江	32852088	1302607	33343131	5779671	124846
59	59	中国民生银行股份有限公司	北京	31998900	5032700	599482200	42007700	58338
75	60	腾讯控股有限公司	广东	31269400	7871900	72352100	32351000	54309
70	61	中国保利集团公司	北京	30564600	989500	108728200	7396830	97527
58	62	中国船舶重工集团有限公司	北京	30503233	615276	50375396	14310843	167151
65	63	招商局集团有限公司	北京	30378400	2955900	139799800	31612600	115281
64	64	物产中大集团股份有限公司	浙江	30053825	239723	8605279	2386811	20142
61	65	中国机械工业集团有限公司	北京	30046546	322678	39443915	6745351	147099
48	66	中国铝业集团有限公司	北京	30019956	74572	64131357	11534216	123698
71	67	万科企业股份有限公司	广东	29708306	3377265	129515592	15576413	104300
66	68	陕西延长石油（集团）有限责任公司	陕西	29513725	202731	37045990	12018694	136426
63	69	中国联合网络通信集团有限公司	北京	29218529	91640	57882208	17744512	266213
43	70	山东魏桥创业集团有限公司	山东	28448728	563952	24276585	7041477	106044
85	71	厦门建发集团有限公司	福建	28262119	417607	25312491	4273479	24016

续表

上年名次	名次	企业名称	地区	营业收入/万元	净利润/万元	资产/万元	所有者权益/万元	从业人数/人
77	72	中国远洋海运集团有限公司	北京	28183660	1459910	80810660	18735510	111397
68	73	陕西煤业化工集团有限责任公司	陕西	28058689	60064	50096292	3692467	119936
91	74	中国航空油料集团有限公司	北京	28027058	315019	5529721	2057076	15147
67	75	中国华能集团有限公司	北京	27862708	5872	107329589	8113331	136031
72	76	中国光大集团有限公司	北京	27702100	1250700	478518600	13176700	70000
82	77	厦门国贸控股集团有限公司	福建	27409582	41515	10383191	865023	23279
83	78	雪松控股集团有限公司	广东	26882596	558752	14371807	5914306	31547
74	79	海尔集团公司	山东	26611837	812966	35693177	3810861	84239
73	80	美的集团股份有限公司	广东	26180000	2023077	10718625	8307211	135000
98	81	兖矿集团有限公司	山东	25722761	-170681	30741001	2332997	104668
79	82	中国航天科工集团有限公司	北京	25049695	1221321	32301845	12427443	146436
78	83	中国航天科技集团有限公司	北京	24955600	1629635	43595000	19110700	179788
92	84	厦门象屿集团有限公司	福建	24146079	131811	11597421	1630658	10350
86	85	江苏沙钢集团有限公司	江苏	24104507	1236394	22776067	5397473	31290
81	86	冀中能源集团有限责任公司	河北	23628548	-101082	23187018	1643292	112859
84	87	潍柴控股集团有限公司	山东	23537254	153904	22433703	611472	82094
90	88	江西铜业集团有限公司	江西	23065391	86918	12782786	2228332	26549
88	89	中国中车集团有限公司	北京	22935095	321893	39847345	6689263	187959
110	90	青山控股集团有限公司	浙江	22650146	382698	5851390	1596990	56088
96	91	国家电力投资集团有限公司	北京	22641530	112910	108030150	7414360	124678
76	92	中国能源建设集团有限公司	北京	22606682	286182	39655389	3494088	129929
56	93	中国兵器装备集团有限公司	北京	22421000	177350	33267900	6211280	198932
118	94	中南控股集团有限公司	江苏	22254335	445574	24770595	1366744	80000
104	95	阳光龙净集团有限公司	福建	22089600	405900	35416900	2104540	21849
87	96	金川集团股份有限公司	甘肃	22087513	154804	11620436	3275809	27791
94	97	中国电子科技集团公司	北京	22042700	1161000	35477100	14133100	179636
89	98	中国电子信息产业集团有限公司	北京	21836738	231718	27684676	4337309	148042
100	99	鞍钢集团有限公司	辽宁	21576689	-168352	33964373	6356226	125008
97	100	中国华电集团有限公司	北京	21445755	307164	81562141	6404616	97629
101	101	首钢集团有限公司	北京	20551263	55664	50165684	12092163	109943
121	102	珠海格力电器股份有限公司	广东	20002400	2620279	25123416	9132710	88800
105	103	中国大唐集团有限公司	北京	18954300	213926	74584273	9279347	93800
103	104	新疆广汇实业投资(集团)有限责任公司	新疆维吾尔自治区	18894202	90627	26374696	3757061	82175
127	105	安徽海螺集团有限责任公司	安徽	18851188	1077463	19201907	4236121	55380
N.A.	106	华夏人寿保险股份有限公司	北京	18847090	263830	51081830	1649950	500000
106	107	中国太平保险控股有限公司	北京	18181022	287092	66040574	2888380	75341

续表

上年名次	名次	企业名称	地区	营业收入/万元	净利润/万元	资产/万元	所有者权益/万元	从业人数/人
198	108	大连万达集团股份有限公司	辽宁	18076999	441445	95860638	11797469	154728
116	109	铜陵有色金属集团控股有限公司	安徽	17758240	-46408	8697801	838613	25357
113	110	山西潞安矿业（集团）有限责任公司	山西	17754167	817	24087886	2911077	218530
119	111	山西焦煤集团有限责任公司	山西	17656475	93646	33839678	3984024	202618
115	112	大同煤矿集团有限责任公司	山西	17651365	-120257	34258588	4389855	156268
142	113	小米集团	北京	17491500	1335400	14522800	7132300	16683
112	114	阳泉煤业（集团）有限责任公司	山西	17390061	-86692	23967828	2582460	129150
109	115	海亮集团有限公司	浙江	17364210	157147	5517570	1721747	19510
93	116	新兴际华集团有限公司	北京	17335699	68557	14192311	4163944	52949
107	117	山西晋城无烟煤矿业集团有限责任公司	山西	17095482	34826	27557402	4340114	119642
124	118	上海建工集团股份有限公司	上海	17054578	277987	21591766	3107682	42924
114	119	河南能源化工集团有限公司	河南	17053892	-88193	27001678	1712895	165604
117	120	中国通用技术(集团)控股有限责任公司	北京	17052053	292806	17322704	3972404	34752
108	121	泰康保险集团股份有限公司	北京	16491538	1187047	80602150	5820375	57406
129	122	上海医药集团股份有限公司	上海	15908440	388106	12687933	3901357	47590
111	123	光明食品（集团）有限公司	上海	15800752	132232	25743707	6067227	128655
126	124	山东钢铁集团有限公司	山东	15585685	-67117	31644272	1661395	80852
125	125	东浩兰生（集团）有限公司	上海	15434403	78761	3498042	1233140	5864
123	126	新华人寿保险股份有限公司	北京	15416700	792200	73392900	6558700	38542
102	127	华晨汽车集团控股有限公司	辽宁	15296763	45781	17099971	449414	44228
141	128	中国中煤能源集团有限公司	北京	15001865	-108075	38682320	6364988	121276
120	129	万洲国际有限公司	河南	14958633	624021	10499323	5316235	112000
158	130	浙江恒逸集团有限公司	浙江	14739323	43423	7758576	888742	14111
131	131	中国南方航空集团有限公司	广东	14435804	305111	26174428	3919971	118034
156	132	盛虹控股集团有限公司	江苏	14347965	252436	8436609	1620376	27118
138	133	华夏银行股份有限公司	北京	13909600	2085400	268058000	21714100	41283
128	134	广西投资集团有限公司	广西壮族自治区	13883512	66569	35622161	2435957	24713
149	135	浙江省交通投资集团有限公司	浙江	13769149	423466	40568071	8654580	38325
N. A.	136	中国国际航空股份有限公司	北京	13677440	733632	24371601	9321624	88160
134	137	陕西有色金属控股集团有限责任公司	陕西	13550912	50979	13257470	3357977	44667
160	138	北大方正集团有限公司	北京	13327393	-34408	36061418	1875159	34908
143	139	天能电池集团有限公司	浙江	13208572	126226	3310207	424409	20508
232	140	新希望集团有限公司	四川	13117718	533628	19170804	2532277	76534
178	141	中国林业集团有限公司	北京	13025338	3143	10356436	1561782	5391
155	142	比亚迪股份有限公司	广东	13005471	278019	19457108	5519829	220152
154	143	浙江荣盛控股集团有限公司	浙江	12859958	136624	14100907	1960524	12089

续表

上年名次	名次	企业名称	地区	营业收入/万元	净利润/万元	资产/万元	所有者权益/万元	从业人数/人
145	144	中国东方航空集团有限公司	上海	12794870	298745	29039964	3960536	97327
N. A.	145	北京首农食品集团有限公司	北京	12665547	258878	13352496	2951941	54820
147	146	海信集团有限公司	山东	12663497	39816	11764865	1055432	79442
132	147	中国平煤神马能源化工集团有限责任公司	河南	12604569	-176356	18373118	1067092	134825
136	148	中天钢铁集团有限公司	江苏	12503250	223564	4701596	1673768	15934
239	149	重庆市金科投资控股(集团)有限责任公司	重庆	12382825	220318	23869701	940524	23886
157	150	南通三建控股有限公司	江苏	12235603	380326	5580802	1542147	81002
140	151	四川长虹电子控股集团有限公司	四川	12205921	5379	8360663	117433	62621
186	152	国家开发投资集团有限公司	北京	12138044	619444	58228321	8450580	57999
164	153	湖南华菱钢铁集团有限责任公司	湖南	12088473	375491	11000889	3142515	32830
163	154	超威集团	浙江	12032383	41271	1670411	42007	18413
196	155	北京建龙重工集团有限公司	北京	12027811	551511	11645468	2424578	52590
150	156	海澜集团有限公司	江苏	12005866	554176	10974890	8278107	20202
209	157	南京钢铁集团有限公司	江苏	11820594	215812	5278355	1491908	10857
166	158	北京银行股份有限公司	北京	11701023	2000154	257286480	19244996	14760
146	159	云南省建设投资控股集团有限公司	云南	11604985	221648	34656206	6052852	45365
165	160	广州医药集团有限公司	广东	11601020	146449	5251431	712489	33865
151	161	黑龙江北大荒农垦集团总公司	黑龙江	11600955	-85053	19910338	3367198	637872
235	162	龙湖集团控股有限公司	重庆	11579846	2089069	50688401	8166143	25285
180	163	上海电气（集团）总公司	上海	11452758	141014	25079629	3029200	49968
144	164	TCL集团股份有限公司	广东	11336008	346821	19276394	3049436	89750
133	165	万向集团公司	浙江	11210043	116669	9486124	1913186	31212
139	166	协鑫集团有限公司	江苏	11181648	143765	19081169	3830927	25361
175	167	东方国际（集团）有限公司	上海	11147834	122896	6696978	1642442	84539
135	168	中国有色矿业集团有限公司	北京	11136531	-9787	12061992	1867453	52044
171	169	浙江省兴合集团有限责任公司	浙江	11051105	22338	4641865	420479	17177
211	170	华侨城集团有限公司	广东	11034881	844044	44400361	6078561	58616
182	171	中国重型汽车集团有限公司	山东	11004953	529358	9030050	1507286	41280
152	172	东岭集团股份有限公司	陕西	10965694	119393	4079560	983813	10206
159	173	北京电子控股有限责任公司	北京	10948121	85394	35024364	1202164	89377
187	174	复星国际有限公司	上海	10935164	1340640	63888384	10852884	70000
185	175	云南省投资控股集团有限公司	云南	10892371	31841	30135680	3847413	20269
170	176	南山集团有限公司	山东	10869617	509794	12348212	5386648	46357
174	177	西安迈科金属国际集团有限公司	陕西	10862627	20689	2323730	530523	1000
169	178	河北津西钢铁集团股份有限公司	河北	10817347	526879	4772193	2037070	10710
130	179	中国华融资产管理股份有限公司	北京	10725305	157550	171008668	12064009	11799

续表

上年名次	名次	企业名称	地区	营业收入/万元	净利润/万元	资产/万元	所有者权益/万元	从业人数/人
N.A.	180	中国信达资产管理股份有限公司	北京	10702603	1203613	149575921	15649283	17800
177	181	紫金矿业集团股份有限公司	福建	10599425	409377	11287930	4045543	19226
172	182	中国黄金集团有限公司	北京	10525711	-28570	10848409	1474270	45040
188	183	北京金隅集团股份有限公司	北京	10506686	326045	26827609	5766547	52498
173	184	上海均和集团有限公司	上海	10404361	13548	1708475	687864	5100
162	185	晋能集团有限公司	山西	10365592	48342	26866659	4453766	95877
179	186	杭州钢铁集团有限公司	浙江	10314878	139233	6729816	2364948	13786
216	187	亨通集团有限公司	江苏	10198228	33684	6340164	781739	20141
181	188	山东东明石化集团有限公司	山东	10182020	222731	3028332	1160766	6308
207	189	浪潮集团有限公司	山东	10160465	158523	8071844	1241306	33879
183	190	广西建工集团有限责任公司	广西壮族自治区	10085769	125354	9197477	932534	30262
197	191	陕西建工集团有限公司	陕西	10060403	123053	6459270	1186180	36200
205	192	江铃汽车集团有限公司	江西	10060045	125821	7520722	918359	43477
314	193	新疆中泰（集团）有限责任公司	新疆	10046392	30699	9305723	592187	30605
210	194	福晟集团有限公司	福建	10026844	451117	8431686	2394112	6200
168	195	长城汽车股份有限公司	河北	9922998	520731	11180041	5252483	63455
194	196	中国广核集团有限公司	广东	9785084	565032	67009161	10084341	42085
233	197	甘肃省公路航空旅游投资集团有限公司	甘肃	9747478	8287	44588671	14231842	33209
153	198	富德生命人寿保险股份有限公司	广东	9704849	18510	46392836	3118666	104300
189	199	酒泉钢铁（集团）有限责任公司	甘肃	9607169	-36427	11329743	2339363	36415
229	200	上海钢联电子商务股份有限公司	上海	9605509	12093	966634	95728	2398
212	201	日照钢铁控股集团有限公司	山东	9536721	591773	9644043	2789210	14079
161	202	杭州汽轮动力集团有限公司	浙江	9532596	25165	3503688	621908	5426
199	203	新华联集团有限公司	北京	9529585	263004	15579861	3238784	69685
203	204	浙江省能源集团有限公司	浙江	9364713	469630	21065398	7495976	21651
218	205	中国国际海运集装箱(集团)股份有限公司	广东	9349762	338044	15888396	3732500	51253
208	206	四川省宜宾五粮液集团有限公司	四川	9311821	410586	12858970	7203168	44409
236	207	无锡产业发展集团有限公司	江苏	9305407	3821	8444128	905559	26938
202	208	北京控股集团有限公司	北京	9253946	39808	32043777	3357641	81046
198	209	万达控股集团有限公司	山东	9231536	223681	6359861	1638669	15089
213	210	马钢（集团）控股有限公司	安徽	9178433	306064	9700447	1852911	37485
200	211	江苏悦达集团有限公司	江苏	9146629	32046	8853879	994056	39233
191	212	湖南建工集团有限公司	湖南	9097795	120790	4209511	1058537	25380
237	213	深圳顺丰泰森控股（集团）有限公司	广东	9094269	441863	7048271	2610406	135294
N.A.	214	四川省铁路产业投资集团有限责任公司	四川	9079601	-63576	31962715	6732065	20913
221	215	中国国际技术智力合作有限公司	北京	9073075	66815	1226883	427864	5240

续表

上年名次	名次	企业名称	地区	营业收入/万元	净利润/万元	资产/万元	所有者权益/万元	从业人数/人
224	216	云南省能源投资集团有限公司	云南	9043249	92479	13302800	4026584	10729
251	217	敬业集团有限公司	河北	9011375	696162	3899192	1858546	23500
220	218	中天控股集团有限公司	浙江	9001613	153298	7572755	1372401	7802
226	219	上海银行股份有限公司	上海	8982805	1803404	202777240	16127655	10459
248	220	广西柳州钢铁集团有限公司	广西壮族自治区	8916100	770583	7551287	2219976	23344
193	221	杭州锦江集团有限公司	浙江	8899377	139649	8072358	1506649	12500
253	222	雅戈尔集团股份有限公司	浙江	8792583	418471	9393134	2871820	55522
256	223	北京外企服务集团有限责任公司	北京	8755632	35112	782673	207985	35181
228	224	九州通医药集团股份有限公司	湖北	8713636	134058	6667425	1846710	26119
N.A.	225	包头钢铁（集团）有限责任公司	内蒙古自治区	8706870	2837	18028703	680539	48563
282	226	中国化学工程集团有限公司	北京	8695062	124256	11220557	2400267	44049
176	227	阳光保险集团股份有限公司	北京	8657283	403548	29145299	4238993	272982
234	228	江阴澄星实业集团有限公司	江苏	8634100	148121	3505257	1325879	6239
257	229	奥克斯集团有限公司	浙江	8600343	153798	5663169	1615543	25630
223	230	利华益集团股份有限公司	山东	8537905	201863	3986050	1694944	4068
201	231	福中集团有限公司	江苏	8537865	58487	1369874	642952	30360
260	232	传化集团有限公司	浙江	8513267	16941	5743188	957436	14087
184	233	腾邦集团有限公司	广东	8451483	99053	2940409	556960	12812
238	234	宁波金田投资控股有限公司	浙江	8398973	26172	1087061	155115	6203
244	235	卓尔控股有限公司	湖北	8226308	290846	8111427	4259877	6955
225	236	山东黄金集团有限公司	山东	8213987	21499	11646201	1113991	25071
195	237	百度网络技术有限公司	北京	8191200	2757300	29756600	16289700	42267
266	238	神州数码集团股份有限公司	北京	8185805	51241	2598545	384145	4228
249	239	内蒙古电力（集团）有限责任公司	内蒙古自治区	8143203	207120	10865131	4400712	35006
206	240	广厦控股集团有限公司	浙江	8126846	112787	4379790	1120458	112689
222	241	中融新大集团有限公司	山东	8075990	257376	15532449	7034925	11000
242	242	扬子江药业集团	江苏	8056836	538600	3998262	3092119	16056
250	243	内蒙古伊利实业集团股份有限公司	内蒙古自治区	7955328	643975	4760620	2791558	56079
246	244	唯品会（中国）有限公司	广东	7947835	275541	3435823	1430043	57465
227	245	宁夏天元锰业集团有限公司	宁夏回族自治区	7934688	306205	19872241	11226269	20062
204	246	太原钢铁（集团）有限公司	山西	7855843	272940	12810611	3633204	33764
254	247	正邦集团有限公司	江西	7802537	124724	1745815	741270	42560
269	248	贵州茅台酒股份有限公司	贵州	7719938	3520363	15984667	11283856	26568
414	249	弘阳集团有限公司	江苏	7632357	232520	10097518	1741620	5844
148	250	开滦（集团）有限责任公司	河北	7604663	-48854	8096418	1150537	53539
243	251	北京城建集团有限责任公司	北京	7583028	153101	18666160	1534933	21562

续表

上年名次	名次	企业名称	地区	营业收入/万元	净利润/万元	资产/万元	所有者权益/万元	从业人数/人
230	252	河北新华联合冶金控股集团有限公司	河北	7581766	104166	6593507	445198	16535
329	253	北京首都旅游集团有限责任公司	北京	7579875	-32004	11729879	2079991	96213
231	254	华泰集团有限公司	山东	7378150	132941	3176886	945780	9050
364	255	荣盛控股股份有限公司	河北	7284241	417483	24996156	2078479	28756
N.A.	256	深圳市投资控股有限公司	广东	7175472	855316	55611478	14497613	52781
252	257	山东高速集团有限公司	山东	7062684	295496	61458650	7207910	26402
262	258	通威集团	四川	7056181	163254	4815561	1460053	24126
281	259	永辉超市股份有限公司	福建	7051665	148035	3962698	1935496	84931
275	260	正泰集团股份有限公司	浙江	7046353	148818	6498598	1272900	31683
324	261	广州市建筑集团有限公司	广东	7012351	49541	5071659	893471	19986
247	262	深圳市怡亚通供应链股份有限公司	广东	7007207	20009	4339223	591180	16486
263	263	上海永达控股（集团）有限公司	上海	6951800	137257	3154165	947949	13460
280	264	福建省能源集团有限责任公司	福建	6948526	141931	13436032	2002718	32843
337	265	广西北部湾国际港务集团有限公司	广西壮族自治区	6918456	1830	13022384	2860937	27106
255	266	天津荣程祥泰投资控股集团有限公司	天津	6900140	177155	1682111	989449	9867
245	267	奇瑞控股集团有限公司	安徽	6898525	73655	17105166	1115465	30783
308	268	三房巷集团有限公司	江苏	6755442	75308	2407309	856163	7300
299	269	网易公司	北京	6715646	615241	8696793	4523164	22726
272	270	北京住总集团有限责任公司	北京	6667019	53938	12199233	950672	9855
259	271	北京能源集团有限责任公司	北京	6664213	145979	27530071	6980025	33185
295	272	云南锡业集团（控股）有限责任公司	云南	6641932	-86882	5783797	101313	22536
274	273	红豆集团有限公司	江苏	6632940	111685	4313756	892838	22152
167	274	远大物产集团有限公司	浙江	6602524	5890	675995	237038	560
265	275	浙江省建设投资集团股份有限公司	浙江	6567487	81997	6486681	535658	19095
267	276	陕西汽车控股集团有限公司	陕西	6545471	158226	3754456	855509	28769
N.A.	277	互诚信息技术（上海）有限公司	上海	6522728	-1087111	12066151	865043	59257
283	278	江苏南通二建集团有限公司	江苏	6461523	307758	3286780	1502404	93734
326	279	前海人寿保险股份有限公司	广东	6440466	73105	24030724	2161493	3217
348	280	徐州工程机械集团有限公司	江苏	6434137	-95327	11476160	1300974	26396
351	281	三一集团有限公司	湖南	6419458	80102	12072488	2925109	23306
289	282	江西方大钢铁集团有限公司	江西	6339810	503173	3784602	1178982	20700
258	283	云天化集团有限责任公司	云南	6339143	-25238	10138159	889838	22852
307	284	本钢集团有限公司	辽宁	6336604	-21555	15556760	2985584	66876
311	285	中国铁路物资集团有限公司	北京	6318163	75662	5709627	581379	8832
N.A.	286	金鼎钢铁集团有限公司	河北	6313090	355711	1471236	808476	4067
276	287	淮北矿业（集团）有限责任公司	安徽	6282685	120376	8970216	1306143	54777

续表

上年名次	名次	企业名称	地区	营业收入/万元	净利润/万元	资产/万元	所有者权益/万元	从业人数/人
273	288	百联集团有限公司	上海	6258910	30034	7985486	1900883	54086
285	289	南通四建集团有限公司	江苏	6247123	352471	2546506	1370701	108831
293	290	山东海科化工集团有限公司	山东	6202485	169365	2177444	498193	4170
287	291	白银有色集团股份有限公司	甘肃	6194657	2590	4569688	965870	15560
277	292	青建集团	山东	6138475	49710	7031289	902763	14895
331	293	新奥能源控股有限公司	河北	6069800	281800	7391400	2138500	28900
301	294	万华化学集团股份有限公司	山东	6062119	1061038	7691266	3377874	11080
261	295	上海华谊（集团）公司	上海	6059803	258039	7108951	1747003	19398
322	296	双胞胎（集团）股份有限公司	江西	6053270	154610	1535484	939185	7400
310	297	新余钢铁集团有限公司	江西	6052304	307306	4686113	1037064	22893
292	298	甘肃省建设投资（控股）集团总公司	甘肃	6047294	30272	5294785	893072	54874
379	299	盘锦北方沥青燃料有限公司	辽宁	6003399	307073	4197661	1145302	3443
271	300	天津泰达投资控股有限公司	天津	5997826	27105	26142683	4281817	12621
394	301	武安市文安钢铁有限公司	河北	5997265	161316	1122168	1017988	4821
288	302	山东如意时尚投资控股有限公司	山东	5966729	294013	6901205	1238643	42001
297	303	河北普阳钢铁有限公司	河北	5914783	406975	2412500	1566687	6636
397	304	冀南钢铁集团有限公司	河北	5840922	532125	2248423	1925267	15533
417	305	浙江省国际贸易集团有限公司	浙江	5838938	111038	8880958	1365456	15197
N.A.	306	广东省广晟资产经营有限公司	广东	5830524	237843	14352173	1095100	54940
422	307	中基宁波集团股份有限公司	浙江	5787948	15896	1034291	104275	2089
317	308	江苏国泰国际集团有限公司	江苏	5751879	101575	2299851	779492	16229
N.A.	309	玖龙纸业（控股）有限公司	广东	5746032	577812	8188264	3637822	18459
291	310	温氏食品集团股份有限公司	广东	5723600	395744	5395002	3456844	48639
316	311	福建省三钢（集团）有限责任公司	福建	5701599	463364	3942460	1393707	16279
286	312	深圳市爱施德股份有限公司	广东	5698379	-9272	1024723	492181	2644
294	313	昆明钢铁控股有限公司	云南	5688197	33828	6178106	1309708	17981
321	314	四川华西集团有限公司	四川	5656423	72710	5414366	926866	19573
309	315	隆鑫控股有限公司	重庆	5641373	56310	6871294	991919	30076
304	316	德力西集团有限公司	浙江	5630751	89699	2059853	712778	19646
N.A.	317	广东省广新控股集团有限公司	广东	5629013	45624	5703235	1056324	25430
N.A.	318	宁波均胜电子股份有限公司	浙江	5618093	131799	5932018	1243809	59250
401	319	蓝润集团有限公司	四川	5608577	191723	6047152	3421148	12000
214	320	内蒙古伊泰集团有限公司	内蒙古自治区	5576076	231154	11314203	1847880	7009
298	321	山西煤炭进出口集团有限公司	山西	5514675	89234	8435417	882571	16856
421	322	杭州市实业投资集团有限公司	浙江	5505162	111872	5913006	1368044	27747
319	323	江苏省苏中建设集团股份有限公司	江苏	5502182	153919	2059498	619704	125617

续表

上年名次	名次	企业名称	地区	营业收入/万元	净利润/万元	资产/万元	所有者权益/万元	从业人数/人
327	324	重庆商社（集团）有限公司	重庆	5461523	16575	2660220	333792	96214
412	325	武安市裕华钢铁有限公司	河北	5410352	385745	2231421	1702847	10958
350	326	中天科技集团有限公司	江苏	5383320	82852	3691857	596940	15488
303	327	新疆特变电工集团有限公司	新疆维吾尔自治区	5372779	256286	11677510	4138908	20108
284	328	山东京博控股集团有限公司	山东	5351185	147072	3701538	868426	10710
328	329	渤海银行股份有限公司	天津	5343978	708016	103445133	5585912	11437
352	330	珠海华发集团有限公司	广东	5327885	128909	28261660	3130471	21828
346	331	天津友发钢管集团股份有限公司	天津	5314749	46617	728262	338216	9872
345	332	四川省川威集团有限公司	四川	5302685	206384	4161301	415730	14008
343	333	山东金诚石化集团有限公司	山东	5293589	113106	1208642	514493	2000
302	334	河北省物流产业集团有限公司	河北	5289403	11300	1749078	269792	2000
313	335	稻花香集团	湖北	5253481	33103	2048695	271109	13168
420	336	永锋集团有限公司	山东	5227338	279220	3489398	786553	11974
315	337	山东招金集团有限公司	山东	5222879	9869	5028250	580760	14173
419	338	东旭集团有限公司	河北	5186045	12138	20722641	4586154	18362
N.A.	339	中国信息通信科技集团有限公司	湖北	5132135	-107381	8324175	1658137	37723
388	340	山西建设投资集团有限公司	山西	5124382	68370	6807964	412016	26160
386	341	安阳钢铁集团有限责任公司	河南	5120286	119280	4649545	651117	26369
325	342	安徽江淮汽车集团控股有限公司	安徽	5110668	-18549	5034501	391551	33658
477	343	重庆市能源投资集团有限公司	重庆	5063249	-31488	10829155	1812777	40805
361	344	旭阳控股有限公司	北京	5060536	223543	3111911	1070957	6084
333	345	江苏华西集团有限公司	江苏	5044366	65876	5796439	1443560	20016
338	346	深圳海王集团股份有限公司	广东	5032143	12371	5597822	968850	31500
362	347	北京首都创业集团有限公司	北京	5002567	223825	32734062	2109699	31966
N.A.	348	辽宁嘉晨控股集团有限公司	辽宁	4963961	404324	4058575	3147920	11080
390	349	上海城建（集团）公司	上海	4932126	74598	10948941	900744	24283
484	350	东华能源股份有限公司	江苏	4894286	107844	2678688	838856	—
353	351	广东省建筑工程集团有限公司	广东	4888341	73621	7029562	1458394	31229
N.A.	352	龙光交通集团有限公司	广东	4862539	756774	21026312	3660787	6000
N.A.	353	广西北部湾投资集团有限公司	广西	4859882	179918	11661905	4217310	14229
365	354	广州智能装备产业集团有限公司	广东	4840496	86080	5110886	1014635	294451
N.A.	355	晶科能源有限公司	上海	4833952	83933	5221714	1381741	12843
357	356	江苏新长江实业集团有限公司	江苏	4824146	145372	3227808	1198806	8204
383	357	湖南博长控股集团有限公司	湖南	4808631	131770	1131705	363988	7236
323	358	新凤祥控股集团有限责任公司	山东	4746894	44589	2681807	862589	16792
449	359	江苏扬子江船业集团	江苏	4729628	424862	11069920	3757342	27065

续表

上年名次	名次	企业名称	地区	营业收入/万元	净利润/万元	资产/万元	所有者权益/万元	从业人数/人
374	360	北京建工集团有限责任公司	北京	4725870	91904	8920593	1178413	20554
341	361	重庆建工投资控股有限责任公司	重庆	4711083	24043	7331682	607874	16276
342	362	广东省交通集团有限公司	广东	4703652	398311	39691239	8925012	65388
393	363	四川省交通投资集团有限责任公司	四川	4688646	22278	37642560	12525440	26340
355	364	重庆化医控股（集团）公司	重庆	4677214	-16866	8182366	801154	27814
376	365	河北建设集团股份有限公司	河北	4673642	111252	6072004	517779	6738
335	366	四川德胜集团钒钛有限公司	四川	4670130	270333	2906094	1021973	10310
N.A.	367	盛京银行股份有限公司	辽宁	4647133	512872	98543294	5645787	5434
359	368	唐山港陆钢铁有限公司	河北	4646376	99003	1600092	809955	7995
371	369	杉杉控股有限公司	浙江	4640988	47973	5405178	884261	7347
372	370	重庆农村商业银行股份有限公司	重庆	4593490	905819	95061804	7074826	15688
381	371	山河控股集团有限公司	湖北	4590748	112041	1055120	619771	67326
349	372	武安市明芳钢铁有限公司	河北	4584630	109126	769155	593000	7900
N.A.	373	广东省能源集团有限公司	广东	4583095	200439	14550815	4916898	14657
432	374	天元建设集团有限公司	山东	4567128	104794	3155647	731576	11677
367	375	重庆机电控股（集团）公司	重庆	4558237	80150	4973195	1117181	28913
411	376	中运富通控股集团有限公司	上海	4523282	180703	2127920	565795	3033
476	377	红狮控股集团有限公司	浙江	4518823	623473	4110629	1517475	13297
402	378	河北新金钢铁有限公司	河北	4508652	204116	1762282	1063812	5099
358	379	西王集团有限公司	山东	4503711	21387	4891233	1314447	16000
368	380	太极集团有限公司	重庆	4503656	2145	1371202	242140	13052
424	381	威高集团有限公司	山东	4495514	420099	5293761	2982009	26100
430	382	广州越秀集团有限公司	广东	4482086	210094	51811002	3577234	22508
344	383	广州轻工工贸集团有限公司	广东	4473903	49397	2366500	869913	6025
370	384	江苏南通六建建设集团有限公司	江苏	4457373	113239	1158609	711700	58566
330	385	重庆小康控股有限公司	重庆	4454732	-39054	3208013	235080	15971
219	386	淮河能源控股集团有限责任公司	安徽	4439707	358164	13356125	886054	78926
385	387	江西省建工集团有限责任公司	江西	4426586	64131	5065251	366147	3436
413	388	金澳科技（湖北）化工有限公司	湖北	4396026	62788	720566	428305	3980
360	389	华勤橡胶工业集团有限公司	山东	4393254	509984	1982266	748281	8300
300	390	广东省广物控股集团有限公司	广东	4388406	370321	3388864	1040690	11212
377	391	四川省能源投资集团有限责任公司	四川	4383274	74368	13513218	2559896	20729
395	392	老凤祥股份有限公司	上海	4378447	120454	1548653	619136	3819
446	393	郑州宇通企业集团	河南	4367386	188128	9084612	1731647	39326
438	394	成都兴城投资集团有限公司	四川	4366431	70130	15549236	3754898	13602
N.A.	395	中华联合保险集团股份有限公司	北京	4342309	87916	6946978	1524983	44029

续表

上年名次	名次	企业名称	地区	营业收入/万元	净利润/万元	资产/万元	所有者权益/万元	从业人数/人
389	396	金浦投资控股集团有限公司	江苏	4322989	149293	2868278	555784	9550
387	397	人民电器集团有限公司	浙江	4321491	155512	1194380	885303	22520
N.A.	398	欧菲光集团股份有限公司	广东	4304281	-51901	3796311	858991	42608
437	399	中科电力装备集团有限公司	安徽	4301820	18727	1638880	228670	3720
467	400	浙江富冶集团有限公司	浙江	4300130	18581	990714	287034	2625
392	401	安徽建工集团控股有限公司	安徽	4288047	29770	7969353	303693	17060
373	402	通鼎集团有限公司	江苏	4283825	131892	2282237	460325	13359
407	403	福佳集团有限公司	辽宁	4273426	296933	7390810	4728858	3000
409	404	北京首都开发控股（集团）有限公司	北京	4265257	149373	31327754	1651144	4510
465	405	浙江前程投资股份有限公司	浙江	4256698	3174	470475	95203	400
403	406	山东恒源石油化工股份有限公司	山东	4251234	77838	1554831	591936	1995
N.A.	407	上海新增鼎资产管理有限公司	上海	4231999	391	449576	16917	423
416	408	申能（集团）有限公司	上海	4221935	363662	15658394	8121498	10210
N.A.	409	广东海大集团股份有限公司	广东	4215663	143728	1736566	774594	17389
418	410	环嘉集团有限公司	辽宁	4214517	188440	3258374	857498	2100
375	411	山东渤海实业股份有限公司	山东	4198609	16280	2075830	289320	3320
481	412	石横特钢集团有限公司	山东	4189263	503692	2633451	1476259	12320
332	413	山东科达集团有限公司	山东	4188625	146108	1314490	830137	8790
382	414	浙江中成控股集团有限公司	浙江	4168570	86638	1729894	725678	52107
384	415	物美科技集团有限公司	北京	4131941	204735	6138553	2457342	100000
380	416	四川科伦实业集团有限公司	四川	4124378	125074	3330814	1330872	22161
398	417	山东玉皇化工有限公司	山东	4121640	120545	2531107	1222519	4623
408	418	山东金岭集团有限公司	山东	4103172	282220	1374497	1026672	3923
369	419	河南森源集团有限公司	河南	4083787	109062	4840873	845529	20169
N.A.	420	广东圣丰集团有限公司	广东	4083127	348515	4130054	2556793	26336
366	421	重庆力帆控股有限公司	重庆	4077623	29561	5914812	1390612	9800
499	422	山东汇丰石化集团有限公司	山东	4066682	61591	1360410	390907	2017
406	423	天音通信有限公司	广东	4023901	-20586	1154196	144625	3500
N.A.	424	云南省城市建设投资集团有限公司	云南	4020459	14352	29565015	2919257	35732
460	425	富通集团有限公司	浙江	4015346	164836	2852136	981225	6591
N.A.	426	福建永荣控股集团有限公司	福建	4014512	117685	2397957	409476	4939
N.A.	427	山东创新金属科技有限公司	山东	4012941	28777	2274730	201070	6265
N.A.	428	恒申控股集团有限公司	福建	4002426	339913	2912919	1433424	8105
459	429	通州建总集团有限公司	江苏	4000459	128434	610630	164383	62000
434	430	大汉控股集团有限公司	湖南	3989426	72043	1917425	632920	4500
404	431	江苏中利能源控股有限公司	江苏	3987368	118225	3785652	1064035	8898

续表

上年名次	名次	企业名称	地区	营业收入/万元	净利润/万元	资产/万元	所有者权益/万元	从业人数/人
410	432	三河汇福粮油集团有限公司	河北	3953100	58784	1222070	350123	3000
340	433	上海仪电（集团）有限公司	上海	3930241	41500	7694212	1096012	15394
431	434	步步高投资集团股份有限公司	湖南	3901252	15216	2091021	749335	26226
436	435	江苏汇鸿国际集团股份有限公司	江苏	3898338	120157	2718294	536430	4161
400	436	创维集团有限公司	广东	3898159	9885	4315623	945554	35800
378	437	江苏华宏实业集团有限公司	江苏	3894478	30045	1141491	482295	3075
453	438	双良集团有限公司	江苏	3891124	23010	2594789	761349	5031
N. A.	439	沂州集团有限公司	山东	3883698	52474	1223044	467221	3337
461	440	广州万宝集团有限公司	广东	3852439	22499	2690970	378769	16078
443	441	西部矿业集团有限公司	青海	3831970	-38339	6042231	349135	8914
N. A.	442	中国大地财产保险股份有限公司	上海	3821973	90800	6533858	2521457	57114
428	443	江苏阳光集团有限公司	江苏	3816802	196412	2318294	1008616	17485
451	444	滨化集团	山东	3813319	101249	2088763	961383	5276
466	445	法尔胜泓昇集团有限公司	江苏	3810691	23008	2185005	363041	9248
427	446	上海国际港务（集团）股份有限公司	上海	3804254	1027634	14436703	7554799	16632
450	447	宜昌兴发集团有限责任公司	湖北	3803383	18543	3474028	408647	11504
491	448	山东泰山钢铁集团有限公司	山东	3799909	104120	1457496	494129	7615
356	449	天瑞集团股份有限公司	河南	3772022	161948	7416182	3950639	16180
363	450	武汉金融控股（集团）有限公司	湖北	3750100	37893	11239572	1440912	8122
483	451	龙信建设集团有限公司	江苏	3734032	100458	962292	415381	42671
468	452	远东控股集团有限公司	江苏	3721756	16349	2643145	405352	10233
N. A.	453	陕西投资集团有限公司	陕西	3717672	139522	15998307	2925797	22034
464	454	河北建工集团有限责任公司	河北	3717459	8052	1663079	124352	7044
470	455	宁波富邦控股集团有限公司	浙江	3716128	43420	4584417	686781	8342
N. A.	456	红太阳集团有限公司	江苏	3713626	29640	2745696	272579	6735
440	457	河南豫光金铅集团有限责任公司	河南	3700214	17666	1912349	107299	5993
429	458	武汉商联（集团）股份有限公司	湖北	3696574	35913	3509035	336717	36845
497	459	广州农村商业银行股份有限公司	广东	3684288	652634	76328960	5286133	9989
N. A.	460	齐鲁交通发展集团有限公司	山东	3679513	35817	17153623	5483629	18895
458	461	维维集团股份有限公司	江苏	3672177	183848	2455414	1660908	20186
478	462	北京市政路桥集团有限公司	北京	3661725	41239	5569484	807452	17796
456	463	新疆生产建设兵团建设工程（集团）有限责任公司	新疆维吾尔自治区	3657997	42728	5118262	947286	20153
N. A.	464	深圳金雅福控股集团有限公司	广东	3657301	15521	108156	46532	1812
445	465	北京江南投资集团有限公司	北京	3655988	522745	14015638	2227391	430
457	466	卧龙控股集团有限公司	浙江	3653562	108691	3064974	823278	18000

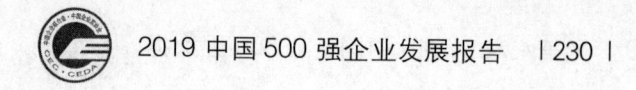

续表

上年名次	名次	企业名称	地区	营业收入/万元	净利润/万元	资产/万元	所有者权益/万元	从业人数/人
480	467	山东博汇集团有限公司	山东	3627652	37894	2980950	775584	12430
448	468	广西玉柴机器集团有限公司	广西壮族自治区	3620918	81240	4052859	1328733	16357
462	469	浙江宝业建设集团有限公司	浙江	3614536	39776	855520	332508	3991
N.A.	470	新疆天业（集团）有限公司	新疆维吾尔自治区	3587082	49602	4066502	895365	16293
N.A.	471	立讯精密工业股份有限公司	广东	3584996	272263	3644144	1549795	78352
465	472	安徽省皖北煤电集团有限责任公司	安徽	3584739	-95869	4487479	232215	37134
444	473	徐州矿务集团有限公司	江苏	3581176	27260	5009625	1470096	25042
N.A.	474	广州国资发展控股有限公司	广东	3574440	24035	7162819	1824213	11500
N.A.	475	名创优品（广州）有限责任公司	广东	3568442	140815	1200122	255151	34159
N.A.	476	山东九羊集团有限公司	山东	3525927	51603	1631731	1096047	7786
474	477	上海农村商业银行股份有限公司	上海	3524224	730814	83371275	6363563	6094
486	478	山东清源集团有限公司	山东	3521726	103424	2181581	859578	4250
N.A.	479	新华锦集团	山东	3518320	11760	925387	240073	9200
495	480	重庆轻纺控股（集团）公司	重庆	3515928	46228	2939726	654378	25161
N.A.	481	浙江龙盛控股有限公司	浙江	3502530	426540	5522192	2114799	8207
423	482	晶龙实业集团有限公司	河北	3499110	166512	4428119	2164148	13367
485	483	深圳市中农网有限公司	广东	3497344	4252	1156313	82176	676
N.A.	484	南昌市政公用投资控股有限责任公司	江西	3481931	46102	11621567	2909700	18606
488	485	波司登股份有限公司	江苏	3470464	369638	3050672	1916693	23929
N.A.	486	融信（福建）投资集团有限公司	福建	3436650	325307	19411690	1810091	3484
N.A.	487	远景能源（江苏）有限公司	江苏	3419727	69700	6640337	1151461	1958
463	488	万基控股集团有限公司	河南	3418610	-29347	2840191	191238	14000
N.A.	489	瑞康医药集团股份有限公司	山东	3391853	77866	3483604	845139	10097
492	490	澳洋集团有限公司	江苏	3386710	46725	1912747	414245	11062
496	491	岚桥集团有限公司	山东	3385367	174682	4072685	1313332	3368
N.A.	492	天津银行股份有限公司	天津	3321283	418125	65933990	4699949	6782
489	493	北京金融街投资（集团）有限公司	北京	3302822	100485	23425500	3164691	11853
495	494	金东纸业（江苏）股份有限公司	江苏	3297190	144877	6703370	1925829	7641
N.A.	495	香江集团有限公司	广东	3292301	188526	5295349	3370357	12732
N.A.	496	重庆华宇集团有限公司	重庆	3266656	359179	6567513	2337618	4790
N.A.	497	新凤鸣集团股份有限公司	浙江	3265877	142305	1716918	824246	9387
475	498	富海集团有限公司	山东	3259814	102291	2074114	854274	4268
479	499	浙江昆仑控股集团有限公司	浙江	3237832	85298	1516779	732441	30352
452	500	中国东方电气集团有限公司	四川	3232450	68724	9563149	1480447	23458
		合计		7909776396	353209504	29914556389	3660857331	33591072

说 明

1. 2019 中国企业 500 强是中国企业联合会、中国企业家协会参照国际惯例，组织企业自愿申报，并经专家审定确认后产生的。申报企业包括在中国境内注册、2018 年实现营业收入达到 200 亿元的企业（不包括在华外资、港澳台独资、控股企业，也不包括行政性公司、政企合一的单位及各类资产经营公司、烟草公司，但包括在境外注册、投资主体为中国自然人或法人、主要业务在境内的企业），都有资格申报参加排序。属于集团公司的控股子公司或相对控股子公司，由于其财务报表最后能被合并到集团母公司的财务会计报表中去，因此只允许其母公司申报。

2. 表中所列数据由企业自愿申报或属于上市公司公开数据、并经会计师事务所或审计师事务所等单位认可。

3. 营业收入是 2018 年不含增值税的收入，包括企业的所有收入，即主营业务和非主营业务、境内和境外的收入。商业银行的营业收入为 2018 年利息收入和非利息营业收入之和（不减掉对应的支出）。保险公司的营业收入是 2018 年保险费和年金收入扣除储蓄的资本收益或损失。净利润是 2018 年上交所得税的净利润扣除少数股东权益后的归属母公司所有者的净利润。资产是 2018 年年度末的资产总额。归属母公司所有者权益是 2018 年年末所有者权益总额扣除少数股东权益后的母公司所有者权益。研究开发费用是 2018 年企业投入研究开发的所有费用。从业人数是 2018 年度的平均人数（含所有被合并报表企业的人数）。

4. 行业分类参照了国家统计局的分类方法，依据其主营业务收入所在行业来划分；地区分类是按企业总部所在地划分。

表 8-2 2019 中国企业 500 强新上榜企业名单

名次	企业名称	地区	营业收入/万元	净利润/万元	资产/万元	所有者权益/万元	从业人数/人
106	华夏人寿保险股份有限公司	北京	18847090	263830	51081830	1649950	500000
136	中国国际航空股份有限公司	北京	13677440	733632	24371601	9321624	88160
145	北京首农食品集团有限公司	北京	12665547	258878	13352496	2951941	54820
180	中国信达资产管理股份有限公司	北京	10702603	1203613	149575921	15649283	17800
214	四川省铁路产业投资集团有限责任公司	四川	9079601	-63576	31962715	6732065	20913
225	包头钢铁（集团）有限责任公司	内蒙古自治区	8706870	2837	18028703	680539	48563
256	深圳市投资控股有限公司	广东	7175472	855316	55611478	14497613	52781
277	互诚信息技术（上海）有限公司	上海	6522728	-1087111	12066151	865043	59257
286	金鼎钢铁集团有限公司	河北	6313090	355711	1471236	808476	4067
306	广东省广晟资产经营有限公司	广东	5830524	237843	14352173	1095100	54940
309	玖龙纸业（控股）有限公司	广东	5746032	577812	8188264	3637822	18459
317	广东省广新控股集团有限公司	广东	5629013	45624	5703235	1056324	25430
318	宁波均胜电子股份有限公司	浙江	5618093	131799	5932018	1243809	59250
339	中国信息通信科技集团有限公司	湖北	5132135	-107381	8324175	1658137	37723
348	辽宁嘉晨控股集团有限公司	辽宁	4963961	404324	4058575	3147920	11080
352	龙光交通集团有限公司	广东	4862539	756774	21026312	3660787	6000
353	广西北部湾投资集团有限公司	广西	4859882	179918	11661905	4217310	14229
355	晶科能源有限公司	上海	4833952	83933	5221714	1381741	12843
367	盛京银行股份有限公司	辽宁	4647133	512872	98543294	5645787	5434
373	广东省能源集团有限公司	广东	4583095	200439	14550815	4916898	14657
395	中华联合保险集团股份有限公司	北京	4342309	87916	6946978	1524983	44029
398	欧菲光集团股份有限公司	广东	4304281	-51901	3796311	858991	42608
407	上海新增鼎资产管理有限公司	上海	4231999	391	449576	16917	423
409	广东海大集团股份有限公司	广东	4215663	143728	1736566	774594	17389
420	广东圣丰集团有限公司	广东	4083127	348515	4130054	2556793	26336
424	云南省城市建设投资集团有限公司	云南	4020459	14352	29565015	2919257	35732
426	福建永荣控股集团有限公司	福建	4014512	117685	2397957	409476	4939
427	山东创新金属科技有限公司	山东	4012941	28777	2274730	201070	6265
428	恒申控股集团有限公司	福建	4002426	339913	2912919	1433424	8105
439	沂州集团有限公司	山东	3883698	52474	1223044	467221	3337
442	中国大地财产保险股份有限公司	上海	3821973	90800	6533858	2521457	57114
453	陕西投资集团有限公司	陕西	3717672	139522	15998307	2925797	22034
456	红太阳集团有限公司	江苏	3713626	29640	2745696	272579	6735
460	齐鲁交通发展集团有限公司	山东	3679513	35817	17153623	5483629	18895
464	深圳金雅福控股集团有限公司	广东	3657301	15521	108156	46532	1812

续表

名次	企业名称	地区	营业收入/万元	净利润/万元	资产/万元	所有者权益/万元	从业人数
470	新疆天业（集团）有限公司	新疆维吾尔自治区	3587082	49602	4066502	895365	16293
471	立讯精密工业股份有限公司	广东	3584996	272263	3644144	1549795	78352
474	广州国资发展控股有限公司	广东	3574440	24035	7162819	1824213	11500
475	名创优品（广州）有限责任公司	广东	3568442	140815	1200122	255151	34159
476	山东九羊集团有限公司	山东	3525927	51603	1631731	1096047	7786
479	新华锦集团	山东	3518320	11760	925387	240073	9200
481	浙江龙盛控股有限公司	浙江	3502530	426540	5522192	2114799	8207
484	南昌市政公用投资控股有限责任公司	江西	3481931	46102	11621567	2909700	18606
486	融信（福建）投资集团有限公司	福建	3436650	325307	19411690	1810091	3484
487	远景能源（江苏）有限公司	江苏	3419727	69700	6640337	1151461	1958
489	瑞康医药集团股份有限公司	山东	3391853	77866	3483604	845139	10097
492	天津银行股份有限公司	天津	3321283	418125	65933990	4699949	6782
495	香江集团有限公司	广东	3292301	188526	5295349	3370357	12732
496	重庆华宇集团有限公司	重庆	3266656	359179	6567513	2337618	4790
497	新凤鸣集团股份有限公司	浙江	3265877	142305	1716918	824246	9387

表 8-3 2019 中国企业 500 强各行业企业分布

排名	企业名称	总排名	营业收入/万元	排名	企业名称	总排名	营业收入/万元
农林牧渔业					2	国家电力投资集团有限公司	91	22641530
1	中国林业集团有限公司	141	13025338	3	中国华电集团有限公司	100	21445755
2	黑龙江北大荒农垦集团总公司	161	11600955	4	中国大唐集团有限公司	103	18954300
	合计		24626293	5	中国广核集团有限公司	196	9785084
				6	广东省能源集团有限公司	373	4583095
					合计		105272472
煤炭采掘及采选业							
1	国家能源投资集团有限责任公司	26	54225660	农副产品			
2	山东能源集团有限公司	52	33897377	1	新希望集团有限公司	140	13117718
3	陕西煤业化工集团有限责任公司	73	28058689	2	正邦集团有限公司	247	7802537
4	兖矿集团有限公司	81	25722761	3	通威集团	258	7056181
5	冀中能源集团有限责任公司	86	23628548	4	双胞胎（集团）股份有限公司	296	6053270
6	山西潞安矿业（集团）有限责任公司	110	17754167	5	温氏食品集团股份有限公司	310	5723600
7	山西焦煤集团有限责任公司	111	17656475	6	西王集团有限公司	379	4503711
8	大同煤矿集团有限责任公司	112	17651365	7	广东海大集团股份有限公司	409	4215663
9	阳泉煤业（集团）有限责任公司	114	17390061	8	山东渤海实业股份有限公司	411	4198609
10	山西晋城无烟煤矿业集团有限责任公司	117	17095482	9	三河汇福粮油集团有限公司	432	3953100
11	河南能源化工集团有限公司	119	17053892		合计		56624389
12	中国中煤能源集团有限公司	128	15001865					
13	中国平煤神马能源化工集团有限公司	147	12604569	食品			
14	开滦（集团）有限责任公司	250	7604663	1	光明食品（集团）有限公司	123	15800752
15	淮北矿业（集团）有限责任公司	287	6282685	2	万洲国际有限公司	129	14958633
16	内蒙古伊泰集团有限公司	320	5576076	3	北京首农食品集团有限公司	145	12665547
17	淮河能源控股集团有限责任公司	386	4439707		合计		43424932
18	安徽省皖北煤电集团有限责任公司	472	3584739					
19	徐州矿务集团有限公司	473	3581176	饮料			
	合计		328809957	1	内蒙古伊利实业集团股份有限公司	243	7955328
				2	维维集团股份有限公司	461	3672177
石油、天然气开采及生产业					合计		11627505
1	中国石油天然气集团有限公司	2	259941742					
2	中国海洋石油集团有限公司	16	71524936	酒类			
3	陕西延长石油（集团）有限责任公司	68	29513725	1	四川省宜宾五粮液集团有限公司	206	9311821
	合计		360980403	2	贵州茅台酒股份有限公司	248	7719938
				3	稻花香集团	335	5253481
电力生产					合计		22285240
1	中国华能集团有限公司	75	27862708					

续表

排名	企业名称	总排名	营业收入/万元	排名	企业名称	总排名	营业收入/万元
轻工百货生产				3	山东博汇集团有限公司	467	3627652
1	老凤祥股份有限公司	392	4378447	4	金东纸业（江苏）股份有限公司	494	3297190
	合计		4378447		合计		20049024
纺织印染				石化及炼焦			
1	山东魏桥创业集团有限公司	70	28448728	1	中国石油化工集团有限公司	1	274277981
2	山东如意时尚投资控股有限公司	302	5966729	2	山东东明石化集团有限公司	188	10182020
3	江苏阳光集团有限公司	443	3816802	3	利华益集团股份有限公司	230	8537905
4	澳洋集团有限公司	490	3386710	4	中融新大集团有限公司	241	8075990
	合计		41618969	5	山东海科化工集团有限公司	290	6202485
服装及其他纺织品				6	盘锦北方沥青燃料有限公司	299	6003399
1	海澜集团有限公司	156	12005866	7	山东京博控股集团有限公司	328	5351185
2	雅戈尔集团股份有限公司	222	8792583	8	山东金诚石化集团有限公司	333	5293589
3	红豆集团有限公司	273	6632940	9	旭阳控股有限公司	344	5060536
4	杉杉控股有限公司	369	4640988	10	辽宁嘉晨控股集团有限公司	348	4963961
5	波司登股份有限公司	485	3470464	11	金澳科技（湖北）化工有限公司	388	4396026
	合计		35542841	12	山东恒源石油化工股份有限公司	406	4251234
				13	山东汇丰石化集团有限公司	422	4066682
				14	山东清源集团有限公司	478	3521726
家用电器制造				15	富海集团有限公司	498	3259814
1	海尔集团公司	79	26611837		合计		353444533
2	美的集团股份有限公司	80	26180000				
3	珠海格力电器股份有限公司	102	20002400	轮胎及橡胶制品			
4	海信集团有限公司	146	12663497	1	杭州市实业投资集团有限公司	322	5505162
5	四川长虹电子控股集团有限公司	151	12205921	2	华勤橡胶工业集团有限公司	389	4393254
6	TCL集团股份有限公司	164	11336008	3	山东玉皇化工有限公司	417	4121640
7	奥克斯集团有限公司	229	8600343	4	广东圣丰集团有限公司	420	4083127
8	创维集团有限公司	436	3898159	5	重庆轻纺控股（集团）公司	480	3515928
9	双良集团有限公司	438	3891124		合计		21619111
10	广州万宝集团有限公司	440	3852439				
	合计		129241728	化学原料及化学品制造			
				1	中国化工集团有限公司	38	44581360
造纸及包装				2	新疆中泰（集团）有限责任公司	193	10046392
1	华泰集团有限公司	254	7378150	3	江阴澄星实业集团有限公司	228	8634100
2	玖龙纸业（控股）有限公司	309	5746032	4	传化集团有限公司	232	8513267

续表

排名	企业名称	总排名	营业收入/万元	排名	企业名称	总排名	营业收入/万元
5	云天化集团有限责任公司	283	6339143	水泥及玻璃制造			
6	万华化学集团股份有限公司	294	6062119	1	中国建材集团有限公司	51	34800245
7	上海华谊（集团）公司	295	6059803	2	安徽海螺集团有限责任公司	105	18851188
8	金浦投资控股集团有限公司	396	4322989	3	北京金隅集团股份有限公司	183	10506686
9	山东金岭集团有限公司	418	4103172	4	东旭集团有限公司	338	5186045
10	宜昌兴发集团有限责任公司	447	3803383	5	红狮控股集团有限公司	377	4518823
11	红太阳集团有限公司	456	3713626	6	沂州集团有限公司	439	3883698
12	新疆天业（集团）有限公司	470	3587082	7	天瑞集团股份有限公司	449	3772022
13	浙江龙盛控股有限公司	481	3502530		合计		81518707
	合计		113268966				
化学纤维制造				黑色冶金			
1	恒力集团有限公司	46	37173616	1	中国宝武钢铁集团有限公司	40	43862002
2	浙江恒逸集团有限公司	130	14739323	2	河钢集团有限公司	55	33682397
3	盛虹控股集团有限公司	132	14347965	3	江苏沙钢集团有限公司	85	24104507
4	浙江荣盛控股集团有限公司	143	12859958	4	青山控股集团有限公司	90	22650146
5	三房巷集团有限公司	268	6755442	5	鞍钢集团有限公司	99	21576689
6	福建永荣控股集团有限公司	426	4014512	6	首钢集团有限公司	101	20551263
7	恒申控股集团有限公司	428	4002426	7	新兴际华集团有限公司	116	17335699
8	江苏华宏实业集团有限公司	437	3894478	8	山东钢铁集团有限公司	124	15585685
9	新凤鸣集团股份有限公司	497	3265877	9	中天钢铁集团有限公司	148	12503250
	合计		101053597	10	湖南华菱钢铁集团有限责任公司	153	12088473
				11	北京建龙重工集团有限公司	155	12027811
				12	南京钢铁集团有限公司	157	11820594
药品制造				13	东岭集团股份有限公司	172	10965694
1	上海医药集团股份有限公司	122	15908440	14	河北津西钢铁集团股份有限公司	178	10817347
2	广州医药集团有限公司	160	11601020	15	杭州钢铁集团有限公司	186	10314878
3	扬子江药业集团	242	8056836	16	酒泉钢铁（集团）有限责任公司	199	9607169
4	太极集团有限公司	380	4503656	17	日照钢铁控股集团有限公司	201	9536721
5	四川科伦实业集团有限公司	416	4124378	18	马钢（集团）控股有限公司	210	9178433
	合计		44194330	19	敬业集团有限公司	217	9011375
				20	广西柳州钢铁集团有限公司	220	8916100
医疗设备制造				21	包头钢铁（集团）有限责任公司	225	8706870
1	威高集团有限公司	381	4495514	22	太原钢铁（集团）有限公司	246	7855843
	合计		4495514	23	河北新华联合冶金控股集团有限公司	252	7581766
				24	天津荣程祥泰投资控股集团有限公司	266	6900140

续表

排名	企业名称	总排名	营业收入/万元	排名	企业名称	总排名	营业收入/万元
25	江西方大钢铁集团有限公司	282	6339810	11	宁夏天元锰业集团有限公司	245	7934688
26	本钢集团有限公司	284	6336604	12	云南锡业集团（控股）有限责任公司	272	6641932
27	新余钢铁集团有限公司	297	6052304	13	金鼎钢铁集团有限公司	286	6313090
28	武安市文安钢铁有限公司	301	5997265	14	白银有色集团股份有限公司	291	6194657
29	河北普阳钢铁有限公司	303	5914783	15	新凤祥控股集团有限责任公司	358	4746894
30	冀南钢铁集团有限公司	304	5840922	16	浙江富冶集团有限公司	400	4300130
31	福建省三钢（集团）有限责任公司	311	5701599	17	山东创新金属科技有限公司	427	4012941
32	昆明钢铁控股有限公司	313	5688197	18	西部矿业集团有限公司	441	3831970
33	武安市裕华钢铁有限公司	325	5410352	19	万基控股集团有限公司	488	3418610
34	天津友发钢管集团股份有限公司	331	5314749		合计		252158081
35	四川省川威集团有限公司	332	5302685				
36	永锋集团有限公司	336	5227338	贵金属			
37	安阳钢铁集团有限责任公司	341	5120286	1	紫金矿业集团股份有限公司	181	10599425
38	江苏新长江实业集团有限公司	356	4824146	2	中国黄金集团有限公司	182	10525711
39	湖南博长控股集团有限公司	357	4808631	3	山东黄金集团有限公司	236	8213987
40	四川德胜集团钒钛有限公司	366	4670130	4	山东招金集团有限公司	337	5222879
41	唐山港陆钢铁有限公司	368	4646376		合计		34562002
42	武安市明芳钢铁有限公司	372	4584630				
43	河北新金钢铁有限公司	378	4508652	金属制品加工			
44	石横特钢集团有限公司	412	4189263	1	中国国际海运集装箱(集团)股份有限公司	205	9349762
45	山东泰山钢铁集团有限公司	448	3799909	2	环嘉集团有限公司	410	4214517
46	山东九羊集团有限公司	476	3525927	3	法尔胜泓昇集团有限公司	445	3810691
	合计		470985410	4	河南豫光金铅集团有限责任公司	457	3700214
					合计		21075184
一般有色							
1	正威国际集团有限公司	29	50511826	锅炉及动力装备制造			
2	中国铝业集团有限公司	66	30019956	1	潍柴控股集团有限公司	87	23537254
3	江西铜业集团有限公司	88	23065391	2	上海电气（集团）总公司	163	11452758
4	金川集团股份有限公司	96	22087513	3	杭州汽轮动力集团有限公司	202	9532596
5	铜陵有色金属集团控股有限公司	109	17758240	4	卧龙控股集团有限公司	466	3653562
6	海亮集团有限公司	115	17364210	5	广西玉柴机器集团有限公司	468	3620918
7	陕西有色金属控股集团有限责任公司	137	13550912	6	中国东方电气集团有限公司	500	3232450
8	中国有色矿业集团有限公司	168	11136531		合计		55029538
9	南山集团有限公司	176	10869617				
10	宁波金田投资控股有限公司	234	8398973	工程机械及零部件			

续表

排名	企业名称	总排名	营业收入/万元	排名	企业名称	总排名	营业收入/万元
1	徐州工程机械集团有限公司	280	6434137	2	欧菲光集团股份有限公司	398	4304281
2	三一集团有限公司	281	6419458		合计		38064349
	合计		12853595				

电力、电气设备制造				通信设备制造			
1	中国电子科技集团公司	97	22042700	1	华为投资控股有限公司	15	72120200
2	中国电子信息产业集团有限公司	98	21836738	2	小米集团	113	17491500
3	天能电池集团有限公司	139	13208572	3	亨通集团有限公司	187	10198228
4	超威集团	154	12032383	4	中国信息通信科技集团有限公司	339	5132135
5	正泰集团股份有限公司	260	7046353		合计		104942063
6	德力西集团有限公司	316	5630751				
7	新疆特变电工集团有限公司	327	5372779	半导体、集成电路及面板制造			
8	广州智能装备产业集团有限公司	354	4840496	1	北京电子控股有限责任公司	173	10948121
9	人民电器集团有限公司	397	4321491	2	立讯精密工业股份有限公司	471	3584996
10	中科电力装备集团有限公司	399	4301820		合计		14533117
11	河南森源集团有限公司	419	4083787				
12	富通集团有限公司	425	4015346	汽车及零配件制造			
13	上海仪电(集团)有限公司	433	3930241	1	上海汽车集团股份有限公司	9	90219406
14	远东控股集团有限公司	452	3721756	2	东风汽车集团有限公司	20	60150128
15	宁波富邦控股集团有限公司	455	3716128	3	中国第一汽车集团有限公司	21	59403025
16	远景能源(江苏)有限公司	487	3419727	4	北京汽车集团有限公司	31	48073807
	合计		123521068	5	广州汽车工业集团有限公司	48	36405363
				6	浙江吉利控股集团有限公司	58	32852088
电线电缆制造				7	华晨汽车集团控股有限公司	127	15296763
1	中天科技集团有限公司	326	5383320	8	比亚迪股份有限公司	142	13005471
	合计		5383320	9	万向集团公司	165	11210043
				10	中国重型汽车集团有限公司	171	11004953
风能太阳能设备制造				11	江铃汽车集团有限公司	192	10060045
1	协鑫集团有限公司	166	11181648	12	长城汽车股份有限公司	195	9922998
2	晶科能源有限公司	355	4833952	13	江苏悦达集团有限公司	211	9146629
3	晶龙实业集团有限公司	482	3499110	14	奇瑞控股集团有限公司	267	6898525
	合计		19514710	15	陕西汽车控股集团有限公司	276	6545471
				16	宁波均胜电子股份有限公司	318	5618093
计算机及办公设备				17	安徽江淮汽车集团控股有限公司	342	5110668
1	联想集团有限公司	53	33760068	18	重庆小康控股有限公司	385	4454732
				19	郑州宇通企业集团	393	4367386

续表

排名	企业名称	总排名	营业收入/万元	排名	企业名称	总排名	营业收入/万元
	合计		439745594	8	重庆化医控股（集团）公司	364	4677214
				9	重庆机电控股（集团）公司	375	4558237
摩托车及零配件制造				10	岚桥集团有限公司	491	3385367
1	隆鑫控股有限公司	315	5641373		合计		118534271
2	重庆力帆控股有限公司	421	4077623				
	合计		9718996	**房屋建筑**			
				1	中国建筑股份有限公司	4	119932453
轨道交通设备及零配件制造				2	中国铁道建筑集团有限公司	14	73063133
1	中国中车集团有限公司	89	22935095	3	太平洋建设集团有限公司	24	57298100
	合计		22935095	4	中南控股集团有限公司	94	22254335
				5	上海建工集团股份有限公司	118	17054578
航空航天				6	南通三建控股有限公司	150	12235603
1	中国航空工业集团有限公司	39	43880445	7	广西建工集团有限责任公司	190	10085769
2	中国航天科工集团有限公司	82	25049695	8	陕西建工集团有限公司	191	10060403
3	中国航天科技集团有限公司	83	24955600	9	福晟集团有限公司	194	10026844
	合计		93885740	10	湖南建工集团有限公司	212	9097795
				11	四川省铁路产业投资集团有限责任公司	214	9079601
兵器制造				12	中天控股集团有限公司	218	9001613
1	中国兵器工业集团有限公司	36	45494275	13	广厦控股集团有限公司	240	8126846
2	中国兵器装备集团有限公司	93	22421000	14	北京城建集团有限责任公司	251	7583028
	合计		67915275	15	广州市建筑集团有限公司	261	7012351
				16	北京住总集团有限责任公司	270	6667019
船舶制造				17	浙江省建设投资集团股份有限公司	275	6567487
1	中国船舶重工集团有限公司	62	30503233	18	江苏南通二建集团有限公司	278	6461523
2	江苏扬子江船业集团	359	4729628	19	南通四建集团有限公司	289	6247123
	合计		35232861	20	青建集团	292	6138475
				21	甘肃省建设投资（控股）集团总公司	298	6047294
综合制造业				22	四川华西集团有限公司	314	5656423
1	中国五矿集团有限公司	28	52968018	23	江苏省苏中建设集团股份有限公司	323	5502182
2	复星国际有限公司	174	10935164	24	山西建设投资集团有限公司	340	5124382
3	新华联集团有限公司	203	9529585	25	上海城建（集团）公司	349	4932126
4	无锡产业发展集团有限公司	207	9305407	26	广东省建筑工程集团有限公司	351	4888341
5	万达控股集团有限公司	209	9231536	27	龙光交通集团有限公司	352	4862539
6	杭州锦江集团有限公司	221	8899377	28	北京建工集团有限责任公司	360	4725870
7	江苏华西集团有限公司	345	5044366	29	重庆建工投资控股有限责任公司	361	4711083

续表

排名	企业名称	总排名	营业收入/万元	排名	企业名称	总排名	营业收入/万元
30	河北建设集团股份有限公司	365	4673642	水务			
31	山河控股集团有限公司	371	4590748	1	北京控股集团有限公司	208	9253946
32	江苏南通六建建设集团有限公司	384	4457373	2	北京首都创业集团有限公司	347	5002567
33	江西省建工集团有限责任公司	387	4426586	3	齐鲁交通发展集团有限公司	460	3679513
34	安徽建工集团控股有限公司	401	4288047	4	南昌市政公用投资控股有限责任公司	484	3481931
35	山东科达集团有限公司	413	4188625		合计		21417957
36	浙江中成控股集团有限公司	414	4168570				
37	云南省城市建设投资集团有限公司	424	4020459	综合能源供用			
38	通州建总集团有限公司	429	4000459	1	浙江省能源集团有限公司	204	9364713
39	龙信建设集团有限公司	451	3734032	2	云南省能源投资集团有限公司	216	9043249
40	河北建工集团有限责任公司	454	3717459	3	福建省能源集团有限责任公司	264	6948526
41	新疆生产建设兵团建设工程（集团）有限责任公司	463	3657997	4	北京能源集团有限责任公司	271	6664213
				5	新奥能源控股有限公司	293	6069800
42	浙江宝业建设集团有限公司	469	3614536	6	重庆市能源投资集团有限公司	343	5063249
43	融信（福建）投资集团有限公司	486	3436650	7	东华能源股份有限公司	350	4894286
44	浙江昆仑控股集团有限公司	499	3237832	8	四川省能源投资集团有限责任公司	391	4383274
	合计		520657334	9	申能（集团）有限公司	408	4221935
				10	广州国资发展控股有限公司	474	3574440
土木工程建筑					合计		60227685
1	中国铁路工程集团有限公司	12	74172281				
2	中国交通建设集团有限公司	22	58302428	铁路运输			
3	中国电力建设集团有限公司	42	40497782	1	中国铁路物资集团有限公司	285	6318163
4	中国能源建设集团有限公司	92	22606682		合计		6318163
5	中国化学工程集团有限公司	226	8695062				
6	广西北部湾投资集团有限公司	353	4859882	公路运输			
7	天元建设集团有限公司	374	4567128	1	浙江省交通投资集团有限公司	135	13769149
8	北京市政路桥集团有限公司	462	3661725	2	甘肃省公路航空旅游投资集团有限公司	197	9747478
	合计		217362970	3	山东高速集团有限公司	257	7062684
				4	广东省交通集团有限公司	362	4703652
电网				5	四川省交通投资集团有限责任公司	363	4688646
1	国家电网有限公司	3	256025424		合计		39971609
2	中国南方电网有限责任公司	27	53554900				
3	内蒙古电力（集团）有限责任公司	239	8143203	水上运输			
	合计		317723527	1	中国远洋海运集团有限公司	72	28183660
					合计		28183660

续表

排名	企业名称	总排名	营业收入/万元		排名	企业名称	总排名	营业收入/万元
	港口运输					**软件和信息技术**		
1	广西北部湾国际港务集团有限公司	265	6918456		1	北大方正集团有限公司	138	13327393
2	上海国际港务（集团）股份有限公司	446	3804254		2	浪潮集团有限公司	189	10160465
	合计		10722710		3	神州数码集团股份有限公司	238	8185805
	航空运输				4	上海新增鼎资产管理有限公司	407	4231999
1	中国南方航空集团有限公司	131	14435804			合计		35905662
2	中国国际航空股份有限公司	136	13677440			**互联网服务**		
3	中国东方航空集团有限公司	144	12794870		1	北京京东世纪贸易有限公司	35	46201976
	合计		40908114		2	阿里巴巴集团控股有限公司	45	37684400
	航空港及相关服务业				3	腾讯控股有限公司	60	31269400
1	深圳海王集团股份有限公司	346	5032143		4	上海钢联电子商务股份有限公司	200	9605509
	合计		5032143		5	福中集团有限公司	231	8537865
	邮政				6	百度网络技术有限公司	237	8191200
1	中国邮政集团公司	25	56640155		7	唯品会（中国）有限公司	244	7947835
	合计		56640155		8	网易公司	269	6715646
					9	互诚信息技术（上海）有限公司	277	6522728
	物流及供应链				10	通鼎集团有限公司	402	4283825
1	厦门建发集团有限公司	71	28262119		11	深圳市中农网有限公司	483	3497344
2	深圳顺丰泰森控股（集团）有限公司	213	9094269			合计		170457728
3	腾邦集团有限公司	233	8451483			**能源矿产商贸**		
4	深圳市怡亚通供应链股份有限公司	262	7007207		1	中国航空油料集团有限公司	74	28027058
5	河北省物流产业集团有限公司	334	5289403		2	晋能集团有限公司	185	10365592
6	深圳金雅福控股集团有限公司	464	3657301		3	山西煤炭进出口集团有限公司	321	5514675
	合计		61761782		4	江苏中利能源控股有限公司	431	3987368
						合计		47894693
	电讯服务					**化工医药商贸**		
1	中国移动通信集团有限公司	13	74147987		1	中国中化集团公司	23	58107620
2	中国电信集团有限公司	37	45449206		2	瑞康医药集团股份有限公司	489	3391853
3	中国联合网络通信集团有限公司	69	29218529			合计		61499473
	合计		148815722			**机电商贸**		
					1	中国通用技术（集团）控股有限责任公司	120	17052053

续表

排名	企业名称	总排名	营业收入/万元	排名	企业名称	总排名	营业收入/万元
2	广东省广新控股集团有限公司	317	5629013	1	永辉超市股份有限公司	259	7051665
	合计		22681066	2	百联集团有限公司	288	6258910
				3	重庆商社（集团）有限公司	324	5461523
生活消费品商贸				4	物美科技集团有限公司	415	4131941
1	浙江省国际贸易集团有限公司	305	5838938	5	步步高投资集团股份有限公司	434	3901252
2	江苏国泰国际集团有限公司	308	5751879	6	武汉商联（集团）股份有限公司	458	3696574
3	广州轻工工贸集团有限公司	383	4473903	7	名创优品（广州）有限责任公司	475	3568442
4	江苏汇鸿国际集团股份有限公司	435	3898338		合计		34070307
5	新华锦集团	479	3518320				
	合计		23481378	**汽车摩托车零售**			
				1	上海永达控股（集团）有限公司	263	6951800
农产品及食品批发					合计		6951800
1	中粮集团有限公司	32	47111990				
	合计		47111990	**家电及电子产品零售**			
				1	苏宁控股集团	19	60245624
生活资料商贸				2	国美控股集团有限公司	57	33409846
1	物产中大集团股份有限公司	64	30053825	3	深圳市爱施德股份有限公司	312	5698379
2	广东省广物控股集团有限公司	390	4388406	4	天音通信有限公司	423	4023901
	合计		34442231		合计		103377750
金属品商贸				**医药及医疗器材零售**			
1	西安迈科金属国际集团有限公司	177	10862627	1	中国医药集团有限公司	43	39675030
2	上海均和集团有限公司	184	10404361	2	九州通医药集团股份有限公司	224	8713636
3	大汉控股集团有限公司	430	3989426		合计		48388666
	合计		25256414				
				商业银行			
综合商贸				1	中国工商银行股份有限公司	5	116641100
1	厦门国贸控股集团有限公司	77	27409582	2	中国建设银行股份有限公司	7	97350200
2	东方国际（集团）有限公司	167	11147834	3	中国农业银行股份有限公司	8	92290500
3	浙江省兴合集团有限责任公司	169	11051105	4	中国银行股份有限公司	10	84479000
4	远大物产集团有限公司	274	6602524	5	国家开发银行股份有限公司	17	68179500
5	中基宁波集团股份有限公司	307	5787948	6	交通银行股份有限公司	41	43404600
	合计		61998993	7	招商银行股份有限公司	47	36564800
				8	兴业银行股份有限公司	54	33729200
连锁超市及百货				9	上海浦东发展银行股份有限公司	56	33438200

续表

排名	企业名称	总排名	营业收入/万元	排名	企业名称	总排名	营业收入/万元
10	中国民生银行股份有限公司	59	31998900		合计		238211851
11	华夏银行股份有限公司	133	13909600				
12	北京银行股份有限公司	158	11701023		住宅地产		
13	上海银行股份有限公司	219	8982805	1	恒大集团有限公司	34	46619600
14	渤海银行股份有限公司	329	5343978	2	碧桂园控股有限公司	44	37907900
15	盛京银行股份有限公司	367	4647133	3	绿地控股集团股份有限公司	50	34842646
16	重庆农村商业银行股份有限公司	370	4593490	4	万科企业股份有限公司	67	29708306
17	广州农村商业银行股份有限公司	459	3684288	5	龙湖集团控股有限公司	162	11579846
18	上海农村商业银行股份有限公司	477	3524224	6	华侨城集团有限公司	170	11034881
19	天津银行股份有限公司	492	3321283	7	卓尔控股有限公司	235	8226308
	合计		697783824	8	弘阳集团有限公司	249	7632357
				9	荣盛控股股份有限公司	255	7284241
	保险业			10	天津泰达投资控股有限公司	300	5997826
1	中国人寿保险（集团）公司	11	76843831	11	蓝润集团有限公司	319	5608577
2	中国人民保险集团股份有限公司	30	50379900	12	珠海华发集团有限公司	330	5327885
3	中国太平洋保险（集团）股份有限公司	49	35436300	13	广州越秀集团有限公司	382	4482086
4	华夏人寿保险股份有限公司	106	18847090	14	成都兴城投资集团有限公司	394	4366431
5	中国太平保险控股有限公司	107	18181022	15	福佳集团有限公司	403	4273426
6	泰康保险集团股份有限公司	121	16491538	16	北京首都开发控股（集团）有限公司	404	4265257
7	新华人寿保险股份有限公司	126	15416700	17	北京江南投资集团有限公司	465	3655988
8	富德生命人寿保险股份有限公司	198	9704849	18	北京金融街投资（集团）有限公司	493	3302822
9	阳光保险集团股份有限公司	227	8657283	19	香江集团有限公司	495	3292301
10	前海人寿保险股份有限公司	279	6440466	20	重庆华宇集团有限公司	496	3266656
11	中华联合保险集团股份有限公司	395	4342309		合计		242675340
12	中国大地财产保险股份有限公司	442	3821973				
	合计		264563261		商业地产		
				1	大连万达集团股份有限公司	108	18076999
	多元化金融				合计		18076999
1	中国平安保险（集团）股份有限公司	6	108214600				
2	中国中信集团有限公司	33	46738743		多元化投资		
3	招商局集团有限公司	63	30378400	1	厦门象屿集团有限公司	84	24146079
4	中国光大集团有限公司	76	27702100	2	阳光龙净集团有限公司	95	22089600
5	中国华融资产管理股份有限公司	179	10725305	3	重庆市金科投资控股(集团)有限责任公司	149	12382825
6	中国信达资产管理股份有限公司	180	10702603	4	国家开发投资集团有限公司	152	12138044
7	武汉金融控股（集团）有限公司	450	3750100	5	云南省建设投资控股集团有限公司	159	11604985

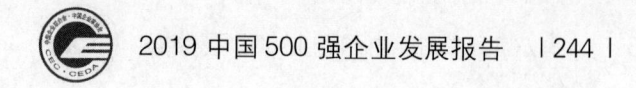

续表

排名	企业名称	总排名	营业收入/万元	排名	企业名称	总排名	营业收入/万元
6	云南省投资控股集团有限公司	175	10892371	1	北京首都旅游集团有限责任公司	253	7579875
7	深圳市投资控股有限公司	256	7175472		合计		7579875
8	广东省广晟资产经营有限公司	306	5830524				
9	中运富通控股集团有限公司	376	4523282	综合服务业			
10	浙江前程投资股份有限公司	405	4256698	1	中国华润有限公司	18	60850900
11	陕西投资集团有限公司	453	3717672	2	中国保利集团公司	61	30564600
	合计		118757552	3	中国机械工业集团有限公司	65	30046546
				4	雪松控股集团有限公司	78	26882596
人力资源服务				5	新疆广汇实业投资（集团）有限责任公司	104	18894202
1	中国国际技术智力合作有限公司	215	9073075	6	东浩兰生（集团）有限公司	125	15434403
2	北京外企服务集团有限责任公司	223	8755632	7	广西投资集团有限公司	134	13883512
	合计		17828707		合计		196556759
旅游和餐饮							

表 8-4 2019 中国企业 500 强各地区分布

排名	企业名称	总排名	营业收入/万元	排名	企业名称	总排名	营业收入/万元
北京				35	中国保利集团公司	61	30564600
1	中国石油化工集团有限公司	1	274277981	36	中国船舶重工集团有限公司	62	30503233
2	中国石油天然气集团有限公司	2	259941742	37	招商局集团有限公司	63	30378400
3	国家电网有限公司	3	256025424	38	中国机械工业集团有限公司	65	30046546
4	中国建筑股份有限公司	4	119932453	39	中国铝业集团有限公司	66	30019956
5	中国工商银行股份有限公司	5	116641100	40	中国联合网络通信集团有限公司	69	29218529
6	中国建设银行股份有限公司	7	97350200	41	中国远洋海运集团有限公司	72	28183660
7	中国农业银行股份有限公司	8	92290500	42	中国航空油料集团有限公司	74	28027058
8	中国银行股份有限公司	10	84479000	43	中国华能集团有限公司	75	27862708
9	中国人寿保险（集团）公司	11	76843831	44	中国光大集团有限公司	76	27702100
10	中国铁路工程集团有限公司	12	74172281	45	中国航天科工集团有限公司	82	25049695
11	中国移动通信集团有限公司	13	74147987	46	中国航天科技集团有限公司	83	24955600
12	中国铁道建筑集团有限公司	14	73063133	47	中国中车集团有限公司	89	22935095
13	中国海洋石油集团有限公司	16	71524936	48	国家电力投资集团有限公司	91	22641530
14	国家开发银行股份有限公司	17	68179500	49	中国能源建设集团有限公司	92	22606682
15	中国交通建设集团有限公司	22	58302428	50	中国兵器装备集团有限公司	93	22421000
16	中国中化集团公司	23	58107620	51	中国电子科技集团有限公司	97	22042700
17	中国邮政集团公司	25	56640155	52	中国电子信息产业集团有限公司	98	21836738
18	国家能源投资集团有限责任公司	26	54225660	53	中国华电集团有限公司	100	21445755
19	中国五矿集团有限公司	28	52968018	54	首钢集团有限公司	101	20551263
20	中国人民保险集团股份有限公司	30	50379900	55	中国大唐集团有限公司	103	18954300
21	北京汽车集团有限公司	31	48073807	56	华夏人寿保险股份有限公司	106	18847090
22	中粮集团有限公司	32	47111990	57	中国太平保险控股有限公司	107	18181022
23	中国中信集团有限公司	33	46738743	58	小米集团	113	17491500
24	北京京东世纪贸易有限公司	35	46201976	59	新兴际华集团有限公司	116	17335699
25	中国兵器工业集团有限公司	36	45494275	60	中国通用技术（集团）控股有限责任公司	120	17052053
26	中国电信集团有限公司	37	45449206	61	泰康保险集团股份有限公司	121	16491538
27	中国化工集团有限公司	38	44581360	62	新华人寿保险股份有限公司	126	15416700
28	中国航空工业集团有限公司	39	43880445	63	中国中煤能源集团有限公司	128	15001865
29	中国电力建设集团有限公司	42	40497782	64	华夏银行股份有限公司	133	13909600
30	中国医药集团有限公司	43	39675030	65	中国国际航空股份有限公司	136	13677440
31	中国建材集团有限公司	51	34800245	66	北大方正集团有限公司	138	13327393
32	联想集团有限公司	53	33760068	67	中国林业集团有限公司	141	13025338
33	国美控股集团有限公司	57	33409846	68	北京首农食品集团有限公司	145	12665547
34	中国民生银行股份有限公司	59	31998900	69	国家开发投资集团有限公司	152	12138044

续表

排名	企业名称	总排名	营业收入/万元	排名	企业名称	总排名	营业收入/万元
70	北京建龙重工集团有限公司	155	12027811	2	中国宝武钢铁集团有限公司	40	43862002
71	北京银行股份有限公司	158	11701023	3	交通银行股份有限公司	41	43404600
72	中国有色矿业集团有限公司	168	11136531	4	中国太平洋保险（集团）股份有限公司	49	35436300
73	北京电子控股有限责任公司	173	10948121	5	绿地控股集团股份有限公司	50	34842646
74	中国华融资产管理股份有限公司	179	10725305	6	上海浦东发展银行股份有限公司	56	33438200
75	中国信达资产管理股份有限公司	180	10702603	7	上海建工集团股份有限公司	118	17054578
76	中国黄金集团有限公司	182	10525711	8	上海医药集团股份有限公司	122	15908440
77	北京金隅集团股份有限公司	183	10506686	9	光明食品（集团）有限公司	123	15800752
78	新华联集团有限公司	203	9529585	10	东浩兰生（集团）有限公司	125	15434403
79	北京控股集团有限公司	208	9253946	11	中国东方航空集团有限公司	144	12794870
80	中国国际技术智力合作有限公司	215	9073075	12	上海电气（集团）总公司	163	11452758
81	北京外企服务集团有限责任公司	223	8755632	13	东方国际（集团）有限公司	167	11147834
82	中国化学工程集团有限公司	226	8695062	14	复星国际有限公司	174	10935164
83	阳光保险集团股份有限公司	227	8657283	15	上海均和集团有限公司	184	10404361
84	百度网络技术有限公司	237	8191200	16	上海钢联电子商务股份有限公司	200	9605509
85	神州数码集团股份有限公司	238	8185805	17	上海银行股份有限公司	219	8982805
86	北京城建集团有限责任公司	251	7583028	18	上海永达控股（集团）有限公司	263	6951800
87	北京首都旅游集团有限责任公司	253	7579875	19	互诚信息技术（上海）有限公司	277	6522728
88	网易公司	269	6715646	20	百联集团有限公司	288	6258910
89	北京住总集团有限责任公司	270	6667019	21	上海华谊（集团）公司	295	6059803
90	北京能源集团有限责任公司	271	6664213	22	上海城建（集团）公司	349	4932126
91	中国铁路物资集团有限公司	285	6318163	23	晶科能源有限公司	355	4833952
92	旭阳控股有限公司	344	5060536	24	中运富通控股集团有限公司	376	4523282
93	北京首都创业集团有限公司	347	5002567	25	老凤祥股份有限公司	392	4378447
94	北京建工集团有限责任公司	360	4725870	26	上海新增鼎资产管理有限公司	407	4231999
95	中华联合保险集团股份有限公司	395	4342309	27	申能（集团）有限公司	408	4221935
96	北京首都开发控股（集团）有限公司	404	4265257	28	上海仪电（集团）有限公司	433	3930241
97	物美科技集团有限公司	415	4131941	29	中国大地财产保险股份有限公司	442	3821973
98	北京市政路桥集团有限公司	462	3661725	30	上海国际港务（集团）股份有限公司	446	3804254
99	北京江南投资集团有限公司	465	3655988	31	上海农村商业银行股份有限公司	477	3524224
100	北京金融街投资（集团）有限公司	493	3302822		合计		488720302
	合计		3641967837				

天津

1	天津荣程祥泰投资控股集团有限公司	266	6900140

上海

1	上海汽车集团股份有限公司	9	90219406	2	天津泰达投资控股有限公司	300	5997826

续表

排名	企业名称	总排名	营业收入/万元	排名	企业名称	总排名	营业收入/万元
3	渤海银行股份有限公司	329	5343978	5	盘锦北方沥青燃料有限公司	299	6003399
4	天津友发钢管集团股份有限公司	331	5314749	6	辽宁嘉晨控股集团有限公司	348	4963961
5	天津银行股份有限公司	492	3321283	7	盛京银行股份有限公司	367	4647133
	合计		26877976	8	福佳集团有限公司	403	4273426
				9	环嘉集团有限公司	410	4214517
					合计		85389491

	重庆						
1	重庆市金科投资控股（集团）有限责任公司	149	12382825		河北		
2	龙湖集团控股有限公司	162	11579846	1	河钢集团有限公司	55	33682397
3	隆鑫控股有限公司	315	5641373	2	冀中能源集团有限责任公司	86	23628548
4	重庆商社（集团）有限公司	324	5461523	3	河北津西钢铁集团股份有限公司	178	10817347
5	重庆市能源投资集团有限公司	343	5063249	4	长城汽车股份有限公司	195	9922998
6	重庆建工投资控股有限责任公司	361	4711083	5	敬业集团有限公司	217	9011375
7	重庆化医控股（集团）公司	364	4677214	6	开滦（集团）有限责任公司	250	7604663
8	重庆农村商业银行股份有限公司	370	4593490	7	河北新华联合冶金控股集团有限公司	252	7581766
9	重庆机电控股（集团）公司	375	4558237	8	荣盛控股股份有限公司	255	7284241
10	太极集团有限公司	380	4503656	9	金鼎钢铁集团有限公司	286	6313090
11	重庆小康控股有限公司	385	4454732	10	新奥能源控股有限公司	293	6069800
12	重庆力帆控股有限公司	421	4077623	11	武安市文安钢铁有限公司	301	5997265
13	重庆轻纺控股（集团）公司	480	3515928	12	河北普阳钢铁有限公司	303	5914783
14	重庆华宇集团有限公司	496	3266656	13	冀南钢铁集团有限公司	304	5840922
	合计		78487435	14	武安市裕华钢铁有限公司	325	5410352
				15	河北省物流产业集团有限公司	334	5289403
	黑龙江			16	东旭集团有限公司	338	5186045
1	黑龙江北大荒农垦集团总公司	161	11600955	17	河北建设集团股份有限公司	365	4673642
	合计		11600955	18	唐山港陆钢铁有限公司	368	4646376
				19	武安市明芳钢铁有限公司	372	4584630
	吉林			20	河北新金钢铁有限公司	378	4508652
1	中国第一汽车集团有限公司	21	59403025	21	三河汇福粮油集团有限公司	432	3953100
	合计		59403025	22	河北建工集团有限责任公司	454	3717459
				23	晶龙实业集团有限公司	482	3499110
	辽宁				合计		185137964
1	鞍钢集团有限公司	99	21576689				
2	大连万达集团股份有限公司	108	18076999		河南		
3	华晨汽车集团控股有限公司	127	15296763				
4	本钢集团有限公司	284	6336604	1	河南能源化工集团有限公司	119	17053892

续表

排名	企业名称	总排名	营业收入/万元	排名	企业名称	总排名	营业收入/万元
2	万洲国际有限公司	129	14958633	25	永锋集团有限公司	336	5227338
3	中国平煤神马能源化工集团有限责任公司	147	12604569	26	山东招金集团有限公司	337	5222879
4	安阳钢铁集团有限责任公司	341	5120286	27	新凤祥控股集团有限责任公司	358	4746894
5	郑州宇通企业集团	393	4367386	28	天元建设集团有限公司	374	4567128
6	河南森源集团有限公司	419	4083787	29	西王集团有限公司	379	4503711
7	天瑞集团股份有限公司	449	3772022	30	威高集团有限公司	381	4495514
8	河南豫光金铅集团有限责任公司	457	3700214	31	华勤橡胶工业集团有限公司	389	4393254
9	万基控股集团有限公司	488	3418610	32	山东恒源石油化工股份有限公司	406	4251234
	合计		69079399	33	山东渤海实业股份有限公司	411	4198609
				34	石横特钢集团有限公司	412	4189263
山东				35	山东科达集团有限公司	413	4188625
1	山东能源集团有限公司	52	33897377	36	山东玉皇化工有限公司	417	4121640
2	山东魏桥创业集团有限公司	70	28448728	37	山东金岭集团有限公司	418	4103172
3	海尔集团公司	79	26611837	38	山东汇丰石化集团有限公司	422	4066682
4	兖矿集团有限公司	81	25722761	39	山东创新金属科技有限公司	427	4012941
5	潍柴控股集团有限公司	87	23537254	40	沂州集团有限公司	439	3883698
6	山东钢铁集团有限公司	124	15585685	41	滨化集团	444	3813319
7	海信集团有限公司	146	12663497	42	山东泰山钢铁集团有限公司	448	3799909
8	中国重型汽车集团有限公司	171	11004953	43	齐鲁交通发展集团有限公司	460	3679513
9	南山集团有限公司	176	10869617	44	山东博汇集团有限公司	467	3627652
10	山东东明石化集团有限公司	188	10182020	45	山东九羊集团有限公司	476	3525927
11	浪潮集团有限公司	189	10160465	46	山东清源集团有限公司	478	3521726
12	日照钢铁控股集团有限公司	201	9536721	47	新华锦集团	479	3518320
13	万达控股集团有限公司	209	9231536	48	瑞康医药集团股份有限公司	489	3391853
14	利华益集团股份有限公司	230	8537905	49	岚桥集团有限公司	491	3385367
15	山东黄金集团有限公司	236	8213987	50	富海集团有限公司	498	3259814
16	中融新大集团有限公司	241	8075990		合计		407431731
17	华泰集团有限公司	254	7378150				
18	山东高速集团有限公司	257	7062684	山西			
19	山东海科化工集团有限公司	290	6202485	1	山西潞安矿业（集团）有限责任公司	110	17754167
20	青建集团	292	6138475	2	山西焦煤集团有限责任公司	111	17656475
21	万华化学集团股份有限公司	294	6062119	3	大同煤矿集团有限责任公司	112	17651365
22	山东如意时尚投资控股有限公司	302	5966729	4	阳泉煤业（集团）有限责任公司	114	17390061
23	山东京博控股集团有限公司	328	5351185	5	山西晋城无烟煤矿业集团有限责任公司	117	17095482
24	山东金诚石化集团有限公司	333	5293589	6	晋能集团有限公司	185	10365592

续表

排名	企业名称	总排名	营业收入/万元	排名	企业名称	总排名	营业收入/万元
7	太原钢铁（集团）有限公司	246	7855843	6	盛虹控股集团有限公司	132	14347965
8	山西煤炭进出口集团有限公司	321	5514675	7	中天钢铁集团有限公司	148	12503250
9	山西建设投资集团有限公司	340	5124382	8	南通三建控股有限公司	150	12235603
	合计		116408042	9	海澜集团有限公司	156	12005866
				10	南京钢铁集团有限公司	157	11820594
陕西				11	协鑫集团有限公司	166	11181648
1	陕西延长石油（集团）有限责任公司	68	29513725	12	亨通集团有限公司	187	10198228
2	陕西煤业化工集团有限责任公司	73	28058689	13	无锡产业发展集团有限公司	207	9305407
3	陕西有色金属控股集团有限责任公司	137	13550912	14	江苏悦达集团有限公司	211	9146629
4	东岭集团股份有限公司	172	10965694	15	江阴澄星实业集团有限公司	228	8634100
5	西安迈科金属国际集团有限公司	177	10862627	16	福中集团有限公司	231	8537865
6	陕西建工集团有限公司	191	10060403	17	扬子江药业集团	242	8056836
7	陕西汽车控股集团有限公司	276	6545471	18	弘阳集团有限公司	249	7632357
8	陕西投资集团有限公司	453	3717672	19	三房巷集团有限公司	268	6755442
	合计		113275193	20	红豆集团有限公司	273	6632940
				21	江苏南通二建集团有限公司	278	6461523
安徽				22	徐州工程机械集团有限公司	280	6434137
1	安徽海螺集团有限责任公司	105	18851188	23	南通四建集团有限公司	289	6247123
2	铜陵有色金属集团控股有限公司	109	17758240	24	江苏国泰国际集团有限公司	308	5751879
3	马钢（集团）控股有限公司	210	9178433	25	江苏省苏中建设集团股份有限公司	323	5502182
4	奇瑞控股集团有限公司	267	6898525	26	中天科技集团有限公司	326	5383320
5	淮北矿业（集团）有限责任公司	287	6282685	27	江苏华西集团有限公司	345	5044366
6	安徽江淮汽车集团控股有限公司	342	5110668	28	东华能源股份有限公司	350	4894286
7	淮河能源控股集团有限责任公司	386	4439707	29	江苏新长江实业集团有限公司	356	4824146
8	中科电力装备集团有限公司	399	4301820	30	江苏扬子江船业集团	359	4729628
9	安徽建工集团控股有限公司	401	4288047	31	江苏南通六建建设集团有限公司	384	4457373
10	安徽省皖北煤电集团有限责任公司	472	3584739	32	金浦投资控股集团有限公司	396	4322989
	合计		80694052	33	通鼎集团有限公司	402	4283825
				34	通州建总集团有限公司	429	4000459
江苏				35	江苏中利能源控股有限公司	431	3987368
1	苏宁控股集团	19	60245624	36	江苏汇鸿国际集团股份有限公司	435	3898338
2	太平洋建设集团有限公司	24	57298100	37	江苏华宏实业集团有限公司	437	3894478
3	恒力集团有限公司	46	37173616	38	双良集团有限公司	438	3891124
4	江苏沙钢集团有限公司	85	24104507	39	江苏阳光集团有限公司	443	3816802
5	中南控股集团有限公司	94	22254335	40	法尔胜泓昇集团有限公司	445	3810691

续表

排名	企业名称	总排名	营业收入/万元	排名	企业名称	总排名	营业收入/万元
41	龙信建设集团有限公司	451	3734032	2	江铃汽车集团有限公司	192	10060045
42	远东控股集团有限公司	452	3721756	3	正邦集团有限公司	247	7802537
43	红太阳集团有限公司	456	3713626	4	江西方大钢铁集团有限公司	282	6339810
44	维维集团股份有限公司	461	3672177	5	双胞胎（集团）股份有限公司	296	6053270
45	徐州矿务集团有限公司	473	3581176	6	新余钢铁集团有限公司	297	6052304
46	波司登股份有限公司	485	3470464	7	江西省建工集团有限责任公司	387	4426586
47	远景能源（江苏）有限公司	487	3419727	8	南昌市政公用投资控股有限责任公司	484	3481931
48	澳洋集团有限公司	490	3386710		合计		67281874
49	金东纸业（江苏）股份有限公司	494	3297190				
	合计		477703807	浙江			
				1	阿里巴巴集团控股有限公司	45	37684400
湖南				2	浙江吉利控股集团有限公司	58	32852088
1	湖南华菱钢铁集团有限责任公司	153	12088473	3	物产中大集团股份有限公司	64	30053825
2	湖南建工集团有限公司	212	9097795	4	青山控股集团有限公司	90	22650146
3	三一集团有限公司	281	6419458	5	海亮集团有限公司	115	17364210
4	湖南博长控股集团有限公司	357	4808631	6	浙江恒逸集团有限公司	130	14739323
5	大汉控股集团有限公司	430	3989426	7	浙江省交通投资集团有限公司	135	13769149
6	步步高投资集团股份有限公司	434	3901252	8	天能电池集团有限公司	139	13208572
	合计		40305035	9	浙江荣盛控股集团有限公司	143	12859958
				10	超威集团	154	12032383
湖北				11	万向集团公司	165	11210043
1	东风汽车集团有限公司	20	60150128	12	浙江省兴合集团有限责任公司	169	11051105
2	九州通医药集团股份有限公司	224	8713636	13	杭州钢铁集团有限公司	186	10314878
3	卓尔控股有限公司	235	8226308	14	杭州汽轮动力集团有限公司	202	9532596
4	稻花香集团	335	5253481	15	浙江省能源集团有限公司	204	9364713
5	中国信息通信科技集团有限公司	339	5132135	16	中天控股集团有限公司	218	9001613
6	山河控股集团有限公司	371	4590748	17	杭州锦江集团有限公司	221	8899377
7	金澳科技（湖北）化工有限公司	388	4396026	18	雅戈尔集团股份有限公司	222	8792583
8	宜昌兴发集团有限责任公司	447	3803383	19	奥克斯集团有限公司	229	8600343
9	武汉金融控股（集团）有限公司	450	3750100	20	传化集团有限公司	232	8513267
10	武汉商联（集团）股份有限公司	458	3696574	21	宁波金田投资控股有限公司	234	8398973
	合计		107712519	22	广厦控股集团有限公司	240	8126846
				23	正泰集团股份有限公司	260	7046353
江西				24	远大物产集团有限公司	274	6602524
1	江西铜业集团有限公司	88	23065391	25	浙江省建设投资集团股份有限公司	275	6567487

续表

排名	企业名称	总排名	营业收入/万元	排名	企业名称	总排名	营业收入/万元
26	浙江省国际贸易集团有限公司	305	5838938	15	中国南方航空集团有限公司	131	14435804
27	中基宁波集团股份有限公司	307	5787948	16	比亚迪股份有限公司	142	13005471
28	德力西集团有限公司	316	5630751	17	广州医药集团有限公司	160	11601020
29	宁波均胜电子股份有限公司	318	5618093	18	TCL集团股份有限公司	164	11336008
30	杭州市实业投资集团有限公司	322	5505162	19	华侨城集团有限公司	170	11034881
31	杉杉控股有限公司	369	4640988	20	中国广核集团有限公司	196	9785084
32	红狮控股集团有限公司	377	4518823	21	富德生命人寿保险股份有限公司	198	9704849
33	人民电器集团有限公司	397	4321491	22	中国国际海运集装箱(集团)股份有限公司	205	9349762
34	浙江富冶集团有限公司	400	4300130	23	深圳顺丰泰森控股(集团)有限公司	213	9094269
35	浙江前程投资股份有限公司	405	4256698	24	腾邦集团有限公司	233	8451483
36	浙江中成控股集团有限公司	414	4168570	25	唯品会(中国)有限公司	244	7947835
37	富通集团有限公司	425	4015346	26	深圳市投资控股有限公司	256	7175472
38	宁波富邦控股集团有限公司	455	3716128	27	广州市建筑集团有限公司	261	7012351
39	卧龙控股集团有限公司	466	3653562	28	深圳市怡亚通供应链股份有限公司	262	7007207
40	浙江宝业建设集团有限公司	469	3614536	29	前海人寿保险股份有限公司	279	6440466
41	浙江龙盛控股有限公司	481	3502530	30	广东省广晟资产经营有限公司	306	5830524
42	新凤鸣集团股份有限公司	497	3265877	31	玖龙纸业(控股)有限公司	309	5746032
43	浙江昆仑控股集团有限公司	499	3237832	32	温氏食品集团股份有限公司	310	5723600
	合计		418830158	33	深圳市爱施德股份有限公司	312	5698379
				34	广东省广新控股集团有限公司	317	5629013
广东				35	珠海华发集团有限公司	330	5327885
1	中国平安保险(集团)股份有限公司	6	108214600	36	深圳海王集团股份有限公司	346	5032143
2	华为投资控股有限公司	15	72120200	37	广东省建筑工程集团有限公司	351	4888341
3	中国华润有限公司	18	60850900	38	龙光交通集团有限公司	352	4862539
4	中国南方电网有限责任公司	27	53554900	39	广州智能装备产业集团有限公司	354	4840496
5	正威国际集团有限公司	29	50511826	40	广东省交通集团有限公司	362	4703652
6	恒大集团有限公司	34	46619600	41	广东省能源集团有限公司	373	4583095
7	碧桂园控股有限公司	44	37907900	42	广州越秀集团有限公司	382	4482086
8	招商银行股份有限公司	47	36564800	43	广州轻工工贸集团有限公司	383	4473903
9	广州汽车工业集团有限公司	48	36405363	44	广东省广物控股集团有限公司	390	4388406
10	腾讯控股有限公司	60	31269400	45	欧菲光集团股份有限公司	398	4304281
11	万科企业股份有限公司	67	29708306	46	广东海大集团股份有限公司	409	4215663
12	雪松控股集团有限公司	78	26882596	47	广东圣丰集团有限公司	420	4083127
13	美的集团股份有限公司	80	26180000	48	天音通信有限公司	423	4023901
14	珠海格力电器股份有限公司	102	20002400	49	创维集团有限公司	436	3898159

续表

排名	企业名称	总排名	营业收入/万元	排名	企业名称	总排名	营业收入/万元
50	广州万宝集团有限公司	440	3852439	8	永辉超市股份有限公司	259	7051665
51	广州农村商业银行股份有限公司	459	3684288	9	福建省能源集团有限责任公司	264	6948526
52	深圳金雅福控股集团有限公司	464	3657301	10	福建省三钢（集团）有限责任公司	311	5701599
53	立讯精密工业股份有限公司	471	3584996	11	福建永荣控股集团有限公司	426	4014512
54	广州国资发展控股有限公司	474	3574440	12	恒申控股集团有限公司	428	4002426
55	名创优品（广州）有限责任公司	475	3568442	13	融信（福建）投资集团有限公司	486	3436650
56	深圳市中农网有限公司	483	3497344		合计		187418227
57	香江集团有限公司	495	3292301				
	合计		905621529	广西壮族自治区			
				1	广西投资集团有限公司	134	13883512
四川				2	广西建工集团有限责任公司	190	10085769
1	新希望集团有限公司	140	13117718	3	广西柳州钢铁集团有限公司	220	8916100
2	四川长虹电子控股集团有限公司	151	12205921	4	广西北部湾国际港务集团有限公司	265	6918456
3	四川省宜宾五粮液集团有限公司	206	9311821	5	广西北部湾投资集团有限公司	353	4859882
4	四川省铁路产业投资集团有限责任公司	214	9079601	6	广西玉柴机器集团有限公司	468	3620918
5	通威集团	258	7056181		合计		48284637
6	四川华西集团有限公司	314	5656423				
7	蓝润集团有限公司	319	5608577	贵州			
8	四川省川威集团有限公司	332	5302685	1	贵州茅台酒股份有限公司	248	7719938
9	四川省交通投资集团有限责任公司	363	4688646		合计		7719938
10	四川德胜集团钒钛有限公司	366	4670130				
11	四川省能源投资集团有限责任公司	391	4383274	云南			
12	成都兴城投资集团有限公司	394	4366431	1	云南省建设投资控股集团有限公司	159	11604985
13	四川科伦实业集团有限公司	416	4124378	2	云南省投资控股集团有限公司	175	10892371
14	中国东方电气集团有限公司	500	3232450	3	云南省能源投资集团有限公司	216	9043249
	合计		92804236	4	云南锡业集团（控股）有限责任公司	272	6641932
				5	云天化集团有限公司	283	6339143
福建				6	昆明钢铁控股有限公司	313	5688197
1	兴业银行股份有限公司	54	33729200	7	云南省城市建设投资集团有限公司	424	4020459
2	厦门建发集团有限公司	71	28262119		合计		54230336
3	厦门国贸控股集团有限公司	77	27409582				
4	厦门象屿集团有限公司	84	24146079	甘肃			
5	阳光龙净集团有限公司	95	22089600	1	金川集团股份有限公司	96	22087513
6	紫金矿业集团股份有限公司	181	10599425	2	甘肃省公路航空旅游投资集团有限公司	197	9747478
7	福晟集团有限公司	194	10026844	3	酒泉钢铁（集团）有限责任公司	199	9607169

续表

排名	企业名称	总排名	营业收入/万元	排名	企业名称	总排名	营业收入/万元
4	白银有色集团股份有限公司	291	6194657	2	新疆中泰（集团）有限责任公司	193	10046392
5	甘肃省建设投资（控股）集团总公司	298	6047294	3	新疆特变电工集团有限公司	327	5372779
	合计		53684111	4	新疆生产建设兵团建设工程（集团）有限责任公司	463	3657997
青海				5	新疆天业（集团）有限公司	470	3587082
1	西部矿业集团有限公司	441	3831970		合计		41558452
	合计		3831970				
宁夏回族自治区				内蒙古自治区			
1	宁夏天元锰业集团有限公司	245	7934688	1	包头钢铁（集团）有限责任公司	225	8706870
	合计		7934688	2	内蒙古电力（集团）有限公司	239	8143203
新疆维吾尔自治区				3	内蒙古伊利实业集团股份有限公司	243	7955328
1	新疆广汇实业投资（集团）有限责任公司	104	18894202	4	内蒙古伊泰集团有限公司	320	5576076
					合计		30381477

表 8-5 2019 中国企业 500 强净利润排序前 100 名企业

排名	企业名称	净利润/万元	排名	企业名称	净利润/万元
1	中国工商银行股份有限公司	29767600	51	中国信达资产管理股份有限公司	1203613
2	中国建设银行股份有限公司	25465500	52	泰康保险集团股份有限公司	1187047
3	中国农业银行股份有限公司	20278300	53	中国南方电网有限责任公司	1179025
4	中国银行股份有限公司	18088600	54	中国电子科技集团公司	1161000
5	国家开发银行股份有限公司	11075800	55	绿地控股集团股份有限公司	1137478
6	中国平安保险（集团）股份有限公司	10740400	56	中国电信集团有限公司	1101115
7	阿里巴巴集团控股有限公司	8788600	57	安徽海螺集团有限责任公司	1077463
8	招商银行股份有限公司	8056000	58	万华化学集团股份有限公司	1061038
9	腾讯控股有限公司	7871900	59	东风汽车集团有限公司	1058129
10	中国移动通信集团有限公司	7769172	60	中国交通建设集团有限公司	1048550
11	交通银行股份有限公司	7363000	61	上海国际港务（集团）股份有限公司	1027634
12	兴业银行股份有限公司	6062000	62	中国保利集团公司	989500
13	华为投资控股有限公司	5922700	63	正威国际集团有限公司	980938
14	上海浦东发展银行股份有限公司	5591400	64	重庆农村商业银行股份有限公司	905819
15	国家电网有限公司	5407400	65	深圳市投资控股有限公司	855316
16	中国民生银行股份有限公司	5032700	66	苏宁控股集团	844721
17	中国海洋石油集团有限公司	4849268	67	华侨城集团有限公司	844044
18	中国石油化工集团有限公司	3866272	68	中国铁路工程集团有限公司	820823
19	中国建筑股份有限公司	3824132	69	海尔集团公司	812966
20	恒大集团有限公司	3739000	70	新华人寿保险股份有限公司	792200
21	上海汽车集团股份有限公司	3600921	71	中国铁道建筑集团有限公司	785091
22	贵州茅台酒股份有限公司	3520363	72	广西柳州钢铁集团有限公司	770583
23	碧桂园控股有限公司	3461800	73	龙光交通集团有限公司	756774
24	万科企业股份有限公司	3377265	74	中国国际航空股份有限公司	733632
25	中国中信集团有限公司	3020276	75	上海农村商业银行股份有限公司	730814
26	招商局集团有限公司	2955900	76	北京汽车集团有限公司	726122
27	百度网络技术有限公司	2757300	77	渤海银行股份有限公司	708016
28	中国邮政集团公司	2734271	78	敬业集团有限公司	696162
29	珠海格力电器股份有限公司	2620279	79	广州农村商业银行股份有限公司	652634
30	国家能源投资集团有限责任公司	2335900	80	内蒙古伊利实业集团股份有限公司	643975
31	中国华润有限公司	2298400	81	中国兵器工业集团有限公司	639272
32	太平洋建设集团有限公司	2243000	82	万洲国际有限公司	624021
33	龙湖集团控股有限公司	2089069	83	红狮控股集团有限公司	623473
34	华夏银行股份有限公司	2085400	84	国家开发投资集团有限公司	619444
35	美的集团股份有限公司	2023077	85	中国船舶重工集团有限公司	615276
36	北京银行股份有限公司	2000154	86	网易公司	615241
37	上海银行股份有限公司	1803404	87	日照钢铁控股集团有限公司	591773
38	中国太平洋保险（集团）股份有限公司	1801919	88	广州汽车工业集团有限公司	585758
39	中国第一汽车集团有限公司	1759696	89	中国医药集团有限公司	585010
40	中国航天科技集团有限公司	1629635	90	玖龙纸业（控股）有限公司	577812
41	中国石油天然气集团有限公司	1501884	91	中国广核集团有限公司	565032
42	中国远洋海运集团有限公司	1459910	92	山东魏桥创业集团有限公司	563952
43	中国宝武钢铁集团有限公司	1434176	93	雪松控股集团有限公司	558752
44	中国人民保险集团股份有限公司	1345000	94	海澜集团有限公司	554176
45	复星国际有限公司	1340640	95	北京建龙重工集团有限公司	551511
46	小米集团	1335400	96	扬子江药业集团	538600
47	浙江吉利控股集团有限公司	1302607	97	新希望集团有限公司	533628
48	中国光大集团有限公司	1250700	98	冀南钢铁集团有限公司	532125
49	江苏沙钢集团有限公司	1236394	99	中国电力建设集团有限公司	531721
50	中国航天科工集团有限公司	1221321	100	中国重型汽车集团有限公司	529358
				中国企业 500 强平均数	709222

表 8-6 2019 中国企业 500 强资产排序前 100 名企业

排名	企业名称	资产/万元	排名	企业名称	资产/万元
1	中国工商银行股份有限公司	2769954000	51	上海农村商业银行股份有限公司	83371275
2	中国建设银行股份有限公司	2322269300	52	中国华电集团有限公司	81562141
3	中国农业银行股份有限公司	2260947100	53	中国南方电网有限责任公司	81499700
4	中国银行股份有限公司	2126727500	54	中国远洋海运集团有限公司	80810660
5	国家开发银行股份有限公司	1617982000	55	泰康保险集团股份有限公司	80602150
6	中国邮政集团公司	981192488	56	中国化工集团有限公司	79884890
7	交通银行股份有限公司	953117100	57	上海汽车集团股份有限公司	78276985
8	中国平安保险（集团）股份有限公司	714296000	58	广州农村商业银行股份有限公司	76328960
9	中国中信集团有限公司	677161916	59	中国大唐集团有限公司	74584273
10	招商银行股份有限公司	674572900	60	新华人寿保险股份有限公司	73392900
11	兴业银行股份有限公司	671165700	61	腾讯控股有限公司	72352100
12	上海浦东发展银行股份有限公司	628960600	62	中国宝武钢铁集团有限公司	71180908
13	中国民生银行股份有限公司	599482200	63	中国广核集团有限公司	67009161
14	中国光大集团有限公司	478518600	64	华为投资控股有限公司	66579200
15	中国石油天然气集团有限公司	413246385	65	中国太平保险控股有限公司	66040574
16	中国人寿保险（集团）公司	398438259	66	天津银行股份有限公司	65933990
17	国家电网有限公司	392930558	67	中国铝业集团有限公司	64131357
18	华夏银行股份有限公司	268058000	68	复星国际有限公司	63888384
19	北京银行股份有限公司	257286480	69	山东高速集团有限公司	61458650
20	中国石油化工集团有限公司	226009434	70	国家开发投资集团有限公司	58228321
21	上海银行股份有限公司	202777240	71	中国建材集团有限公司	58089474
22	恒大集团有限公司	188002800	72	中国联合网络通信集团有限公司	57882208
23	中国建筑股份有限公司	186184030	73	中粮集团有限公司	56063500
24	国家能源投资集团有限责任公司	178264090	74	深圳市投资控股有限公司	55611478
25	中国移动通信集团有限公司	175224030	75	广州越秀集团有限公司	51811002
26	中国华融资产管理股份有限公司	171008668	76	华夏人寿保险股份有限公司	51081830
27	碧桂园控股有限公司	162969400	77	龙湖集团控股有限公司	50688401
28	中国信达资产管理股份有限公司	149575921	78	中国船舶重工集团有限公司	50375396
29	中国华润有限公司	143940400	79	首钢集团有限公司	50165684
30	招商局集团有限公司	139799800	80	陕西煤业化工集团有限责任公司	50096292
31	中国交通建设集团有限公司	136588769	81	中国中化集团公司	48974860
32	中国太平洋保险（集团）股份有限公司	133595892	82	富德生命人寿保险股份有限公司	46392836
33	万科企业股份有限公司	129515592	83	北京汽车集团有限公司	45855643
34	中国海洋石油集团有限公司	121655788	84	中国第一汽车集团有限公司	45782509
35	中国保利集团公司	108728200	85	东风汽车集团有限公司	45586271
36	国家电力投资集团有限公司	108030150	86	甘肃省公路航空旅游投资集团有限公司	44588671
37	中国华能集团有限公司	107329589	87	华侨城集团有限公司	44400361
38	绿地控股集团股份有限公司	103654546	88	河钢集团有限公司	43751844
39	渤海银行股份有限公司	103445133	89	中国航天科技集团有限公司	43595000
40	中国人民保险集团股份有限公司	103169000	90	苏宁控股集团	43399017
41	盛京银行股份有限公司	98543294	91	浙江省交通投资集团有限公司	40568071
42	阿里巴巴集团控股有限公司	96507600	92	太平洋建设集团有限公司	39941200
43	大连万达集团股份有限公司	95860638	93	中国中车集团有限公司	39847345
44	重庆农村商业银行股份有限公司	95061804	94	广东省交通集团有限公司	39691239
45	中国航空工业集团有限公司	94803416	95	中国能源建设集团有限公司	39655389
46	中国铁路工程集团有限公司	94687724	96	中国兵器工业集团有限公司	39598196
47	中国铁道建筑集团有限公司	92124128	97	中国机械工业集团有限公司	39443915
48	中国五矿集团有限公司	89684471	98	中国中煤能源集团有限公司	38682320
49	中国电力建设集团有限公司	85007817	99	四川省交通投资集团有限责任公司	37642560
50	中国电信集团有限公司	84411002	100	陕西延长石油（集团）有限责任公司	37045990
				中国企业 500 强平均数	59829113

表 8-7 2019 中国企业 500 强从业人数排序前 100 名企业

排名	企业名称	从业人数	排名	企业名称	从业人数
1	中国石油天然气集团有限公司	1382401	51	中国机械工业集团有限公司	147099
2	中国人民保险集团股份有限公司	1038158	52	上海汽车集团股份有限公司	146452
3	国家电网有限公司	970457	53	中国航天科工集团有限公司	146436
4	中国邮政集团公司	929342	54	中国化工集团有限公司	138652
5	黑龙江北大荒农垦集团总公司	637872	55	中国宝武钢铁集团有限公司	138470
6	中国石油化工集团有限公司	619151	56	陕西延长石油（集团）有限责任公司	136426
7	华夏人寿保险股份有限公司	500000	57	中国华能集团有限公司	136031
8	中国航空工业集团有限公司	479986	58	深圳顺丰泰森控股（集团）有限公司	135294
9	中国农业银行股份有限公司	477526	59	美的集团股份有限公司	135000
10	中国移动通信集团有限公司	462046	60	中国平煤神马能源化工集团有限责任公司	134825
11	中国工商银行股份有限公司	449296	61	恒大集团有限公司	131694
12	中国华润有限公司	421274	62	碧桂园控股有限公司	131387
13	中国电信集团有限公司	403014	63	中国能源建设集团有限公司	129929
14	太平洋建设集团有限公司	387525	64	阳泉煤业（集团）有限责任公司	129150
15	中国平安保险（集团）股份有限公司	376900	65	光明食品（集团）有限公司	128655
16	中国铁道建筑集团有限公司	369251	66	中国医药集团有限公司	128600
17	中国建设银行股份有限公司	366996	67	北京汽车集团有限公司	127000
18	国家能源投资集团有限责任公司	338472	68	江苏省苏中建设集团股份有限公司	125617
19	中国银行股份有限公司	310119	69	鞍钢集团有限公司	125008
20	中国建筑股份有限公司	308456	70	浙江吉利控股集团有限公司	124846
21	广州智能装备产业集团有限公司	294451	71	国家电力投资集团有限公司	124678
22	中国铁路工程集团有限公司	292809	72	中国铝业集团有限公司	123698
23	中国南方电网有限责任公司	289735	73	中国中煤能源集团有限公司	121276
24	中国中信集团有限公司	287500	74	陕西煤业化工集团有限责任公司	119936
25	阳光保险集团股份有限公司	272982	75	山西晋城无烟煤矿业集团有限责任公司	119642
26	中国联合网络通信集团有限公司	266213	76	河钢集团有限公司	118656
27	苏宁控股集团	256842	77	中国南方航空集团有限公司	118034
28	比亚迪股份有限公司	220152	78	中粮集团有限公司	117842
29	山西潞安矿业（集团）有限责任公司	218530	79	招商局集团有限公司	115281
30	中国兵器工业集团有限公司	213882	80	广州汽车工业集团有限公司	113474
31	中国建材集团有限公司	207958	81	中国太平洋保险（集团）股份有限公司	113303
32	山西焦煤集团有限责任公司	202618	82	冀中能源集团有限责任公司	112859
33	中国五矿集团有限公司	200677	83	广厦控股集团有限公司	112689
34	中国兵器装备集团有限公司	198932	84	万洲国际有限公司	112000
35	中国中车集团有限公司	187959	85	中国远洋海运集团有限公司	111397
36	中国电力建设集团有限公司	185269	86	首钢集团有限公司	109943
37	中国交通建设集团有限公司	183876	87	南通四建集团有限公司	108831
38	华为投资控股有限公司	180000	88	山东魏桥创业集团有限公司	106044
39	中国航天科技集团有限公司	179788	89	兖矿集团有限公司	104668
40	中国电子科技集团公司	179636	90	富德生命人寿保险股份有限公司	104300
41	北京京东世纪贸易有限公司	178927	91	万科企业股份有限公司	104300
42	东风汽车集团有限公司	167528	92	物美科技集团有限公司	100000
43	中国船舶重工集团有限公司	167151	93	中国华电集团有限公司	97629
44	河南能源化工集团有限公司	165604	94	中国保利集团公司	97527
45	山东能源集团有限公司	160064	95	中国东方航空集团有限公司	97327
46	大同煤矿集团有限责任公司	156268	96	重庆商社（集团）有限公司	96214
47	大连万达集团股份有限公司	154728	97	北京首都旅游集团有限责任公司	96213
48	中国人寿保险（集团）公司	153064	98	晋能集团有限公司	95877
49	中国第一汽车集团有限公司	152175	99	中国大唐集团有限公司	93800
50	中国电子信息产业集团有限公司	148042	100	江苏南通二建集团有限公司	93734
				中国企业 500 强平均数	67316

表 8-8 2019 中国企业 500 强研发费用排序前 100 名企业

排名	企业名称	研发费用/万元	排名	企业名称	研发费用/万元
1	华为投资控股有限公司	11050900	51	TCL 集团股份有限公司	467758
2	阿里巴巴集团控股有限公司	3743500	52	潍柴控股集团有限公司	454401
3	中国石油天然气集团有限公司	2769779	53	首钢集团有限公司	449838
4	中国航天科工集团有限公司	2478573	54	陕西煤业化工集团有限责任公司	448960
5	中国航空工业集团有限公司	2368156	55	利华益集团股份有限公司	437140
6	腾讯控股有限公司	2293600	56	中国平煤神马能源化工集团有限责任公司	435843
7	中国移动通信集团有限公司	2201310	57	上海电气（集团）总公司	421192
8	浙江吉利控股集团有限公司	2103304	58	山西晋城无烟煤矿业集团有限责任公司	407890
9	百度网络技术有限公司	1577200	59	中国能源建设集团有限公司	404831
10	上海汽车集团股份有限公司	1538501	60	长城汽车股份有限公司	395890
11	中国第一汽车集团有限公司	1472021	61	中国船舶重工集团有限公司	394645
12	中国兵器工业集团有限公司	1399089	62	宁波均胜电子股份有限公司	389954
13	中国铁路工程集团有限公司	1343619	63	中国机械工业集团有限公司	389675
14	北京京东世纪贸易有限公司	1214438	64	中国华电集团有限公司	385000
15	中国电力建设集团有限公司	1193685	65	万向集团公司	382181
16	中国铁道建筑集团有限公司	1157178	66	中国建材集团有限公司	369856
17	山西潞安矿业（集团）有限责任公司	1146957	67	中国中信集团有限公司	359000
18	中国中车集团有限公司	1134053	68	华晨汽车集团控股有限公司	346802
19	中国石油化工集团有限公司	1133989	69	三一集团有限公司	332313
20	中国交通建设集团有限公司	1089993	70	中国海洋石油集团有限公司	329296
21	山东魏桥创业集团有限公司	1052603	71	四川长虹电子控股集团有限公司	327257
22	美的集团股份有限公司	1000000	72	江铃汽车集团有限公司	320480
23	中国电子科技集团有限公司	997520	73	徐州工程机械集团有限公司	308857
24	国家电网有限公司	985502	74	湖南华菱钢铁集团有限责任公司	296540
25	浪潮集团有限公司	971201	75	日照钢铁控股集团有限公司	286102
26	中国宝武钢铁集团有限公司	921243	76	铜陵有色金属集团控股有限公司	284395
27	中国五矿集团有限公司	912728	77	四川科伦实业集团有限公司	280870
28	联想集团有限公司	837646	78	太原钢铁（集团）有限公司	268105
29	东风汽车集团有限公司	800090	79	安徽海螺集团有限责任公司	262823
30	海尔集团公司	793355	80	中国化学工程集团有限公司	258830
31	网易公司	779225	81	立讯精密工业股份有限公司	251476
32	中国建筑股份有限公司	762095	82	欧菲光集团股份有限公司	246934
33	北京汽车集团有限公司	757826	83	酒泉钢铁（集团）有限责任公司	245330
34	广州汽车工业集团有限公司	735284	84	扬子江药业集团	243328
35	互诚信息技术（上海）有限公司	707190	85	苏宁控股集团	239750
36	中国工商银行股份有限公司	700029	86	华泰集团有限公司	237549
37	珠海格力电器股份有限公司	698837	87	陕西建工集团有限公司	230159
38	中国航天科技集团有限公司	640300	88	大同煤矿集团有限公司	228000
39	中国电子信息产业集团有限公司	590461	89	亨通集团有限公司	227845
40	中国电信集团有限公司	569106	90	安徽江淮汽车集团控股有限公司	214197
41	北京电子控股有限责任公司	553180	91	通威集团	210655
42	陕西延长石油（集团）有限责任公司	532615	92	郑州宇通企业集团	209815
43	上海建工集团股份有限公司	517892	93	新疆特变电工集团有限公司	198565
44	海信集团有限公司	506540	94	湖南建工集团有限公司	198215
45	比亚迪股份有限公司	498936	95	中国铝业集团有限公司	193888
46	恒力集团有限公司	494862	96	山西建设投资集团有限公司	189183
47	河钢集团有限公司	484357	97	浙江荣盛控股集团有限公司	188371
48	鞍钢集团有限公司	478082	98	陕西汽车控股集团有限公司	186327
49	中国信息通信科技集团有限公司	477962	99	包头钢铁（集团）有限责任公司	184196
50	江苏沙钢集团有限公司	471451	100	玖龙纸业（控股）有限公司	183028
				中国企业 500 强平均数	229237

表8-9 2019中国企业500强研发强度排序前100名企业

排名	企业名称	研发强度/%	排名	企业名称	研发强度/%
1	百度网络技术有限公司	19.25	51	中科电力装备集团有限公司	3.09
2	华为投资控股有限公司	15.32	52	中国兵器工业集团有限公司	3.08
3	网易公司	11.60	53	卧龙控股集团有限公司	3.08
4	互诚信息技术（上海）有限公司	10.84	54	晶龙实业集团有限公司	3.06
5	阿里巴巴集团控股有限公司	9.93	55	上海建工集团股份有限公司	3.04
6	中国航天科工集团有限公司	9.89	56	扬子江药业集团	3.02
7	浪潮集团有限公司	9.56	57	日照钢铁控股集团有限公司	3.00
8	中国信息通信科技集团有限公司	9.31	58	山东渤海实业股份有限公司	3.00
9	腾讯控股有限公司	7.33	59	通威集团	2.99
10	立讯精密工业股份有限公司	7.01	60	海尔集团公司	2.98
11	宁波均胜电子股份有限公司	6.94	61	中国化学工程集团有限公司	2.98
12	四川科伦实业集团有限公司	6.81	62	山东如意时尚投资控股有限公司	2.98
13	山西潞安矿业（集团）有限责任公司	6.46	63	山东科达集团有限公司	2.97
14	浙江吉利控股集团有限公司	6.40	64	中国移动通信集团有限公司	2.97
15	欧菲光集团股份有限公司	5.74	65	中国电力建设集团有限公司	2.95
16	中国东方电气集团有限公司	5.53	66	波司登股份有限公司	2.89
17	中国航空工业集团有限公司	5.40	67	陕西汽车控股集团有限公司	2.85
18	三一集团有限公司	5.18	68	金鼎钢铁集团有限公司	2.85
19	利华益集团股份有限公司	5.12	69	德力西集团有限公司	2.84
20	北京电子控股有限责任公司	5.05	70	上海城建（集团）公司	2.77
21	中国中车集团有限公司	4.94	71	中国电子信息产业集团有限公司	2.70
22	郑州宇通企业集团	4.80	72	四川长虹电子控股集团有限公司	2.68
23	徐州工程机械集团有限公司	4.80	73	万华化学集团股份有限公司	2.66
24	中国电子科技集团有限公司	4.53	74	北京京东世纪贸易有限公司	2.63
25	广东圣丰集团有限公司	4.41	75	珠海华发集团有限公司	2.62
26	安徽江淮汽车集团控股有限公司	4.19	76	奇瑞控股集团有限公司	2.61
27	TCL集团股份有限公司	4.13	77	中国航天科技集团有限公司	2.57
28	海信集团有限公司	4.00	78	酒泉钢铁（集团）有限责任公司	2.55
29	长城汽车股份有限公司	3.99	79	正泰集团股份有限公司	2.52
30	比亚迪股份有限公司	3.84	80	山东金岭集团有限公司	2.52
31	创维集团有限公司	3.82	81	天瑞集团股份有限公司	2.50
32	美的集团股份有限公司	3.82	82	江苏中利能源控股有限公司	2.50
33	上海仪电（集团）有限公司	3.76	83	三房巷集团有限公司	2.50
34	重庆小康控股有限公司	3.74	84	中国第一汽车集团有限公司	2.48
35	新疆特变电工集团有限公司	3.70	85	联想集团有限公司	2.48
36	山东魏桥创业集团有限公司	3.70	86	湖南华菱钢铁集团有限责任公司	2.45
37	山西建设投资集团有限公司	3.69	87	广州智能装备产业集团有限公司	2.40
38	上海电气（集团）总公司	3.68	88	广西玉柴机器集团有限公司	2.39
39	河南森源集团有限公司	3.63	89	山西晋城无烟煤矿业集团有限责任公司	2.39
40	安阳钢铁集团有限责任公司	3.57	90	陕西建工集团有限公司	2.29
41	珠海格力电器股份有限公司	3.49	91	远景能源（江苏）有限公司	2.28
42	中国平煤神马能源化工集团有限公司	3.46	92	新余钢铁集团有限公司	2.28
43	人民电器集团有限公司	3.42	93	华晨汽车集团控股有限公司	2.27
44	万向集团公司	3.41	94	亨通集团有限公司	2.23
45	太原钢铁（集团）有限公司	3.41	95	鞍钢集团有限公司	2.22
46	华泰集团有限公司	3.22	96	北京市政路桥集团有限公司	2.22
47	江铃汽车集团有限公司	3.19	97	广州市建筑集团有限公司	2.22
48	玖龙纸业（控股）有限公司	3.19	98	新凤祥控股集团有限责任公司	2.20
49	山东九羊集团有限公司	3.13	99	首钢集团有限公司	2.19
50	华勤橡胶工业集团有限公司	3.12	100	湖南建工集团有限公司	2.18
				中国企业500强平均数	1.59

表 8-10 2019 中国企业 500 强净资产利润率排序前 100 名企业

排名	公司名称	净资产利润率/%	排名	公司名称	净资产利润率/%
1	招商银行股份有限公司	1746.47	51	恒申控股集团有限公司	23.71
2	恒大集团有限公司	99.70	52	北京江南投资集团有限公司	23.47
3	超威集团	98.25	53	重庆市金科投资控股（集团）有限责任公司	23.43
4	通州建总集团有限公司	78.13	54	河北新华联合冶金控股集团有限公司	23.40
5	华勤橡胶工业集团有限公司	68.15	55	内蒙古伊利实业集团股份有限公司	23.07
6	名创优品（广州）有限责任公司	55.19	56	江苏沙钢集团有限公司	22.91
7	四川省川威集团有限公司	49.64	57	北京建龙重工集团有限公司	22.75
8	金鼎钢铁集团有限公司	44.00	58	武安市裕华钢铁有限公司	22.65
9	江西方大钢铁集团有限公司	42.68	59	浙江吉利控股集团有限公司	22.54
10	红狮控股集团有限公司	41.09	60	江苏汇鸿国际集团股份有限公司	22.40
11	淮河能源控股集团有限责任公司	40.42	61	山东金诚石化集团有限公司	21.98
12	敬业集团有限公司	37.46	62	环嘉集团有限公司	21.98
13	湖南博长控股集团有限公司	36.20	63	广东省广晟资产经营有限公司	21.72
14	广东省广物控股集团有限公司	35.58	64	万科企业股份有限公司	21.68
15	永锋集团有限公司	35.50	65	河北建设集团股份有限公司	21.49
16	中国重型汽车集团有限公司	35.12	66	海尔集团公司	21.33
17	广西柳州钢铁集团有限公司	34.71	67	日照钢铁控股集团有限公司	21.22
18	石横特钢集团有限公司	34.12	68	山东泰山钢铁集团有限公司	21.07
19	山东海科化工集团有限公司	34.00	69	新希望集团有限公司	21.07
20	深圳金雅福控股集团有限公司	33.36	70	旭阳控股有限公司	20.87
21	福建省三钢（集团）有限责任公司	33.25	71	龙光交通集团有限公司	20.67
22	中南控股集团有限公司	32.60	72	广州医药集团有限公司	20.55
23	中运富通控股集团有限公司	31.94	73	江苏南通二建集团有限公司	20.48
24	万华化学集团股份有限公司	31.41	74	泰康保险集团有限公司	20.39
25	贵州茅台酒股份有限公司	31.20	75	浙江龙盛控股有限公司	20.17
26	天能电池集团有限公司	29.74	76	荣盛控股股份有限公司	20.09
27	新余钢铁集团有限公司	29.63	77	江苏阳光集团有限公司	19.47
28	福建永荣控股集团有限公司	28.74	78	老凤祥股份有限公司	19.46
29	珠海格力电器股份有限公司	28.69	79	中国平安保险（集团）股份有限公司	19.30
30	通鼎集团有限公司	28.65	80	阳光龙净集团有限公司	19.29
31	碧桂园控股有限公司	28.53	81	波司登股份有限公司	19.29
32	冀南钢铁集团有限公司	27.64	82	唯品会（中国）有限公司	19.27
33	山东金岭集团有限公司	27.49	83	山东东明石化集团有限公司	19.19
34	金浦投资控股集团有限公司	26.86	84	河北新金钢铁有限公司	19.19
35	盘锦北方沥青燃料有限公司	26.81	85	福晟集团有限公司	18.84
36	四川德胜集团钒钛有限公司	26.45	86	小米集团	18.72
37	河北普阳钢铁有限公司	25.98	87	广东海大集团股份有限公司	18.56
38	河北津西钢铁集团股份有限公司	25.86	88	陕西汽车控股集团有限公司	18.49
39	南通四建集团有限公司	25.71	89	武安市明芳钢铁有限公司	18.40
40	龙湖集团控股有限公司	25.58	90	安阳钢铁集团有限责任公司	18.32
41	华为投资控股有限公司	25.46	91	山河控股集团有限公司	18.08
42	安徽海螺集团有限责任公司	25.44	92	融信（福建）投资集团有限公司	17.97
43	潍柴控股集团有限公司	25.17	93	天津荣程祥泰投资控股集团有限公司	17.90
44	江苏省苏中建设集团股份有限公司	24.84	94	阿里巴巴集团控股有限公司	17.85
45	南通三建控股有限公司	24.66	95	腾邦集团有限公司	17.78
46	美的集团股份有限公司	24.35	96	山东科达集团有限公司	17.60
47	腾讯控股有限公司	24.33	97	人民电器集团有限公司	17.57
48	龙信建设集团有限公司	24.18	98	立讯精密工业股份有限公司	17.57
49	青山控股集团有限公司	23.96	99	江西省建工集团有限责任公司	17.52
50	山东如意时尚投资控股有限公司	23.74	100	扬子江药业集团	17.42
				中国企业 500 强平均数	9.65

表 8-11 2019 中国企业 500 强资产利润率排序前 100 名企业

排名	企业名称	资产利润率/%	排名	企业名称	资产利润率/%
1	华勤橡胶工业集团有限公司	25.73	51	新凤鸣集团股份有限公司	8.29
2	金鼎钢铁集团有限公司	24.18	52	广东海大集团股份有限公司	8.28
3	冀南钢铁集团有限公司	23.67	53	唯品会（中国）有限公司	8.02
4	贵州茅台酒股份有限公司	22.02	54	永锋集团有限公司	8.00
5	通州建总集团有限公司	21.03	55	威高集团有限公司	7.94
6	山东金岭集团有限公司	20.53	56	老凤祥股份有限公司	7.78
7	石横特钢集团有限公司	19.13	57	山东海科化工集团有限公司	7.78
8	美的集团股份有限公司	18.87	58	浙江龙盛控股有限公司	7.72
9	敬业集团有限公司	17.85	59	维维集团股份有限公司	7.49
10	武安市裕华钢铁有限公司	17.29	60	江苏省苏中建设集团股份有限公司	7.47
11	河北普阳钢铁有限公司	16.87	61	立讯精密工业股份有限公司	7.47
12	红狮控股集团有限公司	15.17	62	山东东明石化集团有限公司	7.35
13	武安市文安钢铁有限公司	14.38	63	温氏食品集团股份有限公司	7.34
14	深圳金雅福控集团有限公司	14.35	64	盘锦北方沥青燃料有限公司	7.32
15	武安市明芳钢铁有限公司	14.19	65	旭阳控股有限公司	7.18
16	南通四建集团有限公司	13.84	66	正邦集团有限公司	7.14
17	万华化学集团股份有限公司	13.80	67	山东泰山钢铁集团有限公司	7.14
18	内蒙古伊利实业集团股份有限公司	13.53	68	上海国际港务（集团）股份有限公司	7.12
19	扬子江药业集团	13.47	69	网易公司	7.07
20	江西方大钢铁集团有限公司	13.30	70	玖龙纸业（控股）有限公司	7.06
21	人民电器集团有限公司	13.02	71	南通三建控股有限公司	6.81
22	波司登股份有限公司	12.12	72	正威国际集团有限公司	6.73
23	福建省三钢（集团）有限责任公司	11.75	73	新余钢铁集团有限公司	6.56
24	名创优品（广州）有限责任公司	11.73	74	青山控股集团有限公司	6.54
25	恒申控股集团有限公司	11.67	75	天津友发钢管集团股份有限公司	6.40
26	湖南博长控股集团有限公司	11.64	76	深圳顺丰泰森控股（集团）有限公司	6.27
27	河北新金钢铁有限公司	11.58	77	唐山港陆钢铁有限公司	6.19
28	山东科达集团有限公司	11.12	78	日照钢铁控股集团有限公司	6.14
29	河北津西钢铁集团股份有限公司	11.04	79	万洲国际有限公司	5.94
30	广东省广物控股集团有限公司	10.93	80	中国重型汽车集团有限公司	5.86
31	腾讯控股有限公司	10.88	81	环嘉集团有限公司	5.78
32	山河控股集团有限公司	10.62	82	富通集团有限公司	5.78
33	天津荣程祥泰投资控股集团有限公司	10.53	83	通鼎集团有限公司	5.78
34	龙信建设集团有限公司	10.44	84	中国航空油料集团有限公司	5.70
35	珠海格力电器股份有限公司	10.43	85	浙江昆仑控股集团有限公司	5.62
36	广西柳州钢铁集团有限公司	10.20	86	太平洋建设集团有限公司	5.62
37	双胞胎（集团）股份有限公司	10.07	87	安徽海螺集团有限责任公司	5.61
38	辽宁嘉晨控股集团有限公司	9.96	88	重庆华宇集团有限公司	5.47
39	江苏南通六建设集团有限公司	9.77	89	中国国际技术智力合作有限公司	5.45
40	山东金诚石化集团有限公司	9.36	90	江苏沙钢集团有限公司	5.43
41	江苏南通二建集团有限公司	9.36	91	福晟集团有限公司	5.35
42	四川德胜集团钒钛有限公司	9.30	92	金浦投资控股集团有限公司	5.20
43	百度网络技术有限公司	9.27	93	利华益集团股份有限公司	5.06
44	小米集团	9.20	94	海澜集团有限公司	5.05
45	阿里巴巴集团控股有限公司	9.11	95	山东恒源石油化工股份有限公司	5.01
46	华为投资控股有限公司	8.90	96	浙江中成控股集团有限公司	5.01
47	金澳科技（湖北）化工有限公司	8.71	97	四川省川威集团有限公司	4.96
48	中运富通控股集团有限公司	8.49	98	富海集团有限公司	4.93
49	江苏阳光集团有限公司	8.47	99	福建永荣控股集团有限公司	4.91
50	广东圣丰集团有限公司	8.44	100	滨化集团	4.85
				中国企业 500 强平均数	1.18

表 8-12 2019 中国企业 500 强收入利润率排序前 100 名企业

排名	企业名称	收入利润率/%	排名	企业名称	收入利润率/%
1	贵州茅台酒股份有限公司	45.60	51	申能（集团）有限公司	8.61
2	百度网络技术有限公司	33.66	52	广东圣丰集团有限公司	8.54
3	上海国际港务（集团）股份有限公司	27.01	53	恒申控股集团有限公司	8.49
4	中国建设银行股份有限公司	26.16	54	广东省交通集团有限公司	8.47
5	中国工商银行股份有限公司	25.52	55	广东省广物控股集团有限公司	8.44
6	腾讯控股有限公司	25.17	56	华为投资控股有限公司	8.21
7	阿里巴巴集团控股有限公司	23.32	57	辽宁嘉晨控股集团有限公司	8.15
8	招商银行股份有限公司	22.03	58	福建省三钢（集团）有限责任公司	8.13
9	中国农业银行股份有限公司	21.97	59	内蒙古伊利实业集团股份有限公司	8.09
10	中国银行股份有限公司	21.41	60	淮河能源控股集团有限责任公司	8.07
11	上海农村商业银行股份有限公司	20.74	61	恒大集团有限公司	8.02
12	上海银行股份有限公司	20.08	62	江西方大钢铁集团有限公司	7.94
13	重庆农村商业银行股份有限公司	19.72	63	美的集团股份有限公司	7.73
14	龙湖集团控股有限公司	18.04	64	敬业集团有限公司	7.73
15	兴业银行股份有限公司	17.97	65	华侨城集团有限公司	7.65
16	广州农村商业银行股份有限公司	17.71	66	小米集团	7.63
17	万华化学集团股份有限公司	17.50	67	立讯精密工业股份有限公司	7.59
18	北京银行股份有限公司	17.09	68	泰康保险集团股份有限公司	7.20
19	交通银行股份有限公司	16.96	69	武安市裕华钢铁有限公司	7.13
20	上海浦东发展银行股份有限公司	16.72	70	福佳集团有限公司	6.95
21	国家开发银行股份有限公司	16.25	71	温氏食品集团股份有限公司	6.91
22	中国民生银行股份有限公司	15.73	72	河北普阳钢铁有限公司	6.88
23	龙光交通集团有限公司	15.56	73	山东金岭集团有限公司	6.88
24	华夏银行股份有限公司	14.99	74	中国海洋石油集团有限公司	6.78
25	北京江南投资集团有限公司	14.30	75	扬子江药业集团	6.69
26	红狮控股集团有限公司	13.80	76	中国航天科技集团有限公司	6.53
27	渤海银行股份有限公司	13.25	77	中国中信集团有限公司	6.46
28	珠海格力电器股份有限公司	13.10	78	日照钢铁控股集团有限公司	6.21
29	天津银行股份有限公司	12.59	79	四川德胜集团钒钛有限公司	5.79
30	复星国际有限公司	12.26	80	中国广核集团有限公司	5.77
31	浙江龙盛控股有限公司	12.18	81	荣盛控股股份有限公司	5.73
32	石横特钢集团有限公司	12.02	82	香江集团有限公司	5.73
33	深圳市投资控股有限公司	11.92	83	安徽海螺集团有限责任公司	5.72
34	华勤橡胶工业集团有限公司	11.61	84	南通四建集团有限公司	5.64
35	万科企业股份有限公司	11.37	85	金鼎钢铁集团有限公司	5.63
36	中国信达资产管理股份有限公司	11.25	86	中国国际航空股份有限公司	5.36
37	盛京银行股份有限公司	11.04	87	永锋集团有限公司	5.34
38	重庆华宇集团有限公司	11.00	88	中国电子科技集团公司	5.27
39	波司登股份有限公司	10.65	89	长城汽车股份有限公司	5.25
40	中国移动通信集团有限公司	10.48	90	中国远洋海运集团有限公司	5.18
41	玖龙纸业（控股）有限公司	10.06	91	岚桥集团有限公司	5.16
42	中国平安保险（集团）股份有限公司	9.93	92	江苏阳光集团有限公司	5.15
43	招商局集团有限公司	9.73	93	新华人寿保险股份有限公司	5.14
44	融信（福建）投资集团有限公司	9.47	94	江苏沙钢集团有限公司	5.13
45	威高集团有限公司	9.34	95	盘锦北方沥青燃料有限公司	5.11
46	网易公司	9.16	96	国家开发投资集团有限公司	5.10
47	碧桂园控股有限公司	9.13	97	中国太平洋保险（集团）股份有限公司	5.08
48	冀南钢铁集团有限公司	9.11	98	新余钢铁集团有限公司	5.08
49	江苏扬子江船业集团	8.98	99	浙江省能源集团有限公司	5.01
50	广西柳州钢铁集团有限公司	8.64	100	维维集团股份有限公司	5.01
				中国企业 500 强平均数	4.47

表 8-13 2019 中国企业 500 强人均营业收入排序前 100 名企业

排名	企业名称	人均营业收入/万元	排名	企业名称	人均营业收入/万元
1	远大物产集团有限公司	11790.22	51	中天控股集团有限公司	1153.76
2	西安迈科金属国际集团有限公司	10862.63	52	天音通信有限公司	1149.69
3	浙江前程投资股份有限公司	10641.74	53	老凤祥股份有限公司	1146.49
4	上海新增鼎资产管理有限公司	10004.73	54	金澳科技（湖北）化工有限公司	1104.53
5	北京江南投资集团有限公司	8502.30	55	南京钢铁集团有限公司	1088.75
6	国家开发银行股份有限公司	7171.51	56	东岭集团股份有限公司	1074.44
7	深圳市中农网有限公司	5173.59	57	浙江荣盛控股集团有限公司	1063.77
8	上海钢联电子商务股份有限公司	4005.63	58	小米集团	1048.46
9	正威国际集团有限公司	2988.69	59	山东金岭集团有限公司	1045.93
10	中基宁波集团股份有限公司	2770.68	60	浙江恒逸集团有限公司	1044.53
11	山东金诚石化集团有限公司	2646.79	61	阳光龙净集团有限公司	1011.01
12	河北省物流产业集团有限公司	2644.70	62	河北津西钢铁集团股份有限公司	1010.02
13	东浩兰生（集团）有限公司	2632.06	63	岚桥集团有限公司	1005.16
14	中国林业集团有限公司	2416.13	64	融信（福建）投资集团有限公司	986.41
15	厦门象屿集团有限公司	2332.95	65	北京首都开发控股（集团）有限公司	945.73
16	深圳市爱施德股份有限公司	2155.21	66	江苏汇鸿国际集团有限公司	936.88
17	山东恒源石油化工股份有限公司	2130.94	67	三房巷集团有限公司	925.40
18	利华益集团股份有限公司	2098.80	68	中国华融资产管理股份有限公司	909.00
19	上海均和集团有限公司	2040.07	69	浙江宝业建设集团有限公司	905.67
20	深圳金雅福控股集团有限公司	2018.38	70	山东玉皇化工有限公司	891.55
21	山东汇丰石化集团有限公司	2016.20	71	河北普阳钢铁有限公司	891.32
22	环嘉集团有限公司	2006.91	72	绿地控股集团股份有限公司	891.32
23	前海人寿保险股份有限公司	2002.01	73	海亮集团有限公司	890.02
24	神州数码集团股份有限公司	1936.09	74	大汉控股集团有限公司	886.54
25	中国航空油料集团有限公司	1850.34	75	河北新金钢铁有限公司	884.22
26	杭州汽轮动力集团有限公司	1756.84	76	中国中化集团有限公司	871.01
27	远景能源（江苏）有限公司	1746.54	77	江西铜业集团有限公司	868.79
28	盘锦北方沥青燃料有限公司	1743.65	78	上海银行股份有限公司	858.86
29	中国国际技术智力合作有限公司	1731.50	79	盛京银行股份有限公司	855.20
30	浙江富冶集团有限公司	1638.14	80	雪松控股集团有限公司	852.14
31	福晟集团有限公司	1617.23	81	云南省能源投资集团有限公司	842.88
32	山东东明石化集团有限公司	1614.14	82	旭阳控股有限公司	831.78
33	金鼎钢铁集团有限公司	1552.27	83	山东清源集团有限公司	828.64
34	物产中大集团股份有限公司	1492.10	84	双胞胎（集团）股份有限公司	818.01
35	中运富通控股集团有限公司	1491.36	85	华泰集团有限公司	815.27
36	山东海科化工集团有限公司	1487.41	86	福建永荣控股集团有限公司	812.82
37	福佳集团有限公司	1424.48	87	龙光交通集团有限公司	810.42
38	江阴澄星实业集团有限公司	1383.89	88	内蒙古伊泰集团有限公司	795.56
39	宁波金田投资控股有限公司	1354.02	89	金川集团股份有限公司	794.77
40	三河汇福粮油集团有限公司	1317.70	90	北京银行股份有限公司	792.75
41	弘阳集团有限公司	1306.02	91	中天钢铁集团有限公司	784.69
42	江西省建工集团有限责任公司	1288.30	92	双良集团有限公司	773.43
43	江苏华宏实业集团有限公司	1266.50	93	江苏沙钢集团有限公司	770.36
44	山东渤海实业股份有限公司	1264.64	94	中国海洋石油集团有限公司	764.15
45	武安市文安钢铁有限公司	1243.99	95	富海集团有限公司	763.78
46	卓尔控股有限公司	1182.79	96	杭州钢铁集团有限公司	748.21
47	厦门国贸控股集团有限公司	1177.44	97	广州轻工工贸集团有限公司	742.56
48	厦门建发集团有限公司	1176.80	98	中融新大集团有限公司	734.18
49	沂州集团有限公司	1163.83	99	滨化集团	722.77
50	中科电力装备集团有限公司	1156.40	100	中国铁路物资集团有限公司	715.37
				中国企业 500 强平均数	235.33

表 8-14　2019 中国企业 500 强人均净利润排序前 100 名企业

排名	企业名称	人均净利润/万元	排名	企业名称	人均净利润/万元
1	北京江南投资集团有限公司	1215.69	51	恒申控股集团有限公司	41.94
2	国家开发银行股份有限公司	1165.02	52	卓尔控股有限公司	41.82
3	上海银行股份有限公司	172.43	53	石横特钢集团有限公司	40.88
4	腾讯控股有限公司	144.95	54	山东海科化工集团有限公司	40.62
5	北京银行股份有限公司	135.51	55	河北新金钢铁有限公司	40.03
6	贵州茅台酒股份有限公司	132.50	56	弘阳集团有限公司	39.79
7	龙光交通集团有限公司	126.13	57	江苏沙钢集团有限公司	39.51
8	阿里巴巴集团控股有限公司	120.39	58	山东恒源石油化工股份有限公司	39.02
9	上海农村商业银行股份有限公司	119.92	59	旭阳控股有限公司	36.74
10	招商银行股份有限公司	108.00	60	辽宁嘉晨控股集团有限公司	36.49
11	兴业银行股份有限公司	101.61	61	申能（集团）有限公司	35.62
12	上海浦东发展银行股份有限公司	100.40	62	远景能源（江苏）有限公司	35.60
13	福佳集团有限公司	98.98	63	山东东明石化集团有限公司	35.31
14	万华化学集团股份有限公司	95.76	64	武安市裕华钢铁有限公司	35.20
15	盛京银行股份有限公司	94.38	65	冀南钢铁集团有限公司	34.26
16	融信（福建）投资集团有限公司	93.37	66	扬子江药业集团	33.55
17	环嘉集团有限公司	89.73	67	武安市文安钢铁有限公司	33.46
18	盘锦北方沥青燃料有限公司	89.19	68	北京首都开发控股（集团）有限公司	33.12
19	金鼎钢铁集团有限公司	87.46	69	广东省广物控股集团有限公司	33.03
20	中国民生银行股份有限公司	86.27	70	广西柳州钢铁集团有限公司	33.01
21	龙湖集团控股有限公司	82.62	71	内蒙古伊泰集团有限公司	32.98
22	交通银行股份有限公司	82.23	72	华为投资控股有限公司	32.90
23	小米集团	80.05	73	万科企业股份有限公司	32.38
24	重庆华宇集团有限公司	74.99	74	老凤祥股份有限公司	31.54
25	福晟集团有限公司	72.76	75	玖龙纸业（控股）有限公司	31.30
26	山东金岭集团有限公司	71.94	76	山东汇丰石化集团有限公司	30.54
27	中国建设银行股份有限公司	69.39	77	敬业集团有限公司	29.62
28	中国信达资产管理股份有限公司	67.62	78	珠海格力电器股份有限公司	29.51
29	中国工商银行股份有限公司	66.25	79	绿地控股集团股份有限公司	29.10
30	广州农村商业银行股份有限公司	65.34	80	江苏汇鸿国际集团股份有限公司	28.88
31	百度网络技术有限公司	65.24	81	中国平安保险（集团）股份有限公司	28.50
32	渤海银行股份有限公司	61.91	82	福建省三钢（集团）有限责任公司	28.46
33	上海国际港务（集团）股份有限公司	61.79	83	恒大集团有限公司	28.39
34	天津银行股份有限公司	61.65	84	海澜集团有限公司	27.43
35	华勤橡胶工业集团有限公司	61.44	85	网易公司	27.07
36	河北普阳钢铁有限公司	61.33	86	碧桂园控股有限公司	26.35
37	中运富通控股集团有限公司	59.58	87	四川德胜集团钒钛有限公司	26.22
38	中国银行股份有限公司	58.33	88	山东玉皇化工有限公司	26.08
39	正威国际集团有限公司	58.04	89	招商局集团有限公司	25.64
40	重庆农村商业银行股份有限公司	57.74	90	富通集团有限公司	25.01
41	山东金诚石化集团有限公司	56.55	91	上海汽车集团股份有限公司	24.59
42	浙江龙盛控股股份有限公司	51.97	92	山东清源集团有限公司	24.34
43	岚桥集团有限公司	51.87	93	江西方大钢铁集团有限公司	24.31
44	中国海洋石油集团有限公司	51.81	94	富海集团有限公司	23.97
45	华夏银行股份有限公司	50.51	95	福建永荣控股集团有限公司	23.83
46	利华益集团股份有限公司	49.62	96	江阴澄星实业集团有限公司	23.74
47	河北津西钢铁集团股份有限公司	49.20	97	中融新大集团有限公司	23.40
48	红狮控股集团有限公司	46.89	98	永锋集团有限公司	23.32
49	中国农业银行股份有限公司	42.47	99	前海人寿保险股份有限公司	22.72
50	日照钢铁控股集团有限公司	42.03	100	浙江省能源集团有限公司	21.69
				中国企业 500 强平均数	10.51

表 8-15 2019 中国企业 500 强人均资产排序前 100 名企业

排名	企业名称	人均资产/万元	排名	企业名称	人均资产/万元
1	国家开发银行股份有限公司	170188.49	51	江西省建工集团有限责任公司	1474.17
2	北京江南投资集团有限公司	32594.51	52	广西投资集团有限公司	1441.43
3	上海银行股份有限公司	19387.82	53	四川省交通投资集团有限责任公司	1429.10
4	盛京银行股份有限公司	18134.58	54	恒大集团有限公司	1427.57
5	北京银行股份有限公司	17431.33	55	中融新大集团有限公司	1412.04
6	中国华融资产管理股份有限公司	14493.49	56	泰康保险集团股份有限公司	1404.07
7	上海农村商业银行股份有限公司	13680.88	57	武汉金融控股（集团）有限公司	1383.84
8	上海浦东发展银行股份有限公司	11293.55	58	重庆华宇集团有限公司	1371.09
9	兴业银行股份有限公司	11250.03	59	福晟集团有限公司	1359.95
10	交通银行股份有限公司	10644.36	60	甘肃省公路航空旅游投资集团有限公司	1342.67
11	中国民生银行股份有限公司	10276.02	61	腾讯控股有限公司	1332.23
12	天津银行股份有限公司	9721.91	62	阿里巴巴集团控股有限公司	1322.02
13	渤海银行股份有限公司	9044.78	63	中国海洋石油集团有限公司	1299.73
14	招商银行股份有限公司	9043.74	64	珠海华发集团有限公司	1294.74
15	中国信达资产管理股份有限公司	8403.14	65	万科企业股份有限公司	1241.76
16	广州农村商业银行股份有限公司	7641.30	66	碧桂园控股有限公司	1240.38
17	前海人寿保险股份有限公司	7469.92	67	云南省能源投资集团有限公司	1239.89
18	北京首都开发控股（集团）有限公司	6946.29	68	北京住总集团有限责任公司	1237.87
19	中国银行股份有限公司	6857.78	69	盘锦北方沥青燃料有限公司	1219.19
20	中国光大集团有限公司	6835.98	70	招商局集团有限公司	1212.69
21	华夏银行股份有限公司	6493.18	71	岚桥集团有限公司	1209.23
22	中国建设银行股份有限公司	6327.78	72	远大物产集团有限公司	1207.13
23	中国工商银行股份有限公司	6165.10	73	中国太平洋保险（集团）股份有限公司	1179.10
24	重庆农村商业银行股份有限公司	6059.52	74	浙江前程投资股份有限公司	1176.19
25	融信（福建）投资集团有限公司	5571.67	75	浙江荣盛控股集团有限公司	1166.42
26	中国农业银行股份有限公司	4734.71	76	卓尔控股有限公司	1166.27
27	龙光交通集团有限公司	3504.39	77	成都兴城投资集团有限公司	1143.16
28	远景能源（江苏）有限公司	3391.39	78	东旭集团有限公司	1128.56
29	绿地控股集团股份有限公司	2651.62	79	厦门象屿集团有限公司	1120.52
30	中国人寿保险（集团）公司	2603.08	80	中国保利集团公司	1114.85
31	福佳集团有限公司	2463.60	81	上海新增鼎资产管理有限公司	1062.83
32	中国中信集团有限公司	2355.35	82	浙江省交通投资集团有限公司	1058.53
33	山东高速集团有限公司	2327.80	83	中国邮政集团公司	1055.79
34	西安迈科金属国际集团有限公司	2323.73	84	厦门建发集团有限公司	1053.98
35	广州越秀集团有限公司	2301.89	85	深圳市投资控股有限公司	1053.63
36	天津泰达投资控股有限公司	2071.36	86	北大方正集团有限公司	1033.04
37	龙湖集团控股有限公司	2004.68	87	北京首都创业集团有限公司	1024.03
38	北京金融街投资（集团）有限公司	1976.34	88	国家开发投资集团有限公司	1003.95
39	中国林业集团有限公司	1921.06	89	重庆市金科投资控股（集团）有限责任公司	999.32
40	新华人寿保险股份有限公司	1904.23	90	广东省能源集团有限公司	992.76
41	中国平安保险（集团）股份有限公司	1895.19	91	宁夏天元锰业集团有限公司	990.54
42	弘阳集团有限公司	1727.84	92	利华益集团股份有限公司	979.85
43	深圳市中农网有限公司	1710.52	93	浙江省能源集团有限公司	972.95
44	阳光龙净集团有限公司	1620.98	94	中天控股集团有限公司	970.62
45	内蒙古伊泰集团有限公司	1614.24	95	复星国际有限公司	912.69
46	中国广核集团有限公司	1592.23	96	齐鲁交通发展集团有限公司	907.84
47	环嘉集团有限公司	1551.61	97	河北建设集团股份有限公司	901.16
48	申能（集团）有限公司	1533.63	98	金东纸业（江苏）股份有限公司	877.29
49	四川省铁路产业投资集团有限责任公司	1528.37	99	中国太平保险控股有限公司	876.56
50	云南省投资控股集团有限公司	1486.79	100	河北省物流产业集团有限公司	874.54
				中国企业 500 强平均数	890.47

表 8-16 2019 中国企业 500 强收入增长率排序前 100 名企业

排名	企业名称	收入增长率/%	排名	企业名称	收入增长率/%
1	上海新增鼎资产管理有限公司	335.93	51	华侨城集团有限公司	37.75
2	广西北部湾投资集团有限公司	273.20	52	荣盛控股股份有限公司	37.20
3	宁波均胜电子股份有限公司	111.16	53	永锋集团有限公司	36.93
4	名创优品（广州）有限责任公司	100.00	54	盛虹控股集团有限公司	36.62
5	弘阳集团有限公司	98.02	55	国家开发投资集团有限公司	35.77
6	新疆中泰（集团）有限责任公司	96.17	56	红狮控股集团有限公司	35.67
7	互诚信息技术（上海）有限公司	92.25	57	齐鲁交通发展集团有限公司	35.43
8	华夏人寿保险股份有限公司	83.44	58	东旭集团有限公司	35.21
9	红太阳集团有限公司	83.29	59	传化集团有限公司	34.76
10	晶科能源有限公司	82.60	60	北京外企服务集团有限责任公司	34.68
11	重庆市金科投资控股（集团）有限责任公司	75.43	61	南昌市政公用投资控股有限公司	34.65
12	陕西投资集团有限公司	69.38	62	敬业集团有限公司	33.57
13	碧桂园控股有限公司	67.07	63	珠海格力电器股份有限公司	33.33
14	武安市文安钢铁有限公司	62.85	64	江苏扬子江船业集团	33.09
15	龙湖集团控股有限公司	60.66	65	山东汇丰石化集团有限公司	32.51
16	远景能源（江苏）有限公司	60.60	66	奥克斯集团有限公司	32.46
17	福建永荣控股集团有限公司	58.86	67	雅戈尔集团股份有限公司	32.14
18	新希望集团有限公司	58.54	68	神州数码集团股份有限公司	31.57
19	立讯精密工业股份有限公司	57.06	69	腾讯控股有限公司	31.52
20	深圳金雅福控股集团有限公司	54.65	70	亨通集团有限公司	30.70
21	北京首都旅游集团有限责任公司	54.16	71	广西柳州钢铁集团有限公司	30.36
22	深圳市投资控股有限公司	52.74	72	上海钢联电子商务股份有限公司	30.34
23	小米集团	52.60	73	中国海洋石油集团有限公司	29.88
24	中基宁波集团股份有限公司	52.39	74	中国航空油料集团有限公司	29.82
25	浙江省国际贸易集团有限公司	51.89	75	前海人寿保险股份有限公司	29.77
26	龙光交通集团有限公司	51.08	76	恒申控股集团有限公司	29.63
27	阿里巴巴集团控股有限公司	50.58	77	广东海大集团股份有限公司	29.49
28	恒大集团有限公司	49.89	78	无锡产业发展集团有限公司	29.16
29	东华能源股份有限公司	49.77	79	三房巷集团有限公司	29.09
30	广西北部湾国际港务集团有限公司	48.99	80	兖矿集团有限公司	28.86
31	南京钢铁集团有限公司	47.38	81	中国中煤能源集团有限公司	28.43
32	冀南钢铁集团有限公司	47.07	82	厦门建发集团有限公司	28.32
33	盘锦北方沥青燃料有限公司	46.17	83	阳光龙净集团有限公司	27.64
34	瑞康医药集团股份有限公司	45.61	84	深圳顺丰泰森控股（集团）有限公司	27.60
35	中国化学工程集团有限公司	45.00	85	包头钢铁（集团）有限责任公司	27.53
36	中南控股集团有限公司	44.63	86	北京京东世纪贸易有限公司	27.51
37	重庆华宇集团有限公司	44.39	87	欧菲光集团股份有限公司	27.38
38	三一集团有限公司	44.30	88	山西建设投资集团有限公司	27.31
39	杭州市实业投资集团有限公司	44.21	89	石横特钢集团有限公司	26.94
40	徐州工程机械集团有限公司	43.50	90	安阳钢铁集团有限责任公司	26.90
41	北京建龙重工集团有限公司	42.62	91	新疆天业（集团）有限公司	26.78
42	安徽海螺集团有限责任公司	42.24	92	浙江富冶集团有限公司	26.61
43	新凤鸣集团股份有限公司	42.22	93	浪潮集团有限公司	26.47
44	蓝润集团有限公司	41.89	94	贵州茅台酒股份有限公司	26.43
45	浙江恒逸集团有限公司	40.77	95	中国第一汽车集团有限公司	26.42
46	广州市建筑集团有限公司	40.20	96	玖龙纸业（控股）有限公司	25.79
47	青山控股集团有限公司	40.17	97	新奥能源控股有限公司	25.75
48	武安市裕华钢铁有限公司	40.04	98	福晟集团有限公司	25.17
49	新华锦集团	39.99	99	浙江前程投资股份有限公司	24.89
50	中国林业集团有限公司	38.86	100	江铃汽车集团有限公司	24.84
				中国企业 500 强平均数	12.41

表 8-17 2019 中国企业 500 强净利润增长率排序前 100 名企业

排名	企业名称	净利润增长率/%	排名	企业名称	净利润增长率/%
1	首钢集团有限公司	9366.67	51	陕西延长石油（集团）有限责任公司	79.83
2	四川长虹电子控股集团有限公司	1794.01	52	武安市文安钢铁有限公司	78.77
3	大连万达集团股份有限公司	1225.62	53	新余钢铁集团有限公司	78.09
4	陕西汽车控股集团有限公司	1078.94	54	甘肃省建设投资（控股）集团总公司	75.81
5	广东省广物控股集团有限公司	728.89	55	中南控股集团有限公司	74.54
6	中国宝武钢铁集团有限公司	703.81	56	四川省宜宾五粮液集团有限公司	74.21
7	四川德胜集团钒钛有限公司	629.72	57	江西方大钢铁集团有限公司	73.53
8	晶科能源有限公司	492.29	58	江苏沙钢集团有限公司	72.28
9	富德生命人寿保险股份有限公司	357.60	59	浙江龙盛控股有限公司	71.83
10	中国建材集团有限公司	346.59	60	齐鲁交通发展集团有限公司	64.53
11	苏宁控股集团	319.81	61	山东如意时尚投资控股有限公司	64.15
12	新疆广汇实业投资（集团）有限责任公司	312.82	62	广州医药集团有限公司	63.87
13	淮河能源控股集团有限责任公司	309.93	63	江苏汇鸿国际集团股份有限公司	63.08
14	中国石油化工集团有限公司	272.00	64	江苏悦达集团有限公司	62.28
15	上海华谊（集团）公司	238.54	65	重庆轻纺控股（集团）公司	61.66
16	辽宁嘉晨控股集团有限公司	236.93	66	立讯精密工业股份有限公司	60.86
17	宁波均胜电子股份有限公司	232.94	67	上海新增鼎资产管理有限公司	59.59
18	四川省川威集团有限公司	225.43	68	湖南建工集团有限公司	59.56
19	徐州矿务集团有限公司	221.27	69	湖南博长控股集团有限公司	59.02
20	广西北部湾投资集团有限公司	172.05	70	山东泰山钢铁集团有限公司	57.35
21	昆明钢铁控股有限公司	169.67	71	四川科伦实业集团有限公司	57.34
22	金浦投资控股集团有限公司	163.94	72	杭州汽轮动力集团有限公司	56.70
23	金川集团股份有限公司	157.95	73	山东金诚石化集团有限公司	56.25
24	江苏国泰国际集团有限公司	155.53	74	江苏省苏中建设集团股份有限公司	55.01
25	上海钢联电子商务股份有限公司	151.00	75	江阴澄星实业集团有限公司	54.91
26	福佳集团有限公司	147.64	76	北京住总集团有限责任公司	54.62
27	北京能源集团有限责任公司	141.91	77	浪潮集团有限公司	53.95
28	中国海洋石油集团有限公司	137.68	78	天瑞集团股份有限公司	53.95
29	山西潞安矿业（集团）有限责任公司	134.10	79	中国远洋海运集团有限公司	53.82
30	北京建龙重工集团有限公司	131.88	80	恒大集团有限公司	53.41
31	红狮控股集团有限公司	129.41	81	河北建工集团有限责任公司	53.25
32	北京建工集团有限责任公司	127.72	82	内蒙古电力（集团）有限公司	51.36
33	陕西投资集团有限公司	122.58	83	百度网络技术有限公司	50.66
34	马钢（集团）控股有限公司	119.45	84	重庆华宇集团有限公司	50.02
35	北京首都创业集团有限公司	114.59	85	陕西建工集团有限公司	49.96
36	山西建设投资集团有限公司	107.53	86	天元建设集团有限公司	49.86
37	重庆市金科投资控股（集团）有限责任公司	105.75	87	南昌市政公用投资控股有限责任公司	49.48
38	中国电子信息产业集团有限公司	105.57	88	晶龙实业集团有限公司	49.08
39	敬业集团有限公司	104.64	89	三房巷集团有限公司	48.32
40	厦门建发集团有限公司	102.50	90	融信（福建）投资集团有限公司	47.81
41	河钢集团有限公司	101.05	91	波司登股份有限公司	47.76
42	旭阳控股有限公司	100.67	92	东岭集团股份有限公司	47.54
43	名创优品（广州）有限责任公司	100.00	93	青山控股集团有限公司	47.54
44	山东黄金集团有限公司	92.73	94	新华人寿保险股份有限公司	47.17
45	中国东方电气集团有限公司	91.37	95	山东汇丰石化集团有限公司	45.99
46	广西柳州钢铁集团有限公司	91.04	96	红太阳集团有限公司	44.88
47	恒申控股集团有限公司	89.16	97	华侨城集团有限公司	43.90
48	安徽海螺集团有限责任公司	88.01	98	云南省能源投资集团有限公司	43.67
49	中国航空工业集团有限公司	87.35	99	中国化学工程集团有限公司	43.02
50	广州越秀集团有限公司	79.83	100	阳光保险集团股份有限公司	40.79
				中国企业 500 强平均数	11.56

表8-18 2019中国企业500强资产增长率排序前100名企业

排名	公司名称	资产增长率/%	排名	公司名称	资产增长率/%
1	广州智能装备产业集团有限公司	155.69	51	江苏沙钢集团有限公司	30.36
2	广西北部湾投资集团有限公司	126.46	52	中国林业集团有限公司	29.26
3	名创优品（广州）有限责任公司	106.54	53	瑞康医药集团股份有限公司	29.10
4	弘阳集团有限公司	99.29	54	扬子江药业集团	28.81
5	晶科能源有限公司	82.35	55	恒力集团有限公司	28.63
6	远景能源（江苏）有限公司	80.74	56	深圳金雅福控股集团有限公司	28.58
7	广州医药集团有限公司	77.69	57	福晟集团有限公司	28.38
8	广西柳州钢铁集团有限公司	74.25	58	天能电池集团有限公司	28.28
9	浙江荣盛控股集团有限公司	70.77	59	九州通医药集团股份有限公司	28.10
10	广西北部湾国际港务集团有限公司	69.76	60	广西建工集团有限责任公司	27.94
11	宁波均胜电子股份有限公司	67.78	61	重庆商社（集团）有限公司	27.73
12	小米集团	61.60	62	河北普阳钢铁有限公司	26.85
13	浪潮集团有限公司	57.94	63	福建永荣控股集团有限公司	26.66
14	新凤鸣集团股份有限公司	55.36	64	厦门象屿集团有限公司	26.47
15	碧桂园控股有限公司	55.26	65	中天科技集团有限公司	26.40
16	浙江恒逸集团有限公司	52.71	66	紫金矿业集团股份有限公司	26.38
17	安徽海螺集团有限责任公司	50.43	67	金浦投资控股集团有限公司	25.97
18	福建省能源集团有限责任公司	47.47	68	中国化学工程集团有限公司	25.82
19	北京首都旅游集团有限责任公司	46.98	69	富通集团有限公司	25.79
20	山东金岭集团有限公司	45.36	70	江西省建工集团有限责任公司	25.50
21	中国大地财产保险股份有限公司	45.08	71	福建省三钢（集团）有限责任公司	25.39
22	互诚信息技术（上海）有限公司	44.27	72	冀南钢铁集团有限公司	25.38
23	山东创新金属科技有限公司	42.59	73	浙江省建设投资集团股份有限公司	25.29
24	龙光交通集团有限公司	40.18	74	新奥能源控股有限公司	24.94
25	龙湖集团控股有限公司	39.73	75	成都兴城投资集团有限公司	24.87
26	广州轻工工贸集团有限公司	39.03	76	滨化集团	24.69
27	中南控股集团有限公司	38.34	77	南昌市政公用投资控股有限责任公司	24.61
28	中基宁波集团股份有限公司	37.89	78	敬业集团有限公司	24.48
29	华侨城集团有限公司	37.73	79	新余钢铁集团有限公司	24.39
30	双胞胎（集团）股份有限公司	36.78	80	中国电力建设集团有限公司	24.29
31	重庆市金科投资控股（集团）有限责任公司	36.67	81	浙江省交通投资集团有限公司	23.96
32	中运富通控股集团有限公司	35.82	82	恒申控股集团有限公司	23.94
33	立讯精密工业股份有限公司	35.54	83	珠海华发集团有限公司	23.69
34	广州市建筑集团有限公司	35.50	84	湖南建工集团有限公司	23.34
35	永锋集团有限公司	35.39	85	深圳顺丰泰森控股（集团）有限公司	23.22
36	山东金诚石化集团有限公司	35.36	86	金鼎钢铁集团有限公司	23.14
37	威高集团有限公司	35.13	87	欧菲光集团股份有限公司	23.10
38	阿里巴巴集团控股有限公司	34.58	88	网易公司	22.44
39	上海医药集团股份有限公司	34.49	89	亨通集团有限公司	22.41
40	北京建工集团有限责任公司	33.85	90	陕西建工集团有限公司	22.37
41	通威集团	33.56	91	山东海科化工集团有限公司	22.20
42	河南森源集团有限公司	33.02	92	绿地控股集团有限公司	22.16
43	卓尔控股有限公司	32.35	93	河北津西钢铁集团股份有限公司	21.88
44	广东海大集团股份有限公司	31.95	94	中国国际海运集装箱（集团）股份有限公司	21.65
45	重庆华宇集团有限公司	31.95	95	山西建设投资集团有限公司	21.42
46	华为投资控股有限公司	31.78	96	西部矿业集团有限公司	21.34
47	中科电力装备集团有限公司	31.60	97	中国医药集团有限公司	21.31
48	苏宁控股集团	31.24	98	中国铝业集团有限公司	20.70
49	步步高投资集团股份有限公司	30.53	99	浙江吉利控股集团有限公司	20.63
50	腾讯控股有限公司	30.44	100	新希望集团有限公司	20.61
				中国企业500强平均数	7.38

第九章
2019 中国制造业企业 500 强

表 9-1 2019 中国制造业企业 500 强

名次	企业名称	地区	营业收入/万元	净利润/万元	资产/万元	所有者权益/万元	从业人数/人
1	中国石油化工集团有限公司	北京	274277981	3866272	226009434	72214460	619151
2	上海汽车集团股份有限公司	上海	90219406	3600921	78276985	23436856	146452
3	华为投资控股有限公司	广东	72120200	5922700	66579200	23265800	180000
4	东风汽车集团有限公司	湖北	60150128	1058129	45586271	9231824	167528
5	中国第一汽车集团有限公司	吉林	59403025	1759696	45782509	18415684	152175
6	中国五矿集团有限公司	北京	52968018	-247132	89684471	4547013	200677
7	正威国际集团有限公司	广东	50511826	980938	14583171	8891552	16901
8	北京汽车集团有限公司	北京	48073807	726122	45855643	7422721	127000
9	中国兵器工业集团有限公司	北京	45494275	639272	39598196	10422075	213882
10	中国化工集团有限公司	北京	44581360	-1460250	79884890	244080	138652
11	中国航空工业集团有限公司	北京	43880445	459702	94803416	18293143	479986
12	中国宝武钢铁集团有限公司	上海	43862002	1434176	71180908	25159847	138470
13	恒力集团有限公司	江苏	37173616	385590	15379379	2799640	81350
14	广州汽车工业集团有限公司	广东	36405363	585758	29213354	4260380	113474
15	中国建材集团有限公司	北京	34800245	45896	58089474	4090089	207958
16	联想集团有限公司	北京	33760068	394463	20589194	2331903	57000
17	河钢集团有限公司	河北	33682397	272914	43751844	7035734	118656
18	浙江吉利控股集团有限公司	浙江	32852088	1302607	33343131	5779671	124846
19	中国船舶重工集团有限公司	北京	30503233	615276	50375396	14310843	167151
20	中国铝业集团有限公司	北京	30019956	74572	64131357	11534216	123698
21	山东魏桥创业集团有限公司	山东	28448728	563952	24276585	7041477	106044
22	海尔集团公司	山东	26611837	812966	35693177	3810861	84239
23	美的集团股份有限公司	广东	26180000	2023077	10718625	8307211	135000
24	中国航天科工集团有限公司	北京	25049695	1221321	32301845	12427443	146436
25	中国航天科技集团有限公司	北京	24955600	1629635	43595000	19110700	179788
26	江苏沙钢集团有限公司	江苏	24104507	1236394	22776067	5397473	31290
27	潍柴控股集团有限公司	山东	23537254	153904	22433703	611472	82094
28	江西铜业集团有限公司	江西	23065391	86918	12782786	2228332	26549
29	中国中车集团有限公司	北京	22935095	321893	39847345	6689263	187959
30	青山控股集团有限公司	浙江	22650146	382698	5851390	1596990	56088
31	中国兵器装备集团有限公司	北京	22421000	177350	33267900	6211280	198932
32	金川集团股份有限公司	甘肃	22087513	154804	11620436	3275809	27791
33	中国电子科技集团公司	北京	22042700	1161000	35477100	14133100	179636
34	中国电子信息产业集团有限公司	北京	21836738	231718	27684676	4337309	148042

续表

名次	企业名称	地区	营业收入/万元	净利润/万元	资产/万元	所有者权益/万元	从业人数/人
35	鞍钢集团有限公司	辽宁	21576689	-168352	33964373	6356226	125008
36	首钢集团有限公司	北京	20551263	55664	50165684	12092163	109943
37	珠海格力电器股份有限公司	广东	20002400	2620279	25123416	9132710	88800
38	安徽海螺集团有限责任公司	安徽	18851188	1077463	19201907	4236121	55380
39	铜陵有色金属集团控股有限公司	安徽	17758240	-46408	8697801	838613	25357
40	小米集团	北京	17491500	1335400	14522800	7132300	16683
41	海亮集团有限公司	浙江	17364210	157147	5517570	1721747	19510
42	新兴际华集团有限公司	北京	17335699	68557	14192311	4163944	52949
43	上海医药集团股份有限公司	上海	15908440	388106	12687933	3901357	47590
44	光明食品（集团）有限公司	上海	15800752	132232	25743707	6067227	128655
45	山东钢铁集团有限公司	山东	15585685	-67117	31644272	1661395	80852
46	华晨汽车集团控股有限公司	辽宁	15296763	45781	17099971	449414	44228
47	万洲国际有限公司	河南	14958633	624021	10499323	5316235	112000
48	浙江恒逸集团有限公司	浙江	14739323	43423	7758576	888742	14111
49	盛虹控股集团有限公司	江苏	14347965	252436	8436609	1620376	27118
50	陕西有色金属控股集团有限责任公司	陕西	13550912	50979	13257470	3357977	44667
51	天能电池集团有限公司	浙江	13208572	126226	3310207	424409	20508
52	新希望集团有限公司	四川	13117718	533628	19170804	2532277	76534
53	比亚迪股份有限公司	广东	13005471	278019	19457108	5519829	220152
54	浙江荣盛控股集团有限公司	浙江	12859958	136624	14100907	1960524	12089
55	北京首农食品集团有限公司	北京	12665547	258878	13352496	2951941	54820
56	海信集团有限公司	山东	12663497	39816	11764865	1055432	79442
57	中天钢铁集团有限公司	江苏	12503250	223564	4701596	1673768	15934
58	四川长虹电子控股集团有限公司	四川	12205921	5379	8360663	117433	62621
59	湖南华菱钢铁集团有限责任公司	湖南	12088473	375491	11000889	3142515	32830
60	超威集团	浙江	12032383	41271	1670411	42007	18413
61	北京建龙重工集团有限公司	北京	12027811	551511	11645468	2424578	52590
62	海澜集团有限公司	江苏	12005866	554176	10974890	8278107	20202
63	南京钢铁集团有限公司	江苏	11820594	215812	5278355	1491908	10857
64	广州医药集团有限公司	广东	11601020	146449	5251431	712489	33865
65	上海电气（集团）总公司	上海	11452758	141014	25079629	3029200	49968
66	TCL集团股份有限公司	广东	11336008	346821	19276394	3049436	89750
67	万向集团公司	浙江	11210043	116669	9486124	1913186	31212

续表

名次	企业名称	地区	营业收入/万元	净利润/万元	资产/万元	所有者权益/万元	从业人数/人
68	协鑫集团有限公司	江苏	11181648	143765	19081169	3830927	25361
69	中国有色矿业集团有限公司	北京	11136531	-9787	12061992	1867453	52044
70	中国重型汽车集团有限公司	山东	11004953	529358	9030050	1507286	41280
71	东岭集团股份有限公司	陕西	10965694	119393	4079560	983813	10206
72	北京电子控股有限责任公司	北京	10948121	85394	35024364	1202164	89377
73	复星国际有限公司	上海	10935164	1340640	63888384	10852884	70000
74	南山集团有限公司	山东	10869617	509794	12348212	5386648	46357
75	河北津西钢铁集团股份有限公司	河北	10817347	526879	4772193	2037070	10710
76	紫金矿业集团股份有限公司	福建	10599425	409377	11287930	4045543	19226
77	中国黄金集团有限公司	北京	10525711	-28570	10848409	1474270	45040
78	北京金隅集团股份有限公司	北京	10506686	326045	26827609	5766547	52498
79	杭州钢铁集团有限公司	浙江	10314878	139233	6729816	2364948	13786
80	亨通集团有限公司	江苏	10198228	33684	6340164	781739	20141
81	山东东明石化集团有限公司	山东	10182020	222731	3028332	1160766	6308
82	江铃汽车集团有限公司	江西	10060045	125821	7520722	918359	43477
83	新疆中泰（集团）有限责任公司	新疆维吾尔自治区	10046392	30699	9305723	592187	30605
84	长城汽车股份有限公司	河北	9922998	520731	11180041	5252483	63455
85	酒泉钢铁（集团）有限责任公司	甘肃	9607169	-36427	11329743	2339363	36415
86	日照钢铁控股集团有限公司	山东	9536721	591773	9644043	2789210	14079
87	杭州汽轮动力集团有限公司	浙江	9532596	25165	3503688	621908	5426
88	新华联集团有限公司	北京	9529585	263004	15579861	3238784	69685
89	中国国际海运集装箱（集团）股份有限公司	广东	9349762	338044	15888396	3732500	51253
90	四川省宜宾五粮液集团有限公司	四川	9311821	410586	12858970	7203168	44409
91	无锡产业发展集团有限公司	江苏	9305407	3821	8444128	905559	26938
92	万达控股集团有限公司	山东	9231536	223681	6359861	1638669	15089
93	马钢（集团）控股有限公司	安徽	9178433	306064	9700447	1852911	37485
94	江苏悦达集团有限公司	江苏	9146629	32046	8853879	994056	39233
95	敬业集团有限公司	河北	9011375	696162	3899192	1858546	23500
96	广西柳州钢铁集团有限公司	广西壮族自治区	8916100	770583	7551287	2219976	23344
97	杭州锦江集团有限公司	浙江	8899377	139649	8072358	1506649	12500
98	雅戈尔集团股份有限公司	浙江	8792583	418471	9393134	2871820	55522
99	包头钢铁（集团）有限责任公司	内蒙古自治区	8706870	2837	18028703	680539	48563
100	江阴澄星实业集团有限公司	江苏	8634100	148121	3505257	1325879	6239

续表

名次	企业名称	地区	营业收入/万元	净利润/万元	资产/万元	所有者权益/万元	从业人数/人
101	奥克斯集团有限公司	浙江	8600343	153798	5663169	1615543	25630
102	利华益集团股份有限公司	山东	8537905	201863	3986050	1694944	4068
103	传化集团有限公司	浙江	8513267	16941	5743188	957436	14087
104	宁波金田投资控股有限公司	浙江	8398973	26172	1087061	155115	6203
105	山东黄金集团有限公司	山东	8213987	21499	11646201	1113991	25071
106	中融新大集团有限公司	山东	8075990	257376	15532449	7034925	11000
107	扬子江药业集团	江苏	8056836	538600	3998262	3092119	16056
108	内蒙古伊利实业集团股份有限公司	内蒙古自治区	7955328	643975	4760620	2791558	56079
109	宁夏天元锰业集团有限公司	宁夏回族自治区	7934688	306205	19872241	11226269	20062
110	太原钢铁（集团）有限公司	山西	7855843	272940	12810611	3633204	33764
111	正邦集团有限公司	江西	7802537	124724	1745815	741270	42560
112	贵州茅台酒股份有限公司	贵州	7719938	3520363	15984667	11283856	26568
113	河北新华联合冶金控股集团有限公司	河北	7581766	104166	6593507	445198	16535
114	华泰集团有限公司	山东	7378150	132941	3176886	945780	9050
115	通威集团	四川	7056181	163254	4815561	1460053	24126
116	正泰集团股份有限公司	浙江	7046353	148818	6498598	1272900	31683
117	天津荣程祥泰投资控股集团有限公司	天津	6900140	177155	1682111	989449	9867
118	奇瑞控股集团有限公司	安徽	6898525	73655	17105166	1115465	30783
119	三房巷集团有限公司	江苏	6755442	75308	2407309	856163	7300
120	云南锡业集团（控股）有限责任公司	云南	6641932	-86882	5783797	101313	22536
121	红豆集团有限公司	江苏	6632940	111685	4313756	892838	22152
122	陕西汽车控股集团有限公司	陕西	6545471	158226	3754456	855509	28769
123	徐州工程机械集团有限公司	江苏	6434137	-95327	11476160	1300974	26396
124	三一集团有限公司	湖南	6419458	80102	12072488	2925109	23306
125	江西方大钢铁集团有限公司	江西	6339810	503173	3784602	1178982	20700
126	云天化集团有限责任公司	云南	6339143	-25238	10138159	889838	22852
127	本钢集团有限公司	辽宁	6336604	-21555	15556760	2985584	66876
128	金鼎钢铁集团有限公司	河北	6313090	355711	1471236	808476	4067
129	山东海科化工集团有限公司	山东	6202485	169365	2177444	498193	4170
130	白银有色集团股份有限公司	甘肃	6194657	2590	4569688	965870	15560
131	万华化学集团股份有限公司	山东	6062119	1061038	7691266	3377874	11080
132	上海华谊（集团）公司	上海	6059803	258039	7108951	1747003	19398
133	双胞胎（集团）股份有限公司	江西	6053270	154610	1535484	939185	7400
134	新余钢铁集团有限公司	江西	6052304	307306	4686113	1037064	22893

续表

名次	企业名称	地区	营业收入/万元	净利润/万元	资产/万元	所有者权益/万元	从业人数/人
135	盘锦北方沥青燃料有限公司	辽宁	6003399	307073	4197661	1145302	3443
136	武安市文安钢铁有限公司	河北	5997265	161316	1122168	1017988	4821
137	山东如意时尚投资控股有限公司	山东	5966729	294013	6901205	1238643	42001
138	河北普阳钢铁有限公司	河北	5914783	406975	2412500	1566687	6636
139	冀南钢铁集团有限公司	河北	5840922	532125	2248423	1925267	15533
140	玖龙纸业（控股）有限公司	广东	5746032	577812	8188264	3637822	18459
141	温氏食品集团股份有限公司	广东	5723600	395744	5395002	3456844	48639
142	福建省三钢（集团）有限责任公司	福建	5701599	463364	3942460	1393707	16279
143	昆明钢铁控股有限公司	云南	5688197	33828	6178106	1309708	17981
144	隆鑫控股有限公司	重庆	5641373	56310	6871294	991919	30076
145	德力西集团有限公司	浙江	5630751	89699	2059853	712778	19646
146	宁波均胜电子股份有限公司	浙江	5618093	131799	5932018	1243809	59250
147	杭州市实业投资集团有限公司	浙江	5505162	111872	5913006	1368044	27747
148	武安市裕华钢铁有限公司	河北	5410352	385745	2231421	1702847	10958
149	中天科技集团有限公司	江苏	5383320	82852	3691857	596940	15488
150	新疆特变电工集团有限公司	新疆维吾尔自治区	5372779	256286	11677510	4138908	20108
151	山东京博控股集团有限公司	山东	5351185	147072	3701538	868426	10710
152	天津友发钢管集团股份有限公司	天津	5314749	46617	728262	338216	9872
153	四川省川威集团有限公司	四川	5302685	206384	4161301	415730	14008
154	山东金诚石化集团有限公司	山东	5293589	113106	1208642	514493	2000
155	稻花香集团	湖北	5253481	33103	2048695	271109	13168
156	永锋集团有限公司	山东	5227338	279220	3489398	786553	11974
157	山东招金集团有限公司	山东	5222879	9869	5028250	580760	14173
158	东旭集团有限公司	河北	5186045	12138	20722641	4586154	18362
159	中国信息通信科技集团有限公司	湖北	5132135	-107381	8324175	1658137	37723
160	安阳钢铁集团有限责任公司	河南	5120286	119280	4649545	651117	26369
161	安徽江淮汽车集团控股有限公司	安徽	5110668	-18549	5034501	391551	33658
162	旭阳控股有限公司	北京	5060536	223543	3111911	1070957	6084
163	江苏华西集团有限公司	江苏	5044366	65876	5796439	1443560	20016
164	辽宁嘉晨控股集团有限公司	辽宁	4963961	404324	4058575	3147920	11080
165	广州智能装备产业集团有限公司	广东	4840496	86080	5110886	1014635	294451
166	晶科能源有限公司	上海	4833952	83933	5221714	1381741	12843
167	江苏新长江实业集团有限公司	江苏	4824146	145372	3227808	1198806	8204
168	湖南博长控股集团有限公司	湖南	4808631	131770	1131705	363988	7236

续表

名次	企业名称	地区	营业收入/万元	净利润/万元	资产/万元	所有者权益/万元	从业人数/人
169	新凤祥控股集团有限责任公司	山东	4746894	44589	2681807	862589	16792
170	江苏扬子江船业集团	江苏	4729628	424862	11069920	3757342	27065
171	重庆化医控股（集团）公司	重庆	4677214	-16866	8182366	801154	27814
172	四川德胜集团钒钛有限公司	四川	4670130	270333	2906094	1021973	10310
173	唐山港陆钢铁有限公司	河北	4646376	99003	1600092	809955	7995
174	杉杉控股有限公司	浙江	4640988	47973	5405178	884261	7347
175	武安市明芳钢铁有限公司	河北	4584630	109126	769155	593000	7900
176	重庆机电控股（集团）公司	重庆	4558237	80150	4973195	1117181	28913
177	红狮控股集团有限公司	浙江	4518823	623473	4110629	1517475	13297
178	河北新金钢铁有限公司	河北	4508652	204116	1762282	1063812	5099
179	西王集团有限公司	山东	4503711	21387	4891233	1314447	16000
180	太极集团有限公司	重庆	4503656	2145	1371202	242140	13052
181	威高集团有限公司	山东	4495514	420099	5293761	2982009	26100
182	重庆小康控股有限公司	重庆	4454732	-39054	3208013	235080	15971
183	金澳科技（湖北）化工有限公司	湖北	4396026	62788	720566	428305	3980
184	华勤橡胶工业集团有限公司	山东	4393254	509984	1982266	748281	8300
185	老凤祥股份有限公司	上海	4378447	120454	1548653	619136	3819
186	郑州宇通企业集团	河南	4367386	188128	9084612	1731647	39326
187	金浦投资控股集团有限公司	江苏	4322989	149293	2868278	555784	9550
188	人民电器集团有限公司	浙江	4321491	155512	1194380	885303	22520
189	欧菲光集团股份有限公司	广东	4304281	-51901	3796311	858991	42608
190	中科电力装备集团有限公司	安徽	4301820	18727	1638880	228670	3720
191	浙江富冶集团有限公司	浙江	4300130	18581	990714	287034	2625
192	山东恒源石油化工股份有限公司	山东	4251234	77838	1554831	591936	1995
193	广东海大集团股份有限公司	广东	4215663	143728	1736566	774594	17389
194	环嘉集团有限公司	辽宁	4214517	188440	3258374	857498	2100
195	山东渤海实业股份有限公司	山东	4198609	16280	2075830	289320	3320
196	石横特钢集团有限公司	山东	4189263	503692	2633451	1476259	12320
197	四川科伦实业集团有限公司	四川	4124378	125074	3330814	1330872	22161
198	山东玉皇化工有限公司	山东	4121640	120545	2531107	1222519	4623
199	山东金岭集团有限公司	山东	4103172	282220	1374497	1026672	3923
200	河南森源集团有限公司	河南	4083787	109062	4840873	845529	20169
201	广东圣丰集团有限公司	广东	4083127	348515	4130054	2556793	26336
202	重庆力帆控股有限公司	重庆	4077623	29561	5914812	1390612	9800

续表

续表

名次	企业名称	地区	营业收入/万元	净利润/万元	资产/万元	所有者权益/万元	从业人数/人
203	山东汇丰石化集团有限公司	山东	4066682	61591	1360410	390907	2017
204	富通集团有限公司	浙江	4015346	164836	2852136	981225	6591
205	福建永荣控股集团有限公司	福建	4014512	117685	2397957	409476	4939
206	山东创新金属科技有限公司	山东	4012941	28777	2274730	201070	6265
207	恒申控股集团有限公司	福建	4002426	339913	2912919	1433424	8105
208	三河汇福粮油集团有限公司	河北	3953100	58784	1222070	350123	3000
209	上海仪电（集团）有限公司	上海	3930241	41500	7694212	1096012	15394
210	创维集团有限公司	广东	3898159	9885	4315623	945554	35800
211	江苏华宏实业集团有限公司	江苏	3894478	30045	1141491	482295	3075
212	双良集团有限公司	江苏	3891124	23010	2594789	761349	5031
213	沂州集团有限公司	山东	3883698	52474	1223044	467221	3337
214	广州万宝集团有限公司	广东	3852439	22499	2690970	378769	16078
215	西部矿业集团有限公司	青海	3831970	-38339	6042231	349135	8914
216	江苏阳光集团有限公司	江苏	3816802	196412	2318294	1008616	17485
217	滨化集团	山东	3813319	101249	2088763	961383	5276
218	法尔胜泓昇集团有限公司	江苏	3810691	23008	2185005	363041	9248
219	宜昌兴发集团有限责任公司	湖北	3803383	18543	3474028	408647	11504
220	山东泰山钢铁集团有限公司	山东	3799909	104120	1457496	494129	7615
221	天瑞集团股份有限公司	河南	3772022	161948	7416182	3950639	16180
222	远东控股集团有限公司	江苏	3721756	16349	2643145	405352	10233
223	宁波富邦控股集团有限公司	浙江	3716128	43420	4584417	686781	8342
224	红太阳集团有限公司	江苏	3713626	29640	2745696	272579	6735
225	河南豫光金铅集团有限责任公司	河南	3700214	17666	1912349	107299	5993
226	维维集团股份有限公司	江苏	3672177	183848	2455414	1660908	20186
227	卧龙控股集团有限公司	浙江	3653562	108691	3064974	823278	18000
228	山东博汇集团有限公司	山东	3627652	37894	2980950	775584	12430
229	广西玉柴机器集团有限公司	广西壮族自治区	3620918	81240	4052859	1328733	16357
230	新疆天业（集团）有限公司	新疆维吾尔自治区	3587082	49602	4066502	895365	16293
231	立讯精密工业股份有限公司	广东	3584996	272263	3644144	1549795	78352
232	山东九羊集团有限公司	山东	3525927	51603	1631731	1096047	7786
233	山东清源集团有限公司	山东	3521726	103424	2181581	859578	4250
234	重庆轻纺控股（集团）公司	重庆	3515928	46228	2939726	654378	25161
235	浙江龙盛控股有限公司	浙江	3502530	426540	5522192	2114799	8207
236	晶龙实业集团有限公司	河北	3499110	166512	4428119	2164148	13367

续表

名次	企业名称	地区	营业收入/万元	净利润/万元	资产/万元	所有者权益/万元	从业人数/人
237	波司登股份有限公司	江苏	3470464	369638	3050672	1916693	23929
238	远景能源（江苏）有限公司	江苏	3419727	69700	6640337	1151461	1958
239	万基控股集团有限公司	河南	3418610	−29347	2840191	191238	14000
240	澳洋集团有限公司	江苏	3386710	46725	1912747	414245	11062
241	岚桥集团有限公司	山东	3385367	174682	4072685	1313332	3368
242	金东纸业（江苏）股份有限公司	江苏	3297190	144877	6703370	1925829	7641
243	新凤鸣集团股份有限公司	浙江	3265877	142305	1716918	824246	9387
244	富海集团有限公司	山东	3259814	102291	2074114	854274	4268
245	中国东方电气集团有限公司	四川	3232450	68724	9563149	1480447	23458
246	江苏大明金属制品有限公司	江苏	3219395	16177	1025447	169550	4600
247	万通海欣控股集团股份有限公司	山东	3212228	147136	3507189	1391020	3500
248	森马集团有限公司	浙江	3160129	48129	2869127	1063637	7370
249	华芳集团有限公司	江苏	3152055	26182	928456	495471	10544
250	巨化集团有限公司	浙江	3127158	23812	3721330	621171	16240
251	鲁丽集团有限公司	山东	3118716	140318	1385888	724058	5932
252	万丰奥特控股集团有限公司	浙江	3110927	216838	3250479	1357873	13038
253	华东医药股份有限公司	浙江	3066337	226723	1921736	993815	10944
254	山东寿光鲁清石化有限公司	山东	3063246	221303	1382193	793124	1840
255	东营鲁方金属材料有限公司	山东	3060812	110036	1287615	620185	2187
256	东营方圆有色金属有限公司	山东	3051138	74068	1886648	1068384	388
257	山东齐成石油化工有限公司	山东	3033100	5275	1465425	13180	817
258	山东鲁花集团有限公司	山东	3010692	349113	1886536	1239381	—
259	石药控股集团有限公司	河北	3006759	385023	4107092	1879420	23243
260	天津食品集团有限公司	天津	3006537	40448	4025865	1154587	9534
261	铭源控股集团有限公司	辽宁	2964371	120158	1112474	521283	1080
262	天士力控股集团有限公司	天津	2962844	29221	6890311	2297804	21786
263	哈尔滨电气集团有限公司	黑龙江	2905845	3566	6448421	1357866	18952
264	利时集团股份有限公司	浙江	2895648	73578	1263380	726903	6812
265	中联重科股份有限公司	湖南	2869654	201986	9345666	3820119	15121
266	福星集团控股有限公司	湖北	2812932	32483	4958880	340737	7038
267	香驰控股有限公司	山东	2808671	68796	1481358	658325	3000
268	巨星控股集团有限公司	浙江	2800590	46891	1642337	470825	10087
269	淄博齐翔腾达化工股份有限公司	山东	2792406	84291	1151566	729003	2132
270	蓝思科技股份有限公司	湖南	2771749	63700	4314002	1705472	88119

续表

名次	企业名称	地区	营业收入/万元	净利润/万元	资产/万元	所有者权益/万元	从业人数/人
271	得力集团有限公司	浙江	2764200	135117	1776729	578115	13238
272	华峰集团有限公司	浙江	2760314	158920	3905602	1267414	12422
273	浙江元立金属制品集团有限公司	浙江	2752554	217928	1525202	489795	13000
274	浙江升华控股集团有限公司	浙江	2750172	13283	945826	359882	3118
275	华新水泥股份有限公司	湖北	2746604	518145	3316151	1667296	16404
276	北京顺鑫控股集团有限公司	北京	2725141	571	3255889	353410	9317
277	中策橡胶集团有限公司	浙江	2688188	80206	2503094	864268	22767
278	天津纺织集团（控股）有限公司	天津	2677480	6617	1637031	245868	4647
279	花园集团有限公司	浙江	2674240	90265	2190829	959199	14838
280	云南白药集团股份有限公司	云南	2670821	330656	3037759	1978200	8068
281	青岛啤酒股份有限公司	山东	2657526	237977	3407527	1797047	39320
282	河北安丰钢铁有限公司	河北	2623710	259917	1304090	848456	9386
283	郑州煤矿机械集团股份有限公司	河南	2601173	83234	2769085	1145721	17914
284	洛阳栾川钼业集团股份有限公司	河南	2596286	463558	10121612	4094887	10900
285	舜宇集团有限公司	浙江	2593185	249087	2285214	923410	16535
286	重庆市博赛矿业（集团）有限公司	重庆	2575901	63254	1248616	694702	8136
287	泸州老窖集团有限责任公司	四川	2570209	183137	18439906	1103809	7469
288	华立集团股份有限公司	浙江	2533226	23455	1874809	200606	10817
289	三花控股集团有限公司	浙江	2529667	86207	2288899	860413	21907
290	宜华企业（集团）有限公司	广东	2511884	99298	5477680	1834306	50208
291	天合光能股份有限公司	江苏	2505404	54151	2855467	1135282	13679
292	四川九洲电器集团有限责任公司	四川	2501293	28389	2267692	587645	13505
293	福建省汽车工业集团有限公司	福建	2495113	25761	3416158	280003	19416
294	广东德赛集团有限公司	广东	2469978	13806	1741996	485324	18289
295	山鹰国际控股股份公司	安徽	2436654	320386	3590637	1318137	11091
296	唐山三友集团有限公司	河北	2434881	89178	2675484	492170	18531
297	江苏三木集团有限公司	江苏	2429559	72369	1351693	615229	6211
298	福建省电子信息（集团）有限责任公司	福建	2423377	-251456	8069307	382672	58665
299	江苏新潮科技集团有限公司	江苏	2402508	4321	3536239	126168	23953
300	河南中原黄金冶炼厂有限责任公司	河南	2398993	35075	1543297	678877	1492
301	华鲁控股集团有限公司	山东	2398167	99403	3689716	728671	17619
302	三鼎控股集团有限公司	浙江	2376920	117025	3076352	1276597	17035
303	歌尔股份有限公司	山东	2375058	86772	2974245	1520127	48652
304	浙江大华技术股份有限公司	浙江	2366569	252943	2635060	1261876	13608

续表

名次	企业名称	地区	营业收入/万元	净利润/万元	资产/万元	所有者权益/万元	从业人数/人
305	纳爱斯集团有限公司	浙江	2353330	119472	1870363	1615079	12680
306	东方润安集团有限公司	江苏	2352515	—	863688	—	3763
307	河北兴华钢铁有限公司	河北	2303824	108593	889508	631923	5209
308	广西盛隆冶金有限公司	广西壮族自治区	2301661	381852	2908228	1327343	9000
309	河北天柱钢铁集团有限公司	河北	2299723	183265	1168178	408779	4861
310	重庆钢铁股份有限公司	重庆	2263896	178791	2693335	1853167	7472
311	山东中海化工集团有限公司	山东	2261453	101539	663886	71405	2425
312	山西建邦集团有限公司	山西	2253401	187961	1285735	630242	3043
313	三环集团有限公司	湖北	2252304	10241	2344622	744855	19762
314	成都蛟龙投资有限责任公司	四川	2249837	197383	932688	627059	59483
315	美锦能源集团有限公司	山西	2244299	630480	5697883	2400053	13200
316	山东垦利石化集团有限公司	山东	2220067	89845	1606735	747319	2942
317	西子联合控股有限公司	浙江	2207570	125921	4078794	1309091	15577
318	隆基绿能科技股份有限公司	陕西	2198761	255796	3965924	1645158	21056
319	鲁西集团有限公司	山东	2194028	111106	3002459	467310	12617
320	苏州创元投资发展（集团）有限公司	江苏	2191707	101575	2598852	940158	13381
321	浙江东南网架集团有限公司	浙江	2181759	15277	2047182	824186	11353
322	广西柳工集团有限公司	广西壮族自治区	2181538	34650	3335312	408039	16535
323	上海振华重工（集团）股份有限公司	上海	2181239	44301	7059836	1518586	8831
324	天津市医药集团有限公司	天津	2148869	1855	5178418	1003676	19149
325	江西济民可信集团有限公司	江西	2144043	83858	898788	498258	11980
326	兴惠化纤集团有限公司	浙江	2131698	77014	735091	422859	2358
327	河北鑫海控股有限公司	河北	2130719	33239	727327	291471	1700
328	山东齐鲁制药集团有限公司	山东	2127250	435182	3049056	2236950	17824
329	广西汽车集团有限公司	广西壮族自治区	2103636	54886	1854957	567516	14801
330	宁波申洲针织有限公司	浙江	2095021	454049	2755205	2229874	82700
331	振石控股集团有限公司	浙江	2093988	102737	2244352	793150	4614
332	农夫山泉股份有限公司	浙江	2091073	366419	2073701	1443561	8838
333	道恩集团有限公司	山东	2090246	15248	1037056	100234	2994
334	河南济源钢铁（集团）有限公司	河南	2072070	145170	1360994	597924	6602
335	天津华北集团有限公司	天津	2065433	17931	995502	628306	767
336	新阳科技集团	江苏	2063989	90362	851275	462575	3100
337	深圳市世纪云芯科技有限公司	广东	2060576	46792	1190817	100423	474
338	宗申产业集团有限公司	重庆	2040601	22368	2397761	356525	16097

续表

名次	企业名称	地区	营业收入/万元	净利润/万元	资产/万元	所有者权益/万元	从业人数/人
339	欣旺达电子股份有限公司	广东	2033830	70144	1867684	638797	8900
340	济源市万洋冶炼（集团）有限公司	河南	2031364	44597	496821	174367	3210
341	河南金利金铅集团有限公司	河南	2027929	24520	579437	141104	2467
342	天洁集团有限公司	浙江	2027783	74203	934711	428178	1325
343	凌源钢铁集团有限责任公司	辽宁	2019024	83263	2455453	224744	10337
344	浙江富春江通信集团有限公司	浙江	2003566	30388	1496309	395704	4390
345	浙江协和集团有限公司	浙江	1997819	27407	702343	117552	1247
346	深圳市中金岭南有色金属股份有限公司	广东	1996341	91994	1950633	1032431	9855
347	上海胜华电缆（集团）有限公司	上海	1983694	8957	835530	170885	4480
348	河南神火集团有限公司	河南	1971180	-156445	5768578	26272	29446
349	广州立白企业集团有限公司	广东	1968176	88606	1824983	998236	9647
350	天津恒兴集团有限公司	天津	1967700	69616	747074	565003	900
351	厦门钨业股份有限公司	福建	1955679	49905	2250516	724675	14206
352	康美药业股份有限公司	广东	1935623	113519	7462794	2819495	12596
353	重庆万达薄板有限公司	重庆	1918667	15403	900095	238127	2630
354	桂林力源粮油食品集团有限公司	广西壮族自治区	1917542	50462	541910	194778	5000
355	万马联合控股集团有限公司	浙江	1911317	-3976	1214908	131124	5323
356	山东鑫海科技股份有限公司	山东	1898151	220468	2285931	835703	7926
357	胜达集团有限公司	浙江	1896428	91070	1096444	738759	3139
358	大亚科技集团有限公司	江苏	1896077	48029	1342690	161749	9465
359	广西农垦集团有限责任公司	广西壮族自治区	1894881	27177	9590225	5193271	54750
360	邯郸正大制管有限公司	河北	1890895	3588	278020	50072	4511
361	四川省乐山市福华农科投资集团有限责任公司	四川	1879530	31973	1770049	405421	3852
362	山东联盟化工集团有限公司	山东	1876167	80614	973057	515870	6684
363	宁波博洋控股集团有限公司	浙江	1870652	32224	545739	114266	6358
364	山东东方华龙工贸集团有限公司	山东	1867608	13905	1066891	469633	1500
365	江苏中超投资集团有限公司	江苏	1858328	28038	1216577	210242	5916
366	山西晋城钢铁控股集团有限公司	山西	1839505	153685	1486892	1095471	10700
367	厦门金龙汽车集团股份有限公司	福建	1829052	15887	2582422	378476	14211
368	重庆京东方光电科技有限公司	重庆	1827574	183982	3952660	2534776	5656
369	兴达投资集团有限公司	江苏	1804898	41479	702679	495785	931
370	天津友联盛业科技集团有限公司	天津	1804074	37044	322900	188722	780
371	奥盛集团有限公司	上海	1794595	72494	935155	790071	1512

续表

名次	企业名称	地区	营业收入/万元	净利润/万元	资产/万元	所有者权益/万元	从业人数/人
372	青海盐湖工业股份有限公司	青海	1788973	−344661	7499735	1671662	17155
373	秦皇岛宏兴钢铁有限公司	河北	1745360	108832	772108	508561	5283
374	中国西电集团有限公司	陕西	1742136	27121	4000112	1356248	18051
375	江苏江润铜业有限公司	江苏	1730371	10708	336299	158857	246
376	攀枝花钢城集团有限公司	四川	1723889	−5087	880415	−246384	10938
377	正和集团股份有限公司	山东	1716095	30220	632841	257895	1372
378	人本集团有限公司	浙江	1713879	36926	1108990	334323	19521
379	山东荣信集团有限公司	山东	1712918	134510	506387	333840	2206
380	山东潍焦控股集团有限公司	山东	1709227	44807	1077630	194485	3775
381	辛集市澳森钢铁有限公司	河北	1707158	89161	738634	641254	6317
382	江苏上上电缆集团有限公司	江苏	1702533	61675	755118	534730	4027
383	广州视源电子科技股份有限公司	广东	1699665	100427	699918	340321	3597
384	致达控股集团有限公司	上海	1699479	20278	2231566	422741	4605
385	山西安泰控股集团有限公司	山西	1679351	59262	1633642	82042	6139
386	金猴集团有限公司	山东	1661668	38089	530269	291561	3966
387	玲珑集团有限公司	山东	1631476	63065	3166328	591346	17445
388	沪东中华造船（集团）有限公司	上海	1628356	−21602	4022958	−181547	8793
389	江苏西城三联控股集团有限公司	江苏	1619631	−6764	485519	−155367	2790
390	广博控股集团有限公司	浙江	1614532	19310	1695263	380601	4020
391	山东科瑞控股集团有限公司	山东	1612685	228685	3162702	1777147	7952
392	浙江天圣控股集团有限公司	浙江	1608061	97574	705504	385937	3162
393	天津源泰德润钢管制造集团有限公司	天津	1603301	21555	235899	162558	1750
394	山东金升有色集团有限公司	山东	1601347	34389	843077	422731	946
395	诸城外贸有限责任公司	山东	1574381	65043	1964442	886424	7008
396	浙江甬金金属科技股份有限公司	浙江	1565030	33121	301713	144066	1295
397	天津国威有限公司	天津	1558302	−931	167227	75851	31
398	金正大生态工程集团股份有限公司	山东	1548157	42144	2260957	1045531	9110
399	唐人神集团股份有限公司	湖南	1542198	13693	653082	340329	7583
400	海天塑机集团有限公司	浙江	1540645	221365	2645681	1318817	8691
401	深圳市三诺投资控股有限公司	广东	1528815	63827	974200	324036	7500
402	百色百矿集团有限公司	广西壮族自治区	1505598	4291	2685182	802130	13000
403	新华发集团有限公司	江苏	1503006	−23581	775960	−124822	850
404	潍坊特钢集团有限公司	山东	1458715	53343	1013724	328376	6126
405	山东华鲁恒升化工股份有限公司	山东	1440986	96448	1905808	407851	4021

续表

名次	企业名称	地区	营业收入/万元	净利润/万元	资产/万元	所有者权益/万元	从业人数/人
406	万邦德新材股份有限公司	浙江	1433531	7138	284542	149290	1818
407	安徽中鼎控股(集团)股份有限公司	安徽	1415802	44752	2033339	523976	22806
408	景德镇黑猫集团有限责任公司	江西	1414217	17883	1747956	281315	9726
409	鹏欣环球资源股份有限公司	上海	1413803	19862	827272	545528	1857
410	广州钢铁企业集团有限公司	广东	1412256	96945	1426309	544526	1935
411	精工控股集团有限公司	浙江	1409578	8150	2311348	307696	11041
412	龙大食品集团有限公司	山东	1406015	153831	810239	331167	6679
413	深圳市宝德投资控股有限公司	广东	1395131	21706	1271976	286794	1923
414	格林美股份有限公司	广东	1387823	73031	2495982	987763	4912
415	深圳迈瑞生物医疗电子股份有限公司	广东	1375336	371924	2162739	1515832	9224
416	浙江航民实业集团有限公司	浙江	1370757	24555	1043169	199321	10091
417	珠海粤裕丰钢铁有限公司	广东	1370728	76421	1016705	414132	2700
418	赛轮集团股份有限公司	山东	1368475	66813	1528820	630848	10626
419	江南集团有限公司	江苏	1352537	18242	1456390	542442	3169
420	安徽淮海实业发展集团有限公司	安徽	1352250	12029	976608	189355	6417
421	泰开集团有限公司	山东	1342874	62222	1443128	125552	12709
422	中国庆华能源集团有限公司	北京	1315568	−105881	6963035	791271	9800
423	安徽楚江科技新材料股份有限公司	安徽	1310711	40859	662761	447177	5279
424	泰豪集团有限公司	江西	1300401	72420	2122061	672118	7481
425	中哲控股集团有限公司	浙江	1299318	42674	516645	171616	6013
426	深圳市兆驰股份有限公司	广东	1286776	44538	1866646	871782	7158
427	太原重型机械集团有限公司	山西	1285557	−12989	4670598	249722	12052
428	湖南黄金集团有限责任公司	湖南	1277366	8005	1076174	165370	7237
429	大连冰山集团有限公司	辽宁	1263703	58563	1382451	654625	11232
430	广西贵港钢铁集团有限公司	广西壮族自治区	1263381	62076	631530	264958	2176
431	开氏集团有限公司	浙江	1251855	17001	805536	386324	3000
432	雷沃重工股份有限公司	山东	1250136	10461	1235330	373616	12036
433	广西正润发展集团有限公司	广西壮族自治区	1246576	−1995	1727775	106755	3856
434	利欧集团股份有限公司	浙江	1225004	−162130	1441277	712591	5429
435	卫华集团有限公司	河南	1224171	34549	707553	299443	5760
436	瑞声光电科技(常州)有限公司	江苏	1221728	124024	1645380	911488	20812
437	北京时尚控股有限责任公司	北京	1219043	13116	1855413	665270	9113
438	惠科股份有限公司	广东	1211874	36319	2838377	254434	8900
439	深圳市英唐智能控制股份有限公司	广东	1211411	14055	587222	171019	1205

续表

名次	企业名称	地区	营业收入/万元	净利润/万元	资产/万元	所有者权益/万元	从业人数/人
440	天津市宝来工贸有限公司	天津	1210500	24524	175487	129990	1563
441	新和成控股集团有限公司	浙江	1200810	153606	3301027	1029867	13764
442	瑞星集团股份有限公司	山东	1200603	7328	1632679	393207	3216
443	铜陵精达特种电磁线股份有限公司	安徽	1189780	43740	562402	317716	3114
444	江苏倪家巷集团有限公司	江苏	1187348	24607	590593	298924	3814
445	广东东阳光科技控股股份有限公司	广东	1168024	109059	1962242	680017	11123
446	山东淄博傅山企业集团有限公司	山东	1153672	21216	602810	307249	7036
447	欧派家居集团股份有限公司	广东	1150938	157185	1112049	756094	19714
448	长飞光纤光缆股份有限公司	湖北	1135976	148919	1288588	818803	4499
449	健康元药业集团股份有限公司	广东	1120396	69941	2498576	964352	10574
450	哈药集团有限公司	黑龙江	1116312	19831	1436537	471409	16834
451	星星集团有限公司	浙江	1104265	29345	2385593	330781	24445
452	山东时风（集团）有限责任公司	山东	1103814	13453	782917	591850	15209
453	上海鑫冶铜业有限公司	上海	1102779	191	87961	38793	98
454	江阴江东集团公司	江苏	1102602	51197	439010	307638	6365
455	广西洋浦南华糖业集团股份有限公司	广西壮族自治区	1101443	6837	1690659	588743	14852
456	浙江新安化工集团股份有限公司	浙江	1100095	123339	1010664	564839	5237
457	澳柯玛股份有限公司	山东	1098995	6990	882111	296287	7015
458	庆铃汽车（集团）有限公司	重庆	1097840	27504	1508967	658748	5816
459	宁波方太厨具有限公司	浙江	1097624	94755	1079440	596851	6673
460	浙江永利实业集团有限公司	浙江	1096744	73422	2221115	1371621	3105
461	大乘汽车集团有限公司	江苏	1094851	-2785	1448798	22501	2390
462	青岛海湾集团有限公司	山东	1093510	44833	1864141	388613	3015
463	即发集团有限公司	山东	1081819	23869	639939	244583	19902
464	深圳市深粮控股股份有限公司	广东	1075878	30833	646895	417250	1233
465	普联技术有限公司	广东	1072068	228227	1590128	1444983	11379
466	江苏海达科技集团有限公司	江苏	1067737	31826	1122197	539424	4025
467	郴州市金贵银业股份有限公司	湖南	1065658	11843	1171966	359740	1779
468	龙蟒佰利联集团股份有限公司	河南	1055399	228573	2092367	1242290	7646
469	鲁南制药集团股份有限公司	山东	1046224	114299	1279952	719639	13288
470	东莞市富之源饲料蛋白开发有限公司	广东	1041307	16710	1032436	83211	295
471	杭州杭氧股份有限公司	浙江	1031771	74317	1172601	530165	4685
472	山东新华医疗器械股份有限公司	山东	1028364	2278	1237985	330520	6280
473	黑龙江飞鹤乳业有限公司	黑龙江	1027068	68906	945593	358022	26841

续表

名次	企业名称	地区	营业收入/万元	净利润/万元	资产/万元	所有者权益/万元	从业人数/人
474	顾家集团有限公司	浙江	1019045	7846	1940196	421675	12786
475	浙江海正药业股份有限公司	浙江	1018744	-49247	2185365	618350	9871
476	阿尔法（江阴）沥青有限公司	江苏	1013407	9569	182596	71230	180
477	江阴模塑集团有限公司	江苏	1010363	12475	920607	257750	8270
478	杭州华东医药集团控股有限公司	浙江	1003525	128483	918100	543495	2007
479	雅迪科技集团有限公司	江苏	995484	42991	722081	224198	3703
480	无锡华东重型机械股份有限公司	江苏	994759	30784	593392	462700	968
481	银隆新能源股份有限公司	广东	988964	15271	3705295	710605	2422
482	杭州金鱼电器集团有限公司	浙江	987826	4794	614369	90010	5924
483	广东兴发铝业有限公司	广东	987529	50396	684155	251856	7006
484	安徽天康（集团）股份有限公司	安徽	981833	46242	497379	276087	6012
485	安徽古井集团有限责任公司	安徽	979940	68727	2232744	477215	10835
486	上海源耀生物股份有限公司	上海	975444	3959	93928	40806	584
487	东方日升新能源股份有限公司	浙江	975217	23237	1878154	743109	6551
488	安徽叉车集团有限责任公司	安徽	972667	27671	1073424	270383	8150
489	东方鑫源控股有限公司	重庆	971823	34220	878976	173559	6122
490	浙江富陵控股集团有限公司	浙江	969374	39740	884793	375555	1005
491	安徽环新集团有限公司	安徽	967379	17120	1226002	200039	6074
492	浙江中财管道科技股份有限公司	浙江	931002	—	427098	—	4355
493	中国四联仪器仪表集团有限公司	重庆	924103	4861	1998072	120179	10253
494	博威集团有限公司	浙江	918155	16697	876726	149492	5968
495	公牛集团股份有限公司	浙江	906500	167686	516411	324758	12118
496	北京君诚实业投资集团有限公司	北京	901883	322	221121	52536	1369
497	上海紫江企业集团股份有限公司	上海	900986	43274	1037431	446913	6750
498	爱玛科技集团股份有限公司	天津	898978	42829	609865	151140	5136
499	沈阳鼓风机集团股份有限公司	辽宁	888029	769	1950505	177092	6088
500	天津市新宇彩板有限公司	天津	885667	13025	276164	65999	1720
	合计		3492234544	97672911	3646676611	931716440	13339576

说　明

1.2019中国制造业企业500强是中国企业联合会、中国企业家协会参照国际惯例，组织企业自愿申报，并经专家审定确认后产生的。申报企业包括在中国境内注册、2018年实现营业收入达到50亿元的企业（不包括在华外资、港澳台独资、控股企业，也不包括行政性公司、政企合一的单位，以及各类资产经营公司、烟草公司，但包括在境外注册、投资主体为中国自然人或法人、主要业务在境内的企业），都有资格申报参加排序。属于集团公司的控股子公司或相对控股子公司，由于其财务报表最后能被合并到集团母公司的财务会计报表中去，因此只允许其母公司申报。

2. 表中所列数据由企业自愿申报或属于上市公司公开数据，并经会计师事务所或审计师事务所等单位认可。

3. 营业收入是2018年不含增值税的收入，包括企业的所有收入，即主营业务和非主营业务、境内和境外的收入。净利润是2018年上交所得税的净利润扣除少数股东权益后的归属母公司所有者的净利润。资产是2018年度末的资产总额。归属母公司所有者权益是2018年年末所有者权益总额扣除少数股东权益后的母公司所有者权益。研究开发费用是2018年企业投入研究开发的所有费用。从业人数是2018年度的平均人数（含所有被合并报表企业的人数）。

4. 行业分类参照了国家统计局的分类方法，依据其主营业务收入所在行业来划分；地区分类是按企业总部所在地划分。

表 9-2 2019 中国制造业企业 500 强各行业企业分布

排名	企业名称	营业收入/万元	排名	企业名称	营业收入/万元
农副产品			2	维维集团股份有限公司	3672177
1	新希望集团有限公司	13117718	3	农夫山泉股份有限公司	2091073
2	正邦集团有限公司	7802537	4	黑龙江飞鹤乳业有限公司	1027068
3	通威集团	7056181		合计	14745646
4	双胞胎（集团）股份有限公司	6053270			
5	温氏食品集团股份有限公司	5723600	酒类		
6	西王集团有限公司	4503711	1	四川省宜宾五粮液集团有限公司	9311821
7	广东海大集团股份有限公司	4215663	2	贵州茅台酒股份有限公司	7719938
8	山东渤海实业股份有限公司	4198609	3	稻花香集团	5253481
9	三河汇福粮油集团有限公司	3953100	4	青岛啤酒股份有限公司	2657526
10	山东鲁花集团有限公司	3010692	5	泸州老窖集团有限责任公司	2570209
11	桂林力源粮油食品集团有限公司	1917542	6	安徽古井集团有限责任公司	979940
12	广西农垦集团有限责任公司	1894881		合计	28492915
13	东莞市富之源饲料蛋白开发有限公司	1041307			
14	上海源耀生物股份有限公司	975444	轻工百货生产		
	合计	65464255	1	老凤祥股份有限公司	4378447
			2	宜华企业（集团）有限公司	2511884
食品			3	大亚科技集团有限公司	1896077
1	光明食品（集团）有限公司	15800752	4	广博控股集团有限公司	1614532
2	万洲国际有限公司	14958633		合计	10400940
3	北京首农食品集团有限公司	12665547			
4	天津食品集团有限公司	3006537	纺织印染		
5	香驰控股有限公司	2808671	1	山东魏桥创业集团有限公司	28448728
6	北京顺鑫控股集团有限公司	2725141	2	山东如意时尚投资控股有限公司	5966729
7	诸城外贸有限责任公司	1574381	3	江苏阳光集团有限公司	3816802
8	唐人神集团股份有限公司	1542198	4	澳洋集团有限公司	3386710
9	龙大食品集团有限公司	1406015	5	华芳集团有限公司	3152055
10	新和成控股集团有限公司	1200810	6	天津纺织集团（控股）有限公司	2677480
11	广西洋浦南华糖业集团有限公司	1101443	7	兴惠化纤集团有限公司	2131698
12	深圳市深粮控股股份有限公司	1075878	8	浙江天圣控股集团有限公司	1608061
	合计	59866006	9	北京时尚控股有限责任公司	1219043
			10	江苏倪家巷集团有限公司	1187348
饮料				合计	53594654
1	内蒙古伊利实业集团股份有限公司	7955328			

续表

排名	企业名称	营业收入/万元	排名	企业名称	营业收入/万元
服装及其他纺织品			18	杭州金鱼电器集团有限公司	987826
1	海澜集团有限公司	12005866		合计	138516012
2	雅戈尔集团股份有限公司	8792583			
3	红豆集团有限公司	6632940	造纸及包装		
4	杉杉控股有限公司	4640988	1	华泰集团有限公司	7378150
5	波司登股份有限公司	3470464	2	玖龙纸业（控股）有限公司	5746032
6	森马集团有限公司	3160129	3	山东博汇集团有限公司	3627652
7	三鼎控股集团有限公司	2376920	4	金东纸业（江苏）股份有限公司	3297190
8	宁波申洲针织有限公司	2095021	5	山鹰国际控股股份公司	2436654
9	宁波博洋控股集团有限公司	1870652	6	胜达集团有限公司	1896428
10	金猴集团有限公司	1661668		合计	24382106
11	中哲控股集团有限公司	1299318			
12	浙江永利实业集团有限公司	1096744	石化及炼焦		
13	即发集团有限公司	1081819	1	中国石油化工集团有限公司	274277981
	合计	50185112	2	山东东明石化集团有限公司	10182020
			3	利华益集团股份有限公司	8537905
家用电器制造			4	中融新大集团有限公司	8075990
1	海尔集团公司	26611837	5	山东海科化工集团有限公司	6202485
2	美的集团股份有限公司	26180000	6	盘锦北方沥青燃料有限公司	6003399
3	珠海格力电器股份有限公司	20002400	7	山东京博控股集团有限公司	5351185
4	海信集团有限公司	12663497	8	山东金诚石化集团有限公司	5293589
5	四川长虹电子控股集团有限公司	12205921	9	旭阳控股有限公司	5060536
6	TCL集团股份有限公司	11336008	10	辽宁嘉晨控股集团有限公司	4963961
7	奥克斯集团有限公司	8600343	11	金澳科技（湖北）化工有限公司	4396026
8	创维集团有限公司	3898159	12	山东恒源石油化工股份有限公司	4251234
9	双良集团有限公司	3891124	13	山东汇丰石化集团有限公司	4066682
10	广州万宝集团有限公司	3852439	14	山东清源集团有限公司	3521726
11	深圳市三诺投资控股有限公司	1528815	15	富海集团有限公司	3259814
12	深圳市兆驰股份有限公司	1286776	16	万通海欣控股集团有限公司	3212228
13	欧派家居集团股份有限公司	1150938	17	山东寿光鲁清石化有限公司	3063246
14	星星集团有限公司	1104265	18	山东齐成石油化工有限公司	3033100
15	澳柯玛股份有限公司	1098995	19	美锦能源集团有限公司	2244299
16	宁波方太厨具有限公司	1097624	20	山东垦利石化集团有限公司	2220067
17	顾家集团有限公司	1019045	21	河北鑫海控股有限公司	2130719

续表

排名	企业名称	营业收入/万元	排名	企业名称	营业收入/万元
22	山东东方华龙工贸集团有限公司	1867608	12	新疆天业（集团）有限公司	3587082
23	正和集团股份有限公司	1716095	13	浙江龙盛控股有限公司	3502530
24	山东荣信集团有限公司	1712918	14	巨化集团有限公司	3127158
25	山东潍焦控股集团有限公司	1709227	15	铭源控股集团有限公司	2964371
26	山西安泰控股集团有限公司	1679351	16	淄博齐翔腾达化工股份有限公司	2792406
27	山东科瑞控股集团有限公司	1612685	17	浙江升华控股集团有限公司	2750172
28	阿尔法（江阴）沥青有限公司	1013407	18	唐山三友集团有限公司	2434881
	合计	380659483	19	江苏三木集团有限公司	2429559
			20	纳爱斯集团有限公司	2353330
轮胎及橡胶制品			21	山东中海化工集团有限公司	2261453
1	杭州市实业投资集团有限公司	5505162	22	鲁西集团有限公司	2194028
2	华勤橡胶工业集团有限公司	4393254	23	道恩集团有限公司	2090246
3	山东玉皇化工有限公司	4121640	24	新阳科技集团	2063989
4	广东圣丰集团有限公司	4083127	25	广州立白企业集团有限公司	1968176
5	重庆轻纺控股（集团）公司	3515928	26	四川省乐山市福华农科投资集团有限责任公司	1879530
6	中策橡胶集团有限公司	2688188	27	山东联盟化工集团有限公司	1876167
7	玲珑集团有限公司	1631476	28	青海盐湖工业股份有限公司	1788973
8	江阴模塑集团有限公司	1010363	29	天津国威有限公司	1558302
9	浙江富陵控股集团有限公司	969374	30	金正大生态工程集团股份有限公司	1548157
10	浙江中财管道科技股份有限公司	931002	31	山东华鲁恒升化工股份有限公司	1440986
	合计	28849514	32	瑞星集团股份有限公司	1200603
			33	广东东阳光科技控股股份有限公司	1168024
化学原料及化学品制造			34	浙江新安化工集团股份有限公司	1100095
1	中国化工集团有限公司	44581360	35	青岛海湾集团有限公司	1093510
2	新疆中泰（集团）有限责任公司	10046392	36	上海紫江企业集团有限公司	900986
3	江阴澄星实业集团有限公司	8634100		合计	158254068
4	传化集团有限公司	8513267			
5	云天化集团有限责任公司	6339143	化学纤维制造		
6	万华化学集团股份有限公司	6062119	1	恒力集团有限公司	37173616
7	上海华谊（集团）公司	6059803	2	浙江恒逸集团有限公司	14739323
8	金浦投资控股集团有限公司	4322989	3	盛虹控股集团有限公司	14347965
9	山东金岭集团有限公司	4103172	4	浙江荣盛控股集团有限公司	12859958
10	宜昌兴发集团有限责任公司	3803383	5	三房巷集团有限公司	6755442
11	红太阳集团有限公司	3713626	6	福建永荣控股集团有限公司	4014512

续表

排名	企业名称	营业收入/万元	排名	企业名称	营业收入/万元
7	恒申控股集团有限公司	4002426		合计	6899214
8	江苏华宏实业集团有限公司	3894478			
9	新凤鸣集团股份有限公司	3265877		**水泥及玻璃制造**	
10	华峰集团有限公司	2760314	1	中国建材集团有限公司	34800245
11	兴达投资集团有限公司	1804898	2	安徽海螺集团有限责任公司	18851188
12	开氏集团有限公司	1251855	3	北京金隅集团股份有限公司	10506686
	合计	106870664	4	东旭集团有限公司	5186045
			5	红狮控股集团有限公司	4518823
	药品制造		6	沂州集团有限公司	3883698
1	上海医药集团股份有限公司	15908440	7	天瑞集团股份有限公司	3772022
2	广州医药集团有限公司	11601020	8	华新水泥股份有限公司	2746604
3	扬子江药业集团	8056836	9	奥盛集团有限公司	1794595
4	太极集团有限公司	4503656		合计	86059906
5	四川科伦实业集团有限公司	4124378			
6	华东医药股份有限公司	3066337		**其他建材制造**	
7	石药控股集团有限公司	3006759	1	天津市新宇彩板有限公司	885667
8	天士力控股集团有限公司	2962844		合计	885667
9	云南白药集团股份有限公司	2670821			
10	华鲁控股集团有限公司	2398167		**黑色冶金**	
11	天津市医药集团有限公司	2148869	1	中国宝武钢铁集团有限公司	43862002
12	江西济民可信集团有限公司	2144043	2	河钢集团有限公司	33682397
13	山东齐鲁制药集团有限公司	2127250	3	江苏沙钢集团有限公司	24104507
14	康美药业股份有限公司	1935623	4	青山控股集团有限公司	22650146
15	健康元药业集团股份有限公司	1120396	5	鞍钢集团有限公司	21576689
16	哈药集团有限公司	1116312	6	首钢集团有限公司	20551263
17	鲁南制药集团股份有限公司	1046224	7	新兴际华集团有限公司	17335699
18	浙江海正药业股份有限公司	1018744	8	山东钢铁集团有限公司	15585685
19	杭州华东医药集团控股有限公司	1003525	9	中天钢铁集团有限公司	12503250
	合计	71960244	10	湖南华菱钢铁集团有限责任公司	12088473
			11	北京建龙重工集团有限公司	12027811
	医疗设备制造		12	南京钢铁集团有限公司	11820594
1	威高集团有限公司	4495514	13	东岭集团股份有限公司	10965694
2	深圳迈瑞生物医疗电子股份有限公司	1375336	14	河北津西钢铁集团股份有限公司	10817347
3	山东新华医疗器械股份有限公司	1028364	15	杭州钢铁集团有限公司	10314878

续表

排名	企业名称	营业收入/万元	排名	企业名称	营业收入/万元
16	酒泉钢铁（集团）有限责任公司	9607169	50	广西盛隆冶金有限公司	2301661
17	日照钢铁控股集团有限公司	9536721	51	河北天柱钢铁集团有限公司	2299723
18	马钢（集团）控股有限公司	9178433	52	重庆钢铁股份有限公司	2263896
19	敬业集团有限公司	9011375	53	山西建邦集团有限公司	2253401
20	广西柳州钢铁集团有限公司	8916100	54	振石控股集团有限公司	2093988
21	包头钢铁（集团）有限责任公司	8706870	55	河南济源钢铁（集团）有限公司	2072070
22	太原钢铁（集团）有限公司	7855843	56	凌源钢铁集团有限责任公司	2019024
23	河北新华联合冶金控股集团有限公司	7581766	57	浙江协和集团有限公司	1997819
24	天津荣程祥泰投资控股集团有限公司	6900140	58	天津恒兴集团有限公司	1967700
25	江西方大钢铁集团有限公司	6339810	59	山西晋城钢铁控股集团有限公司	1839505
26	本钢集团有限公司	6336604	60	秦皇岛宏兴钢铁有限公司	1745360
27	新余钢铁集团有限公司	6052304	61	辛集市澳森钢铁有限公司	1707158
28	武安市文安钢铁有限公司	5997265	62	江苏西城三联控股集团有限公司	1619631
29	河北普阳钢铁有限公司	5914783	63	天津源泰德润钢管制造集团有限公司	1603301
30	冀南钢铁集团有限公司	5840922	64	浙江甬金金属科技股份有限公司	1565030
31	福建省三钢（集团）有限责任公司	5701599	65	潍坊特钢集团有限公司	1458715
32	昆明钢铁控股有限公司	5688197	66	广州钢铁企业集团有限公司	1412256
33	武安市裕华钢铁有限公司	5410352	67	珠海粤裕丰钢铁有限公司	1370728
34	天津友发钢管集团股份有限公司	5314749	68	中国庆华能源集团有限公司	1315568
35	四川省川威集团有限公司	5302685	69	广西贵港钢铁集团有限公司	1263381
36	永锋集团有限公司	5227338	70	山东淄博博山企业集团有限公司	1153672
37	安阳钢铁集团有限责任公司	5120286		合计	515589046
38	江苏新长江实业集团有限公司	4824146			
39	湖南博长控股集团有限公司	4808631		一般有色	
40	四川德胜集团钒钛有限公司	4670130	1	正威国际集团有限公司	50511826
41	唐山港陆钢铁有限公司	4646376	2	中国铝业集团有限公司	30019956
42	武安市明芳钢铁有限公司	4584630	3	江西铜业集团有限公司	23065391
43	河北新金钢铁有限公司	4508652	4	金川集团股份有限公司	22087513
44	石横特钢集团有限公司	4189263	5	铜陵有色金属集团控股有限公司	17758240
45	山东泰山钢铁集团有限公司	3799909	6	海亮集团有限公司	17364210
46	山东九羊集团有限公司	3525927	7	陕西有色金属控股集团有限责任公司	13550912
47	河北安丰钢铁有限公司	2623710	8	中国有色矿业集团有限公司	11136531
48	东方润安集团有限公司	2352515	9	南山集团有限公司	10869617
49	河北兴华钢铁有限公司	2303824	10	宁波金田投资控股有限公司	8398973

排名	企业名称	营业收入/万元	排名	企业名称	营业收入/万元
11	宁夏天元锰业集团有限公司	7934688	3	山东黄金集团有限公司	8213987
12	云南锡业集团（控股）有限责任公司	6641932	4	山东招金集团有限公司	5222879
13	金鼎钢铁集团有限公司	6313090	5	河南中原黄金冶炼厂有限责任公司	2398993
14	白银有色集团股份有限公司	6194657	6	湖南黄金集团有限责任公司	1277366
15	新凤祥控股集团有限责任公司	4746894	7	郴州市金贵银业股份有限公司	1065658
16	浙江富冶集团有限公司	4300130		合计	39304019
17	山东创新金属科技有限公司	4012941			
18	西部矿业集团有限公司	3831970		**金属制品加工**	
19	万基控股集团有限公司	3418610	1	中国国际海运集装箱（集团）股份有限公司	9349762
20	东营鲁方金属材料有限公司	3060812	2	环嘉集团有限公司	4214517
21	东营方圆有色金属有限公司	3051138	3	法尔胜泓昇集团有限公司	3810691
22	洛阳栾川钼业集团股份有限公司	2596286	4	河南豫光金铅集团有限责任公司	3700214
23	天津华北集团有限公司	2065433	5	江苏大明金属制品有限公司	3219395
24	济源市万洋冶炼（集团）有限公司	2031364	6	福星集团控股有限公司	2812932
25	河南金利金铅集团有限公司	2027929	7	浙江元立金属制品集团有限公司	2752554
26	深圳市中金岭南有色金属股份有限公司	1996341	8	浙江东南网架集团有限公司	2181759
27	河南神火集团有限公司	1971180	9	重庆万达薄板有限公司	1918667
28	厦门钨业股份有限公司	1955679	10	邯郸正大制管有限公司	1890895
29	山东鑫海科技股份有限公司	1898151	11	天津友联盛业科技集团有限公司	1804074
30	山东金升有色集团有限公司	1601347	12	江苏江润铜业有限公司	1730371
31	百色百矿集团有限公司	1505598	13	新华发集团有限公司	1503006
32	万邦德新材股份有限公司	1433531	14	精工控股集团有限公司	1409578
33	鹏欣环球资源股份有限公司	1413803	15	天津市宝来工贸有限公司	1210500
34	安徽楚江科技新材料股份有限公司	1310711	16	江阴江东集团有限公司	1102602
35	广西正润发展集团有限公司	1246576	17	江苏海达科技集团有限公司	1067737
36	上海鑫冶铜业有限公司	1102779	18	北京君诚实业投资集团有限公司	901883
37	龙蟒佰利联集团股份有限公司	1055399		合计	46581137
38	广东兴发铝业有限公司	987529			
39	博威集团有限公司	918155		**锅炉及动力装备制造**	
	合计	287387822	1	潍柴控股集团有限公司	23537254
			2	上海电气（集团）总公司	11452758
	贵金属		3	杭州汽轮动力集团有限公司	9532596
1	紫金矿业集团股份有限公司	10599425	4	卧龙控股集团有限公司	3653562
2	中国黄金集团有限公司	10525711	5	广西玉柴机器集团有限公司	3620918

续表

排名	企业名称	营业收入/万元	排名	企业名称	营业收入/万元
6	中国东方电气集团有限公司	3232450	电力、电气设备制造		
7	哈尔滨电气集团有限公司	2905845	1	中国电子科技集团公司	22042700
	合计	57935383	2	中国电子信息产业集团有限公司	21836738
			3	天能电池集团有限公司	13208572
物料搬运设备制造			4	超威集团	12032383
1	西子联合控股有限公司	2207570	5	正泰集团股份有限公司	7046353
2	卫华集团有限公司	1224171	6	德力西集团有限公司	5630751
3	无锡华东重型机械股份有限公司	994759	7	新疆特变电工集团有限公司	5372779
	合计	4426500	8	广州智能装备产业集团有限公司	4840496
			9	人民电器集团有限公司	4321491
工程机械及零部件			10	中科电力装备集团有限公司	4301820
1	徐州工程机械集团有限公司	6434137	11	河南森源集团有限公司	4083787
2	三一集团有限公司	6419458	12	富通集团有限公司	4015346
3	中联重科股份有限公司	2869654	13	上海仪电（集团）有限公司	3930241
4	巨星控股集团有限公司	2800590	14	远东控股集团有限公司	3721756
5	郑州煤矿机械集团股份有限公司	2601173	15	宁波富邦控股集团有限公司	3716128
6	广西柳工集团有限公司	2181538	16	远景能源（江苏）有限公司	3419727
7	上海振华重工（集团）股份有限公司	2181239	17	三花控股集团有限公司	2529667
8	太原重型机械集团有限公司	1285557	18	广东德赛集团有限公司	2469978
9	雷沃重工股份有限公司	1250136	19	江苏新潮科技集团有限公司	2402508
10	山东时风（集团）有限责任公司	1103814	20	歌尔股份有限公司	2375058
11	安徽叉车集团有限责任公司	972667	21	欣旺达电子股份有限公司	2033830
	合计	30099963	22	浙江富春江通信集团有限公司	2003566
			23	中国西电集团有限公司	1742136
工程机械及设备制造			24	广州视源电子科技股份有限公司	1699665
1	天洁集团有限公司	2027783	25	格林美股份有限公司	1387823
2	人本集团有限公司	1713879	26	泰开集团有限公司	1342874
3	海天塑机集团有限公司	1540645	27	泰豪集团有限公司	1300401
4	大连冰山集团有限公司	1263703	28	瑞声光电科技（常州）有限公司	1221728
5	利欧集团股份有限公司	1225004	29	深圳市英唐智能控制股份有限公司	1211411
6	杭州杭氧股份有限公司	1031771	30	铜陵精达特种电磁线股份有限公司	1189780
7	沈阳鼓风机集团股份有限公司	888029	31	长飞光纤光缆股份有限公司	1135976
	合计	9690814	32	银隆新能源股份有限公司	988964
			33	中国四联仪器仪表集团有限公司	924103

续表

排名	企业名称	营业收入/万元	排名	企业名称	营业收入/万元
	合计	151480536	4	中国信息通信科技集团有限公司	5132135
			5	四川九洲电器集团有限责任公司	2501293
	电线电缆制造		6	福建省电子信息（集团）有限责任公司	2423377
1	中天科技集团有限公司	5383320	7	重庆京东方光电科技有限公司	1827574
2	上海胜华电缆（集团）有限公司	1983694	8	普联技术有限公司	1072068
3	万马联合控股集团有限公司	1911317		合计	112766375
4	江苏中超投资集团有限公司	1858328			
5	江苏上上电缆集团有限公司	1702533		**半导体、集成电路及面板制造**	
6	江南集团有限公司	1352537	1	北京电子控股有限责任公司	10948121
7	安徽天康（集团）股份有限公司	981833	2	立讯精密工业股份有限公司	3584996
	合计	15173562	3	蓝思科技股份有限公司	2771749
			4	深圳市世纪云芯科技有限公司	2060576
	风能太阳能设备制造		5	惠科股份有限公司	1211874
1	协鑫集团有限公司	11181648	6	公牛集团股份有限公司	906500
2	晶科能源有限公司	4833952		合计	21483816
3	晶龙实业集团有限公司	3499110			
4	天合光能股份有限公司	2505404		**汽车及零配件制造**	
5	隆基绿能科技股份有限公司	2198761	1	上海汽车集团股份有限公司	90219406
6	东方日升新能源股份有限公司	975217	2	东风汽车集团有限公司	60150128
	合计	25194092	3	中国第一汽车集团有限公司	59403025
			4	北京汽车集团有限公司	48073807
	计算机及办公设备		5	广州汽车工业集团有限公司	36405363
1	联想集团有限公司	33760068	6	浙江吉利控股集团有限公司	32852088
2	欧菲光集团股份有限公司	4304281	7	华晨汽车集团控股有限公司	15296763
3	得力集团有限公司	2764200	8	比亚迪股份有限公司	13005471
4	舜宇集团有限公司	2593185	9	万向集团公司	11210043
5	浙江大华技术股份有限公司	2366569	10	中国重型汽车集团有限公司	11004953
6	深圳市宝德投资控股有限公司	1395131	11	江铃汽车集团有限公司	10060045
	合计	47183434	12	长城汽车股份有限公司	9922998
			13	江苏悦达集团有限公司	9146629
	通信设备制造		14	奇瑞控股集团有限公司	6898525
1	华为投资控股有限公司	72120200	15	陕西汽车控股集团有限公司	6545471
2	小米集团	17491500	16	宁波均胜电子股份有限公司	5618093
3	亨通集团有限公司	10198228	17	安徽江淮汽车集团控股有限公司	5110668

续表

排名	企业名称	营业收入/万元	排名	企业名称	营业收入/万元
18	重庆小康控股有限公司	4454732	1	中国兵器工业集团有限公司	45494275
19	郑州宇通企业集团	4367386	2	中国兵器装备集团有限公司	22421000
20	万丰奥特控股集团有限公司	3110927		合计	67915275
21	福建省汽车工业集团有限公司	2495113			
22	三环集团有限公司	2252304	船舶制造		
23	广西汽车集团有限公司	2103636	1	中国船舶重工集团有限公司	30503233
24	厦门金龙汽车集团股份有限公司	1829052	2	江苏扬子江船业集团	4729628
25	安徽中鼎控股（集团）股份有限公司	1415802	3	沪东中华造船（集团）有限公司	1628356
26	赛轮集团股份有限公司	1368475		合计	36861217
27	庆铃汽车（集团）有限公司	1097840			
28	大乘汽车集团有限公司	1094851	综合制造业		
29	东方鑫源控股有限公司	971823	1	中国五矿集团有限公司	52968018
30	安徽环新集团有限公司	967379	2	复星国际有限公司	10935164
	合计	458452796	3	新华联集团有限公司	9529585
			4	无锡产业发展集团有限公司	9305407
摩托车及零配件制造			5	万达控股集团有限公司	9231536
1	隆鑫控股有限公司	5641373	6	杭州锦江集团有限公司	8899377
2	重庆力帆控股有限公司	4077623	7	江苏华西集团有限公司	5044366
3	宗申产业集团有限公司	2040601	8	重庆化医控股（集团）公司	4677214
4	雅迪科技集团有限公司	995484	9	重庆机电控股（集团）公司	4558237
5	爱玛科技集团股份有限公司	898978	10	岚桥集团有限公司	3385367
	合计	13654059	11	鲁丽集团有限公司	3118716
			12	利时集团股份有限公司	2895648
摩托车及零配件制造			13	花园集团有限公司	2674240
1	中国中车集团有限公司	22935095	14	重庆市博赛矿业（集团）有限公司	2575901
	合计	22935095	15	华立集团股份有限公司	2533226
			16	成都蛟龙投资有限责任公司	2249837
航空航天			17	苏州创元投资发展（集团）有限公司	2191707
1	中国航空工业集团有限公司	43880445	18	攀枝花钢城集团有限公司	1723889
2	中国航天科工集团有限公司	25049695	19	致达控股集团有限公司	1699479
3	中国航天科技集团有限公司	24955600	20	浙江航民实业集团有限公司	1370757
	合计	93885740	21	安徽淮海实业发展集团有限公司	1352250
				合计	142919921
兵器制造					

表9-3 2019中国制造业企业500强各地区企业分布

排名	企业名称	营业收入/万元	排名	企业名称	营业收入/万元
北京			上海		
1	中国石油化工集团有限公司	274277981	1	上海汽车集团股份有限公司	90219406
2	中国五矿集团有限公司	52968018	2	中国宝武钢铁集团有限公司	43862002
3	北京汽车集团有限公司	48073807	3	上海医药集团股份有限公司	15908440
4	中国兵器工业集团有限公司	45494275	4	光明食品（集团）有限公司	15800752
5	中国化工集团有限公司	44581360	5	上海电气（集团）总公司	11452758
6	中国航空工业集团有限公司	43880445	6	复星国际有限公司	10935164
7	中国建材集团有限公司	34800245	7	上海华谊（集团）公司	6059803
8	联想集团有限公司	33760068	8	晶科能源有限公司	4833952
9	中国船舶重工集团有限公司	30503233	9	老凤祥股份有限公司	4378447
10	中国铝业集团有限公司	30019956	10	上海仪电（集团）有限公司	3930241
11	中国航天科工集团有限公司	25049695	11	上海振华重工（集团）股份有限公司	2181239
12	中国航天科技集团有限公司	24955600	12	上海胜华电缆（集团）有限公司	1983694
13	中国中车集团有限公司	22935095	13	奥盛集团有限公司	1794595
14	中国兵器装备集团有限公司	22421000	14	致达控股集团有限公司	1699479
15	中国电子科技集团公司	22042700	15	沪东中华造船（集团）有限公司	1628356
16	中国电子信息产业集团有限公司	21836738	16	鹏欣环球资源股份有限公司	1413803
17	首钢集团有限公司	20551263	17	上海鑫冶铜业有限公司	1102779
18	小米集团	17491500	18	上海源耀生物股份有限公司	975444
19	新兴际华集团有限公司	17335699	19	上海紫江企业集团股份有限公司	900986
20	北京首农食品集团有限公司	12665547		合计	221061340
21	北京建龙重工集团有限公司	12027811			
22	中国有色矿业集团有限公司	11136531	天津		
23	北京电子控股有限责任公司	10948121	1	天津荣程祥泰投资控股集团有限公司	6900140
24	中国黄金集团有限公司	10525711	2	天津友发钢管集团股份有限公司	5314749
25	北京金隅集团股份有限公司	10506686	3	天津食品集团有限公司	3006537
26	新华联集团有限公司	9529585	4	天士力控股集团有限公司	2962844
27	旭阳控股有限公司	5060536	5	天津纺织集团（控股）有限公司	2677480
28	北京顺鑫控股集团有限公司	2725141	6	天津市医药集团有限公司	2148869
29	中国庆华能源集团有限公司	1315568	7	天津华北集团有限公司	2065433
30	北京时尚控股有限责任公司	1219043	8	天津恒兴集团有限公司	1967700
31	北京君诚实业投资集团有限公司	901883	9	天津友联盛业科技集团有限公司	1804074
	合计	921540841	10	天津源泰德润钢管制造集团有限公司	1603301
			11	天津国威有限公司	1558302

续表

排名	企业名称	营业收入/万元	排名	企业名称	营业收入/万元
12	天津市宝来工贸有限公司	1210500	1	鞍钢集团有限公司	21576689
13	爱玛科技集团股份有限公司	898978	2	华晨汽车集团控股有限公司	15296763
14	天津市新宇彩板有限公司	885667	3	本钢集团有限公司	6336604
	合计	35004574	4	盘锦北方沥青燃料有限公司	6003399
			5	辽宁嘉晨控股集团有限公司	4963961
重庆			6	环嘉集团有限公司	4214517
1	隆鑫控股有限公司	5641373	7	铭源控股集团有限公司	2964371
2	重庆化医控股（集团）公司	4677214	8	凌源钢铁集团有限责任公司	2019024
3	重庆机电控股（集团）公司	4558237	9	大连冰山集团有限公司	1263703
4	太极集团有限公司	4503656	10	沈阳鼓风机集团股份有限公司	888029
5	重庆小康控股有限公司	4454732		合计	65527060
6	重庆力帆控股有限公司	4077623			
7	重庆轻纺控股（集团）公司	3515928	河北		
8	重庆市博赛矿业（集团）有限公司	2575901	1	河钢集团有限公司	33682397
9	重庆钢铁股份有限公司	2263896	2	河北津西钢铁集团股份有限公司	10817347
10	宗申产业集团有限公司	2040601	3	长城汽车股份有限公司	9922998
11	重庆万达薄板有限公司	1918667	4	敬业集团有限公司	9011375
12	重庆京东方光电科技有限公司	1827574	5	河北新华联合冶金控股集团有限公司	7581766
13	庆铃汽车（集团）有限公司	1097840	6	金鼎钢铁集团有限公司	6313090
14	东方鑫源控股有限公司	971823	7	武安市文安钢铁有限公司	5997265
15	中国四联仪器仪表集团有限公司	924103	8	河北普阳钢铁有限公司	5914783
	合计	45049168	9	冀南钢铁集团有限公司	5840922
			10	武安市裕华钢铁有限公司	5410352
黑龙江			11	东旭集团有限公司	5186045
1	哈尔滨电气集团有限公司	2905845	12	唐山港陆钢铁有限公司	4646376
2	哈药集团有限公司	1116312	13	武安市明芳钢铁有限公司	4584630
3	黑龙江飞鹤乳业有限公司	1027068	14	河北新金钢铁有限公司	4508652
	合计	5049225	15	三河汇福粮油集团有限公司	3953100
			16	晶龙实业集团有限公司	3499110
吉林			17	石药控股集团有限公司	3006759
1	中国第一汽车集团有限公司	59403025	18	河北安丰钢铁有限公司	2623710
	合计	59403025	19	唐山三友集团有限公司	2434881
			20	河北兴华钢铁有限公司	2303824
辽宁			21	河北天柱钢铁集团有限公司	2299723

续表

排名	企业名称	营业收入/万元	排名	企业名称	营业收入/万元
22	河北鑫海控股有限公司	2130719	9	日照钢铁控股集团有限公司	9536721
23	邯郸正大制管有限公司	1890895	10	万达控股集团有限公司	9231536
24	秦皇岛宏兴钢铁有限公司	1745360	11	利华益集团股份有限公司	8537905
25	辛集市澳森钢铁有限公司	1707158	12	山东黄金集团有限公司	8213987
	合计	147013237	13	中融新大集团有限公司	8075990
			14	华泰集团有限公司	7378150
河南			15	山东海科化工集团有限公司	6202485
1	万洲国际有限公司	14958633	16	万华化学集团股份有限公司	6062119
2	安阳钢铁集团有限责任公司	5120286	17	山东如意时尚投资控股有限公司	5966729
3	郑州宇通企业集团	4367386	18	山东京博控股集团有限公司	5351185
4	河南森源集团有限公司	4083787	19	山东金诚石化集团有限公司	5293589
5	天瑞集团股份有限公司	3772022	20	永锋集团有限公司	5227338
6	河南豫光金铅集团有限责任公司	3700214	21	山东招金集团有限公司	5222879
7	万基控股集团有限公司	3418610	22	新凤祥控股集团有限责任公司	4746894
8	郑州煤矿机械集团股份有限公司	2601173	23	西王集团有限公司	4503711
9	洛阳栾川钼业集团股份有限公司	2596286	24	威高集团有限公司	4495514
10	河南中原黄金冶炼厂有限责任公司	2398993	25	华勤橡胶工业集团有限公司	4393254
11	河南济源钢铁（集团）有限公司	2072070	26	山东恒源石油化工股份有限公司	4251234
12	济源市万洋冶炼（集团）有限公司	2031364	27	山东渤海实业股份有限公司	4198609
13	河南金利金铅集团有限公司	2027929	28	石横特钢集团有限公司	4189263
14	河南神火集团有限公司	1971180	29	山东玉皇化工有限公司	4121640
15	卫华集团有限公司	1224171	30	山东金岭集团有限公司	4103172
16	龙蟒佰利联集团股份有限公司	1055399	31	山东汇丰石化集团有限公司	4066682
	合计	57399503	32	山东创新金属科技有限公司	4012941
			33	沂州集团有限公司	3883698
山东			34	滨化集团	3813319
1	山东魏桥创业集团有限公司	28448728	35	山东泰山钢铁集团有限公司	3799909
2	海尔集团公司	26611837	36	山东博汇集团有限公司	3627652
3	潍柴控股集团有限公司	23537254	37	山东九羊集团有限公司	3525927
4	山东钢铁集团有限公司	15585685	38	山东清源集团有限公司	3521726
5	海信集团有限公司	12663497	39	岚桥集团有限公司	3385367
6	中国重型汽车集团有限公司	11004953	40	富海集团有限公司	3259814
7	南山集团有限公司	10869617	41	万通海欣控股集团股份有限公司	3212228
8	山东东明石化集团有限公司	10182020	42	鲁丽集团有限公司	3118716

续表

排名	企业名称	营业收入/万元	排名	企业名称	营业收入/万元
43	山东寿光鲁清石化有限公司	3063246	77	山东淄博傅山企业集团有限公司	1153672
44	东营鲁方金属材料有限公司	3060812	78	山东时风（集团）有限责任公司	1103814
45	东营方圆有色金属有限公司	3051138	79	澳柯玛股份有限公司	1098995
46	山东齐成石油化工有限公司	3033100	80	青岛海湾集团有限公司	1093510
47	山东鲁花集团有限公司	3010692	81	即发集团有限公司	1081819
48	香驰控股有限公司	2808671	82	鲁南制药集团股份有限公司	1046224
49	淄博齐翔腾达化工股份有限公司	2792406	83	山东新华医疗器械股份有限公司	1028364
50	青岛啤酒股份有限公司	2657526		合计	388063416
51	华鲁控股集团有限公司	2398167			
52	歌尔股份有限公司	2375058	山西		
53	山东中海化工集团有限公司	2261453	1	太原钢铁（集团）有限公司	7855843
54	山东垦利石化集团有限公司	2220067	2	山西建邦集团有限公司	2253401
55	鲁西集团有限公司	2194028	3	美锦能源集团有限公司	2244299
56	山东齐鲁制药集团有限公司	2127250	4	山西晋城钢铁控股集团有限公司	1839505
57	道恩集团有限公司	2090246	5	山西安泰控股集团有限公司	1679351
58	山东鑫海科技股份有限公司	1898151	6	太原重型机械集团有限公司	1285557
59	山东联盟化工集团有限公司	1876167		合计	17157956
60	山东东方华龙工贸集团有限公司	1867608			
61	正和集团股份有限公司	1716095	陕西		
62	山东荣信集团有限公司	1712918	1	陕西有色金属控股集团有限责任公司	13550912
63	山东潍焦控股集团有限公司	1709227	2	东岭集团股份有限公司	10965694
64	金猴集团有限公司	1661668	3	陕西汽车控股集团有限公司	6545471
65	玲珑集团有限公司	1631476	4	隆基绿能科技股份有限公司	2198761
66	山东科瑞控股集团有限公司	1612685	5	中国西电集团有限公司	1742136
67	山东金升有色集团有限公司	1601347		合计	35002974
68	诸城外贸有限责任公司	1574381			
69	金正大生态工程集团股份有限公司	1548157	安徽		
70	潍坊特钢集团有限公司	1458715	1	安徽海螺集团有限责任公司	18851188
71	山东华鲁恒升化工股份有限公司	1440986	2	铜陵有色金属集团控股有限公司	17758240
72	龙大食品集团有限公司	1406015	3	马钢（集团）控股有限公司	9178433
73	赛轮集团股份有限公司	1368475	4	奇瑞控股集团有限公司	6898525
74	泰开集团有限公司	1342874	5	安徽江淮汽车集团控股有限公司	5110668
75	雷沃重工股份有限公司	1250136	6	中科电力装备集团有限公司	4301820
76	瑞星集团股份有限公司	1200603	7	山鹰国际控股股份公司	2436654

续表

排名	企业名称	营业收入/万元	排名	企业名称	营业收入/万元
8	安徽中鼎控股（集团）股份有限公司	1415802	24	法尔胜泓昇集团有限公司	3810691
9	安徽淮海实业发展集团有限公司	1352250	25	远东控股集团有限公司	3721756
10	安徽楚江科技新材料股份有限公司	1310711	26	红太阳集团有限公司	3713626
11	铜陵精达特种电磁线股份有限公司	1189780	27	维维集团股份有限公司	3672177
12	安徽天康（集团）股份有限公司	981833	28	波司登股份有限公司	3470464
13	安徽古井集团有限责任公司	979940	29	远景能源（江苏）有限公司	3419727
14	安徽叉车集团有限责任公司	972667	30	澳洋集团有限公司	3386710
15	安徽环新集团有限公司	967379	31	金东纸业（江苏）股份有限公司	3297190
	合计	73705890	32	江苏大明金属制品有限公司	3219395
			33	华芳集团有限公司	3152055
江苏			34	天合光能股份有限公司	2505404
1	恒力集团有限公司	37173616	35	江苏三木集团有限公司	2429559
2	江苏沙钢集团有限公司	24104507	36	江苏新潮科技集团有限公司	2402508
3	盛虹控股集团有限公司	14347965	37	东方润安集团有限公司	2352515
4	中天钢铁集团有限公司	12503250	38	苏州创元投资发展（集团）有限公司	2191707
5	海澜集团有限公司	12005866	39	新阳科技集团	2063989
6	南京钢铁集团有限公司	11820594	40	大亚科技集团有限公司	1896077
7	协鑫集团有限公司	11181648	41	江苏中超投资集团有限公司	1858328
8	亨通集团有限公司	10198228	42	兴达投资集团有限公司	1804898
9	无锡产业发展集团有限公司	9305407	43	江苏江润铜业有限公司	1730371
10	江苏悦达集团有限公司	9146629	44	江苏上上电缆集团有限公司	1702533
11	江阴澄星实业集团有限公司	8634100	45	江苏西城三联控股集团有限公司	1619631
12	扬子江药业集团	8056836	46	新华发集团有限公司	1503006
13	三房巷集团有限公司	6755442	47	江南集团有限公司	1352537
14	红豆集团有限公司	6632940	48	瑞声光电科技（常州）有限公司	1221728
15	徐州工程机械集团有限公司	6434137	49	江苏倪家巷集团有限公司	1187348
16	中天科技集团有限公司	5383320	50	江阴江东集团公司	1102602
17	江苏华西集团有限公司	5044366	51	大乘汽车集团有限公司	1094851
18	江苏新长江实业集团有限公司	4824146	52	江苏海达科技集团有限公司	1067737
19	江苏扬子江船业集团	4729628	53	阿尔法（江阴）沥青有限公司	1013407
20	金浦投资控股集团有限公司	4322989	54	江阴模塑集团有限公司	1010363
21	江苏华宏实业集团有限公司	3894478	55	雅迪科技集团有限公司	995484
22	双良集团有限公司	3891124	56	无锡华东重型机械股份有限公司	994759
23	江苏阳光集团有限公司	3816802		合计	296173151

续表

排名	企业名称	营业收入/万元	排名	企业名称	营业收入/万元
				合计	64232018
湖南					
1	湖南华菱钢铁集团有限责任公司	12088473	**浙江**		
2	三一集团有限公司	6419458	1	浙江吉利控股集团有限公司	32852088
3	湖南博长控股集团有限公司	4808631	2	青山控股集团有限公司	22650146
4	中联重科股份有限公司	2869654	3	海亮集团有限公司	17364210
5	蓝思科技股份有限公司	2771749	4	浙江恒逸集团有限公司	14739323
6	唐人神集团股份有限公司	1542198	5	天能电池集团有限公司	13208572
7	湖南黄金集团有限责任公司	1277366	6	浙江荣盛控股集团有限公司	12859958
8	郴州市金贵银业股份有限公司	1065658	7	超威集团	12032383
	合计	32843187	8	万向集团公司	11210043
			9	杭州钢铁集团有限公司	10314878
湖北			10	杭州汽轮动力集团有限公司	9532596
1	东风汽车集团有限公司	60150128	11	杭州锦江集团有限公司	8899377
2	稻花香集团	5253481	12	雅戈尔集团股份有限公司	8792583
3	中国信息通信科技集团有限公司	5132135	13	奥克斯集团有限公司	8600343
4	金澳科技（湖北）化工有限公司	4396026	14	传化集团有限公司	8513267
5	宜昌兴发集团有限责任公司	3803383	15	宁波金田投资控股有限公司	8398973
6	福星集团控股有限公司	2812932	16	正泰集团股份有限公司	7046353
7	华新水泥股份有限公司	2746604	17	德力西集团有限公司	5630751
8	三环集团有限公司	2252304	18	宁波均胜电子股份有限公司	5618093
9	长飞光纤光缆股份有限公司	1135976	19	杭州市实业投资集团有限公司	5505162
	合计	87682969	20	杉杉控股有限公司	4640988
			21	红狮控股集团有限公司	4518823
江西			22	人民电器集团有限公司	4321491
1	江西铜业集团有限公司	23065391	23	浙江富冶集团有限公司	4300130
2	江铃汽车集团有限公司	10060045	24	富通集团有限公司	4015346
3	正邦集团有限公司	7802537	25	宁波富邦控股集团有限公司	3716128
4	江西方大钢铁集团有限公司	6339810	26	卧龙控股集团有限公司	3653562
5	双胞胎（集团）股份有限公司	6053270	27	浙江龙盛控股有限公司	3502530
6	新余钢铁集团有限公司	6052304	28	新凤鸣集团股份有限公司	3265877
7	江西济民可信集团有限公司	2144043	29	森马集团有限公司	3160129
8	景德镇黑猫集团有限责任公司	1414217	30	巨化集团有限公司	3127158
9	泰豪集团有限公司	1300401	31	万丰奥特控股集团有限公司	3110927

续表

排名	企业名称	营业收入/万元	排名	企业名称	营业收入/万元
32	华东医药股份有限公司	3066337	66	浙江航民实业集团有限公司	1370757
33	利时集团股份有限公司	2895648	67	中哲控股集团有限公司	1299318
34	巨星控股集团有限公司	2800590	68	开氏集团有限公司	1251855
35	得力集团有限公司	2764200	69	利欧集团股份有限公司	1225004
36	华峰集团有限公司	2760314	70	新和成控股集团有限公司	1200810
37	浙江元立金属制品集团有限公司	2752554	71	星星集团有限公司	1104265
38	浙江升华控股集团有限公司	2750172	72	浙江新安化工集团股份有限公司	1100095
39	中策橡胶集团有限公司	2688188	73	宁波方太厨具有限公司	1097624
40	花园集团有限公司	2674240	74	浙江永利实业集团有限公司	1096744
41	舜宇集团有限公司	2593185	75	杭州杭氧股份有限公司	1031771
42	华立集团股份有限公司	2533226	76	顾家集团有限公司	1019045
43	三花控股集团有限公司	2529667	77	浙江海正药业股份有限公司	1018744
44	三鼎控股集团有限公司	2376920	78	杭州华东医药集团控股有限公司	1003525
45	浙江大华技术股份有限公司	2366569	79	杭州金鱼电器集团有限公司	987826
46	纳爱斯集团有限公司	2353330	80	东方日升新能源股份有限公司	975217
47	西子联合控股有限公司	2207570	81	浙江富陵控股集团有限公司	969374
48	浙江东南网架集团有限公司	2181759	82	浙江中财管道科技股份有限公司	931002
49	兴惠化纤集团有限公司	2131698	83	博威集团有限公司	918155
50	宁波申洲针织有限公司	2095021	84	公牛集团股份有限公司	906500
51	振石控股集团有限公司	2093988		合计	364908889
52	农夫山泉股份有限公司	2091073			
53	天洁集团有限公司	2027783	广东		
54	浙江富春江通信集团有限公司	2003566	1	华为投资控股有限公司	72120200
55	浙江协和集团有限公司	1997819	2	正威国际集团有限公司	50511826
56	万马联合控股集团有限公司	1911317	3	广州汽车工业集团有限公司	36405363
57	胜达集团有限公司	1896428	4	美的集团股份有限公司	26180000
58	宁波博洋控股集团有限公司	1870652	5	珠海格力电器股份有限公司	20002400
59	人本集团有限公司	1713879	6	比亚迪股份有限公司	13005471
60	广博控股集团有限公司	1614532	7	广州医药集团有限公司	11601020
61	浙江天圣控股集团有限公司	1608061	8	TCL集团股份有限公司	11336008
62	浙江甬金金属科技股份有限公司	1565030	9	中国国际海运集装箱（集团）股份有限公司	9349762
63	海天塑机集团有限公司	1540645	10	玖龙纸业（控股）有限公司	5746032
64	万邦德新材股份有限公司	1433531	11	温氏食品集团股份有限公司	5723600
65	精工控股集团有限公司	1409578	12	广州智能装备产业集团有限公司	4840496

续表

排名	企业名称	营业收入/万元	排名	企业名称	营业收入/万元
13	欧菲光集团股份有限公司	4304281	1	新希望集团有限公司	13117718
14	广东海大集团股份有限公司	4215663	2	四川长虹电子控股集团有限公司	12205921
15	广东圣丰集团有限公司	4083127	3	四川省宜宾五粮液集团有限公司	9311821
16	创维集团有限公司	3898159	4	通威集团	7056181
17	广州万宝集团有限公司	3852439	5	四川省川威集团有限公司	5302685
18	立讯精密工业股份有限公司	3584996	6	四川德胜集团钒钛有限公司	4670130
19	宜华企业（集团）有限公司	2511884	7	四川科伦实业集团有限公司	4124378
20	广东德赛集团有限公司	2469978	8	中国东方电气集团有限公司	3232450
21	深圳市世纪云芯科技有限公司	2060576	9	泸州老窖集团有限责任公司	2570209
22	欣旺达电子股份有限公司	2033830	10	四川九洲电器集团有限责任公司	2501293
23	深圳市中金岭南有色金属股份有限公司	1996341	11	成都蛟龙投资有限责任公司	2249837
24	广州立白企业集团有限公司	1968176	12	四川省乐山市福华农科投资集团有限责任公司	1879530
25	康美药业股份有限公司	1935623	13	攀枝花钢城集团有限公司	1723889
26	广州视源电子科技股份有限公司	1699665		合计	69946042
27	深圳市三诺投资控股有限公司	1528815			
28	广州钢铁企业集团有限公司	1412256	福建		
29	深圳市宝德投资控股有限公司	1395131	1	紫金矿业集团股份有限公司	10599425
30	格林美股份有限公司	1387823	2	福建省三钢（集团）有限责任公司	5701599
31	深圳迈瑞生物医疗电子股份有限公司	1375336	3	福建永荣控股集团有限公司	4014512
32	珠海粤裕丰钢铁有限公司	1370728	4	恒申控股集团有限公司	4002426
33	深圳市兆驰股份有限公司	1286776	5	福建省汽车工业集团有限公司	2495113
34	惠科股份有限公司	1211874	6	福建省电子信息（集团）有限责任公司	2423377
35	深圳市英唐智能控制股份有限公司	1211411	7	厦门钨业股份有限公司	1955679
36	广东东阳光科技控股股份有限公司	1168024	8	厦门金龙汽车集团股份有限公司	1829052
37	欧派家居集团股份有限公司	1150938		合计	33021183
38	健康元药业集团股份有限公司	1120396			
39	深圳市深粮控股股份有限公司	1075878	广西壮族自治区		
40	普联技术有限公司	1072068	1	广西柳州钢铁集团有限公司	8916100
41	东莞市富之源饲料蛋白开发有限公司	1041307	2	广西玉柴机器集团有限公司	3620918
42	银隆新能源股份有限公司	988964	3	广西盛隆冶金有限公司	2301661
43	广东兴发铝业有限公司	987529	4	广西柳工集团有限公司	2181538
	合计	328222170	5	广西汽车集团有限公司	2103636
			6	桂林力源粮油食品集团有限公司	1917542
四川			7	广西农垦集团有限责任公司	1894881

续表

排名	企业名称	营业收入/万元	排名	企业名称	营业收入/万元
8	百色百矿集团有限公司	1505598		合计	37889339
9	广西贵港钢铁集团有限公司	1263381			
10	广西正润发展集团有限公司	1246576	青海		
11	广西洋浦南华糖业集团股份有限公司	1101443	1	西部矿业集团有限公司	3831970
	合计	28053274	2	青海盐湖工业股份有限公司	1788973
				合计	5620943
贵州					
1	贵州茅台酒股份有限公司	7719938	宁夏回族自治区		
	合计	7719938	1	宁夏天元锰业集团有限公司	7934688
				合计	7934688
云南					
1	云南锡业集团（控股）有限责任公司	6641932	新疆维吾尔自治区		
2	云天化集团有限责任公司	6339143	1	新疆中泰（集团）有限责任公司	10046392
3	昆明钢铁控股有限公司	5688197	2	新疆特变电工集团有限公司	5372779
4	云南白药集团股份有限公司	2670821	3	新疆天业（集团）有限公司	3587082
	合计	21340093		合计	19006253
甘肃			内蒙古自治区		
1	金川集团股份有限公司	22087513	1	包头钢铁（集团）有限责任公司	8706870
2	酒泉钢铁（集团）有限责任公司	9607169	2	内蒙古伊利实业集团股份有限公司	7955328
3	白银有色集团股份有限公司	6194657		合计	16662198

续表

表 9-4 2019 中国制造业企业 500 强净利润排序前 100 名企业

排名	企业名称	净利润/万元	排名	企业名称	净利润/万元
1	华为投资控股有限公司	5922700	51	山东齐鲁制药集团有限公司	435182
2	中国石油化工集团有限公司	3866272	52	浙江龙盛控股有限公司	426540
3	上海汽车集团股份有限公司	3600921	53	江苏扬子江船业集团	424862
4	贵州茅台酒股份有限公司	3520363	54	威高集团有限公司	420099
5	珠海格力电器股份有限公司	2620279	55	雅戈尔集团股份有限公司	418471
6	美的集团股份有限公司	2023077	56	四川省宜宾五粮液集团有限公司	410586
7	中国第一汽车集团有限公司	1759696	57	紫金矿业集团股份有限公司	409377
8	中国航天科技集团有限公司	1629635	58	河北普阳钢铁有限公司	406975
9	中国宝武钢铁集团有限公司	1434176	59	辽宁嘉晨控股集团有限公司	404324
10	复星国际有限公司	1340640	60	温氏食品集团股份有限公司	395744
11	小米集团	1335400	61	联想集团有限公司	394463
12	浙江吉利控股集团有限公司	1302607	62	上海医药集团股份有限公司	388106
13	江苏沙钢集团有限公司	1236394	63	武安市裕华钢铁有限公司	385745
14	中国航天科工集团有限公司	1221321	64	恒力集团有限公司	385590
15	中国电子科技集团有限公司	1161000	65	石药控股集团有限公司	385023
16	安徽海螺集团有限责任公司	1077463	66	青山控股集团有限公司	382698
17	万华化学集团股份有限公司	1061038	67	广西盛隆冶金有限公司	381852
18	东风汽车集团有限公司	1058129	68	湖南华菱钢铁集团有限责任公司	375491
19	正威国际集团有限公司	980938	69	深圳迈瑞生物医疗电子股份有限公司	371924
20	海尔集团公司	812966	70	波司登股份有限公司	369638
21	广西柳州钢铁集团有限公司	770583	71	农夫山泉股份有限公司	366419
22	北京汽车集团有限公司	726122	72	金鼎钢铁集团有限公司	355711
23	敬业集团有限公司	696162	73	山东鲁花集团有限公司	349113
24	内蒙古伊利实业集团股份有限公司	643975	74	广东圣丰集团有限公司	348515
25	中国兵器工业集团有限公司	639272	75	TCL集团股份有限公司	346821
26	美锦能源集团有限公司	630480	76	恒申控股集团有限公司	339913
27	万洲国际有限公司	624021	77	中国国际海运集装箱（集团）股份有限公司	338044
28	红狮控股集团有限公司	623473	78	云南白药集团股份有限公司	330656
29	中国船舶重工集团有限公司	615276	79	北京金隅集团股份有限公司	326045
30	日照钢铁控股集团有限公司	591773	80	中国中车集团有限公司	321893
31	广州汽车工业集团有限公司	585758	81	山鹰国际控股股份有限公司	320386
32	玖龙纸业（控股）有限公司	577812	82	新余钢铁集团有限公司	307306
33	山东魏桥创业集团有限公司	563952	83	盘锦北方沥青燃料有限公司	307073
34	海澜集团有限公司	554176	84	宁夏天元锰业集团有限公司	306205
35	北京建龙重工集团有限公司	551511	85	马钢（集团）控股有限公司	306064
36	扬子江药业集团	538600	86	山东如意时尚投资控股有限公司	294013
37	新希望集团有限公司	533628	87	山东金岭集团有限公司	282220
38	冀南钢铁集团有限公司	532125	88	永锋集团有限公司	279220
39	中国重型汽车集团有限公司	529358	89	比亚迪股份有限公司	278019
40	河北津西钢铁集团股份有限公司	526879	90	太原钢铁（集团）有限公司	272940
41	长城汽车股份有限公司	520731	91	河钢集团有限公司	272914
42	华新水泥股份有限公司	518145	92	立讯精密工业股份有限公司	272263
43	华勤橡胶工业集团有限公司	509984	93	四川德胜集团钒钛有限公司	270333
44	南山集团有限公司	509794	94	新华联集团有限公司	263004
45	石横特钢集团有限公司	503692	95	河北安丰钢铁有限公司	259917
46	江西方大钢铁集团有限公司	503173	96	北京首农食品集团有限公司	258878
47	洛阳栾川钼业集团股份有限公司	463558	97	上海华谊（集团）公司	258039
48	福建省三钢（集团）有限责任公司	463364	98	中融新大集团有限公司	257376
49	中国航空工业集团有限公司	459702	99	新疆特变电工集团有限公司	256286
50	宁波申洲针织有限公司	454049	100	隆基绿能科技股份有限公司	255796
				中国制造业企业 500 强平均数	197937

表 9-5 2019 中国制造业企业 500 强资产排序前 100 名企业

排名	企业名称	资产/万元	排名	企业名称	资产/万元
1	中国石油化工集团有限公司	226009434	51	新华联集团有限公司	15579861
2	中国航空工业集团有限公司	94803416	52	本钢集团有限公司	15556760
3	中国五矿集团有限公司	89684471	53	中融新大集团有限公司	15532449
4	中国化工集团有限公司	79884890	54	恒力集团有限公司	15379379
5	上海汽车集团股份有限公司	78276985	55	正威国际集团有限公司	14583171
6	中国宝武钢铁集团有限公司	71180908	56	小米集团	14522800
7	华为投资控股有限公司	66579200	57	新兴际华集团有限公司	14192311
8	中国铝业集团有限公司	64131357	58	浙江荣盛控股集团有限公司	14100907
9	复星国际有限公司	63888384	59	北京首农食品集团有限公司	13352496
10	中国建材集团有限公司	58089474	60	陕西有色金属控股集团有限责任公司	13257470
11	中国船舶重工集团有限公司	50375396	61	四川省宜宾五粮液集团有限公司	12858970
12	首钢集团有限公司	50165684	62	太原钢铁（集团）有限公司	12810611
13	北京汽车集团有限公司	45855643	63	江西铜业集团有限公司	12782786
14	中国第一汽车集团有限公司	45782509	64	上海医药集团股份有限公司	12687933
15	东风汽车集团有限公司	45586271	65	南山集团有限公司	12348212
16	河钢集团有限公司	43751844	66	三一集团有限公司	12072488
17	中国航天科技集团有限公司	43595000	67	中国有色矿业集团有限公司	12061992
18	中国中车集团有限公司	39847345	68	海信集团有限公司	11764865
19	中国兵器工业集团有限公司	39598196	69	新疆特变电工集团有限公司	11677510
20	海尔集团公司	35693177	70	山东黄金集团有限公司	11646201
21	中国电子科技集团公司	35477100	71	北京建龙重工集团有限公司	11645468
22	北京电子控股有限责任公司	35024364	72	金川集团股份有限公司	11620436
23	鞍钢集团有限公司	33964373	73	徐州工程机械集团有限公司	11476160
24	浙江吉利控股集团有限公司	33343131	74	酒泉钢铁（集团）有限责任公司	11329743
25	中国兵器装备集团有限公司	33267900	75	紫金矿业集团有限公司	11287930
26	中国航天科工集团有限公司	32301845	76	长城汽车股份有限公司	11180041
27	山东钢铁集团有限公司	31644272	77	江苏扬子江船业集团	11069920
28	广州汽车工业集团有限公司	29213354	78	湖南华菱钢铁集团有限责任公司	11000889
29	中国电子信息产业集团有限公司	27684676	79	海澜集团有限公司	10974890
30	北京金隅集团股份有限公司	26827609	80	中国黄金集团有限公司	10848409
31	光明食品（集团）有限公司	25743707	81	美的集团股份有限公司	10718625
32	珠海格力电器股份有限公司	25123416	82	万洲国际有限公司	10499323
33	上海电气（集团）总公司	25079629	83	云天化集团有限责任公司	10138159
34	山东魏桥创业集团有限公司	24276585	84	洛阳栾川钼业集团股份有限公司	10121612
35	江苏沙钢集团有限公司	22776067	85	马钢（集团）控股有限公司	9700447
36	潍柴控股集团有限公司	22433703	86	日照钢铁控股集团有限公司	9644043
37	东旭集团有限公司	20722641	87	广西农垦集团有限责任公司	9590225
38	联想集团有限公司	20589194	88	中国东方电气集团有限公司	9563149
39	宁夏天元锰业集团有限公司	19872241	89	万向集团公司	9486124
40	比亚迪股份有限公司	19457108	90	雅戈尔集团股份有限公司	9393134
41	TCL 集团股份有限公司	19276394	91	中联重科股份有限公司	9345666
42	安徽海螺集团有限责任公司	19201907	92	新疆中泰（集团）有限责任公司	9305723
43	新希望集团有限公司	19170804	93	郑州宇通企业集团	9084612
44	协鑫集团有限公司	19081169	94	中国重型汽车集团有限公司	9030050
45	泸州老窖集团有限责任公司	18439906	95	江苏悦达集团有限公司	8853879
46	包头钢铁（集团）有限责任公司	18028703	96	铜陵有色金属控股有限公司	8697801
47	奇瑞控股集团有限公司	17105166	97	无锡产业发展集团有限公司	8444128
48	华晨汽车集团控股有限公司	17099971	98	盛虹控股集团有限公司	8436609
49	贵州茅台酒股份有限公司	15984667	99	四川长虹电子控股集团有限公司	8360663
50	中国国际海运集装箱（集团）股份有限公司	15888396	100	中国信息通信科技集团有限公司	8324175
				中国制造业企业 500 强平均数	7293353

表 9-6 2019 中国制造业企业 500 强从业人数排序前 100 名企业

排名	企业名称	从业人数/人	排名	企业名称	从业人数/人
1	中国石油化工集团有限公司	619151	51	福建省电子信息（集团）有限责任公司	58665
2	中国航空工业集团有限公司	479986	52	联想集团有限公司	57000
3	广州智能装备产业集团有限公司	294451	53	青山控股集团有限公司	56088
4	比亚迪股份有限公司	220152	54	内蒙古伊利实业集团股份有限公司	56079
5	中国兵器工业集团有限公司	213882	55	雅戈尔集团股份有限公司	55522
6	中国建材集团有限公司	207958	56	安徽海螺集团有限责任公司	55380
7	中国五矿集团有限公司	200677	57	北京首农食品集团有限公司	54820
8	中国兵器装备集团有限公司	198932	58	广西农垦集团有限责任公司	54750
9	中国中车集团有限公司	187959	59	新兴际华集团有限公司	52949
10	华为投资控股有限公司	180000	60	北京建龙重工集团有限公司	52590
11	中国航天科技集团有限公司	179788	61	北京金隅集团股份有限公司	52498
12	中国电子科技集团有限公司	179636	62	中国有色矿业集团有限公司	52044
13	东风汽车集团有限公司	167528	63	中国国际海运集装箱（集团）股份有限公司	51253
14	中国船舶重工集团有限公司	167151	64	宜华企业（集团）有限公司	50208
15	中国第一汽车集团有限公司	152175	65	上海电气（集团）总公司	49968
16	中国电子信息产业集团有限公司	148042	66	歌尔股份有限公司	48652
17	上海汽车集团股份有限公司	146452	67	温氏食品集团股份有限公司	48639
18	中国航天科工集团有限公司	146436	68	包头钢铁（集团）有限责任公司	48563
19	中国化工集团有限公司	138652	69	上海医药集团股份有限公司	47590
20	中国宝武钢铁集团有限公司	138470	70	南山集团有限公司	46357
21	美的集团股份有限公司	135000	71	中国黄金集团有限公司	45040
22	光明食品（集团）有限公司	128655	72	陕西有色金属控股集团有限责任公司	44667
23	北京汽车集团有限公司	127000	73	四川省宜宾五粮液集团有限公司	44409
24	鞍钢集团有限公司	125008	74	华晨汽车集团控股有限公司	44228
25	浙江吉利控股集团有限公司	124846	75	江铃汽车集团有限公司	43477
26	中国铝业集团有限公司	123698	76	欧菲光集团股份有限公司	42608
27	河钢集团有限公司	118656	77	正邦集团有限公司	42560
28	广州汽车工业集团有限公司	113474	78	山东如意时尚投资控股有限公司	42001
29	万洲国际有限公司	112000	79	中国重型汽车集团有限公司	41280
30	首钢集团有限公司	109943	80	郑州宇通企业集团	39326
31	山东魏桥创业集团有限公司	106044	81	青岛啤酒股份有限公司	39320
32	TCL集团股份有限公司	89750	82	江苏悦达集团有限公司	39233
33	北京电子控股有限责任公司	89377	83	中国信息通信科技集团有限公司	37723
34	珠海格力电器股份有限公司	88800	84	马钢（集团）控股有限公司	37485
35	蓝思科技股份有限公司	88119	85	酒泉钢铁（集团）有限责任公司	36415
36	海尔集团公司	84239	86	创维集团有限公司	35800
37	宁波申洲针织有限公司	82700	87	广州医药集团有限公司	33865
38	潍柴控股集团有限公司	82094	88	太原钢铁（集团）有限公司	33764
39	恒力集团有限公司	81350	89	安徽江淮汽车集团控股有限公司	33658
40	山东钢铁集团有限公司	80852	90	湖南华菱钢铁集团有限责任公司	32830
41	海信集团有限公司	79442	91	正泰集团股份有限公司	31683
42	立讯精密工业股份有限公司	78352	92	江苏沙钢集团有限公司	31290
43	新希望集团有限公司	76534	93	万向集团公司	31212
44	复星国际有限公司	70000	94	奇瑞控股集团有限公司	30783
45	新华联集团有限公司	69685	95	新疆中泰（集团）有限责任公司	30605
46	本钢集团有限公司	66876	96	隆鑫控股有限公司	30076
47	长城汽车股份有限公司	63455	97	河南神火集团有限公司	29446
48	四川长虹电子控股集团有限公司	62621	98	重庆机电控股（集团）公司	28913
49	成都蛟龙投资有限责任公司	59483	99	陕西汽车控股集团有限公司	28769
50	宁波均胜电子股份有限公司	59250	100	重庆化医控股（集团）公司	27814
				中国制造业企业500强平均数	26732

表 9-7 2019 中国制造业企业 500 强研发费用排序前 100 名企业

排名	企业名称	研发费用/万元	排名	企业名称	研发费用/万元
1	华为投资控股有限公司	11050900	51	太原钢铁（集团）有限公司	268105
2	中国航天科工集团有限公司	2478573	52	安徽海螺集团有限责任公司	262823
3	中国航空工业集团有限公司	2368156	53	立讯精密工业股份有限公司	251476
4	浙江吉利控股集团有限公司	2103304	54	欧菲光集团股份有限公司	246934
5	上海汽车集团股份有限公司	1538501	55	酒泉钢铁（集团）有限责任公司	245330
6	中国第一汽车集团有限公司	1472021	56	扬子江药业集团	243328
7	中国兵器工业集团有限公司	1399089	57	华泰集团有限公司	237549
8	中国中车集团有限公司	1134053	58	浙江大华技术股份有限公司	228387
9	中国石油化工集团有限公司	1133989	59	亨通集团有限公司	227845
10	山东魏桥创业集团有限公司	1052603	60	安徽江淮汽车集团控股有限公司	214197
11	美的集团股份有限公司	1000000	61	通威集团	210655
12	中国电子科技集团公司	997520	62	郑州宇通企业集团	209815
13	中国宝武钢铁集团有限公司	921243	63	新疆特变电工集团有限公司	198565
14	中国五矿集团有限公司	912728	64	中国铝业集团有限公司	193888
15	联想集团有限公司	837646	65	歌尔股份有限公司	189228
16	东风汽车集团有限公司	800090	66	浙江荣盛控股集团有限公司	188371
17	海尔集团公司	793355	67	陕西汽车控股集团有限公司	186327
18	北京汽车集团有限公司	757826	68	包头钢铁（集团）有限责任公司	184196
19	广州汽车工业集团有限公司	735284	69	玖龙纸业（控股）有限公司	183028
20	珠海格力电器股份有限公司	698837	70	安阳钢铁集团有限责任公司	182725
21	中国航天科技集团有限公司	640300	71	奇瑞控股集团有限公司	180231
22	中国电子信息产业集团有限公司	590461	72	广东圣丰集团有限公司	180231
23	北京电子控股有限责任公司	553180	73	金鼎钢铁集团有限公司	180002
24	海信集团有限公司	506540	74	敬业集团有限公司	179050
25	比亚迪股份有限公司	498936	75	中国东方电气集团有限公司	178685
26	恒力集团有限公司	494862	76	正泰集团股份有限公司	177718
27	河钢集团有限公司	484357	77	山东如意时尚投资控股有限公司	177528
28	鞍钢集团有限公司	478082	78	三房巷集团有限公司	168886
29	中国信息通信科技集团有限公司	477962	79	重庆小康控股有限公司	166736
30	江苏沙钢集团有限公司	471451	80	南京钢铁集团有限公司	165201
31	TCL集团股份有限公司	467758	81	福建省电子信息（集团）有限责任公司	165189
32	潍柴控股集团有限公司	454401	82	山东齐鲁制药集团有限公司	161016
33	首钢集团有限公司	449838	83	万华化学集团股份有限公司	161012
34	利华益集团股份有限公司	437140	84	中国重型汽车集团有限公司	161002
35	上海电气（集团）总公司	421192	85	新兴际华集团有限公司	160625
36	长城汽车股份有限公司	395890	86	德力西集团有限公司	159741
37	中国船舶重工集团有限公司	394645	87	陕西有色金属控股集团有限责任公司	156415
38	宁波均胜电子股份有限公司	389954	88	河北新华联合冶金控股集团有限公司	152827
39	万向集团公司	382181	89	创维集团有限公司	148825
40	中国建材集团有限公司	369856	90	河南森源集团有限公司	148238
41	华晨汽车集团控股有限公司	346802	91	人民电器集团有限公司	148011
42	三一集团有限公司	332313	92	蓝思科技股份有限公司	148002
43	四川长虹电子控股集团有限公司	327257	93	上海仪电（集团）有限公司	147821
44	江铃汽车集团有限公司	320480	94	郑州煤矿机械集团股份有限公司	143988
45	徐州工程机械集团有限公司	308857	95	石药控股集团有限公司	143909
46	湖南华菱钢铁集团有限责任公司	296540	96	浙江恒逸集团有限公司	138700
47	深圳市三诺投资控股有限公司	294600	97	新余钢铁集团有限公司	138029
48	日照钢铁控股集团有限公司	286102	98	华勤橡胶工业集团有限公司	136898
49	铜陵有色金属集团控股有限公司	284395	99	舜宇集团有限公司	136235
50	四川科伦实业集团有限公司	280870	100	中科电力装备集团有限公司	132772
				中国制造业企业 500 强平均数	148143

表9-8 2019中国制造业企业500强研发强度排序前100名企业

排名	企业名称	研发强度/%	排名	企业名称	研发强度/%
1	深圳市三诺投资控股有限公司	19.27	51	哈尔滨电气集团有限公司	4.24
2	华为投资控股有限公司	15.32	52	安徽江淮汽车集团控股有限公司	4.19
3	浙江海正药业股份有限公司	10.15	53	TCL集团股份有限公司	4.13
4	中国航天科工集团有限公司	9.89	54	泰豪集团有限公司	4.10
5	浙江大华技术股份有限公司	9.65	55	卫华集团有限公司	4.07
6	中国信息通信科技集团有限公司	9.31	56	万丰奥特控股集团有限公司	4.01
7	深圳迈瑞生物医疗电子股份有限公司	9.21	57	海信集团有限公司	4.00
8	歌尔股份有限公司	7.97	58	长城汽车股份有限公司	3.99
9	健康元药业集团股份有限公司	7.62	59	重庆京东方光电科技有限公司	3.98
10	山东齐鲁制药集团有限公司	7.57	60	沈阳鼓风机集团股份有限公司	3.97
11	立讯精密工业股份有限公司	7.01	61	华峰集团有限公司	3.94
12	宁波均胜电子股份有限公司	6.94	62	安徽中鼎控股（集团）股份有限公司	3.93
13	福建省电子信息（集团）有限责任公司	6.82	63	康美药业股份有限公司	3.92
14	四川科伦实业集团有限公司	6.81	64	公牛集团股份有限公司	3.87
15	浙江吉利控股集团有限公司	6.40	65	比亚迪股份有限公司	3.84
16	瑞声光电科技（常州）有限公司	6.17	66	创维集团有限公司	3.82
17	鲁南制药集团股份有限公司	6.17	67	美的集团股份有限公司	3.82
18	沪东中华造船（集团）有限公司	5.94	68	龙蟒佰利联集团股份有限公司	3.79
19	普联技术有限公司	5.78	69	江苏新潮科技集团有限公司	3.76
20	欧菲光集团股份有限公司	5.74	70	上海仪电（集团）有限公司	3.76
21	长飞光纤光缆股份有限公司	5.69	71	中联重科股份有限公司	3.76
22	隆基绿能科技股份有限公司	5.60	72	重庆小康控股有限公司	3.74
23	郑州煤矿机械集团股份有限公司	5.54	73	广东德赛集团有限公司	3.73
24	中国东方电气集团有限公司	5.53	74	金正大生态工程集团股份有限公司	3.71
25	欧派家居集团股份有限公司	5.49	75	辛集市澳森钢铁有限公司	3.70
26	中国航空工业集团有限公司	5.40	76	新疆特变电工集团有限公司	3.70
27	蓝思科技股份有限公司	5.34	77	山东魏桥创业集团有限公司	3.70
28	舜宇集团有限公司	5.25	78	上海电气（集团）总公司	3.68
29	三一集团有限公司	5.18	79	厦门金龙汽车集团股份有限公司	3.63
30	利华益集团股份有限公司	5.12	80	河南森源集团有限公司	3.63
31	北京电子控股有限责任公司	5.05	81	即发集团有限公司	3.60
32	新和成控股集团有限公司	5.03	82	大亚科技集团有限公司	3.60
33	中国中车集团有限公司	4.94	83	广东东阳光科技控股股份有限公司	3.60
34	郑州宇通企业集团	4.80	84	安阳钢铁集团有限公司	3.57
35	徐州工程机械集团有限公司	4.80	85	中策橡胶集团有限公司	3.57
36	石药控股集团有限公司	4.79	86	浙江中财管道科技股份有限公司	3.56
37	银隆新能源股份有限公司	4.74	87	欣旺达电子股份有限公司	3.51
38	广州视源电子科技股份有限公司	4.63	88	珠海格力电器股份有限公司	3.49
39	胜达集团有限公司	4.59	89	海天塑机集团有限公司	3.47
40	厦门钨业股份有限公司	4.59	90	人民电器集团有限公司	3.42
41	中国电子科技集团公司	4.53	91	万向集团公司	3.41
42	安徽叉车集团有限责任公司	4.52	92	中国四联仪器仪表集团有限公司	3.41
43	泰开集团有限公司	4.50	93	太原钢铁（集团）有限公司	3.41
44	山东时风（集团）有限责任公司	4.47	94	东方日升新能源股份有限公司	3.40
45	星星集团有限公司	4.43	95	玲珑集团有限公司	3.37
46	广东兴发铝业有限公司	4.42	96	河南中原黄金冶炼厂有限责任公司	3.36
47	广东圣丰集团有限公司	4.41	97	河南济源钢铁（集团）有限公司	3.33
48	三鼎控股集团有限公司	4.35	98	华鲁控股集团有限公司	3.28
49	宁波方太厨具有限公司	4.33	99	华泰集团有限公司	3.22
50	雷沃重工股份有限公司	4.31	100	山东华鲁恒升化工股份有限公司	3.21
				中国制造业企业500强平均数	2.12

表 9-9 2019 中国制造业企业 500 强净资产利润率排序前 100 名企业

排名	企业名称	净资产利润率/%	排名	企业名称	净资产利润率/%
1	山东中海化工集团有限公司	142.20	51	河北普阳钢铁有限公司	25.98
2	超威集团	98.25	52	桂林力源粮油食品集团有限公司	25.91
3	山西安泰控股集团有限公司	72.23	53	河北津西钢铁集团股份有限公司	25.86
4	华勤橡胶工业集团有限公司	68.15	54	济源市万洋冶炼（集团）有限公司	25.58
5	公牛集团股份有限公司	51.63	55	华为投资控股有限公司	25.46
6	四川省川威集团有限公司	49.64	56	安徽海螺集团有限责任公司	25.44
7	泰开集团有限公司	49.56	57	农夫山泉股份有限公司	25.38
8	深圳市世纪云芯科技有限公司	46.59	58	浙江天圣控股集团有限公司	25.28
9	龙大食品集团有限公司	46.45	59	潍柴控股集团有限公司	25.17
10	河北天柱钢铁集团有限公司	44.83	60	中哲控股集团有限公司	24.87
11	浙江元立金属制品集团有限公司	44.49	61	深圳迈瑞生物医疗电子股份有限公司	24.54
12	金鼎钢铁集团有限公司	44.00	62	美的集团股份有限公司	24.35
13	江西方大钢铁集团有限公司	42.68	63	山鹰国际控股股份公司	24.31
14	红狮控股集团有限公司	41.09	64	河南济源钢铁（集团）有限公司	24.28
15	山东荣信集团有限公司	40.29	65	青山控股集团有限公司	23.96
16	山东齐成石油化工有限公司	40.02	66	鲁西集团有限公司	23.78
17	敬业集团有限公司	37.46	67	山东如意时尚投资控股有限公司	23.74
18	凌源钢铁集团有限责任公司	37.05	68	恒申控股集团有限公司	23.71
19	湖南博长控股集团有限公司	36.20	69	山东华鲁恒升化工股份有限公司	23.65
20	永锋集团有限公司	35.50	70	杭州华东医药集团控股有限公司	23.64
21	中国重型汽车集团有限公司	35.12	71	广西贵港钢铁集团有限公司	23.43
22	广西柳州钢铁集团有限公司	34.71	72	河北新华联合冶金控股集团有限公司	23.40
23	石横特钢集团有限公司	34.12	73	得力集团有限公司	23.37
24	山东海科化工集团有限公司	34.00	74	浙江协和集团有限公司	23.31
25	福建省三钢（集团）有限责任公司	33.25	75	内蒙古伊利实业集团股份有限公司	23.07
26	成都蛟龙投资有限责任公司	31.48	76	铭源控股集团有限公司	23.05
27	万华化学集团股份有限公司	31.41	77	山东潍焦控股集团有限公司	23.04
28	贵州茅台酒股份有限公司	31.20	78	浙江甬金金属科技股份有限公司	22.99
29	华新水泥股份有限公司	31.08	79	江苏沙钢集团有限公司	22.91
30	河北安丰钢铁有限公司	30.63	80	华东医药股份有限公司	22.81
31	山西建邦集团有限公司	29.82	81	北京建龙重工集团有限公司	22.75
32	天能电池集团有限公司	29.74	82	武安市裕华钢铁有限公司	22.65
33	大亚科技集团有限公司	29.69	83	浙江吉利控股集团有限公司	22.54
34	新余钢铁集团有限公司	29.63	84	山东金诚石化集团有限公司	21.98
35	广州视源电子科技股份有限公司	29.51	85	环嘉集团有限公司	21.98
36	广西盛隆冶金有限公司	28.77	86	浙江新安化工集团股份有限公司	21.84
37	福建永荣控股集团有限公司	28.74	87	秦皇岛宏兴钢铁有限公司	21.40
38	珠海格力电器股份有限公司	28.69	88	海尔集团公司	21.33
39	爱玛科技集团股份有限公司	28.34	89	日照钢铁控股集团有限公司	21.22
40	宁波博洋控股集团有限公司	28.20	90	山东泰山钢铁集团有限公司	21.07
41	山东鲁花集团有限公司	28.17	91	新希望集团有限公司	21.07
42	山东寿光鲁清石化有限公司	27.90	92	旭阳控股有限公司	20.87
43	冀南钢铁集团有限公司	27.64	93	欧派家居集团股份有限公司	20.79
44	山东金岭集团有限公司	27.49	94	广州医药集团有限公司	20.55
45	舜宇集团有限公司	26.97	95	石药控股集团有限公司	20.49
46	金浦投资控股集团有限公司	26.86	96	宁波申洲针织有限公司	20.36
47	盘锦北方沥青燃料有限公司	26.81	97	浙江龙盛控股有限公司	20.17
48	四川德胜集团钒钛有限公司	26.45	98	东莞市富之源饲料蛋白开发有限公司	20.08
49	山东鑫海科技股份有限公司	26.38	99	浙江大华技术股份有限公司	20.04
50	美锦能源集团有限公司	26.27	100	广东兴发铝业有限公司	20.01
				中国制造业企业 500 强平均数	10.48

表9-10 2019中国制造业企业500强资产利润率排序前100名企业

排名	企业名称	资产利润率/%	排名	企业名称	资产利润率/%
1	公牛集团股份有限公司	32.47	51	湖南博长控股集团有限公司	11.64
2	山东荣信集团有限公司	26.56	52	河北新金钢铁有限公司	11.58
3	华勤橡胶工业集团有限公司	25.73	53	长飞光纤光缆股份有限公司	11.56
4	金鼎钢铁集团有限公司	24.18	54	天津友联盛业科技集团有限公司	11.47
5	冀南钢铁集团有限公司	23.67	55	美锦能源集团有限公司	11.07
6	贵州茅台酒股份有限公司	22.02	56	河北津西钢铁集团有限公司	11.04
7	成都蛟龙投资有限责任公司	21.16	57	浙江甬金金属科技股份有限公司	10.98
8	山东金岭集团有限公司	20.53	58	龙蟒佰利联集团股份有限公司	10.92
9	河北安丰钢铁有限公司	19.93	59	舜宇集团有限公司	10.90
10	石横特钢集团有限公司	19.13	60	云南白药集团股份有限公司	10.88
11	龙大食品集团有限公司	18.99	61	铭源控股集团有限公司	10.80
12	美的集团股份有限公司	18.87	62	河南济源钢铁（集团）有限公司	10.67
13	山东鲁花集团有限公司	18.51	63	新阳科技集团	10.61
14	敬业集团有限公司	17.85	64	天津荣程祥泰投资控股集团有限公司	10.53
15	农夫山泉股份有限公司	17.67	65	兴惠化纤集团有限公司	10.48
16	武安市裕华钢铁有限公司	17.29	66	珠海格力电器股份有限公司	10.43
17	深圳迈瑞生物医疗电子股份有限公司	17.20	67	山西晋城钢铁控股集团有限公司	10.34
18	河北普阳钢铁有限公司	16.87	68	广西柳州钢铁集团有限公司	10.20
19	宁波申洲针织有限公司	16.48	69	鲁丽集团有限公司	10.12
20	山东寿光鲁清石化有限公司	16.01	70	双胞胎（集团）股份有限公司	10.07
21	河北天柱钢铁集团有限公司	15.69	71	辽宁嘉晨控股集团有限公司	9.96
22	华新水泥股份有限公司	15.62	72	广西贵港钢铁集团有限公司	9.83
23	山东中海化工集团有限公司	15.29	73	山东鑫海科技有限公司	9.64
24	红狮控股集团有限公司	15.17	74	浙江大华技术股份有限公司	9.60
25	山西建邦集团有限公司	14.62	75	石药控股集团有限公司	9.37
26	武安市文安钢铁有限公司	14.38	76	山东金诚石化集团有限公司	9.36
27	广州视源电子科技股份有限公司	14.35	77	江西济民可信集团有限公司	9.33
28	普联技术有限公司	14.35	78	天津恒兴集团有限公司	9.32
29	浙江元立金属制品集团有限公司	14.29	79	桂林力源粮油食品集团有限公司	9.31
30	山东齐鲁制药集团有限公司	14.27	80	安徽天康（集团）股份有限公司	9.30
31	武安市明芳钢铁有限公司	14.19	81	四川德胜集团钒钛有限公司	9.30
32	欧派家居集团股份有限公司	14.13	82	小米集团	9.20
33	秦皇岛宏兴钢铁有限公司	14.10	83	天津源泰德润钢管制造集团有限公司	9.14
34	杭州华东医药集团控股有限公司	13.99	84	济源市万洋冶炼（集团）有限公司	8.98
35	天津市宝来工贸有限公司	13.97	85	鲁南制药集团有限公司	8.93
36	浙江天圣控股集团有限公司	13.83	86	山鹰国际控股股份公司	8.92
37	万华化学集团股份有限公司	13.80	87	华为投资控股有限公司	8.90
38	内蒙古伊利实业集团股份有限公司	13.53	88	宁波方太厨具有限公司	8.78
39	扬子江药业集团	13.47	89	金澳科技（湖北）化工有限公司	8.71
40	江西方大钢铁集团有限公司	13.30	90	东营鲁方金属材料有限公司	8.55
41	广西盛隆冶金有限公司	13.13	91	江苏阳光集团有限公司	8.47
42	人民电器集团有限公司	13.02	92	广东圣丰集团有限公司	8.44
43	河北兴华钢铁有限公司	12.21	93	海天塑机集团有限公司	8.37
44	浙江新安化工集团股份有限公司	12.20	94	胜达集团有限公司	8.31
45	波司登股份有限公司	12.12	95	新凤鸣集团股份有限公司	8.29
46	辛集市澳森钢铁有限公司	12.07	96	山东联盟化工集团有限公司	8.28
47	华东医药股份有限公司	11.80	97	广东海大集团股份有限公司	8.28
48	福建省三钢（集团）有限责任公司	11.75	98	中哲控股集团有限公司	8.26
49	恒申控股集团有限公司	11.67	99	江苏上上电缆集团有限公司	8.17
50	江阴江东集团公司	11.66	100	永锋集团有限公司	8.00
				中国制造业企业500强平均数	2.68

表 9-11 2019 中国制造业企业 500 强收入利润率排序前 100 名企业

排名	企业名称	收入利润率/%	排名	企业名称	收入利润率/%
1	贵州茅台酒股份有限公司	45.60	51	恒申控股集团有限公司	8.49
2	美锦能源集团有限公司	28.09	52	山西晋城钢铁控股集团有限公司	8.35
3	深圳迈瑞生物医疗电子股份有限公司	27.04	53	山西建邦集团有限公司	8.34
4	宁波申洲针织有限公司	21.67	54	华为投资控股有限公司	8.21
5	龙蟒佰利联集团股份有限公司	21.66	55	辽宁嘉晨控股集团有限公司	8.15
6	普联技术有限公司	21.29	56	福建省三钢（集团）有限责任公司	8.13
7	山东齐鲁制药集团有限公司	20.46	57	内蒙古伊利实业集团股份有限公司	8.09
8	华新水泥股份有限公司	18.86	58	河北天柱钢铁集团有限公司	7.97
9	公牛集团股份有限公司	18.50	59	江西方大钢铁集团有限公司	7.94
10	洛阳栾川钼业集团股份有限公司	17.85	60	浙江元立金属制品集团有限公司	7.92
11	农夫山泉股份有限公司	17.52	61	重庆钢铁股份有限公司	7.90
12	万华化学集团股份有限公司	17.50	62	山东荣信集团有限公司	7.85
13	广西盛隆冶金有限公司	16.59	63	敬业集团有限公司	7.73
14	海天塑机集团有限公司	14.37	64	美的集团股份有限公司	7.73
15	山东科瑞控股集团有限公司	14.18	65	小米集团	7.63
16	红狮控股集团有限公司	13.80	66	立讯精密工业股份有限公司	7.59
17	欧派家居集团股份有限公司	13.66	67	华东医药股份有限公司	7.39
18	山鹰国际控股股份有限公司	13.15	68	山东寿光鲁清石化有限公司	7.22
19	长飞光纤光缆股份有限公司	13.11	69	杭州杭氧股份有限公司	7.20
20	珠海格力电器股份有限公司	13.10	70	泸州老窖集团有限责任公司	7.13
21	石药控股集团有限公司	12.81	71	武安市裕华钢铁有限公司	7.13
22	杭州华东医药集团控股有限公司	12.80	72	中联重科股份有限公司	7.04
23	新和成控股集团有限公司	12.79	73	河南济源钢铁（集团）有限公司	7.01
24	云南白药集团股份有限公司	12.38	74	安徽古井集团有限责任公司	7.01
25	复星国际有限公司	12.26	75	万丰奥特控股集团有限公司	6.97
26	浙江龙盛控股有限公司	12.18	76	温氏食品集团股份有限公司	6.91
27	石横特钢集团有限公司	12.02	77	河北普阳钢铁有限公司	6.88
28	隆基绿能科技股份有限公司	11.63	78	山东金岭集团有限公司	6.88
29	山东鑫海科技股份有限公司	11.61	79	广州钢铁企业集团有限公司	6.86
30	华勤橡胶工业集团有限公司	11.61	80	黑龙江飞鹤乳业有限公司	6.71
31	山东鲁花集团有限公司	11.60	81	浙江永利实业集团有限公司	6.69
32	浙江新安化工集团股份有限公司	11.21	82	扬子江药业集团	6.69
33	龙大食品集团有限公司	10.94	83	山东华鲁恒升化工股份有限公司	6.69
34	鲁南制药集团股份有限公司	10.92	84	中国航天科技集团有限公司	6.53
35	浙江大华技术股份有限公司	10.69	85	健康元药业集团股份有限公司	6.24
36	波司登股份有限公司	10.65	86	秦皇岛宏兴钢铁有限公司	6.24
37	瑞声光电科技（常州）有限公司	10.15	87	日照钢铁控股集团有限公司	6.21
38	重庆京东方光电科技有限公司	10.07	88	浙江天圣控股集团有限公司	6.07
39	玖龙纸业（控股）有限公司	10.06	89	广州视源电子科技股份有限公司	5.91
40	河北安丰钢铁有限公司	9.91	90	康美药业股份有限公司	5.86
41	舜宇集团有限公司	9.61	91	四川德胜集团钒钛有限公司	5.79
42	广东东阳光科技控股股份有限公司	9.34	92	华峰集团有限公司	5.76
43	威高集团有限公司	9.34	93	安徽海螺集团有限责任公司	5.72
44	冀南钢铁集团有限公司	9.11	94	西子联合控股有限公司	5.70
45	江苏扬子江船业集团	8.98	95	金鼎钢铁集团有限公司	5.63
46	青岛啤酒股份有限公司	8.95	96	珠海粤裕丰钢铁有限公司	5.58
47	成都蛟龙投资有限责任公司	8.77	97	泰豪集团有限公司	5.57
48	广西柳州钢铁集团有限公司	8.64	98	永锋集团有限公司	5.34
49	宁波方太厨具有限公司	8.63	99	中国电子科技集团公司	5.27
50	广东圣丰集团有限公司	8.54	100	格林美股份有限公司	5.26
				中国制造业企业 500 强平均数	2.80

表9-12 2019中国制造业企业500强人均营业收入排序前100名企业

排名	企业名称	人均营业收入/万元	排名	企业名称	人均营业收入/万元
1	天津国威有限公司	50268	51	南京钢铁集团有限公司	1089
2	上海鑫冶铜业有限公司	11253	52	东岭集团股份有限公司	1074
3	东营方圆有色金属有限公司	7864	53	浙江荣盛控股集团有限公司	1064
4	江苏江润铜业有限公司	7034	54	小米集团	1048
5	阿尔法（江阴）沥青有限公司	5630	55	山东金岭集团有限公司	1046
6	深圳市世纪云芯科技有限公司	4347	56	浙江恒逸集团有限公司	1045
7	山东齐成石油化工有限公司	3712	57	无锡华东重型机械股份有限公司	1028
8	东莞市富之源饲料蛋白开发有限公司	3530	58	河北津西钢铁集团股份有限公司	1010
9	正威国际集团有限公司	2989	59	深圳市英唐智能控制股份有限公司	1005
10	铭源控股集团有限公司	2745	60	岚桥集团有限公司	1005
11	天津华北集团有限公司	2693	61	浙江富陵控股集团有限公司	965
12	山东金诚石化集团有限公司	2647	62	香驰控股有限公司	936
13	天津友联盛业科技集团有限公司	2313	63	山东中海化工集团有限公司	933
14	天津恒兴集团有限公司	2186	64	三房巷集团有限公司	925
15	山东恒源石油化工股份有限公司	2131	65	万通海欣控股集团有限公司	918
16	利华益集团股份有限公司	2099	66	天津源泰德润钢管制造集团有限公司	916
17	山东汇丰石化集团有限公司	2016	67	兴惠化纤集团有限公司	904
18	环嘉集团有限公司	2007	68	山东玉皇化工有限公司	892
19	兴达投资集团有限公司	1939	69	河北普阳钢铁有限公司	891
20	新华发集团有限公司	1768	70	海亮集团有限公司	890
21	杭州汽轮动力集团有限公司	1757	71	河北新金钢铁有限公司	884
22	远景能源（江苏）有限公司	1747	72	浙江升华控股集团有限公司	882
23	盘锦北方沥青燃料有限公司	1744	73	深圳市深粮控股股份有限公司	873
24	山东金升有色集团有限公司	1693	74	江西铜业集团有限公司	869
25	上海源耀生物股份有限公司	1670	75	旭阳控股有限公司	832
26	山东寿光鲁清石化有限公司	1665	76	山东清源集团有限公司	829
27	浙江富冶集团有限公司	1638	77	河南金利金铅集团有限公司	822
28	山东东明石化集团有限公司	1614	78	双胞胎（集团）股份有限公司	818
29	河南中原黄金冶炼厂有限责任公司	1608	79	华泰集团有限公司	815
30	浙江协和集团有限公司	1602	80	福建永荣控股集团有限公司	813
31	金鼎钢铁集团有限公司	1552	81	金川集团股份有限公司	795
32	天洁集团有限公司	1530	82	万邦德新材股份有限公司	789
33	山东海科化工集团有限公司	1487	83	中天钢铁集团有限公司	785
34	东营鲁方金属材料有限公司	1400	84	山东荣信集团有限公司	776
35	江阴澄星实业集团有限公司	1384	85	天津市宝来工贸有限公司	774
36	宁波金田投资控股有限公司	1354	86	双良集团有限公司	773
37	三河汇福粮油集团有限公司	1318	87	江苏沙钢集团有限公司	770
38	淄博齐翔腾达化工股份有限公司	1310	88	富海集团有限公司	764
39	江苏华宏实业集团有限公司	1267	89	鹏欣环球资源股份有限公司	761
40	山东渤海实业股份有限公司	1265	90	山东垦利石化集团有限公司	755
41	河北鑫海控股有限公司	1253	91	杭州钢铁集团有限公司	748
42	正和集团股份有限公司	1251	92	山西建邦集团有限公司	741
43	山东东方华龙工贸集团有限公司	1245	93	中融新大集团有限公司	734
44	武安市文安钢铁有限公司	1244	94	广州钢铁企业集团有限公司	730
45	浙江甬金金属科技股份有限公司	1209	95	重庆万达薄板有限公司	730
46	奥盛集团有限公司	1187	96	深圳市宝德投资控股有限公司	726
47	沂州集团有限公司	1164	97	滨化集团	723
48	中科电力装备集团有限公司	1156	98	杭州锦江集团有限公司	712
49	老凤祥股份有限公司	1146	99	铜陵有色金属集团控股有限公司	700
50	金澳科技（湖北）化工有限公司	1105	100	江苏大明金属制品有限公司	700
				中国制造业企业500强平均数	262

表 9-13 2019 中国制造业企业 500 强人均净利润排序前 100 名企业

排名	企业名称	人均净利润/万元	排名	企业名称	人均净利润/万元
1	东营方圆有色金属有限公司	190.90	51	河北天柱钢铁集团有限公司	37.70
2	贵州茅台酒股份有限公司	132.50	52	旭阳控股有限公司	36.74
3	山东寿光鲁清石化有限公司	120.27	53	辽宁嘉晨控股集团有限公司	36.49
4	铭源控股集团有限公司	111.26	54	山东金升有色集团有限公司	36.35
5	深圳市世纪云芯科技有限公司	98.72	55	远景能源（江苏）有限公司	35.60
6	万华化学集团股份有限公司	95.76	56	山东东明石化集团有限公司	35.31
7	环嘉集团有限公司	89.73	57	武安市裕华钢铁有限公司	35.20
8	盘锦北方沥青燃料有限公司	89.19	58	冀南钢铁集团有限公司	34.26
9	金鼎钢铁集团有限公司	87.46	59	扬子江药业集团	33.55
10	小米集团	80.05	60	武安市文安钢铁有限公司	33.46
11	天津恒兴集团有限公司	77.35	61	长飞光纤光缆股份有限公司	33.10
12	山东金岭集团有限公司	71.94	62	广西柳州钢铁集团有限公司	33.01
13	杭州华东医药集团控股有限公司	64.02	63	华为投资控股有限公司	32.90
14	山西建邦集团有限公司	61.77	64	兴惠化纤集团有限公司	32.66
15	华勤橡胶工业集团有限公司	61.44	65	重庆京东方光电科技有限公司	32.53
16	河北普阳钢铁有限公司	61.33	66	无锡华东重型机械股份有限公司	31.80
17	山东荣信集团有限公司	60.97	67	华新水泥股份有限公司	31.59
18	正威国际集团有限公司	58.04	68	老凤祥股份有限公司	31.54
19	东莞市富之源饲料蛋白开发有限公司	56.64	69	玖龙纸业（控股）有限公司	31.30
20	山东金诚石化集团有限公司	56.55	70	浙江天圣控股集团有限公司	30.86
21	天洁集团有限公司	56.00	71	山东汇丰石化集团有限公司	30.54
22	阿尔法（江阴）沥青有限公司	53.16	72	山东垦利石化集团有限公司	30.54
23	浙江龙盛控股有限公司	51.97	73	龙蟒佰利联集团股份有限公司	29.89
24	岚桥集团有限公司	51.87	74	敬业集团有限公司	29.62
25	东营鲁方金属材料有限公司	50.31	75	珠海格力电器股份有限公司	29.51
26	广州钢铁企业集团有限公司	50.10	76	新阳科技集团	29.15
27	利华益集团股份有限公司	49.62	77	胜达集团有限公司	29.01
28	河北津西钢铁集团有限公司	49.20	78	山鹰国际控股股份公司	28.89
29	奥盛集团有限公司	47.95	79	山东科瑞控股集团有限公司	28.76
30	美锦能源集团有限公司	47.76	80	广西贵港钢铁集团有限公司	28.53
31	天津友联盛业科技集团有限公司	47.49	81	福建省三钢（集团）有限责任公司	28.46
32	红狮控股集团有限公司	46.89	82	珠海粤裕丰钢铁有限公司	28.30
33	兴达投资集团有限公司	44.55	83	广州视源电子科技股份有限公司	27.92
34	江苏江润铜业有限公司	43.53	84	山东鑫海科技股份有限公司	27.82
35	洛阳栾川钼业集团股份有限公司	42.53	85	河北安丰钢铁有限公司	27.69
36	广西盛隆冶金有限公司	42.43	86	海澜集团有限公司	27.43
37	万通海欣控股集团股份有限公司	42.04	87	四川德胜集团钒钛有限公司	26.22
38	日照钢铁控股集团有限公司	42.03	88	山东玉皇化工有限公司	26.08
39	恒申控股集团有限公司	41.94	89	浙江甬金金属科技有限公司	25.58
40	山东中海化工集团有限公司	41.87	90	海天塑机集团有限公司	25.47
41	农夫山泉股份有限公司	41.46	91	富通集团有限公司	25.01
42	云南白药集团股份有限公司	40.98	92	深圳市深粮控股股份有限公司	25.01
43	石横特钢集团有限公司	40.88	93	上海汽车集团股份有限公司	24.59
44	山东海科化工集团有限公司	40.62	94	泸州老窖集团有限责任公司	24.52
45	深圳迈瑞生物医疗电子股份有限公司	40.32	95	山东齐鲁制药集团有限公司	24.42
46	河北新金钢铁有限公司	40.03	96	山东清源集团有限公司	24.34
47	淄博齐翔腾达化工股份有限公司	39.54	97	江西方大钢铁集团有限公司	24.31
48	浙江富陵控股集团有限公司	39.54	98	山东华鲁恒升化工股份有限公司	23.99
49	江苏沙钢集团有限公司	39.51	99	富海集团有限公司	23.97
50	山东恒源石油化工股份有限公司	39.02	100	重庆钢铁股份有限公司	23.93
				中国制造业企业 500 强平均数	7.30

表 9-14 2019 中国制造业企业 500 强人均资产排序前 100 名企业

排名	企业名称	人均资产/万元	排名	企业名称	人均资产/万元
1	天津国威有限公司	5394.42	51	浙江龙盛控股有限公司	672.86
2	东营方圆有色金属有限公司	4862.49	52	深圳市宝德投资控股有限公司	661.45
3	东莞市富之源饲料蛋白开发有限公司	3499.78	53	郴州市金贵银业股份有限公司	658.78
4	远景能源（江苏）有限公司	3391.39	54	杭州锦江集团有限公司	645.79
5	深圳市世纪云芯科技有限公司	2512.27	55	杭州汽轮动力集团有限公司	645.72
6	泸州老窖集团有限责任公司	2468.86	56	山东渤海实业股份有限公司	625.25
7	山东齐成石油化工有限公司	1793.67	57	奥盛集团有限公司	618.49
8	环嘉集团有限公司	1551.61	58	青岛海湾集团有限公司	618.29
9	银隆新能源股份有限公司	1529.85	59	中联重科股份有限公司	618.06
10	中融新大集团有限公司	1412.04	60	无锡华东重型机械股份有限公司	613.01
11	江苏江润铜业有限公司	1367.07	61	大乘汽车集团有限公司	606.19
12	天津华北集团有限公司	1297.92	62	山东金诚石化集团有限公司	604.32
13	盘锦北方沥青燃料有限公司	1219.19	63	重庆力帆控股有限公司	603.55
14	岚桥集团有限公司	1209.23	64	贵州茅台酒股份有限公司	601.65
15	浙江荣盛控股集团有限公司	1166.42	65	康美药业股份有限公司	592.47
16	东旭集团有限公司	1128.56	66	东营鲁方金属材料有限公司	588.76
17	河南中原黄金冶炼厂有限责任公司	1034.38	67	紫金矿业集团股份有限公司	587.12
18	铭源控股集团有限公司	1030.07	68	新疆特变电工集团有限公司	580.74
19	阿尔法（江阴）沥青有限公司	1014.42	69	中国化工集团有限公司	576.15
20	万通海欣控股集团股份有限公司	1002.05	70	浙江协和集团有限公司	563.23
21	宁夏天元锰业集团有限公司	990.54	71	江阴澄星实业集团有限公司	561.83
22	利华益集团股份有限公司	979.85	72	奇瑞控股集团有限公司	555.67
23	洛阳栾川钼业集团股份有限公司	928.59	73	浙江恒逸集团有限公司	549.82
24	新华发集团有限公司	912.89	74	宁波富邦控股集团有限公司	549.56
25	复星国际有限公司	912.69	75	山东玉皇化工有限公司	547.50
26	上海鑫冶铜业有限公司	897.56	76	山东垦利石化集团有限公司	546.14
27	山东金升有色集团有限公司	891.20	77	海澜集团有限公司	543.26
28	浙江富陵控股集团有限公司	880.39	78	淄博齐翔腾达化工股份有限公司	540.13
29	金东纸业（江苏）股份有限公司	877.29	79	上海汽车集团股份有限公司	534.49
30	小米集团	870.51	80	深圳市深粮控股股份有限公司	524.65
31	正威国际集团有限公司	862.86	81	山东海科化工集团有限公司	522.17
32	天津恒兴集团有限公司	830.08	82	中国铝业集团有限公司	518.45
33	上海振华重工（集团）股份有限公司	799.44	83	三一集团有限公司	518.00
34	山东恒源石油化工股份有限公司	779.36	84	双良集团有限公司	515.76
35	兴达投资集团有限公司	754.76	85	中国宝武钢铁集团有限公司	514.05
36	协鑫集团有限公司	752.38	86	山东清源集团有限公司	513.31
37	山东寿光鲁清石化有限公司	751.19	87	旭阳控股有限公司	511.49
38	广州钢铁企业集团有限公司	737.11	88	北京金隅集团有限公司	511.02
39	杉杉控股有限公司	735.70	89	格林美股份有限公司	508.14
40	江苏沙钢集团有限公司	727.90	90	瑞星集团股份有限公司	507.67
41	浙江永利实业集团有限公司	715.33	91	上海电气（集团）总公司	501.91
42	山东东方华龙工贸集团有限公司	711.26	92	上海仪电（集团）有限公司	499.82
43	中国庆华能源集团有限公司	710.51	93	香驰控股有限公司	493.79
44	天洁集团有限公司	705.44	94	杭州钢铁集团有限公司	488.16
45	福星集团控股有限公司	704.59	95	深圳市英唐智能控制股份有限公司	487.32
46	重庆京东方光电科技有限公司	698.84	96	振石控股集团有限公司	486.42
47	万华化学集团股份有限公司	694.16	97	南京钢铁集团有限公司	486.17
48	日照钢铁控股集团有限公司	684.99	98	富海集团有限公司	485.97
49	西部矿业集团有限公司	677.84	99	福建永荣控股集团有限公司	485.51
50	山东汇丰石化集团有限公司	674.47	100	致达控股集团有限公司	484.60
				中国制造业企业 500 强平均数	273.30

表 9－15 2019 中国制造业企业 500 强收入增长率排序前 100 名企业

排名	企业名称	收入增长率/%	排名	企业名称	收入增长率/%
1	天津友联盛业科技集团有限公司	1532.42	51	顾家集团有限公司	39.36
2	郑州煤矿机械集团股份有限公司	244.63	52	厦门钨业股份有限公司	37.84
3	山东齐成石油化工有限公司	190.57	53	天洁集团有限公司	37.76
4	鹏欣环球资源股份有限公司	133.44	54	山东华鲁恒升化工股份有限公司	37.69
5	中哲控股集团有限公司	119.57	55	永锋集团有限公司	36.93
6	青岛海湾集团有限公司	116.17	56	盛虹控股集团有限公司	36.62
7	宁波均胜电子股份有限公司	111.16	57	重庆市博赛矿业（集团）有限公司	36.00
8	天津国威有限公司	100.44	58	红狮控股集团有限公司	35.67
9	无锡华东重型机械股份有限公司	98.88	59	辛集市澳森钢铁有限公司	35.55
10	新疆中泰（集团）有限责任公司	96.17	60	山西安泰控股集团有限公司	35.44
11	铭源控股集团有限公司	93.51	61	鲁西集团有限公司	35.29
12	红太阳集团有限公司	83.29	62	东旭集团有限公司	35.21
13	山西建邦集团有限公司	83.03	63	传化集团有限公司	34.76
14	晶科能源有限公司	82.60	64	广东兴发铝业有限公司	34.69
15	深圳市世纪云芯科技有限公司	71.93	65	隆基绿能科技股份有限公司	34.38
16	重庆钢铁股份有限公司	71.03	66	敬业集团有限公司	33.57
17	深圳市英唐智能控制股份有限公司	65.95	67	珠海格力电器股份有限公司	33.33
18	武安市文安钢铁有限公司	62.85	68	江苏扬子江船业集团	33.09
19	黑龙江飞鹤乳业有限公司	62.46	69	惠科股份有限公司	33.05
20	远景能源（江苏）有限公司	60.60	70	道恩集团有限公司	32.92
21	福建永荣控股集团有限公司	58.86	71	山东汇丰石化集团有限公司	32.51
22	新希望集团有限公司	58.54	72	奥克斯集团有限公司	32.46
23	立讯精密工业股份有限公司	57.06	73	天津恒兴集团有限公司	32.38
24	广州视源电子科技股份有限公司	56.40	74	雅戈尔集团股份有限公司	32.14
25	山东东方华龙工贸集团有限公司	56.16	75	山西晋城钢铁控股集团有限公司	31.58
26	百色百矿集团有限公司	54.20	76	华新水泥股份有限公司	31.48
27	上海源耀生物股份有限公司	54.09	77	新和成控股集团有限公司	31.48
28	青海盐湖工业股份有限公司	52.91	78	广东德赛集团有限公司	30.89
29	小米集团	52.60	79	亨通集团有限公司	30.70
30	浙江新安化工集团股份有限公司	51.19	80	广西柳州钢铁集团有限公司	30.36
31	河北天柱钢铁集团有限公司	48.43	81	广东东阳光科技控股股份有限公司	29.74
32	南京钢铁集团有限公司	47.38	82	恒申控股集团有限公司	29.63
33	冀南钢铁集团有限公司	47.07	83	广东海大集团股份有限公司	29.49
34	山东寿光鲁清石化有限公司	46.62	84	无锡产业发展集团有限公司	29.16
35	盘锦北方沥青燃料有限公司	46.17	85	三房巷集团有限公司	29.09
36	河北安丰钢铁有限公司	45.70	86	格林美股份有限公司	29.07
37	天津市新宇彩板有限公司	44.56	87	浙江甬金金属科技股份有限公司	28.64
38	三一集团有限公司	44.30	88	阿尔法（江阴）沥青有限公司	28.13
39	杭州市实业投资集团有限公司	44.21	89	华峰集团有限公司	27.80
40	振石控股集团有限公司	43.56	90	华鲁控股集团有限公司	27.63
41	徐州工程机械集团有限公司	43.50	91	包头钢铁（集团）有限责任公司	27.53
42	北京建龙重工集团有限公司	42.62	92	欧菲光集团股份有限公司	27.38
43	安徽海螺集团有限责任公司	42.24	93	苏州创元投资发展（集团）有限公司	27.06
44	新凤鸣集团股份有限公司	42.22	94	巨星控股集团有限公司	26.98
45	广西柳工集团有限公司	40.98	95	石横特钢集团有限公司	26.94
46	浙江恒逸集团有限公司	40.77	96	安阳钢铁集团有限责任公司	26.90
47	泸州老窖集团有限责任公司	40.58	97	新疆天业（集团）有限公司	26.78
48	青山控股集团有限公司	40.17	98	浙江富冶集团有限公司	26.61
49	武安市裕华钢铁有限公司	40.04	99	雅迪科技集团有限公司	26.44
50	山鹰国际控股股份公司	39.48	100	贵州茅台酒股份有限公司	26.43
				中国制造业企业 500 强平均数	12.18

表9-16 2019中国制造业企业500强净利润增长率排序前100名企业

排名	企业名称	净利润增长率/%	排名	企业名称	净利润增长率/%
1	首钢集团有限公司	9366.67	51	旭阳控股有限公司	100.67
2	四川长虹电子控股集团有限公司	1794.01	52	凌源钢铁集团有限责任公司	96.29
3	广西柳工集团有限公司	1765.91	53	巨化集团有限公司	95.15
4	天津友联盛业科技集团有限公司	1091.13	54	辛集市澳森钢铁有限公司	93.56
5	陕西汽车控股集团有限公司	1078.94	55	山东黄金集团有限公司	92.73
6	上海胜华电缆（集团）有限公司	946.38	56	中国东方电气集团有限公司	91.37
7	中国宝武钢铁集团有限公司	703.81	57	广西柳州钢铁集团有限公司	91.04
8	山西安泰控股集团有限公司	659.48	58	恒申控股集团有限公司	89.16
9	四川德胜集团钒钛有限公司	629.72	59	安徽海螺集团有限责任公司	88.01
10	龙大食品集团有限公司	566.28	60	中国航空工业集团有限公司	87.35
11	美锦能源集团有限公司	556.63	61	安徽淮海实业发展集团有限公司	85.38
12	福建省汽车工业集团有限公司	545.64	62	北京顺鑫控股集团有限公司	84.79
13	黑龙江飞鹤乳业有限公司	522.63	63	新和成控股集团有限公司	81.09
14	晶科能源有限公司	492.29	64	武安市文安钢铁有限公司	78.77
15	重庆钢铁股份有限公司	458.56	65	新余钢铁集团有限公司	78.09
16	中国建材集团有限公司	346.59	66	正和集团股份有限公司	77.36
17	浙江元立金属制品集团有限公司	343.97	67	阿尔法（江阴）沥青有限公司	75.58
18	中国石油化工集团有限公司	272.00	68	江南集团有限公司	75.56
19	上海华谊（集团）公司	238.54	69	四川省宜宾五粮液集团有限公司	74.21
20	辽宁嘉晨控股集团有限公司	236.93	70	江西方大钢铁集团有限公司	73.53
21	宁波均胜电子股份有限公司	232.94	71	江苏沙钢集团有限公司	72.28
22	哈尔滨电气集团有限公司	228.66	72	深圳市宝德投资控股有限公司	72.09
23	山东华鲁恒升化工股份有限公司	227.05	73	浙江龙盛控股有限公司	71.83
24	四川省川威集团有限公司	225.43	74	洛阳栾川钼业集团股份有限公司	69.94
25	大亚科技集团有限公司	202.85	75	山东潍焦控股集团有限公司	69.19
26	山东鑫海科技股份有限公司	199.37	76	四川省乐山市福华农科投资集团有限责任公司	67.79
27	郑州煤矿机械集团股份有限公司	192.82	77	潍坊特钢集团有限公司	64.30
28	唐山三友集团有限公司	188.09	78	山东如意时尚投资控股有限公司	64.15
29	昆明钢铁控股有限公司	169.67	79	广州医药集团有限公司	63.87
30	金浦投资控股集团有限公司	163.94	80	爱玛科技集团股份有限公司	62.99
31	杭州金鱼电器集团有限公司	161.25	81	江苏悦达集团有限公司	62.28
32	湖南黄金集团有限责任公司	159.82	82	新阳科技集团	62.22
33	金川集团股份有限公司	157.95	83	重庆轻纺控股（集团）公司	61.66
34	华新水泥股份有限公司	149.39	84	立讯精密工业股份有限公司	60.86
35	无锡华东重型机械股份有限公司	133.34	85	福星集团控股有限公司	60.66
36	北京建龙重工集团有限公司	131.88	86	桂林力源粮油食品集团有限公司	59.45
37	河南中原黄金冶炼厂有限责任公司	131.79	87	安徽古井集团有限责任公司	59.09
38	兴惠化纤集团有限公司	131.60	88	山鹰国际控股股份有限公司	59.04
39	浙江新安化工集团股份有限公司	131.52	89	湖南博长控股有限公司	59.02
40	红狮控股集团有限公司	129.41	90	山东泰山钢铁集团有限公司	57.35
41	马钢（集团）控股有限公司	119.45	91	四川科伦实业集团有限公司	57.34
42	澳柯玛股份有限公司	113.83	92	广州钢铁企业集团有限公司	57.20
43	华鲁控股集团有限公司	113.45	93	杭州汽轮动力集团有限公司	56.70
44	珠海粤裕丰钢铁有限公司	112.01	94	山东金诚石化集团有限公司	56.25
45	山东寿光鲁清石化有限公司	107.82	95	江阴澄星实业集团有限公司	54.91
46	杭州杭氧股份有限公司	106.76	96	山东鲁花集团有限公司	54.19
47	中国电子信息产业集团有限公司	105.57	97	天瑞集团股份有限公司	53.95
48	敬业集团有限公司	104.64	98	河北安丰钢铁有限公司	53.90
49	赛轮集团股份有限公司	102.53	99	浙江甬金金属科技股份有限公司	53.44
50	河钢集团有限公司	101.05	100	山东荣信集团有限公司	52.97
				中国制造业企业500强平均数	24.41

表 9-17 2019 中国制造业企业 500 强资产增长率排序前 100 名企业

排名	企业名称	资产增长率/%	排名	企业名称	资产增长率/%
1	福建省电子信息（集团）有限责任公司	162.77	51	中科电力装备集团有限公司	31.60
2	广州智能装备产业集团有限公司	155.69	52	玲珑集团有限公司	31.51
3	山东齐成石油化工有限公司	123.00	53	公牛集团股份有限公司	30.52
4	浙江天圣控股集团有限公司	85.24	54	江苏沙钢集团有限公司	30.36
5	惠科股份有限公司	83.52	55	扬子江药业集团	28.81
6	广西农垦集团有限责任公司	83.16	56	恒力集团有限公司	28.63
7	晶科能源有限公司	82.35	57	天能电池集团有限公司	28.28
8	远景能源（江苏）有限公司	80.74	58	河北普阳钢铁有限公司	26.85
9	广州医药集团有限公司	77.69	59	山东鲁花集团有限公司	26.75
10	广西柳州钢铁集团有限公司	74.25	60	福建永荣控股集团有限公司	26.66
11	天津友联盛业科技集团有限公司	71.06	61	黑龙江飞鹤乳业有限公司	26.52
12	浙江荣盛控股集团有限公司	70.77	62	中天科技集团有限公司	26.40
13	宁波均胜电子股份有限公司	67.78	63	紫金矿业集团有限公司	26.38
14	河北天柱钢铁集团有限公司	64.00	64	金浦投资控股集团有限公司	25.97
15	小米集团	61.60	65	山西晋城钢铁控股集团有限公司	25.96
16	大乘汽车集团有限公司	61.20	66	山东鑫海科技股份有限公司	25.94
17	新凤鸣集团股份有限公司	55.36	67	农夫山泉股份有限公司	25.83
18	顾家集团有限公司	53.81	68	富通集团有限公司	25.79
19	龙大食品集团有限公司	53.29	69	万丰奥特控股集团有限公司	25.58
20	浙江恒逸集团有限公司	52.71	70	福建省三钢（集团）有限责任公司	25.39
21	安徽海螺集团有限责任公司	50.43	71	冀南钢铁集团有限公司	25.38
22	深圳迈瑞生物医疗电子股份有限公司	49.79	72	桂林力源粮油食品集团有限公司	25.22
23	东莞市富之源饲料蛋白开发有限公司	48.74	73	滨化集团	24.69
24	山东金岭集团有限公司	45.36	74	敬业集团有限公司	24.48
25	舜宇集团有限公司	45.31	75	新余钢铁集团有限公司	24.39
26	郑州煤矿机械集团股份有限公司	44.57	76	恒申控股集团有限公司	23.94
27	欣旺达电子股份有限公司	43.02	77	百色百矿集团有限公司	23.71
28	山东创新金属科技有限公司	42.59	78	浙江大华技术股份有限公司	23.52
29	广州视源电子科技股份有限公司	41.35	79	金鼎钢铁集团有限公司	23.14
30	长飞光纤光缆股份有限公司	40.56	80	欧菲光集团股份有限公司	23.10
31	安徽楚江科技新材料股份有限公司	39.99	81	天津市宝来工贸有限公司	22.90
32	江西济民可信集团有限公司	39.08	82	鲁南制药集团股份有限公司	22.78
33	潍坊特钢集团有限公司	38.25	83	亨通集团有限公司	22.41
34	河北安丰钢铁有限公司	37.26	84	郴州市金贵银业股份有限公司	22.39
35	双胞胎（集团）股份有限公司	36.78	85	山东海科化工集团有限公司	22.20
36	天津市新宇彩板有限公司	36.74	86	河北津西钢铁集团股份有限公司	21.88
37	江苏上上电缆集团有限公司	35.97	87	致达控股集团有限公司	21.82
38	立讯精密工业股份有限公司	35.54	88	中国国际海运集装箱（集团）股份有限公司	21.65
39	万邦德新材股份有限公司	35.49	89	石药控股集团有限公司	21.62
40	永锋集团有限公司	35.39	90	西部矿业集团有限公司	21.34
41	山东金诚石化集团有限公司	35.36	91	秦皇岛宏兴钢铁有限公司	21.00
42	威高集团有限公司	35.13	92	浙江中财管道科技股份有限公司	20.79
43	广西盛隆冶金有限公司	34.99	93	蓝思科技股份有限公司	20.77
44	上海医药集团股份有限公司	34.49	94	中国铝业集团有限公司	20.70
45	通威集团	33.56	95	山西建邦集团有限公司	20.65
46	山鹰国际控股股份公司	33.33	96	浙江吉利控股集团有限公司	20.63
47	河南森源集团有限公司	33.02	97	新希望集团有限公司	20.61
48	广东海大集团有限公司	31.95	98	隆基绿能科技股份有限公司	20.60
49	铭源控股集团有限公司	31.93	99	武安市文安钢铁有限公司	20.53
50	华为投资控股有限公司	31.78	100	徐州工程机械集团有限公司	20.40
				中国制造业企业 500 强平均数	8.93

表 9-18 2019 中国制造业企业 500 强研发费用增长率排序前 100 名企业

排名	企业名称	研发费用增长率/%	排名	企业名称	研发费用增长率/%
1	双胞胎（集团）股份有限公司	89700.00	51	江苏沙钢集团有限公司	78.25
2	辛集市澳森钢铁有限公司	2827.38	52	浙江协和集团有限公司	75.83
3	河南济源钢铁（集团）有限公司	2273.18	53	青岛海湾集团有限公司	75.55
4	安徽楚江科技新材料股份有限公司	1607.46	54	通威集团	74.77
5	郴州市金贵银业股份有限公司	1221.90	55	河北普阳钢铁有限公司	73.70
6	唐山港陆钢铁有限公司	525.58	56	徐州工程机械集团有限公司	73.42
7	广西柳州钢铁集团有限公司	500.52	57	雅迪科技集团有限公司	67.27
8	天津市新宇彩板有限公司	437.44	58	湖南博长控股集团有限公司	66.97
9	正和集团股份有限公司	435.96	59	重庆京东方光电科技有限公司	65.76
10	郑州煤矿机械集团股份有限公司	415.98	60	中国建材集团有限公司	64.08
11	辽宁嘉晨控股集团有限公司	341.18	61	立讯精密工业股份有限公司	63.09
12	山西安泰控股集团有限公司	321.38	62	江南集团有限公司	62.63
13	武安市裕华钢铁有限公司	287.43	63	云南锡业集团（控股）有限责任公司	62.02
14	安徽海螺集团有限责任公司	235.83	64	老凤祥股份有限公司	61.25
15	晶科能源有限公司	221.77	65	深圳市中金岭南有色金属股份有限公司	61.17
16	鲁西集团有限公司	219.09	66	唐人神集团股份有限公司	61.08
17	重庆万达薄板有限公司	217.05	67	农夫山泉股份有限公司	60.59
18	江苏悦达集团有限公司	203.41	68	江西铜业集团有限公司	59.14
19	冀南钢铁集团有限公司	188.39	69	山东京博控股集团有限公司	58.79
20	浙江恒逸集团有限公司	170.67	70	中国宝武钢铁集团有限公司	57.90
21	山东创新金属科技有限公司	165.77	71	美锦能源集团有限公司	57.14
22	北京建龙重工集团有限公司	157.28	72	新余钢铁集团有限公司	56.58
23	东旭集团有限公司	153.99	73	云天化集团有限责任公司	55.99
24	洛阳栾川钼业集团股份有限公司	149.89	74	广州视源电子科技股份有限公司	55.86
25	江苏倪家巷集团有限公司	143.59	75	宁波金田投资控股有限公司	54.22
26	温氏食品集团股份有限公司	136.91	76	华晨汽车集团控股有限公司	53.78
27	深圳市世纪云芯科技有限公司	130.79	77	华东医药股份有限公司	52.91
28	欧派家居集团股份有限公司	130.69	78	中国国际海运集装箱（集团）股份有限公司	52.43
29	广东东阳光科技控股股份有限公司	117.17	79	河北天柱钢铁集团有限公司	52.04
30	武安市文安钢铁有限公司	116.08	80	精工控股集团有限公司	51.66
31	浙江天圣控股集团有限公司	112.33	81	北京电子控股有限责任公司	51.65
32	四川九洲电器集团有限责任公司	111.05	82	浙江新安化工集团股份有限公司	51.16
33	内蒙古伊利实业集团股份有限公司	104.08	83	重庆钢铁股份有限公司	50.35
34	潍坊特钢集团有限公司	103.51	84	河北鑫海控股集团有限公司	50.00
35	金川集团股份有限公司	102.53	85	泸州老窖集团有限责任公司	49.87
36	重庆小康控股有限公司	101.88	86	广西柳工集团有限公司	49.59
37	顾家集团有限公司	100.65	87	江苏扬子江船业集团	49.55
38	山东钢铁集团有限公司	99.99	88	无锡华东重型机械股份有限公司	48.67
39	宁波均胜电子股份有限公司	96.93	89	岚桥集团有限公司	48.52
40	万邦德新材股份有限公司	96.76	90	郑州宇通企业集团	48.10
41	珠海格力电器股份有限公司	93.18	91	新和成控股集团有限公司	48.07
42	新希望集团有限公司	91.78	92	东风汽车集团有限公司	47.64
43	中天钢铁集团有限公司	91.53	93	浙江航民实业集团有限公司	47.35
44	广州钢铁企业集团有限公司	90.81	94	杉杉控股有限公司	46.62
45	新疆中泰（集团）有限责任公司	89.87	95	金浦投资控股集团有限公司	45.56
46	重庆机电控股（集团）公司	89.50	96	道恩集团有限公司	44.70
47	传化集团有限公司	88.09	97	广州汽车工业集团有限公司	44.10
48	日照钢铁控股集团有限公司	84.98	98	鲁南制药集团股份有限公司	43.95
49	西子联合控股有限公司	84.42	99	河北兴华钢铁有限公司	43.84
50	深圳市英唐智能控制股份有限公司	83.10	100	杭州华东医药集团控股有限公司	42.29
				中国制造业企业 500 强平均数	18.67

表 9-19 2019 中国制造业企业 500 强行业平均净利润

名次	行业名称	平均净利润/万元	名次	行业名称	平均净利润/万元
1	通信设备制造	1288730	20	农副产品	147111
2	航空航天	1103553	21	化学纤维制造	145061
3	酒类	742316	22	纺织印染	134621
4	船舶制造	520069	23	一般有色	134289
5	汽车及零配件制造	435092	24	食品	129066
6	兵器制造	408311	25	化学原料及化学品制造	124347
7	家用电器制造	359267	26	风能太阳能设备制造	121232
8	轨道交通设备及零配件制造	321893	27	电力、电气设备制造	113271
9	水泥及玻璃制造	321120	28	半导体、集成电路及面板制造	112026
10	饮料	315787	29	锅炉及动力装备制造	83186
11	石化及炼焦	284603	30	贵金属	82611
12	医疗设备制造	264767	31	工程机械及设备制造	77691
13	黑色冶金	254498	32	轻工百货生产	71773
14	造纸及包装	217497	33	物料搬运设备制造	63751
15	计算机及办公设备	210663	34	金属制品加工	60693
16	药品制造	179909	35	工程机械及零部件	60305
17	服装及其他纺织品	179340	36	电线电缆制造	41001
18	综合制造业	168789	37	摩托车及零配件制造	38812
19	轮胎及橡胶制品	148070	38	其他建材制造	13025

表 9-20 2019 中国制造业企业 500 强行业平均营业收入

名次	行业名称	平均营业收入/万元	名次	行业名称	平均营业收入/万元
1	兵器制造	33957638	20	农副产品	4676018
2	航空航天	31295247	21	电力、电气设备制造	4590319
3	轨道交通设备及零配件制造	22935095	22	化学原料及化学品制造	4395946
4	汽车及零配件制造	15281760	23	风能太阳能设备制造	4199015
5	通信设备制造	14095797	24	造纸及包装	4063684
6	石化及炼焦	13594982	25	服装及其他纺织品	3860393
7	船舶制造	12287072	26	药品制造	3787381
8	水泥及玻璃制造	9562212	27	饮料	3686412
9	化学纤维制造	8905889	28	半导体、集成电路及面板制造	3580636
10	锅炉及动力装备制造	8276483	29	轮胎及橡胶制品	2884951
11	计算机及办公设备	7863906	30	工程机械及零部件	2736360
12	家用电器制造	7695334	31	摩托车及零配件制造	2730812
13	一般有色	7368919	32	轻工百货生产	2600235
14	黑色冶金	7365558	33	金属制品加工	2587841
15	综合制造业	6805711	34	医疗设备制造	2299738
16	贵金属	5614860	35	电线电缆制造	2167652
17	纺织印染	5359465	36	物料搬运设备制造	1475500
18	食品	4988834	37	工程机械及设备制造	1384402
19	酒类	4748819	38	其他建材制造	885667

表 9-21 2019 中国制造业企业 500 强行业平均资产

名次	行业名称	平均资产/万元	名次	行业名称	平均资产/万元
1	航空航天	56900087	20	化学原料及化学品制造	5158917
2	轨道交通设备及零配件制造	39847345	21	化学纤维制造	5138824
3	兵器制造	36433048	22	工程机械及零部件	5042105
4	船舶制造	21822758	23	电力、电气设备制造	4849429
5	水泥及玻璃制造	15760310	24	造纸及包装	4289425
6	汽车及零配件制造	14229270	25	纺织印染	4186092
7	通信设备制造	13955766	26	农副产品	3980957
8	综合制造业	11032408	27	药品制造	3747044
9	石化及炼焦	10626892	28	服装及其他纺织品	3560925
10	锅炉及动力装备制造	10592346	29	摩托车及零配件制造	3303163
11	酒类	9162085	30	医疗设备制造	2898162
12	半导体、集成电路及面板制造	7921353	31	饮料	2558832
13	家用电器制造	7614239	32	轮胎及橡胶制品	2539808
14	黑色冶金	7279759	33	轻工百货生产	2516072
15	风能太阳能设备制造	6238425	34	金属制品加工	2204626
16	一般有色	6179733	35	物料搬运设备制造	1793246
17	贵金属	6086032	36	工程机械及设备制造	1519459
18	食品	5618749	37	电线电缆制造	1381108
19	计算机及办公设备	5392414	38	其他建材制造	276164

表 9-22 2019 中国制造业企业 500 强行业平均纳税总额

名次	行业名称	平均纳税总额/万元	名次	行业名称	平均纳税总额/万元
1	轨道交通设备及零配件制造	1509029	20	化学纤维制造	162316
2	汽车及零配件制造	1352491	21	一般有色	138267
3	石化及炼焦	1342778	22	通信设备制造	130864
4	航空航天	1060595	23	服装及其他纺织品	128124
5	酒类	1014542	24	化学原料及化学品制造	125169
6	兵器制造	976958	25	医疗设备制造	113857
7	水泥及玻璃制造	726707	26	工程机械及零部件	110033
8	家用电器制造	428189	27	电力、电气设备制造	105650
9	船舶制造	346089	28	风能太阳能设备制造	103398
10	黑色冶金	293475	29	轮胎及橡胶制品	98990
11	饮料	286777	30	轻工百货生产	89250
12	锅炉及动力装备制造	266819	31	计算机及办公设备	86287
13	综合制造业	233899	32	农副产品	81028
14	半导体、集成电路及面板制造	222014	33	物料搬运设备制造	70441
15	造纸及包装	217279	34	金属制品加工	65837
16	药品制造	208101	35	摩托车及零配件制造	53978
17	食品	191804	36	工程机械及设备制造	52963
18	贵金属	179815	37	电线电缆制造	45952
19	纺织印染	167150	38	其他建材制造	8962

表 9-23 2019 中国制造业企业 500 强行业平均研发费用

名次	行业名称	平均研发费用/万元	名次	行业名称	平均研发费用/万元
1	航空航天	1829010	20	风能太阳能设备制造	83975
2	通信设备制造	1732145	21	综合制造业	81711
3	兵器制造	1399089	22	医疗设备制造	70259
4	轨道交通设备及零配件制造	1134053	23	轮胎及橡胶制品	66217
5	汽车及零配件制造	381331	24	一般有色	55151
6	家用电器制造	260088	25	农副产品	44206
7	计算机及办公设备	246981	26	服装及其他纺织品	43490
8	锅炉及动力装备制造	201035	27	贵金属	39804
9	船舶制造	178008	28	饮料	39207
10	半导体、集成电路及面板制造	171273	29	化学原料及化学品制造	37981
11	纺织印染	135335	30	物料搬运设备制造	36376
12	电力、电气设备制造	129339	31	摩托车及零配件制造	35429
13	化学纤维制造	125279	32	电线电缆制造	33428
14	工程机械及零部件	112601	33	酒类	31979
15	黑色冶金	107046	34	工程机械及设备制造	28462
16	水泥及玻璃制造	102823	35	其他建材制造	27544
17	造纸及包装	100681	36	金属制品加工	26046
18	石化及炼焦	91204	37	轻工百货生产	22371
19	药品制造	89276	38	食品	20371

表 9-24 2019 中国制造业企业 500 强行业人均净利润

名次	行业名称	人均净利润/万元	名次	行业名称	人均净利润/万元
1	酒类	31.42	20	其他建材制造	7.57
2	通信设备制造	31.26	21	金属制品加工	7.52
3	造纸及包装	21.11	22	水泥及玻璃制造	7.51
4	医疗设备制造	19.09	23	汽车及零配件制造	7.32
5	化学原料及化学品制造	14.14	24	贵金属	7.19
6	黑色冶金	13.12	25	纺织印染	6.40
7	饮料	11.28	26	电线电缆制造	6.29
8	石化及炼焦	10.74	27	农副产品	5.71
9	计算机及办公设备	10.30	28	船舶制造	5.36
10	药品制造	10.16	29	工程机械及零部件	4.27
11	化学纤维制造	9.47	30	轻工百货生产	4.25
12	轮胎及橡胶制品	9.41	31	食品	4.20
13	一般有色	9.09	32	航空航天	4.11
14	家用电器制造	9.06	33	电力、电气设备制造	3.61
15	工程机械及设备制造	9.04	34	摩托车及零配件制造	2.99
16	物料搬运设备制造	8.57	35	锅炉及动力装备制造	2.72
17	服装及其他纺织品	8.46	36	半导体、集成电路及面板制造	2.42
18	综合制造业	7.85	37	兵器制造	1.98
19	风能太阳能设备制造	7.83	38	轨道交通设备及零配件制造	1.71

表 9-25 2019 中国制造业企业 500 强行业人均营业收入

名次	行业名称	人均营业收入/万元	名次	行业名称	人均营业收入/万元
1	化学纤维制造	581.37	20	摩托车及零配件制造	210.67
2	其他建材制造	514.92	21	农副产品	208.46
3	石化及炼焦	513.26	22	酒类	200.98
4	一般有色	457.10	23	物料搬运设备制造	198.45
5	造纸及包装	394.47	24	轮胎及橡胶制品	197.59
6	贵金属	344.72	25	家用电器制造	194.11
7	化学原料及化学品制造	343.96	26	服装及其他纺织品	182.09
8	电线电缆制造	341.63	27	工程机械及零部件	181.72
9	金属制品加工	337.63	28	船舶制造	181.57
10	黑色冶金	333.19	29	工程机械及设备制造	170.10
11	通信设备制造	328.05	30	医疗设备制造	165.83
12	计算机及办公设备	325.60	31	兵器制造	164.52
13	汽车及零配件制造	276.62	32	食品	162.48
14	风能太阳能设备制造	271.32	33	轻工百货生产	154.06
15	锅炉及动力装备制造	270.40	34	电力、电气设备制造	146.14
16	纺织印染	254.93	35	饮料	131.72
17	综合制造业	228.14	36	轨道交通设备及零配件制造	122.02
18	水泥及玻璃制造	223.57	37	航空航天	116.45
19	药品制造	219.05	38	半导体、集成电路及面板制造	77.46

表 9-26　2019 中国制造业企业 500 强行业人均资产

名次	行业名称	人均资产/万元	名次	行业名称	人均资产/万元
1	造纸及包装	416	20	计算机及办公设备	223
2	化学原料及化学品制造	404	21	电线电缆制造	218
3	风能太阳能设备制造	403	22	药品制造	217
4	石化及炼焦	401	23	轨道交通设备及零配件制造	212
5	酒类	388	24	航空航天	212
6	一般有色	383	25	医疗设备制造	209
7	贵金属	374	26	纺织印染	199
8	综合制造业	370	27	家用电器制造	192
9	水泥及玻璃制造	368	28	工程机械及设备制造	187
10	锅炉及动力装备制造	346	29	食品	183
11	化学纤维制造	335	30	农副产品	180
12	工程机械及零部件	335	31	兵器制造	177
13	黑色冶金	329	32	轮胎及橡胶制品	174
14	通信设备制造	325	33	半导体、集成电路及面板制造	171
15	船舶制造	322	34	服装及其他纺织品	168
16	金属制品加工	288	35	其他建材制造	161
17	汽车及零配件制造	258	36	电力、电气设备制造	154
18	摩托车及零配件制造	255	37	轻工百货生产	149
19	物料搬运设备制造	241	38	饮料	91

表 9-27 2019 中国制造业企业 500 强行业人均纳税额

名次	行业名称	人均纳税额/万元	名次	行业名称	人均纳税额/万元
1	石化及炼焦	50.69	20	综合制造业	7.84
2	酒类	42.94	21	工程机械及零部件	7.31
3	汽车及零配件制造	24.48	22	电线电缆制造	7.24
4	造纸及包装	21.09	23	轮胎及橡胶制品	6.78
5	水泥及玻璃制造	16.99	24	风能太阳能设备制造	6.68
6	化学原料及化学品制造	13.63	25	工程机械及设备制造	6.51
7	黑色冶金	13.28	26	食品	6.25
8	药品制造	12.04	27	服装及其他纺织品	6.04
9	贵金属	11.04	28	通信设备制造	5.34
10	家用电器制造	10.80	29	轻工百货生产	5.29
11	化学纤维制造	10.60	30	其他建材制造	5.21
12	饮料	10.25	31	船舶制造	5.11
13	物料搬运设备制造	9.47	32	计算机及办公设备	4.91
14	一般有色	9.05	33	半导体、集成电路及面板制造	4.80
15	锅炉及动力装备制造	8.72	34	兵器制造	4.57
16	金属制品加工	8.59	35	摩托车及零配件制造	4.16
17	医疗设备制造	8.21	36	电力、电气设备制造	3.95
18	轨道交通设备及零配件制造	8.03	37	航空航天	3.39
19	纺织印染	7.95	38	农副产品	3.37

表 9-28 2019 中国制造业企业 500 强行业人均研发费用

名次	行业名称	人均研发费用/万元	名次	行业名称	人均研发费用/万元
1	通信设备制造	37.07	20	轮胎及橡胶制品	4.54
2	其他建材制造	16.01	21	电力、电气设备制造	4.12
3	计算机及办公设备	10.23	22	化学原料及化学品制造	4.03
4	造纸及包装	9.77	23	半导体、集成电路及面板制造	3.71
5	化学纤维制造	7.62	24	工程机械及设备制造	3.50
6	工程机械及零部件	7.48	25	一般有色	3.26
7	汽车及零配件制造	6.90	26	金属制品加工	3.23
8	航空航天	6.81	27	石化及炼焦	3.10
9	锅炉及动力装备制造	6.57	28	综合制造业	2.94
10	家用电器制造	6.56	29	摩托车及零配件制造	2.73
11	兵器制造	6.54	30	船舶制造	2.63
12	纺织印染	6.44	31	贵金属	2.44
13	轨道交通设备及零配件制造	6.03	32	水泥及玻璃制造	2.40
14	风能太阳能设备制造	5.43	33	服装及其他纺织品	2.04
15	电线电缆制造	5.27	34	农副产品	1.76
16	药品制造	5.16	35	饮料	1.38
17	医疗设备制造	5.07	36	酒类	1.35
18	物料搬运设备制造	4.89	37	轻工百货生产	1.33
19	黑色冶金	4.83	38	食品	0.66

表 9-29 2019 中国制造业企业 500 强行业平均资产利润率

名次	行业名称	平均资产利润率/%	名次	行业名称	平均资产利润率/%
1	饮料	12.34	20	石化及炼焦	2.68
2	医疗设备制造	9.14	21	金属制品加工	2.54
3	酒类	8.10	22	电线电缆制造	2.50
4	通信设备制造	6.60	23	电力、电气设备制造	2.34
5	轮胎及橡胶制品	5.34	24	食品	2.30
6	造纸及包装	5.07	25	水泥及玻璃制造	2.04
7	服装及其他纺织品	5.04	26	风能太阳能设备制造	1.94
8	家用电器制造	4.72	27	航空航天	1.94
9	其他建材制造	4.72	28	一般有色	1.63
10	药品制造	4.48	29	船舶制造	1.56
11	农副产品	3.70	30	半导体、集成电路及面板制造	1.41
12	物料搬运设备制造	3.56	31	综合制造业	1.20
13	纺织印染	3.22	32	摩托车及零配件制造	1.17
14	计算机及办公设备	3.10	33	化学原料及化学品制造	1.16
15	黑色冶金	3.07	34	兵器制造	1.12
16	工程机械及设备制造	2.86	35	贵金属	1.10
17	轻工百货生产	2.85	36	轨道交通设备及零配件制造	0.81
18	化学纤维制造	2.82	37	锅炉及动力装备制造	0.79
19	汽车及零配件制造	2.74	38	工程机械及零部件	0.78

第十章
2019 中国服务业企业 500 强

表 10-1　2019 中国服务业企业 500 强

名次	企业名称	地区	营业收入/万元	净利润/万元	资产/万元	所有者权益/万元	从业人数/人
1	国家电网有限公司	北京	256025424	5407400	392930558	164805258	970457
2	中国工商银行股份有限公司	北京	116641100	29767600	2769954000	233000100	449296
3	中国平安保险（集团）股份有限公司	广东	108214600	10740400	714296000	55650800	376900
4	中国建设银行股份有限公司	北京	97350200	25465500	2322269300	197646300	366996
5	中国农业银行股份有限公司	北京	92290500	20278300	2260947100	167029400	477526
6	中国银行股份有限公司	北京	84479000	18088600	2126727500	161298000	310119
7	中国人寿保险（集团）公司	北京	76843831	-1697931	398438259	7389148	153064
8	中国移动通信集团有限公司	北京	74147987	7769172	175224030	98543734	462046
9	国家开发银行股份有限公司	北京	68179500	11075800	1617982000	127798100	9507
10	中国华润有限公司	广东	60850900	2298400	143940400	19360400	421274
11	苏宁控股集团	江苏	60245624	844721	43399017	8950115	256842
12	中国中化集团公司	北京	58107620	463980	48974860	5114840	66713
13	中国邮政集团公司	北京	56640155	2734271	981192488	35101023	929342
14	中国南方电网有限责任公司	广东	53554900	1179025	81499700	32251800	289735
15	中国人民保险集团股份有限公司	北京	50379900	1345000	103169000	15246800	1038158
16	中粮集团有限公司	北京	47111990	223470	56063500	8155740	117842
17	中国中信集团有限公司	北京	46738743	3020276	677161916	33482128	287500
18	恒大集团有限公司	广东	46619600	3739000	188002800	3750200	131694
19	北京京东世纪贸易有限公司	北京	46201976	345977	20916486	5977097	178927
20	中国电信集团有限公司	北京	45449206	1101115	84411002	36754195	403014
21	交通银行股份有限公司	上海	43404600	7363000	953117100	69840500	89542
22	中国医药集团有限公司	北京	39675030	585010	34207230	5835310	128600
23	碧桂园控股有限公司	广东	37907900	3461800	162969400	12133000	131387
24	阿里巴巴集团控股有限公司	浙江	37684400	8788600	96507600	49225700	73000
25	招商银行股份有限公司	广东	36564800	8056000	674572900	461274	74590
26	中国太平洋保险（集团）股份有限公司	上海	35436300	1801919	133595892	14957551	113303
27	绿地控股集团股份有限公司	上海	34842646	1137478	103654546	7010431	39091
28	兴业银行股份有限公司	福建	33729200	6062000	671165700	46595300	59659
29	上海浦东发展银行股份有限公司	上海	33438200	5591400	628960600	47156200	55692
30	国美控股集团有限公司	北京	33409846	166037	24361036	7161016	52269
31	中国民生银行股份有限公司	北京	31998900	5032700	599482200	42007700	58338
32	腾讯控股有限公司	广东	31269400	7871900	72352100	32351000	54309
33	中国保利集团公司	北京	30564600	989500	108728200	7396830	97527
34	招商局集团有限公司	北京	30378400	2955900	139799800	31612600	115281

续表

名次	企业名称	地区	营业收入/万元	净利润/万元	资产/万元	所有者权益/万元	从业人数/人
35	物产中大集团股份有限公司	浙江	30053825	239723	8605279	2386811	20142
36	中国机械工业集团有限公司	北京	30046546	322678	39443915	6745351	147099
37	万科企业股份有限公司	广东	29708306	3377265	129515592	15576413	104300
38	中国联合网络通信集团有限公司	北京	29218529	91640	57882208	17744512	266213
39	厦门建发集团有限公司	福建	28262119	417607	25312491	4273479	24016
40	中国远洋海运集团有限公司	北京	28183660	1459910	80810660	18735510	111397
41	中国航空油料集团有限公司	北京	28027058	315019	5529721	2057076	15147
42	中国光大集团有限公司	北京	27702100	1250700	478518600	13176700	70000
43	厦门国贸控股集团有限公司	福建	27409582	41515	10383191	865023	23279
44	雪松控股集团有限公司	广东	26882596	558752	14371807	5914306	31547
45	厦门象屿集团有限公司	福建	24146079	131811	11597421	1630658	10350
46	阳光龙净集团有限公司	福建	22089600	405900	35416900	2104540	21849
47	新疆广汇实业投资（集团）有限责任公司	新疆维吾尔自治区	18894202	90627	26374696	3757061	82175
48	华夏人寿保险股份有限公司	北京	18847090	263830	51081830	1649950	500000
49	中国太平保险控股有限公司	北京	18181022	287092	66040574	2888380	75341
50	大连万达集团股份有限公司	辽宁	18076999	441445	95860638	11797469	154728
51	中国通用技术（集团）控股有限责任公司	北京	17052053	292806	17322704	3972404	34752
52	泰康保险集团股份有限公司	北京	16491538	1187047	80602150	5820375	57406
53	东浩兰生（集团）有限公司	上海	15434403	78761	3498042	1233140	5864
54	新华人寿保险股份有限公司	北京	15416700	792200	73392900	6558700	38542
55	中国南方航空集团有限公司	广东	14435804	305111	26174428	3919971	118034
56	华夏银行股份有限公司	北京	13909600	2085400	268058000	21714100	41283
57	广西投资集团有限公司	广西壮族自治区	13883512	66569	35622161	2435957	24713
58	浙江省交通投资集团有限公司	浙江	13769149	423466	40568071	8654580	38325
59	中国国际航空股份有限公司	北京	13677440	733632	24371601	9321624	88160
60	北大方正集团有限公司	北京	13327393	-34408	36061418	1875159	34908
61	中国东方航空集团有限公司	上海	12794870	298745	29039964	3960536	97327
62	重庆市金科投资控股（集团）有限责任公司	重庆	12382825	220318	23869701	940524	23886
63	国家开发投资集团有限公司	北京	12138044	619444	58228321	8450580	57999
64	北京银行股份有限公司	北京	11701023	2000154	257286480	19244996	14760
65	云南省建设投资控股集团有限公司	云南	11604985	221648	34656206	6052852	45365
66	龙湖集团控股有限公司	重庆	11579846	2089069	50688401	8166143	25285
67	东方国际（集团）有限公司	上海	11147834	122896	6696978	1642442	84539
68	浙江省兴合集团有限责任公司	浙江	11051105	22338	4641865	420479	17177

续表

名次	企业名称	地区	营业收入/万元	净利润/万元	资产/万元	所有者权益/万元	从业人数/人
69	华侨城集团有限公司	广东	11034881	844044	44400361	6078561	58616
70	云南省投资控股集团有限公司	云南	10892371	31841	30135680	3847413	20269
71	西安迈科金属国际集团有限公司	陕西	10862627	20689	2323730	530523	1000
72	中国华融资产管理股份有限公司	北京	10725305	157550	171008668	12064009	11799
73	中国信达资产管理股份有限公司	北京	10702603	1203613	149575921	15649283	17800
74	上海均和集团有限公司	上海	10404361	13548	1708475	687864	5100
75	晋能集团有限公司	山西	10365592	48342	26866659	4453766	95877
76	浪潮集团有限公司	山东	10160465	158523	8071844	1241306	33879
77	甘肃省公路航空旅游投资集团有限公司	甘肃	9747478	8287	44588671	14231842	33209
78	富德生命人寿保险股份有限公司	广东	9704849	18510	46392836	3118666	104300
79	上海钢联电子商务股份有限公司	上海	9605509	12093	966634	95728	2398
80	浙江省能源集团有限公司	浙江	9364713	469630	21065398	7495976	21651
81	北京控股集团有限公司	北京	9253946	39808	32043777	3357641	81046
82	深圳顺丰泰森控股（集团）有限公司	广东	9094269	441863	7048271	2610406	135294
83	中国国际技术智力合作有限公司	北京	9073075	66815	1226883	427864	5240
84	云南省能源投资集团有限公司	云南	9043249	92479	13302800	4026584	10729
85	上海银行股份有限公司	上海	8982805	1803404	202777240	16127655	10459
86	北京外企服务集团有限责任公司	北京	8755632	35112	782673	207985	35181
87	九州通医药集团股份有限公司	湖北	8713636	134058	6667425	1846710	26119
88	阳光保险集团股份有限公司	北京	8657283	403548	29145299	4238993	272982
89	福中集团有限公司	江苏	8537865	58487	1369874	642952	30360
90	腾邦集团有限公司	广东	8451483	99053	2940409	556960	12812
91	卓尔控股有限公司	湖北	8226308	290846	8111427	4259877	6955
92	百度网络技术有限公司	北京	8191200	2757300	29756600	16289700	42267
93	神州数码集团股份有限公司	北京	8185805	51241	2598545	384145	4228
94	内蒙古电力（集团）有限责任公司	内蒙古自治区	8143203	207120	10865131	4400712	35006
95	唯品会（中国）有限公司	广东	7947835	275541	3435823	1430043	57465
96	弘阳集团有限公司	江苏	7632357	232520	10097518	1741620	5844
97	北京首都旅游集团有限责任公司	北京	7579875	-32004	11729879	2079991	96213
98	荣盛控股股份有限公司	河北	7284241	417483	24996156	2078479	28756
99	深圳市投资控股有限公司	广东	7175472	855316	55611478	14497613	52781
100	山东高速集团有限公司	山东	7062684	295496	61458650	7207910	26402
101	永辉超市股份有限公司	福建	7051665	148035	3962698	1935496	84931
102	深圳市怡亚通供应链股份有限公司	广东	7007207	20009	4339223	591180	16486

续表

名次	企业名称	地区	营业收入/万元	净利润/万元	资产/万元	所有者权益/万元	从业人数/人
103	上海永达控股（集团）有限公司	上海	6951800	137257	3154165	947949	13460
104	福建省能源集团有限责任公司	福建	6948526	141931	13436032	2002718	32843
105	广西北部湾国际港务集团有限公司	广西壮族自治区	6918456	1830	13022384	2860937	27106
106	网易公司	北京	6715646	615241	8696793	4523164	22726
107	北京能源集团有限责任公司	北京	6664213	145979	27530071	6980025	33185
108	远大物产集团有限公司	浙江	6602524	5890	675995	237038	560
109	互诚信息技术（上海）有限公司	上海	6522728	-1087111	12066151	865043	59257
110	前海人寿保险股份有限公司	广东	6440466	73105	24030724	2161493	3217
111	中国铁路物资集团有限公司	北京	6318163	75662	5709627	581379	8832
112	百联集团有限公司	上海	6258910	30034	7985486	1900883	54086
113	新奥能源控股有限公司	河北	6069800	281800	7391400	2138500	28900
114	天津泰达投资控股有限公司	天津	5997826	27105	26142683	4281817	12621
115	浙江省国际贸易集团有限公司	浙江	5838938	111038	8880958	1365456	15197
116	广东省广晟资产经营有限公司	广东	5830524	237843	14352173	1095100	54940
117	中基宁波集团股份有限公司	浙江	5787948	15896	1034291	104275	2089
118	江苏国泰国际集团有限公司	江苏	5751879	101575	2299851	779492	16229
119	深圳市爱施德股份有限公司	广东	5698379	-9272	1024723	492181	2644
120	广东省广新控股集团有限公司	广东	5629013	45624	5703235	1056324	25430
121	蓝润集团有限公司	四川	5608577	191723	6047152	3421148	12000
122	山西煤炭进出口集团有限公司	山西	5514675	89234	8435417	882571	16856
123	重庆商社（集团）有限公司	重庆	5461523	16575	2660220	333792	96214
124	渤海银行股份有限公司	天津	5343978	708016	103445133	5585912	11437
125	珠海华发集团有限公司	广东	5327885	128909	28261660	3130471	21828
126	河北省物流产业集团有限公司	河北	5289403	11300	1749078	269792	2000
127	重庆市能源投资集团有限公司	重庆	5063249	-31488	10829155	1812777	40805
128	深圳海王集团股份有限公司	广东	5032143	12371	5597822	968850	31500
129	北京首都创业集团有限公司	北京	5002567	223825	32734062	2109699	31966
130	东华能源股份有限公司	江苏	4894286	107844	2678688	838856	—
131	广东省交通集团有限公司	广东	4703652	398311	39691239	8925012	65388
132	四川省交通投资集团有限责任公司	四川	4688646	22278	37642560	12525440	26340
133	盛京银行股份有限公司	辽宁	4647133	512872	98543294	5645787	5434
134	重庆农村商业银行股份有限公司	重庆	4593490	905819	95061804	7074826	15688
135	中运富通控股集团有限公司	上海	4523282	180703	2127920	565795	3033
136	广州越秀集团有限公司	广东	4482086	210094	51811002	3577234	22508

续表

名次	企业名称	地区	营业收入/万元	净利润/万元	资产/万元	所有者权益/万元	从业人数/人
137	广州轻工工贸集团有限公司	广东	4473903	49397	2366500	869913	6025
138	广东省广物控股集团有限公司	广东	4388406	370321	3388864	1040690	11212
139	四川省能源投资集团有限责任公司	四川	4383274	74368	13513218	2559896	20729
140	成都兴城投资集团有限公司	四川	4366431	70130	15549236	3754898	13602
141	中华联合保险集团股份有限公司	北京	4342309	87916	6946978	1524983	44029
142	通鼎集团有限公司	江苏	4283825	131892	2282237	460325	13359
143	福佳集团有限公司	辽宁	4273426	296933	7390810	4728858	3000
144	北京首都开发控股（集团）有限公司	北京	4265257	149373	31327754	1651144	4510
145	浙江前程投资股份有限公司	浙江	4256698	3174	470475	95203	400
146	上海新增鼎资产管理有限公司	上海	4231999	391	449576	16917	423
147	申能（集团）有限公司	上海	4221935	363662	15658394	8121498	10210
148	物美科技集团有限公司	北京	4131941	204735	6138553	2457342	100000
149	天音通信有限公司	广东	4023901	−20586	1154196	144625	3500
150	大汉控股集团有限公司	湖南	3989426	72043	1917425	632920	4500
151	江苏中利能源控股有限公司	江苏	3987368	118225	3785652	1064035	8898
152	步步高投资集团股份有限公司	湖南	3901252	15216	2091021	749335	26226
153	江苏汇鸿国际集团股份有限公司	江苏	3898338	120157	2718294	536430	4161
154	中国大地财产保险股份有限公司	上海	3821973	90800	6533858	2521457	57114
155	上海国际港务（集团）股份有限公司	上海	3804254	1027634	14436703	7554799	16632
156	武汉金融控股（集团）有限公司	湖北	3750100	37893	11239572	1440912	8122
157	陕西投资集团有限公司	陕西	3717672	139522	15998307	2925797	22034
158	武汉商联（集团）股份有限公司	湖北	3696574	35913	3509035	336717	36845
159	广州农村商业银行股份有限公司	广东	3684288	652634	76328960	5286133	9989
160	齐鲁交通发展集团有限公司	山东	3679513	35817	17153623	5483629	18895
161	深圳金雅福控股集团有限公司	广东	3657301	15521	108156	46532	1812
162	北京江南投资集团有限公司	北京	3655988	522745	14015638	2227391	430
163	广州国资发展控股有限公司	广东	3574440	24035	7162819	1824213	11500
164	名创优品（广州）有限责任公司	广东	3568442	140815	1200122	255151	34159
165	上海农村商业银行股份有限公司	上海	3524224	730814	83371275	6363563	6094
166	新华锦集团	山东	3518320	11760	925387	240073	9200
167	深圳市中农网有限公司	广东	3497344	4252	1156313	82176	676
168	南昌市政公用投资控股有限责任公司	江西	3481931	46102	11621567	2909700	18606
169	瑞康医药集团股份有限公司	山东	3391853	77866	3483604	845139	10097
170	天津银行股份有限公司	天津	3321283	418125	65933990	4699949	6782

续表

名次	企业名称	地区	营业收入/万元	净利润/万元	资产/万元	所有者权益/万元	从业人数/人
171	北京金融街投资（集团）有限公司	北京	3302822	100485	23425500	3164691	11853
172	香江集团有限公司	广东	3292301	188526	5295349	3370357	12732
173	重庆华宇集团有限公司	重庆	3266656	359179	6567513	2337618	4790
174	天津亿联投资控股集团有限公司	天津	3205700	148758	9721338	701966	10200
175	文一投资控股集团	安徽	3180620	100507	5413004	2684659	22000
176	南通化工轻工股份有限公司	江苏	3174181	10912	277932	115040	134
177	国泰君安证券股份有限公司	上海	3122939	670812	43672908	12345006	15236
178	安徽省交通控股集团有限公司	安徽	3116191	252601	24468274	7232308	30374
179	重庆市中科控股有限公司	重庆	3096989	7189	1811063	359320	1259
180	奥园集团有限公司	广东	3076634	346934	17810903	2197143	11000
181	上海均瑶（集团）有限公司	上海	3062102	28457	7403342	846098	17689
182	卓越置业集团有限公司	广东	3057621	427336	19792952	5482322	283
183	广东省广业集团有限公司	广东	3044609	75359	4067607	1257784	22391
184	上海中梁企业发展有限公司	上海	3042009	194080	16305665	463904	12525
185	厦门航空有限公司	福建	3013515	142108	4521600	1707587	19619
186	重庆对外经贸（集团）有限公司	重庆	3003666	16159	2141407	536886	8017
187	浙江省海港投资运营集团有限公司	浙江	3003557	304510	12006108	6012406	19750
188	中铁集装箱运输有限责任公司	北京	2978019	61586	2215961	1182989	864
189	迪信通科技集团有限公司	北京	2966604	15047	1114579	157482	20157
190	厦门路桥工程物资有限公司	福建	2955788	16260	835456	122269	486
191	天津港（集团）有限公司	天津	2933138	-44966	13430391	2890966	14046
192	华南物资集团有限公司	重庆	2880259	8371	429409	62995	580
193	深圳市富森供应链管理有限公司	广东	2807308	8221	1144391	65172	412
194	武汉当代科技产业集团股份有限公司	湖北	2772437	64856	9052976	901098	25047
195	圆通速递股份有限公司	上海	2746514	190398	1996854	1149946	18888
196	月星集团有限公司	上海	2738798	223447	5317856	1719652	10472
197	兴华财富集团有限公司	河北	2654290	6173	1105009	100299	6383
198	利群集团股份有限公司	山东	2653669	45878	2629979	1116183	13961
199	深圳市信利康供应链管理有限公司	广东	2650017	22553	966155	112971	467
200	太平鸟集团有限公司	浙江	2639268	15642	1369302	298084	12948
201	广西交通投资集团有限公司	广西壮族自治区	2631453	31145	36299269	10014743	15253
202	广州市水务投资集团有限公司	广东	2626944	114513	14180054	3658499	26485
203	河北省国和投资集团有限公司	河北	2607691	308	483411	61662	2933
204	湖北省交通投资集团有限公司	湖北	2607673	142443	38752563	10870414	13112

续表

名次	企业名称	地区	营业收入/万元	净利润/万元	资产/万元	所有者权益/万元	从业人数/人
205	重庆医药（集团）股份有限公司	重庆	2580274	67717	1961391	601950	7815
206	苏州金螳螂企业（集团）有限公司	江苏	2572981	53841	3821885	413942	20852
207	厦门港务控股集团有限公司	福建	2565670	57583	4328919	818032	11478
208	山西能源交通投资有限公司	山西	2486830	8564	10121244	3107205	57886
209	厦门禹洲集团股份有限公司	福建	2430587	350494	11506300	1948659	5084
210	银泰商业（集团）有限公司	浙江	2426916	1598	2770132	1160107	9580
211	安徽安粮控股股份有限公司	安徽	2426547	638	1872426	137784	2545
212	广州市方圆房地产发展有限公司	广东	2411267	260180	7710101	1244299	5000
213	深圳市思贝克集团有限公司	广东	2389143	−2998	35412	9119	137
214	海通证券股份有限公司	上海	2376501	521109	57462363	11785857	10391
215	上海闽路润贸易有限公司	上海	2366412	6417	495418	16498	142
216	建业控股有限公司	河南	2365943	—	10814912	—	16892
217	郑州银行股份有限公司	河南	2362029	305883	46614242	3664974	4708
218	四川航空股份有限公司	四川	2326780	23393	3220038	506133	15060
219	深圳华强集团有限公司	广东	2312194	98842	6827451	1408356	21765
220	江西省高速公路投资集团有限责任公司	江西	2306769	193526	31485127	11458452	14139
221	德邦物流股份有限公司	上海	2302532	70040	822080	402725	135374
222	重庆千信集团有限公司	重庆	2278944	36438	1020706	343807	103
223	中国万向控股有限公司	上海	2206940	70902	12811942	706070	17438
224	南京新华海科技产业集团有限公司	江苏	2183755	4028	1177782	128148	2402
225	安徽新华发行（集团）控股有限公司	安徽	2175632	58553	3439538	864913	6132
226	利泰集团有限公司	广东	2173585	9992	536932	162693	6654
227	海越能源集团股份有限公司	浙江	2141260	30713	970970	259097	1084
228	新疆生产建设兵团棉麻有限公司	新疆维吾尔自治区	2113454	8074	553427	45757	526
229	杭州滨江房产集团股份有限公司	浙江	2111547	121702	8755226	1526108	711
230	浙江宝利德股份有限公司	浙江	2101903	20141	702238	125808	3178
231	青岛世纪瑞丰集团有限公司	山东	2065278	—	506408	—	109
232	石家庄北国人百集团有限责任公司	河北	2064265	41238	1263126	385506	16358
233	杭州东恒石油有限公司	浙江	2056202	15065	346455	133391	426
234	浙江英特药业有限责任公司	浙江	2049026	17938	893324	177431	3410
235	江阴长三角钢铁集团有限公司	江苏	2011878	3491	50480	8715	390
236	无锡市国联发展（集团）有限公司	江苏	2007103	154040	8394566	2380045	11233
237	广微控股有限公司	北京	1993158	122918	2442164	1415775	9330
238	日照港集团有限公司	山东	1987574	14979	5927886	1314642	9144

续表

名次	企业名称	地区	营业收入/万元	净利润/万元	资产/万元	所有者权益/万元	从业人数/人
239	深圳市华富洋供应链有限公司	广东	1947058	12952	1278681	74381	305
240	广西物资集团有限责任公司	广西壮族自治区	1943726	6257	1428250	472812	2332
241	安徽出版集团有限责任公司	安徽	1930012	28583	2459227	691057	5132
242	山东航空集团有限公司	山东	1927767	23827	1779998	283472	14176
243	淄博商厦股份有限公司	山东	1876290	15239	561640	232468	10291
244	联发集团有限公司	福建	1872529	167934	6691019	998917	4012
245	浙江建华集团有限公司	浙江	1862654	6062	286669	62650	3014
246	江苏省苏豪控股集团有限公司	江苏	1860765	91154	2480263	791262	9041
247	广州海印实业集团有限公司	广东	1854992	81609	6436197	1714940	4206
248	深圳能源集团股份有限公司	广东	1852740	69068	8507390	2407423	—
249	搜于特集团股份有限公司	广东	1849414	36941	1016629	440641	2467
250	张家港市泽厚贸易有限公司	江苏	1833987	17425	158662	18757	20
251	广州珠江实业集团有限公司	广东	1833055	90062	8546745	1167748	15200
252	山东远通汽车贸易集团有限公司	山东	1823306	16955	624637	326858	6852
253	安徽辉隆投资集团	安徽	1784128	10115	1001770	97151	2311
254	张家港市沃丰贸易有限公司	江苏	1781873	15902	343296	17846	20
255	东莞农村商业银行股份有限公司	广东	1777738	454271	40815661	2973514	5456
256	吉林银行股份有限公司	吉林	1766939	115713	36185151	2489927	10655
257	中通快递股份有限公司	上海	1760445	438302	3968285	3421723	15408
258	广东粤海控股集团有限公司	广东	1757770	51680	10273105	3532915	12258
259	宁波华东物资城市场建设开发有限公司	浙江	1738200	7459	44500	—	3095
260	上海协通（集团）有限公司	上海	1730042	60957	448785	225424	1948
261	润华集团股份有限公司	山东	1705590	50177	1391897	654572	6126
262	无锡市不锈钢电子交易中心有限公司	江苏	1704311	3197	17364	14329	97
263	申通快递有限公司	上海	1701277	209352	1157529	581997	1063
264	合众人寿保险股份有限公司	湖北	1695732	-85835	8443617	600044	7131
265	武汉联杰能源有限公司	湖北	1680445	611	251988	103986	31
266	维科控股集团股份有限公司	浙江	1673931	1466	1576873	160201	5627
267	安徽华源医药集团股份有限公司	安徽	1665582	27652	1256060	187894	9100
268	广田控股集团有限公司	广东	1661728	25142	400145	1063431	5465
269	上海机场（集团）有限公司	上海	1656370	315518	8538584	5832803	18491
270	西安高科（集团）公司	陕西	1628373	-20720	8463028	605740	12496
271	上海春秋国际旅行社（集团）有限公司	上海	1619457	95874	2853829	740526	10434
272	张家港保税区旭江贸易有限公司	江苏	1612825	87086	314995	101347	20

续表

名次	企业名称	地区	营业收入/万元	净利润/万元	资产/万元	所有者权益/万元	从业人数/人
273	北京学而思教育科技有限公司	北京	1606353	242746	2439709	1278785	33999
274	黑龙江倍丰农业生产资料集团有限公司	黑龙江	1603930	8935	1644805	88530	698
275	上海龙宇燃油股份有限公司	上海	1603587	6353	562737	398539	135
276	武汉市城市建设投资开发集团有限公司	湖北	1585782	71893	29679783	8910830	14055
277	中国江苏国际经济技术合作集团有限公司	江苏	1573734	26700	1981280	279681	8086
278	河北港口集团有限公司	河北	1573611	-59954	5814909	2101888	14102
279	长春欧亚集团股份有限公司	吉林	1559992	25978	2242261	309989	11296
280	天津城市基础设施建设投资集团有限公司	天津	1544659	155779	76023276	23266365	13508
281	天津现代集团有限公司	天津	1542226	64133	2365360	953054	406
282	上海三盛宏业投资（集团）有限责任公司	上海	1537725	14324	4818855	432631	4200
283	重庆交通运输控股（集团）有限公司	重庆	1537041	52698	2557559	894125	37656
284	大华（集团）有限公司	上海	1535415	401676	8999917	2163950	2337
285	宁波君安控股有限公司	浙江	1529826	5687	297120	55006	82
286	广发证券股份有限公司	广东	1527037	430012	38910594	8501801	10277
287	盈峰投资控股集团有限公司	广东	1520507	-34211	3950894	820270	8207
288	盐城市国有资产投资集团有限公司	江苏	1516020	20875	3764506	1006096	1802
289	广西金融投资集团有限公司	广西壮族自治区	1514222	2179	7904030	1178413	5237
290	天津恒运能源集团股份有限公司	天津	1502238	26486	449040	216001	1000
291	厦门恒兴集团有限公司	福建	1496719	44437	1567044	603595	2003
292	常州市化工轻工材料总公司	江苏	1491716	1933	178703	10663	145
293	青岛银行股份有限公司	山东	1479483	202335	31765850	2698497	3781
294	深圳中电投资股份有限公司	广东	1468574	46255	875864	333274	1814
295	天津农村商业银行股份有限公司	天津	1460136	244398	31725599	2467766	5660
296	广州元亨能源有限公司	广东	1457866	3179	719368	137856	23
297	河南交通投资集团有限公司	河南	1427352	75641	17793161	4186951	27290
298	中原出版传媒投资控股集团有限公司	河南	1427330	50333	1527262	840220	16721
299	广州岭南国际企业集团有限公司	广东	1422207	55326	1689179	712261	13118
300	厦门翔业集团有限公司	福建	1415366	85314	3404121	979721	14287
301	广州无线电集团有限公司	广东	1398216	48753	3566184	684820	41335
302	新浪公司	北京	1394959	83055	4041212	1865954	9207
303	长沙银行股份有限公司	湖南	1394100	447900	52663000	3099600	7189
304	玖隆钢铁物流有限公司	江苏	1385507	3117	534665	152366	293
305	杭州联华华商集团有限公司	浙江	1376717	44639	984552	79333	13402
306	广东省丝绸纺织集团有限公司	广东	1359489	10922	761224	184986	2945

续表

名次	企业名称	地区	营业收入/万元	净利润/万元	资产/万元	所有者权益/万元	从业人数/人
307	广东宏川集团有限公司	广东	1352735	19427	614694	200983	1130
308	桂林银行股份有限公司	广西壮族自治区	1350022	154887	26728787	1726435	4618
309	广州金融控股集团有限公司	广东	1342515	154774	59268188	2440957	11435
310	上海龙旗科技股份有限公司	上海	1326015	4213	730654	94076	3081
311	陕西粮农集团有限责任公司	陕西	1316281	5995	965707	375930	4298
312	江苏五星电器有限公司	江苏	1303240	16100	983053	177108	8322
313	重庆砂之船奥莱商业管理有限公司	重庆	1301953	18501	2009116	734989	1735
314	福建省交通运输集团有限责任公司	福建	1291708	34584	3289012	924428	27591
315	深圳市东方嘉盛供应链股份有限公司	广东	1289631	13473	774195	142921	390
316	上海景域文化传播股份有限公司	上海	1287712	-3808	589784	386791	2876
317	深圳市燃气集团股份有限公司	广东	1274139	103093	1971242	919696	6711
318	苏州裕景泰贸易有限公司	江苏	1270574	2230	234150	21254	—
319	广东鸿粤汽车销售集团有限公司	广东	1268886	-11094	661131	-28937	3156
320	江阴市金桥化工有限公司	江苏	1263898	1268	156806	14384	80
321	江苏大经供应链股份有限公司	江苏	1260933	2603	89225	26204	400
322	上海博尔捷企业集团有限公司	上海	1248300	8607	66836	9200	631
323	广西云星集团有限公司	广西壮族自治区	1247561	153849	2016957	784969	2560
324	搜狐网络有限责任公司	北京	1245567	-105889	2264657	404280	8500
325	深圳市环球易购电子商务有限公司	广东	1240668	24753	666314	233784	5625
326	武汉农村商业银行股份有限公司	湖北	1233731	234751	26683526	2176724	5523
327	湖北能源集团股份有限公司	湖北	1230772	181096	4820782	2621615	4166
328	浙江出版联合集团有限公司	浙江	1230014	99325	2140699	1384228	8211
329	湖南永通集团有限公司	湖南	1226020	17680	696121	330200	3951
330	众信旅游集团股份有限公司	北京	1223122	2357	533899	228039	5005
331	广西农村投资集团有限公司	广西壮族自治区	1220071	6616	4448075	602205	25485
332	洛阳国宏投资集团有限公司	河南	1214831	84143	2018527	1294903	5834
333	北方国际集团有限公司	天津	1199592	2250	733609	103634	1672
334	现代投资股份有限公司	湖南	1186099	96366	2470712	930120	3074
335	深圳市旗丰供应链服务有限公司	广东	1177571	441	281294	14373	298
336	广西柳州医药股份有限公司	广西壮族自治区	1171453	52819	977263	384646	3590
337	新疆天富集团有限责任公司	新疆维吾尔自治区	1170454	1382	4083921	776370	7457
338	青岛城市建设投资（集团）有限责任公司	山东	1167231	80054	20179831	5044022	932
339	广州港集团有限公司	广东	1166214	132925	3854706	1462380	10332
340	云账户（天津）共享经济信息咨询有限公司	天津	1165776	1291	73338	3858	224

续表

名次	企业名称	地区	营业收入/万元	净利润/万元	资产/万元	所有者权益/万元	从业人数/人
341	广州百货企业集团有限公司	广东	1153845	51224	1436256	748212	4790
342	鹭燕医药股份有限公司	福建	1150089	18032	607051	156938	4086
343	万友汽车投资有限公司	重庆	1144441	5498	545881	83312	6144
344	厦门夏商集团有限公司	福建	1138177	40122	1384029	367632	5890
345	浙江中外运有限公司	浙江	1118481	12281	245631	58160	2525
346	湖南兰天集团有限公司	湖南	1092940	3834	251980	60366	3905
347	马上消费金融股份有限公司	重庆	1086752	80120	4026246	558706	1440
348	蓝池集团有限公司	河北	1082627	11215	494344	229647	4334
349	无锡市交通产业集团有限公司	江苏	1066154	58734	4529641	1789724	10983
350	重庆银行股份有限公司	重庆	1063008	376985	45036897	3305101	4119
351	天津住宅建设发展集团有限公司	天津	1060076	9535	3949491	569880	38982
352	浙江凯喜雅国际股份有限公司	浙江	1041113	33012	598670	92349	269
353	浙江省农村发展集团有限公司	浙江	1026253	46739	1665714	175443	2394
354	四川华油集团有限责任公司	四川	1025170	53967	900233	372693	6441
355	上海交运（集团）公司	上海	1017895	22225	1301281	462308	9592
356	路通建设集团股份有限公司	山东	1012549	167817	752026	691431	1890
357	天弘基金管理有限公司	天津	1012521	306863	1063871	864486	537
358	南京大地建设集团有限责任公司	江苏	1005937	15208	926640	289906	1749
359	安通控股股份有限公司	福建	1005753	49151	1089535	338424	1604
360	湖南博深实业集团有限公司	湖南	1004635	8187	608491	528810	139
361	桂林彰泰实业集团有限公司	广西壮族自治区	985684	146833	1793461	445706	1126
362	安徽国祯集团股份有限公司	安徽	978414	33320	1587634	193769	10187
363	广州华多网络科技有限公司	广东	972311	254401	1266408	1051468	1918
364	芒果超媒股份有限公司	湖南	966066	71515	957696	563937	4163
365	卓正控股集团有限公司	河北	962537	58750	787504	451970	8157
366	浙江蓝天实业集团有限公司	浙江	961588	5210	984147	330409	2393
367	佛山市顺德区乐从供销集团有限公司	广东	960093	10095	443906	225097	1741
368	中南出版传媒集团股份有限公司	湖南	957558	123788	2026005	1347570	13490
369	湖南粮食集团有限责任公司	湖南	954994	3735	1936625	213019	4413
370	深圳市英捷迅实业发展有限公司	广东	952496	283	99020	17995	173
371	老百姓大药房连锁股份有限公司	湖南	947109	43503	848477	304617	19817
372	厦门航空开发股份有限公司	福建	933932	14744	391153	135168	663
373	无锡商业大厦大东方股份有限公司	江苏	915357	29453	469872	271414	5023
374	河南省国有资产控股运营集团有限公司	河南	915259	-14179	6423387	295129	8638

续表

名次	企业名称	地区	营业收入/万元	净利润/万元	资产/万元	所有者权益/万元	从业人数/人
375	宁波滕头集团有限公司	浙江	915129	29595	439804	121488	11070
376	广州地铁集团有限公司	广东	908348	10520	31981394	18243793	26967
377	渤海人寿保险股份有限公司	天津	907930	-76753	3343836	1211460	226
378	上海百润企业发展有限公司	上海	904923	7552	96425	33538	38
379	大参林医药集团股份有限公司	广东	885927	53163	653702	303811	23854
380	岭南生态文旅股份有限公司	广东	884290	77870	1638483	450467	3887
381	深圳市水务（集团）有限公司	广东	876512	49382	2334491	780167	11325
382	广州酷狗计算机科技有限公司	广东	875748	121772	519284	399862	1163
383	武汉东湖高新集团股份有限公司	湖北	869250	33803	2364414	412424	1966
384	上海临港经济发展（集团）有限公司	上海	863494	65873	8305785	1501312	2614
385	重庆港务物流集团有限公司	重庆	860804	5947	2058161	509033	5210
386	安徽亚夏实业股份有限公司	安徽	856368	41679	570421	227820	3800
387	浙江华通控股集团有限公司	浙江	852122	-6587	2766467	160078	4208
388	四川新华发行集团有限公司	四川	850873	41195	1771253	671823	8954
389	浙江华瑞集团有限公司	浙江	842355	13958	629801	277418	513
390	广东南海农村商业银行股份有限公司	广东	834516	274112	18623345	1745627	3356
391	万事利集团有限公司	浙江	827347	20714	716199	193791	1370
392	中锐控股集团有限公司	上海	825260	144754	2480078	609917	1850
393	广东合诚集团有限公司	广东	823162	11347	249400	50338	3160
394	广州南方投资集团有限公司	广东	816345	40211	2116044	166888	7767
395	青海省物产集团有限公司	青海	810063	2919	502013	96004	1191
396	烟台港集团有限公司	山东	806103	-24	4237779	759760	11687
397	山西美特好连锁超市股份有限公司	山西	803306	5235	232944	53765	6826
398	重庆财信企业集团有限公司	重庆	796581	74152	5486204	1485304	10775
399	深圳市恒波商业连锁有限公司	广东	794707	33106	292389	136904	1050
400	湖南佳惠百货有限责任公司	湖南	794646	11314	174754	92350	14110
401	西安曲江文化产业投资（集团）有限公司	陕西	792589	347	5802718	1204121	9109
402	九江银行股份有限公司	江西	786604	175769	31162251	2306266	3597
403	浙江恒威集团有限公司	浙江	783035	27329	671168	183658	1924
404	湖南友谊阿波罗控股股份有限公司	湖南	782040	6831	2087054	195482	3862
405	深圳市铁汉生态环境股份有限公司	广东	774883	30429	2468964	624502	4138
406	广西北部湾银行股份有限公司	广西壮族自治区	772017	92483	18914651	1432496	2700
407	宁波海田控股集团有限公司	浙江	771899	1516	262611	12395	302
408	深圳市优友金融服务有限公司	广东	771357	3927	99209	7978	117

续表

名次	企业名称	地区	营业收入/万元	净利润/万元	资产/万元	所有者权益/万元	从业人数/人
409	准时达国际供应链管理有限公司	四川	761967	14580	482341	100503	5828
410	安徽文峰置业有限公司	安徽	761810	75261	1061073	409943	826
411	山西大昌汽车集团有限公司	山西	761739	7120	318196	139543	4100
412	深圳乐信控股有限公司	广东	759690	197731	1247058	410679	2447
413	宁波轿辰集团股份有限公司	浙江	757630	1553	277482	80050	2880
414	开元旅业集团有限公司	浙江	755500	15609	1912665	410648	28800
415	天津大通投资集团有限公司	天津	752505	55935	2116358	443722	13000
416	日出实业集团有限公司	浙江	748960	2697	144052	21429	215
417	青岛农村商业银行股份有限公司	山东	746207	241901	29414117	2051363	5226
418	江苏省粮食集团有限责任公司	江苏	746092	7412	561597	169417	1089
419	安徽省众城集团	安徽	745273	18619	779025	88137	850
420	广州交通投资集团有限公司	广东	745062	35184	8408516	3176635	5975
421	天元盛世集团	湖南	743277	31140	720177	233117	650
422	武汉地产开发投资集团有限公司	湖北	742061	85853	15420144	4621726	3279
423	承志供应链有限公司	广东	737232	10573	325367	69760	136
424	亿达中国控股有限公司	上海	735696	83392	4308636	1137494	3186
425	中国南海石油联合服务总公司	广东	725611	4717	96009	22203	1160
426	宁波力勤矿业有限公司	浙江	723607	31923	278766	88745	150
427	广东天禾农资股份有限公司	广东	719100	9710	311290	63293	1607
428	浙江万丰企业集团公司	浙江	716987	10322	389972	86118	2432
429	深圳市鑫荣懋农产品股份有限公司	广东	714768	29722	331627	190042	3500
430	上海申华控股股份有限公司	上海	714615	34107	834871	214768	2567
431	青岛利客来集团股份有限公司	山东	702972	3353	259469	57239	2296
432	中泰证券股份有限公司	山东	702522	100915	13596299	3158674	7798
433	益丰大药房连锁股份有限公司	湖南	691258	41641	786814	405876	20790
434	江苏嘉奕和铜业科技发展有限公司	江苏	687554	7	142463	−2411	13
435	南宁威宁投资集团有限责任公司	广西壮族自治区	684924	3083	2875912	1252525	4039
436	绿城物业服务集团有限公司	浙江	670991	48330	534419	232876	25588
437	深圳市九立供应链股份有限公司	广东	665355	6066	769490	20240	217
438	广州佳都集团有限公司	广东	664554	43184	1182155	201317	3257
439	广州尚品宅配家居股份有限公司	广东	664539	47707	532194	208058	16237
440	上海东方电视购物有限公司	上海	652138	1109	81242	9678	1457
441	奥山集团有限公司	湖北	651169	107230	2152900	728843	1975
442	华茂集团股份有限公司	浙江	646779	38444	1329951	601036	2675

续表

名次	企业名称	地区	营业收入/万元	净利润/万元	资产/万元	所有者权益/万元	从业人数/人
443	江阴达赛贸易有限公司	江苏	641678	12	653647	68	17
444	广州南菱汽车股份有限公司	广东	640463	6667	7666	47066	2780
445	良品铺子股份有限公司	湖北	637756	23854	318276	107666	10261
446	网宿科技股份有限公司	上海	633746	79747	1194012	867161	4122
447	无锡农村商业银行股份有限公司	江苏	631731	109552	15439454	1085048	1454
448	张家港保税区日祥贸易有限公司	江苏	628460	9538	215471	21901	20
449	厦门住宅建设集团有限公司	福建	620004	38986	3117421	571157	4143
450	天津市政建设集团有限公司	天津	618725	-102839	6904732	364393	1961
451	柳州银行股份有限公司	广西壮族自治区	613912	34463	13666674	1482289	2813
452	汉口银行股份有限公司	湖北	607611	189196	31929591	1998577	3994
453	万向三农集团有限公司	浙江	607074	26943	2194463	663505	2282
454	东渡国际集团有限公司	上海	603211	47250	2598716	430755	906
455	宁波市绿顺集团股份有限公司	浙江	601159	1567	83954	35615	271
456	重庆市新大兴实业（集团）有限公司	重庆	600832	3232	99896	39753	4221
457	天津拾起卖科技有限公司	天津	597624	11639	34071	17737	403
458	上海中通瑞德投资集团有限公司	上海	596395	13231	1501417	623592	4129
459	赣州银行股份有限公司	江西	594390	84487	13646941	919180	2385
460	杭州解百集团股份有限公司	浙江	590885	14908	544195	238165	1466
461	福建省人力资源服务有限公司	福建	585681	1158	61060	5622	254
462	内蒙古高等级公路建设开发有限责任公司	内蒙古自治区	582842	4134	10332311	2139229	11104
463	方正证券股份有限公司	湖南	572259	66137	14822176	3775306	8590
464	厦门海澳集团有限公司	福建	567890	3675	160292	32816	171
465	福然德股份有限公司	上海	561286	29456	305755	154474	457
466	雄风集团有限公司	浙江	560628	4868	260130	77235	5822
467	武汉市水务集团有限公司	湖北	559646	23558	2821710	544061	5485
468	武汉市燃气热力集团有限公司	湖北	558250	14351	918244	228501	4285
469	四川安吉物流集团有限公司	四川	557433	7773	360489	121289	1504
470	上海汉滨实业发展有限公司	上海	556138	3707	374402	18751	10
471	上海浦原对外经贸有限公司	上海	555926	760	36181	11907	35
472	江苏江阴农村商业银行股份有限公司	江苏	555642	85735	11485294	1051759	1649
473	江苏禹尧化工有限公司	江苏	552929	-1459	80610	-685	10
474	青岛康大外贸集团有限公司	山东	551069	32395	380861	261725	7585
475	广东南油对外服务有限公司	广东	542013	1470	30542	7893	267
476	广东省广播电视网络股份有限公司	广东	540914	37218	1767211	1160186	9378

续表

名次	企业名称	地区	营业收入/万元	净利润/万元	资产/万元	所有者权益/万元	从业人数/人
477	广东新供销天恒控股有限公司	广东	537449	105	393277	34814	179
478	江苏华地国际控股集团有限公司	江苏	535143	46229	1232851	489456	8419
479	重庆百事达汽车有限公司	重庆	533036	4342	131231	35738	1845
480	棕榈生态城镇发展股份有限公司	广东	532806	5132	1763942	554616	1557
481	江苏智恒达投资集团有限公司	江苏	529437	-4903	78932	23589	174
482	广东新协力集团有限公司	广东	527611	1480	253808	75753	4194
483	安克创新科技股份有限公司	湖南	523222	39892	205073	113663	1189
484	中国海诚工程科技股份有限公司	上海	522535	21220	430284	143271	4784
485	无锡市市政公用产业集团有限公司	江苏	521472	21743	2948621	1314679	4116
486	常熟市交电家电有限责任公司	江苏	519670	3123	182530	36075	366
487	南京金宝商业投资集团股份有限公司	江苏	517876	8524	28153	20015	421
488	宁波富达股份有限公司	浙江	516326	113923	787241	246106	1628
489	武汉工贸有限公司	湖北	515578	16555	388515	157658	2599
490	重庆长安民生物流股份有限公司	重庆	512710	4611	462301	196981	7016
491	湖南省轻工盐业集团有限公司	湖南	511321	10410	1255908	497734	—
492	福建发展集团有限公司	福建	509538	11348	51083	43908	11673
493	佛山市燃气集团股份有限公司	广东	509430	36206	547963	258631	1940
494	浙江省旅游集团有限责任公司	浙江	505529	23024	751762	250499	5300
495	江苏张家港农村商业银行股份有限公司	江苏	504889	83511	11344624	991777	2009
496	福建网龙计算机网络信息技术有限公司	福建	503754	54143	674594	493280	6100
497	江阴市川江化工有限公司	江苏	502093	15	94980	897	18
498	深圳市奇信建设集团股份有限公司	广东	499937	16853	494003	191843	1551
499	青海银行股份有限公司	青海	497977	20615	10687014	882716	1556
500	苏州汽车客运集团有限公司	江苏	496387	47884	1376210	588678	21495
	合计		3763467029	268302463	25852002555	2712660978	16487292

说 明

1. 2019中国服务业企业500强是中国企业联合会、中国企业家协会参照国际惯例，组织企业自愿申报，并经专家审定确认后产生的。申报企业包括在中国境内注册、2018年实现营业收入达到20亿元的企业（不包括在华外资、港澳台独资、控股企业，也不包括行政性公司、政企合一的单位，以及各类资产经营公司，但包括在境外注册、投资主体为中国自然人或法人、主要业务在境内的企业），都有资格申报参加排序。属于集团公司的控股子公司或相对控股子公司，由于其财务报表最后能被合并到集团母公司的财务会计报表中去，因此只允许其母公司申报。

2. 表中所列数据由企业自愿申报或属于上市公司公开数据，并经会计师事务所或审计师事务所等单位认可。

3. 营业收入是2018年不含增值税的收入，包括企业的所有收入，即主营业务和非主营业务、境内和境外的收入。商业银行的营业收入为2018年利息收入和非利息营业收入之和（不减掉对应的支出）。保险公司的营业收入是2018年保险费和年金收入扣除储蓄的资本收益或损失。净利润是2018年上交所得税的净利润扣除少数股东权益后的归属母公司所有者的净利润。资产是2018年度末的资产总额。归属母公司所有者权益是2018年年末所有者权益总额扣除少数股东权益后的母公司所有者权益。研究开发费用是2018年企业投入研究开发的所有费用。从业人数是2018年度的平均人数（含所有被合并报表企业的人数）。

表 10-2 2019 中国服务业企业 500 强各行业企业分布

排名	企业名称	营业收入/万元	排名	企业名称	营业收入/万元
电网			10	广州国资发展控股有限公司	3574440
1	国家电网有限公司	256025424	11	无锡市国联发展（集团）有限公司	2007103
2	中国南方电网有限责任公司	53554900	12	深圳能源集团股份有限公司	1852740
3	内蒙古电力（集团）有限责任公司	8143203	13	深圳市燃气集团股份有限公司	1274139
	合计	317723527	14	新疆天富集团有限责任公司	1170454
			15	四川华油集团有限责任公司	1025170
水务			16	安徽国祯集团股份有限公司	978414
1	北京控股集团有限公司	9253946	17	天津拾起卖科技有限公司	597624
2	北京首都创业集团有限公司	5002567	18	武汉市燃气热力集团有限公司	558250
3	齐鲁交通发展集团有限公司	3679513	19	佛山市燃气集团股份有限公司	509430
4	南昌市政公用投资控股有限责任公司	3481931		合计	70201009
5	广州市水务投资集团有限公司	2626944			
6	湖北省交通投资集团有限公司	2607673	**铁路运输**		
7	宁波华东物资城市场建设开发有限公司	1738200	1	中国铁路物资集团有限公司	6318163
8	武汉市城市建设投资开发集团有限公司	1585782	2	中铁集装箱运输有限责任公司	2978019
9	天津城市基础设施建设投资集团有限公司	1544659		合计	9296182
10	路通建设集团股份有限公司	1012549			
11	深圳市水务（集团）有限公司	876512	**公路运输**		
12	上海临港经济发展（集团）有限公司	863494	1	浙江省交通投资集团有限公司	13769149
13	天津市政建设集团有限公司	618725	2	甘肃省公路航空旅游投资集团有限公司	9747478
14	武汉市水务集团有限公司	559646	3	山东高速集团有限公司	7062684
15	无锡市市政公用产业集团有限公司	521472	4	广东省交通集团有限公司	4703652
	合计	35973613	5	四川省交通投资集团有限责任公司	4688646
			6	安徽省交通控股集团有限公司	3116191
综合能源供应			7	江西省高速公路投资集团有限责任公司	2306769
1	浙江省能源集团有限公司	9364713	8	重庆交通运输控股（集团）有限公司	1537041
2	云南省能源投资集团有限公司	9043249	9	现代投资股份有限公司	1186099
3	福建省能源集团有限公司	6948526	10	上海交运（集团）公司	1017895
4	北京能源集团有限责任公司	6664213	11	广州地铁集团有限公司	908348
5	新奥能源控股有限公司	6069800	12	广州交通投资集团有限公司	745062
6	重庆市能源投资集团有限公司	5063249	13	内蒙古高等级公路建设开发有限责任公司	582842
7	东华能源股份有限公司	4894286	14	苏州汽车客运集团有限公司	496387
8	四川省能源投资集团有限责任公司	4383274		合计	51868243
9	申能（集团）有限公司	4221935			

续表

排名	企业名称	营业收入/万元	排名	企业名称	营业收入/万元
水上运输			邮政		
1	中国远洋海运集团有限公司	28183660	1	中国邮政集团公司	56640155
2	浙江中外运有限公司	1118481		合计	56640155
	合计	29302141			
			物流及供应链		
港口运输			1	厦门建发集团有限公司	28262119
1	广西北部湾国际港务集团有限公司	6918456	2	深圳顺丰泰森控股（集团）有限公司	9094269
2	上海国际港务（集团）股份有限公司	3804254	3	腾邦集团有限公司	8451483
3	浙江省海港投资运营集团有限公司	3003557	4	深圳市怡亚通供应链股份有限公司	7007207
4	天津港（集团）有限公司	2933138	5	河北省物流产业集团有限公司	5289403
5	厦门港务控股集团有限公司	2565670	6	深圳金雅福控股集团有限公司	3657301
6	日照港集团有限公司	1987574	7	深圳市富森供应链管理有限公司	2807308
7	河北港口集团有限公司	1573611	8	圆通速递股份有限公司	2746514
8	广州港集团有限公司	1166214	9	深圳市信利康供应链管理有限公司	2650017
9	烟台港集团有限公司	806103	10	广西交通投资集团有限公司	2631453
	合计	24758577	11	山西能源交通投资有限公司	2486830
			12	深圳市思贝克集团有限公司	2389143
航空运输			13	德邦物流股份有限公司	2302532
1	中国南方航空集团有限公司	14435804	14	深圳市华富洋供应链有限公司	1947058
2	中国国际航空股份有限公司	13677440	15	中通快递股份有限公司	1760445
3	中国东方航空集团有限公司	12794870	16	申通快递有限公司	1701277
4	厦门航空有限公司	3013515	17	玖隆钢铁物流有限公司	1385507
5	四川航空股份有限公司	2326780	18	福建省交通运输集团有限责任公司	1291708
6	山东航空集团有限公司	1927767	19	深圳市东方嘉盛供应链股份有限公司	1289631
7	厦门航空开发股份有限公司	933932	20	江苏大经供应链股份有限公司	1260933
	合计	49110108	21	深圳市旗丰供应链服务有限公司	1177571
			22	安通控股股份有限公司	1005753
航空港及相关服务业			23	深圳市英捷迅实业发展有限公司	952496
1	深圳海王集团股份有限公司	5032143	24	浙江华瑞集团有限公司	842355
2	上海机场（集团）有限公司	1656370	25	青海省物产集团有限公司	810063
3	厦门翔业集团有限公司	1415366	26	准时达国际供应链管理有限公司	761967
4	重庆港务物流集团有限公司	860804	27	承志供应链有限公司	737232
	合计	8964683	28	深圳市九立供应链股份有限公司	665355
			29	四川安吉物流集团有限公司	557433

续表

排名	企业名称	营业收入/万元	排名	企业名称	营业收入/万元
30	重庆长安民生物流股份有限公司	512710	13	新浪公司	1394959
	合计	98435073	14	上海景域文化传播股份有限公司	1287712
			15	搜狐网络有限责任公司	1245567
电讯服务			16	深圳市环球易购电子商务有限公司	1240668
1	中国移动通信集团有限公司	74147987	17	云账户（天津）共享经济信息咨询有限公司	1165776
2	中国电信集团有限公司	45449206	18	广州华多网络科技有限公司	972311
3	中国联合网络通信集团有限公司	29218529	19	深圳乐信控股有限公司	759690
	合计	148815722	20	上海东方电视购物有限公司	652138
			21	网宿科技股份有限公司	633746
广播电视服务				合计	181514606
1	广东省广播电视网络股份有限公司	540914			
	合计	540914	**能源矿产商贸**		
			1	中国航空油料集团有限公司	28027058
软件和信息技术			2	晋能集团有限公司	10365592
1	北大方正集团有限公司	13327393	3	山西煤炭进出口集团有限公司	5514675
2	浪潮集团有限公司	10160465	4	江苏中利能源控股有限公司	3987368
3	神州数码集团股份有限公司	8185805	5	重庆千信集团有限公司	2278944
4	上海新增鼎资产管理有限公司	4231999	6	海越能源集团股份有限公司	2141260
5	广州无线电集团有限公司	1398216	7	杭州东恒石油有限公司	2056202
	合计	37303878	8	维科控股集团股份有限公司	1673931
			9	张家港保税区旭江贸易有限公司	1612825
互联网服务			10	上海龙宇燃油股份有限公司	1603587
1	北京京东世纪贸易有限公司	46201976	11	天津恒运能源集团股份有限公司	1502238
2	阿里巴巴集团控股有限公司	37684400	12	广州元亨能源有限公司	1457866
3	腾讯控股有限公司	31269400	13	宁波力勤矿业有限公司	723607
4	上海钢联电子商务股份有限公司	9605509	14	厦门海澳集团有限公司	567890
5	福中集团有限公司	8537865		合计	63513043
6	百度网络技术有限公司	8191200			
7	唯品会（中国）有限公司	7947835	**化工医药商贸**		
8	网易公司	6715646	1	中国中化集团公司	58107620
9	互诚信息技术（上海）有限公司	6522728	2	瑞康医药集团股份有限公司	3391853
10	通鼎集团有限公司	4283825	3	南通化工轻工股份有限公司	3174181
11	深圳市中农网有限公司	3497344	4	广东宏川集团有限公司	1352735
12	无锡市不锈钢电子交易中心有限公司	1704311	5	江阴市金桥化工有限公司	1263898

续表

排名	企业名称	营业收入/万元	排名	企业名称	营业收入/万元
6	日出实业集团有限公司	748960	5	厦门夏商集团有限公司	1138177
7	湖南省轻工盐业集团有限公司	511321	6	浙江省农村发展集团有限公司	1026253
8	江阴市川江化工有限公司	502093	7	湖南粮食集团有限责任公司	954994
	合计	69052661	8	江苏省粮食集团有限责任公司	746092
			9	深圳市鑫荣懋农产品股份有限公司	714768
机电商贸			10	万向三农集团有限公司	607074
1	中国通用技术（集团）控股有限责任公司	17052053	11	宁波市绿顺集团股份有限公司	601159
2	广东省广新控股集团有限公司	5629013	12	青岛康大外贸集团有限公司	551069
3	深圳市优友金融服务有限公司	771357		合计	59307858
4	广州佳都集团有限公司	664554			
	合计	24116977	**生活资料商贸**		
			1	物产中大集团股份有限公司	30053825
生活消费品商贸			2	广东省广物控股集团有限公司	4388406
1	浙江省国际贸易集团有限公司	5838938	3	重庆对外经贸（集团）有限公司	3003666
2	江苏国泰国际集团有限公司	5751879	4	厦门路桥工程物资有限公司	2955788
3	广州轻工工贸集团有限公司	4473903	5	浙江建华集团有限公司	1862654
4	江苏汇鸿国际集团股份有限公司	3898338	6	安徽辉隆投资集团	1784128
5	新华锦集团	3518320	7	黑龙江倍丰农业生产资料集团有限公司	1603930
6	太平鸟集团有限公司	2639268	8	厦门恒兴集团有限公司	1496719
7	江苏省苏豪控股集团有限公司	1860765	9	常州市化工轻工材料总公司	1491716
8	搜于特集团股份有限公司	1849414	10	佛山市顺德区乐从供销集团有限公司	960093
9	广东省丝绸纺织集团有限公司	1359489	11	广东天禾农资股份有限公司	719100
10	重庆砂之船奥莱商业管理有限公司	1301953	12	江阴达赛贸易有限公司	641678
11	浙江凯喜雅国际股份有限公司	1041113	13	江苏禹尧化工有限公司	552929
12	万事利集团有限公司	827347		合计	51514632
13	广州尚品宅配家居股份有限公司	664539			
14	安克创新科技股份有限公司	523222	**金属品商贸**		
	合计	35548488	1	西安迈科金属国际集团有限公司	10862627
			2	上海均和集团有限公司	10404361
农产品及食品批发			3	大汉控股集团有限公司	3989426
1	中粮集团有限公司	47111990	4	华南物资集团有限公司	2880259
2	安徽安粮控股股份有限公司	2426547	5	上海闽路润贸易有限公司	2366412
3	新疆生产建设兵团棉麻有限公司	2113454	6	青岛世纪瑞丰集团有限公司	2065278
4	陕西粮农集团有限责任公司	1316281	7	江阴长三角钢铁集团有限公司	2011878

续表

排名	企业名称	营业收入/万元	排名	企业名称	营业收入/万元
8	张家港市泽厚贸易有限公司	1833987	5	步步高投资集团股份有限公司	3901252
9	张家港市沃丰贸易有限公司	1781873	6	武汉商联（集团）股份有限公司	3696574
10	武汉联杰能源有限公司	1680445	7	名创优品（广州）有限责任公司	3568442
11	苏州裕景泰贸易有限公司	1270574	8	月星集团有限公司	2738798
12	上海百润企业发展有限公司	904923	9	利群集团股份有限公司	2653669
13	江苏嘉奕和铜业科技发展有限公司	687554	10	银泰商业（集团）有限公司	2426916
14	张家港保税区日祥贸易有限公司	628460	11	石家庄北国人百集团有限责任公司	2064265
15	福然德股份有限公司	561286	12	淄博商厦股份有限公司	1876290
16	江苏智恒达投资集团有限公司	529437	13	长春欧亚集团股份有限公司	1559992
	合计	44458780	14	杭州联华华商集团有限公司	1376717
			15	广州百货企业集团有限公司	1153845
综合商贸			16	无锡商业大厦大东方股份有限公司	915357
1	厦门国贸控股集团有限公司	27409582	17	山西美特好连锁超市有限公司	803306
2	东方国际（集团）有限公司	11147834	18	深圳市恒波商业连锁有限公司	794707
3	浙江省兴合集团有限责任公司	11051105	19	湖南佳惠百货有限责任公司	794646
4	远大物产集团有限公司	6602524	20	湖南友谊阿波罗控股股份有限公司	782040
5	中基宁波集团股份有限公司	5787948	21	青岛利客来集团股份有限公司	702972
6	广西物资集团有限责任公司	1943726	22	良品铺子股份有限公司	637756
7	上海协通（集团）有限公司	1730042	23	重庆市新大兴实业（集团）有限公司	600832
8	深圳中电投资股份有限公司	1468574	24	杭州解百集团股份有限公司	590885
9	北方国际集团有限公司	1199592	25	雄风集团有限公司	560628
10	湖南博深实业集团有限公司	1004635	26	江苏华地国际控股集团有限公司	535143
11	浙江蓝天实业集团有限公司	961588		合计	57639071
12	宁波海田控股集团有限公司	771899			
13	浙江万丰企业集团公司	716987	**汽车摩托车零售**		
14	上海浦原对外经贸有限公司	555926	1	上海永达控股（集团）有限公司	6951800
15	南京金宝商业投资集团股份有限公司	517876	2	河北省国和投资集团有限公司	2607691
	合计	72869838	3	利泰集团有限公司	2173585
			4	浙江宝利德股份有限公司	2101903
连锁超市及百货			5	山东远通汽车贸易集团有限公司	1823306
1	永辉超市股份有限公司	7051665	6	润华集团股份有限公司	1705590
2	百联集团有限公司	6258910	7	广东鸿粤汽车销售集团有限公司	1268886
3	重庆商社（集团）有限公司	5461523	8	湖南永通集团有限公司	1226020
4	物美科技集团有限公司	4131941	9	万友汽车投资有限公司	1144441

续表

排名	企业名称	营业收入/万元	排名	企业名称	营业收入/万元
10	湖南兰天集团有限公司	1092940	9	大参林医药集团股份有限公司	885927
11	蓝池集团有限公司	1082627	10	益丰大药房连锁股份有限公司	691258
12	安徽亚夏实业股份有限公司	856368		合计	59529384
13	广东合诚集团有限公司	823162			
14	浙江恒威集团有限公司	783035	**商业银行**		
15	山西大昌汽车集团有限公司	761739	1	中国工商银行股份有限公司	116641100
16	宁波轿辰集团股份有限公司	757630	2	中国建设银行股份有限公司	97350200
17	上海申华控股股份有限公司	714615	3	中国农业银行股份有限公司	92290500
18	广州南菱汽车股份有限公司	640463	4	中国银行股份有限公司	84479000
19	重庆百事达汽车有限公司	533036	5	国家开发银行股份有限公司	68179500
20	广东新协力集团有限公司	527611	6	交通银行股份有限公司	43404600
	合计	29576448	7	招商银行股份有限公司	36564800
			8	兴业银行股份有限公司	33729200
家电及电子产品零售			9	上海浦东发展银行股份有限公司	33438200
1	苏宁控股集团	60245624	10	中国民生银行股份有限公司	31998900
2	国美控股集团有限公司	33409846	11	华夏银行股份有限公司	13909600
3	深圳市爱施德股份有限公司	5698379	12	北京银行股份有限公司	11701023
4	天音通信有限公司	4023901	13	上海银行股份有限公司	8982805
5	迪信通科技集团有限公司	2966604	14	渤海银行股份有限公司	5343978
6	南京新华海科技产业集团有限公司	2183755	15	盛京银行股份有限公司	4647133
7	江苏五星电器有限公司	1303240	16	重庆农村商业银行股份有限公司	4593490
8	常熟市交电家电有限责任公司	519670	17	广州农村商业银行股份有限公司	3684288
9	武汉工贸有限公司	515578	18	上海农村商业银行股份有限公司	3524224
	合计	110866597	19	天津银行股份有限公司	3321283
			20	郑州银行股份有限公司	2362029
医药及医疗器材零售			21	东莞农村商业银行股份有限公司	1777738
1	中国医药集团有限公司	39675030	22	吉林银行股份有限公司	1766939
2	九州通医药集团股份有限公司	8713636	23	青岛银行股份有限公司	1479483
3	重庆医药(集团)股份有限公司	2580274	24	天津农村商业银行股份有限公司	1460136
4	浙江英特药业有限责任公司	2049026	25	长沙银行股份有限公司	1394100
5	安徽华源医药集团股份有限公司	1665582	26	桂林银行股份有限公司	1350022
6	广西柳州医药股份有限公司	1171453	27	武汉农村商业银行股份有限公司	1233731
7	鹭燕医药股份有限公司	1150089	28	重庆银行股份有限公司	1063008
8	老百姓大药房连锁股份有限公司	947109	29	广东南海农村商业银行股份有限公司	834516

续表

排名	企业名称	营业收入/万元	排名	企业名称	营业收入/万元
30	九江银行股份有限公司	786604	5	中泰证券股份有限公司	702522
31	广西北部湾银行股份有限公司	772017	6	方正证券股份有限公司	572259
32	青岛农村商业银行股份有限公司	746207		合计	10955548
33	无锡农村商业银行股份有限公司	631731			
34	柳州银行股份有限公司	613912	**基金、信托及其他金融服务**		
35	汉口银行股份有限公司	607611	1	马上消费金融股份有限公司	1086752
36	赣州银行股份有限公司	594390	2	天弘基金管理有限公司	1012521
37	江苏江阴农村商业银行股份有限公司	555642		合计	2099273
38	江苏张家港农村商业银行股份有限公司	504889			
39	青海银行股份有限公司	497977	**多元化金融**		
	合计	718816506	1	中国平安保险（集团）股份有限公司	108214600
			2	中国中信集团有限公司	46738743
保险业			3	招商局集团有限公司	30378400
1	中国人寿保险（集团）公司	76843831	4	中国光大集团有限公司	27702100
2	中国人民保险集团股份有限公司	50379900	5	中国华融资产管理股份有限公司	10725305
3	中国太平洋保险（集团）股份有限公司	35436300	6	中国信达资产管理股份有限公司	10702603
4	华夏人寿保险股份有限公司	18847090	7	武汉金融控股（集团）有限公司	3750100
5	中国太平保险控股有限公司	18181022	8	中国万向控股有限公司	2206940
6	泰康保险集团股份有限公司	16491538	9	河南交通投资集团有限公司	1427352
7	新华人寿保险股份有限公司	15416700	10	广州金融控股集团有限公司	1342515
8	富德生命人寿保险股份有限公司	9704849		合计	243188658
9	阳光保险集团股份有限公司	8657283			
10	前海人寿保险股份有限公司	6440466	**住宅地产**		
11	中华联合保险集团股份有限公司	4342309	1	恒大集团有限公司	46619600
12	中国大地财产保险股份有限公司	3821973	2	碧桂园控股有限公司	37907900
13	合众人寿保险股份有限公司	1695732	3	绿地控股集团股份有限公司	34842646
14	渤海人寿保险股份有限公司	907930	4	万科企业股份有限公司	29708306
	合计	267166923	5	龙湖集团控股有限公司	11579846
			6	华侨城集团有限公司	11034881
证券业			7	卓尔控股有限公司	8226308
1	国泰君安证券股份有限公司	3122939	8	弘阳集团有限公司	7632357
2	兴华财富集团有限公司	2654290	9	荣盛控股股份有限公司	7284241
3	海通证券股份有限公司	2376501	10	天津泰达投资控股有限公司	5997826
4	广发证券股份有限公司	1527037	11	蓝润集团有限公司	5608577

续表

排名	企业名称	营业收入/万元	排名	企业名称	营业收入/万元
12	珠海华发集团有限公司	5327885	46	天元盛世集团	743277
13	广州越秀集团有限公司	4482086	47	绿城物业服务集团有限公司	670991
14	成都兴城投资集团有限公司	4366431	48	奥山集团有限公司	651169
15	福佳集团有限公司	4273426	49	厦门住宅建设集团有限公司	620004
16	北京首都开发控股（集团）有限公司	4265257	50	东渡国际集团有限公司	603211
17	北京江南投资集团有限公司	3655988	51	宁波富达股份有限公司	516326
18	北京金融街投资（集团）有限公司	3302822	52	深圳市奇信建设集团股份有限公司	499937
19	香江集团有限公司	3292301		合计	292596245
20	重庆华宇集团有限公司	3266656			
21	天津亿联投资控股集团有限公司	3205700		商业地产	
22	文一投资控股集团	3180620	1	大连万达集团股份有限公司	18076999
23	重庆市中科控股有限公司	3096989	2	奥园集团有限公司	3076634
24	上海中梁企业发展有限公司	3042009	3	卓越置业集团有限公司	3057621
25	苏州金螳螂企业（集团）有限公司	2572981		合计	24211254
26	厦门禹洲集团股份有限公司	2430587			
27	广州市方圆房地产发展有限公司	2411267		园区地产	
28	建业控股有限公司	2365943	1	武汉东湖高新集团股份有限公司	869250
29	杭州滨江房产集团股份有限公司	2111547	2	武汉地产开发投资集团有限公司	742061
30	广微控股有限公司	1993158	3	亿达中国控股有限公司	735696
31	联发集团有限公司	1872529		合计	2347007
32	广州珠江实业集团有限公司	1833055			
33	广田控股集团有限公司	1661728		多元化投资	
34	西安高科（集团）公司	1628373	1	厦门象屿集团有限公司	24146079
35	天津现代集团有限公司	1542226	2	阳光龙净集团有限公司	22089600
36	上海三盛宏业投资（集团）有限责任公司	1537725	3	重庆市金科投资控股（集团）有限责任公司	12382825
37	大华（集团）有限公司	1535415	4	国家开发投资集团有限公司	12138044
38	广西云星集团有限公司	1247561	5	云南省建设投资控股集团有限公司	11604985
39	天津住宅建设发展集团有限公司	1060076	6	云南省投资控股集团有限公司	10892371
40	南京大地建设集团有限责任公司	1005937	7	深圳市投资控股有限公司	7175472
41	桂林彰泰实业集团有限公司	985684	8	广东省广晟资产经营有限公司	5830524
42	卓正控股集团有限公司	962537	9	中运富通控股集团有限公司	4523282
43	中锐控股集团有限公司	825260	10	浙江前程投资股份有限公司	4256698
44	安徽文峰置业有限公司	761810	11	陕西投资集团有限公司	3717672
45	安徽省众城集团	745273	12	武汉当代科技产业集团股份有限公司	2772437

续表

排名	企业名称	营业收入/万元	排名	企业名称	营业收入/万元
13	广东粤海控股集团有限公司	1757770			
14	宁波君安控股有限公司	1529826		国际经济合作（工程承包）	
15	盈峰投资控股集团有限公司	1520507	1	中国江苏国际经济技术合作集团有限公司	1573734
16	盐城市国有资产投资集团有限公司	1516020		合计	1573734
17	广西金融投资集团有限公司	1514222			
18	湖北能源集团股份有限公司	1230772		旅游和餐饮	
19	广西农村投资集团有限公司	1220071	1	北京首都旅游集团有限责任公司	7579875
20	洛阳国宏投资集团有限公司	1214831	2	上海春秋国际旅行社（集团）有限公司	1619457
21	青岛城市建设投资（集团）有限责任公司	1167231	3	众信旅游集团股份有限公司	1223122
22	无锡市交通产业集团有限公司	1066154	4	岭南生态文旅股份有限公司	884290
23	河南省国有资产控股运营集团有限公司	915259	5	深圳市铁汉生态环境股份有限公司	774883
24	重庆财信企业集团有限公司	796581	6	开元旅业集团有限公司	755500
25	天津大通投资集团有限公司	752505	7	浙江省旅游集团有限责任公司	505529
26	南宁威宁投资集团有限责任公司	684924		合计	13342656
27	上海中通瑞德投资集团有限公司	596395			
28	上海汉滨实业发展有限公司	556138		文化娱乐	
29	广东新供销天恒控股有限公司	537449	1	安徽新华发行（集团）控股有限公司	2175632
	合计	140106644	2	安徽出版集团有限责任公司	1930012
			3	中原出版传媒投资控股集团有限公司	1427330
	人力资源服务		4	浙江出版联合集团有限公司	1230014
1	中国国际技术智力合作有限公司	9073075	5	芒果超媒股份有限公司	966066
2	北京外企服务集团有限责任公司	8755632	6	中南出版传媒集团股份有限公司	957558
3	上海博尔捷企业集团有限公司	1248300	7	广州酷狗计算机科技有限公司	875748
4	福建省人力资源服务有限公司	585681	8	浙江华通控股集团有限公司	852122
5	广东南油对外服务有限公司	542013	9	四川新华发行集团有限公司	850873
	合计	20204701	10	西安曲江文化产业投资（集团）有限公司	792589
			11	福建网龙计算机网络信息技术有限公司	503754
	科技研发、规划设计			合计	12561698
1	上海龙旗科技股份有限公司	1326015			
2	广州南方投资集团有限公司	816345		教育服务	
3	棕榈生态城镇发展股份有限公司	532806	1	北京学而思教育科技有限公司	1606353
4	中国海诚工程科技股份有限公司	522535		合计	1606353
5	福建发展集团有限公司	509538			
	合计	3707239		综合服务业	

续表

排名	企业名称	营业收入/万元	排名	企业名称	营业收入/万元
1	中国华润有限公司	60850900	9	广东省广业集团有限公司	3044609
2	中国保利集团公司	30564600	10	深圳华强集团有限公司	2312194
3	中国机械工业集团有限公司	30046546	11	广州海印实业集团有限公司	1854992
4	雪松控股集团有限公司	26882596	12	广州岭南国际企业集团有限公司	1422207
5	新疆广汇实业投资（集团）有限责任公司	18894202	13	宁波滕头集团有限公司	915129
6	东浩兰生（集团）有限公司	15434403	14	中国南海石油联合服务总公司	725611
7	广西投资集团有限公司	13883512	15	华茂集团股份有限公司	646779
8	上海均瑶（集团）有限公司	3062102		合计	210540382

表 10-3 2019 中国服务业企业 500 强各地区企业分布

排名	企业名称	营业收入/万元	排名	企业名称	营业收入/万元
北京			34	国家开发投资集团有限公司	12138044
1	国家电网有限公司	256025424	35	北京银行股份有限公司	11701023
2	中国工商银行股份有限公司	116641100	36	中国华融资产管理股份有限公司	10725305
3	中国建设银行股份有限公司	97350200	37	中国信达资产管理股份有限公司	10702603
4	中国农业银行股份有限公司	92290500	38	北京控股集团有限公司	9253946
5	中国银行股份有限公司	84479000	39	中国国际技术智力合作有限公司	9073075
6	中国人寿保险（集团）公司	76843831	40	北京外企服务集团有限责任公司	8755632
7	中国移动通信集团有限公司	74147987	41	阳光保险集团股份有限公司	8657283
8	国家开发银行股份有限公司	68179500	42	百度网络技术有限公司	8191200
9	中国中化集团公司	58107620	43	神州数码集团股份有限公司	8185805
10	中国邮政集团公司	56640155	44	北京首都旅游集团有限责任公司	7579875
11	中国人民保险集团股份有限公司	50379900	45	网易公司	6715646
12	中粮集团有限公司	47111990	46	北京能源集团有限责任公司	6664213
13	中国中信集团有限公司	46738743	47	中国铁路物资集团有限公司	6318163
14	北京京东世纪贸易有限公司	46201976	48	北京首都创业集团有限公司	5002567
15	中国电信集团有限公司	45449206	49	中华联合保险集团股份有限公司	4342309
16	中国医药集团有限公司	39675030	50	北京首都开发控股（集团）有限公司	4265257
17	国美控股集团有限公司	33409846	51	物美科技集团有限公司	4131941
18	中国民生银行股份有限公司	31998900	52	北京江南投资集团有限公司	3655988
19	中国保利集团公司	30564600	53	北京金融街投资（集团）有限公司	3302822
20	招商局集团有限公司	30378400	54	中铁集装箱运输有限责任公司	2978019
21	中国机械工业集团有限公司	30046546	55	迪信通科技集团有限公司	2966604
22	中国联合网络通信集团有限公司	29218529	56	广微控股有限公司	1993158
23	中国远洋海运集团有限公司	28183660	57	北京学而思教育科技有限公司	1606353
24	中国航空油料集团有限公司	28027058	58	新浪公司	1394959
25	中国光大集团有限公司	27702100	59	搜狐网络有限责任公司	1245567
26	华夏人寿保险股份有限公司	18847090	60	众信旅游集团股份有限公司	1223122
27	中国太平保险控股有限公司	18181022		合计	1815465116
28	中国通用技术（集团）控股有限责任公司	17052053			
29	泰康保险集团股份有限公司	16491538	上海		
30	新华人寿保险股份有限公司	15416700	1	交通银行股份有限公司	43404600
31	华夏银行股份有限公司	13909600	2	中国太平洋保险（集团）股份有限公司	35436300
32	中国国际航空股份有限公司	13677440	3	绿地控股集团股份有限公司	34842646
33	北大方正集团有限公司	13327393	4	上海浦东发展银行股份有限公司	33438200

续表

排名	企业名称	营业收入/万元	排名	企业名称	营业收入/万元
5	东浩兰生（集团）有限公司	15434403	39	上海博尔捷企业集团有限公司	1248300
6	中国东方航空集团有限公司	12794870	40	上海交运（集团）公司	1017895
7	东方国际（集团）有限公司	11147834	41	上海百润企业发展有限公司	904923
8	上海均和集团有限公司	10404361	42	上海临港经济发展（集团）有限公司	863494
9	上海钢联电子商务股份有限公司	9605509	43	中锐控股集团有限公司	825260
10	上海银行股份有限公司	8982805	44	亿达中国控股有限公司	735696
11	上海永达控股（集团）有限公司	6951800	45	上海申华控股股份有限公司	714615
12	互诚信息技术（上海）有限公司	6522728	46	上海东方电视购物有限公司	652138
13	百联集团有限公司	6258910	47	网宿科技股份有限公司	633746
14	中运富通控股集团有限公司	4523282	48	东渡国际集团有限公司	603211
15	上海新增鼎资产管理有限公司	4231999	49	上海中通瑞德投资集团有限公司	596395
16	申能（集团）有限公司	4221935	50	福然德股份有限公司	561286
17	中国大地财产保险股份有限公司	3821973	51	上海汉滨实业发展有限公司	556138
18	上海国际港务（集团）股份有限公司	3804254	52	上海浦原对外经贸有限公司	555926
19	上海农村商业银行股份有限公司	3524224	53	中国海诚工程科技股份有限公司	522535
20	国泰君安证券股份有限公司	3122939		合计	310066983
21	上海均瑶（集团）有限公司	3062102			
22	上海中梁企业发展有限公司	3042009	天津		
23	圆通速递股份有限公司	2746514	1	天津泰达投资控股有限公司	5997826
24	月星集团有限公司	2738798	2	渤海银行股份有限公司	5343978
25	海通证券股份有限公司	2376501	3	天津银行股份有限公司	3321283
26	上海闽路润贸易有限公司	2366412	4	天津亿联投资控股集团有限公司	3205700
27	德邦物流股份有限公司	2302532	5	天津港（集团）有限公司	2933138
28	中国万向控股有限公司	2206940	6	天津城市基础设施建设投资集团有限公司	1544659
29	中通快递股份有限公司	1760445	7	天津现代集团有限公司	1542226
30	上海协通（集团）有限公司	1730042	8	天津恒运能源集团股份有限公司	1502238
31	申通快递有限公司	1701277	9	天津农村商业银行股份有限公司	1460136
32	上海机场（集团）有限公司	1656370	10	北方国际集团有限公司	1199592
33	上海春秋国际旅行社（集团）有限公司	1619457	11	云账户（天津）共享经济信息咨询有限公司	1165776
34	上海龙宇燃油股份有限公司	1603587	12	天津住宅建设发展集团有限公司	1060076
35	上海三盛宏业投资（集团）有限责任公司	1537725	13	天弘基金管理有限公司	1012521
36	大华（集团）有限公司	1535415	14	渤海人寿保险股份有限公司	907930
37	上海龙旗科技股份有限公司	1326015	15	天津大通投资集团有限公司	752505
38	上海景域文化传播股份有限公司	1287712	16	天津市政建设集团有限公司	618725

续表

排名	企业名称	营业收入/万元	排名	企业名称	营业收入/万元
17	天津拾起卖科技有限公司	597624		合计	3326931
	合计	34165933			
			辽宁		
重庆			1	大连万达集团股份有限公司	18076999
1	重庆市金科投资控股（集团）有限责任公司	12382825	2	盛京银行股份有限公司	4647133
2	龙湖集团控股有限公司	11579846	3	福佳集团有限公司	4273426
3	重庆商社（集团）有限公司	5461523		合计	26997558
4	重庆市能源投资集团有限公司	5063249			
5	重庆农村商业银行股份有限公司	4593490	河北		
6	重庆华宇集团有限公司	3266656	1	荣盛控股股份有限公司	7284241
7	重庆市中科控股有限公司	3096989	2	新奥能源控股有限公司	6069800
8	重庆对外经贸（集团）有限公司	3003666	3	河北省物流产业集团有限公司	5289403
9	华南物资集团有限公司	2880259	4	兴华财富集团有限公司	2654290
10	重庆医药（集团）股份有限公司	2580274	5	河北省国和投资集团有限公司	2607691
11	重庆千信集团有限公司	2278944	6	石家庄北国人百集团有限责任公司	2064265
12	重庆交通运输控股（集团）有限公司	1537041	7	河北港口集团有限公司	1573611
13	重庆砂之船奥莱商业管理有限公司	1301953	8	蓝池集团有限公司	1082627
14	万友汽车投资有限公司	1144441	9	卓正控股集团有限公司	962537
15	马上消费金融股份有限公司	1086752		合计	29588465
16	重庆银行股份有限公司	1063008			
17	重庆港务物流集团有限公司	860804	河南		
18	重庆财信企业集团有限公司	796581	1	建业控股有限公司	2365943
19	重庆市新大兴实业（集团）有限公司	600832	2	郑州银行股份有限公司	2362029
20	重庆百事达汽车有限公司	533036	3	河南交通投资集团有限公司	1427352
21	重庆长安民生物流股份有限公司	512710	4	中原出版传媒投资控股集团有限公司	1427330
	合计	65624879	5	洛阳国宏投资集团有限公司	1214831
			6	河南省国有资产控股运营集团有限公司	915259
黑龙江				合计	9712744
1	黑龙江倍丰农业生产资料集团有限公司	1603930			
	合计	1603930	山东		
			1	浪潮集团有限公司	10160465
吉林			2	山东高速集团有限公司	7062684
1	吉林银行股份有限公司	1766939	3	齐鲁交通发展集团有限公司	3679513
2	长春欧亚集团股份有限公司	1559992	4	新华锦集团	3518320

续表

排名	企业名称	营业收入/万元	排名	企业名称	营业收入/万元
5	瑞康医药集团股份有限公司	3391853	安徽		
6	利群集团股份有限公司	2653669	1	文一投资控股集团	3180620
7	青岛世纪瑞丰集团有限公司	2065278	2	安徽省交通控股集团有限公司	3116191
8	日照港集团有限公司	1987574	3	安徽安粮控股股份有限公司	2426547
9	山东航空集团有限公司	1927767	4	安徽新华发行（集团）控股有限公司	2175632
10	淄博商厦股份有限公司	1876290	5	安徽出版集团有限责任公司	1930012
11	山东远通汽车贸易集团有限公司	1823306	6	安徽辉隆投资集团	1784128
12	润华集团股份有限公司	1705590	7	安徽华源医药集团股份有限公司	1665582
13	青岛银行股份有限公司	1479483	8	安徽国祯集团股份有限公司	978414
14	青岛城市建设投资（集团）有限责任公司	1167231	9	安徽亚夏实业股份有限公司	856368
15	路通建设集团股份有限公司	1012549	10	安徽文峰置业有限公司	761810
16	烟台港集团有限公司	806103	11	安徽省众城集团	745273
17	青岛农村商业银行股份有限公司	746207		合计	19620577
18	青岛利客来集团股份有限公司	702972			
19	中泰证券股份有限公司	702522	江苏		
20	青岛康大外贸集团有限公司	551069	1	苏宁控股集团	60245624
	合计	49020445	2	福中集团有限公司	8537865
			3	弘阳集团有限公司	7632357
山西			4	江苏国泰国际集团有限公司	5751879
1	晋能集团有限公司	10365592	5	东华能源股份有限公司	4894286
2	山西煤炭进出口集团有限公司	5514675	6	通鼎集团有限公司	4283825
3	山西能源交通投资有限公司	2486830	7	江苏中利能源控股有限公司	3987368
4	山西美特好连锁超市股份有限公司	803306	8	江苏汇鸿国际集团股份有限公司	3898338
5	山西大昌汽车集团有限公司	761739	9	南通化工轻工股份有限公司	3174181
	合计	19932142	10	苏州金螳螂企业（集团）有限公司	2572981
			11	南京新华海科技产业集团有限公司	2183755
			12	江阴长三角钢铁集团有限公司	2011878
陕西			13	无锡市国联发展（集团）有限公司	2007103
1	西安迈科金属国际集团有限公司	10862627	14	江苏省苏豪控股集团有限公司	1860765
2	陕西投资集团有限公司	3717672	15	张家港市泽厚贸易有限公司	1833987
3	西安高科（集团）公司	1628373	16	张家港市沃丰贸易有限公司	1781873
4	陕西粮农集团有限责任公司	1316281	17	无锡市不锈钢电子交易中心有限公司	1704311
5	西安曲江文化产业投资（集团）有限公司	792589	18	张家港保税区旭江贸易有限公司	1612825
	合计	18317542	19	中国江苏国际经济技术合作集团有限公司	1573734

续表

排名	企业名称	营业收入/万元	排名	企业名称	营业收入/万元
20	盐城市国有资产投资集团有限公司	1516020	7	湖南博深实业集团有限公司	1004635
21	常州市化工轻工材料总公司	1491716	8	芒果超媒股份有限公司	966066
22	玖隆钢铁物流有限公司	1385507	9	中南出版传媒集团股份有限公司	957558
23	江苏五星电器有限公司	1303240	10	湖南粮食集团有限责任公司	954994
24	苏州裕景泰贸易有限公司	1270574	11	老百姓大药房连锁股份有限公司	947109
25	江阴市金桥化工有限公司	1263898	12	湖南佳惠百货有限责任公司	794646
26	江苏大经供应链股份有限公司	1260933	13	湖南友谊阿波罗控股股份有限公司	782040
27	无锡市交通产业集团有限公司	1066154	14	天元盛世集团	743277
28	南京大地建设集团有限责任公司	1005937	15	益丰大药房连锁股份有限公司	691258
29	无锡商业大厦大东方股份有限公司	915357	16	方正证券股份有限公司	572259
30	江苏省粮食集团有限责任公司	746092	17	安克创新科技股份有限公司	523222
31	江苏嘉奕和铜业科技发展有限公司	687554	18	湖南省轻工盐业集团有限公司	511321
32	江阴达赛贸易有限公司	641678		合计	22238222
33	无锡农村商业银行股份有限公司	631731			
34	张家港保税区日祥贸易有限公司	628460	湖北		
35	江苏江阴农村商业银行股份有限公司	555642	1	九州通医药集团股份有限公司	8713636
36	江苏禹尧化工有限公司	552929	2	卓尔控股有限公司	8226308
37	江苏华地国际控股集团有限公司	535143	3	武汉金融控股（集团）有限公司	3750100
38	江苏智恒达投资集团有限公司	529437	4	武汉商联（集团）股份有限公司	3696574
39	无锡市市政公用产业集团有限公司	521472	5	武汉当代科技产业集团有限公司	2772437
40	常熟市交电家电有限责任公司	519670	6	湖北省交通投资集团有限公司	2607673
41	南京金宝商业投资集团股份有限公司	517876	7	合众人寿保险股份有限公司	1695732
42	江苏张家港农村商业银行股份有限公司	504889	8	武汉联杰能源有限公司	1680445
43	江阴市川江化工有限公司	502093	9	武汉市城市建设投资开发集团有限公司	1585782
44	苏州汽车客运集团有限公司	496387	10	武汉农村商业银行股份有限公司	1233731
	合计	142599324	11	湖北能源集团股份有限公司	1230772
			12	武汉东湖高新集团股份有限公司	869250
湖南			13	武汉地产开发投资集团有限公司	742061
1	大汉控股集团有限公司	3989426	14	奥山集团有限公司	651169
2	步步高投资集团股份有限公司	3901252	15	良品铺子股份有限公司	637756
3	长沙银行股份有限公司	1394100	16	汉口银行股份有限公司	607611
4	湖南永通集团有限公司	1226020	17	武汉市水务集团有限公司	559646
5	现代投资股份有限公司	1186099	18	武汉市燃气热力集团有限公司	558250
6	湖南兰天集团有限公司	1092940	19	武汉工贸有限公司	515578

续表

排名	企业名称	营业收入/万元	排名	企业名称	营业收入/万元
			26	浙江省农村发展集团有限公司	1026253
江西			27	浙江蓝天实业集团有限公司	961588
1	南昌市政公用投资控股有限责任公司	3481931	28	宁波滕头集团有限公司	915129
2	江西省高速公路投资集团有限责任公司	2306769	29	浙江华通控股集团有限公司	852122
3	九江银行股份有限公司	786604	30	浙江华瑞集团有限公司	842355
4	赣州银行股份有限公司	594390	31	万事利集团有限公司	827347
	合计	7169694	32	浙江恒威集团有限公司	783035
			33	宁波海田控股集团有限公司	771899
			34	宁波轿辰集团股份有限公司	757630
浙江			35	开元旅业集团有限公司	755500
1	阿里巴巴集团控股有限公司	37684400	36	日出实业集团有限公司	748960
2	物产中大集团股份有限公司	30053825	37	宁波力勤矿业有限公司	723607
3	浙江省交通投资集团有限公司	13769149	38	浙江万丰企业集团公司	716987
4	浙江省兴合集团有限责任公司	11051105	39	绿城物业服务集团有限公司	670991
5	浙江省能源集团有限公司	9364713	40	华茂集团股份有限公司	646779
6	远大物产集团有限公司	6602524	41	万向三农集团有限公司	607074
7	浙江省国际贸易集团有限公司	5838938	42	宁波市绿顺集团股份有限公司	601159
8	中基宁波集团股份有限公司	5787948	43	杭州解百集团股份有限公司	590885
9	浙江前程投资股份有限公司	4256698	44	雄风集团有限公司	560628
10	浙江省海港投资运营集团有限公司	3003557	45	宁波富达股份有限公司	516326
11	太平鸟集团有限公司	2639268	46	浙江省旅游集团有限责任公司	505529
12	银泰商业（集团）有限公司	2426916		合计	169891698
13	海越能源集团股份有限公司	2141260			
14	杭州滨江房产集团股份有限公司	2111547			
15	浙江宝利德股份有限公司	2101903	**广东**		
16	杭州东恒石油有限公司	2056202	1	中国平安保险（集团）股份有限公司	108214600
17	浙江英特药业有限责任公司	2049026	2	中国华润有限公司	60850900
18	浙江建华集团有限公司	1862654	3	中国南方电网有限责任公司	53554900
19	宁波华东物资城市场建设开发有限公司	1738200	4	恒大集团有限公司	46619600
20	维科控股集团股份有限公司	1673931	5	碧桂园控股有限公司	37907900
21	宁波君安控股有限公司	1529826	6	招商银行股份有限公司	36564800
22	杭州联华华商集团有限公司	1376717	7	腾讯控股有限公司	31269400
23	浙江出版联合集团有限公司	1230014	8	万科企业股份有限公司	29708306
24	浙江中外运有限公司	1118481	9	雪松控股集团有限公司	26882596
25	浙江凯喜雅国际股份有限公司	1041113	10	中国南方航空集团有限公司	14435804

续表

排名	企业名称	营业收入/万元	排名	企业名称	营业收入/万元
11	华侨城集团有限公司	11034881	45	深圳市华富洋供应链有限公司	1947058
12	富德生命人寿保险股份有限公司	9704849	46	广州海印实业集团有限公司	1854992
13	深圳顺丰泰森控股（集团）有限公司	9094269	47	深圳能源集团股份有限公司	1852740
14	腾邦集团有限公司	8451483	48	搜于特集团股份有限公司	1849414
15	唯品会（中国）有限公司	7947835	49	广州珠江实业集团有限公司	1833055
16	深圳市投资控股有限公司	7175472	50	东莞农村商业银行股份有限公司	1777738
17	深圳市怡亚通供应链股份有限公司	7007207	51	广东粤海控股集团有限公司	1757770
18	前海人寿保险股份有限公司	6440466	52	广田控股集团有限公司	1661728
19	广东省广晟资产经营有限公司	5830524	53	广发证券股份有限公司	1527037
20	深圳市爱施德股份有限公司	5698379	54	盈峰投资控股集团有限公司	1520507
21	广东省广新控股集团有限公司	5629013	55	深圳中电投资股份有限公司	1468574
22	珠海华发集团有限公司	5327885	56	广州元亨能源有限公司	1457866
23	深圳海王集团股份有限公司	5032143	57	广州岭南国际企业集团有限公司	1422207
24	广东省交通集团有限公司	4703652	58	广州无线电集团有限公司	1398216
25	广州越秀集团有限公司	4482086	59	广东省丝绸纺织集团有限公司	1359489
26	广州轻工工贸集团有限公司	4473903	60	广东宏川集团有限公司	1352735
27	广东省广物控股集团有限公司	4388406	61	广州金融控股集团有限公司	1342515
28	天音通信有限公司	4023901	62	深圳市东方嘉盛供应链股份有限公司	1289631
29	广州农村商业银行股份有限公司	3684288	63	深圳市燃气集团股份有限公司	1274139
30	深圳金雅福控股集团有限公司	3657301	64	广东鸿粤汽车销售集团有限公司	1268886
31	广州国资发展控股有限公司	3574440	65	深圳市环球易购电子商务有限公司	1240668
32	名创优品（广州）有限责任公司	3568442	66	深圳市旗丰供应链服务有限公司	1177571
33	深圳市中农网有限公司	3497344	67	广州港集团有限公司	1166214
34	香江集团有限公司	3292301	68	广州百货企业集团有限公司	1153845
35	奥园集团有限公司	3076634	69	广州华多网络科技有限公司	972311
36	卓越置业集团有限公司	3057621	70	佛山市顺德区乐从供销集团有限公司	960093
37	广东省广业集团有限公司	3044609	71	深圳市英捷迅实业发展有限公司	952496
38	深圳市富森供应链管理有限公司	2807308	72	广州地铁集团有限公司	908348
39	深圳市信利康供应链管理有限公司	2650017	73	大参林医药集团股份有限公司	885927
40	广州市水务投资集团有限公司	2626944	74	岭南生态文旅股份有限公司	884290
41	广州市方圆房地产发展有限公司	2411267	75	深圳市水务（集团）有限公司	876512
42	深圳市思贝克集团有限公司	2389143	76	广州酷狗计算机科技有限公司	875748
43	深圳华强集团有限公司	2312194	77	广东南海农村商业银行股份有限公司	834516
44	利泰集团有限公司	2173585	78	广东合诚集团有限公司	823162

续表

排名	企业名称	营业收入/万元	排名	企业名称	营业收入/万元
79	广州南方投资集团有限公司	816345			
80	深圳市恒波商业连锁有限公司	794707		福建	
81	深圳市铁汉生态环境股份有限公司	774883	1	兴业银行股份有限公司	33729200
82	深圳市优友金融服务有限公司	771357	2	厦门建发集团有限公司	28262119
83	深圳乐信控股有限公司	759690	3	厦门国贸控股集团有限公司	27409582
84	广州交通投资集团有限公司	745062	4	厦门象屿集团有限公司	24146079
85	承志供应链有限公司	737232	5	阳光龙净集团有限公司	22089600
86	中国南海石油联合服务总公司	725611	6	永辉超市股份有限公司	7051665
87	广东天禾农资股份有限公司	719100	7	福建省能源集团有限责任公司	6948526
88	深圳市鑫荣懋农产品股份有限公司	714768	8	厦门航空有限公司	3013515
89	深圳市九立供应链股份有限公司	665355	9	厦门路桥工程物资有限公司	2955788
90	广州佳都集团有限公司	664554	10	厦门港务控股集团有限公司	2565670
91	广州尚品宅配家居股份有限公司	664539	11	厦门禹洲集团有限公司	2430587
92	广州南菱汽车股份有限公司	640463	12	联发集团有限公司	1872529
93	广东南油对外服务有限公司	542013	13	厦门恒兴集团有限公司	1496719
94	广东省广播电视网络股份有限公司	540914	14	厦门翔业集团有限公司	1415366
95	广东新供销天恒控股有限公司	537449	15	福建省交通运输集团有限责任公司	1291708
96	棕榈生态城镇发展股份有限公司	532806	16	鹭燕医药股份有限公司	1150089
97	广东新协力集团有限公司	527611	17	厦门夏商集团有限公司	1138177
98	佛山市燃气集团股份有限公司	509430	18	安通控股股份有限公司	1005753
99	深圳市奇信建设集团股份有限公司	499937	19	厦门航空开发股份有限公司	933932
	合计	669090422	20	厦门住宅建设集团有限公司	620004
			21	福建省人力资源服务有限公司	585681
	四川		22	厦门海澳集团有限公司	567890
1	蓝润集团有限公司	5608577	23	福建发展集团有限公司	509538
2	四川省交通投资集团有限责任公司	4688646	24	福建网龙计算机网络信息技术有限公司	503754
3	四川省能源投资集团有限公司	4383274		合计	173693471
4	成都兴城投资集团有限公司	4366431			
5	四川航空股份有限公司	2326780		广西壮族自治区	
6	四川华油集团有限责任公司	1025170	1	广西投资集团有限公司	13883512
7	四川新华发行集团有限公司	850873	2	广西北部湾国际港务集团有限公司	6918456
8	准时达国际供应链管理有限公司	761967	3	广西交通投资集团有限公司	2631453
9	四川安吉物流集团有限公司	557433	4	广西物资集团有限责任公司	1943726
	合计	24569151	5	广西金融投资集团有限公司	1514222

续表

排名	企业名称	营业收入/万元	排名	企业名称	营业收入/万元
6	桂林银行股份有限公司	1350022			
7	广西云星集团有限公司	1247561	**青海**		
8	广西农村投资集团有限公司	1220071		合计	9747478
9	广西柳州医药股份有限公司	1171453	1	青海省物产集团有限公司	810063
10	桂林彰泰实业集团有限公司	985684	2	青海银行股份有限公司	497977
11	广西北部湾银行股份有限公司	772017		合计	1308040
12	南宁威宁投资集团有限责任公司	684924	**新疆维吾尔自治区**		
13	柳州银行股份有限公司	613912	1	新疆广汇实业投资（集团）有限责任公司	18894202
	合计	34937013	2	新疆生产建设兵团棉麻有限公司	2113454
云南			3	新疆天富集团有限责任公司	1170454
1	云南省建设投资控股集团有限公司	11604985		合计	22178110
2	云南省投资控股集团有限公司	10892371			
3	云南省能源投资集团有限公司	9043249	**内蒙古自治区**		
	合计	31540605	1	内蒙古电力（集团）有限责任公司	8143203
			2	内蒙古高等级公路建设开发有限责任公司	582842
甘肃				合计	8726045
1	甘肃省公路航空旅游投资集团有限公司	9747478			

表10-4 2019中国服务业企业500强净利润排序前100名企业

排名	企业名称	净利润/万元	排名	企业名称	净利润/万元
1	中国工商银行股份有限公司	29767600	51	中国医药集团有限公司	585010
2	中国建设银行股份有限公司	25465500	52	雪松控股集团有限公司	558752
3	中国农业银行股份有限公司	20278300	53	北京江南投资集团有限公司	522745
4	中国银行股份有限公司	18088600	54	海通证券股份有限公司	521109
5	国家开发银行股份有限公司	11075800	55	盛京银行股份有限公司	512872
6	中国平安保险(集团)股份有限公司	10740400	56	浙江省能源集团有限公司	469630
7	阿里巴巴集团控股有限公司	8788600	57	中国中化集团公司	463980
8	招商银行股份有限公司	8056000	58	东莞农村商业银行股份有限公司	454271
9	腾讯控股有限公司	7871900	59	长沙银行股份有限公司	447900
10	中国移动通信集团有限公司	7769172	60	深圳顺丰泰森控股(集团)有限公司	441863
11	交通银行股份有限公司	7363000	61	大连万达集团股份有限公司	441445
12	兴业银行股份有限公司	6062000	62	中通快递股份有限公司	438302
13	上海浦东发展银行股份有限公司	5591400	63	广发证券股份有限公司	430012
14	国家电网有限公司	5407400	64	卓越置业集团有限公司	427336
15	中国民生银行股份有限公司	5032700	65	浙江省交通投资集团有限公司	423466
16	恒大集团有限公司	3739000	66	天津银行股份有限公司	418125
17	碧桂园控股有限公司	3461800	67	厦门建发集团有限公司	417607
18	万科企业股份有限公司	3377265	68	荣盛控股股份有限公司	417483
19	中国中信集团有限公司	3020276	69	阳光龙净集团有限公司	405900
20	招商局集团有限公司	2955900	70	阳光保险集团股份有限公司	403548
21	百度网络技术有限公司	2757300	71	大华(集团)有限公司	401676
22	中国邮政集团公司	2734271	72	广东省交通集团有限公司	398311
23	中国华润有限公司	2298400	73	重庆银行股份有限公司	376985
24	龙湖集团控股有限公司	2089069	74	广东省广物控股集团有限公司	370321
25	华夏银行股份有限公司	2085400	75	申能(集团)有限公司	363662
26	北京银行股份有限公司	2000154	76	重庆华宇集团有限公司	359179
27	上海银行股份有限公司	1803404	77	厦门禹洲集团股份有限公司	350494
28	中国太平洋保险(集团)股份有限公司	1801919	78	奥园集团有限公司	346934
29	中国远洋海运集团有限公司	1459910	79	北京京东世纪贸易有限公司	345977
30	中国人民保险集团股份有限公司	1345000	80	中国机械工业集团有限公司	322678
31	中国光大集团有限公司	1250700	81	上海机场(集团)有限公司	315518
32	中国信达资产管理股份有限公司	1203613	82	中国航空油料集团有限公司	315019
33	泰康保险集团股份有限公司	1187047	83	天弘基金管理有限公司	306863
34	中国南方电网有限责任公司	1179025	84	郑州银行股份有限公司	305883
35	绿地控股集团股份有限公司	1137478	85	中国南方航空集团有限公司	305111
36	中国电信集团有限公司	1101115	86	浙江省海港投资运营集团有限公司	304510
37	上海国际港务(集团)股份有限公司	1027634	87	中国东方航空集团有限公司	298745
38	中国保利集团公司	989500	88	福佳集团有限公司	296933
39	重庆农村商业银行股份有限公司	905819	89	山东高速集团有限公司	295496
40	深圳市投资控股有限公司	855316	90	中国通用技术(集团)控股有限责任公司	292806
41	苏宁控股集团	844721	91	卓尔控股有限公司	290846
42	华侨城集团有限公司	844044	92	中国太平保险控股有限公司	287092
43	新华人寿保险股份有限公司	792200	93	新奥能源控股有限公司	281800
44	中国国际航空股份有限公司	733632	94	唯品会(中国)有限公司	275541
45	上海农村商业银行股份有限公司	730814	95	广东南海农村商业银行股份有限公司	274112
46	渤海银行股份有限公司	708016	96	华夏人寿保险股份有限公司	263830
47	国泰君安证券股份有限公司	670812	97	广州市方圆房地产发展有限公司	260180
48	广州农村商业银行股份有限公司	652634	98	广州华多网络科技有限公司	254401
49	国家开发投资集团有限公司	619444	99	安徽省交通控股集团有限公司	252601
50	网易公司	615241	100	天津农村商业银行股份有限公司	244398
				中国服务业企业500强平均数	545324

表 10-5 2019 中国服务业企业 500 强资产排序前 100 名企业

排名	企业名称	资产/万元	排名	企业名称	资产/万元
1	中国工商银行股份有限公司	2769954000	51	中国联合网络通信集团有限公司	57882208
2	中国建设银行股份有限公司	2322269300	52	海通证券股份有限公司	57462363
3	中国农业银行股份有限公司	2260947100	53	中粮集团有限公司	56063500
4	中国银行股份有限公司	2126727500	54	深圳市投资控股有限公司	55611478
5	国家开发银行股份有限公司	1617982000	55	长沙银行股份有限公司	52663000
6	中国邮政集团公司	981192488	56	广州越秀集团有限公司	51811002
7	交通银行股份有限公司	953117100	57	华夏人寿保险股份有限公司	51081830
8	中国平安保险（集团）股份有限公司	714296000	58	龙湖集团控股有限公司	50688401
9	中国中信集团有限公司	677161916	59	中国中化集团公司	48974860
10	招商银行股份有限公司	674572900	60	郑州银行股份有限公司	46614242
11	兴业银行股份有限公司	671165700	61	富德生命人寿保险股份有限公司	46392836
12	上海浦东发展银行股份有限公司	628960600	62	重庆银行股份有限公司	45036897
13	中国民生银行股份有限公司	599482200	63	甘肃省公路航空旅游投资集团有限公司	44588671
14	中国光大集团有限公司	478518600	64	华侨城集团有限公司	44400361
15	中国人寿保险（集团）公司	398438259	65	国泰君安证券股份有限公司	43672908
16	国家电网有限公司	392930558	66	苏宁控股集团	43399017
17	华夏银行股份有限公司	268058000	67	东莞农村商业银行股份有限公司	40815661
18	北京银行股份有限公司	257286480	68	浙江省交通投资集团有限公司	40568071
19	上海银行股份有限公司	202777240	69	广东省交通集团有限公司	39691239
20	恒大集团有限公司	188002800	70	中国机械工业集团有限公司	39443915
21	中国移动通信集团有限公司	175224030	71	广发证券股份有限公司	38910594
22	中国华融资产管理股份有限公司	171008668	72	湖北省交通投资集团有限公司	38752563
23	碧桂园控股有限公司	162969400	73	四川省交通投资集团有限责任公司	37642560
24	中国信达资产管理股份有限公司	149575921	74	广西交通投资集团有限公司	36299269
25	中国华润有限公司	143940400	75	吉林银行股份有限公司	36185151
26	招商局集团有限公司	139799800	76	北大方正集团有限公司	36061418
27	中国太平洋保险（集团）股份有限公司	133595892	77	广西投资集团有限公司	35622161
28	万科企业股份有限公司	129515592	78	阳光龙净集团有限公司	35416900
29	中国保利集团公司	108728200	79	云南省建设投资控股集团有限公司	34656206
30	绿地控股集团股份有限公司	103654546	80	中国医药集团有限公司	34207230
31	渤海银行股份有限公司	103445133	81	北京首都创业集团有限公司	32734062
32	中国人民保险集团股份有限公司	103169000	82	北京控股集团有限公司	32043777
33	盛京银行股份有限公司	98543294	83	广州地铁集团有限公司	31981394
34	阿里巴巴集团控股有限公司	96507600	84	汉口银行股份有限公司	31929591
35	大连万达集团股份有限公司	95860638	85	青岛银行股份有限公司	31765850
36	重庆农村商业银行股份有限公司	95061804	86	天津农村商业银行股份有限公司	31725599
37	中国电信集团有限公司	84411002	87	江西省高速公路投资集团有限责任公司	31485127
38	上海农村商业银行股份有限公司	83371275	88	北京首都开发控股（集团）有限公司	31327754
39	中国南方电网有限责任公司	81499700	89	九江银行股份有限公司	31162251
40	中国远洋海运集团有限公司	80810660	90	云南省投资控股集团有限公司	30135680
41	泰康保险集团股份有限公司	80602150	91	百度网络技术有限公司	29756600
42	广州农村商业银行股份有限公司	76328960	92	武汉市城市建设投资开发集团有限公司	29679783
43	天津城市基础设施建设投资集团有限公司	76023276	93	青岛农村商业银行股份有限公司	29414117
44	新华人寿保险股份有限公司	73392900	94	阳光保险集团股份有限公司	29145299
45	腾讯控股有限公司	72352100	95	中国东方航空集团有限公司	29039964
46	中国太平保险控股有限公司	66040574	96	珠海华发集团有限公司	28261660
47	天津银行股份有限公司	65933990	97	北京能源集团有限责任公司	27530071
48	山东高速集团有限公司	61458650	98	晋能集团有限公司	26866659
49	广州金融控股集团有限公司	59268188	99	桂林银行股份有限公司	26728787
50	国家开发投资集团有限公司	58228321	100	武汉农村商业银行股份有限公司	26683526
				中国服务业企业 500 强平均数	51704005

表10-6 2019中国服务业企业500强从业人数排序前100名企业

排名	企业名称	从业人数/人	排名	企业名称	从业人数/人
1	中国人民保险集团股份有限公司	1038158	51	广东省交通集团有限公司	65388
2	国家电网有限公司	970457	52	兴业银行股份有限公司	59659
3	中国邮政集团公司	929342	53	互诚信息技术（上海）有限公司	59257
4	华夏人寿保险股份有限公司	500000	54	华侨城集团有限公司	58616
5	中国农业银行股份有限公司	477526	55	中国民生银行股份有限公司	58338
6	中国移动通信集团有限公司	462046	56	国家开发投资集团有限公司	57999
7	中国工商银行股份有限公司	449296	57	山西能源交通投资有限公司	57886
8	中国华润有限公司	421274	58	唯品会（中国）有限公司	57465
9	中国电信集团有限公司	403014	59	泰康保险集团股份有限公司	57406
10	中国平安保险（集团）股份有限公司	376900	60	中国大地财产保险股份有限公司	57114
11	中国建设银行股份有限公司	366996	61	上海浦东发展银行股份有限公司	55692
12	中国银行股份有限公司	310119	62	广东省广晟资产经营有限公司	54940
13	中国南方电网有限责任公司	289735	63	腾讯控股有限公司	54309
14	中国中信集团有限公司	287500	64	百联集团有限公司	54086
15	阳光保险集团股份有限公司	272982	65	深圳市投资控股有限公司	52781
16	中国联合网络通信集团有限公司	266213	66	国美控股集团有限公司	52269
17	苏宁控股集团	256842	67	云南省建设投资控股集团有限公司	45365
18	北京京东世纪贸易有限公司	178927	68	中华联合保险集团股份有限公司	44029
19	大连万达集团股份有限公司	154728	69	百度网络技术有限公司	42267
20	中国人寿保险（集团）公司	153064	70	广州无线电集团有限公司	41335
21	中国机械工业集团有限公司	147099	71	华夏银行股份有限公司	41283
22	德邦物流股份有限公司	135374	72	重庆市能源投资集团有限公司	40805
23	深圳顺丰泰森控股（集团）有限公司	135294	73	绿地控股集团股份有限公司	39091
24	恒大集团有限公司	131694	74	天津住宅建设发展集团有限公司	38982
25	碧桂园控股有限公司	131387	75	新华人寿保险股份有限公司	38542
26	中国医药集团有限公司	128600	76	浙江省交通投资集团有限公司	38325
27	中国南方航空集团有限公司	118034	77	重庆交通运输控股（集团）有限公司	37656
28	中粮集团有限公司	117842	78	武汉商联（集团）股份有限公司	36845
29	招商局集团有限公司	115281	79	北京外企服务集团有限责任公司	35181
30	中国太平洋保险（集团）股份有限公司	113303	80	内蒙古电力（集团）有限责任公司	35006
31	中国远洋海运集团有限公司	111397	81	北大方正集团有限公司	34908
32	富德生命人寿保险股份有限公司	104300	82	中国通用技术（集团）控股有限责任公司	34752
33	万科企业股份有限公司	104300	83	名创优品（广州）有限责任公司	34159
34	物美科技集团有限公司	100000	84	北京学而思教育科技有限公司	33999
35	中国保利集团公司	97527	85	浪潮集团有限公司	33879
36	中国东方航空集团有限公司	97327	86	甘肃省公路航空旅游投资集团有限公司	33209
37	重庆商社（集团）有限公司	96214	87	北京能源集团有限公司	33185
38	北京首都旅游集团有限责任公司	96213	88	福建省能源集团有限公司	32843
39	晋能集团有限公司	95877	89	北京首都创业集团有限公司	31966
40	交通银行股份有限公司	89542	90	雪松控股集团有限公司	31547
41	中国国际航空股份有限公司	88160	91	深圳海王集团股份有限公司	31500
42	永辉超市股份有限公司	84931	92	安徽省交通控股集团有限公司	30374
43	东方国际（集团）有限公司	84539	93	福中集团有限公司	30360
44	新疆广汇实业投资（集团）有限责任公司	82175	94	新奥能源控股有限公司	28900
45	北京控股集团有限公司	81046	95	开元旅业集团有限公司	28800
46	中国太平保险控股有限公司	75341	96	荣盛控股股份有限公司	28756
47	招商银行股份有限公司	74590	97	福建省交通运输集团有限责任公司	27591
48	阿里巴巴集团控股有限公司	73000	98	河南交通投资集团有限公司	27290
49	中国光大集团有限公司	70000	99	广西北部湾国际港务集团有限公司	27106
50	中国中化集团公司	66713	100	广州地铁集团有限公司	26967
				中国服务业企业500强平均数	33240

表 10-7 2019 中国服务业企业 500 强研发费用排序前 100 名企业

排名	企业名称	研发费用/万元	排名	企业名称	研发费用/万元
1	阿里巴巴集团控股有限公司	3743500	51	天津港（集团）有限公司	38319
2	腾讯控股有限公司	2293600	52	国家开发投资集团有限公司	37317
3	中国移动通信集团有限公司	2201310	53	广州轻工工贸集团有限公司	37106
4	百度网络技术有限公司	1577200	54	广东省广业集团有限公司	35260
5	北京京东世纪贸易有限公司	1214438	55	广州地铁集团有限公司	34457
6	国家电网有限公司	985502	56	长沙银行股份有限公司	32783
7	浪潮集团有限公司	971201	57	东方国际（集团）有限公司	32691
8	网易公司	779225	58	重庆市能源投资集团有限公司	32508
9	互诚信息技术（上海）有限公司	707190	59	北京控股集团有限公司	32180
10	中国工商银行股份有限公司	700029	60	深圳乐信控股有限公司	32017
11	中国电信集团有限公司	569106	61	荣盛控股股份有限公司	31796
12	中国机械工业集团有限公司	389675	62	新疆广汇实业投资（集团）有限责任公司	30664
13	中国中信集团有限公司	359000	63	岭南生态文旅股份有限公司	30498
14	搜狐网络有限责任公司	291815	64	广州市水务投资集团有限公司	30074
15	苏宁控股集团	239750	65	深圳市铁汉生态环境股份有限公司	29480
16	新浪公司	228830	66	安克创新科技股份有限公司	28663
17	北京学而思教育科技有限公司	145090	67	天津银行股份有限公司	28225
18	珠海华发集团有限公司	139346	68	广东省交通集团有限公司	27545
19	广州无线电集团有限公司	118280	69	浙江省能源集团有限公司	27512
20	深圳华强集团有限公司	114539	70	盈峰投资控股集团有限公司	26531
21	国泰君安证券股份有限公司	105091	71	马上消费金融股份有限公司	26070
22	江苏中利能源控股有限公司	99684	72	卓尔控股有限公司	25515
23	深圳顺丰泰森控股（集团）有限公司	98431	73	名创优品（广州）有限责任公司	25480
24	雪松控股集团有限公司	97885	74	重庆市金科投资控股（集团）有限责任公司	25313
25	福建网龙计算机网络信息技术有限公司	92287	75	维科控股集团股份有限公司	24798
26	中国联合网络通信集团有限公司	88457	76	山东高速集团有限公司	24248
27	广发证券股份有限公司	77278	77	河南交通投资集团有限公司	24056
28	苏州金螳螂企业（集团）有限公司	76441	78	上海均瑶（集团）有限公司	23829
29	交通银行股份有限公司	74183	79	中通快递股份有限公司	22903
30	唯品会（中国）有限公司	74090	80	芒果超媒股份有限公司	22511
31	北京能源集团有限责任公司	72794	81	浙江华通控股集团有限公司	22199
32	广东省广晟资产经营有限公司	72103	82	中国南方航空集团有限公司	22113
33	天津亿联投资控股集团有限公司	69238	83	深圳市燃气集团股份有限公司	21922
34	网宿科技股份有限公司	67127	84	海越能源集团股份有限公司	20959
35	广州华多网络科技有限公司	61860	85	广州尚品宅配家居股份有限公司	20868
36	通鼎集团有限公司	59583	86	广西北部湾国际港务集团有限公司	20608
37	上海龙旗科技股份有限公司	53534	87	广州佳都集团有限公司	20039
38	泰康保险集团股份有限公司	52327	88	天津大通投资集团有限公司	19391
39	华侨城集团有限公司	52042	89	物产中大集团股份有限公司	19202
40	广州国资发展控股有限公司	51904	90	棕榈生态城镇发展股份有限公司	18686
41	广东省广新控股集团有限公司	50506	91	广州越秀集团有限公司	18591
42	江苏汇鸿国际集团股份有限公司	50245	92	广州珠江实业集团有限公司	18547
43	武汉当代科技产业集团股份有限公司	48412	93	上海景域文化传播股份有限公司	17996
44	中国万向控股有限公司	46339	94	青岛康大外贸集团有限公司	17910
45	北大方正集团有限公司	45949	95	无锡市国联发展（集团）有限公司	17619
46	中国通用技术（集团）控股有限责任公司	45453	96	中国国际技术智力合作有限公司	17566
47	广州酷狗计算机科技有限公司	41898	97	晋能集团有限公司	17492
48	浙江省交通投资集团有限公司	41039	98	福中集团有限公司	17120
49	深圳市投资控股有限公司	39603	99	中国邮政集团公司	17020
50	广田控股集团有限公司	39329	100	中国海诚工程科技股份有限公司	16470
				中国服务业企业500强平均数	70657

表 10-8 2019 中国服务业企业 500 强研发强度排序前 100 名企业

排名	企业名称	研发强度/%	排名	企业名称	研发强度/%
1	搜狐网络有限责任公司	23.43	51	广州国资发展控股有限公司	1.45
2	百度网络技术有限公司	19.25	52	上海景域文化传播股份有限公司	1.40
3	福建网龙计算机网络信息技术有限公司	18.32	53	通鼎集团有限公司	1.39
4	新浪公司	16.40	54	天津港（集团）有限公司	1.31
5	网易公司	11.60	55	中国机械工业集团有限公司	1.30
6	互诚信息技术（上海）有限公司	10.84	56	中通快递股份有限公司	1.30
7	网宿科技股份有限公司	10.59	57	上海交运（集团）公司	1.30
8	阿里巴巴集团控股有限公司	9.93	58	江苏汇鸿国际集团股份有限公司	1.29
9	浪潮集团有限公司	9.56	59	中国电信集团有限公司	1.25
10	北京学而思教育科技有限公司	9.03	60	广东省广晟资产经营有限公司	1.24
11	广州无线电集团有限公司	8.46	61	广东省产业集团有限公司	1.16
12	腾讯控股有限公司	7.33	62	广州交通投资集团有限公司	1.14
13	广州华多网络科技有限公司	6.36	63	广州市水务投资集团有限公司	1.14
14	安克创新科技股份有限公司	5.48	64	天津市政建设集团有限公司	1.13
15	广发证券股份有限公司	5.06	65	北京能源集团有限责任公司	1.09
16	深圳华强集团有限公司	4.95	66	亿达中国控股有限公司	1.09
17	广州酷狗计算机科技有限公司	4.78	67	深圳顺丰泰森控股（集团）有限公司	1.08
18	深圳乐信控股有限公司	4.21	68	广州珠江实业集团有限公司	1.01
19	上海龙旗科技股份有限公司	4.04	69	海越能源集团股份有限公司	0.98
20	深圳市铁汉生态环境股份有限公司	3.80	70	盐城市国有资产投资集团有限公司	0.95
21	广州地铁集团有限公司	3.79	71	唯品会（中国）有限公司	0.93
22	棕榈生态城镇发展股份有限公司	3.51	72	广州岭南国际企业集团有限公司	0.93
23	岭南生态文旅股份有限公司	3.45	73	广州南方投资集团有限公司	0.90
24	国泰君安证券股份有限公司	3.37	74	广东省广新控股集团有限公司	0.90
25	青岛康大外贸集团有限公司	3.25	75	无锡市国联发展（集团）有限公司	0.88
26	中国海诚工程科技股份有限公司	3.15	76	天津银行股份有限公司	0.85
27	广州尚品宅配家居股份有限公司	3.14	77	深圳能源集团股份有限公司	0.84
28	广州佳都集团有限公司	3.02	78	卓正控股集团有限公司	0.83
29	中国移动通信集团有限公司	2.97	79	广州轻工工贸集团有限公司	0.83
30	苏州金螳螂企业（集团）有限公司	2.97	80	万向三农集团有限公司	0.80
31	深圳市奇信建设集团股份有限公司	2.83	81	天津住宅建设发展集团有限公司	0.79
32	北京京东世纪贸易有限公司	2.63	82	上海均瑶（集团）有限公司	0.78
33	珠海华发集团有限公司	2.62	83	中国中信集团有限公司	0.77
34	浙江华通控股集团有限公司	2.61	84	深圳中电投资股份有限公司	0.72
35	天津大通投资集团有限公司	2.58	85	名创优品（广州）有限责任公司	0.71
36	江苏中利能源控股有限公司	2.50	86	上海春秋国际旅行社（集团）有限公司	0.65
37	马上消费金融股份有限公司	2.40	87	重庆市能源投资集团有限公司	0.64
38	广田控股集团有限公司	2.37	88	桂林银行股份有限公司	0.64
39	长沙银行股份有限公司	2.35	89	中南出版传媒集团股份有限公司	0.64
40	芒果超媒股份有限公司	2.33	90	安徽国祯集团股份有限公司	0.63
41	天津亿联投资控股集团有限公司	2.16	91	中国工商银行股份有限公司	0.60
42	中国万向控股有限公司	2.10	92	广东省交通集团有限公司	0.59
43	西安曲江文化产业投资（集团）有限公司	2.00	93	深圳市水务（集团）有限公司	0.57
44	湖南省轻工盐业集团有限公司	1.88	94	青海银行股份有限公司	0.57
45	武汉当代科技产业集团股份有限公司	1.75	95	兴华财富集团有限公司	0.57
46	盈峰投资控股集团有限公司	1.74	96	河南省国有资产控股运营集团有限公司	0.56
47	深圳市燃气集团股份有限公司	1.72	97	深圳市投资控股有限公司	0.55
48	河南交通投资集团有限公司	1.69	98	江苏江阴农村商业银行股份有限公司	0.55
49	维科控股集团股份有限公司	1.48	99	万事利集团有限公司	0.54
50	苏州汽车客运集团有限公司	1.45	100	天弘基金管理有限公司	0.50
				中国服务业企业 500 强平均数	1.05

表 10-9 2019 中国服务业企业 500 强净资产利润率排序前 100 名企业

排名	企业名称	净资产利润率/%	排名	企业名称	净资产利润率/%
1	招商银行股份有限公司	1746.47	51	广东省广晟资产经营有限公司	21.72
2	恒大集团有限公司	99.7	52	万科企业股份有限公司	21.68
3	上海博尔捷企业集团有限公司	93.55	53	广州佳都集团有限公司	21.45
4	张家港市泽厚贸易有限公司	92.9	54	中国南海石油联合服务总公司	21.24
5	张家港市沃丰贸易有限公司	89.11	55	天津亿联投资控股集团有限公司	21.19
6	张家港保税区旭江贸易有限公司	85.93	56	安徽省众城集团	21.13
7	天津拾起卖科技有限公司	65.62	57	浙江中外运有限公司	21.12
8	杭州联华华商集团有限公司	56.27	58	广州市方圆房地产发展有限公司	20.91
9	名创优品（广州）有限责任公司	55.19	59	绿城物业服务集团有限公司	20.75
10	深圳市优友金融服务有限公司	49.22	60	福建省人力资源服务有限公司	20.6
11	深圳乐信控股有限公司	48.15	61	泰康保险集团股份有限公司	20.39
12	宁波富达股份有限公司	46.29	62	荣盛控股股份有限公司	20.09
13	张家港保税区日祥贸易有限公司	43.55	63	深圳市信利康供应链管理有限公司	19.96
14	南京金宝商业投资集团股份有限公司	42.59	64	上海汉滨实业发展有限公司	19.77
15	上海中梁企业发展有限公司	41.84	65	广西云星集团有限公司	19.6
16	江阴长三角钢铁集团有限公司	40.06	66	中国平安保险（集团）股份有限公司	19.3
17	上海闽路润贸易有限公司	38.9	67	阳光龙净集团有限公司	19.29
18	申通快递有限公司	35.97	68	唯品会（中国）有限公司	19.27
19	宁波力勤矿业有限公司	35.97	69	福然德股份有限公司	19.07
20	浙江凯喜雅国际股份有限公司	35.75	70	北京学而思教育科技有限公司	18.98
21	广东省广物控股集团有限公司	35.58	71	广东南油对外服务有限公司	18.62
22	天弘基金管理有限公司	35.5	72	大华（集团）有限公司	18.56
23	安克创新科技股份有限公司	35.1	73	安徽文峰置业有限公司	18.36
24	云账户（天津）共享经济信息咨询有限公司	33.46	74	安徽亚夏实业股份有限公司	18.29
25	深圳金雅福控股集团有限公司	33.36	75	常州市化工轻工材料总公司	18.13
26	桂林彰泰实业集团有限公司	32.94	76	厦门禹洲集团股份有限公司	17.99
27	中运富通控股集团有限公司	31.94	77	阿里巴巴集团控股有限公司	17.85
28	广州酷狗计算机科技有限公司	30.45	78	腾邦集团有限公司	17.78
29	深圳市九立供应链股份有限公司	29.97	79	江阴达赛贸易有限公司	17.65
30	通鼎集团有限公司	28.65	80	新疆生产建设兵团棉麻有限公司	17.65
31	碧桂园控股有限公司	28.53	81	大参林医药集团股份有限公司	17.5
32	上海协通（集团）有限公司	27.04	82	深圳市华富洋供应链有限公司	17.41
33	浙江省农村发展集团有限公司	26.64	83	德邦物流股份有限公司	17.39
34	福建发展集团有限公司	25.84	84	岭南生态文旅股份有限公司	17.29
35	龙湖集团控股有限公司	25.58	85	安徽国祯集团股份有限公司	17.2
36	宁波滕头集团有限公司	24.36	86	深圳顺丰泰森控股（集团）有限公司	16.93
37	腾讯控股有限公司	24.33	87	百度网络技术有限公司	16.93
38	路通建设集团股份有限公司	24.27	88	北京外企服务集团有限责任公司	16.88
39	广州华多网络科技有限公司	24.19	89	联发集团有限公司	16.81
40	深圳市恒波商业连锁有限公司	24.18	90	圆通速递股份有限公司	16.56
41	广州南方投资集团有限公司	24.09	91	绿地控股集团有限公司	16.23
42	中锐控股集团有限公司	23.73	92	浙江宝利德股份有限公司	16.01
43	北京江南投资集团有限公司	23.47	93	华夏人寿保险股份有限公司	15.99
44	重庆市金科投资控股（集团）有限责任公司	23.43	94	上海申华控股股份有限公司	15.88
45	广州尚品宅配家居股份有限公司	22.93	95	奥园集团有限公司	15.79
46	广东合诚集团有限公司	22.54	96	广东南海农村商业银行有限公司	15.7
47	上海百润企业发展有限公司	22.52	97	深圳市鑫荣懋农产品股份有限公司	15.64
48	江苏汇鸿国际集团股份有限公司	22.4	98	中国国际技术智力合作有限公司	15.62
49	无锡市不锈钢电子交易中心有限公司	22.31	99	重庆华宇集团有限公司	15.37
50	良品铺子股份有限公司	22.16	100	广东天禾农资股份有限公司	15.34
				中国服务业企业 500 强平均数	9.89

表 10-10 2019 中国服务业企业 500 强资产利润率排序前 100 名企业

排名	企业名称	资产利润率/%	排名	企业名称	资产利润率/%
1	广州南菱汽车股份有限公司	86.97	51	宁波滕头集团有限公司	6.73
2	天津拾起卖科技有限公司	34.16	52	网宿科技股份有限公司	6.68
3	南京金宝商业投资集团股份有限公司	30.28	53	佛山市燃气集团股份有限公司	6.61
4	天弘基金管理有限公司	28.84	54	湖南佳惠百货有限责任公司	6.47
5	张家港保税区旭江贸易有限公司	27.65	55	广田控股集团有限公司	6.28
6	广州酷狗计算机科技有限公司	23.45	56	深圳顺丰泰森控股（集团）有限公司	6.27
7	路通建设集团股份有限公司	22.32	57	无锡商业大厦大东方股份有限公司	6.27
8	福建发展集团有限公司	22.21	58	中南出版传媒集团股份有限公司	6.11
9	广州华多网络科技有限公司	20.09	59	四川华油集团有限责任公司	5.99
10	安克创新科技股份有限公司	19.45	60	天津恒运能源集团有限公司	5.90
11	无锡市不锈钢电子交易中心有限公司	18.41	61	中锐控股集团有限公司	5.84
12	申通快递有限公司	18.09	62	通鼎集团有限公司	5.78
13	宁波华东物资城市场建设开发有限公司	16.76	63	中国航空油料集团有限公司	5.70
14	深圳乐信控股有限公司	15.86	64	浙江凯喜雅国际股份有限公司	5.51
15	宁波富达股份有限公司	14.47	65	重庆华宇集团有限公司	5.47
16	深圳金雅福控股集团有限公司	14.35	66	中国国际技术智力合作有限公司	5.45
17	上海协通（集团）有限公司	13.58	67	广西柳州医药股份有限公司	5.40
18	上海博尔捷企业集团有限公司	12.88	68	益丰大药房连锁股份有限公司	5.29
19	名创优品（广州）有限责任公司	11.73	69	深圳中电投资股份有限公司	5.28
20	宁波力勤矿业有限公司	11.45	70	深圳市燃气集团股份有限公司	5.23
21	深圳市恒波商业连锁有限公司	11.32	71	老百姓大药房连锁股份有限公司	5.13
22	中通快递股份有限公司	11.05	72	广微控股有限公司	5.03
23	张家港市泽厚贸易有限公司	10.98	73	浙江中外运有限公司	5.00
24	广东省广物控股集团有限公司	10.93	74	奥山集团有限公司	4.98
25	腾讯控股有限公司	10.88	75	中国海诚工程科技股份有限公司	4.93
26	北京学而思教育科技有限公司	9.95	76	中国南海石油联合服务总公司	4.91
27	福然德股份有限公司	9.63	77	广东南油对外服务有限公司	4.81
28	圆通速递股份有限公司	9.53	78	岭南生态文旅股份有限公司	4.75
29	百度网络技术有限公司	9.27	79	浙江出版联合集团有限公司	4.64
30	阿里巴巴集团控股有限公司	9.11	80	张家港市沃丰贸易有限公司	4.63
31	绿城物业服务集团有限公司	9.04	81	广东合诚集团有限公司	4.55
32	广州尚品宅配家居股份有限公司	8.96	82	杭州联华华商集团有限公司	4.53
33	深圳市鑫荣懋农产品股份有限公司	8.96	83	安通控股股份有限公司	4.51
34	德邦物流股份有限公司	8.52	84	北京外企服务集团有限责任公司	4.49
35	青岛康大外贸集团有限公司	8.51	85	大华（集团）有限公司	4.46
36	中运富通控股集团有限公司	8.49	86	中国移动通信集团有限公司	4.43
37	桂林彰泰实业集团有限公司	8.19	87	张家港保税区日祥贸易有限公司	4.43
38	大参林医药集团股份有限公司	8.13	88	江苏国泰国际集团有限公司	4.42
39	福建网龙计算机网络信息技术有限公司	8.03	89	江苏汇鸿国际集团有限公司	4.42
40	唯品会（中国）有限公司	8.02	90	杭州东恒石油有限公司	4.35
41	上海百润企业发展有限公司	7.83	91	上海永达控股（集团）有限公司	4.35
42	广西云星集团有限公司	7.63	92	天元盛世集团	4.32
43	良品铺子股份有限公司	7.49	93	福中集团有限公司	4.27
44	芒果超媒股份有限公司	7.47	94	武汉工贸有限公司	4.26
45	卓正控股集团有限公司	7.46	95	月星集团有限公司	4.20
46	安徽亚夏实业股份有限公司	7.31	96	洛阳国宏投资集团有限公司	4.17
47	上海国际港务（集团）股份有限公司	7.12	97	龙湖集团控股有限公司	4.12
48	安徽文峰置业有限公司	7.09	98	上海申华控股股份有限公司	4.09
49	网易公司	7.07	99	浙江恒威集团有限公司	4.07
50	江阴长三角钢铁集团有限公司	6.92	100	东华能源股份有限公司	4.03
				中国服务业企业500强平均数	1.04

表 10-11 2019 中国服务业企业 500 强收入利润率排序前 100 名企业

排名	企业名称	收入利润率/%	排名	企业名称	收入利润率/%
1	重庆银行股份有限公司	35.46	51	中泰证券股份有限公司	14.36
2	百度网络技术有限公司	33.66	52	北京江南投资集团有限公司	14.30
3	广东南海农村商业银行股份有限公司	32.85	53	赣州银行股份有限公司	14.21
4	青岛农村商业银行股份有限公司	32.42	54	卓越置业集团有限公司	13.98
5	长沙银行股份有限公司	32.13	55	广州酷狗计算机科技有限公司	13.90
6	汉口银行股份有限公司	31.14	56	青岛银行股份有限公司	13.68
7	天弘基金管理有限公司	30.31	57	渤海银行股份有限公司	13.25
8	广发证券股份有限公司	28.16	58	郑州银行股份有限公司	12.95
9	上海国际港务（集团）股份有限公司	27.01	59	中南出版传媒集团股份有限公司	12.93
10	中国建设银行股份有限公司	26.16	60	天津银行股份有限公司	12.59
11	大华（集团）有限公司	26.16	61	网宿科技股份有限公司	12.58
12	广州华多网络科技有限公司	26.16	62	广西云星集团有限公司	12.33
13	深圳乐信控股有限公司	26.03	63	申通快递有限公司	12.31
14	东莞农村商业银行股份有限公司	25.55	64	广西北部湾银行股份有限公司	11.98
15	中国工商银行股份有限公司	25.52	65	深圳市投资控股有限公司	11.92
16	腾讯控股有限公司	25.17	66	武汉地产开发投资集团有限公司	11.57
17	中通快递股份有限公司	24.90	67	方正证券股份有限公司	11.56
18	阿里巴巴集团控股有限公司	23.32	68	广州金融控股集团有限公司	11.53
19	九江银行股份有限公司	22.35	69	桂林银行股份有限公司	11.47
20	宁波富达股份有限公司	22.06	70	广州港集团有限公司	11.40
21	招商银行股份有限公司	22.03	71	万科企业股份有限公司	11.37
22	中国农业银行股份有限公司	21.97	72	亿达中国控股有限公司	11.34
23	海通证券股份有限公司	21.93	73	奥园集团有限公司	11.28
24	国泰君安证券股份有限公司	21.48	74	中国信达资产管理股份有限公司	11.25
25	中国银行股份有限公司	21.41	75	盛京银行股份有限公司	11.04
26	上海农村商业银行股份有限公司	20.74	76	重庆华宇集团有限公司	11.00
27	上海银行股份有限公司	20.08	77	广州市方圆房地产发展有限公司	10.79
28	重庆农村商业银行股份有限公司	19.72	78	福建网龙计算机网络信息技术有限公司	10.75
29	上海机场（集团）有限公司	19.05	79	中国移动通信集团有限公司	10.48
30	武汉农村商业银行股份有限公司	19.03	80	浙江省海港投资运营集团有限公司	10.14
31	龙湖集团控股有限公司	18.04	81	天津城市基础设施建设投资集团有限公司	10.09
32	兴业银行股份有限公司	17.97	82	中国平安保险（集团）股份有限公司	9.93
33	广州农村商业银行股份有限公司	17.71	83	安徽文峰置业有限公司	9.88
34	中锐控股集团有限公司	17.54	84	招商局集团有限公司	9.73
35	无锡农村商业银行股份有限公司	17.34	85	苏州汽车客运集团有限公司	9.65
36	北京银行股份有限公司	17.09	86	重庆财信企业集团有限公司	9.31
37	交通银行股份有限公司	16.96	87	网易公司	9.16
38	天津农村商业银行股份有限公司	16.74	88	碧桂园控股有限公司	9.13
39	上海浦东发展银行股份有限公司	16.72	89	联发集团有限公司	8.97
40	路通建设集团股份有限公司	16.57	90	岭南生态文旅股份有限公司	8.81
41	江苏张家港农村商业银行股份有限公司	16.54	91	江苏华地国际控股集团有限公司	8.64
42	奥山集团有限公司	16.47	92	申能（集团）有限公司	8.61
43	国家开发银行股份有限公司	16.25	93	广东省交通集团有限公司	8.47
44	中国民生银行股份有限公司	15.73	94	广东省广物控股集团有限公司	8.44
45	江苏江阴农村商业银行股份有限公司	15.43	95	江西省高速公路投资集团有限责任公司	8.39
46	北京学而思教育科技有限公司	15.11	96	月星集团有限公司	8.16
47	华夏银行股份有限公司	14.99	97	现代投资股份有限公司	8.12
48	桂林彰泰实业集团有限公司	14.90	98	安徽省交通控股集团有限公司	8.11
49	湖北能源集团股份有限公司	14.71	99	深圳市燃气集团股份有限公司	8.09
50	厦门禹洲集团股份有限公司	14.42	100	浙江出版联合集团有限公司	8.08
				中国服务业企业 500 强平均数	7.14

表 10-12 2019 中国服务业企业 500 强人均净利润排序前 100 名企业

排名	企业名称	人均净利润/万元	排名	企业名称	人均净利润/万元
1	张家港保税区旭江贸易有限公司	4354.30	51	厦门禹洲集团股份有限公司	68.94
2	卓越置业集团有限公司	1510.02	52	中国信达资产管理股份有限公司	67.62
3	北京江南投资集团有限公司	1215.69	53	中国工商银行股份有限公司	66.25
4	国家开发银行股份有限公司	1165.02	54	广州农村商业银行股份有限公司	65.34
5	张家港市泽厚贸易有限公司	871.25	55	百度网络技术有限公司	65.24
6	张家港市沃丰贸易有限公司	795.10	56	郑州银行股份有限公司	64.97
7	天弘基金管理有限公司	571.44	57	福然德股份有限公司	64.46
8	张家港保税区日祥贸易有限公司	476.90	58	长沙银行股份有限公司	62.30
9	上海汉滨实业发展有限公司	370.70	59	渤海银行股份有限公司	61.91
10	重庆千信集团有限公司	353.77	60	上海国际港务（集团）股份有限公司	61.79
11	宁波力勤矿业有限公司	212.82	61	天津银行股份有限公司	61.65
12	上海百润企业发展有限公司	198.74	62	广西云星集团有限公司	60.10
13	申通快递有限公司	196.94	63	中运富通控股集团有限公司	59.58
14	上海银行股份有限公司	172.43	64	湖南博深实业集团有限公司	58.90
15	大华（集团）有限公司	171.88	65	中国银行股份有限公司	58.33
16	杭州滨江房产集团股份有限公司	171.17	66	重庆农村商业银行股份有限公司	57.74
17	天津现代集团有限公司	157.96	67	马上消费金融股份有限公司	55.64
18	腾讯控股有限公司	144.95	68	奥山集团有限公司	54.29
19	广州元亨能源有限公司	138.22	69	青岛银行股份有限公司	53.51
20	北京银行股份有限公司	135.51	70	東渡国际集团有限公司	52.15
21	广州华多网络科技有限公司	132.64	71	广州市方圆房地产发展有限公司	52.04
22	桂林彰泰实业集团有限公司	130.40	72	江苏江阴农村商业银行股份有限公司	51.99
23	浙江凯喜雅国际股份有限公司	122.72	73	华夏银行股份有限公司	50.51
24	阿里巴巴集团控股有限公司	120.39	74	海通证券股份有限公司	50.15
25	上海农村商业银行股份有限公司	119.92	75	九江银行股份有限公司	48.87
26	招商银行股份有限公司	108.00	76	深圳市信利康供应链管理有限公司	48.29
27	广州酷狗计算机科技有限公司	104.71	77	天元盛世集团	47.91
28	兴业银行股份有限公司	101.61	78	汉口银行股份有限公司	47.37
29	上海浦东发展银行股份有限公司	100.40	79	上海龙宇燃油股份有限公司	47.06
30	福佳集团有限公司	98.98	80	青岛农村商业银行股份有限公司	46.29
31	盛京银行股份有限公司	94.38	81	上海闽路润贸易有限公司	45.19
32	重庆银行股份有限公司	91.52	82	国泰君安证券股份有限公司	44.03
33	安徽文峰置业有限公司	91.12	83	湖北能源集团股份有限公司	43.47
34	路通建设集团股份有限公司	88.79	84	天津农村商业银行股份有限公司	43.18
35	中国民生银行股份有限公司	86.27	85	武汉农村商业银行股份有限公司	42.50
36	青岛城市建设投资（集团）有限责任公司	85.89	86	深圳市华富洋供应链有限公司	42.47
37	东莞农村商业银行股份有限公司	83.26	87	中国农业银行股份有限公司	42.47
38	龙湖集团控股有限公司	82.62	88	联发集团有限公司	41.86
39	交通银行股份有限公司	82.23	89	广发证券股份有限公司	41.84
40	广东南海农村商业银行股份有限公司	81.68	90	卓尔控股有限公司	41.82
41	南通化工轻工股份有限公司	81.43	91	江苏张家港农村商业银行股份有限公司	41.57
42	深圳乐信控股有限公司	80.81	92	弘阳集团有限公司	39.79
43	中锐控股集团有限公司	78.25	93	申能（集团）有限公司	35.62
44	承志供应链有限公司	77.74	94	赣州银行股份有限公司	35.42
45	无锡农村商业银行股份有限公司	75.35	95	杭州东恒石油有限公司	35.36
46	重庆华宇集团有限公司	74.99	96	深圳市东方嘉盛供应链股份有限公司	34.55
47	中铁集装箱运输有限责任公司	71.28	97	广西北部湾银行股份有限公司	34.25
48	宁波富达股份有限公司	69.98	98	深圳市优友金融服务有限公司	33.56
49	中国建设银行股份有限公司	69.39	99	安克创新科技股份有限公司	33.55
50	宁波君安控股有限公司	69.35	100	桂林银行股份有限公司	33.54
				中国服务业企业 500 强平均数	16.28

表 10-13 2019 中国服务业企业 500 强人均营业收入排序前 100 名企业

排名	企业名称	人均收入/万元	排名	企业名称	人均收入/万元
1	张家港市泽厚贸易有限公司	91699	51	天津现代集团有限公司	3799
2	张家港市沃丰贸易有限公司	89094	52	日出实业集团有限公司	3484
3	张家港保税区旭江贸易有限公司	80641	53	中铁集装箱运输有限责任公司	3447
4	广州元亨能源有限公司	63385	54	厦门海澳集团有限公司	3321
5	上海汉滨实业发展有限公司	55614	55	深圳市东方嘉盛供应链股份有限公司	3307
6	江苏禹尧化工有限公司	55293	56	江苏大经供应链股份有限公司	3152
7	武汉联杰能源有限公司	54208	57	深圳市九立供应链股份有限公司	3066
8	江苏嘉奕和铜业科技发展有限公司	52889	58	江苏智恒达投资集团有限公司	3043
9	江阴达赛贸易有限公司	37746	59	广东新供销天恒控股有限公司	3003
10	张家港保税区日祥贸易有限公司	31423	60	杭州滨江房产集团股份有限公司	2970
11	江阴市川江化工有限公司	27894	61	中基宁波集团股份有限公司	2771
12	上海百润企业发展有限公司	23814	62	河北省物流产业集团有限公司	2645
13	南通化工轻工股份有限公司	23688	63	东浩兰生有限公司	2632
14	重庆千信集团有限公司	22126	64	宁波海田控股集团有限公司	2556
15	青岛世纪瑞丰集团有限公司	18948	65	重庆市中科控有限公司	2460
16	宁波君安控股有限公司	18656	66	厦门象屿集团有限公司	2333
17	无锡市不锈钢电子交易中心有限公司	17570	67	福建省人力资源服务有限公司	2306
18	深圳市思贝克集团有限公司	17439	68	黑龙江倍丰农业生产资料集团有限公司	2298
19	上海闽路润贸易有限公司	16665	69	宁波市绿顺集团股份有限公司	2218
20	上海浦原对外经贸有限公司	15884	70	深圳市爱施德股份有限公司	2155
21	江阴市金桥化工有限公司	15799	71	上海均和集团有限公司	2040
22	上海龙宇燃油股份有限公司	11878	72	广东南油对外服务有限公司	2030
23	远大物产集团有限公司	11790	73	深圳金雅福控股集团有限公司	2018
24	西安迈科金属国际集团有限公司	10863	74	前海人寿保险股份有限公司	2002
25	卓越置业集团有限公司	10804	75	上海博尔捷企业集团有限公司	1978
26	浙江前程投资股份有限公司	10642	76	海越能源集团有限公司	1975
27	常州市化工轻工材料总公司	10288	77	神州数码集团股份有限公司	1936
28	上海新增鼎资产管理有限公司	10005	78	天弘基金管理有限公司	1886
29	北京江南投资集团有限公司	8502	79	中国航空油料集团有限公司	1850
30	湖南博深实业集团有限公司	7228	80	中国国际技术智力合作有限公司	1732
31	国家开发银行股份有限公司	7172	81	浙江华瑞集团有限公司	1642
32	深圳市富森供应链管理有限公司	6814	82	申通快递有限公司	1600
33	深圳市优友金融服务有限公司	6593	83	天津恒运能源集团有限公司	1502
34	深圳市华富洋供应链有限公司	6384	84	物产中大集团股份有限公司	1492
35	厦门路桥工程物资有限公司	6082	85	中运富通控股集团有限公司	1491
36	深圳市信利康供应链管理有限公司	5675	86	天津拾起卖科技有限公司	1483
37	深圳市英捷迅实业发展有限公司	5506	87	福佳集团有限公司	1424
38	承志供应链有限公司	5421	88	常熟市交电家电有限责任公司	1420
39	云账户共享经济信息咨询有限公司	5204	89	厦门航空开发股份有限公司	1409
40	深圳市中农网有限公司	5174	90	弘阳集团有限公司	1306
41	江阴长三角钢铁集团有限公司	5159	91	青岛城市建设投资有限责任公司	1252
42	华南物资集团有限公司	4966	92	南京金宝商业投资集团股份有限公司	1230
43	杭州东恒石油有限公司	4827	93	福然德股份有限公司	1228
44	宁波力勤矿业有限公司	4824	94	广东宏川集团有限公司	1197
45	玖隆钢铁物流有限公司	4729	95	卓尔控股有限公司	1183
46	新疆生产建设兵团棉麻有限公司	4018	96	厦门国贸控股集团有限公司	1177
47	渤海人寿保险股份有限公司	4017	97	厦门建发集团有限公司	1177
48	上海钢联电子商务股份有限公司	4006	98	天音通信有限公司	1150
49	深圳市旗丰供应链服务有限公司	3952	99	天元盛世集团	1144
50	浙江凯喜雅国际股份有限公司	3870	100	阳光龙净集团有限公司	1011
				中国服务业企业500强平均数	228

表 10-14 2019 中国服务业企业 500 强人均资产排序前 100 名企业

排名	企业名称	人均资产/万元	排名	企业名称	人均资产/万元
1	国家开发银行股份有限公司	170188	51	天津现代集团有限公司	5826
2	卓越置业集团有限公司	69940	52	桂林银行股份有限公司	5788
3	江阴达赛贸易有限公司	38450	53	赣州银行股份有限公司	5722
4	上海汉滨实业发展有限公司	37440	54	江苏张家港农村商业银行股份有限公司	5647
5	北京江南投资集团有限公司	32595	55	青岛农村商业银行股份有限公司	5628
6	广州元亨能源有限公司	31277	56	天津城市基础设施建设投资集团有限公司	5628
7	青岛城市建设投资（集团）有限责任公司	21652	57	天津农村商业银行股份有限公司	5605
8	上海银行股份有限公司	19388	58	广东南海农村商业银行股份有限公司	5549
9	盛京银行股份有限公司	18135	59	海通证券股份有限公司	5530
10	北京银行股份有限公司	17431	60	江阴市川江化工有限公司	5277
11	张家港市沃丰贸易有限公司	17165	61	广州金融控股集团有限公司	5183
12	张家港保税区旭江贸易有限公司	15750	62	柳州银行股份有限公司	4858
13	渤海人寿保险股份有限公司	14796	63	武汉农村商业银行股份有限公司	4831
14	中国华融资产管理股份有限公司	14493	64	中国农业银行股份有限公司	4735
15	上海农村商业银行股份有限公司	13681	65	武汉地产开发投资集团有限公司	4703
16	杭州滨江房产集团股份有限公司	12314	66	湖南博深实业集团有限公司	4378
17	上海浦东发展银行股份有限公司	11294	67	深圳市华富洋供应链有限公司	4192
18	兴业银行股份有限公司	11250	68	上海龙宇燃油股份有限公司	4168
19	江苏嘉奕和铜业科技发展有限公司	10959	69	大华（集团）有限公司	3851
20	重庆银行股份有限公司	10934	70	广发证券股份有限公司	3786
21	张家港保税区日祥贸易有限公司	10774	71	宁波君安控股有限公司	3623
22	交通银行股份有限公司	10644	72	深圳市九立供应链股份有限公司	3546
23	无锡农村商业银行股份有限公司	10619	73	天津市政建设集团有限公司	3521
24	中国民生银行股份有限公司	10276	74	上海闽海润贸易有限公司	3489
25	重庆千信集团有限公司	9910	75	吉林银行股份有限公司	3396
26	郑州银行股份有限公司	9901	76	上海临港经济发展（集团）有限公司	3177
27	天津银行股份有限公司	9722	77	湖北省交通投资集团有限公司	2956
28	渤海银行股份有限公司	9045	78	东渡国际集团有限公司	2868
29	招商银行股份有限公司	9044	79	国泰君安证券股份有限公司	2866
30	九江银行股份有限公司	8663	80	马上消费金融股份有限公司	2796
31	中国信达资产管理股份有限公司	8403	81	深圳市富森供应链管理有限公司	2778
32	青岛银行股份有限公司	8401	82	绿地控股集团股份有限公司	2652
33	武汉联杰能源有限公司	8129	83	中国人寿保险（集团）公司	2603
34	江苏禹尧化工有限公司	8061	84	中铁集装箱运输有限责任公司	2565
35	汉口银行股份有限公司	7994	85	上海百润企业发展有限公司	2538
36	张家港市泽厚贸易有限公司	7933	86	福佳集团有限公司	2464
37	广州农村商业银行股份有限公司	7641	87	承志供应链有限公司	2392
38	东莞农村商业银行股份有限公司	7481	88	广西交通投资集团有限公司	2380
39	前海人寿保险股份有限公司	7470	89	黑龙江倍丰农业生产资料集团有限公司	2356
40	长沙银行股份有限公司	7326	90	中国中信集团有限公司	2355
41	广西北部湾银行股份有限公司	7005	91	山东高速集团有限公司	2328
42	江苏江阴农村商业银行股份有限公司	6965	92	西安迈科金属国际集团有限公司	2324
43	北京首都开发控股（集团）有限公司	6946	93	广州越秀集团有限公司	2302
44	青海银行股份有限公司	6868	94	厦门禹洲集团股份有限公司	2263
45	中国银行股份有限公司	6858	95	江西省高速公路投资集团有限责任公司	2227
46	中国光大集团有限公司	6836	96	浙江凯喜雅国际股份有限公司	2226
47	华夏银行股份有限公司	6493	97	广东新供销天恒控股有限公司	2197
48	中国建设银行股份有限公司	6328	98	武汉市城市建设投资开发集团有限公司	2112
49	中国工商银行股份有限公司	6165	99	盐城市国有资产投资集团有限公司	2089
50	重庆农村商业银行股份有限公司	6060	100	南通化工轻工股份有限公司	2074
				中国服务业企业 500 强平均数	1568

表 10-15 2019 中国服务业企业 500 强收入增长率排序前 100 名企业

排名	企业名称	收入增长率/%	排名	企业名称	收入增长率/%
1	云账户（天津）共享经济信息咨询有限公司	1249.48	51	安徽国祯集团股份有限公司	46.10
2	上海新增鼎资产管理有限公司	335.93	52	江阴市金桥化工有限公司	46.03
3	浙江华通控股集团有限公司	143.18	53	瑞康医药集团股份有限公司	45.61
4	广西金融投资集团有限公司	133.09	54	联发集团有限公司	45.44
5	广州酷狗计算机科技有限公司	113.31	55	盈峰投资控股集团有限公司	44.91
6	中锐控股集团有限公司	101.11	56	重庆华宇集团有限公司	44.39
7	名创优品（广州）有限责任公司	100.00	57	江苏智恒达投资集团有限公司	44.20
8	弘阳集团有限公司	98.02	58	重庆市中科控股有限公司	43.98
9	互诚信息技术（上海）有限公司	92.25	59	益丰大药房连锁股份有限公司	43.79
10	广微控股有限公司	90.44	60	蓝润集团有限公司	41.89
11	盐城市国有资产投资集团有限公司	86.58	61	东渡国际集团有限公司	41.39
12	海越能源集团股份有限公司	86.16	62	新华锦集团	39.99
13	岭南生态文旅股份有限公司	85.05	63	新疆天富集团有限责任公司	38.54
14	华夏人寿保险股份有限公司	83.44	64	鹭燕医药股份有限公司	37.93
15	江阴长三角钢铁集团有限公司	82.80	65	华侨城集团有限公司	37.75
16	上海中梁企业发展有限公司	77.59	66	厦门航空开发股份有限公司	37.66
17	马上消费金融股份有限公司	77.37	67	广西北部湾银行股份有限公司	37.47
18	重庆市金科投资控股（集团）有限责任公司	75.43	68	圆通速递股份有限公司	37.45
19	江苏禹尧化工有限公司	71.81	69	荣盛控股股份有限公司	37.20
20	中原出版传媒投资控股集团有限公司	70.82	70	无锡市不锈钢电子交易中心有限公司	36.45
21	上海闽路润贸易有限公司	69.88	71	天津亿联投资控股集团有限公司	36.31
22	陕西投资集团有限公司	69.38	72	月星集团有限公司	36.10
23	四川华油集团有限责任公司	68.66	73	深圳乐信控股有限公司	36.09
24	碧桂园控股有限公司	67.07	74	国家开发投资集团有限公司	35.77
25	青岛城市建设投资（集团）有限责任公司	63.68	75	广西云星集团	35.55
26	天津拾起卖科技有限公司	63.43	76	九江银行股份有限公司	35.52
27	龙湖集团控股有限公司	60.66	77	广田控股集团有限公司	35.48
28	奥园集团有限公司	56.81	78	齐鲁交通发展集团有限公司	35.43
29	深圳金雅福控股集团有限公司	54.65	79	中通快递股份有限公司	34.80
30	北京首都旅游集团有限责任公司	54.16	80	张家港市泽厚贸易有限公司	34.68
31	杭州滨江房产集团股份有限公司	53.30	81	北京外企服务集团有限责任公司	34.68
32	深圳市投资控股有限公司	52.74	82	南昌市政公用投资控股有限责任公司	34.65
33	重庆砂之船奥莱商业管理有限公司	52.61	83	申通快递有限公司	34.41
34	中基宁波集团股份有限公司	52.39	84	安克创新科技股份有限公司	34.06
35	厦门路桥工程物资有限公司	52.00	85	江苏嘉奕和铜业科技发展有限公司	33.07
36	浙江省国际贸易集团有限公司	51.89	86	神州数码集团股份有限公司	31.57
37	阿里巴巴集团控股有限公司	50.58	87	腾讯控股有限公司	31.52
38	上海博尔捷企业集团有限公司	49.98	88	湖南粮食集团有限责任公司	31.12
39	恒大集团有限公司	49.89	89	承志供应链有限公司	30.93
40	中铁集装箱运输有限责任公司	49.83	90	新浪公司	30.73
41	东华能源股份有限公司	49.77	91	绿城物业服务集团有限公司	30.54
42	无锡市交通产业集团有限公司	49.73	92	上海钢联电子商务股份有限公司	30.34
43	武汉市水务集团有限公司	49.36	93	福建网龙计算机网络信息技术有限公司	30.25
44	广西北部湾国际港务集团有限公司	48.99	94	安徽省众城集团	30.00
45	上海龙旗科技股份有限公司	48.90	95	中国航空油料集团有限公司	29.82
46	安通控股股份有限公司	48.77	96	前海人寿保险股份有限公司	29.77
47	江西省高速公路投资集团有限责任公司	48.04	97	深圳市信利康供应链管理有限公司	29.60
48	浙江省旅游集团有限责任公司	47.65	98	无锡市国联发展（集团）有限公司	28.49
49	北京学而思教育科技有限公司	47.33	99	厦门建发集团有限公司	28.32
50	建业控股有限公司	47.14	100	广州交通投资集团有限公司	27.88
				中国服务业企业 500 强平均数	12.87

表 10-16 2019 中国服务业企业 500 强净利润增长率排序前 100 名企业

排名	企业名称	净利润增长率/%	排名	企业名称	净利润增长率/%
1	天津住宅建设发展集团有限公司	9531.31	51	武汉地产开发投资集团有限公司	78.93
2	山西美特好连锁超市股份有限公司	3926.92	52	上海博尔捷企业集团有限公司	76.34
3	大连万达集团股份有限公司	1225.62	53	月星集团有限公司	73.79
4	江西省高速公路投资集团有限责任公司	1090.27	54	中国南海石油联合服务总公司	69.13
5	安徽亚夏实业股份有限公司	1035.98	55	广东天禾农资股份有限公司	68.93
6	浙江凯喜雅国际股份有限公司	832.54	56	洛阳国宏投资集团有限公司	65.97
7	广东省广物控股集团有限公司	728.89	57	联发集团有限公司	64.65
8	深圳乐信控股有限公司	722.68	58	齐鲁交通发展集团有限公司	64.53
9	张家港市泽厚贸易有限公司	665.26	59	江苏汇鸿国际集团股份有限公司	63.08
10	安徽国祯集团股份有限公司	646.42	60	青岛城市建设投资（集团）有限责任公司	61.51
11	上海中梁企业发展有限公司	526.91	61	兴华财富集团有限公司	60.46
12	天元盛世集团	370.53	62	安克创新科技股份有限公司	60.08
13	富德生命人寿保险股份有限公司	357.60	63	上海新增鼎资产管理有限公司	59.59
14	柳州银行股份有限公司	354.48	64	深圳市鑫荣懋农产品股份有限公司	59.22
15	张家港市沃丰贸易有限公司	331.88	65	承志供应链有限公司	56.36
16	苏宁控股集团	319.81	66	奥园集团有限公司	55.38
17	新疆广汇实业投资（集团）有限责任公司	312.82	67	山西能源交通投资有限公司	54.25
18	广东合诚集团有限公司	299.40	68	浪潮集团有限公司	53.95
19	南宁威宁投资集团有限责任公司	265.72	69	深圳市优友金融服务有限公司	53.88
20	宁波力勤矿业有限公司	256.80	70	中国远洋海运集团有限公司	53.82
21	中锐控股集团有限公司	224.55	71	迪信通科技集团有限公司	53.59
22	深圳市信利康供应链管理有限公司	206.89	72	恒大集团有限公司	53.41
23	盐城市国有资产投资集团有限公司	189.05	73	岭南生态文旅股份有限公司	52.90
24	海越能源集团股份有限公司	178.20	74	内蒙古电力（集团）有限责任公司	51.36
25	江苏国泰国际集团有限公司	155.53	75	百度网络技术有限公司	50.66
26	上海钢联电子商务股份有限公司	151.00	76	重庆华宇集团有限公司	50.02
27	福佳集团有限公司	147.64	77	安徽省众城集团	50.00
28	无锡市不锈钢电子交易中心有限公司	143.67	78	南昌市政公用投资控股有限责任公司	49.48
29	深圳中电投资股份有限公司	142.72	79	新华人寿保险股份有限公司	47.17
30	北京能源集团有限责任公司	141.91	80	厦门夏商集团有限公司	44.15
31	广州尚品宅配家居股份有限公司	129.71	81	重庆市中科控股有限公司	43.98
32	陕西粮农集团有限公司	127.51	82	华侨城集团有限公司	43.90
33	陕西投资集团有限公司	122.58	83	上海交运（集团）公司	43.88
34	北京首都创业集团有限公司	114.59	84	云南省能源投资集团有限公司	43.67
35	良品铺子股份有限公司	110.24	85	常熟市交电家电有限责任公司	41.63
36	武汉市水务集团有限公司	107.58	86	阳光保险集团股份有限公司	40.79
37	广西农村投资集团有限公司	107.14	87	中运富通控股集团有限公司	40.54
38	重庆市金科投资控股（集团）有限责任公司	105.75	88	浙江省海港投资运营集团有限公司	40.34
39	厦门建发集团有限公司	102.50	89	广东省广业集团有限公司	39.81
40	名创优品（广州）有限责任公司	100.00	90	厦门路桥工程物资有限公司	38.88
41	重庆千信集团有限公司	98.18	91	中通快递股份有限公司	38.72
42	东渡国际集团有限公司	97.70	92	马上消费金融股份有限公司	38.70
43	江阴市金桥化工有限公司	93.88	93	中国中信集团有限公司	38.58
44	北京学而思教育科技有限公司	93.68	94	上海百润企业发展有限公司	38.14
45	天津拾起卖科技有限公司	90.06	95	鹭燕医药股份有限公司	38.10
46	卓正控股集团有限公司	87.01	96	广州轻工工贸集团有限公司	37.97
47	重庆交通运输控股（集团）有限公司	86.63	97	安徽辉隆投资集团	37.45
48	江苏省粮食集团有限责任公司	79.90	98	阿里巴巴集团控股有限公司	37.12
49	广州越秀集团有限公司	79.83	99	大华（集团）有限公司	36.93
50	湖南博深实业集团有限公司	79.19	100	武汉当代科技产业集团股份有限公司	35.00
				中国服务业企业 500 强平均数	4.37

表 10-17 2019 中国服务业企业 500 强资产增长率排序前 100 名企业

排名	企业名称	资产增长率/%	排名	企业名称	资产增长率/%
1	江苏嘉奕和铜业科技发展有限公司	6719.67	51	中基宁波集团股份有限公司	37.89
2	上海汉滨实业发展有限公司	1108.02	52	华侨城集团有限公司	37.73
3	云账户（天津）共享经济信息咨询有限公司	355.40	53	桂林彰泰实业集团有限公司	37.43
4	承志供应链有限公司	183.05	54	无锡市不锈钢电子交易中心有限公司	37.13
5	名创优品（广州）有限责任公司	106.54	55	张家港市沃丰贸易有限公司	36.76
6	上海景域文化传播股份有限公司	103.40	56	重庆市金科投资控股（集团）有限责任公司	36.67
7	江苏禹尧化工有限公司	101.06	57	安克创新科技股份有限公司	36.29
8	宁波力勤矿业有限公司	100.75	58	中运富通控股集团有限公司	35.82
9	弘阳集团有限公司	99.29	59	安徽华源医药集团股份有限公司	35.08
10	张家港市泽厚贸易有限公司	92.78	60	武汉联杰能源有限公司	34.96
11	中铁集装箱运输有限责任公司	71.24	61	联发集团有限公司	34.69
12	广西北部湾国际港务集团有限公司	69.76	62	广东宏川集团有限公司	34.62
13	上海浦原对外经贸有限公司	69.29	63	广州华多网络科技有限公司	34.61
14	四川安吉物流集团有限公司	64.99	64	阿里巴巴集团控股有限公司	34.58
15	浙江华通控股集团有限公司	64.63	65	日出实业集团有限公司	33.45
16	益丰大药房连锁股份有限公司	64.52	66	张家港保税区旭江贸易有限公司	33.35
17	广州酷狗计算机科技有限公司	61.59	67	新疆天富集团有限责任公司	32.69
18	建业控股有限公司	61.12	68	卓尔控股有限公司	32.35
19	广东鸿粤汽车销售集团有限公司	60.59	69	广东南油对外服务有限公司	32.29
20	广西交通投资集团有限公司	58.29	70	重庆医药（集团）股份有限公司	32.06
21	浪潮集团有限公司	57.94	71	路通建设集团股份有限公司	32.00
22	申通快递有限公司	55.93	72	重庆华宇集团有限公司	31.95
23	碧桂园控股有限公司	55.26	73	湖南粮食集团有限责任公司	31.70
24	上海均瑶（集团）有限公司	54.68	74	苏宁控股集团	31.24
25	江苏智恒达投资集团有限公司	54.24	75	步步高投资集团股份有限公司	30.53
26	中通快递股份有限公司	53.64	76	腾讯控股有限公司	30.44
27	上海博尔捷企业集团有限公司	50.44	77	广西柳州医药股份有限公司	29.37
28	岭南生态文旅股份有限公司	49.96	78	瑞康医药集团股份有限公司	29.10
29	江阴市川江化工有限公司	48.45	79	绿城物业服务集团有限公司	29.09
30	奥园集团有限公司	48.05	80	上海闽路润贸易有限公司	28.98
31	福建省能源集团有限责任公司	47.47	81	张家港保税区日祥贸易有限公司	28.80
32	北京首都旅游集团有限责任公司	46.98	82	重庆砂之船奥莱商业管理有限公司	28.63
33	天弘基金管理有限公司	46.82	83	深圳金雅福控股集团有限公司	28.58
34	杭州滨江房产集团股份有限公司	45.33	84	广州百货企业集团有限公司	28.34
35	中国大地财产保险股份有限公司	45.08	85	利群集团股份有限公司	28.30
36	北京学而思教育科技有限公司	44.54	86	上海春秋国际旅行社（集团）有限公司	28.12
37	互诚信息技术（上海）有限公司	44.27	87	武汉地产开发投资集团有限公司	28.12
38	厦门禹洲集团股份有限公司	44.00	88	九州通医药集团股份有限公司	28.10
39	重庆交通运输控股（集团）有限公司	43.24	89	重庆商社（集团）有限公司	27.73
40	江阴达赛贸易有限公司	42.19	90	上海临港经济发展（集团）有限公司	27.43
41	圆通速递股份有限公司	41.19	91	老百姓大药房连锁股份有限公司	26.66
42	東渡国际集团有限公司	40.74	92	西安曲江文化产业投资（集团）有限公司	26.65
43	上海中梁企业发展有限公司	40.65	93	马上消费金融股份有限公司	26.61
44	上海龙旗科技股份有限公司	40.60	94	青岛康大外贸集团有限公司	26.53
45	大华（集团）有限公司	40.37	95	厦门象屿集团有限公司	26.47
46	龙湖集团控股有限公司	39.73	96	浙江中外运有限公司	26.29
47	常州市化工轻工材料总公司	39.49	97	湖南省轻工盐业集团有限公司	26.08
48	准时达国际供应链管理有限公司	39.39	98	德邦物流股份有限公司	26.06
49	广州轻工工贸集团有限公司	39.03	99	安通控股股份有限公司	25.52
50	广州海印实业集团有限公司	38.88	100	深圳市水务（集团）有限公司	25.50
				中国服务业企业 500 强平均数	7.31

表10-18 2019中国服务业企业500强研发费用增长率排序前100名企业

排名	企业名称	研发费用增长率/%	排名	企业名称	研发费用增长率/%
1	北京外企服务集团有限责任公司	76533.33	51	安徽华源医药集团股份有限公司	81.04
2	北京首都旅游集团有限责任公司	4927.87	52	日照港集团有限公司	79.10
3	佛山市燃气集团股份有限公司	4200.00	53	网易公司	78.25
4	洛阳国宏投资集团有限公司	2652.63	54	福建省交通运输集团有限责任公司	78.19
5	重庆市中科控股有限公司	2444.07	55	四川华油集团有限责任公司	76.34
6	广西北部湾国际港务集团有限公司	2428.59	56	中国联合网络通信集团有限公司	76.26
7	广州华多网络科技有限公司	1469.65	57	青海银行股份有限公司	76.06
8	厦门建发集团有限公司	1044.58	58	上海中通瑞德投资集团有限公司	75.89
9	绿地控股集团股份有限公司	610.27	59	厦门国贸控股集团有限公司	75.66
10	河北港口集团有限公司	571.17	60	浙江省能源集团有限公司	75.29
11	老百姓大药房连锁股份有限公司	523.00	61	广州百货企业集团有限公司	73.95
12	申通快递有限公司	460.24	62	中国中信集团有限公司	73.15
13	中国铁路物资集团有限公司	421.45	63	深圳市投资控股有限公司	70.58
14	广西交通投资集团有限公司	379.00	64	安徽安粮控股股份有限公司	66.75
15	北京能源集团有限责任公司	360.17	65	阿里巴巴集团控股有限公司	64.52
16	广东省广新控股集团有限公司	354.85	66	岭南生态文旅股份有限公司	64.05
17	陕西粮农集团有限责任公司	349.20	67	上海春秋国际旅行社（集团）有限公司	63.12
18	四川省交通投资集团有限责任公司	333.45	68	名创优品（广州）有限责任公司	62.79
19	鹭燕医药股份有限公司	325.81	69	湖北省交通投资集团有限公司	60.69
20	成都兴城投资集团有限公司	253.58	70	建业控股有限公司	60.60
21	江苏省苏豪控股集团有限公司	235.77	71	安徽新华发行（集团）控股有限公司	60.35
22	无锡市交通产业集团有限公司	218.18	72	无锡市不锈钢电子交易中心有限公司	57.14
23	浙江省农村发展集团有限公司	214.29	73	盐城市国有资产投资集团有限公司	56.76
24	深圳市富森供应链管理有限公司	179.56	74	重庆市金科投资控股（集团）有限责任公司	52.99
25	重庆交通运输控股（集团）有限公司	176.36	75	深圳市信利康供应链管理有限公司	52.69
26	天津市政建设集团有限公司	164.60	76	深圳顺丰泰森控股（集团）有限公司	51.68
27	浙江华通控股集团有限公司	159.88	77	湖南省轻工盐业集团有限公司	51.61
28	安通控股股份有限公司	154.97	78	无锡市国联发展（集团）有限公司	48.23
29	广州越秀集团有限公司	153.84	79	东方国际（集团）有限公司	47.90
30	安徽辉隆投资集团	145.82	80	广发证券股份有限公司	47.82
31	青岛农村商业银行股份有限公司	132.28	81	赣州银行股份有限公司	47.68
32	广西北部湾银行股份有限公司	128.25	82	华侨城集团有限公司	47.36
33	广州酷狗计算机科技有限公司	124.85	83	深圳市旗丰供应链服务有限公司	47.10
34	天津银行股份有限公司	124.04	84	武汉东湖高新集团股份有限公司	46.66
35	荣盛控股股份有限公司	119.01	85	兴华财富集团有限公司	46.50
36	重庆对外经贸（集团）有限公司	109.19	86	泰康保险集团股份有限公司	46.03
37	中国江苏国际经济技术合作集团有限公司	108.30	87	广微控股有限公司	45.91
38	上海钢联电子商务股份有限公司	102.28	88	重庆华宇集团有限公司	45.54
39	浙江出版联合集团有限公司	101.43	89	长沙银行股份有限公司	44.67
40	唯品会（中国）有限公司	99.84	90	北京控股集团有限公司	44.42
41	山西能源交通投资有限公司	95.77	91	上海龙旗科技股份有限公司	44.02
42	武汉金融控股（集团）有限公司	94.08	92	上海新增鼎资产管理有限公司	43.84
43	互诚信息技术（上海）有限公司	93.93	93	安克创新科技股份有限公司	42.82
44	深圳市华富洋供应链有限公司	92.50	94	武汉当代科技产业集团股份有限公司	42.75
45	苏宁控股集团	91.65	95	广西农村投资集团有限公司	41.55
46	中国万向控股有限公司	90.60	96	广田控股集团有限公司	40.43
47	西安高科（集团）公司	88.72	97	西安迈科金属国际集团有限公司	40.32
48	北京学而思教育科技有限公司	85.11	98	武汉农村商业银行股份有限公司	40.29
49	中通快递股份有限公司	83.58	99	深圳中电投资股份有限公司	40.06
50	北京京东世纪贸易有限公司	82.56	100	厦门航空有限公司	39.56
				中国服务业企业500强平均数	34.18

表 10-19　2019 中国服务业企业 500 强行业平均净利润

名次	行业名称	平均净利润/万元	名次	行业名称	平均净利润/万元
1	商业银行	3859669	22	医药及医药器材零售	104153
2	电讯服务	2987309	23	机电商贸	96385
3	邮政	2734271	24	水务	83287
4	电网	2264515	25	物流及供用链	74518
5	多元化金融	1966765	26	化工医药商贸	73322
6	互联网服务	1194809	27	铁路运输	68624
7	水上运输	736096	28	园区地产	67683
8	保险业	577361	29	文化娱乐	64955
9	住宅地产	419683	30	软件和信息技术	64727
10	商业地产	405238	31	生活资料商贸	61147
11	综合服务业	321176	32	能源矿产商贸	58086
12	证券业	299193	33	生活消费品商贸	50601
13	港口运输	256577	34	连锁超市及百货	47036
14	教育服务	242746	35	旅游和餐饮	40861
15	航空运输	220223	36	广播电视服务	37218
16	基金、信托及其他金融服务	193492	37	农产品及食品批发	35568
17	家电及电子产品零售	152230	38	国际经济合作（工程承包）	26700
18	多元化投资	139024	39	综合商贸	23918
19	公路运输	133070	40	人力资源服务	22632
20	综合能源供用	121044	41	汽车摩托车零售	21510
21	航空港及相关服务业	104788	42	科技研发、规划设计	16425
			43	金属品商贸	14806

表 10-20 2019 中国服务业企业 500 强行业平均营业收入

名次	行业名称	平均营业收入/万元	名次	行业名称	平均营业收入/万元
1	电网	105907842	22	能源矿产商贸	4536646
2	邮政	56640155	23	人力资源服务	4040940
3	电讯服务	49605241	24	生活资料商贸	3962664
4	多元化金融	24318866	25	公路运输	3704875
5	保险业	19083352	26	综合能源供用	3694790
6	商业银行	18431192	27	物流及供用链	3281169
7	水上运输	14651071	28	金属品商贸	2778674
8	综合服务业	14036025	29	港口运输	2750953
9	家电及电子产品零售	12318511	30	生活消费品商贸	2539178
10	互联网服务	8643553	31	水务	2398241
11	化工医药商贸	8631583	32	航空港及相关服务业	2241171
12	商业地产	8070418	33	连锁超市及百货	2216887
13	软件和信息技术	7460776	34	旅游和餐饮	1906094
14	航空运输	7015730	35	证券业	1825925
15	机电商贸	6029244	36	教育服务	1606353
16	医药及医药器材零售	5952938	37	国际经济合作（工程承包）	1573734
17	住宅地产	5626851	38	汽车摩托车零售	1478822
18	农产品及食品批发	4942322	39	文化娱乐	1141973
19	综合商贸	4857989	40	基金、信托及其他金融服务	1049637
20	多元化投资	4831264	41	园区地产	782336
21	铁路运输	4648091	42	科技研发、规划设计	741448
			43	广播电视服务	540914

表10-21 2019中国服务业企业500强行业平均资产

名次	行业名称	平均资产/万元	名次	行业名称	平均资产/万元
1	邮政	981192488	22	化工医药商贸	6875355
2	商业银行	421038904	23	机电商贸	6076826
3	多元化金融	243147377	24	农产品及食品批发	5666161
4	电网	161765130	25	航空港及相关服务业	4899672
5	电讯服务	105839080	26	医药及医药器材零售	4885874
6	保险业	73654125	27	铁路运输	3962794
7	商业地产	44488164	28	能源矿产商贸	3644118
8	水上运输	40528146	29	物流及供用链	3632543
9	证券业	28261558	30	旅游和餐饮	3127069
10	综合服务业	26684584	31	基金、信托及其他金融服务	2545059
11	公路运输	24166470	32	教育服务	2439709
12	住宅地产	20789545	33	文化娱乐	2189522
13	水务	18420038	34	国际经济合作（工程承包）	1981280
14	多元化投资	12857760	35	连锁超市及百货	1950953
15	航空运输	12785540	36	综合商贸	1948559
16	互联网服务	12426095	37	生活消费品商贸	1919976
17	软件和信息技术	10149513	38	广播电视服务	1767211
18	港口运输	8562198	39	生活资料商贸	1626112
19	综合能源供用	8395434	40	科技研发、规划设计	1018401
20	家电及电子产品零售	8198381	41	汽车摩托车零售	642849
21	园区地产	7364398	42	金属品商贸	578655
			43	人力资源服务	433599

表 10-22　2019 中国服务业企业 500 强行业平均纳税总额

名次	行业名称	平均资产/万元	名次	行业名称	平均资产/万元
1	电网	7224273	22	能源矿产商贸	139371
2	邮政	2180944	23	航空港及相关服务业	134598
3	电讯服务	2158165	24	教育服务	111747
4	多元化金融	1770835	25	园区地产	100062
5	商业银行	1304820	26	人力资源服务	92852
6	商业地产	1187055	27	物流及供用链	89321
7	保险业	680976	28	铁路运输	78706
8	住宅地产	597695	29	连锁超市及百货	72448
9	航空运输	436146	30	国际经济合作（工程承包）	67488
10	综合服务业	290483	31	综合商贸	63596
11	互联网服务	258562	32	生活消费品商贸	62716
12	证券业	244207	33	医药及医药器材零售	60562
13	机电商贸	241663	34	旅游和餐饮	57566
14	多元化投资	213358	35	文化娱乐	43017
15	公路运输	196184	36	生活资料商贸	40326
16	水务	188815	37	化工医药商贸	34085
17	软件和信息技术	180364	38	农产品及食品批发	24091
18	综合能源供用	167889	39	科技研发、规划设计	22525
19	家电及电子产品零售	165294	40	汽车摩托车零售	22017
20	港口运输	148393	41	金属品商贸	16433
21	基金、信托及其他金融服务	147530	42	水上运输	9833
			43	广播电视服务	2012

表 10-23 2019 中国服务业企业 500 强行业平均研发费用

名次	行业名称	平均研发费用/万元	名次	行业名称	平均研发费用/万元
1	电讯服务	952958	21	综合能源供用	15375
2	互联网服务	558914	22	公路运输	13926
3	电网	499113	23	生活消费品商贸	13338
4	软件和信息技术	229210	24	人力资源服务	12232
5	教育服务	145090	25	航空运输	11897
6	多元化金融	86528	26	综合商贸	10821
7	证券业	65833	27	水务	9426
8	综合服务业	60548	28	港口运输	9114
9	家电及电子产品零售	52054	29	物流及供用链	7008
10	商业银行	49469	30	连锁超市及百货	6240
11	机电商贸	29141	31	航空港及相关服务业	5759
12	能源矿产商贸	28971	32	化工医药商贸	4640
13	科技研发、规划设计	24018	33	农产品及食品批发	4256
14	文化娱乐	21377	34	生活资料商贸	4163
15	住宅地产	20999	35	园区地产	3726
16	旅游和餐饮	18384	36	医药及医药器材零售	1760
17	邮政	17020	37	国际经济合作（工程承包）	1506
18	保险业	15797	38	金属品商贸	1054
19	基金、信托及其他金融服务	15585	39	铁路运输	807
20	多元化投资	15456	40	汽车摩托车零售	680

表 10-24 2019 中国服务业企业 500 强行业人均净利润

名次	行业名称	人均净利润/万元	名次	行业名称	人均净利润/万元
1	基金、信托及其他金融服务	195.74	22	航空港及相关服务业	6.03
2	商业银行	69.83	23	能源矿产商贸	5.59
3	互联网服务	42.96	24	综合服务业	5.33
4	证券业	30.59	25	公路运输	5.32
5	住宅地产	24.32	26	电网	5.25
6	园区地产	24.08	27	汽车摩托车零售	4.82
7	多元化金融	20.84	28	水务	4.74
8	金属品商贸	16.66	29	物流及供用链	4.46
9	港口运输	16.30	30	航空运输	4.37
10	生活资料商贸	14.28	31	旅游和餐饮	4.26
11	铁路运输	14.16	32	医药及医药器材零售	4.21
12	水上运输	12.92	33	广播电视服务	3.97
13	综合能源供用	9.17	34	国际经济合作（工程承包）	3.30
14	多元化投资	8.59	35	软件和信息技术	3.24
15	文化娱乐	8.20	36	家电及电子产品零售	3.11
16	电讯服务	7.92	37	邮政	2.94
17	化工医药商贸	7.35	38	科技研发、规划设计	2.85
18	商业地产	7.32	39	农产品及食品批发	2.80
19	生活消费品商贸	7.15	40	保险业	2.76
20	教育服务	7.14	41	人力资源服务	2.72
21	机电商贸	6.07	42	综合商贸	2.54
			43	连锁超市及百货	2.09

表 10-25 2019 中国服务业企业 500 强行业人均营业收入

名次	行业名称	人均营业收入/万元	名次	行业名称	人均营业收入/万元
1	金属品商贸	3429.27	22	电网	245.31
2	基金、信托及其他金融服务	1061.85	23	综合能源供用	244.80
3	生活资料商贸	1002.17	24	医药及医药器材零售	240.83
4	铁路运输	958.76	25	综合服务业	232.83
5	化工医药商贸	874.40	26	物流及供用链	203.06
6	综合商贸	516.32	27	国际经济合作（工程承包）	194.62
7	人力资源服务	486.01	28	证券业	186.72
8	能源矿产商贸	436.46	29	港口运输	184.38
9	农产品及食品批发	388.56	30	文化娱乐	150.65
10	机电商贸	379.46	31	公路运输	148.18
11	生活消费品商贸	359.03	32	商业地产	145.84
12	汽车摩托车零售	336.31	33	水务	144.96
13	商业银行	333.46	34	航空运输	139.11
14	住宅地产	327.91	35	电讯服务	131.55
15	软件和信息技术	325.02	36	航空港及相关服务业	129.01
16	互联网服务	317.77	37	科技研发、规划设计	128.45
17	家电及电子产品零售	317.58	38	保险业	108.39
18	多元化投资	308.80	39	连锁超市及百货	98.37
19	园区地产	278.38	40	旅游和餐饮	86.77
20	多元化金融	257.73	41	邮政	60.95
21	水上运输	257.21	42	广播电视服务	57.68
			43	教育服务	47.25

表 10-26 2019 中国服务业企业 500 强行业人均资产

名次	行业名称	人均资产/万元	名次	行业名称	人均资产/万元
1	商业银行	7617.47	22	保险业	418.35
2	证券业	2889.98	23	生活资料商贸	411.25
3	园区地产	2620.47	24	机电商贸	382.45
4	多元化金融	2576.90	25	电网	374.69
5	基金、信托及其他金融服务	2574.67	26	能源矿产商贸	350.60
6	住宅地产	1211.52	27	文化娱乐	288.84
7	水务	1113.40	28	航空港及相关服务业	282.04
8	邮政	1055.79	29	电讯服务	280.67
9	公路运输	966.55	30	生活消费品商贸	271.48
10	多元化投资	821.84	31	航空运输	253.51
11	铁路运输	817.41	32	国际经济合作（工程承包）	245.03
12	商业地产	803.95	33	物流及供用链	224.80
13	金属品商贸	716.56	34	家电及电子产品零售	211.36
14	水上运输	711.51	35	综合商贸	207.10
15	化工医药商贸	685.66	36	医药及医药器材零售	197.66
16	港口运输	573.89	37	广播电视服务	188.44
17	综合能源供用	572.23	38	科技研发、规划设计	176.43
18	互联网服务	456.83	39	汽车摩托车零售	146.20
19	农产品及食品批发	445.47	40	旅游和餐饮	142.35
20	综合服务业	442.64	41	连锁超市及百货	86.57
21	软件和信息技术	442.16	42	教育服务	71.76
			43	人力资源服务	52.15

表10-27 2019中国服务业企业500强行业人均纳税总额

名次	行业名称	人均纳税总额/万元	名次	行业名称	人均纳税总额/万元
1	基金、信托及其他金融服务	149.25	22	生活消费品商贸	8.87
2	园区地产	35.60	23	航空运输	8.65
3	住宅地产	34.83	24	国际经济合作（工程承包）	8.35
4	商业银行	29.55	25	软件和信息技术	7.86
5	证券业	24.97	26	公路运输	7.85
6	商业地产	21.45	27	航空港及相关服务业	7.75
7	金属品商贸	20.26	28	农产品及食品批发	7.62
8	化工医药商贸	17.88	29	综合商贸	6.76
9	多元化金融	16.61	30	电讯服务	5.72
10	铁路运输	16.23	31	文化娱乐	5.67
11	机电商贸	15.21	32	物流及供用链	5.34
12	电网	14.37	33	汽车摩托车零售	5.01
13	多元化投资	13.83	34	医药及医疗器材零售	4.60
14	能源矿产商贸	13.41	35	保险业	4.51
15	水务	11.41	36	家电及电子产品零售	4.26
16	综合能源供用	11.39	37	科技研发、规划设计	3.90
17	人力资源服务	11.17	38	水上运输	3.89
18	生活资料商贸	10.20	39	教育服务	3.29
19	港口运输	9.95	40	连锁超市及百货	3.13
20	综合服务业	9.80	41	旅游和餐饮	2.62
21	互联网服务	9.78	42	邮政	2.35
			43	广播电视服务	0.21

表 10-28 2019 中国服务业企业 500 强行业人均研发费用

名次	行业名称	人均研发费用/万元	名次	行业名称	人均研发费用/万元
1	互联网服务	19.62	21	家电及电子产品零售	0.80
2	基金、信托及其他金融服务	15.77	22	多元化投资	0.77
3	软件和信息技术	9.99	23	金属品商贸	0.70
4	证券业	6.19	24	旅游和餐饮	0.64
5	科技研发、规划设计	5.59	25	人力资源服务	0.61
6	教育服务	4.27	26	生活资料商贸	0.61
7	文化娱乐	3.21	27	港口运输	0.61
8	化工医药商贸	3.20	28	公路运输	0.57
9	电讯服务	2.53	29	物流及供用链	0.49
10	综合服务业	1.89	30	水务	0.48
11	机电商贸	1.83	31	综合商贸	0.48
12	生活消费品商贸	1.78	32	航空港及相关服务业	0.27
13	商业银行	1.43	33	汽车摩托车零售	0.23
14	住宅地产	1.43	34	连锁超市及百货	0.22
15	园区地产	1.33	35	航空运输	0.19
16	多元化金融	1.23	36	国际经济合作（工程承包）	0.19
17	农产品及食品批发	1.21	37	铁路运输	0.17
18	能源矿产商贸	1.21	38	保险业	0.17
19	综合能源供用	1.13	39	医药及医药器材零售	0.14
20	电网	0.99	40	邮政	0.02

表 10-29　2019 中国服务业企业 500 强行业平均资产利润率

名次	行业名称	平均资产利润率/%	名次	行业名称	平均资产利润率/%
1	教育服务	9.95	22	机电商贸	1.59
2	互联网服务	7.78	23	能源矿产商贸	1.59
3	基金、信托及其他金融服务	7.60	24	电网	1.40
4	人力资源服务	5.22	25	家电及电子产品零售	1.40
5	生活资料商贸	3.46	26	综合能源供用	1.35
6	汽车摩托车零售	3.09	27	国际经济合作（工程承包）	1.35
7	电讯服务	2.82	28	综合商贸	1.23
8	文化娱乐	2.67	29	综合服务业	1.20
9	生活消费品商贸	2.64	30	化工医药商贸	1.07
10	连锁超市及百货	2.41	31	证券业	1.06
11	金属品商贸	2.31	32	多元化投资	0.99
12	航空港及相关服务业	2.14	33	旅游和餐饮	0.97
13	医药及医药器材零售	2.13	34	园区地产	0.92
14	广播电视服务	2.11	35	商业银行	0.92
15	物流及供用链	1.98	36	商业地产	0.91
16	住宅地产	1.96	37	多元化金融	0.81
17	港口运输	1.86	38	农产品及食品批发	0.63
18	水上运输	1.82	39	公路运输	0.55
19	铁路运输	1.73	40	软件和信息技术	0.44
20	航空运输	1.72	41	保险业	0.44
21	科技研发、规划设计	1.61	42	水务	0.38
			43	邮政	0.28

第十一章
2019 中国企业 1000 家

为了扩大中国大企业的分析范围，更加全面地反映中国大企业的发展状况，中国企业联合会、中国企业家协会从2018年起，开展了中国企业1000强的申报排序分析研究发布工作，2019年继续推出2019中国企业1000家。前500名请见表8-1，后500名见下表。

表　2019中国企业1000家第501名至1000名名单

名次	企业名称	地区	营业收入/万元	净利润/万元	资产/万元	所有者权益/万元	从业人数/人
501	江苏大明金属制品有限公司	江苏	3219395	16177	1025447	169550	4600
502	万通海欣控股集团股份有限公司	山东	3212228	147136	3507189	1391020	3500
503	天津亿联投资控股集团有限公司	天津	3205700	148758	9721338	701966	10200
504	文一投资控股集团	安徽	3180620	100507	5413004	2684659	22000
505	南通化工轻工股份有限公司	江苏	3174181	10912	277932	115040	134
506	森马集团有限公司	浙江	3160129	48129	2869127	1063637	7370
507	华芳集团有限公司	江苏	3152055	26182	928456	495471	10544
508	巨化集团有限公司	浙江	3127158	23812	3721330	621171	16240
509	国泰君安证券股份有限公司	上海	3122939	670812	43672908	12345006	15236
510	鲁丽集团有限公司	山东	3118716	140318	1385888	724058	5932
511	安徽省交通控股集团有限公司	安徽	3116191	252601	24468274	7232308	30374
512	万丰奥特控股集团有限公司	浙江	3110927	216838	3250479	1357873	13038
513	重庆市中科控股有限公司	重庆	3096989	7189	1811063	359320	1259
514	四川蓝光发展股份有限公司	四川	3082054	222407	15088067	1575928	18261
515	奥园集团有限公司	广东	3076634	346934	17810903	2197143	11000
516	盛屯矿业集团股份有限公司	福建	3075433	42026	1347906	749274	1499
517	华东医药股份有限公司	浙江	3066337	226723	1921736	993815	10944
518	山东寿光鲁清石化有限公司	山东	3063246	221303	1382193	793124	1840
519	上海均瑶（集团）有限公司	上海	3062102	28457	7403342	846098	17689
520	东营鲁方金属材料有限公司	山东	3060812	110036	1287615	620185	2187
521	卓越置业集团有限公司	广东	3057621	427336	19792952	5482322	283
522	东营方圆有色金属有限公司	山东	3051138	74068	1886648	1068384	388
523	广东省广业集团有限公司	广东	3044609	75359	4067607	1257784	22391
524	上海中梁企业发展有限公司	上海	3042009	194080	16305665	463904	12525
525	山东齐成石油化工有限公司	山东	3033100	5275	1465425	13180	817
526	厦门航空有限公司	福建	3013515	142108	4521600	1707587	19619
527	山东鲁花集团有限公司	山东	3010692	349113	1886536	1239381	—
528	石药控股集团有限公司	河北	3006759	385023	4107092	1879420	23243
529	天津食品集团有限公司	天津	3006537	40448	4025865	1154587	9534
530	重庆对外经贸（集团）有限公司	重庆	3003666	16159	2141407	536886	8017
531	浙江省海港投资运营集团有限公司	浙江	3003557	304510	12006108	6012406	19750

续表

名次	企业名称	地区	营业收入/万元	净利润/万元	资产/万元	所有者权益/万元	从业人数/人
532	中铁集装箱运输有限责任公司	北京	2978019	61586	2215961	1182989	864
533	迪信通科技集团有限公司	北京	2966604	15047	1114579	157482	20157
534	铭源控股集团有限公司	辽宁	2964371	120158	1112474	521283	1080
535	天士力控股集团有限公司	天津	2962844	29221	6890311	2297804	21786
536	厦门路桥工程物资有限公司	福建	2955788	16260	835456	122269	486
537	天津港（集团）有限公司	天津	2933138	-44966	13430391	2890966	14046
538	黑龙江省建设投资集团有限公司	黑龙江	2906662	7509	4795733	432748	32204
539	哈尔滨电气集团有限公司	黑龙江	2905845	3566	6448421	1357866	18952
540	利时集团股份有限公司	浙江	2895648	73578	1263380	726903	6812
541	华南物资集团有限公司	重庆	2880259	8371	429409	62995	580
542	中联重科股份有限公司	湖南	2869654	201986	9345666	3820119	15121
543	福星集团控股有限公司	湖北	2812932	32483	4958880	340737	7038
544	香驰控股有限公司	山东	2808671	68796	1481358	658325	3000
545	深圳市富森供应链管理有限公司	广东	2807308	8221	1144391	65172	412
546	巨星控股集团有限公司	浙江	2800590	46891	1642337	470825	10087
547	淄博齐翔腾达化工股份有限公司	山东	2792406	84291	1151566	729003	2132
548	武汉当代科技产业集团股份有限公司	湖北	2772437	64856	9052976	901098	25047
549	蓝思科技股份有限公司	湖南	2771749	63700	4314002	1705472	88119
550	得力集团有限公司	浙江	2764200	135117	1776729	578115	13238
551	华峰集团有限公司	浙江	2760314	158920	3905602	1267414	12422
552	浙江元立金属制品集团有限公司	浙江	2752554	217928	1525202	489795	13000
553	浙江升华控股集团有限公司	浙江	2750172	13283	945826	359882	3118
554	华新水泥股份有限公司	湖北	2746604	518145	3316151	1667296	16404
555	圆通速递股份有限公司	上海	2746514	190398	1996854	1149946	18888
556	月星集团有限公司	上海	2738798	223447	5317856	1719652	10472
557	新八建设集团有限公司	湖北	2736588	83625	620225	361952	4850
558	北京顺鑫控股集团有限公司	北京	2725141	571	3255889	353410	9317
559	中策橡胶集团有限公司	浙江	2688188	80206	2503094	864268	22767
560	天津纺织集团（控股）有限公司	天津	2677480	6617	1637031	245868	4647
561	花园集团有限公司	浙江	2674240	90265	2190829	959199	14838
562	云南白药集团股份有限公司	云南	2670821	330656	3037759	1978200	8068
563	青岛啤酒股份有限公司	山东	2657526	237977	3407527	1797047	39320
564	兴华财富集团有限公司	河北	2654290	6173	1105009	100299	6383
565	利群集团股份有限公司	山东	2653669	45878	2629979	1116183	13961
566	新七建设集团有限公司	湖北	2651855	—	733835	—	23823

续表

名次	企业名称	地区	营业收入/万元	净利润/万元	资产/万元	所有者权益/万元	从业人数/人
567	深圳市信利康供应链管理有限公司	广东	2650017	22553	966155	112971	467
568	太平鸟集团有限公司	浙江	2639268	15642	1369302	298084	12948
569	广西交通投资集团有限公司	广西壮族自治区	2631453	31145	36299269	10014743	15253
570	广州市水务投资集团有限公司	广东	2626944	114513	14180054	3658499	26485
571	河北安丰钢铁有限公司	河北	2623710	259917	1304090	848456	9386
572	河北省国和投资集团有限公司	河北	2607691	308	483411	61662	2933
573	湖北省交通投资集团有限公司	湖北	2607673	142443	38752563	10870414	13112
574	郑州煤矿机械集团股份有限公司	河南	2601173	83234	2769085	1145721	17914
575	洛阳栾川钼业集团股份有限公司	河南	2596286	463558	10121612	4094887	10900
576	舜宇集团有限公司	浙江	2593185	249087	2285214	923410	16535
577	重庆医药（集团）股份有限公司	重庆	2580274	67717	1961391	601950	7815
578	重庆市博赛矿业（集团）有限公司	重庆	2575901	63254	1248616	694702	8136
579	苏州金螳螂企业（集团）有限公司	江苏	2572981	53841	3821885	413942	20852
580	泸州老窖集团有限责任公司	四川	2570209	183137	18439906	1103809	7469
581	厦门港务控股集团有限公司	福建	2565670	57583	4328919	818032	11478
582	华立集团股份有限公司	浙江	2533226	23455	1874809	200606	10817
583	三花控股集团有限公司	浙江	2529667	86207	2288899	860413	21907
584	宜华企业（集团）有限公司	广东	2511884	99298	5477680	1834306	50208
585	天合光能股份有限公司	江苏	2505404	54151	2855467	1135282	13679
586	四川九洲电器集团有限责任公司	四川	2501293	28389	2267692	587645	13505
587	福建省汽车工业集团有限公司	福建	2495113	25761	3416158	280003	19416
588	山西能源交通投资有限公司	山西	2486830	8564	10121244	3107205	57886
589	广东德赛集团有限公司	广东	2469978	13806	1741996	485324	18289
590	山鹰国际控股股份公司	安徽	2436654	320386	3590637	1318137	11091
591	唐山三友集团有限公司	河北	2434881	89178	2675484	492170	18531
592	厦门禹洲集团股份有限公司	福建	2430587	350494	11506300	1948659	5084
593	江苏三木集团有限公司	江苏	2429559	72369	1351693	615229	6211
594	银泰商业（集团）有限公司	浙江	2426916	1598	2770132	1160107	9580
595	安徽安粮控股股份有限公司	安徽	2426547	638	1872426	137784	2545
596	福建省电子信息（集团）有限责任公司	福建	2423377	−251456	8069307	382672	58665
597	广州市方圆房地产发展有限公司	广东	2411267	260180	7710101	1244299	5000
598	江苏新潮科技集团有限公司	江苏	2402508	4321	3536239	126168	23953
599	河南中原黄金冶炼厂有限责任公司	河南	2398993	35075	1543297	678877	1492
600	华鲁控股集团有限公司	山东	2398167	99403	3689716	728671	17619
601	深圳市思贝克集团有限公司	广东	2389143	−2998	35412	9119	137

续表

名次	企业名称	地区	营业收入/万元	净利润/万元	资产/万元	所有者权益/万元	从业人数/人
602	三鼎控股集团有限公司	浙江	2376920	117025	3076352	1276597	17035
603	海通证券股份有限公司	上海	2376501	521109	57462363	11785857	10391
604	歌尔股份有限公司	山东	2375058	86772	2974245	1520127	48652
605	浙江大华技术股份有限公司	浙江	2366569	252943	2635060	1261876	13608
606	上海闽路润贸易有限公司	上海	2366412	6417	495418	16498	142
607	建业控股有限公司	河南	2365943	—	10814912	—	16892
608	郑州银行股份有限公司	河南	2362029	305883	46614242	3664974	4708
609	纳爱斯集团有限公司	浙江	2353330	119472	1870363	1615079	12680
610	东方润安集团有限公司	江苏	2352515	—	863688	—	3763
611	湖南省交通水利建设集团有限公司	湖南	2335584	39902	2250952	391555	13178
612	四川航空股份有限公司	四川	2326780	23393	3220038	506133	15060
613	湖北省工业建筑集团有限公司	湖北	2322235	17091	2538461	252716	3778
614	深圳华强集团有限公司	广东	2312194	98842	6827451	1408356	21765
615	江西省高速公路投资集团有限责任公司	江西	2306769	193526	31485127	11458452	14139
616	河北兴华钢铁有限公司	河北	2303824	108593	889508	631923	5209
617	德邦物流股份有限公司	上海	2302532	70040	822080	402725	135374
618	广西盛隆冶金有限公司	广西壮族自治区	2301661	381852	2908228	1327343	9000
619	河北天柱钢铁集团有限公司	河北	2299723	183265	1168178	408779	4861
620	重庆千信集团有限公司	重庆	2278944	36438	1020706	343807	103
621	中如建工集团有限公司	江苏	2266767	64687	554509	233674	43749
622	重庆钢铁股份有限公司	重庆	2263896	178791	2693335	1853167	7472
623	山东中海化工集团有限公司	山东	2261453	101539	663886	71405	2425
624	山西建邦集团有限公司	山西	2253401	187961	1285735	630242	3043
625	三环集团有限公司	湖北	2252304	10241	2344622	744855	19762
626	成都蛟龙投资有限责任公司	四川	2249837	197383	932688	627059	59483
627	美锦能源集团有限公司	山西	2244299	630480	5697883	2400053	13200
628	山东垦利石化集团有限公司	山东	2220067	89845	1606735	747319	2942
629	西子联合控股有限公司	浙江	2207570	125921	4078794	1309091	15577
630	中国万向控股有限公司	上海	2206940	70902	12811942	706070	17438
631	隆基绿能科技股份有限公司	陕西	2198761	255796	3965924	1645158	21056
632	浙江方远控股集团有限公司	浙江	2198757	38918	1293033	241866	31965
633	鲁西集团有限公司	山东	2194028	111106	3002459	467310	12617
634	苏州创元投资发展（集团）有限公司	江苏	2191707	101575	2598852	940158	13381
635	南京新华海科技产业集团有限公司	江苏	2183755	4028	1177782	128148	2402
636	浙江东南网架集团有限公司	浙江	2181759	15277	2047182	824186	11353

续表

名次	企业名称	地区	营业收入/万元	净利润/万元	资产/万元	所有者权益/万元	从业人数/人
637	广西柳工集团有限公司	广西壮族自治区	2181538	34650	3335312	408039	16535
638	上海振华重工（集团）股份有限公司	上海	2181239	44301	7059836	1518586	8831
639	安徽新华发行（集团）控股有限公司	安徽	2175632	58553	3439538	864913	6132
640	利泰集团有限公司	广东	2173585	9992	536932	162693	6654
641	天津市医药集团有限公司	天津	2148869	1855	5178418	1003676	19149
642	江西济民可信集团有限公司	江西	2144043	83858	898788	498258	11980
643	海越能源集团股份有限公司	浙江	2141260	30713	970970	259097	1084
644	兴惠化纤集团有限公司	浙江	2131698	77014	735091	422859	2358
645	河北鑫海控股有限公司	河北	2130719	33239	727327	291471	1700
646	山东齐鲁制药集团有限公司	山东	2127250	435182	3049056	2236950	17824
647	新疆生产建设兵团棉麻有限公司	新疆维吾尔自治区	2113454	8074	553427	45757	526
648	杭州滨江房产集团股份有限公司	浙江	2111547	121702	8755226	1526108	711
649	广西汽车集团有限公司	广西壮族自治区	2103636	54886	1854957	567516	14801
650	浙江宝利德股份有限公司	浙江	2101903	20141	702238	125808	3178
651	宁波申洲针织有限公司	浙江	2095021	454049	2755205	2229874	82700
652	振石控股集团有限公司	浙江	2093988	102737	2244352	793150	4614
653	农夫山泉股份有限公司	浙江	2091073	366419	2073701	1443561	8838
654	道恩集团有限公司	山东	2090246	15248	1037056	100234	2994
655	河南济源钢铁（集团）有限公司	河南	2072070	145170	1360994	597924	6602
656	天津华北集团有限公司	天津	2065433	17931	995502	628306	767
657	青岛世纪瑞丰集团有限公司	山东	2065278	—	506408	—	109
658	石家庄北国人百集团有限责任公司	河北	2064265	41238	1263126	385506	16358
659	新阳科技集团	江苏	2063989	90362	851275	462575	3100
660	深圳市世纪云芯科技有限公司	广东	2060576	46792	1190817	100423	474
661	杭州东恒石油有限公司	浙江	2056202	15065	346455	133391	426
662	浙江英特药业有限责任公司	浙江	2049026	17938	893324	177431	3410
663	宗申产业集团有限公司	重庆	2040601	22368	2397761	356525	16097
664	欣旺达电子股份有限公司	广东	2033830	70144	1867684	638797	8900
665	济源市万洋冶炼（集团）有限公司	河南	2031364	44597	496821	174367	3210
666	河南金利金铅集团有限公司	河南	2027929	24520	579437	141104	2467
667	天洁集团有限公司	浙江	2027783	74203	934711	428178	1325
668	日照兴业集团有限公司	山东	2021718	39372	1621719	578345	7500
669	龙元建设集团股份有限公司	上海	2021276	92218	5148447	969587	5099
670	凌源钢铁集团有限责任公司	辽宁	2019024	83263	2455453	224744	10337
671	江阴长三角钢铁集团有限公司	江苏	2011878	3491	50480	8715	390

续表

名次	企业名称	地区	营业收入/万元	净利润/万元	资产/万元	所有者权益/万元	从业人数/人
672	无锡市国联发展（集团）有限公司	江苏	2007103	154040	8394566	2380045	11233
673	浙江富春江通信集团有限公司	浙江	2003566	30388	1496309	395704	4390
674	浙江协和集团有限公司	浙江	1997819	27407	702343	117552	1247
675	深圳市中金岭南有色金属股份有限公司	广东	1996341	91994	1950633	1032431	9855
676	广微控股有限公司	北京	1993158	122918	2442164	1415775	9330
677	日照港集团有限公司	山东	1987574	14979	5927886	1314642	9144
678	上海胜华电缆（集团）有限公司	上海	1983694	8957	835530	170885	4480
679	河南神火集团有限公司	河南	1971180	-156445	5768578	26272	29446
680	广州立白企业集团有限公司	广东	1968176	88606	1824983	998236	9647
681	天津恒兴集团有限公司	天津	1967700	69616	747074	565003	900
682	厦门钨业股份有限公司	福建	1955679	49905	2250516	724675	14206
683	深圳市华富洋供应链有限公司	广东	1947058	12952	1278681	74381	305
684	广西物资集团有限责任公司	广西壮族自治区	1943726	6257	1428250	472812	2332
685	康美药业股份有限公司	广东	1935623	113519	7462794	2819495	12596
686	安徽出版集团有限责任公司	安徽	1930012	28583	2459227	691057	5132
687	山东航空集团有限公司	山东	1927767	23827	1779998	283472	14176
688	重庆万达薄板有限公司	重庆	1918667	15403	900095	238127	2630
689	桂林力源粮油食品集团有限公司	广西壮族自治区	1917542	50462	541910	194778	5000
690	万马联合控股集团有限公司	浙江	1911317	-3976	1214908	131124	5323
691	山东鑫海科技股份有限公司	山东	1898151	220468	2285931	835703	7926
692	胜达集团有限公司	浙江	1896428	91070	1096444	738759	3139
693	大亚科技集团有限公司	江苏	1896077	48029	1342690	161749	9465
694	广西农垦集团有限责任公司	广西壮族自治区	1894881	27177	9590225	5193271	54750
695	邯郸正大制管有限公司	河北	1890895	3588	278020	50072	4511
696	四川省乐山市福华农科投资集团有限责任公司	四川	1879530	31973	1770049	405421	3852
697	淄博商厦股份有限公司	山东	1876290	15239	561640	232468	10291
698	山东联盟化工集团有限公司	山东	1876167	80614	973057	515870	6684
699	联发集团有限公司	福建	1872529	167934	6691019	998917	4012
700	宁波博洋控股集团有限公司	浙江	1870652	32224	545739	114266	6358
701	山东东方华龙工贸集团有限公司	山东	1867608	13905	1066891	469633	1500
702	浙江建华集团有限公司	浙江	1862654	6062	286669	62650	3014
703	江苏省苏豪控股集团有限公司	江苏	1860765	91154	2480263	791262	9041
704	江苏中超投资集团有限公司	江苏	1858328	28038	1216577	210242	5916
705	广州海印实业集团有限公司	广东	1854992	81609	6436197	1714940	4206
706	深圳能源集团股份有限公司	广东	1852740	69068	8507390	2407423	—

续表

名次	企业名称	地区	营业收入/万元	净利润/万元	资产/万元	所有者权益/万元	从业人数/人
707	搜于特集团股份有限公司	广东	1849414	36941	1016629	440641	2467
708	山西晋城钢铁控股集团有限公司	山西	1839505	153685	1486892	1095471	10700
709	张家港市泽厚贸易有限公司	江苏	1833987	17425	158662	18757	20
710	广州珠江实业集团有限公司	广东	1833055	90062	8546745	1167748	15200
711	厦门金龙汽车集团股份有限公司	福建	1829052	15887	2582422	378476	14211
712	重庆京东方光电科技有限公司	重庆	1827574	183982	3952660	2534776	5656
713	山东远通汽车贸易集团有限公司	山东	1823306	16955	624637	326858	6852
714	兴达投资集团有限公司	江苏	1804898	41479	702679	495785	931
715	天津友联盛业科技集团有限公司	天津	1804074	37044	322900	188722	780
716	奥盛集团有限公司	上海	1794595	72494	935155	790071	1512
717	青海盐湖工业股份有限公司	青海	1788973	-344661	7499735	1671662	17155
718	安徽辉隆投资集团	安徽	1784128	10115	1001770	97151	2311
719	张家港市沃丰贸易有限公司	江苏	1781873	15902	343296	17846	20
720	东莞农村商业银行股份有限公司	广东	1777738	454271	40815661	2973514	5456
721	吉林银行股份有限公司	吉林	1766939	115713	36185151	2489927	10655
722	中通快递股份有限公司	上海	1760445	438302	3968285	3421723	15408
723	广东粤海控股集团有限公司	广东	1757770	51680	10273105	3532915	12258
724	深业集团有限公司	广东	1757281	243376	11753980	2818331	20556
725	秦皇岛宏兴钢铁有限公司	河北	1745360	108832	772108	508561	5283
726	中国西电集团有限公司	陕西	1742136	27121	4000112	1356248	18051
727	宁波华东物资城市场建设开发有限公司	浙江	1738200	7459	44500	—	3095
728	江苏江润铜业有限公司	江苏	1730371	10708	336299	158857	246
729	上海协通（集团）有限公司	上海	1730042	60957	448785	225424	1948
730	攀枝花钢城集团有限公司	四川	1723889	-5087	880415	-246384	10938
731	中厦建设集团有限公司	浙江	1721242	—	482412	—	36792
732	正和集团股份有限公司	山东	1716095	30220	632841	257895	1372
733	人本集团有限公司	浙江	1713879	36926	1108990	334323	19521
734	山东荣信集团有限公司	山东	1712918	134510	506387	333840	2206
735	山东潍焦控股集团有限公司	山东	1709227	44807	1077630	194485	3775
736	辛集市澳森钢铁有限公司	河北	1707158	89161	738634	641254	6317
737	润华集团股份有限公司	山东	1705590	50177	1391897	654572	6126
738	无锡市不锈钢电子交易中心有限公司	江苏	1704311	3197	17364	14329	97
739	江苏上上电缆集团有限公司	江苏	1702533	61675	755118	534730	4027
740	申通快递有限公司	上海	1701277	209352	1157529	581997	1063
741	广州视源电子科技股份有限公司	广东	1699665	100427	699918	340321	3597

续表

名次	企业名称	地区	营业收入/万元	净利润/万元	资产/万元	所有者权益/万元	从业人数/人
742	致达控股集团有限公司	上海	1699479	20278	2231566	422741	4605
743	合众人寿保险股份有限公司	湖北	1695732	-85835	8443617	600044	7131
744	武汉联杰能源有限公司	湖北	1680445	611	251988	103986	31
745	山西安泰控股集团有限公司	山西	1679351	59262	1633642	82042	6139
746	维科控股集团股份有限公司	浙江	1673931	1466	1576873	160201	5627
747	安徽华源医药集团股份有限公司	安徽	1665582	27652	1256060	187894	9100
748	广田控股集团有限公司	广东	1661728	25142	400145	1063431	5465
749	金猴集团有限公司	山东	1661668	38089	530269	291561	3966
750	上海机场（集团）有限公司	上海	1656370	315518	8538584	5832803	18491
751	登封电厂集团有限公司	河南	1638482	2209	2496826	534888	13309
752	玲珑集团有限公司	山东	1631476	63065	3166328	591346	17445
753	西安高科（集团）公司	陕西	1628373	-20720	8463028	605740	12496
754	沪东中华造船（集团）有限公司	上海	1628356	-21602	4022958	-181547	8793
755	江苏西城三联控股集团有限公司	江苏	1619631	-6764	485519	-155367	2790
756	上海春秋国际旅行社（集团）有限公司	上海	1619457	95874	2853829	740526	10434
757	广博控股集团有限公司	浙江	1614532	19310	1695263	380601	4020
758	张家港保税区旭江贸易有限公司	江苏	1612825	87086	314995	101347	20
759	山东科瑞控股集团有限公司	山东	1612685	228685	3162702	1777147	7952
760	浙江天圣控股集团有限公司	浙江	1608061	97574	705504	385937	3162
761	北京学而思教育科技有限公司	北京	1606353	242746	2439709	1278785	33999
762	黑龙江倍丰农业生产资料集团有限公司	黑龙江	1603930	8935	1644805	88530	698
763	上海龙宇燃油股份有限公司	上海	1603587	6353	562737	398539	135
764	天津源泰德润钢管制造集团有限公司	天津	1603301	21555	235899	162558	1750
765	山东金升有色集团有限公司	山东	1601347	34389	843077	422731	946
766	武汉市城市建设投资开发集团有限公司	湖北	1585782	71893	29679783	8910830	14055
767	诸城外贸有限责任公司	山东	1574381	65043	1964442	886424	7008
768	中国江苏国际经济技术合作集团有限公司	江苏	1573734	26700	1981280	279681	8086
769	河北港口集团有限公司	河北	1573611	-59954	5814909	2101888	14102
770	浙江甬金金属科技股份有限公司	浙江	1565030	33121	301713	144066	1295
771	长春欧亚集团股份有限公司	吉林	1559992	25978	2242261	309989	11296
772	天津国威有限公司	天津	1558302	-931	167227	75851	31
773	金正大生态工程集团股份有限公司	山东	1548157	42144	2260957	1045531	9110
774	天津城市基础设施建设投资集团有限公司	天津	1544659	155779	76023276	23266365	13508
775	天津现代集团有限公司	天津	1542226	64133	2365360	953054	406

续表

名次	企业名称	地区	营业收入/万元	净利润/万元	资产/万元	所有者权益/万元	从业人数/人
776	唐人神集团股份有限公司	湖南	1542198	13693	653082	340329	7583
777	海天塑机集团有限公司	浙江	1540645	221365	2645681	1318817	8691
778	上海三盛宏业投资（集团）有限责任公司	上海	1537725	14324	4818855	432631	4200
779	重庆交通运输控股（集团）有限公司	重庆	1537041	52698	2557559	894125	37656
780	大华（集团）有限公司	上海	1535415	401676	8999917	2163950	2337
781	宁波君安控股有限公司	浙江	1529826	5687	297120	55006	82
782	深圳市三诺投资控股有限公司	广东	1528815	63827	974200	324036	7500
783	广发证券股份有限公司	广东	1527037	430012	38910594	8501801	10277
784	盈峰投资控股集团有限公司	广东	1520507	-34211	3950894	820270	8207
785	盐城市国有资产投资集团有限公司	江苏	1516020	20875	3764506	1006096	1802
786	广西金融投资集团有限公司	广西壮族自治区	1514222	2179	7904030	1178413	5237
787	百色百矿集团有限公司	广西壮族自治区	1505598	4291	2685182	802130	13000
788	新华发集团有限公司	江苏	1503006	-23581	775960	-124822	850
789	天津恒运能源集团股份有限公司	天津	1502238	26486	449040	216001	1000
790	厦门恒兴集团有限公司	福建	1496719	44437	1567044	603595	2003
791	常州市化工轻工材料总公司	江苏	1491716	1933	178703	10663	145
792	青岛银行股份有限公司	山东	1479483	202335	31765850	2698497	3781
793	深圳中电投资股份有限公司	广东	1468574	46255	875864	333274	1814
794	天津农村商业银行股份有限公司	天津	1460136	244398	31725599	2467766	5660
795	潍坊特钢集团有限公司	山东	1458715	53343	1013724	328376	6126
796	广州元亨能源有限公司	广东	1457866	3179	719368	137856	23
797	山东华鲁恒升化工股份有限公司	山东	1440986	96448	1905808	407851	4021
798	万邦德新材股份有限公司	浙江	1433531	7138	284542	149290	1818
799	河南交通投资集团有限公司	河南	1427352	75641	17793161	4186951	27290
800	中原出版传媒投资控股集团有限公司	河南	1427330	50333	1527262	840220	16721
801	广州岭南国际企业集团有限公司	广东	1422207	55326	1689179	712261	13118
802	安徽中鼎控股（集团）股份有限公司	安徽	1415802	44752	2033339	523976	22806
803	厦门翔业集团有限公司	福建	1415366	85314	3404121	979721	14287
804	景德镇黑猫集团有限责任公司	江西	1414217	17883	1747956	281315	9726
805	鹏欣环球资源股份有限公司	上海	1413803	19862	827272	545528	1857
806	广州钢铁企业集团有限公司	广东	1412256	96945	1426309	544526	1935
807	精工控股集团有限公司	浙江	1409578	8150	2311348	307696	11041
808	龙大食品集团有限公司	山东	1406015	153831	810239	331167	6679
809	广州无线电集团有限公司	广东	1398216	48753	3566184	684820	41335
810	深圳市宝德投资控股有限公司	广东	1395131	21706	1271976	286794	1923
811	新浪公司	北京	1394959	83055	4041212	1865954	9207
812	长沙银行股份有限公司	湖南	1394100	447900	52663000	3099600	7189
813	格林美股份有限公司	广东	1387823	73031	2495982	987763	4912

续表

续表

名次	企业名称	地区	营业收入/万元	净利润/万元	资产/万元	所有者权益/万元	从业人数/人
814	玖隆钢铁物流有限公司	江苏	1385507	3117	534665	152366	293
815	杭州联华华商集团有限公司	浙江	1376717	44639	984552	79333	13402
816	深圳迈瑞生物医疗电子股份有限公司	广东	1375336	371924	2162739	1515832	9224
817	浙江航民实业集团有限公司	浙江	1370757	24555	1043169	199321	10091
818	珠海粤裕丰钢铁有限公司	广东	1370728	76421	1016705	414132	2700
819	赛轮集团股份有限公司	山东	1368475	66813	1528820	630848	10626
820	广东省丝绸纺织集团有限公司	广东	1359489	10922	761224	184986	2945
821	广东宏川集团有限公司	广东	1352735	19427	614694	200983	1130
822	江南集团有限公司	江苏	1352537	18242	1456390	542442	3169
823	安徽淮海实业发展集团有限公司	安徽	1352250	12029	976608	189355	6417
824	桂林银行股份有限公司	广西壮族自治区	1350022	154887	26728787	1726435	4618
825	泰开集团有限公司	山东	1342874	62222	1443128	125552	12709
826	广州金融控股集团有限公司	广东	1342515	154774	59268188	2440957	11435
827	上海龙旗科技股份有限公司	上海	1326015	4213	730654	94076	3081
828	陕西粮农集团有限责任公司	陕西	1316281	5995	965707	375930	4298
829	中国庆华能源集团有限公司	北京	1315568	-105881	6963035	791271	9800
830	安徽楚江科技新材料股份有限公司	安徽	1310711	40859	662761	447177	5279
831	江苏五星电器有限公司	江苏	1303240	16100	983053	177108	8322
832	重庆砂之船奥莱商业管理有限公司	重庆	1301953	18501	2009116	734989	1735
833	泰豪集团有限公司	江西	1300401	72420	2122061	672118	7481
834	中哲控股集团有限公司	浙江	1299318	42674	516645	171616	6013
835	福建省交通运输集团有限责任公司	福建	1291708	34584	3289012	924428	27591
836	深圳市东方嘉盛供应链股份有限公司	广东	1289631	13473	774195	142921	390
837	上海景域文化传播股份有限公司	上海	1287712	-3808	589784	386791	2876
838	深圳市兆驰股份有限公司	广东	1286776	44538	1866646	871782	7158
839	太原重型机械集团有限公司	山西	1285557	-12989	4670598	249722	12052
840	湖南黄金集团有限责任公司	湖南	1277366	8005	1076174	165370	7237
841	深圳市燃气集团股份有限公司	广东	1274139	103093	1971242	919696	6711
842	苏州裕景泰贸易有限公司	江苏	1270574	2230	234150	21254	—
843	广东鸿粤汽车销售集团有限公司	广东	1268886	-11094	661131	-28937	3156
844	江阴市金桥化工有限公司	江苏	1263898	1268	156806	14384	80
845	大连冰山集团有限公司	辽宁	1263703	58563	1382451	654625	11232
846	广西贵港钢铁集团有限公司	广西壮族自治区	1263381	62076	631530	264958	2176
847	江苏大经供应链股份有限公司	江苏	1260933	2603	89225	26204	400
848	开氏集团有限公司	浙江	1251855	17001	805536	386324	3000

续表

名次	企业名称	地区	营业收入/万元	净利润/万元	资产/万元	所有者权益/万元	从业人数/人
849	雷沃重工股份有限公司	山东	1250136	10461	1235330	373616	12036
850	上海博尔捷企业集团有限公司	上海	1248300	8607	66836	9200	631
851	广西云星集团有限公司	广西壮族自治区	1247561	153849	2016957	784969	2560
852	广西正润发展集团有限公司	广西壮族自治区	1246576	-1995	1727775	106755	3856
853	搜狐网络有限责任公司	北京	1245567	-105889	2264657	404280	8500
854	深圳市环球易购电子商务有限公司	广东	1240668	24753	666314	233784	5625
855	武汉农村商业银行股份有限公司	湖北	1233731	234751	26683526	2176724	5523
856	湖北能源集团股份有限公司	湖北	1230772	181096	4820782	2621615	4166
857	浙江出版联合集团有限公司	浙江	1230014	99325	2140699	1384228	8211
858	湖南永通集团有限公司	湖南	1226020	17680	696121	330200	3951
859	利欧集团股份有限公司	浙江	1225004	-162130	1441277	712591	5429
860	卫华集团有限公司	河南	1224171	34549	707553	299443	5760
861	众信旅游集团股份有限公司	北京	1223122	2357	533899	228039	5005
862	瑞声光电科技（常州）有限公司	江苏	1221728	124024	1645380	911488	20812
863	广西农村投资集团有限公司	广西壮族自治区	1220071	6616	4448075	602205	25485
864	北京时尚控股有限责任公司	北京	1219043	13116	1855413	665270	9113
865	洛阳国宏投资集团有限公司	河南	1214831	84143	2018527	1294903	5834
866	惠科股份有限公司	广东	1211874	36319	2838377	254434	8900
867	深圳市英唐智能控制股份有限公司	广东	1211411	14055	587222	171019	1205
868	天津市宝来工贸有限公司	天津	1210500	24524	175487	129990	1563
869	新和成控股集团有限公司	浙江	1200810	153606	3301027	1029867	13764
870	瑞星集团股份有限公司	山东	1200603	7328	1632679	393207	3216
871	北方国际集团有限公司	天津	1199592	2250	733609	103634	1672
872	铜陵精达特种电磁线股份有限公司	安徽	1189780	43740	562402	317716	3114
873	江苏倪家巷集团有限公司	江苏	1187348	24607	590593	298924	3814
874	现代投资股份有限公司	湖南	1186099	96366	2470712	930120	3074
875	深圳市旗丰供应链服务有限公司	广东	1177571	441	281294	14373	298
876	广西柳州医药股份有限公司	广西壮族自治区	1171453	52819	977263	384646	3590
877	新疆天富集团有限责任公司	新疆维吾尔自治区	1170454	1382	4083921	776370	7457
878	广东东阳光科技控股股份有限公司	广东	1168024	109059	1962242	680017	11123
879	青岛城市建设投资（集团）有限责任公司	山东	1167231	80054	20179831	5044022	932
880	广州港集团有限公司	广东	1166214	132925	3854706	1462380	10332
881	云账户（天津）共享经济信息咨询有限公司	天津	1165776	1291	73338	3858	224
882	广州百货企业集团有限公司	广东	1153845	51224	1436256	748212	4790

续表

名次	企业名称	地区	营业收入/万元	净利润/万元	资产/万元	所有者权益/万元	从业人数/人
883	山东淄博博山企业集团有限公司	山东	1153672	21216	602810	307249	7036
884	欧派家居集团股份有限公司	广东	1150938	157185	1112049	756094	19714
885	鹭燕医药股份有限公司	福建	1150089	18032	607051	156938	4086
886	万友汽车投资有限公司	重庆	1144441	5498	545881	83312	6144
887	厦门夏商集团有限公司	福建	1138177	40122	1384029	367632	5890
888	长飞光纤光缆股份有限公司	湖北	1135976	148919	1288588	818803	4499
889	健康元药业集团股份有限公司	广东	1120396	69941	2498576	964352	10574
890	浙江中外运有限公司	浙江	1118481	12281	245631	58160	2525
891	哈药集团有限公司	黑龙江	1116312	19831	1436537	471409	16834
892	星星集团有限公司	浙江	1104265	29345	2385593	330781	24445
893	山东时风（集团）有限责任公司	山东	1103814	13453	782917	591850	15209
894	上海鑫冶铜业有限公司	上海	1102779	191	87961	38793	98
895	江阴江东集团公司	江苏	1102602	51197	439010	307638	6365
896	广西洋浦南华糖业集团股份有限公司	广西壮族自治区	1101443	6837	1690659	588743	14852
897	浙江新安化工集团股份有限公司	浙江	1100095	123339	1010664	564839	5237
898	澳柯玛股份有限公司	山东	1098995	6990	882111	296287	7015
899	庆铃汽车（集团）有限公司	重庆	1097840	27504	1508967	658748	5816
900	宁波方太厨具有限公司	浙江	1097624	94755	1079440	596851	6673
901	浙江永利实业集团有限公司	浙江	1096744	73422	2221115	1371621	3105
902	大乘汽车集团有限公司	江苏	1094851	-2785	1448798	22501	2390
903	青岛海湾集团有限公司	山东	1093510	44833	1864141	388613	3015
904	湖南兰天集团有限公司	湖南	1092940	3834	251980	60366	3905
905	马上消费金融股份有限公司	重庆	1086752	80120	4026246	558706	1440
906	蓝池集团有限公司	河北	1082627	11215	494344	229647	4334
907	即发集团有限公司	山东	1081819	23869	639939	244583	19902
908	深圳市深粮控股股份有限公司	广东	1075878	30833	646895	417250	1233
909	普联技术有限公司	广东	1072068	228227	1590128	1444983	11379
910	江苏海达科技集团有限公司	江苏	1067737	31826	1122197	539424	4025
911	无锡市交通产业集团有限公司	江苏	1066154	58734	4529641	1789724	10983
912	郴州市金贵银业股份有限公司	湖南	1065658	11843	1171966	359740	1779
913	重庆银行股份有限公司	重庆	1063008	376985	45036897	3305101	4119
914	天津住宅建设发展集团有限公司	天津	1060076	9535	3949491	569880	38982
915	龙蟒佰利联集团股份有限公司	河南	1055399	228573	2092367	1242290	7646
916	鲁南制药集团股份有限公司	山东	1046224	114299	1279952	719639	13288
917	东莞市富之源饲料蛋白开发有限公司	广东	1041307	16710	1032436	83211	295

续表

名次	企业名称	地区	营业收入/万元	净利润/万元	资产/万元	所有者权益/万元	从业人数/人
918	浙江凯喜雅国际股份有限公司	浙江	1041113	33012	598670	92349	269
919	杭州杭氧股份有限公司	浙江	1031771	74317	1172601	530165	4685
920	山东新华医疗器械股份有限公司	山东	1028364	2278	1237985	330520	6280
921	湖南省煤业集团有限公司	湖南	1028116	10651	1209638	190452	23766
922	黑龙江飞鹤乳业有限公司	黑龙江	1027068	68906	945593	358022	26841
923	浙江省农村发展集团有限公司	浙江	1026253	46739	1665714	175443	2394
924	四川华油集团有限责任公司	四川	1025170	53967	900233	372693	6441
925	四川宏达（集团）有限公司	四川	1024420	—	3697267	—	10383
926	深圳市天健（集团）股份有限公司	广东	1020948	78158	3174115	869604	7485
927	顾家集团有限公司	浙江	1019045	7846	1940196	421675	12786
928	浙江海正药业股份有限公司	浙江	1018744	−49247	2185365	618350	9871
929	上海交运（集团）公司	上海	1017895	22225	1301281	462308	9592
930	阿尔法（江阴）沥青有限公司	江苏	1013407	9569	182596	71230	180
931	路通建设集团股份有限公司	山东	1012549	167817	752026	691431	1890
932	天弘基金管理有限公司	天津	1012521	306863	1063871	864486	537
933	江阴模塑集团有限公司	江苏	1010363	12475	920607	257750	8270
934	南京大地建设集团有限责任公司	江苏	1005937	15208	926640	289906	1749
935	安通控股股份有限公司	福建	1005753	49151	1089535	338424	1604
936	湖南博深实业集团有限公司	湖南	1004635	8187	608491	528810	139
937	杭州华东医药集团控股有限公司	浙江	1003525	128483	918100	543495	2007
938	雅迪科技集团有限公司	江苏	995484	42991	722081	224198	3703
939	无锡华东重型机械股份有限公司	江苏	994759	30784	593392	462700	968
940	银隆新能源股份有限公司	广东	988964	15271	3705295	710605	2422
941	杭州金鱼电器集团有限公司	浙江	987826	4794	614369	90010	5924
942	广东兴发铝业有限公司	广东	987529	50396	684155	251856	7006
943	桂林彰泰实业集团有限公司	广西壮族自治区	985684	146833	1793461	445706	1126
944	安徽天康（集团）股份有限公司	安徽	981833	46242	497379	276087	6012
945	安徽古井集团有限责任公司	安徽	979940	68727	2232744	477215	10835
946	安徽国祯集团股份有限公司	安徽	978414	33320	1587634	193769	10187
947	上海源耀生物股份有限公司	上海	975444	3959	93928	40806	584
948	东方日升新能源股份有限公司	浙江	975217	23237	1878154	743109	6551
949	安徽叉车集团有限责任公司	安徽	972667	27671	1073424	270383	8150
950	广州华多网络科技有限公司	广东	972311	254401	1266408	1051468	1918
951	东方鑫源控股有限公司	重庆	971823	34220	878976	173559	6122
952	浙江富陵控股集团有限公司	浙江	969374	39740	884793	375555	1005

续表

名次	企业名称	地区	营业收入/万元	净利润/万元	资产/万元	所有者权益/万元	从业人数/人
953	安徽环新集团有限公司	安徽	967379	17120	1226002	200039	6074
954	芒果超媒股份有限公司	湖南	966066	71515	957696	563937	4163
955	卓正控股集团有限公司	河北	962537	58750	787504	451970	8157
956	浙江蓝天实业集团有限公司	浙江	961588	5210	984147	330409	2393
957	佛山市顺德区乐从供销集团有限公司	广东	960093	10095	443906	225097	1741
958	中南出版传媒集团股份有限公司	湖南	957558	123788	2026005	1347570	13490
959	湖南粮食集团有限责任公司	湖南	954994	3735	1936625	213019	4413
960	深圳市英捷迅实业发展有限公司	广东	952496	283	99020	17995	173
961	老百姓大药房连锁股份有限公司	湖南	947109	43503	848477	304617	19817
962	厦门航空开发股份有限公司	福建	933932	14744	391153	135168	663
963	浙江中财管道科技股份有限公司	浙江	931002	—	427098	—	4355
964	中国四联仪器仪表集团有限公司	重庆	924103	4861	1998072	120179	10253
965	博威集团有限公司	浙江	918155	16697	876726	149492	5968
966	无锡商业大厦大东方股份有限公司	江苏	915357	29453	469872	271414	5023
967	河南省国有资产控股运营集团有限公司	河南	915259	-14179	6423387	295129	8638
968	宁波滕头集团有限公司	浙江	915129	29595	439804	121488	11070
969	广州地铁集团有限公司	广东	908348	10520	31981394	18243793	26967
970	渤海人寿保险股份有限公司	天津	907930	-76753	3343836	1211460	226
971	公牛集团股份有限公司	浙江	906500	167686	516411	324758	12118
972	上海百润企业发展有限公司	上海	904923	7552	96425	33538	38
973	北京君诚实业投资集团有限公司	北京	901883	322	221121	52536	1369
974	上海紫江企业集团股份有限公司	上海	900986	43274	1037431	446913	6750
975	爱玛科技集团股份有限公司	天津	898978	42829	609865	151140	5136
976	沈阳鼓风机集团股份有限公司	辽宁	888029	769	1950505	177092	6088
977	大参林医药集团股份有限公司	广东	885927	53163	653702	303811	23854
978	天津市新宇彩板有限公司	天津	885667	13025	276164	65999	1720
979	泰山石膏有限公司	山东	884321	166072	1084405	834238	23876
980	岭南生态文旅股份有限公司	广东	884290	77870	1638483	450467	3887
981	宁波宝新不锈钢有限公司	浙江	879466	10953	385623	340658	789
982	深圳市水务（集团）有限公司	广东	876512	49382	2334491	780167	11325
983	广州酷狗计算机科技有限公司	广东	875748	121772	519284	399862	1163
984	武汉东湖高新集团股份有限公司	湖北	869250	33803	2364414	412424	1966
985	青特集团有限公司	山东	863743	69272	1949455	415985	3690
986	上海临港经济发展（集团）有限公司	上海	863494	65873	8305785	1501312	2614
987	深圳市长盈精密技术股份有限公司	广东	862557	3847	981148	437056	24159

续表

续表

名次	企业名称	地区	营业收入/万元	净利润/万元	资产/万元	所有者权益/万元	从业人数/人
988	深圳市特发集团有限公司	广东	861096	61803	1943101	743642	12698
989	重庆港务物流集团有限公司	重庆	860804	5947	2058161	509033	5210
990	罗蒙集团股份有限公司	浙江	858711	65802	573498	428868	2150
991	安徽亚夏实业股份有限公司	安徽	856368	41679	570421	227820	3800
992	上海晨光文具股份有限公司	上海	853499	80685	567750	341081	3674
993	浙江华通控股集团有限公司	浙江	852122	−6587	2766467	160078	4208
994	四川新华发行集团有限公司	四川	850873	41195	1771253	671823	8954
995	浙江华瑞集团有限公司	浙江	842355	13958	629801	277418	513
996	安徽天大企业(集团)有限公司	安徽	837999	14576	494583	214566	1417
997	广东南海农村商业银行股份有限公司	广东	834516	274112	18623345	1745627	3356
998	伊发控股集团有限公司	浙江	829754	73886	760601	461714	9680
999	万事利集团有限公司	浙江	827347	20714	716199	193791	1370
1000	青岛九联集团股份有限公司	山东	825790	13350	344547	133985	9315

续表

第十二章
中国部分地区企业100强数据

表 12-1　2019 天津市企业 100 强

排名	企业名称	营业收入/万元	排名	企业名称	营业收入/万元
1	中国石化销售有限公司华北分公司	27196755	51	渤海人寿保险股份有限公司	907930
2	中海石油（中国）有限公司天津分公司	8531819	52	曙光信息产业股份有限公司	905688
3	天津荣程祥泰投资控股集团有限公司	6900140	53	爱玛科技集团股份有限公司	900000
4	天津泰达投资控股有限公司	5997826	54	天津市新宇彩板有限公司	885667
5	中国石油化工股份有限公司天津分公司	5950090	55	中集现代物流发展有限公司	859129
6	天津一汽丰田汽车有限公司	5426903	56	中国能源建设集团天津电力建设有限公司	830761
7	渤海银行股份有限公司	5343978	57	中交天津航道局有限公司	818639
8	天津友发钢管集团股份有限公司	5314748	58	玖龙纸业（天津）有限公司	811434
9	中铁十八局集团有限公司	4824663	59	天津市金桥焊材集团有限公司	796436
10	国网天津市电力公司	4508768	60	天津大通投资集团有限公司	752505
11	中交第一航务工程局有限公司	3704499	61	丰益油脂科技有限公司	735509
12	天津银行股份有限公司	3321283	62	嘉里粮油（天津）有限公司	719314
13	天津亿联控股集团有限公司	3205700	63	中国石油天然气股份有限公司天津销售分公司	715143
14	中国建筑第六工程局有限公司	3068314	64	天津娃哈哈宏振食品饮料贸易有限公司	704357
15	天津食品集团有限公司	3006537	65	中国联合网络通信有限公司天津分公司	703673
16	天士力控股集团有限公司	2962844	66	天津拾起卖科技有限公司	697459
17	天津港（集团）有限公司	2933138	67	天津电装电子有限公司	695531
18	天津纺织集团（控股）有限公司	2677480	68	中国人寿保险股份有限公司天津市分公司	625444
19	中国石油天然气股份有限公司大港石化分公司	2616632	69	天津市政建设集团有限公司	618725
20	长城汽车股份有限公司天津哈弗分公司	2470732	70	中粮佳悦（天津）有限公司	597632
21	中沙（天津）石化有限公司	2350087	71	中国移动通信集团天津有限公司	581058
22	天津市医药集团有限公司	2148869	72	京瓷（中国）商贸有限公司	578349
23	天津华北集团有限公司	2065433	73	华润天津医药有限公司	575396
24	中国石油天然气股份有限公司大港油田分公司	1978397	74	上海烟草集团有限责任公司天津卷烟厂	574779
25	天津恒兴集团有限公司	1967700	75	天津顶益食品有限公司	525161
26	中国石化销售股份有限公司天津石油分公司	1956898	76	中国水电基础局有限公司	500727
27	中国石油集团渤海钻探工程有限公司	1823534	77	天津市交通（集团）有限公司	461558
28	中冶天工集团有限公司	1817735	78	九三集团天津大豆科技有限公司	449893
29	天津友联盛业科技集团有限公司	1804074	79	中铁十六局集团第二工程有限公司	437650
30	天津源泰德润钢管制造集团有限公司	1603301	80	天津渤海轻工投资集团有限公司	434433
31	天津国威有限公司	1558302	81	天津大桥焊材集团有限公司	432353
32	天津城市基础设施建设投资集团有限公司	1544659	82	中材（天津）国际贸易有限公司	426330
33	天津现代集团有限公司	1542226	83	天津红日药业股份有限公司	422396
34	天津恒运能源集团股份有限公司	1502238	84	邦基正大（天津）粮油有限公司	422231
35	天津农村商业银行股份有限公司	1460136	85	梦金园黄金珠宝集团股份有限公司	418213
36	中国铁路设计集团有限公司	1416529	86	天津津路钢铁实业有限公司	416816
37	中国电建市政建设集团有限公司	1396936	87	天津新华投资集团有限公司	407740
38	天津航空有限责任公司	1299435	88	弗兰德传动系统有限公司	396728
39	工银金融租赁有限公司	1259169	89	京粮（天津）粮油工业有限公司	391950
40	唯品会（天津）电子商务有限公司	1236860	90	中石化第四建设有限公司	385114
41	天津市宝来工贸有限公司	1210500	91	天津市建工工程总承包有限公司	378248
42	北方国际集团有限公司	1199592	92	天津海钢板材有限公司	352733
43	中国汽车工业工程有限公司	1183820	93	天津市公共交通集团（控股）有限公司	342680
44	云账户（天津）共享经济信息咨询有限公司	1165776	94	天津巴莫科技有限责任公司	334407
45	国药控股天津有限公司	1072752	95	日新（天津）塑胶有限公司	330677
46	中国天辰工程有限公司	1071344	96	天津富奥电装空调有限公司	313068
47	天津住宅建设发展集团有限公司	1060076	97	天津肯德基有限公司	294555
48	中国平安人寿保险股份有限公司天津分公司	1032251	98	三星爱商（天津）国际物流有限公司	286138
49	天弘基金管理有限公司	992523	99	中国电信股份有限公司天津分公司	285116
50	天津启润投资有限公司	980644	100	天津广通汽车有限公司	285093

发布单位：天津市企业联合会。

表 12-2 2019 上海市企业 100 强

排名	企业名称	营业收入/万元	排名	企业名称	营业收入/万元
1	上海汽车集团股份有限公司	90219406	51	中芯国际集成电路制造有限公司	2223436
2	中国宝武钢铁集团有限公司	43862002	52	中国万向控股有限公司	2206940
3	交通银行股份有限公司	43404600	53	上海振华重工（集团）股份有限公司	2181239
4	中国太平洋保险（集团）股份有限公司	35436300	54	中国二十冶集团有限公司	2115945
5	绿地控股集团股份有限公司	34842646	55	龙元建设集团股份有限公司	2021276
6	上海浦东发展银行股份有限公司	33438200	56	上海胜华电缆（集团）有限公司	1983694
7	上海万科企业有限公司	20982883	57	上海广微投资有限公司	1958447
8	中国建筑第八工程局有限公司	20427846	58	上海三盛宏业投资（集团）有限责任公司	1804160
9	上海建工集团股份有限公司	17054578	59	奥盛集团有限公司	1794595
10	益海嘉里金龙鱼粮油食品股份有限公司	16707352	60	江南造船（集团）有限责任公司	1790794
11	上海医药集团股份有限公司	15908440	61	中通快递股份有限公司	1760445
12	光明食品（集团）有限公司	15800752	62	上海协通（集团）有限公司	1730042
13	东浩兰生（集团）有限公司	15434403	63	申通快递有限公司	1701277
14	太平人寿保险有限公司	14105051	64	致达控股集团有限公司	1699479
15	中国东方航空集团有限公司	12794870	65	上海机场（集团）有限公司	1656370
16	上海烟草集团有限责任公司	12775644	66	沪东中华造船（集团）有限公司	1628356
17	上海电气（集团）总公司	11452758	67	上海春秋国际旅行社（集团）有限公司	1619457
18	东方国际（集团）有限公司	11147834	68	上海龙宇燃油股份有限公司	1603587
19	复星国际有限公司	10935164	69	大华（集团）有限公司	1535415
20	中国石化上海石油化工股份有限公司	10776491	70	鹏欣环球资源股份有限公司	1413803
21	上海均和集团有限公司	10404361	71	上海大名城企业股份有限公司	1338302
22	上海钢联电子商务股份有限公司	9605509	72	上海龙旗科技股份有限公司	1326015
23	国网上海市电力公司	9091352	73	上海景域文化传播股份有限公司	1287712
24	上海银行股份有限公司	8982805	74	上海博尔捷企业集团股份有限公司	1248300
25	上海永达控股（集团）有限公司	6951800	75	中兵（上海）有限责任公司	1150284
26	互诚信息技术（上海）有限公司	6522728	76	上海鑫冶铜业有限公司	1102779
27	百联集团有限公司	6258910	77	中国建材国际工程集团有限公司	1021722
28	上海华谊（集团）公司	6059803	78	上海交运（集团）公司	1017895
29	中智上海经济技术合作有限公司	5933837	79	上海源耀生物股份有限公司	975444
30	上海城建（集团）公司	4932126	80	上海外高桥造船有限公司	925716
31	中运富通控股集团有限公司	4523282	81	上海百润企业发展有限公司	904923
32	老凤祥股份有限公司	4378447	82	上海紫江企业集团股份有限公司	900986
33	上海新增鼎资产管理有限公司	4231999	83	上海临港经济发展（集团）有限公司	863494
34	申能（集团）有限公司	4221935	84	上海晨光文具股份有限公司	853499
35	上海仪电（集团）有限公司	3930241	85	中锐控股集团有限公司	825260
36	中国大地财产保险股份有限公司	3821973	86	正泰电气股份有限公司	811253
37	上海国际港务（集团）股份有限公司	3804254	87	欧普照明股份有限公司	800387
38	上海农村商业银行股份有限公司	3524225	88	五冶集团上海有限公司	740039
39	环旭电子股份有限公司	3355028	89	亿达中国控股有限公司	735696
40	上海宝冶集团有限公司	3313978	90	上海申华控股股份有限公司	714615
41	国泰君安证券股份有限公司	3122939	91	上海家化联合股份有限公司	713795
42	上海均瑶（集团）有限公司	3062102	92	上海亚泰财富企业集团有限公司	712459
43	上海中梁企业发展有限公司	3042009	93	科世达（上海）管理有限公司	655506
44	中铁上海工程局集团有限公司	2801382	94	上海东方电视购物有限公司	652138
45	圆通快递股份有限公司	2746514	95	网宿科技股份有限公司	633746
46	月星集团有限公司	2738798	96	上海起帆电缆股份有限公司	632267
47	中铁二十四局集团有限公司	2496727	97	远纺工业（上海）有限公司	631041
48	海通证券股份有限公司	2376501	98	东渡国际集团有限公司	603211
49	上海闽路润贸易有限公司	2366412	99	上海中通瑞德投资集团有限公司	596395
50	德邦物流股份有限公司	2302532	100	龙盛集团控股（上海）有限公司	596256

发布单位：上海市企业联合会、上海市企业家协会。

表 12-3 2019 重庆市企业 100 强

排名	企业名称	营业收入/万元	排名	企业名称	营业收入/万元
1	重庆长安汽车股份有限公司	17119244	51	重庆财信企业集团有限公司	796581
2	重庆市金科投资控股（集团）有限责任公司	12382825	52	重庆润通控股（集团）有限公司	776115
3	龙湖集团控股有限公司	11579846	53	重庆市农业投资集团有限公司	760697
4	达丰（重庆）电脑有限公司	7988713	54	中石化重庆涪陵页岩气勘探开发有限公司	729035
5	隆鑫控股有限公司	5641373	55	重庆巨能建设（集团）有限公司	701068
6	重庆商社（集团）有限公司	5461523	56	重庆银翔实业集团有限公司	612489
7	重庆市能源投资集团有限公司	5063249	57	重庆桐君阁股份有限公司	604951
8	英业达（重庆）有限公司	4868756	58	中国石化集团重庆川维化工有限公司	600928
9	重庆建工投资控股有限责任公司	4711083	59	重庆市新大兴实业（集团）有限公司	600832
10	重庆化医控股（集团）公司	4677214	60	重庆跨越（集团）股份有限公司	580678
11	重庆农村商业银行股份有限公司	4593490	61	重庆药友制药有限责任公司	573435
12	国网重庆市电力公司	4585151	62	中铁隧道集团一处有限公司	557191
13	重庆机电控股（集团）公司	4558237	63	中国船舶重工集团海装风电股份有限公司	554769
14	太极集团有限公司	4503656	64	重庆华峰化工有限公司	542609
15	重庆小康控股有限公司	4454732	65	重庆公路运输（集团）有限公司	534610
16	重庆力帆控股有限公司	4077623	66	重庆智飞生物制品股份有限公司	522831
17	中国烟草总公司重庆市公司	3593859	67	重庆百事达汽车有限公司	522477
18	重庆轻纺控股（集团）公司	3515928	68	重庆长安民生物流股份有限公司	512710
19	重庆华宇集团有限公司	3266656	69	重庆新渝投资有限责任公司	498256
20	重庆市中科控股有限公司	3096989	70	重庆河东控股（集团）有限公司	482800
21	重庆对外经贸（集团）有限公司	3003666	71	国家电投集团重庆电力有限公司	480113
22	华南物资集团有限公司	2880259	72	重庆长安工业（集团）有限责任公司	463922
23	纬创资通（重庆）有限公司	2784320	73	重庆鸽牌电线电缆有限公司	437586
24	重庆医药（集团）股份有限公司	2580274	74	重庆国瑞控股集团有限公司	419512
25	重庆市博赛矿业（集团）有限公司	2575901	75	九禾股份有限公司	419350
26	重庆千信集团有限公司	2278944	76	重庆紫光化工股份有限公司	411856
27	重庆钢铁股份有限公司	2263896	77	重庆建峰工业集团有限公司	402912
28	维沃移动通信（重庆）有限公司	2131513	78	欧菲斯办公伙伴控股有限公司	400899
29	西南铝业（集团）有限责任公司	2056892	79	重庆华轻商业有限公司	398475
30	宗申产业集团有限公司	2040601	80	重庆市公共交通控股（集团）有限公司	380764
31	旭硕科技（重庆）有限公司	1975906	81	上汽菲亚特红岩动力总成有限公司	378254
32	重庆万达薄板有限公司	1918667	82	重庆三峡银行股份有限公司	377759
33	重庆京东方光电科技有限公司	1827574	83	西南药业股份有限公司	356967
34	中冶建工集团有限公司	1765793	84	中铁八局集团第一工程有限公司	354101
35	上汽依维柯红岩商用车有限公司	1719087	85	重庆啤酒股份有限公司	346734
36	重庆交通运输控股（集团）有限公司	1537041	86	重庆三峰环境集团股份有限公司	343277
37	鸿富锦精密电子（重庆）有限公司	1400524	87	重庆九州通医药有限公司	334000
38	重庆永辉超市有限公司	1323296	88	重庆市茂田实业（集团）有限公司	326738
39	重庆砂之船奥莱商业管理有限公司	1301953	89	重庆拓达建设（集团）有限公司	320416
40	爱思开海力士半导体（重庆）有限公司	1157801	90	重庆市德源水电开发（集团）有限公司	316957
41	万友汽车投资有限公司	1144441	91	重庆市盐业（集团）有限公司	303618
42	庆铃汽车（集团）有限公司	1097840	92	重庆康明斯发动机有限公司	298753
43	马上消费金融股份有限公司	1086752	93	华能重庆珞璜发电有限责任公司	281910
44	重庆银行股份有限公司	1063008	94	重庆美心（集团）有限公司	275009
45	东方鑫源集团有限公司	971823	95	西南证券股份有限公司	274415
46	中交二航局第二工程有限公司	965230	96	重庆机场集团有限公司	270625
47	中铁十一局集团第五工程有限公司	927617	97	重庆市汽车运输（集团）有限公司	269796
48	中国四联仪器仪表集团有限公司	924103	98	重庆青山工业有限责任公司	259647
49	中冶赛迪集团有限公司	899510	99	重庆泰山电缆有限公司	256361
50	重庆港务物流集团有限公司	860804	100	重庆市通信产业服务有限公司	253757

发布单位：重庆市企业联合会、重庆市企业家协会。

表 12-4 2019 山东省企业 100 强

排名	企业名称	营业收入/万元	排名	企业名称	营业收入/万元
1	山东能源集团有限公司	33897377	51	山东清源集团有限公司	3521726
2	山东魏桥创业集团有限公司	28448728	52	新华锦集团	3518320
3	海尔集团公司	26611837	53	瑞康医药集团股份有限公司	3391853
4	兖矿集团有限公司	25722761	54	岚桥集团有限公司	3385367
5	潍柴控股集团有限公司	23537254	55	富海集团有限公司	3259815
6	国网山东省电力公司	22526545	56	万通海欣控股集团股份有限公司	3212256
7	山东钢铁集团有限公司	15585685	57	鲁丽集团有限公司	3118716
8	海信集团有限公司	12663497	58	山东华星石油化工集团有限公司	3074935
9	中国重型汽车集团有限公司	11004953	59	山东寿光鲁清石化有限公司	3063246
10	南山集团有限公司	10869617	60	东营鲁方金属材料有限公司	3060812
11	山东东明石化集团有限公司	10182020	61	东营方圆有色金属有限公司	3051138
12	浪潮集团有限公司	10160465	62	山东齐成石油化工有限公司	3033100
13	日照钢铁控股集团有限公司	9536721	63	山东鲁花集团有限公司	3010692
14	万达控股集团有限公司	9231536	64	一汽解放青岛汽车有限公司	2911106
15	利华益集团股份有限公司	8537905	65	香驰控股有限公司	2808671
16	山东黄金集团有限公司	8213987	66	淄博齐翔腾达化工股份有限公司	2792406
17	中融新大集团有限公司	8075990	67	中建八局第二建设有限公司	2758269
18	华泰集团有限公司	7378150	68	青岛啤酒股份有限公司	2657526
19	山东高速集团有限公司	7062684	69	利群集团股份有限公司	2653669
20	山东海科化工集团有限公司	6202485	70	山东永鑫能源集团有限公司	2583564
21	青建集团股份公司	6138475	71	青岛中垠瑞丰国际贸易有限公司	2437640
22	万华化学集团股份有限公司	6062119	72	华鲁控股集团有限公司	2398167
23	山东如意时尚投资控股有限公司	5966729	73	歌尔股份有限公司	2375058
24	中国石化青岛炼油化工有限责任公司	5382586	74	中信国安化工有限公司	2320614
25	山东京博控股集团有限公司	5351185	75	山东中海化工集团有限公司	2261454
26	山东金诚石化集团有限公司	5293589	76	山东垦利石化集团有限公司	2220068
27	永锋集团有限公司	5227338	77	鲁西集团有限公司	2194028
28	山东招金集团有限公司	5222879	78	山东齐鲁制药集团有限公司	2127250
29	新凤祥控股集团有限责任公司	4746894	79	道恩集团有限公司	2090246
30	天元建设集团有限公司	4567128	80	青岛世纪瑞丰集团有限公司	2065278
31	西王集团有限公司	4503711	81	日照兴业集团有限公司	2021718
32	威高集团有限公司	4495514	82	日照港集团有限公司	1987574
33	华勤橡胶工业集团有限公司	4393254	83	山东航空集团有限公司	1927767
34	中铁十四局集团有限公司	4370405	84	山东鑫海科技股份有限公司	1898151
35	山东恒源石油化工股份有限公司	4251234	85	淄博商厦股份有限公司	1876290
36	山东渤海实业股份有限公司	4198609	86	山东联盟化工集团有限公司	1876167
37	石横特钢集团有限公司	4189263	87	山东东方华龙工贸集团有限公司	1867608
38	山东科达集团有限公司	4188625	88	山东海王银河医药有限公司	1861440
39	山东玉皇化工有限公司	4121640	89	山东远通汽车贸易集团有限公司	1823306
40	中铁十局集团有限公司	4109282	90	山东天保工贸有限公司	1736993
41	山东金岭集团有限公司	4103172	91	正和集团股份有限公司	1716095
42	山东汇丰石化集团有限公司	4066682	92	山东荣信集团有限公司	1712918
43	山东创新金属科技有限公司	4012941	93	山东潍焦控股集团有限公司	1709227
44	沂州集团有限公司	3883698	94	润华集团股份有限公司	1705590
45	滨化集团	3813319	95	金猴集团有限公司	1661668
46	山东泰山钢铁集团有限公司	3799909	96	玲珑集团有限公司	1631476
47	齐鲁交通发展集团有限公司	3679513	97	山东科瑞控股集团有限公司	1612685
48	中国移动通信集团山东有限公司	3643237	98	山东金升有色集团有限公司	1601347
49	山东博汇集团有限公司	3627652	99	诸城外贸有限责任公司	1574381
50	山东九羊集团有限公司	3525927	100	金正大生态工程集团股份有限公司	1548157

发布单位：山东省企业联合会，山东省工业和信息化厅。

表 12-5　2019 浙江省企业 100 强

排名	企业名称	营业收入/万元	排名	企业名称	营业收入/万元
1	阿里巴巴集团控股有限公司	37684400	51	浙江龙盛控股有限公司	3502530
2	浙江吉利控股集团有限公司	32852088	52	新凤鸣集团股份有限公司	3265877
3	物产中大集团股份有限公司	30053825	53	浙江昆仑控股集团有限公司	3237832
4	青山控股集团有限公司	22650146	54	森马集团有限公司	3160129
5	海亮集团有限公司	17364210	55	巨化集团有限公司	3127158
6	绿城中国控股有限公司	15643524	56	万丰奥特控股集团有限公司	3110927
7	浙江恒逸集团有限公司	14739323	57	华东医药股份有限公司	3066337
8	浙江省交通投资集团有限公司	13769149	58	浙江省海港投资运营集团有限公司	3003557
9	天能电池集团股份有限公司	13208572	59	利时集团股份有限公司	2895648
10	浙江荣盛控股集团有限公司	12859958	60	巨星控股集团有限公司	2800590
11	超威电源有限公司	12032383	61	得力集团有限公司	2764200
12	中国石化销售股份有限公司浙江石油分公司	11497489	62	浙江元立金属制品集团有限公司	2752554
13	中国石油化工股份有限公司镇海炼化分公司	11378724	63	浙江升华控股集团有限公司	2750172
14	万向集团公司	11210043	64	中策橡胶集团有限公司	2688188
15	浙江省兴合集团有限责任公司	11051105	65	花园集团有限公司	2674240
16	杭州钢铁集团有限公司	10314878	66	太平鸟集团有限公司	2639268
17	杭州汽轮动力集团有限公司	9532596	67	舜宇集团有限公司	2593185
18	浙江省能源集团有限公司	9364713	68	华立集团股份有限公司	2533226
19	中天控股集团有限公司	9001613	69	三花控股集团有限公司	2529667
20	杭州锦江集团有限公司	8899377	70	银泰商业（集团）有限公司	2465877
21	雅戈尔集团股份有限公司	8792583	71	三鼎控股集团有限公司	2376920
22	浙江中烟工业有限责任公司	8734107	72	浙江大华技术股份有限公司	2366569
23	杭州滨江房产集团股份有限公司	8695000	73	纳爱斯集团有限公司	2353330
24	奥克斯集团有限公司	8600343	74	西子联合控股有限公司	2207570
25	传化集团有限公司	8513267	75	浙江方远控股集团有限公司	2198757
26	宁波金田投资控股有限公司	8398973	76	浙江东南网架集团有限公司	2181759
27	广厦控股集团有限公司	8126846	77	海越能源集团有限公司	2141261
28	浙江桐昆控股集团有限公司	7193504	78	兴惠化纤集团有限公司	2131698
29	正泰集团股份有限公司	7046353	79	浙江宝利德股份有限公司	2101903
30	远大物产集团有限公司	6602524	80	宁波申洲针织有限公司	2095021
31	浙江省建设投资集团股份有限公司	6567487	81	振石控股集团有限公司	2093988
32	浙江省国际贸易集团有限公司	5838939	82	农夫山泉股份有限公司	2091073
33	中基宁波集团股份有限公司	5787948	83	万华化学（宁波）有限公司	2066053
34	德力西集团有限公司	5630751	84	杭州东恒石油有限公司	2056202
35	宁波均胜电子股份有限公司	5618093	85	浙江英特药业有限责任公司	2049026
36	杭州市实业投资集团有限公司	5505162	86	天洁集团有限公司	2027783
37	杭州海康威视数字技术股份有限公司	4983713	87	龙元建设集团股份有限公司	2021277
38	杭州娃哈哈集团有限公司	4688838	88	浙江富春江通信集团有限公司	2003566
39	杉杉控股有限公司	4640988	89	浙江协和集团有限公司	1997819
40	红狮控股集团有限公司	4518823	90	万马联合控股集团有限公司	1911317
41	人民电器集团有限公司	4321491	91	胜达集团有限公司	1896428
42	浙江富冶集团有限公司	4300130	92	台化兴业（宁波）有限公司	1889913
43	浙江前程投资股份有限公司	4256699	93	宁波博洋控股集团有限公司	1870652
44	浙江中成控股集团有限公司	4168570	94	浙江建华集团有限公司	1862655
45	富通集团有限公司	4015346	95	华翔集团股份有限公司	1795935
46	中航国际钢铁贸易有限公司	3725199	96	宁波华东物资城市场建设开发有限公司	1738200
47	宁波富邦控股集团有限公司	3716128	97	中厦建设集团有限公司	1721242
48	华峰集团有限公司	3696292	98	人本集团有限公司	1713879
49	卧龙控股集团有限公司	3653562	99	海天建设集团有限公司	1699147
50	浙江宝业建设集团有限公司	3614536	100	维科控股集团股份有限公司	1673931

发布单位：浙江省企业联合会、浙江省企业家协会。

表 12-6 2019 广东省企业 100 强

排名	企业名称	营业收入/万元	排名	企业名称	营业收入/万元
1	中国平安保险（集团）股份有限公司	108214600	51	广州越秀集团有限公司	4482086
2	华为投资控股有限公司	72120200	52	广州轻工工贸集团有限公司	4473903
3	中国华润有限公司	60850900	53	广东省广物控股集团有限公司	4388406
4	中国南方电网有限责任公司	53730000	54	国药集团一致药业股份有限公司	4312239
5	正威国际集团有限公司	50511826	55	欧菲光集团股份有限公司	4304281
6	恒大集团有限公司	46619600	56	广东海大集团股份有限公司	4215663
7	富士康工业互联网股份有限公司	41537770	57	广东圣丰集团有限公司	4083127
8	碧桂园控股有限公司	37907900	58	天音通信有限公司	4023901
9	招商银行股份有限公司	36564800	59	创维集团有限公司	3898158
10	广州汽车工业集团有限公司	36405363	60	广州万宝集团有限公司	3852439
11	腾讯控股有限公司	31269400	61	中国中电国际信息服务有限公司	3802275
12	万科企业股份有限公司	29767933	62	中信证券股份有限公司	3722071
13	雪松控股集团有限公司	26882596	63	中海壳牌石油化工有限公司	3710373
14	美的集团股份有限公司	26180000	64	广州农村商业银行股份有限公司	3684288
15	珠海格力电器股份有限公司	20002400	65	深圳金雅福控股集团有限公司	3657301
16	保利发展控股集团股份有限公司	19455549	66	海信家电集团股份有限公司	3601960
17	中国南方航空集团有限公司	14435804	67	立讯精密工业股份有限公司	3584996
18	比亚迪股份有限公司	13005471	68	广州国资发展控股有限公司	3574440
19	广州医药集团有限公司	11601020	69	名创优品（广州）有限责任公司	3568442
20	TCL集团股份有限公司	11336008	70	深圳市中农网有限公司	3497344
21	华侨城集团有限公司	11034881	71	香江集团有限公司	3292301
22	中国广核集团有限公司	9785084	72	奥园集团有限公司	3076634
23	富德生命人寿保险股份有限公司	9704849	73	卓越置业集团有限公司	3057621
24	中国国际海运集装箱（集团）股份有限公司	9349762	74	广东省广业集团有限公司	3044609
25	中国铁路广州局集团有限公司	9106798	75	天马微电子股份有限公司	2891154
26	深圳顺丰泰森控股（集团）有限公司	9094269	76	深圳市富森供应链管理有限公司	2807307
27	招商局蛇口工业区控股股份有限公司	8827785	77	宝武集团广东韶关钢铁有限公司	2699021
28	中兴通讯股份有限公司	8551315	78	深圳市信利康供应链管理有限公司	2650017
29	腾邦集团有限公司	8451484	79	广州市水务投资集团有限公司	2626944
30	唯品会（中国）有限公司	7947835	80	鹏鼎控股（深圳）股份有限公司	2585478
31	广州富力地产股份有限公司	7685800	81	金发科技股份有限公司	2531662
32	深圳市投资控股有限公司	7175472	82	宜华企业（集团）有限公司	2511884
33	广州市建筑集团有限公司	7012351	83	广东德赛集团有限公司	2469978
34	深圳市怡亚通供应链股份有限公司	7007207	84	广州市方圆房地产发展有限公司	2411267
35	网易公司	6715646	85	深圳市思贝克集团有限公司	2389143
36	前海人寿保险股份有限公司	6440466	86	深圳华强集团有限公司	2312194
37	深圳江铜营销有限公司	6136182	87	广东领益智造股份有限公司	2249966
38	广东省广晟资产经营有限公司	5830524	88	纳思达股份有限公司	2192647
39	玖龙纸业（控股）有限公司	5746000	89	利泰集团有限公司	2173585
40	温氏食品集团股份有限公司	5723600	90	华润广东医药有限公司	2125788
41	广东省广新控股集团有限公司	5629014	91	广东格兰仕集团有限公司	2124429
42	雅居乐地产置业有限公司	5614493	92	深圳市世纪云芯科技有限公司	2060576
43	珠海华发集团有限公司	5327885	93	欣旺达电子股份有限公司	2033830
44	金地（集团）股份有限公司	5069936	94	深圳市中金岭南有色金属股份有限公司	1996341
45	深圳海王集团股份有限公司	5032143	95	广州立白企业集团有限公司	1968176
46	广东省建筑工程集团有限公司	4888341	96	日立电梯（中国）有限公司	1947374
47	龙光交通集团有限公司	4862539	97	深圳市华富洋供应链有限公司	1947058
48	广州智能装备产业集团有限公司	4840496	98	中船海洋与防务装备股份有限公司	1921360
49	广东省交通集团有限公司	4703652	99	天虹商场股份有限公司	1913795
50	广东省能源集团有限公司	4583095	100	广州海印实业集团有限公司	1854992

发布单位：广东省企业联合会。

表 12-7 2019 广西壮族自治区企业 100 强

排名	企业名称	营业收入/万元	排名	企业名称	营业收入/万元
1	广西投资集团有限公司	13883512	51	中粮油脂（钦州）有限公司	605862
2	上汽通用五菱汽车股份有限公司	10139155	52	广西贵港建设集团有限公司	556734
3	广西建工集团有限责任公司	10085769	53	南宁产业投资集团有限责任公司	511805
4	广西柳州钢铁集团有限公司	8916100	54	广西湘桂糖业集团有限公司	510194
5	广西北部湾国际港务集团有限公司	6918456	55	广西平铝集团有限公司	501744
6	广西电网有限责任公司	6297332	56	中国邮政集团公司广西壮族自治区分公司	472843
7	广西北部湾投资集团有限公司	4859882	57	广西华业投资集团有限公司	466204
8	南宁富桂精密工业有限公司	4773730	58	广西中鼎世纪投资集团有限责任公司	435872
9	广西壮族自治区农村信用社联合社	3925698	59	广西桂鑫钢铁集团有限公司	434108
10	中国烟草总公司广西壮族自治区公司	3826026	60	桂林国际电线电缆集团有限责任公司	433017
11	广西玉柴机器集团有限公司	3620918	61	中国联合网络通信有限公司广西壮族自治区分公司	404424
12	广西交通投资集团有限公司	2631453	62	广西大锰锰业集团有限公司	399534
13	广西盛隆冶金有限公司	2301661	63	南方黑芝麻集团股份有限公司	396440
14	广西金川有色金属有限公司	2236198	64	广西城建建设集团有限公司	395237
15	广西中烟工业有限责任公司	2219262	65	嘉里粮油（防城港）有限公司	386483
16	广西柳工集团有限公司	2181538	66	广西凤糖生化股份有限公司	384844
17	东风柳州汽车有限公司	2167385	67	国投钦州发电有限公司	375778
18	广西汽车集团有限公司	2103636	68	燕京啤酒（桂林漓泉）股份有限公司	366952
19	广西物资集团有限责任公司	1943726	69	南宁糖业股份有限公司	359825
20	桂林力源粮油食品集团有限公司	1917542	70	广西银亿新材料有限公司	334319
21	广西农垦集团有限责任公司	1894881	71	广西梧州中恒集团股份有限公司	329877
22	中国移动通信集团广西有限公司	1848056	72	润建股份有限公司	323168
23	广西金融投资集团有限公司	1514222	73	华润水泥（平南）有限公司	318776
24	百色百矿集团有限公司	1505598	74	广西粤桂广业控股股份有限公司	316817
25	十一冶建设集团有限责任公司	1463168	75	桂林建筑安装工程有限公司	316680
26	广西南丹南方金属有限公司	1445679	76	防城港澳加粮油工业有限公司	286211
27	桂林银行股份有限公司	1350022	77	华润电力（贺州）有限公司	281520
28	广西贵港钢铁集团有限公司	1263381	78	广西东糖投资有限公司	281261
29	广西云星集团有限公司	1247561	79	广西新华书店集团股份有限公司	274522
30	广西正润发展集团有限公司	1246756	80	广西博世科环保科技股份有限公司	271940
31	广西农村投资集团有限公司	1220071	81	南宁建宁水务投资集团有限公司	271084
32	大海粮油工业（防城港）有限公司	1209647	82	皇氏集团股份有限公司	263212
33	广西柳州医药股份有限公司	1171453	83	广西南城百货有限责任公司	254183
34	中国电信股份有限公司广西分公司	1166000	84	广西登高集团有限公司	246346
35	强荣控股集团有限公司	1114663	85	广西广播电视信息网络股份有限公司	243079
36	广西洋浦南华糖业集团股份有限公司	1101443	86	广西参皇养殖集团有限公司	230257
37	广西壮族自治区机电设备有限责任公司	1026289	87	广西申龙汽车制造有限公司	223829
38	桂林彰泰实业集团有限公司	985684	88	广西双英集团股份有限公司	215474
39	中国大唐集团有限公司广西分公司	951434	89	南宁百货大楼股份有限公司	212946
40	广西三创科技有限公司	942563	90	扶绥新宁海螺水泥有限责任公司	203551
41	广西信发铝电有限公司	877105	91	广西鼎华商业股份有限公司	202717
42	广西裕华建设集团有限公司	810134	92	中铝广西有色稀土开发有限公司	196214
43	广西北部湾银行股份有限公司	772017	93	桂林三金集团股份有限公司	189620
44	广西渤海农业发展有限公司	738012	94	广西华南建设集团有限公司	178946
45	南宁威宁投资集团有限责任公司	684924	95	广西华翔贸易有限公司	175857
46	中国铝业股份有限公司广西分公司	673918	96	华厦建设集团有限公司	170657
47	广西方盛实业股份有限公司	663733	97	中铁二十五局集团第四工程有限公司	168197
48	广西林业集团有限公司	657727	98	广西丰林木业集团股份有限公司	159722
49	广西扬翔股份有限公司	656406	99	广西启泰投资集团有限公司	159104
50	柳州银行股份有限公司	613912	100	南南铝业股份有限公司	152835

发布单位：广西壮族自治区企业与企业家联合会。

表 12-8 2019 武汉市企业 100 强

排名	企业名称	营业收入/万元	排名	企业名称	营业收入/万元
1	东风汽车集团有限公司	60150128	51	武汉地产开发投资集团有限公司	742061
2	中国建筑第三工程局有限公司	23163407	52	湖北中阳建设集团有限公司	710965
3	中国宝武武汉总部	11019976	53	武汉市汉阳市政建设集团有限公司	710917
4	中国葛洲坝集团有限公司	10082631	54	湖北恒泰天纵控股集团有限公司	704020
5	九州通医药集团股份有限公司	8713636	55	武汉天马微电子有限公司	679942
6	卓尔控股有限公司	8226308	56	湖北盛世欣兴格力电器销售有限公司	677488
7	中铁十一局集团有限公司	6033370	57	奥山集团	651169
8	中交第二航务工程局有限公司	5937620	58	武汉商贸国有控股集团有限公司	647303
9	中国信息通信科技集团有限公司	5132135	59	太平人寿保险有限公司湖北分公司	642115
10	中国石油化工股份有限公司武汉分公司	5079269	60	良品铺子股份有限公司	637756
11	山河控股集团有限公司	4590748	61	华润湖北医药有限公司	637507
12	武汉武商集团股份有限公司	3830546	62	中铁武汉电气化局集团有限公司	633441
13	武汉国有资产经营有限公司	3803719	63	中国移动通信集团湖北有限公司武汉分公司	624796
14	武汉金融控股（集团）有限公司	3750100	64	武汉市汉商集团股份有限公司	621621
15	中铁大桥局集团有限公司	3500624	65	TCL 空调器（武汉）有限公司	621237
16	中百控股集团股份有限公司	3324353	66	汉口银行股份有限公司	607611
17	摩托罗拉（武汉）移动技术通信有限公司	3236517	67	中国电信股份有限公司武汉分公司	600693
18	中国航天三江集团有限公司	2783913	68	中车长江车辆有限公司	594150
19	武汉当代科技产业集团股份有限公司	2772437	69	武汉市水务集团有限公司	559646
20	武汉京东金德贸易有限公司	2758904	70	武汉市燃气热力集团有限公司	558250
21	新八建设集团有限公司	2736588	71	冠捷显示科技（武汉）有限公司	557284
22	新七建设集团有限公司	2651855	72	富德生命人寿保险股份有限公司湖北分公司	556905
23	湖北省交通投资集团有限公司	2607673	73	新力建设集团有限公司	527827
24	武汉市金马凯旋家具投资有限公司	2368795	74	武汉市盘龙明达建筑有限公司	527549
25	湖北省工业建筑集团有限公司	2322235	75	武汉工贸有限公司	515578
26	三环集团有限公司	2252304	76	中国人民财产保险股份有限公司武汉市分公司	512371
27	新十建设集团有限公司	1967626	77	远大医药（中国）有限公司	507749
28	宝业湖北建工集团有限公司	1870841	78	武汉顺乐不锈钢有限公司	494011
29	人福医药集团股份公司	1863383	79	航天电工集团有限公司	475832
30	中国一冶集团有限公司	1767436	80	长江勘测规划设计研究院	474705
31	合众人寿保险股份有限公司	1695732	81	湖北省农业生产资料控股集团有限公司	466304
32	武汉联杰能源有限公司	1680445	82	湖北银丰实业集团有限责任公司	463518
33	湖北省烟草公司武汉市公司	1666817	83	湖北国创高新材料股份有限公司	457193
34	武汉市城市建设投资开发集团有限公司	1585782	84	中国五环工程有限公司	450405
35	武汉中商集团股份有限公司	1423263	85	武汉东方建设集团有限公司	449105
36	格力电器（武汉）有限公司	1378616	86	中国市政工程中南设计研究总院有限公司	445538
37	国药控股湖北有限公司	1298000	87	益海嘉里（武汉）粮油工业有限公司	431893
38	武昌船舶重工集团有限公司	1239946	88	湖北省新华书店（集团）有限公司	418207
39	武汉农村商业银行股份有限公司	1233731	89	武汉恒生光电产业有限公司	416095
40	湖北能源集团股份有限公司	1230772	90	湖北高艺装饰工程有限公司	405572
41	中铁第四勘察设计院集团有限公司	1184719	91	中国邮政集团公司武汉市分公司	403599
42	长飞光纤光缆股份有限公司	1135976	92	华能武汉发电有限责任公司	399306
43	中冶南方工程技术有限公司	1104017	93	武汉海尔电器股份有限公司	382625
44	武汉建工（集团）有限公司	1007063	94	武汉新港建设投资开发集团有限公司	381018
45	武汉东湖高新集团股份有限公司	869250	95	武汉船用机械有限责任公司	379429
46	绿地控股集团（华中房地产事业部）	819578	96	湖北凌志科技集团	370129
47	高品建设集团有限公司	802442	97	武汉苏泊尔炊具有限公司	370100
48	楚安建设集团有限公司	780824	98	武汉斗鱼网络科技有限公司	365438
49	盛隆电气集团有限公司	762579	99	武汉中原电子集团有限公司	363736
50	民族建设集团有限公司	758374	100	凌云科技集团有限责任公司	341001

发布单位：武汉企业联合会、武汉企业家协会。

表 12-9 2019 厦门市企业 100 强

排名	企业名称	营业收入/亿元	排名	企业名称	营业收入/亿元
1	厦门建发集团有限公司	2826.21	51	科华恒盛股份有限公司	34.37
2	厦门国贸控股集团有限公司	2740.96	52	恒晟集团有限公司	33.10
3	厦门象屿集团有限公司	2414.61	53	厦门嘉联恒进出口有限公司	32.22
4	戴尔（中国）有限公司	645.52	54	厦门盛元集团有限公司	30.86
5	均和（厦门）控股有限公司	387.01	55	鑫泰建设集团有限公司	30.17
6	盛屯矿业集团股份有限公司	307.54	56	开发晶照明（厦门）有限公司	29.60
7	厦门航空有限公司	301.35	57	厦门翔鹭化纤股份有限公司	29.27
8	厦门路桥工程物资有限公司	295.58	58	厦门金达威集团股份有限公司	28.73
9	厦门港务控股集团有限公司	256.57	59	厦门市嘉晟对外贸易有限公司	28.45
10	厦门禹洲集团股份有限公司	243.06	60	厦门中联永亨建设集团有限公司	27.32
11	厦门中骏集团有限公司	211.96	61	厦门市建筑科学研究院集团股份有限公司	27.16
12	厦门钨业股份有限公司	195.58	62	顺通达集团有限公司	25.57
13	厦门金龙汽车集团股份有限公司	182.91	63	厦门强力巨彩光电科技有限公司	24.98
14	厦门天马微电子有限公司	151.50	64	厦门中禾实业有限公司	24.15
15	厦门恒兴集团有限公司	149.67	65	锐珂（厦门）医疗器材有限公司	23.70
16	厦门夏商集团有限公司	146.82	66	厦门源昌集团有限公司	22.80
17	厦门翔业集团有限公司	141.54	67	厦门弘信电子科技股份有限公司	22.49
18	中建四局第四建筑工程有限公司	125.03	68	厦门育哲集团有限公司	22.12
19	厦门烟草工业有限责任公司	117.62	69	厦门 TDK 有限公司	21.97
20	鹭燕医药股份有限公司	115.01	70	厦门市捷安建设集团有限公司	21.94
21	厦门航空开发股份有限公司	93.39	71	华厦眼科医院集团股份有限公司	21.23
22	中交一公局厦门工程有限公司	85.88	72	厦门芎江进出口有限公司	21.13
23	厦门正新橡胶工业有限公司	78.47	73	厦门水务集团有限公司	19.65
24	厦门宏发电声股份有限公司	68.80	74	贝莱胜电子（厦门）有限公司	19.47
25	大洲控股集团有限公司	68.58	75	厦门公交集团有限公司	19.45
26	厦门市明穗粮油贸易有限公司	62.47	76	厦门美图移动科技有限公司	18.71
27	厦门住宅建设集团有限公司	62.00	77	厦门亿联网络技术股份有限公司	18.15
28	厦门海沧投资集团有限公司	58.99	78	厦门电力工程集团有限公司	18.12
29	厦门市万科企业有限公司	57.93	79	福建三建工程有限公司	17.85
30	厦门海澳集团有限公司	56.79	80	厦门轨道物资有限公司	17.77
31	奥佳华智能健康科技集团股份有限公司	54.47	81	道普（厦门）石化有限公司	17.60
32	福建省九龙建设集团有限公司	52.12	82	厦门松霖科技股份有限公司	17.59
33	捷太格特转向系统（厦门）有限公司	51.70	83	厦门东纶股份有限公司	17.53
34	百路达（厦门）工业有限公司	50.89	84	厦门保洋实业有限公司	17.48
35	中国工艺福建实业有限公司	47.95	85	四三九九网络股份有限公司	17.44
36	厦门立达信绿色照明集团有限公司	47.72	86	厦门安能建设有限公司	17.20
37	路达（厦门）工业有限公司	47.33	87	厦门市信达光电科技有限公司	16.63
38	明达实业（厦门）有限公司	45.49	88	厦门吉比特网络技术股份有限公司	16.55
39	中铁十七局集团第六工程有限公司	45.07	89	厦门永佳和塑胶有限公司	16.47
40	福建安井食品股份有限公司	42.59	90	通达（厦门）科技有限公司	16.03
41	华特控股集团有限公司	42.24	91	厦门市美亚柏科信息股份有限公司	16.01
42	林德（中国）叉车有限公司	41.84	92	厦门福慧达果蔬股份有限公司	15.30
43	厦门经济特区房地产开发集团有限公司	40.26	93	通达（厦门）精密橡塑有限公司	15.12
44	福建联美建设集团有限公司	39.86	94	联芯集成电路制造（厦门）有限公司	14.20
45	厦门轻工集团有限公司	38.98	95	厦门通海投资集团有限公司	13.93
46	中铁二十二局集团第三工程有限公司	38.54	96	福建同发食品集团有限公司	13.83
47	厦门源昌城建集团有限公司	37.03	97	厦门华联电子股份有限公司	13.77
48	厦门银祥集团有限公司	36.81	98	厦门金华南进出口有限公司	13.52
49	鑫东森集团有限公司	36.20	99	厦门青岛啤酒东南营销有限公司	13.42
50	厦门建霖健康家居股份有限公司	35.30	100	东亚电力（厦门）有限公司	13.07

发布单位：厦门企业和企业家联合会。

表 12-10 2019 深圳市企业 100 强

排名	企业名称	营业收入/万元	排名	企业名称	营业收入/万元
1	中国平安保险（集团）股份有限公司	108214600	51	深圳能源集团股份有限公司	1852740
2	华为投资控股有限公司	72120200	52	中国烟草总公司深圳市公司	1818092
3	正威国际集团有限公司	50511826	53	瑞声声学科技（深圳）有限公司	1813115
4	恒大集团有限公司	46619600	54	深业集团有限公司	1757281
5	招商银行股份有限公司	36564800	55	中铁南方投资集团有限公司	1746579
6	腾讯控股有限公司	31269400	56	深圳市德赛电池科技股份有限公司	1724923
7	万科企业股份有限公司	29768000	57	中建钢构有限公司	1633681
8	比亚迪股份有限公司	13005471	58	深圳长城开发科技股份有限公司	1606101
9	中国广核集团有限公司	9785084	59	深圳市三诺投资控股有限公司	1528815
10	富德生命人寿保险股份有限公司	9704849	60	深圳中电投资股份有限公司	1468574
11	中国国际海运集装箱（集团）股份有限公司	9349762	61	花样年集团（中国）有限公司	1398600
12	深圳顺丰泰森控股（集团）有限公司	9094269	62	深圳市宝德投资控股有限公司	1395131
13	招商局蛇口工业区控股股份有限公司	8827785	63	格林美股份有限公司	1387823
14	中兴通讯股份有限公司	8551000	64	中国南山开发（集团）股份有限公司	1378386
15	腾邦集团有限公司	8451484	65	深圳迈瑞生物医疗电子股份有限公司	1375336
16	中国航空技术深圳有限公司	8336575	66	国银金融租赁股份有限公司	1362100
17	神州数码集团股份有限公司	8185805	67	信义集团（玻璃）有限公司	1349861
18	深圳市怡亚通供应链股份有限公司	7007207	68	华润三九医药股份有限公司	1342775
19	前海人寿保险股份有限公司	6440466	69	深圳市东方嘉盛供应链股份有限公司	1289632
20	深圳市爱施德股份有限公司	5698379	70	深圳市兆驰股份有限公司	1286777
21	中国燃气控股有限公司	5094136	71	深圳市燃气集团股份有限公司	1274139
22	金地（集团）股份有限公司	5069936	72	中国建筑第二工程局有限公司华南公司	1257790
23	深圳华侨城股份有限公司	4814234	73	深圳市环球易购电子商务有限公司	1240668
24	康佳集团股份有限公司	4612680	74	惠科股份有限公司	1211874
25	中信银行股份有限公司信用卡中心	4601578	75	深圳市英唐智能控制股份有限公司	1211411
26	深圳市龙光控股有限公司	4446673	76	深圳市旗丰供应链服务有限公司	1177571
27	国药集团一致药业股份有限公司	4312239	77	中国宝安集团股份有限公司	1176808
28	欧菲光集团股份有限公司	4304281	78	招商证券股份有限公司	1132161
29	天音通信有限公司	4023901	79	深圳航天工业技术研究院有限公司	1125139
30	创维集团有限公司	3898159	80	健康元药业集团股份有限公司	1120396
31	佳兆业集团控股有限公司	3870500	81	深圳广田集团股份有限公司	1106445
32	深圳市海王生物工程股份有限公司	3838090	82	大族激光科技产业集团股份有限公司	1102948
33	中信证券股份有限公司	3722071	83	深圳市深粮控股股份有限公司	1075878
34	深圳金雅福控股集团有限公司	3657301	84	普联技术有限公司	1072068
35	立讯精密工业股份有限公司	3584996	85	中国南玻集团股份有限公司	1060996
36	深圳市中农网有限公司	3497344	86	深圳国际控股有限公司	1030709
37	深圳市富森供应链管理有限公司	2807308	87	深圳市天健（集团）股份有限公司	1020948
38	深圳市信利康供应链管理有限公司	2650017	88	国信证券股份有限公司	1003093
39	鹏鼎控股（深圳）股份有限公司	2585478	89	中国长城科技集团股份有限公司	1000948
40	心里程控股集团有限公司	2513917	90	招商局港口集团股份有限公司	970339
41	深圳市思贝克集团有限公司	2389143	91	理士国际技术有限公司	954400
42	欣旺达电子股份有限公司	2368891	92	深圳市水务（集团）有限公司	876512
43	深圳华强集团有限公司	2312194	93	东旭蓝天新能源股份有限公司	867629
44	深圳传音控股股份有限公司	2264588	94	深圳市长盈精密技术股份有限公司	862557
45	太平财产保险有限公司	2177218	95	深圳市特发集团有限公司	861096
46	深圳市世纪云芯科技有限公司	2060576	96	深圳市裕同包装科技股份有限公司	857824
47	深圳市中金岭南有色金属股份有限公司	1996341	97	深圳市共进电子股份有限公司	833394
48	深圳市卓越商业管理有限公司	1984569	98	人人乐连锁商业集团股份有限公司	813092
49	广深铁路股份有限公司	1982802	99	富士施乐高科技（深圳）有限公司	803251
50	深圳市华富洋供应链有限公司	1947058	100	深圳市超能国际供应链管理股份有限公司	798100

发布单位：深圳市企业联合会。

第十三章
2019 世界企业 500 强

表 2019世界企业500强

上年排名	排名	企业名称	国家/地区	营业收入/百万美元	净利润/百万美元	总资产/百万美元	股东权益/百万美元	员工人数/人
1	1	沃尔玛	美国	514405	6670	219295	72496	2200000
3	2	中国石油化工集团公司	中国	414650	5845	329186	105182	619151
5	3	荷兰皇家壳牌石油公司	荷兰	396556	23352	399194	198646	81000
4	4	中国石油天然气集团公司	中国	392977	2271	601900	291199	1382401
2	5	国家电网公司	中国	387056	8175	572310	240042	917717
N. A.	6	沙特阿美公司	沙特阿拉伯	355905	110975	358873	271062	76418
8	7	英国石油公司	英国	303738	9383	282176	99444	73000
9	8	埃克森美孚	美国	290212	20840	346196	191794	71000
7	9	大众公司	德国	278342	14323	523672	133865	664496
6	10	丰田汽车公司	日本	272612	16982	469296	174827	370870
11	11	苹果公司	美国	265595	59531	365725	107147	132000
10	12	伯克希尔—哈撒韦公司	美国	247837	4021	707794	348703	389000
18	13	亚马逊	美国	232887	10073	162648	43549	647500
15	14	联合健康集团	美国	226247	11986	152221	51696	300000
12	15	三星电子	韩国	221579	39895	304165	215173	309630
14	16	嘉能可	瑞士	219754	3408	128672	45738	85504
13	17	麦克森公司	美国	214319	34	59672	8094	70000
16	18	戴姆勒股份公司	德国	197515	8555	321891	73914	298683
17	19	CVS Health 公司	美国	194579	-594	196456	58225	295000
28	20	道达尔公司	法国	184106	11446	256762	115640	104460
23	21	中国建筑工程总公司	中国	181525	3160	272769	18747	302827
32	22	托克集团	新加坡	180744	849	53801	5921	4316
24	23	鸿海精密工业股份有限公司	中国台湾	175617	4282	110013	39429	667680
19	24	EXOR集团	荷兰	175010	1590	190052	13956	314790
20	25	美国电话电报公司	美国	170756	19370	531864	184089	268220
26	26	中国工商银行	中国	168979	45002	4034482	339368	449296
25	27	美源伯根公司	美国	167940	1658	37670	2933	20500
33	28	雪佛龙	美国	166339	14824	253863	154554	48600
29	29	中国平安保险（集团）股份有限公司	中国	163597	16237	1040383	81056	376900
22	30	福特汽车公司	美国	160338	3677	256540	35932	199000
31	31	中国建设银行	中国	151111	38498	3382422	287875	366996

续表

上年排名	排名	企业名称	国家/地区	营业收入/百万美元	净利润/百万美元	总资产/百万美元	股东权益/百万美元	员工人数/人
21	32	通用汽车公司	美国	147049	8014	227339	38860	173000
129	33	三菱商事株式会社	日本	145243	5328	149388	51471	79994
30	34	本田汽车	日本	143303	5505	184505	74706	219722
35	35	好市多	美国	141576	3134	40830	12799	194000
40	36	中国农业银行	中国	139524	30657	3293105	243281	477526
52	37	Alphabet 公司	美国	136819	30736	232792	177628	98771
34	38	康德乐	美国	136809	256	39951	6059	50200
36	39	上海汽车集团股份有限公司	中国	136393	5444	114012	34136	147738
43	40	沃博联	美国	131537	5024	68124	26007	299000
47	41	摩根大通公司	美国	131412	32474	2622532	256515	256105
49	42	俄罗斯天然气工业股份公司	俄罗斯	131302	23199	300355	191958	466100
37	43	威瑞森电信	美国	130863	15528	264829	53145	144500
46	44	中国银行	中国	127714	27225	3097612	234933	310119
38	45	安联保险集团	德国	126800	8806	1025919	69988	142460
27	46	安盛	法国	125578	2526	1063784	71355	104065
39	47	克罗格	美国	121162	3110	38118	7886	453000
41	48	通用电气公司	美国	120268	-22355	309129	30981	283000
48	49	房利美	美国	120101	15959	3418318	6240	7400
63	50	卢克石油公司	俄罗斯	119145	9864	82735	58678	102500
42	51	中国人寿保险（集团）公司	中国	116172	-2567	580332	10762	175077
45	52	日本邮政控股公司	日本	115221	4324	2585802	95812	245922
51	53	宝马集团	德国	115043	8399	238864	65790	134682
67	54	Phillips 66 公司	美国	114217	5595	54302	24653	14200
56	55	中国中铁股份有限公司	中国	112133	1241	137914	12529	307992
53	56	中国移动通信集团公司	中国	112096	11745	255217	143531	462046
74	57	瓦莱罗能源公司	美国	111407	3122	50155	21667	10261
60	58	美国银行	美国	110584	28147	2354507	265325	204489
58	59	中国铁道建筑总公司	中国	110456	1187	134180	11313	356326
71	60	微软	美国	110360	16571	258848	82718	131000
72	61	华为投资控股有限公司	中国	109030	8954	96974	33887	188000
57	62	家得宝	美国	108203	11121	44003	-1878	413000

续表

上年排名	排名	企业名称	国家/地区	营业收入/百万美元	净利润/百万美元	总资产/百万美元	股东权益/百万美元	员工人数/人
87	63	中国海洋石油总公司	中国	108130	7331	177194	77493	93601
55	64	日本电报电话公司	日本	107147	7708	201456	83717	303351
204	65	日本伊藤忠商事株式会社	日本	104627	4514	91251	26538	139157
54	66	日产汽车	日本	104391	2878	171251	56411	148513
N. A.	67	国家开发银行	中国	103073	16744	2356616	186140	9507
64	68	波音	美国	101127	10460	117359	339	153000
62	69	美国富国银行	美国	101060	22393	1895883	196166	258700
66	70	西门子	德国	98802	6909	161336	52814	379000
76	71	花旗集团	美国	97120	18045	1917383	196220	204000
131	72	马拉松原油公司	美国	97102	2780	92940	35175	60350
84	73	SK 集团	韩国	95905	2048	107069	14903	104374
73	74	巴西国家石油公司	巴西	95584	7173	222068	71544	63361
80	75	美国康卡斯特电信公司	美国	94507	11731	251684	71613	184000
69	76	雀巢公司	瑞士	93513	10365	139045	58213	308000
75	77	博世集团	德国	92602	3596	95617	42517	409881
88	78	Uniper 公司	德国	92261	-533	57842	12514	11828
70	79	Anthem 公司	美国	92105	3750	71571	28541	63900
86	80	中国华润有限公司	中国	91986	3475	209652	28199	421274
68	81	家乐福	法国	91955	-662	54153	10480	363862
65	82	东风汽车公司	中国	90934	1600	66397	13446	167528
89	83	埃尼石油公司	意大利	90800	4869	135300	58311	31701
93	84	戴尔科技公司	美国	90621	-2310	111820	-5765	157000
77	85	西班牙国家银行	西班牙	90532	9217	1667947	110268	194015
115	86	俄罗斯石油公司	俄罗斯	90055	8746	189980	58497	308000
125	87	中国第一汽车集团公司	中国	89805	2660	66683	26823	142451
98	88	中国中化集团公司	中国	89358	701	71333	7450	66713
83	89	意大利国家电力公司	意大利	89306	5652	189080	36256	69272
81	90	德国电信	德国	89287	2556	166164	35327	215675
82	91	法国农业信贷银行	法国	88325	5193	1856682	67221	73346
59	92	意大利忠利保险公司	意大利	88157	2725	589590	26976	70734
91	93	中国交通建设集团有限公司	中国	88141	1585	198944	17186	178572

续表

上年排名	排名	企业名称	国家/地区	营业收入/百万美元	净利润/百万美元	总资产/百万美元	股东权益/百万美元	员工人数/人
78	94	现代汽车	韩国	87999	1371	161921	60925	122217
107	95	墨西哥石油公司	墨西哥	87403	-9378	105384	-74137	131108
108	96	标致	法国	87364	3336	70811	19528	216539
96	97	太平洋建设集团	中国	86623	3391	58175	26483	387525
85	98	软银集团	日本	86605	12728	326163	68867	76866
90	99	汇丰银行控股公司	英国	86131	13727	2558124	186253	235217
147	100	杜邦公司	美国	85977	3844	188030	94571	98000
113	101	中国邮政集团公司	中国	85628	4134	1429122	51125	935191
79	102	日立	日本	85508	2007	86985	29481	295941
102	103	乐购	英国	84271	1743	65228	19760	321490
44	104	法国巴黎银行	法国	83974	8882	2332676	115977	197162
99	105	JXTG 控股有限公司	日本	82733	2907	76604	24558	40695
148	106	信实工业公司	印度	82331	5661	144715	55887	194056
101	107	国家能源投资集团	中国	81978	3531	259644	58080	338472
95	108	州立农业保险公司	美国	81732	8788	272518	100878	56788
100	109	强生	美国	81581	15297	152954	59752	135100
94	110	法国电力公司	法国	81403	1389	323662	50828	165790
110	111	中国南方电网有限责任公司	中国	80964	1782	118706	45921	289735
109	112	中国五矿集团公司	中国	80076	-374	130627	6623	199442
150	113	Equinor 公司	挪威	79593	7535	112508	42970	20525
92	114	国际商业机器公司	美国	79591	8728	123382	16796	381100
112	115	巴斯夫公司	德国	78799	5555	98934	40067	122404
97	116	索尼	日本	78158	8264	189587	33852	114400
137	117	印度石油公司	印度	77587	2485	48386	16237	35442
103	118	日本永旺集团	日本	77123	214	90294	9411	288326
111	119	正威国际集团	中国	76363	1483	21241	12951	16901
127	120	安赛乐米塔尔	卢森堡	76033	5149	91249	42086	208583
117	121	中国人民保险集团股份有限公司	中国	75377	1952	150259	22292	198457
116	122	塔吉特公司	美国	75356	2937	41290	11297	360000
105	123	空中客车公司	荷兰	75185	3604	131671	11115	133671
119	124	德国邮政敦豪集团	德国	75001	2449	57687	15533	499018

续表

上年排名	排名	企业名称	国家/地区	营业收入/百万美元	净利润/百万美元	总资产/百万美元	股东权益/百万美元	员工人数/人
126	125	日本生命保险公司	日本	74202	2515	712113	17893	89198
104	126	Engie 集团	法国	74144	1219	175681	40635	160301
118	127	皇家阿霍德德尔海兹集团	荷兰	74104	2116	38097	16935	225000
106	128	房地美	美国	73598	9235	2063060	4477	6621
124	129	北京汽车集团	中国	72677	1098	66790	10811	127163
163	130	泰国国家石油有限公司	泰国	72307	3704	72348	26878	26613
114	131	松下	日本	72178	2563	54341	17290	271869
138	132	联合包裹速递服务公司	美国	71861	4791	50016	3021	364575
128	133	美国劳氏公司	美国	71309	2314	34508	3644	245000
122	134	中粮集团有限公司	中国	71223	338	81657	11879	117842
146	135	英特尔公司	美国	70848	21053	127963	74563	107400
123	136	美国邮政	美国	70660	-3913	26688	-62637	565802
149	137	中国中信集团有限公司	中国	70659	4566	986297	48767	287500
230	138	中国恒大集团	中国	70479	5653	273829	19371	131694
181	139	京东集团	中国	69848	-377	30465	8706	178927
140	140	中国兵器工业集团公司	中国	68778	966	57675	15180	210507
141	141	中国电信集团公司	中国	68710	1665	122946	53533	403014
136	142	大都会人寿	美国	67941	5123	687538	52741	48000
134	143	雷诺	法国	67764	3897	131440	40629	183002
167	144	中国化工集团公司	中国	67398	-2208	116354	356	138652
120	145	慕尼黑再保险集团	德国	67226	2726	308802	30140	41410
135	146	宝洁公司	美国	66832	9750	118310	52293	92000
130	147	丸红株式会社	日本	66754	2083	61526	17871	46711
159	148	联合技术公司	美国	66501	5269	134211	38446	240200
162	149	中国宝武钢铁集团	中国	66310	2168	103676	36646	161399
168	150	交通银行	中国	65645	11131	1388230	101724	92714
161	151	中国航空工业集团公司	中国	65534	695	138083	26644	446613
155	152	联邦快递	美国	65450	4572	52330	19416	359530
145	153	第一生命控股有限公司	日本	64795	2030	505478	15441	62938
144	154	百事公司	美国	64661	12515	77648	14518	267000
152	155	ADM 公司	美国	64341	1810	40833	18981	31600

续表

上年排名	排名	企业名称	国家/地区	营业收入/百万美元	净利润/百万美元	总资产/百万美元	股东权益/百万美元	员工人数/人
160	156	保德信金融集团	美国	62992	4074	815078	48617	50492
246	157	三井物产株式会社	日本	62751	3736	107941	38521	43993
191	158	马来西亚国家石油公司	马来西亚	62231	11868	154071	92124	48001
179	159	Seven & I 控股公司	日本	61487	1838	52069	22200	58165
197	160	印度石油天然气公司	印度	61420	4361	71563	31493	43743
182	161	中国电力建设集团有限公司	中国	61224	804	123815	11531	185269
165	162	丰田通商公司	日本	60994	1196	40133	10805	58565
169	163	瑞士罗氏公司	瑞士	60846	10738	79680	28031	94442
156	164	欧尚集团	法国	60749	-1351	41074	9074	340577
157	165	艾伯森公司	美国	60535	131	20777	1451	267000
177	166	三菱日联金融集团	日本	60405	7871	2811411	120179	119390
153	167	联合利华	英国/荷兰	60167	11081	67958	13227	154848
210	168	Centene 公司	美国	60116	900	30901	10917	47300
194	169	中国医药集团	中国	59980	884	49823	8499	128600
176	170	华特迪士尼公司	美国	59434	12598	98598	48773	201000
184	171	韩国浦项制铁公司	韩国	59223	1556	70608	38832	33784
174	172	西斯科公司	美国	58727	1431	18070	2507	67000
190	173	惠普公司	美国	58472	5327	34622	-639	55000
121	174	法国兴业银行	法国	58390	4560	1496676	69753	140250
253	175	印尼国家石油公司	印度尼西亚	57934	2527	64719	27599	31569
164	176	西班牙电话公司	西班牙	57466	3931	130356	20513	120138
353	177	碧桂园控股有限公司	中国	57309	5234	237368	17672	131387
186	178	东京电力公司	日本	57167	2096	115274	26110	41086
183	179	哈门那公司	美国	56912	1683	25413	10161	41600
272	180	布鲁克菲尔德资产管理公司	加拿大	56771	3584	256281	29815	100750
235	181	恒力集团	中国	56199	583	22400	4078	81350
300	182	阿里巴巴集团	中国	56147	13094	143608	73250	101958
214	183	莱茵集团	德国	56017	465	91563	11060	58441
274	184	Facebook 公司	美国	55838	22112	97334	84127	35587
178	185	LG 电子	韩国	55757	1127	39732	12775	72600
198	186	日本制铁集团公司	日本	55720	2265	72735	29193	115878

续表

上年排名	排名	企业名称	国家/地区	营业收入/百万美元	净利润/百万美元	总资产/百万美元	股东权益/百万美元	员工人数/人
208	187	迪奥公司	法国	55263	3038	88321	16276	141914
213	188	招商银行	中国	55064	12179	982526	78669	74590
202	189	广州汽车工业集团	中国	55037	886	42550	6205	113474
238	190	卡特彼勒	美国	54722	6147	78509	14039	104000
133	191	伊塔乌联合银行控股公司	巴西	54663	6815	400691	35296	100335
170	192	百威英博	比利时	54619	4368	232103	64486	172603
188	193	韩国电力公司	韩国	54568	-1195	166038	62511	46377
217	194	Energy Transfer 公司	美国	54436	1694	88246	20559	11768
195	195	西农	澳大利亚	53985	927	27282	16808	217000
180	196	美洲电信	墨西哥	53978	2733	72580	9953	194431
200	197	洛克希德-马丁	美国	53762	5046	44876	1394	105000
187	198	辉瑞制药有限公司	美国	53647	11153	159422	63407	92400
220	199	中国太平洋保险（集团）公司	中国	53572	2724	194585	21786	107741
262	200	雷普索尔公司	西班牙	53176	2763	69469	35008	22735
203	201	诺华公司	瑞士	53166	12611	145563	78614	125161
252	202	绿地控股集团有限公司	中国	52721	1720	150975	10211	39091
243	203	中国建材集团	中国	52611	69	84608	5957	207958
259	204	高盛	美国	52528	10459	931796	90185	36600
206	205	德国大陆集团	德国	52405	3419	46229	20403	243226
226	206	万喜集团	法国	52345	3520	86133	21929	211233
196	207	Finatis 公司	法国	52272	-209	45173	280	218923
211	208	德国联邦铁路公司	德国	52004	623	66896	15356	318528
192	209	日本三井住友金融集团	日本	51728	6554	1840238	81815	86659
299	210	Alimentation Couche-Tard 公司	加拿大	51394	1674	23141	7563	130000
234	211	山东能源集团有限公司	中国	51246	573	43757	9386	160064
240	212	联想集团	中国	51038	596	29989	3397	57000
237	213	兴业银行	中国	50991	9165	977563	67867	59659
239	214	河钢集团	中国	50921	-78	63725	10248	118656
218	215	蒂森克虏伯	德国	50856	10	39334	3258	161096
227	216	上海浦东发展银行	中国	50546	8453	916091	68684	55692
158	217	沃达丰集团	英国	50532	-9281	160391	69852	98996

续表

上年排名	排名	企业名称	国家/地区	营业收入/百万美元	净利润/百万美元	总资产/百万美元	股东权益/百万美元	员工人数/人
249	218	摩根士丹利	美国	50193	8748	853531	80246	60348
199	219	巴西JBS公司	巴西	49710	7	29455	6618	230086
267	220	浙江吉利控股集团	中国	49665	1969	48565	8418	124846
166	221	巴西布拉德斯科银行	巴西	49612	4538	336888	32069	86772
221	222	MS&AD保险集团控股有限公司	日本	49610	1738	209023	14304	41467
151	223	法国BPCE银行集团	法国	49529	3571	1456097	75660	100245
209	224	东京海上日动火灾保险公司	日本	49396	2477	203591	16932	40848
212	225	思科公司	美国	49330	110	108784	43204	74200
231	226	圣戈班集团	法国	49300	496	50340	20495	181001
219	227	起亚汽车	韩国	49238	1051	46416	24418	52578
225	228	Orange公司	法国	48837	2306	110405	35055	150711
263	229	信诺	美国	48650	2637	153226	41028	73800
229	230	电装公司	日本	48368	2296	52340	32490	171992
250	231	住友商事	日本	48156	2891	71533	25043	65662
251	232	中国民生银行	中国	47981	7608	873155	61184	58338
228	233	伍尔沃斯集团	澳大利亚	47842	1336	17402	7742	201522
224	234	西班牙对外银行	西班牙	47608	6283	773456	53847	125627
207	235	美国国际集团	美国	47389	−6	491984	56361	49600
216	236	印度国家银行	印度	47286	329	561370	33854	257252
331	237	腾讯控股有限公司	中国	47273	11901	105382	47120	54309
142	238	苏黎世保险集团	瑞士	47180	3716	395342	30189	52267
223	239	德意志银行	德国	46970	315	1540921	71432	91737
193	240	拜耳集团	德国	46718	2000	144344	52552	116998
215	241	HCA医疗保健公司	美国	46677	3787	39207	−4950	229000
312	242	中国保利集团	中国	46207	1496	158364	10774	97527
245	243	中国船舶重工集团公司	中国	46114	930	73373	20844	165274
280	244	招商局集团	中国	45926	4469	203621	46044	115281
236	245	日本KDDI电信公司	日本	45821	5571	66237	37802	41996
296	246	必和必拓集团	澳大利亚	45809	3705	111993	55592	27161
233	247	邦吉公司	美国	45743	267	19425	6173	31000
201	248	法国国家人寿保险公司	法国	45461	1613	474944	20323	5243

续表

上年排名	排名	企业名称	国家/地区	营业收入/百万美元	净利润/百万美元	总资产/百万美元	股东权益/百万美元	员工人数/人
270	249	物产中大集团	中国	45435	362	12534	3476	20142
256	250	中国机械工业集团有限公司	中国	45424	488	57451	9825	147099
222	251	中国铝业公司	中国	45384	113	93408	16800	124965
281	252	沙特基础工业公司	沙特阿拉伯	45096	5738	85231	46142	33000
286	253	沃尔沃集团	瑞典	44957	2864	53559	13922	98652
332	254	万科企业股份有限公司	中国	44913	5106	222652	22687	104300
205	255	俄罗斯联邦储蓄银行	俄罗斯	44898	13269	450270	55596	293752
292	256	加拿大皇家银行	加拿大	44609	9636	1016476	60819	81870
260	257	美国航空集团	美国	44541	1412	60580	-169	128900
248	258	丰益国际	新加坡	44498	1128	45680	16049	90000
285	259	和硕	中国台湾	44453	369	19012	4881	156477
266	260	达美航空	美国	44438	3935	60266	13687	88680
244	261	韩华集团	韩国	44303	426	151966	3751	58070
273	262	中国联合网络通信股份有限公司	中国	43974	617	78909	20412	246299
288	263	陕西延长石油（集团）公司	中国	43858	307	53958	17505	136016
264	264	特许通讯公司	美国	43634	1230	146130	36285	98000
232	265	印度塔塔汽车公司	印度	43599	-4122	44349	8688	81090
268	266	采埃孚	德国	43582	1065	30898	8170	148969
269	267	麦德龙	德国	43467	409	17702	3588	132293
258	268	美国纽约人寿保险公司	美国	43425	880	311449	21007	11388
175	269	巴西银行	巴西	43333	3783	360361	26293	96889
327	270	美国运通公司	美国	43281	6921	188602	22290	59000
247	271	美国全国保险公司	美国	43270	513	214142	14478	30472
284	272	西班牙 ACS 集团	西班牙	43263	1080	39200	5016	195461
185	273	山东魏桥创业集团	中国	43008	853	35359	10256	106044
306	274	瑞银集团	瑞士	42960	4516	958489	52928	66888
314	275	巴拉特石油公司	印度	42936	1116	19768	5596	12865
261	276	百思买	美国	42879	1464	12901	3306	125000
362	277	厦门建发集团有限公司	中国	42726	631	36868	6224	24016
255	278	美国利宝互助保险集团	美国	42685	2160	125989	20735	50000
335	279	中国远洋海运集团有限公司	中国	42608	1555	117702	27289	111397

续表

上年排名	排名	企业名称	国家/地区	营业收入/百万美元	净利润/百万美元	总资产/百万美元	股东权益/百万美元	员工人数/人
283	280	怡和集团	中国香港	42527	1732	86258	26342	469000
294	281	陕西煤业化工集团	中国	42419	91	72966	5378	120095
291	282	Talanx 公司	德国	42391	830	186171	9959	20780
371	283	中国航空油料集团公司	中国	42371	476	8054	2996	13181
277	284	汉莎集团	德国	42302	2553	43678	10816	115882
276	285	默沙东	美国	42294	6220	82637	26701	69000
289	286	中国华能集团公司	中国	42281	9	156327	11817	136031
307	287	法国布伊格集团	法国	42179	1547	43084	11117	129275
271	288	赛诺菲	法国	42105	5082	127339	67295	104226
322	289	中国光大集团	中国	41880	1891	696970	19192	70000
275	290	霍尼韦尔国际公司	美国	41802	6765	57773	18180	114000
360	291	厦门国贸控股集团有限公司	中国	41438	63	15123	1260	23159
330	292	Iberdrola 公司	西班牙	41395	3557	129202	41814	33216
301	293	美国联合大陆控股有限公司	美国	41303	2129	44792	9995	92000
305	294	马士基集团	丹麦	41256	3169	56636	32621	84404
337	295	多伦多道明银行	加拿大	41199	8752	1016604	60199	84383
290	296	英国葛兰素史克公司	英国	41109	4832	73941	5552	95490
319	297	美国教师退休基金会	美国	41052	1561	568190	38126	17643
316	298	埃森哲	爱尔兰	40993	4060	24449	10365	459000
287	299	麦格纳国际	加拿大	40827	2296	25945	10701	174000
279	300	三菱电机股份有限公司	日本	40766	2044	39362	21686	145817
361	301	雪松控股集团	中国	40641	845	20933	8614	31547
173	302	路易达孚集团	荷兰	40571	355	18440	5026	16785
278	303	力拓集团	英国	40522	13638	90949	43686	47458
310	304	德国艾德卡公司	德国	40454	380	8323	2132	376000
N. A.	305	巴西联邦储蓄银行	巴西	40241	2833	326183	20964	84952
297	306	泰森食品	美国	40052	3024	29109	12803	121000
302	307	甲骨文公司	美国	39831	3825	137264	45726	137000
293	308	好事达	美国	39815	2252	112249	21312	45420
351	309	全球燃料服务公司	美国	39750	128	5677	1815	5000
171	310	荷兰国际集团	荷兰	39598	5619	1011101	56063	53768

续表

上年排名	排名	企业名称	国家/地区	营业收入/百万美元	净利润/百万美元	总资产/百万美元	股东权益/百万美元	员工人数/人
318	311	英国森特理克集团	英国	39595	244	26177	4005	31780
323	312	美的集团股份有限公司	中国	39582	3059	38409	12100	114765
298	313	费森尤斯集团	德国	39571	2392	64812	17615	276750
357	314	万通互惠理财公司	美国	39267	398	265813	15610	9844
324	315	意大利联合圣保罗银行	意大利	39051	4780	900365	61739	92117
338	316	利安德巴塞尔工业公司	荷兰	39004	4688	28278	10257	19450
321	317	TJX 公司	美国	38973	3060	14326	5049	270000
399	318	兖矿集团	中国	38887	-258	44775	3398	104668
363	319	康菲石油公司	美国	38727	6257	69980	31939	10800
336	320	巴克莱	英国	38278	2862	1443123	79659	83500
303	321	森宝利公司	英国	38064	287	30669	10370	116400
346	322	中国航天科工集团公司	中国	37870	1846	47048	18101	146346
343	323	中国航天科技集团公司	中国	37728	2464	63497	27835	179788
309	324	日本明治安田生命保险公司	日本	37723	2071	380597	12918	42950
308	325	乔治威斯顿公司	加拿大	37475	443	32084	5888	197000
320	326	法国国家铁路公司	法国	37389	5313	48483	10687	203865
342	327	大和房建	日本	37371	2142	39162	13834	44947
341	328	瑞士 ABB 集团	瑞士	37360	2173	44441	13952	146600
394	329	迪尔公司	美国	37358	2368	70108	11288	74413
315	330	Tech Data 公司	美国	37239	341	12987	2937	14000
282	331	加拿大鲍尔集团	加拿大	37112	1033	331212	11071	30000
257	332	瑞士再保险股份有限公司	瑞士	37047	462	207570	27930	14943
427	333	苏宁易购集团	中国	37032	2015	29053	11786	130455
311	334	日本三菱重工业股份有限公司	日本	36784	914	46469	12929	80744
442	335	SK 海力士公司	韩国	36763	14125	57057	41988	33000
325	336	巴西淡水河谷公司	巴西	36696	6860	88190	43985	70270
403	337	Enterprise Products Partners 公司	美国	36534	4172	56970	23854	7000
375	338	象屿集团	中国	36504	199	16892	2375	10350
329	339	爱信精机	日本	36466	993	33902	12170	119732
364	340	江苏沙钢集团	中国	36441	1869	33174	7862	31290
340	341	耐克公司	美国	36397	1933	22536	9812	73100

续表

上年排名	排名	企业名称	国家/地区	营业收入/百万美元	净利润/百万美元	总资产/百万美元	股东权益/百万美元	员工人数/人
334	342	大众超级市场公司	美国	36396	2381	18983	14958	202000
383	343	通用动力	美国	36193	3345	45408	11732	105600
356	344	Exelon 公司	美国	35985	2010	119666	30764	33383
317	345	佳能	日本	35797	2290	44662	25776	195056
345	346	Enbridge 公司	加拿大	35785	2224	122221	50871	12000
359	347	冀中能源集团	中国	35721	-153	33772	2394	112859
254	348	意昂集团	德国	35704	3804	62092	6581	43302
313	349	富士通	日本	35648	943	28055	10229	132138
367	350	日本瑞穗金融集团	日本	35406	871	1814333	65989	59132
352	351	三菱化学控股	日本	35386	1529	50353	12451	72020
374	352	长江和记实业有限公司	中国香港	35361	4976	157393	58561	300000
189	353	英国劳埃德银行集团	英国	35252	5738	1015661	63575	64928
398	354	日本出光兴产株式会社	日本	35091	735	26116	6415	9476
304	355	意大利邮政集团	意大利	35071	1651	238753	9264	132388
358	356	日本钢铁工程控股公司	日本	34937	1475	42552	17731	62083
348	357	铃木汽车	日本	34918	1612	30740	13398	67721
370	358	江西铜业集团公司	中国	34870	131	18618	3246	23194
N. A.	359	中国中车集团	中国	34673	487	58038	9743	187959
373	360	瑞士信贷	瑞士	34284	2070	780309	44573	45680
N. A.	361	青山控股集团	中国	34242	579	8523	2326	56088
395	362	国家电力投资集团公司	中国	34229	171	157348	10799	124678
368	363	台积公司	中国台湾	34218	12044	68000	54022	48752
333	364	中国能源建设集团	中国	34177	433	57759	5089	129929
354	365	广达电脑公司	中国台湾	34103	502	21456	4389	112421
452	366	Plains GP Holdings 公司	美国	34055	334	26830	1846	4900
242	367	中国兵器装备集团公司	中国	33896	268	48455	9047	198932
464	368	阳光龙净集团有限公司	中国	33395	614	51585	3065	21849
N. A.	369	金川集团	中国	33392	234	16925	4771	27594
388	370	中国电子科技集团公司	中国	33324	1755	51673	20585	179636
326	371	东芝	日本	33313	9139	38830	13162	128697
50	372	英国保诚集团	英国	33253	4015	647709	21965	23792

续表

上年排名	排名	企业名称	国家/地区	营业收入/百万美元	净利润/百万美元	总资产/百万美元	股东权益/百万美元	员工人数/人
349	373	澳大利亚联邦银行	澳大利亚	33186	7228	720354	49719	45753
365	374	普利司通	日本	33063	2642	35221	23505	143509
369	375	中国电子信息产业集团有限公司	中国	33056	350	40323	6317	135297
438	376	GS 加德士	韩国	33053	640	17531	9686	3212
347	377	损保控股有限公司	日本	32857	1323	108595	9524	49837
350	378	住友生命保险公司	日本	32825	435	341660	7609	42848
386	379	斯伦贝谢公司	美国	32815	2138	70507	36162	100000
376	380	3M 公司	美国	32765	5349	36500	9796	93516
422	381	艾伯维	美国	32753	5687	59352	-8446	30000
366	382	安达保险公司	瑞士	32717	3962	167771	50312	32700
372	383	CHS 公司	美国	32683	776	16381	8156	10495
453	384	英美烟草集团	英国	32667	8045	186352	83336	63877
428	385	鞍钢集团公司	中国	32619	-255	49470	9258	136319
397	386	中国华电集团公司	中国	32421	464	118797	9328	97629
391	387	第一资本金融公司	美国	32377	6015	372538	51668	47600
295	388	友邦保险集团	中国香港	32369	2597	229806	39006	22000
378	389	马自达汽车株式会社	日本	32151	573	25942	10161	49998
404	390	仁宝电脑	中国台湾	32103	296	13007	3440	82374
437	391	前进保险公司	美国	31979	2615	46575	10822	37346
355	392	德国中央合作银行	德国	31976	973	592912	23746	28682
380	393	现代摩比斯公司	韩国	31949	1717	38605	27454	34782
436	394	台湾中油股份有限公司	中国台湾	31929	1138	25036	9682	15712
328	395	可口可乐公司	美国	31856	6434	83216	16981	62600
392	396	欧莱雅	法国	31791	4597	43957	30779	86030
382	397	CRH 公司	爱尔兰	31625	2971	40203	18321	89831
430	398	加拿大丰业银行	加拿大	31589	6643	760409	49675	97629
389	399	江森自控国际公司	爱尔兰	31400	2162	48797	21164	122000
390	400	联合服务汽车协会	美国	31368	2292	158507	31179	33689
406	401	法国航空—荷兰皇家航空集团	法国	31292	483	33212	2118	81527
431	402	首钢集团	中国	31104	84	73067	17612	108086
413	403	康帕斯集团	英国	30879	1513	16444	3409	595841

续表

上年排名	排名	企业名称	国家/地区	营业收入/百万美元	净利润/百万美元	总资产/百万美元	股东权益/百万美元	员工人数/人
409	404	慧与公司	美国	30852	1908	55493	21239	60000
377	405	英国电信集团	英国	30743	2833	60303	13246	106700
408	406	Inditex 公司	西班牙	30687	4042	24878	16811	174386
419	407	法国威立雅环境集团	法国	30580	518	42969	6841	170819
433	408	雅培公司	美国	30578	2368	67173	30524	103000
N. A.	409	美光科技公司	美国	30391	14135	43376	32294	36000
469	410	波兰国营石油公司	波兰	30390	1539	17079	9513	21282
424	411	施耐德电气	法国	30354	2755	48302	23754	137534
417	412	菲尼克斯医药公司	德国	30296	-175	9600	2916	29631
407	413	Travelers Cos. 公司	美国	30282	2523	104233	22894	30400
N. A.	414	珠海格力电器股份有限公司	中国	30239	3961	36593	13302	88800
412	415	Coop 集团	瑞士	30235	484	20666	9284	77448
461	416	美国诺斯洛普格拉曼公司	美国	30095	3229	37653	8187	85000
476	417	森科能源公司	加拿大	30081	2541	65597	32224	12480
241	418	宏利金融	加拿大	30071	3704	549408	33659	34000
396	419	美敦力公司	爱尔兰	29953	3104	91393	50720	98003
420	420	关西电力	日本	29833	1038	65577	13001	32597
440	421	艾睿电子	美国	29677	716	17784	5325	20100
411	422	菲利普—莫里斯国际公司	美国	29625	7911	39801	-12459	77400
435	423	KOC 集团	土耳其	29592	1144	23571	6262	92631
432	424	纬创集团	中国台湾	29510	163	11033	2243	82955
402	425	联合信贷集团	意大利	29332	4594	950369	63826	86786
421	426	三星人寿保险	韩国	29306	1513	259414	25905	5420
446	427	SAP 公司	德国	29160	4819	58854	32955	96498
434	428	法国邮政	法国	29149	942	298905	13732	233076
401	429	西北互助人寿保险公司	美国	29124	783	272167	22134	5870
429	430	西班牙能源集团	西班牙	29123	-3330	46441	12514	13945
415	431	Migros 集团	瑞士	29098	511	67588	18674	79913
426	432	达能	法国	29092	2772	50494	18681	105783
414	433	西太平洋银行	澳大利亚	29028	6152	636297	46675	35029
471	434	KB 金融集团	韩国	29001	2783	429854	32001	27040

续表

上年排名	排名	企业名称	国家/地区	营业收入/百万美元	净利润/百万美元	总资产/百万美元	股东权益/百万美元	员工人数/人
460	435	国际航空集团	英国	28803	3405	32043	7674	64734
418	436	Medipal 控股公司	日本	28699	310	14619	4044	15623
425	437	住友电工	日本	28663	1065	27589	13247	272796
468	438	中国大唐集团公司	中国	28655	323	108633	13516	93800
456	439	新疆广汇实业投资（集团）有限责任公司	中国	28564	137	38415	5472	82175
384	440	斯巴鲁公司	日本	28505	1333	26952	14704	34200
N. A.	441	安徽海螺集团	中国	28499	1629	27968	6170	55380
N. A.	442	华夏保险公司	中国	28493	399	74402	2403	500000
454	443	CFE 公司	墨西哥	28457	2322	84235	36742	91369
458	444	三星 C&T 公司	韩国	28319	1557	38009	17878	17274
441	445	德科集团	瑞士	28167	541	11108	4093	34000
450	446	任仕达公司	荷兰	28102	831	11359	5118	38820
444	447	拉法基豪瑞集团	瑞士	28089	1536	60580	27324	77055
499	448	海尔智能股份有限公司	中国	27714	1125	24280	5739	87447
400	449	国际资产控股公司	美国	27623	56	7825	505	1701
449	450	英美资源集团	英国	27610	3549	52196	23598	64000
465	451	中国太平保险集团有限责任公司	中国	27486	434	96189	4207	75341
439	452	曼福集团	西班牙	27424	624	76913	9137	35390
462	453	日本中部电力	日本	27374	716	54103	15697	30321
N. A.	454	PBF Energy 公司	美国	27186	128	8005	2677	3266
410	455	国泰人寿保险股份有限公司	中国台湾	27183	1002	207945	11602	38694
N. A.	456	Financière de lOdet 公司	法国	27173	144	61195	4359	81003
448	457	澳新银行集团	澳大利亚	27148	4863	681894	42856	39924
443	458	东日本旅客铁道株式会社	日本	27076	2663	75537	27076	85718
N. A.	459	奥地利石油天然气集团	奥地利	27061	1789	42246	13607	20231
467	460	雷神公司	美国	27058	2909	31864	11472	67000
N. A.	461	铜陵有色金属集团	中国	26847	-70	12669	1222	24848
495	462	潞安集团	中国	26841	1	35084	4240	100637
493	463	CJ 集团	韩国	26836	251	28439	3638	64832
497	464	大同煤矿集团有限责任公司	中国	26698	-182	49898	6394	156268
N. A.	465	山西焦煤集团有限责任公司	中国	26693	142	49288	5803	199872

续表

上年排名	排名	企业名称	国家/地区	营业收入/百万美元	净利润/百万美元	总资产/百万美元	股东权益/百万美元	员工人数/人
457	466	诺基亚	芬兰	26628	-401	45168	17475	103083
475	467	喜力控股公司	荷兰	26608	1134	47956	8182	85610
N. A.	468	小米集团	中国	26444	2049	21153	10388	16683
494	469	山西阳泉煤业（集团）有限责任公司	中国	26290	-131	34910	3761	129150
463	470	日本电气公司	日本	26277	363	26662	7767	110595
479	471	富邦金融控股股份有限公司	中国台湾	26277	1583	251011	14942	45174
451	472	卡夫亨氏公司	美国	26268	-10192	103461	51657	38000
N. A.	473	海亮集团有限公司	中国	26251	238	8036	2508	19510
466	474	伟创力公司	新加坡	26211	93	13499	2972	200000
381	475	新兴际华集团	中国	26208	104	20671	6065	52024
474	476	阿联酋航空集团	阿拉伯联合酋长国	26148	237	34688	10115	60282
486	477	Ceconomy 公司	德国	26129	-252	9843	797	53954
478	478	米其林公司	法国	25997	1979	33659	13882	111117
485	479	澳大利亚国民银行	澳大利亚	25943	4221	583429	38124	33283
459	480	亿滋国际	美国	25938	3381	62729	25637	80000
480	481	阿迪达斯集团	德国	25920	2009	17845	7289	57016
481	482	山西晋城无烟煤矿业集团	中国	25845	53	40138	6321	128795
492	483	荷兰合作银行集团	荷兰	25823	2235	674870	31163	41861
496	484	河南能源化工集团	中国	25782	-133	39328	2495	171334
N. A.	485	中国通用技术（集团）控股有限责任公司	中国	25779	443	25231	5786	34752
490	486	美国合众银行	美国	25775	7096	467374	51029	75772
473	487	梅西百货	美国	25739	1108	19194	6436	130000
487	488	Fomento Económico Mexicano 公司	墨西哥	25679	1247	29270	13054	297073
N. A.	489	Dollar General 公司	美国	25625	1590	13204	6417	135000
N. A.	490	LG 化学公司	韩国	25617	1339	25943	15312	33694
447	491	Onex 公司	加拿大	25606	-663	45417	2562	217000
N. A.	492	台塑石化股份有限公司	中国台湾	25463	1993	13202	10988	5285
N. A.	493	赛峰集团	法国	25192	1514	46429	13665	92639
472	494	Achmea 公司	荷兰	25180	371	93516	11084	13714
405	495	Rajesh Exports 公司	印度	25143	185	4164	1276	383

续表

上年排名	排名	企业名称	国家/地区	营业收入/百万美元	净利润/百万美元	总资产/百万美元	股东权益/百万美元	员工人数/人
N. A.	496	纽柯	美国	25067	2361	17921	9792	26300
N. A.	497	蒙特利尔银行	加拿大	25003	4235	589481	34824	45454
489	498	泰康保险集团	中国	24932	1795	117398	8478	57406
470	499	Ultrapar控股公司	巴西	24816	315	7870	2438	17034
N. A.	500	法国液化空气集团	法国	24797	2494	47984	20326	66000

第十四章
中国500强企业按照行业分类名单

表 中国500强企业按照行业分类

行业名次	公司名称	通讯地址	邮政编码	名次(1)	名次(2)	名次(3)
农林牧渔业						
1	中国林业集团有限公司	北京市朝阳区麦子店街盛福大厦37号15层	100125	141	—	—
2	黑龙江北大荒农垦集团总公司	黑龙江省哈尔滨市香坊区红旗大街175号	150090	161	—	—
煤炭采掘及采选业						
1	国家能源投资集团有限责任公司	北京市东城区安定门西滨河路22号	100011	26	—	—
2	山东能源集团有限公司	济南市经十路10777号山东能源大厦	250014	52	—	—
3	陕西煤业化工集团有限责任公司	陕西省西安市高新区锦业路1号都市之门B座	710065	73	—	—
4	兖矿集团有限公司	山东省邹城市凫山南路298号	273500	81	—	—
5	冀中能源集团有限责任公司	河北省邢台市中兴西大街191号	054000	86	—	—
6	山西潞安矿业（集团）有限责任公司	山西省长治市襄垣县侯堡镇	046204	110	—	—
7	山西焦煤集团有限责任公司	山西省太原市新晋祠路一段1号	030024	111	—	—
8	大同煤矿集团有限责任公司	山西省大同市矿区新平旺	037003	112	—	—
9	阳泉煤业（集团）有限责任公司	山西省阳泉市北大西街5号	045000	114	—	—
10	山西晋城无烟煤矿业集团有限责任公司	山西省晋城市城区北石店镇	048006	117	—	—
11	河南能源化工集团有限公司	河南省郑州市郑东新区CBD商务外环路6号国龙大厦	450046	119	—	—
12	中国中煤能源集团有限公司	北京市朝阳区黄寺大街1号	100120	128	—	—
13	中国平煤神马能源化工集团有限责任公司	河南省平顶山市矿工中路21号	467000	147	—	—
14	开滦（集团）有限责任公司	唐山市新华东道70号	063018	250	—	—
15	淮北矿业（集团）有限责任公司	安徽省淮北市人民中路276号	235006	287	—	—
16	内蒙古伊泰集团有限公司	内蒙古鄂尔多斯市东胜区天骄北路伊泰集团	017000	320	—	—
17	淮河能源控股集团有限责任公司	安徽省淮南市田家庵区洞山中路1号	232001	386	—	—
18	安徽省皖北煤电集团有限责任公司	安徽省宿州市西昌路157号	234000	472	—	—
19	徐州矿务集团有限公司	江苏省徐州市云龙区钱塘路7号	221000	473	—	—
石油、天然气开采及生产业						
1	中国石油天然气集团有限公司	北京市东城区东直门北大街九号	100007	2	—	—
2	中国海洋石油集团有限公司	北京市东城区朝阳门北大街25号	100010	16	—	—
3	陕西延长石油（集团）有限责任公司	陕西省西安市科技二路75号	710075	68	—	—
电力生产						
1	中国华能集团有限公司	北京市西城区复兴门内大街6号	100031	75	—	—
2	国家电力投资集团有限公司	北京市西城区金融大街28号3号楼	100033	91	—	—
3	中国华电集团有限公司	北京市西城区宣武门内大街2号中国华电大厦	100031	100	—	—
4	中国大唐集团有限公司	北京市西城区广宁伯街1号	100033	103	—	—

注：名次（1）为2019中国企业500强中的名次，名次（2）为2019中国制造业企业500强中的名次，名次（3）为2019中国服务业企业500强中的名次。

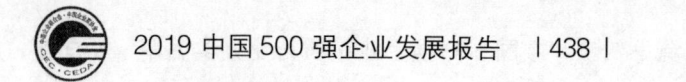

续表

行业名次	公司名称	通讯地址	邮政编码	名次(1)	名次(2)	名次(3)
5	中国广核集团有限公司	深圳市福田区深南大道2002号中广核大厦	518028	196	—	—
6	广东省能源集团有限公司	广州市天河东路8号粤电广场A座	510630	373	—	—
农副食品						
1	新希望集团有限公司	成都市武侯区人民南路4段45号	610000	140	52	—
2	正邦集团有限公司	江西省南昌市高新区艾溪湖一路569号	330096	247	111	—
3	通威集团	四川省成都市高新区天府大道中段588号	610093	258	115	—
4	双胞胎（集团）股份有限公司	江西省南昌市高新区火炬大街799号	330096	296	133	—
5	温氏食品集团股份有限公司	广东省云浮市新兴县新城镇东堤北路9号温氏集团总部	527400	310	141	—
6	西王集团有限公司	山东省邹平市西王工业园	256209	379	179	—
7	广东海大集团股份有限公司	广东省广州市番禺区南村镇万博四路42号海大大厦2座701	511445	409	193	—
8	山东渤海实业股份有限公司	山东省青岛市北崂山区香港东路195号	266071	411	195	—
9	三河汇福粮油集团有限公司	河北省三河市燕郊开发区汇福路8号	65201	432	208	—
10	上海源耀生物股份有限公司	上海市浦东新区航鹤路2268号	201316	—	486	—
11	山东鲁花集团有限公司	山东省莱阳市龙门东路39号	265200	—	258	—
12	桂林力源粮油食品集团有限公司	桂林市叠彩区中山北路122号	541001	—	354	—
13	广西农垦集团有限责任公司	广西南宁市七星路135号	530022	—	359	—
14	东莞市富之源饲料蛋白开发有限公司	广东东莞市洪梅镇樱花台盈工业区	523166	—	470	—
食品						
1	光明食品（集团）有限公司	上海市华山路263弄7号	200040	123	44	—
2	万洲国际有限公司	香港九龙柯士甸道西1号环球贸易广场76楼7602B	—	129	47	—
3	北京首农食品集团有限公司	北京市朝阳区曙光西路28号	100028	145	55	—
4	新和成控股集团有限公司	浙江省新昌县七星街道大道西路418号	312500	—	441	—
5	天津食品集团有限公司	天津市河西区气象台路96号	300074	—	260	—
6	香驰控股有限公司	山东省滨州市博兴县工业园（经济开发区）博成路172号	256500	—	267	—
7	诸城外贸有限责任公司	山东省诸城市东坡北街6号	262200	—	395	—
8	龙大食品集团有限公司	山东省莱阳市龙旺庄街道办事处庙后	265231	—	412	—
9	唐人神集团股份有限公司	湖南省株洲市高新技术产业开发区栗雨工业园	412007	—	399	—
10	广西洋浦南华糖业集团股份有限公司	广西南宁市青秀区民族大道118-3号	530022	—	455	—
11	深圳市深粮控股股份有限公司	深圳市福田区福虹路9号世贸广场A座13楼	518033	—	464	—
12	北京顺鑫控股集团有限公司	北京市顺义区站前街1号院1号楼顺鑫国际商务中心	101300	—	276	—
饮料						
1	内蒙古伊利实业集团股份有限公司	内蒙古呼和浩特市金山开发区金山大街1号	010110	243	108	—
2	维维集团股份有限公司	江苏省徐州市云龙区维维大道300号	221111	461	226	—
3	农夫山泉股份有限公司	浙江省杭州市西湖区葛衙庄181号	310024	—	332	—

行业名次	公司名称	通讯地址	邮政编码	名次(1)	名次(2)	名次(3)
4	黑龙江飞鹤乳业有限公司	黑龙江省哈尔滨市松北区创新三路600号科技大厦33层	150028	—	473	—
酒类						
1	四川省宜宾五粮液集团有限公司	四川省宜宾市翠屏区岷江西路150号	644007	206	90	—
2	贵州茅台酒股份有限公司	贵州省仁怀市茅台镇	564501	248	112	—
3	稻花香集团	湖北省宜昌市夷陵区龙泉镇龙沙街1号	443112	335	155	—
4	泸州老窖集团有限责任公司	四川省泸州市酒业园区爱仁堂广场	646100	—	287	—
5	青岛啤酒股份有限公司	山东省青岛市香港中路五四广场青啤大厦	266071	—	281	—
6	安徽古井集团有限责任公司	安徽省亳州市谯城区古井镇	236800	—	485	—
轻工百货生产						
1	老凤祥股份有限公司	上海市徐汇区漕溪路270号	200235	392	185	—
2	广博控股集团有限公司	浙江省宁波市海曙区石碶街道车何广博工业园	315153	—	390	—
3	大亚科技集团有限公司	江苏省丹阳市经济开发区齐梁路99号	212300	—	358	—
4	宜华企业（集团）有限公司	广东省汕头市金砂路52号汕头国际大酒店六楼	515041	—	290	—
纺织印染						
1	山东魏桥创业集团有限公司	山东省邹平经济开发区魏纺路1号	256200	70	21	—
2	山东如意时尚投资控股有限公司	山东省济宁市高新区如意工业园	272000	302	137	—
3	江苏阳光集团有限公司	江苏省江阴市新桥镇陶新路18号	214426	443	216	—
4	澳洋集团有限公司	江苏省张家港市塘市镇镇中路澳洋国际广场A座	215600	490	240	—
5	兴惠化纤集团有限公司	浙江省杭州市萧山区衙前镇吟龙村	311209	—	326	—
6	浙江天圣控股集团有限公司	浙江省绍兴市越城区解放大道649号北辰商务大厦20层	312000	—	392	—
7	天津纺织集团（控股）有限公司	天津市空港经济区中心大道东九道6号天纺大厦	300308	—	278	—
8	华芳集团有限公司	江苏省苏州市张家港市城北路178号华芳国际大厦	215600	—	249	—
9	江苏倪家巷集团有限公司	江苏省江阴市周庄镇玉门西路36号	214423	—	444	—
10	北京时尚控股有限责任公司	北京市东城区东单三条33号	100005	—	437	—
服装及其他纺织品						
1	海澜集团有限公司	江苏省江阴市新桥镇海澜工业园	214426	156	62	—
2	雅戈尔集团股份有限公司	浙江省宁波市海曙区鄞县大道西段2号	315153	222	98	—
3	红豆集团有限公司	无锡市锡山区东港镇港下兴港路红豆集团总部	214199	273	121	—
4	杉杉控股有限公司	浙江省宁波市鄞州区日丽中路777号	315100	369	174	—
5	波司登股份有限公司	江苏省常熟市古里镇波司登工业园区	215532	485	237	—
6	森马集团有限公司	温州市瓯海区娄桥工业园南汇路98号	325000	—	248	—
7	三鼎控股集团有限公司	浙江省义乌市经济开发区戚继光路658号	322000	—	302	—
8	宁波申洲针织有限公司	浙江省宁波市北仑区大港工业城甬江路18号	315800	—	330	—
9	宁波博洋控股集团有限公司	浙江省宁波市海曙区启文路157弄6号	315012	—	363	—
10	中哲控股集团有限公司	浙江省宁波市鄞州区泰星巷合和国际南楼9楼	315100	—	425	—
11	浙江永利实业集团有限公司	浙江省绍兴柯桥区金柯桥大道1418号永利大厦	312030	—	460	—
12	金猴集团有限公司	山东省威海市和平路106号	264200	—	386	—

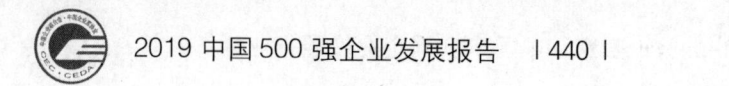

续表

行业名次	公司名称	通讯地址	邮政编码	名次(1)	名次(2)	名次(3)
13	即发集团有限公司	青岛即墨区黄河二路386号即发技术中心	266200	—	463	—
家用电器制造						
1	海尔集团公司	青岛市崂山区海尔路1号	276000	79	22	—
2	美的集团股份有限公司	广东省佛山市顺德区北滘镇美的大道6号	528311	80	23	—
3	珠海格力电器股份有限公司	广东省珠海市香洲区前山金鸡西路789号	519070	102	37	—
4	海信集团有限公司	山东省青岛市市南区东海西路17号	266071	146	56	—
5	四川长虹电子控股集团有限公司	四川省绵阳市高新区绵兴东路35号	621000	151	58	—
6	TCL集团股份有限公司	广东省惠州市仲恺高新技术开发区19号小区	516006	164	66	—
7	奥克斯集团有限公司	浙江省宁波市鄞州区日丽中路757号25F	315100	229	101	—
8	创维集团有限公司	深圳市南山区科技园高新南四道创维半导体设计大厦东座24层	518057	436	210	—
9	双良集团有限公司	江苏省江阴市利港街道西利路88号	214444	438	212	—
10	广州万宝集团有限公司	广东省广州市海珠区江南大道中111号	510220	440	214	—
11	星星集团有限公司	浙江省台州市椒江区洪家星星电子产业园13#楼集团总部	318015	—	451	—
12	宁波方太厨具有限公司	浙江省宁波市杭州湾新区滨海二路218号	315336	—	459	—
13	顾家集团有限公司	杭州经济技术开发区白杨街道20号大街128号	310018	—	474	—
14	杭州金鱼电器集团有限公司	浙江省杭州市西湖区天目山路159号现代国际大厦A座16楼	310013	—	482	—
15	澳柯玛股份有限公司	山东省青岛经济技术开发区前湾港路315号	266510	—	457	—
16	深圳市三诺投资控股有限公司	深圳市南山区滨海大道3012号三诺智慧大厦	518000	—	401	—
17	深圳市兆驰股份有限公司	广东省深圳市龙岗区南湾街道下李朗社区李朗路1号	518103	—	426	—
18	欧派家居集团股份有限公司	广东省广州市白云区广花三路366号	510450	—	447	—
造纸及包装						
1	华泰集团有限公司	山东省东营市广饶县大王镇潍高路251号	257335	254	114	—
2	玖龙纸业（控股）有限公司	广东省东莞市麻涌镇新沙港工业区	523147	309	140	—
3	山东博汇集团有限公司	山东省淄博市桓台县马桥镇大成工业区	256405	467	228	—
4	金东纸业（江苏）股份有限公司	江苏省镇江市大港兴港东路8号	212132	494	242	—
5	胜达集团有限公司	杭州市萧山钱江世纪城市心北路857号	311215	—	357	—
6	山鹰国际控股股份公司	安徽省马鞍山市勤俭路3号	243021	—	295	—
石化及炼焦						
1	中国石油化工集团有限公司	北京市朝阳区朝阳门北大街22号	100728	1	1	—
2	山东东明石化集团有限公司	山东省东明县石化大道27号	274500	188	81	—
3	利华益集团股份有限公司	山东省东营市利津县大桥路86号	257400	230	102	—
4	中融新大集团有限公司	山东省青岛市崂山区东海东路58号极地金岸6号楼	266061	241	106	—
5	山东海科化工集团有限公司	山东省东营市北一路726号海科大厦	257088	290	129	—
6	盘锦北方沥青燃料有限公司	辽宁省盘锦市辽东湾新区一号路	124221	299	135	—
7	山东京博控股集团有限公司	山东省滨州市博兴县经济开发区	256500	328	151	—
8	山东金诚石化集团有限公司	山东省淄博市桓台县马桥镇	256405	333	154	—
9	旭阳控股有限公司	北京市丰台区南四环西路188号五区21号楼	100070	344	162	—

续表

行业名次	公司名称	通讯地址	邮政编码	名次(1)	名次(2)	名次(3)
10	辽宁嘉晨控股集团有限公司	辽宁省营口市老边区营大路66号	115005	348	164	—
11	金澳科技（湖北）化工有限公司	湖北省潜江市章华北路66号	433132	388	183	—
12	山东恒源石油化工股份有限公司	山东省德州市临邑县恒源路111号	251500	406	192	—
13	山东汇丰石化集团有限公司	山东省淄博市桓台县果里镇石化南路	256410	422	203	—
14	山东清源集团有限公司	山东省淄博市临淄区金岭镇清源商务中心	255400	478	233	—
15	富海集团有限公司	山东省东营市河口区黄河路37号	257200	498	244	—
16	美锦能源集团有限公司	山西省太原市清徐县文源路东段9号	030400	—	315	—
17	山西安泰控股集团有限公司	山西省介休市安泰工业园区	032002	—	385	—
18	万通海欣控股集团股有限公司	山东省东营市东营区庐山路1036号	257000	—	247	—
19	山东寿光鲁清石化有限公司	山东省潍坊寿光市羊口镇渤海工业园	262715	—	254	—
20	山东齐成石油化工有限公司	山东省东营市广饶县辛河路以东，石大路以南	257300	—	257	—
21	山东垦利石化集团有限公司	山东省东营市垦利县胜兴路西1号	257500	—	316	—
22	山东东方华龙工贸集团有限公司	山东省东营市广饶经济开发区团结路673号	257300	—	364	—
23	正和集团股份有限公司	山东省东营市广饶县石村辛桥	257342	—	377	—
24	山东荣信集团有限公司	山东省邹城市邹城工业园区荣信路666号	273517	—	379	—
25	山东潍焦控股集团有限公司	山东省潍坊市昌乐县朱刘街道团结路109号	262404	—	380	—
26	山东科瑞控股集团有限公司	山东省东营市东营区南二路233号	257067	—	391	—
27	阿尔法（江阴）沥青有限公司	江苏省江阴市临港开发区石庄花港东路3号	214446	—	476	—
28	河北鑫海控股有限公司	河北省沧州市渤海新区黄骅港南疏港路中段	061113	—	327	—
轮胎及橡胶制品						
1	杭州市实业投资集团有限公司	杭州市西湖区保俶路宝石山下四弄19号	310007	322	147	—
2	华勤橡胶工业集团有限公司	山东省济宁市兖州区华勤工业园	272100	389	184	—
3	山东玉皇化工有限公司	山东省菏泽市开发区长江东路4989号	274000	417	198	—
4	广东圣丰集团有限公司	广州市广州大道中988号圣丰广场北塔s层	510620	420	201	—
5	重庆轻纺控股（集团）公司	重庆市北部新区高新园黄山大道中段7号	401121	480	234	—
6	中策橡胶集团有限公司	浙江省杭州下沙经济技术开发区1号大街1号	310018	—	277	—
7	浙江富陵控股集团有限公司	浙江省绍兴市袍江新区富陵	312075	—	490	—
8	浙江中财管道科技股份有限公司	浙江省绍兴市新昌县新昌大道东路658号	312500	—	492	—
9	玲珑集团有限公司	山东省招远市金龙路777号	265400	—	387	—
10	江阴模塑集团有限公司	江阴市周庄镇长青路8号	214423	—	477	—
化学原料及化学品制造						
1	中国化工集团有限公司	北京市海淀区北四环西路62号	100080	38	10	—
2	新疆中泰（集团）有限责任公司	新疆乌鲁木齐市经济技术开发区阳澄湖路39号	830000	193	83	—
3	江阴澄星实业集团有限公司	江苏省江阴市梅园大街618号	214432	228	100	—
4	传化集团有限公司	杭州萧山钱江世纪城民和路945号传化大厦	311200	232	103	—
5	云天化集团有限责任公司	云南省昆明市滇池路1417号	650228	283	126	—
6	万华化学集团股份有限公司	山东省烟台市经济技术开发区天山路17号	264006	294	131	—
7	上海华谊（集团）公司	上海市静安区常德路809号	200040	295	132	—
8	金浦投资控股集团有限公司	南京市鼓楼区马台街99号五楼	210009	396	187	—

续表

行业名次	公司名称	通讯地址	邮政编码	名次(1)	名次(2)	名次(3)
9	山东金岭集团有限公司	山东省广饶县傅家路588号金岭国际	257300	418	199	—
10	滨化集团	山东省滨州市滨城区黄河五路869号	256600	444	217	—
11	宜昌兴发集团有限责任公司	湖北省宜昌市兴山县古夫镇高阳大道58号	443700	447	219	—
12	红太阳集团有限公司	南京市高淳区古檀大道18号	211300	456	224	—
13	新疆天业（集团）有限公司	新疆石河子经济技术开发区北三东路36号	832000	470	230	—
14	浙江龙盛控股有限公司	浙江省绍兴市上虞区道墟街道	312368	481	235	—
15	巨化集团有限公司	浙江省衢州市柯城区巨化中央大道	324004	—	250	—
16	浙江升华控股集团有限公司	浙江省德清县武康镇武源街700号	313200	—	274	—
17	纳爱斯集团有限公司	浙江省丽水市括苍南路19号	323000	—	305	—
18	浙江新安化工集团股份有限公司	浙江省建德市江滨中路新安大厦1号	311600	—	456	—
19	天津国威有限公司	天津市西青区学府工业区学府商务大厦二层258室	300000	—	397	—
20	四川省乐山市福华农科投资集团有限责任公司	成都市人民南路一段86号天府广场城市之心29楼	610000	—	361	—
21	上海紫江企业集团股份有限公司	上海市虹桥路2272号虹桥商务大厦7楼C座	200336	—	497	—
22	淄博齐翔腾达化工股份有限公司	山东省淄博市临淄区杨坡路206号	255400	—	269	—
23	山东中海化工集团有限公司	东营市河口区湖滨新区西湖路245号	257200	—	311	—
24	鲁西集团有限公司	山东省聊城市鲁化路68号高新技术产业开发区	252000	—	319	—
25	道恩集团有限公司	山东省烟台市龙口市西城区东首	265700	—	333	—
26	山东联盟化工集团有限公司	山东潍坊市寿光市农圣街企业总部27号楼	262700	—	362	—
27	金正大生态工程集团股份有限公司	山东省临沭县兴大西街19号	276700	—	398	—
28	山东华鲁恒升化工股份有限公司	山东省德州市天衢西路24号	253024	—	405	—
29	瑞星集团股份有限公司	山东省泰安市东平县彭集镇瑞星工业园区	271509	—	442	—
30	青岛海湾集团有限公司	山东省青岛市市南区香港中路52号时代广场28层	266071	—	462	—
31	青海盐湖工业股份有限公司	青海省格尔木市黄河路28号	081600	—	372	—
32	铭源控股集团有限公司	辽宁省大连市中山区港浦路38号	116001	—	261	—
33	景德镇黑猫集团有限责任公司	江西省景德镇市昌江区历尧	333000	—	408	—
34	江苏三木集团有限公司	江苏省宜兴市官林镇三木路85号	214258	—	297	—
35	新阳科技集团	常州市新北区汉江西路368号金城大厦19楼	213000	—	336	—
36	唐山三友集团有限公司	河北省唐山市南堡开发区	063305	—	296	—
37	广州立白企业集团有限公司	广州市荔湾区陆居路2号立白中心	510170	—	349	—
38	广东东阳光科技控股股份有限公司	广东省韶关市乳源县乳城镇侯公渡	512721	—	445	—
化学纤维制造						
1	恒力集团有限公司	江苏省苏州市吴江区盛泽镇恒力路1号	215226	46	13	—
2	浙江恒逸集团有限公司	浙江省杭州市萧山区市心北路260号南岸明珠3幢21楼	311215	130	48	—
3	盛虹控股集团有限公司	江苏省苏州市吴江区盛泽镇纺织科技示范园	215228	132	49	—
4	浙江荣盛控股集团有限公司	浙江省杭州市萧山区益农镇荣盛控股大楼	311247	143	54	—
5	三房巷集团有限公司	江苏省江阴市周庄镇三房巷路1号	214423	268	119	—
6	福建永荣控股集团有限公司	福建省福州市长乐区漳兴工业区（漳港片段）	350209	426	205	—

行业名次	公司名称	通讯地址	邮政编码	名次(1)	名次(2)	名次(3)
7	恒申控股集团有限公司	福建省福州市长乐区航城街道龙门村（长山湖购物广场A1-1）	350200	428	207	—
8	江苏华宏实业集团有限公司	江苏省江阴市周庄镇澄杨路1128号	214423	437	211	—
9	新凤鸣集团股份有限公司	浙江省桐乡市洲泉镇工业区德胜路888号	314513	497	243	—
10	华峰集团有限公司	浙江省瑞安市经济开发区．开发区大道1688号	532500	—	272	—
11	开氏集团有限公司	浙江省杭州市萧山区衙前镇衙前路432号	311209		431	—
12	兴达投资集团有限公司	江苏省无锡市锡山区东港镇锡港南路88号	214196		369	—
药品制造						
1	上海医药集团股份有限公司	上海市太仓路200号上海医药大厦	200020	122	43	—
2	广州医药集团有限公司	广州市荔湾区沙面北街45号	510130	160	64	—
3	扬子江药业集团	泰州市扬子江南路一号	225321	242	107	—
4	太极集团有限公司	重庆市渝北区龙塔街道黄龙路38号	401147	380	180	—
5	四川科伦实业集团有限公司	四川省成都市青羊区百花西路36号	610071	416	197	—
6	华东医药股份有限公司	杭州市莫干山路866号	031006	—	253	—
7	浙江海正药业股份有限公司	浙江省台州市椒江区外沙路46号	318000		475	—
8	杭州华东医药集团控股有限公司	杭州市江干区四季青街道新业路8号UDC时代大厦A座31层	310006		478	—
9	云南白药集团股份有限公司	云南省昆明市呈贡区云南白药街3686号	650500		280	—
10	天士力控股集团有限公司	天津市北辰区普济河东道2号天士力现代中药城	300410		262	—
11	天津市医药集团有限公司	天津市河西区友谊北路29号	300204		324	—
12	华鲁控股集团有限公司	济南市历下区舜海路219号华创礼观中心A座22楼	250102		301	—
13	山东齐鲁制药集团有限公司	山东省济南市高新技术产业开发区旅游路8888号	250100		328	—
14	鲁南制药集团股份有限公司	山东省临沂市兰山区红旗路209号	276000		469	—
15	江西济民可信集团有限公司	江西省南昌市高新区艾溪湖北路688号中兴软件园14栋	330096		325	—
16	哈药集团有限公司	黑龙江省哈尔滨市道里区群力大道7号	150078	—	450	—
17	石药控股集团有限公司	河北省石家庄高新技术产业开发区黄河大道226号	050035		259	—
18	康美药业股份有限公司	深圳福田区下梅林泰科路三号	515300		352	—
19	健康元药业集团股份有限公司	深圳市南山区北新区朗山路17号	518057		449	—
医疗设备制造						
1	威高集团有限公司	山东省威海市兴山路18号	264210	381	181	—
2	山东新华医疗器械股份有限公司	山东省淄博高新技术产业开发区新华医疗科技园	255086		472	—
3	深圳迈瑞生物医疗电子股份有限公司	深圳市南山区高新技术产业园区科技南12路迈瑞大厦	518037		415	—
水泥及玻璃制造						
1	中国建材集团有限公司	北京市海淀区复兴路17号国海广场B座	100036	51	15	—
2	安徽海螺集团有限责任公司	安徽省芜湖市文化路39号	241000	105	38	—
3	北京金隅集团股份有限公司	北京市东城区北三环东路36号环球贸易中心D座21层	100013	183	78	—
4	东旭集团有限公司	北京市西城区菜园街1号	100053	338	158	—

续表

行业名次	公司名称	通讯地址	邮政编码	名次(1)	名次(2)	名次(3)
5	红狮控股集团有限公司	浙江省兰溪市东郊上郭	321100	377	177	—
6	沂州集团有限公司	山东省临沂市罗庄区傅庄办事处	276018	439	213	—
7	天瑞集团股份有限公司	河南省汝州市广成东路63号天瑞集团	467599	449	221	—
8	奥盛集团有限公司	上海市浦东新区商城路518号17楼	200120	—	371	—
9	华新水泥股份有限公司	湖北省武汉市东湖高新区高新大道426号华新大厦	430074	—	275	—
其他建材制造						
1	天津市新宇彩板有限公司	天津市西青区精武工业园内	300382	—	500	—
黑色冶金						
1	中国宝武钢铁集团有限公司	上海市浦东新区世博大道1859号宝武大厦1号楼	200126	40	12	—
2	河钢集团有限公司	河北省石家庄市裕华区体育南大街385号	050023	55	17	—
3	江苏沙钢集团有限公司	江苏省苏州市张家港市锦丰镇	215625	85	26	—
4	青山控股集团有限公司	浙江省温州市龙湾区龙祥路2666号A幢1306室	325058	90	30	—
5	鞍钢集团有限公司	辽宁省鞍山市铁东区五一路63号	114001	99	35	—
6	首钢集团有限公司	北京市石景山区石景山路68号首钢厂东门	100041	101	36	—
7	新兴际华集团有限公司	北京朝阳区东三环中路5号财富金融中心	100020	116	42	—
8	山东钢铁集团有限公司	山东省济南市高新区舜华路2000号舜泰广场4号楼	250101	124	45	—
9	中天钢铁集团有限公司	江苏省常州市中吴大道1号	213011	148	57	—
10	湖南华菱钢铁集团有限责任公司	长沙市天心区湘府西路222号	410004	153	59	—
11	北京建龙重工集团有限公司	北京市丰台区南四环西路188号总部基地十二区50号楼	100070	155	61	—
12	南京钢铁集团有限公司	江苏省 南京市 六合区 卸甲甸	210035	157	63	—
13	东岭集团股份有限公司	陕西省宝鸡市金台区金台大道69号	721004	172	71	—
14	河北津西钢铁集团股份有限公司	河北省迁西县三屯营镇	064302	178	75	—
15	杭州钢铁集团有限公司	浙江省杭州市拱墅区半山路178号	310022	186	79	—
16	酒泉钢铁(集团)有限责任公司	甘肃省嘉峪关市雄关东路12号	735100	199	85	—
17	日照钢铁控股集团有限公司	山东省日照市沿海路600号	276806	201	86	—
18	马钢(集团)控股有限公司	安徽省马鞍山市九华西路8号	243003	210	93	—
19	敬业集团有限公司	河北省石家庄市平山区(县)	050400	217	95	—
20	广西柳州钢铁集团有限公司	广西柳州市北雀路117号	545002	220	96	—
21	包头钢铁(集团)有限责任公司	内蒙古包头市昆区河西工业区包钢信息大楼	014010	225	99	—
22	太原钢铁(集团)有限公司	山西省太原市尖草坪2号	030003	246	110	—
23	河北新华联合冶金控股集团有限公司	河北省沧州市渤海新区	061113	252	113	—
24	天津荣程祥泰投资控股集团有限公司	天津市经济技术开发区第三大街盛达街9号泰达金融广场8楼	300457	266	117	—
25	江西方大钢铁集团有限公司	江西省南昌市青山湖区冶金大道475号	330038	282	125	—
26	本钢集团有限公司	辽宁省本溪市明山区环山路36号	117000	284	127	—
27	新余钢铁集团有限公司	江西省新余市渝水区冶金路1号	338001	297	134	—
28	武安市文安钢铁有限公司	河北省武安市南环路	056300	301	136	—

续表

续表

行业名次	公司名称	通讯地址	邮政编码	名次(1)	名次(2)	名次(3)
29	河北普阳钢铁有限公司	河北省武安市阳邑镇村东	056305	303	138	—
30	冀南钢铁集团有限公司	河北省邯郸市武安市南环路南侧	056300	304	139	—
31	福建省三钢（集团）有限责任公司	福建省三明市梅列区工业中路群工三路	365000	311	142	—
32	昆明钢铁控股有限公司	云南省昆明市安宁市昆明钢铁控股有限公司	650302	313	143	—
33	武安市裕华钢铁有限公司	河北省邯郸市武安市上团城乡崇义四街村北	056300	325	148	—
34	天津友发钢管集团股份有限公司	天津市静海县大邱庄镇尧舜度假村	301606	331	152	—
35	四川省川威集团有限公司	四川省成都市龙泉驿区车城东6路5号	610100	332	153	—
36	永锋集团有限公司	山东省德州市齐河县齐安大街116号	251100	336	156	—
37	安阳钢铁集团有限责任公司	河南省安阳市殷都区梅元庄安钢大道502号	455000	341	160	—
38	江苏新长江实业集团有限公司	江苏省江阴市夏港镇滨江西路328号长江村	214442	356	167	—
39	湖南博长控股集团有限公司	湖南省冷水江市轧钢路5号	417500	357	168	—
40	四川德胜集团钒钛有限公司	四川省乐山市沙湾区铜河路南段8号	614900	366	172	—
41	唐山港陆钢铁有限公司	河北省遵化市崔家庄乡邦宽公路南侧杨家庄村	064200	368	173	—
42	武安市明芳钢铁有限公司	河北省武安市北关街北侧	056300	372	175	—
43	河北新金钢铁有限公司	河北省武安市武邑路骈山村东	056300	378	178	—
44	石横特钢集团有限公司	山东省肥城市石横镇	271612	412	196	—
45	山东泰山钢铁集团有限公司	山东省济南市莱芜区汶源西大街西首泰钢经贸楼	271199	448	220	—
46	山东九羊集团有限公司	山东省莱芜市莱城区羊里镇	271100	476	232	—
47	重庆钢铁股份有限公司	重庆市长寿经开区钢城大道1号	401258	—	310	—
48	振石控股集团有限公司	浙江省桐乡市凤凰湖大道288号	314500	—	331	—
49	浙江协和集团有限公司	浙江省杭州市萧山区红山农场	311234	—	345	—
50	浙江甬金金属科技股份有限公司	兰溪经济开发区创业大道99号	321100	—	396	—
51	天津恒兴集团有限公司	天津市静海县静海镇北环工业园	301600	—	350	—
52	天津源泰德润钢管制造集团有限公司	天津大邱庄工业区	301606	—	393	—
53	山西建邦集团有限公司	山西省侯马市北郊工业园区	043400	—	312	—
54	山西晋城钢铁控股集团有限公司	山西省晋城市巴公装备制造工业园区	048002	—	366	—
55	潍坊特钢集团有限公司	潍坊市钢厂工业园潍钢东路	261201	—	404	—
56	山东淄博博山企业集团有限公司	山东省淄博市高新区四宝山街道办事处傅山村	255084	—	446	—
57	凌源钢铁集团有限责任公司	辽宁省凌源市钢铁路3号	122500	—	343	—
58	东方润安集团有限公司	江苏省常州市武进区湟里镇东方路5号	213155	—	306	—
59	江苏西城三联控股集团有限公司	江阴市临港街道三联村静堂里路21号	214400	—	389	—
60	河南济源钢铁（集团）有限公司	河南省济源虎岭高新技术产业开发区	459000	—	334	—
61	河北安丰钢铁有限公司	秦皇岛市昌黎县靖安镇	066600	—	282	—
62	河北兴华钢铁有限公司	河北省武安市上团城西	056307	—	307	—
63	河北天柱钢铁集团有限公司	河北省唐山市丰润区银城铺镇殷官屯村东	064000	—	309	—
64	秦皇岛宏兴钢铁有限公司	秦皇岛西部经济开发区昌黎循环经济产业园滦河大街1号	066602	—	373	—
65	辛集市澳森钢铁有限公司	河北省辛集市南智邱镇赵马村东	052360	—	381	—
66	广西盛隆冶金有限公司	广西防城港市港口区公车镇亚纲村	538004	—	308	—

续表

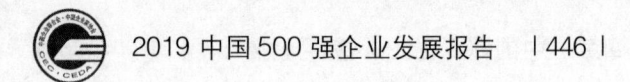

行业名次	公司名称	通讯地址	邮政编码	名次(1)	名次(2)	名次(3)
67	广西贵港钢铁集团有限公司	广西贵港市南平中路	537101	—	430	—
68	广州钢铁企业集团有限公司	广州市荔湾区芳村大道1号	510381	—	410	—
69	珠海粤裕丰钢铁有限公司	广东省珠海市高栏港经济区	519050	—	417	—
70	中国庆华能源集团有限公司	北京市朝阳区建国门外光华东里8号中海广场中楼38层	100020	—	422	—
一般有色						
1	正威国际集团有限公司	广东省深圳市福田区深南大道7888号东海国际中心A座29层	518040	29	7	—
2	中国铝业集团有限公司	北京市海淀区西直门北大街62号	100082	66	20	—
3	江西铜业集团有限公司	江西省南昌市高新区昌东大道7666号	330096	88	28	—
4	金川集团股份有限公司	甘肃省金昌市金川路98号	737103	96	32	—
5	铜陵有色金属集团控股有限公司	安徽省铜陵市长江西路有色大院	244001	109	39	—
6	海亮集团有限公司	浙江省杭州市滨江区滨盛路1508号海亮大厦	310051	115	41	—
7	陕西有色金属控股集团有限责任公司	陕西省西安高新路51号高新大厦	710075	137	50	—
8	中国有色矿业集团有限公司	北京朝阳区安定路10号中国有色大厦	100029	168	69	—
9	南山集团有限公司	山东省龙口市南山工业园	265706	176	74	—
10	宁波金田投资控股有限公司	浙江省宁波市江北区胡坑基路88号050幢4-4	315034	234	104	—
11	宁夏天元锰业集团有限公司	宁夏中卫市中宁县中宁新材料循环经济示范区	755103	245	109	—
12	云南锡业集团（控股）有限责任公司	云南省红河州个旧市金湖东路121号	661000	272	120	—
13	金鼎钢铁集团有限公司	河北省邯郸市武安市青龙山工业园区	056300	286	128	—
14	白银有色集团股份有限公司	甘肃省白银市白银区友好路96号	730900	291	130	—
15	新凤祥控股集团有限责任公司	山东聊城阳谷县祥光工业园内	252300	358	169	—
16	浙江富冶集团有限公司	浙江省杭州市富阳区鹿山街道谢家溪	311407	400	191	—
17	山东创新金属科技有限公司	山东省邹平市北外环路东首	256200	427	206	—
18	西部矿业集团有限公司	青海省西宁市城西区五四大街56号	810000	441	215	—
19	万基控股集团有限公司	河南省新安县万基工业园	471800	488	239	—
20	万邦德新材股份有限公司	浙江省湖州市吴兴区织里镇栋梁路1688号	313008	—	406	—
21	博威集团有限公司	浙江省宁波市鄞州区云龙镇鄞州大道东段1777号	315137	—	494	—
22	天津华北集团有限公司	天津市北辰区津围公路15号	300040	—	335	—
23	鹏欣环球资源股份有限公司	上海市长宁区虹桥路2188弄47号	200336	—	409	—
24	上海鑫冶铜业有限公司	上海市金山区张堰镇金张支路18号	201514	—	453	—
25	东营鲁方金属材料有限公司	山东省东营经济技术开发区养殖区骨干路22号	257000	—	255	—
26	东营方圆有色金属有限公司	山东省东营市经济开发区浏阳河路99号	257091	—	256	—
27	山东鑫海科技股份有限公司	山东省莒南县经济开发区西五路中段	276600	—	356	—
28	山东金升有色集团有限公司	临沂经济技术开发区梅埠办事处华夏路110号	276023	—	394	—
29	洛阳栾川钼业集团股份有限公司	河南省洛阳市栾川县城东新区画眉山路伊河以北	471500	—	284	—
30	济源市万洋冶炼（集团）有限公司	河南省济源市思礼镇思礼村	454690	—	340	—
31	河南金利金铅集团有限公司	河南省济源市承留镇南勋村	459000	—	341	—
32	河南神火集团有限公司	河南省永城市东城区光明路17号	476600	—	348	—

续表

续表

行业名次	公司名称	通讯地址	邮政编码	名次(1)	名次(2)	名次(3)
33	龙蟒佰利联集团股份有限公司	河南省焦作市中站区冯封办事处	454191	—	468	—
34	百色百矿集团有限公司	广西百色市右江区东笋路23号	533000	—	402	—
35	广西正润发展集团有限公司	广西贺州市建设中路89号	542899	—	433	—
36	深圳市中金岭南有色金属股份有限公司	广东省深圳市福田区车公庙深南大道6013号中国有色大厦24-26楼	518040	—	346	—
37	广东兴发铝业有限公司	广东省佛山市三水区乐平镇中心科技工业园D区5号	528100	—	483	—
38	厦门钨业股份有限公司	厦门市思明区展鸿路81号特房大厦21-22层	361009	—	351	—
39	安徽楚江科技新材料股份有限公司	安徽省芜湖市鸠江区龙腾路88号	241000	—	423	—
贵金属						
1	紫金矿业集团股份有限公司	福建省上杭县紫金大道1号	364200	181	76	—
2	中国黄金集团有限公司	北京市东城区安定门外大街9号	100011	182	77	—
3	山东黄金集团有限公司	山东省济南市高新区舜华路2000号舜泰广场3号楼	250100	236	105	—
4	山东招金集团有限公司	山东省招远市开发区盛泰路108号	265400	337	157	—
5	湖南黄金集团有限责任公司	湖南省长沙市长沙县人民东路211号（东方韵动汇）1号楼9楼	410129	—	428	—
6	郴州市金贵银业股份有限公司	湖南省郴州市北湖区南岭大道680号金贵大厦	423000	—	467	—
7	河南中原黄金冶炼厂有限责任公司	河南省三门峡产业集聚区209国道南侧	472100	—	300	—
金属制品加工						
1	中国国际海运集装箱（集团）股份有限公司	广东省深圳市蛇口工业区港湾大道2号中集集团研发中心	518067	205	89	—
2	环嘉集团有限公司	辽宁省大连市甘井子区革镇堡镇后革环嘉集团有限公司	116033	410	194	—
3	法尔胜泓昇集团有限公司	江苏省江阴市澄江中路165号	214434	445	218	—
4	河南豫光金铅集团有限责任公司	河南省济源市荆梁南街1号	459001	457	225	—
5	重庆万达薄板有限公司	重庆市涪陵区李渡工业园区盘龙路6号	400080	—	353	—
6	浙江元立金属制品集团有限公司	浙江省丽水市遂昌县元立大道479号	323300	—	273	—
7	浙江东南网架集团有限公司	杭州市萧山区衙前镇衙前路593号	311209	—	321	—
8	精工控股集团有限公司	浙江省绍兴市越城区斗门街道世纪西街1号	312000	—	411	—
9	天津友联盛业科技集团有限公司	天津市宁河区芦台镇经济开发区五纬路以西	301500	—	370	—
10	天津市宝来工贸有限公司	天津市静海区大邱庄镇海河道6号	301606	—	440	—
11	江苏大明金属制品有限公司	无锡市通江大道1518号	214191	—	246	—
12	江苏江润铜业有限公司	江苏省宜兴市官林镇金辉工业园A区	214251	—	375	—
13	新华发集团有限公司	江阴临港新城申港镇澄路1299号	214443	—	403	—
14	江阴江东集团公司	江阴市周庄镇至公东路71号	214423	—	454	—
15	江苏海达科技集团有限公司	江苏省无锡市江阴市华士镇环инг路800-1号	214421	—	466	—
16	福星集团控股有限公司	湖北省汉川市沉湖镇福星街1号	431608	—	266	—
17	邯郸正大制管有限公司	河北省邯郸市成安县工业区聚良大道9号	056700	—	360	—

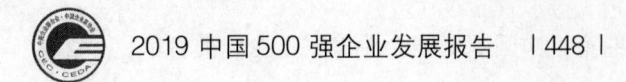

续表

行业名次	公司名称	通讯地址	邮政编码	名次(1)	名次(2)	名次(3)
18	北京君诚实业投资集团有限公司	北京市朝阳区八里庄西里61号楼1404室	100025	—	496	—
锅炉及动力装备制造						
1	潍柴控股集团有限公司	山东省潍坊市高新技术产业开发区福寿东街197号甲	261061	87	27	—
2	上海电气（集团）总公司	上海市徐汇区钦江路212号	200233	163	65	—
3	杭州汽轮动力集团有限公司	浙江省杭州市庆春东路68号杭州汽轮国际大厦18楼	310016	202	87	—
4	卧龙控股集团有限公司	浙江省绍兴市上虞区人民西路1801号	312300	466	227	—
5	广西玉柴机器集团有限公司	广西玉林市玉柴大道1号	537005	468	229	—
6	中国东方电气集团有限公司	四川省成都市高新西区西芯大道18号	611731	500	245	—
7	哈尔滨电气集团有限公司	哈尔滨市松北区创新一路1399号	150028	—	263	—
物料搬运设备制造						
1	西子联合控股有限公司	杭州市江干区庆春东路1－1号	310016	—	317	—
2	无锡华东重型机械股份有限公司	无锡市滨湖区高浪东路508号华发大厦B座24F	214131	—	480	—
3	卫华集团有限公司	河南省长垣县卫华大道西段	453400	—	435	—
工程机械及零部件						
1	徐州工程机械集团有限公司	江苏省徐州市金山桥经济开发区驮蓝山路26号	221004	280	123	—
2	三一集团有限公司	湖南省长沙市长沙县国家经济开发区三一工业城	410100	281	124	—
3	巨星控股集团有限公司	杭州市江干区九堡镇九环路63号4幢A	310016	—	268	—
4	上海振华重工（集团）股份有限公司	上海市浦东新区东方路3261号	200125	—	323	—
5	太原重型机械集团有限公司	山西省太原市万柏林区玉河街53号	030024	—	427	—
6	雷沃重工股份有限公司	山东省潍坊市坊子区北海南路192号	261206	—	432	—
7	山东时风（集团）有限责任公司	山东省高唐县鼓楼西路	252800	—	452	—
8	中联重科股份有限公司	湖南省长沙市银盆南路361号	410013	—	265	—
9	郑州煤矿机械集团股份有限公司	河南省郑州市经济技术开发区第九大街167号	450016	—	283	—
10	广西柳工集团有限公司	广西柳州市柳太路1号	545007	—	322	—
11	安徽叉车集团有限责任公司	安徽省合肥市经开区方兴大道668号	230601	—	488	—
工业机械及设备制造						
1	天洁集团有限公司	浙江省诸暨市牌头镇杨傅村天洁工业园	311825	—	342	—
2	人本集团有限公司	浙江省温州经济技术开发区滨海五道515号	325025	—	378	—
3	海天塑机集团有限公司	浙江省宁波市北仑区小港海天路1688号	315800	—	400	—
4	利欧集团股份有限公司	浙江省温岭市东部产业集聚区第三街1号	317500	—	434	—
5	杭州杭氧股份有限公司	杭州市下城区中山北路592号弘元大厦	310014	—	471	—
6	大连冰山集团有限公司	辽宁省大连市经济技术开发区辽河东路106号	116630	—	429	—
7	沈阳鼓风机集团股份有限公司	辽宁省沈阳经济技术开发区开发大路16号甲	110869	—	499	—
电力电气设备制造						
1	中国电子科技集团公司	北京市朝阳区曙光西里19号	100022	97	33	—
2	中国电子信息产业集团有限公司	北京市海淀区中关村东路甲66号	100080	98	34	—
3	天能电池集团有限公司	浙江省长兴县画溪工业功能区包桥路18号	313100	139	51	—

续表

续表

行业名次	公司名称	通讯地址	邮政编码	名次(1)	名次(2)	名次(3)
4	超威集团	浙江省长兴县新兴工业园	313100	154	60	—
5	正泰集团股份有限公司	浙江省乐清市柳市镇工业区正泰大楼	325603	260	116	—
6	德力西集团有限公司	浙江省乐清市柳市镇柳青路1号	325604	316	145	—
7	新疆特变电工集团有限公司	新疆维吾尔自治区昌吉市北京南路189号	831100	327	150	—
8	广州智能装备产业集团有限公司	广东省广州市大德路187号广州机电大厦15楼	510120	354	165	—
9	人民电器集团有限公司	浙江省乐清市柳市镇车站路555号	325604	397	188	—
10	中科电力装备集团有限公司	安徽省蚌埠市长征南路829号	233010	399	190	—
11	河南森源集团有限公司	河南省国家郑州经济开发区经北五路56号	450016	419	200	—
12	富通集团有限公司	浙江省杭州市富阳区富春街道馆驿路18号	311400	425	204	—
13	上海仪电（集团）有限公司	上海市徐汇区田林路168号	200233	433	209	—
14	远东控股集团有限公司	江苏省宜兴市高塍镇远东大道6号	214257	452	222	—
15	宁波富邦控股集团有限公司	浙江省宁波市海曙区长春路2号	315010	455	223	—
16	远景能源（江苏）有限公司	江阴市申港街道申庄路3号	214443	487	238	—
17	中国四联仪器仪表集团有限公司	重庆市北碚区蔡家镇同熙路99号	400707	—	493	—
18	三花控股集团有限公司	浙江省新昌县七星街道下礼泉村	312500	—	289	—
19	浙江富春江通信集团有限公司	浙江省杭州市富阳区江滨东大道138号	311401	—	344	—
20	中国西电集团有限公司	陕西省西安市高新区唐兴路7号	710075	—	374	—
21	歌尔股份有限公司	山东省潍坊高新区东方路268号	261031	—	303	—
22	泰开集团有限公司	山东省泰安高新区中天门大街中段	271000	—	421	—
23	泰豪集团有限公司	南昌高新区高新大道590号	330096	—	424	—
24	江苏新潮科技集团有限公司	江苏省江阴市澄江东路99号	214429	—	299	—
25	瑞声光电科技（常州）有限公司	江苏省常州市武进区科教城远宇科技大厦	213164	—	436	—
26	长飞光纤光缆股份有限公司	湖北省武汉市东湖新技术开发区光谷大道9号	430073	—	448	—
27	广东德赛集团有限公司	广东省惠州市云山西路12号德赛大厦23层	516003	—	294	—
28	欣旺达电子股份有限公司	广东省深圳市宝安区石岩街道石龙社区颐河	518108	—	339	—
29	广州视源电子科技股份有限公司	广州市黄埔区云埔四路6号	510530	—	383	—
30	格林美股份有限公司	深圳市宝安区宝安中心区兴华路南侧荣超滨海大厦A座20层	518101	—	414	—
31	深圳市英唐智能控制股份有限公司	深圳市南山区高新技术产业园科技南路五英唐大厦五楼	518057	—	439	—
32	银隆新能源股份有限公司	珠海市金湾区三灶摄金湖路16号	519040	—	481	—
33	铜陵精达特种电磁线股份有限公司	安徽省铜陵市经济技术开发区翠湖四路黄山大道988号	244061	—	443	—
电线电缆制造						
1	中天科技集团有限公司	江苏省如东县河口镇中天工业园区	226463	326	149	—
2	万马联合控股集团有限公司	浙江省杭州市天目山路181号天际大厦11楼	310003	—	355	—
3	上海胜华电缆（集团）有限公司	上海市浦东新区沪南路7577号胜华科技大厦	201314	—	347	—
4	江苏中超投资集团有限公司	江苏省宜兴市西郊工业园振丰东路999号	214242	—	365	—
5	江苏上上电缆集团有限公司	江苏省溧阳市上上路68号	213300	—	382	—

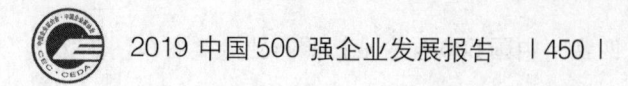

续表

行业名次	公司名称	通讯地址	邮政编码	名次(1)	名次(2)	名次(3)
6	江南集团有限公司	江苏省宜兴市官林镇新官东路53号	214251	—	419	—
7	安徽天康（集团）股份有限公司	安徽省天长市仁和南路20号	239300	—	484	—
风能、太阳能设备制造						
1	协鑫集团有限公司	苏州工业园区新庆路28号协鑫能源中心	215000	166	68	—
2	晶科能源有限公司	上海市静安区寿阳路99弄2号楼晶科大厦	200072	355	166	—
3	晶龙实业集团有限公司	河北省宁晋县晶龙大街263号	055550	482	236	—
4	东方日升新能源股份有限公司	浙江省宁波市宁海县梅林街道塔山工业园区	315609	—	487	—
5	隆基绿能科技股份有限公司	北京市西城区西直门北大街45号时代之光名苑3号楼307	100044	—	318	—
6	天合光能股份有限公司	江苏省常州市新北区天合光伏产业园天合路2号	213000	—	291	—
计算机及办公设备						
1	联想集团有限公司	北京市海淀区科学院南路2号融科资讯中心B座17层	100190	53	16	—
2	欧菲光集团股份有限公司	深圳市光明新区公明街道松白公路华发路段欧菲光科技园	518106	398	189	—
3	得力集团有限公司	浙江省宁波市宁海县得力工业园	315600	—	271	—
4	舜宇集团有限公司	浙江省余姚市阳明街道舜宇路66-68号	315400	—	285	—
5	浙江大华技术股份有限公司	杭州市滨江区滨安路1199号	310053	—	304	—
6	深圳市宝德投资控股有限公司	广东省深圳市福田区深南大道1000号福田科技广场C栋10楼	518000	—	413	—
通信设备制造						
1	华为投资控股有限公司	广东省深圳市龙岗区坂田华为基地	518129	15	3	—
2	小米集团	北京市海淀区清河中路68号华润五彩城写字楼	100085	113	40	—
3	亨通集团有限公司	江苏省苏州市吴江区亨通大道2288号	215200	187	80	—
4	中国信息通信科技集团有限公司	武汉市江夏区光谷大道高新四路6号	430205	339	159	—
5	重庆京东方光电科技有限公司	重庆市北碚区水土高新技术产业园云汉大道7号	400700	—	368	—
6	四川九洲电器集团有限责任公司	四川省绵阳市科创园区九华路6号	621000	—	292	—
7	普联技术有限公司	深圳市南山区科技园中区科苑路5号南楼	518057	—	465	—
8	福建省电子信息（集团）有限责任公司	福建省福州市五一北路153号正祥中心2号楼	350005	—	298	—
半导体、集成电路及面板制造						
1	北京电子控股有限责任公司	北京市朝阳区三里屯西六街6号乾坤大厦	100027	173	72	—
2	立讯精密工业股份有限公司	广东省东莞市清溪镇青皇村青皇工业区葵青路17号	523650	471	231	—
3	公牛集团股份有限公司	浙江省宁波市慈溪县（区）观海卫镇	315314	—	495	—
4	蓝思科技股份有限公司	湖南省长沙国家级浏阳市生物医药园	410300	—	270	—
5	深圳市世纪云芯科技有限公司	深圳市宝安区沙井街道衙边社区岗头工业区B1栋综合楼	518000	—	337	—
6	惠科股份有限公司	广东省深圳市宝安区石岩街道石龙社区横当岭一路惠科工业园1栋	518108	—	438	—
汽车及零配件制造						
1	上海汽车集团股份有限公司	上海市威海路489号	200041	9	2	—

续表

行业名次	公司名称	通讯地址	邮政编码	名次(1)	名次(2)	名次(3)
2	东风汽车集团有限公司	湖北省武汉市经济技术开发区东风大道特1号	430056	20	4	—
3	中国第一汽车集团有限公司	吉林省长春市东风大街8899号	130013	21	5	—
4	北京汽车集团有限公司	北京市顺义区双河大街99号北京汽车产业基地	101300	31	8	—
5	广州汽车工业集团有限公司	广东省广州市天河区珠江新城兴国路23号广汽中心	510623	48	14	—
6	浙江吉利控股集团有限公司	杭州市滨江区江陵路1760号	310051	58	18	—
7	华晨汽车集团控股有限公司	沈阳市大东区东望街39号	110044	127	46	—
8	比亚迪股份有限公司	深圳市坪山区比亚迪路3009号	518118	142	53	—
9	万向集团公司	浙江省杭州市萧山经济技术开发区	311215	165	67	—
10	中国重型汽车集团有限公司	山东省济南市高新区华奥路777号	250101	171	70	—
11	江铃汽车集团有限公司	江西省南昌市迎宾北大道666号	330001	192	82	—
12	长城汽车股份有限公司	保定市朝阳南大街2266号	071000	195	84	—
13	江苏悦达集团有限公司	江苏省盐城市亭湖区世纪大道东路2号	224007	211	94	—
14	奇瑞控股集团有限公司	安徽省芜湖市经济技术开发区长春路8号	241006	267	118	—
15	陕西汽车控股集团有限公司	陕西省西安市经济技术开发区泾渭新城陕汽大道1号	710200	276	122	—
16	宁波均胜电子股份有限公司	浙江省宁波市高新区聚贤路1266号	315040	318	146	—
17	安徽江淮汽车集团控股有限公司	安徽省合肥市包河区东流路176号	230022	342	161	—
18	重庆小康控股有限公司	重庆市沙坪坝区井口工业园A区	400033	385	182	—
19	郑州宇通企业集团	河南省郑州市管城区宇通路宇通工业园	450061	393	186	—
20	庆铃汽车（集团）有限公司	重庆市九龙坡区中梁山协兴村1号	400052	—	458	—
21	东方鑫源控股有限公司	重庆市九龙坡区含谷镇鑫源路8号	401329	—	489	—
22	万丰奥特控股集团有限公司	浙江新昌江滨西路518号	312500	—	252	—
23	赛轮集团股份有限公司	山东省青岛市郑州路43号橡胶谷EVE大楼	266000	—	418	—
24	大乘汽车集团有限公司	常州市金坛区科教路99号	213200	—	461	—
25	三环集团有限公司	湖北省武汉市东湖新技术开发区佳园路33号	430074	—	313	—
26	广西汽车集团有限公司	广西柳州河西路18号	545007	—	329	—
27	福建省汽车工业集团有限公司	福建省福州市闽侯高新区海西园高新大道7号	350108	—	293	—
28	厦门金龙汽车集团股份有限公司	厦门市湖里区东港北路31号港务大厦7、11层	361013	—	367	—
29	安徽中鼎控股（集团）股份有限公司	安徽省宁国经济技术开发区	242300	—	407	—
30	安徽环新集团有限公司	安徽省安庆市开发区迎宾大道16号区	231400	—	491	—
摩托车及零配件制造						
1	隆鑫控股有限公司	重庆市九龙坡区石坪桥横街2号附5号	400051	315	144	—
2	重庆力帆控股有限公司	重庆市北碚区蔡家岗镇凤栖路16号	400707	421	202	—
3	宗申产业集团有限公司	重庆市巴南区炒油场宗申工业园	400054	—	338	—
4	爱玛科技集团股份有限公司	天津市静海经济开发区南区爱玛路5号	301600	—	498	—
5	雅迪科技集团有限公司	江苏省无锡市锡山区安镇大成工业园东盛路	214100	—	479	—
轨道交通设备及零部件制造						
1	中国中车集团有限公司	北京市海淀区西四环中路16号院5号楼	100036	89	29	—
航空航天						
1	中国航空工业集团有限公司	北京市朝阳区曙光西里甲5号院19号楼	100028	39	11	—

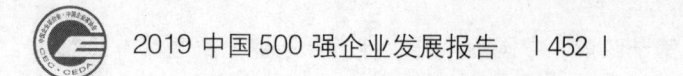

续表

行业名次	公司名称	通讯地址	邮政编码	名次(1)	名次(2)	名次(3)
2	中国航天科工集团有限公司	北京市海淀区阜成路8号中国航天科工大厦	100048	82	24	—
3	中国航天科技集团有限公司	北京市海淀区阜成路16号航天科技大厦	100048	83	25	—
兵器制造						
1	中国兵器工业集团有限公司	北京市西城区三里河路44号	100821	36	9	—
2	中国兵器装备集团有限公司	北京市海淀区车道沟十号院	100089	93	31	—
船舶制造						
1	中国船舶重工集团有限公司	北京市海淀区昆明湖南路72号	100097	62	19	—
2	江苏扬子江船业集团	江苏省无锡市江阴市江阴－靖江工业园区联谊路1号	214532	359	170	—
3	沪东中华造船（集团）有限公司	上海市浦东新区浦东大道2851号	200129	—	388	—
综合制造业						
1	中国五矿集团有限公司	北京市海淀区三里河路5号五矿大厦	100044	28	6	—
2	复星国际有限公司	上海市黄浦区复兴东路2号复星商务大厦	200010	174	73	—
3	新华联集团有限公司	北京市通州区台湖政府大街新华联集团总部大厦10层	101116	203	88	—
4	无锡产业发展集团有限公司	江苏省无锡市县前西街168号	214131	207	91	—
5	万达控股集团有限公司	山东省东营市垦利行政办公新区万达大厦	257500	209	92	—
6	杭州锦江集团有限公司	杭州市拱墅区湖墅南路111号锦江大厦20－22楼	310005	221	97	—
7	江苏华西集团有限公司	江阴市华士镇华西新市村民族路2号	214420	345	163	—
8	重庆化医控股（集团）公司	重庆市北部新区星光大道70号天王星A1座	401121	364	171	—
9	重庆机电控股（集团）公司	重庆市两江新区黄山大道中段60号	401123	375	176	—
10	岚桥集团有限公司	山东省日照市北京路266号	266000	491	241	—
11	重庆市博赛矿业（集团）有限公司	重庆市渝中区邹容路131号世界贸易中心47楼	400010	—	286	—
12	利时集团股份有限公司	浙江省宁波市鄞州区投资创业中心诚信路518号	315105	—	264	—
13	花园集团有限公司	浙江省东阳市南马镇花园村花园大厦	322121	—	279	—
14	华立集团股份有限公司	浙江省杭州市余杭区五常大道181号	310023	—	288	—
15	浙江航民实业集团有限公司	浙江省杭州市萧山区瓜沥镇航民村	311241	—	416	—
16	成都蛟龙投资有限责任公司	四川省成都市双流区蛟龙港管委会	610200	—	314	—
17	攀枝花钢城集团有限公司	四川省攀枝花市东区长寿路	617023	—	376	—
18	致达控股集团有限公司	上海市延平路121号29楼	200042	—	384	—
19	鲁丽集团有限公司	山东省、潍坊市、寿光市、侯镇政府驻地	262724	—	251	—
20	苏州创元投资发展（集团）有限公司	江苏省苏州市工业园区苏桐路37号	215021	—	320	—
21	安徽淮海实业发展集团有限公司	安徽省淮北市相山区人民中路278号	235000	—	420	—
房屋建筑						
1	中国建筑股份有限公司	北京市朝阳区安定路5号院3号楼中建财富国际中心	100029	4	—	—
2	中国铁道建筑集团有限公司	北京市海淀区复兴路40号	100855	14	—	—
3	太平洋建设集团有限公司	江苏省南京市鼓楼区五台山1号	210019	24	—	—
4	中南控股集团有限公司	江苏省海门市上海路899号	226100	94	—	—
5	上海建工集团股份有限公司	上海市虹口区东大名路666号	200080	118	—	—

续表

行业名次	公司名称	通讯地址	邮政编码	名次(1)	名次(2)	名次(3)
6	南通三建控股有限公司	江苏省海门市狮山路131号	226100	150	—	—
7	广西建工集团有限责任公司	南宁市良庆区平乐大道19号	530201	190	—	—
8	陕西建工集团有限公司	陕西省西安市莲湖区北大街199号	710003	191	—	—
9	福晟集团有限公司	福建省福州市台江区江滨西大道振武路70号福晟钱隆广场49层	350009	194	—	—
10	湖南建工集团有限公司	长沙市天心区芙蓉南路一段788号	410004	212	—	—
11	四川省铁路产业投资集团有限责任公司	四川省成都市高新区天府一街535号两江国际A栋	610000	214	—	—
12	中天控股集团有限公司	浙江省杭州市城星路69号中天国开大厦	310020	218	—	—
13	广厦控股集团有限公司	浙江省杭州市莫干山路231号广厦锐明大厦17楼	310005	240	—	—
14	北京城建集团有限责任公司	北京市海淀区北太平庄路18号	100088	251	—	—
15	广州市建筑集团有限公司	广东省广州市广卫路4号（建工大厦）	510030	261	—	—
16	北京住总集团有限责任公司	北京市朝阳区慧忠里320号住总集团大厦	100101	270	—	—
17	浙江省建设投资集团股份有限公司	浙江省杭州市文三西路52号浙江建投大厦	310013	275	—	—
18	江苏南通二建集团有限公司	启东市人民中路683号	226200	278	—	—
19	南通四建集团有限公司	江苏省南通市通州区新世纪大道999号祥云楼	226300	289	—	—
20	青建集团	青岛市市南区南海支路5号	266071	292	—	—
21	甘肃省建设投资（控股）集团总公司	甘肃省兰州市七里河区西津东路575号	730050	298	—	—
22	四川华西集团有限公司	成都市解放路二段95号	610081	314	—	—
23	江苏省苏中建设集团股份有限公司	江苏省南通市海安中坝南路18号	226600	323	—	—
24	山西建设投资集团有限公司	山西省太原市新建路9号	030002	340	—	—
25	上海城建（集团）公司	上海市徐汇区宛平南路1099号	200032	349	—	—
26	广东省建筑工程集团有限公司	广州市荔湾区流花路85号	510013	351	—	—
27	龙光交通集团有限公司	深圳市宝安区兴化路南侧龙光世纪大厦	518000	352	—	—
28	北京建工集团有限责任公司	北京市西城区广莲路1号建工大厦	100055	360	—	—
29	重庆建工投资控股有限责任公司	重庆市北部新区金开大道1596号	401122	361	—	—
30	河北建设集团股份有限公司	保定市五四西路329号	071000	365	—	—
31	山河控股集团有限公司	湖北省武汉市武昌区徐东大街岳家嘴山河企业大厦30F	430000	371	—	—
32	江苏南通六建建设集团有限公司	江苏省如皋市城南街道解放路9号	226500	384	—	—
33	江西省建工集团有限责任公司	江西省南昌市北京东路956号	330029	387	—	—
34	安徽建工集团控股有限公司	安徽省合肥市黄山路459号安建国际大厦26—29楼	230031	401	—	—
35	山东科达集团有限公司	山东省东营市府前大街65号财富中心	257091	413	—	—
36	浙江中成控股集团有限公司	浙江省绍兴市中兴中路375号	312000	414	—	—
37	云南省城市建设投资集团有限公司	昆明市官渡区环湖东路昆明滇池国际会展中心1号馆办公区	650200	424	—	—
38	通州建总集团有限公司	江苏省南通市高新区新世纪大道998号通州建总大厦	226300	429	—	—
39	龙信建设集团有限公司	江苏省南通市海门镇北京路1号	226100	451	—	—

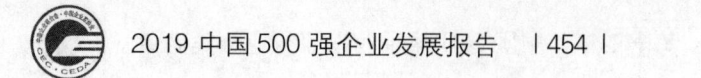

续表

行业名次	公司名称	通讯地址	邮政编码	名次(1)	名次(2)	名次(3)
40	河北建工集团有限责任公司	河北省石家庄市友谊北大街146号	050051	454	—	—
41	新疆生产建设兵团建设工程（集团）有限责任公司	新疆乌鲁木齐市新民路113号	830000	463	—	—
42	浙江宝业建设集团有限公司	浙江省绍兴市柯桥区杨汛桥镇杨汛路228号	312028	469	—	—
43	融信（福建）投资集团有限公司	上海市青浦区虹桥世界中心L1B栋9楼	200010	486	—	—
44	浙江昆仑控股集团有限公司	杭州市上城区富春路150号昆仑中心17楼	310020	499	—	—
土木工程建筑						
1	中国铁路工程集团有限公司	北京市海淀区复兴路69号9号楼中国中铁大厦	100039	12	—	—
2	中国交通建设集团有限公司	北京德胜门外大街85号	100088	22	—	—
3	中国电力建设集团有限公司	北京市海淀区车公庄西路22号海赋国际A座	100048	42	—	—
4	中国能源建设集团有限公司	北京市朝阳区西大望路26号院1号楼	100022	92	—	—
5	中国化学工程集团有限公司	北京市东城区东直门内大街2号	100007	226	—	—
6	广西北部湾投资集团有限公司	广西南宁市中泰路11号北部湾大厦北楼1402	530029	353	—	—
7	天元建设集团有限公司	山东省临沂市银雀山路63号	276003	374	—	—
8	北京市政路桥集团有限公司	北京市西城区南礼士路17号	100045	462	—	—
电网						
1	国家电网有限公司	北京市西城区西长安街86号	100031	3	—	1
2	中国南方电网有限责任公司	广东省广州市科学城科翔路11号	510530	27	—	14
3	内蒙古电力（集团）有限责任公司	内蒙古呼和浩特市赛罕区前达门路9号	010020	239	—	94
水务						
1	北京控股集团有限公司	北京市朝阳区化工路59号焦奥中心2号楼	100023	208	—	81
2	北京首都创业集团有限公司	北京东城区朝阳门北大街6号首创大厦15层	100027	347	—	129
3	齐鲁交通发展集团有限公司	山东省济南市历下区龙奥西路1号银丰财富广场D座	250101	460	—	160
4	南昌市政公用投资控股有限责任公司	江西省南昌市青山湖区湖滨东路1399号	330039	484	—	168
5	宁波华东物资城市场建设开发有限公司	浙江省宁波市江东县（区）世纪大道北段323号20层	315040	—	—	259
6	天津城市基础设施建设投资集团有限公司	天津市和平区大沽北路161号城投大厦	300040	—	—	280
7	天津市政建设集团有限公司	天津市河西区环岛西路4号别墅	300221	—	—	450
8	上海临港经济发展（集团）有限公司	上海市浦东新区新元南路555号	201306	—	—	384
9	路通建设集团股份有限公司	山东省东营市东营区府前大街55号金融港G座	257000	—	—	356
10	无锡市市政公用产业集团有限公司	无锡市解放东路800号	214002	—	—	485
11	湖北省交通投资集团有限公司	湖北省武汉市洪山区珞瑜路1077号东湖广场	430071	—	—	204
12	武汉市城市建设投资开发集团有限公司	武汉市洪山区团结大道1020号	430061	—	—	276
13	武汉市水务集团有限公司	武汉市江岸区建设大道957号	430015	—	—	467
14	广州市水务投资集团有限公司	广州市天河区临江大道501号	510655	—	—	202
15	深圳市水务（集团）有限公司	广东省深圳市深南中路1019号万德大厦	518031	—	—	381
综合能源供应						
1	浙江省能源集团有限公司	浙江省杭州市天目山路152号	310007	204	—	80

续表

行业名次	公司名称	通讯地址	邮政编码	名次(1)	名次(2)	名次(3)
2	云南省能源投资集团有限公司	北京市西城区西便门内大街40号灰色小楼	100045	216	—	84
3	福建省能源集团有限责任公司	福州市鼓楼区五四路75号海西商务大厦35层	350001	264	—	104
4	北京能源集团有限责任公司	北京市朝阳区永安东里16号CBD国际大厦A区	100022	271	—	107
5	新奥能源控股有限公司	河北省廊坊市经济技术开发区新源东道	065001	293	—	113
6	重庆市能源投资集团有限公司	重庆市渝北区洪湖西路12号	401121	343	—	127
7	东华能源股份有限公司	张家港保税区出口加工区东华路668号	215634	350	—	130
8	四川省能源投资集团有限责任公司	四川省成都市锦江区毕昇路468号创世纪广场	610000	391	—	139
9	申能（集团）有限公司	上海市闵行区虹井路159号申能能源中心	201103	408	—	147
10	广州国资发展控股有限公司	广州市天河区临江大道3号发展中心9楼	510623	474	—	163
11	新疆天富集团有限责任公司	新疆石河子市52小区北一东路2号	832000	—	—	337
12	天津拾起卖科技有限公司	天津市南开区宾水西道奥城商业广场C6南8楼	300381	—	—	457
13	四川华油集团有限责任公司	四川省成都市高新区天府一街695号中环岛广场A座1507	610041	—	—	354
14	无锡市国联发展（集团）有限公司	江苏省无锡市滨湖区金融一街8号	214131	—	—	236
15	武汉市燃气热力集团有限公司	武汉市江汉区台北路225号	430015	—	—	468
16	深圳能源集团股份有限公司	深圳市福田区金田路2026号能源大厦北塔楼30层	518031	—	—	248
17	深圳市燃气集团股份有限公司	广东省深圳市福田区中康北路深燃大厦11楼	518049	—	—	317
18	佛山市燃气集团股份有限公司	广东省佛山市禅城区南海大道中18号	528000	—	—	493
19	安徽国祯集团股份有限公司	安徽省合肥市高新技术开发区科学大道91号	230088	—	—	362
铁路运输						
1	中国铁路物资集团有限公司	北京市海淀区复兴路17号国海广场C座	100036	285	—	111
2	中铁集装箱运输有限责任公司	北京市西城区鸭子桥路24号中铁商务大厦	100055	—	—	188
公路运输						
1	浙江省交通投资集团有限公司	杭州市钱江新城五星路199号明珠国际商务中心	310020	135	—	58
2	甘肃省公路航空旅游投资集团有限公司	甘肃省兰州市城关区南昌路1716号	730030	197	—	77
3	山东高速集团有限公司	山东省济南市历下区龙奥北路8号	250098	257	—	100
4	广东省交通集团有限公司	广东省广州市珠江新城珠江东路32号利通广场58－61层	510623	362	—	131
5	四川省交通投资集团有限责任公司	四川省成都市二环路西一段90号四川交投大厦	610041	363	—	132
6	重庆交通运输控股（集团）有限公司	重庆市北部新区高新园青松路33号	401121	—	—	283
7	上海交运（集团）公司	上海市恒丰路288号10楼	200070	—	—	355
8	内蒙古高等级公路建设开发有限责任公司	内蒙古自治区呼和浩特市新城区哲里木路9号	010051	—	—	462
9	江西省高速公路投资集团有限公司	江西省南昌市西湖区朝阳洲中路367号	330025	—	—	220
10	苏州汽车客运集团有限公司	江苏省苏州市留园路288号	215008	—	—	500
11	现代投资股份有限公司	湖南省长沙市天心区芙蓉南路二段128号现代广场	410004	—	—	334
12	广州地铁集团有限公司	广州市海珠区新港东路1238号万胜广场A塔	510330	—	—	376
13	广州交通投资集团有限公司	广州市海珠区广州大道南1800号交投集团716室	510288	—	—	420

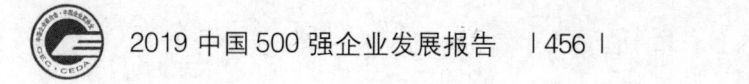

续表

行业名次	公司名称	通讯地址	邮政编码	名次(1)	名次(2)	名次(3)
14	安徽省交通控股集团有限公司	合肥市望江西路520号	230088	—	—	178
水上运输						
1	中国远洋海运集团有限公司	上海市浦东新区滨江大道5299号	200127	72	—	40
2	浙江中外运有限公司	浙江省宁波市海曙区解放南路69号	315010	—	—	345
港口服务						
1	广西北部湾国际港务集团有限公司	广西南宁市青秀区金浦路33号30-32楼	530021	265	—	105
2	上海国际港务（集团）股份有限公司	上海市虹口区东大名路358号国际港务大厦	200080	446	—	155
3	浙江省海港投资运营集团有限公司	浙江省宁波市鄞州区宁东路269号宁波环球航运广场	315040	—	—	187
4	天津港（集团）有限公司	天津市滨海新区（塘沽）津港路99号	300461	—	—	191
5	日照港集团有限公司	山东省日照市东港区黄海一路91号	276826	—	—	238
6	烟台港集团有限公司	山东省烟台市芝罘区北马路155号	264000	—	—	396
7	河北港口集团有限公司	河北省秦皇岛市海港区海滨路35号	066002	—	—	278
8	广州港集团有限公司	广东省广州市越秀区沿江东路406号港口中心	510100	—	—	339
9	厦门港务控股集团有限公司	厦门港务控股集团有限公司	361013	—	—	207
航空运输						
1	中国南方航空集团有限公司	广州市白云区齐心路68号	510403	131	—	55
2	中国国际航空股份有限公司	北京天竺空港经济开发区天柱路30号	101312	136	—	59
3	中国东方航空集团有限公司	上海市闵行区虹翔三路36号	201100	144	—	61
4	四川航空股份有限公司	四川省成都市双流国际机场四川航空大厦	610000	—	—	218
5	山东航空集团有限公司	山东济南市历下区二环东路5746号	250014	—	—	242
6	厦门航空有限公司	厦门市湖里区埭辽路22号	361006	—	—	185
7	厦门航空开发股份有限公司	厦门湖里区高崎南五路222号航空商务广场3号楼10层	361006	—	—	372
航空港及相关服务业						
1	深圳海王集团股份有限公司	广东省深圳市南山区科技园科技中三路1号海王银河科技大厦	518057	346	—	128
2	重庆港务物流集团有限公司	重庆市江北区海尔路298号	400025	—	—	385
3	上海机场（集团）有限公司	上海市虹桥机场迎宾二路200号	200335	—	—	269
4	厦门翔业集团有限公司	福建省厦门市思明区仙岳路396号翔业大厦17楼	361000	—	—	300
邮政						
1	中国邮政集团公司	北京西城区金融大街甲3号	100808	25	—	13
物流及供应链						
1	厦门建发集团有限公司	厦门市思明区环岛东路1699号建发国际大厦43楼	361008	71	—	39
2	深圳顺丰泰森控股（集团）有限公司	深圳市前海深港合作区前湾一路1号A栋201室（入驻深圳市前海商务秘书有限公司）	518000	213	—	82
3	腾邦集团有限公司	深圳市福田保税区桃花路9号腾邦集团大厦	518038	233	—	90
4	深圳市怡亚通供应链股份有限公司	广东省深圳市龙岗区南湾街道李朗路3号	518114	262	—	102

续表

行业名次	公司名称	通讯地址	邮政编码	名次(1)	名次(2)	名次(3)
5	河北省物流产业集团有限公司	河北省石家庄市中华北大街三号C座922房间	050000	334	—	126
6	深圳金雅福控股集团有限公司	深圳市罗湖区深南东路4003号世界金融中心A座29楼	518010	464	—	161
7	重庆长安民生物流股份有限公司	重庆市渝北区金开大道1881号	401122	—	—	490
8	浙江华瑞集团有限公司	浙江省杭州市萧山区建设一路66号华瑞中心1号楼28楼	311215	—	—	389
9	准时达国际供应链管理有限公司	广东省深圳市龙华区东环二路二号D13栋	518000	—	—	409
10	四川安吉物流集团有限公司	四川省宜宾市翠屏区红坝路安吉物流园	644007	—	—	469
11	圆通速递股份有限公司	上海市青浦区华新镇华徐公路3029弄18号	201705	—	—	195
12	德邦物流股份有限公司	上海市青浦区徐泾镇明珠路1018号	201702	—	—	221
13	中通快递股份有限公司	上海市青浦区华新镇华志路1685号	201708	—	—	257
14	申通快递有限公司	上海市青浦区重固镇北青公路6598弄25号	201706	—	—	263
15	山西能源交通投资有限公司	山西省太原市长风西街一号丽华大厦A座15-16层	030021	—	—	208
16	青海省物产集团有限公司	青海省西宁市朝阳东路34-2号	810003	—	—	395
17	玖隆钢铁物流有限公司	张家港市锦丰镇兴业路2号玖隆大厦	215625	—	—	304
18	江苏大经供应链股份有限公司	江苏省江阴市澄杨路268号	214400	—	—	321
19	广西交通投资集团有限公司	广西南宁市青秀区民族大道146号三祺广场	530022	—	—	201
20	深圳市富森供应链管理有限公司	深圳市福田区福华三路星河发展中心大厦6、7层	518000	—	—	193
21	深圳市信利康供应链管理有限公司	深圳市福田区深南中路6011号NEO（A座）36楼	518048	—	—	199
22	深圳市思贝克集团有限公司	深圳市南山区深南大道大冲商务中心D座18楼	518056	—	—	213
23	深圳市华富洋供应链有限公司	深圳市南山区科文路1号 华富洋大厦5楼	518057	—	—	239
24	深圳市东方嘉盛供应链股份有限公司	深圳市福田保税区市花路10号东方嘉盛大厦6楼	518000	—	—	315
25	深圳市旗丰供应链服务有限公司	深圳市福田区福保街道桃花路32号鑫瑞科大厦3楼305	518000	—	—	335
26	深圳市英捷迅实业发展有限公司	深圳市福田区深南大道与泰然九路交界东南本元大厦4A	518042	—	—	370
27	承志供应链有限公司	广东广州市天河区花城大道20号703-705房	510623	—	—	423
28	深圳市九立供应链股份有限公司	深圳市罗湖区黄贝街道新秀路新秀村瑞思大厦A座17楼	518000	—	—	437
29	福建省交通运输集团有限责任公司	福建省福州市台江区江滨中大道356号物流信息大厦19-22层	350014	—	—	314
30	安通控股股份有限公司	泉州市丰泽区东海街道通港西街156号安通控股大厦	362000	—	—	359
电信服务						
1	中国移动通信集团有限公司	北京市西城区金融大街29号	100033	13	—	8
2	中国电信集团有限公司	北京市西城区金融街31号	100033	37	—	20
3	中国联合网络通信集团有限公司	北京市西城区金融大街21号中国联通大厦	100033	69	—	38
广播电视服务						
1	广东省广播电视网络股份有限公司	广东省广州市珠江西路17号广晟国际大厦37层	510623	—	—	476

续表

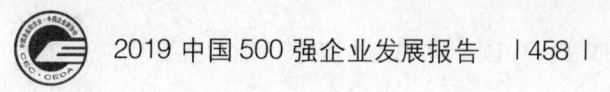

行业名次	公司名称	通讯地址	邮政编码	名次(1)	名次(2)	名次(3)
软件和信息技术（IT）						
1	北大方正集团有限公司	北京市海淀区成府路298号方正大厦	100871	138	—	60
2	浪潮集团有限公司	山东省济南市高新区浪潮路1036号	250101	189	—	76
3	神州数码集团股份有限公司	北京市海淀区上地9街9号数码科技广场	100085	238	—	93
4	上海新增鼎资产管理有限公司	上海市浦东新区御北路385号4号楼	201204	407	—	146
5	广州无线电集团有限公司	广州市天河区黄埔大道西平云路163号	510656	—	—	301
互联网服务						
1	北京京东世纪贸易有限公司	北京市亦庄经济开发区科创十一街18号院	101111	35	—	19
2	阿里巴巴集团控股有限公司	浙江省杭州市余杭区文一西路969号	311121	45	—	24
3	腾讯控股有限公司	广东省深圳市南山区高新科技园科技中一路腾讯大厦	518057	60	—	32
4	上海钢联电子商务股份有限公司	上海市宝山区园丰路68号	200444	200	—	79
5	福中集团有限公司	南京市玄武大道699#-10福中高科技产业园	210042	231	—	89
6	百度网络技术有限公司	北京海淀区上地十街10号百度大厦		237	—	92
7	唯品会（中国）有限公司	广东省广州市荔湾区花海街20号自编6号楼	510145	244	—	95
8	网易公司	广东省广州市天河区科韵路16号广州信息港E栋网易大厦	100085	269	—	106
9	互诚信息技术（上海）有限公司	上海市长宁区蒲松北路60号申亚时代广场ABC座	200500	277	—	109
10	通鼎集团有限公司	江苏省苏州市吴江区震泽镇八都经济开发区小平大道8号	215233	402	—	142
11	深圳市中农网有限公司	深圳市福田区福强路文化创意园二期A301	518017	483	—	167
12	云账户（天津）共享经济信息咨询有限公司	天津市滨海高新区华苑产业园区工华道2号天百中心1号楼6层	300384	—	—	340
13	上海景域文化传播股份有限公司	上海市普陀区金沙江路1759号圣诺亚大厦B座12楼	200333	—	—	316
14	上海东方电视购物有限公司	上海市杨浦区国定路400号	200433	—	—	440
15	网宿科技股份有限公司	上海市徐汇区斜土路2899号光启文化广场A栋5楼	200030	—	—	446
16	无锡市不锈钢电子交易中心有限公司	无锡市硕放不锈钢物流园B栋三楼	214000	—	—	262
17	深圳市环球易购电子商务有限公司	深圳市南山区东滨路4078号永新汇3号楼	518000	—	—	325
18	广州华多网络科技有限公司	广东省广州市番禺区南村镇万博二路79号万博商务区万达商业广场北区B-1栋24层	511442	—	—	363
19	深圳乐信控股有限公司	广东省深圳市南山区科技园科苑南路3099号中国储能大厦20层	518000	—	—	412
20	新浪公司	北京	100193	—	—	302
21	搜狐网络有限责任公司	北京市海淀区科学院南路2号院3号楼 搜狐媒体大厦	100190	—	—	324
能源矿产商贸						
1	中国航空油料集团有限公司	北京市海淀区马甸路2号中国航油大厦	100088	74	—	41
2	晋能集团有限公司	山西省太原市开化寺街82号五层	030002	185	—	75
3	山西煤炭进出口集团有限公司	山西省太原市长风街115号	030006	321	—	122

续表

行业名次	公司名称	通讯地址	邮政编码	名次(1)	名次(2)	名次(3)
4	江苏中利能源控股有限公司	江苏省常熟市常昆工业园区常昆路8号	215500	431	—	151
5	重庆千信集团有限公司	重庆市两江新区星光大道98号土星商务中心B3座17楼	401121	—	—	222
6	海越能源集团股份有限公司	浙江省诸暨市西施大街59号	311800	—	—	227
7	杭州东恒石油有限公司	浙江省杭州市下城区东新路580号	310014	—	—	233
8	维科控股集团股份有限公司	浙江省宁波市 海曙 县（区）柳汀街225号（20-1）室	315000	—	—	266
9	宁波力勤矿业有限公司	浙江省宁波市高新区光华路299弄C10幢11楼	315000	—	—	426
10	天津恒运能源集团股份有限公司	天津市塘沽区海洋高新技术开发区金江路45号	300451	—	—	290
11	上海龙宇燃油股份有限公司	上海市浦东新区东方路710号25楼	200122	—	—	275
12	张家港保税区旭江贸易有限公司	江苏省苏州市张家港市锦丰镇永新路1号	215600	—	—	272
13	广州元亨能源有限公司	广州市越秀区东风东路锦城大厦1801室	510600	—	—	296
14	厦门海澳集团有限公司	厦门市海沧区钟林路12号商务大厦19楼	361026	—	—	464
化工医药商贸						
1	中国中化集团公司	北京市复兴门内大街28号凯晨世贸中心中座F11	100031	23	—	12
2	瑞康医药集团股份有限公司	烟台市芝罘区机场路326号	264000	489	—	169
3	日出实业集团有限公司	浙江省宁波市鄞州县（区）天童南路588号宁波商会国贸中心A座42楼	315000	—	—	416
4	南通化工轻工股份有限公司	江苏省南通市南大街28号金树银花大厦18层	226000	—	—	176
5	江阴市金桥化工有限公司	江苏省江阴市澄江中路118号国贸大厦10楼	214431	—	—	320
6	江阴市川江化工有限公司	江苏省江阴市璜土镇澄路3808-5号1090席	214431	—	—	497
7	湖南省轻工盐业集团有限公司	长沙市雨花区时代阳光大道西388号	410116	—	—	491
8	广东宏川集团有限公司	广东省东莞市松山湖松科苑一栋	523808	—	—	307
机电商贸						
1	中国通用技术（集团）控股有限责任公司	北京丰台区西三环中路90号	100055	120	—	51
2	广东省广新控股集团有限公司	广州市海珠区新港东路1000号东塔	510308	317	—	120
3	深圳市优友金融服务有限公司	广东省深圳市福田区金田路安联大厦B座3601	518000	—	—	408
4	广州佳都集团有限公司	广东省广州市天河区新岑四路2号佳都智慧大厦	510653	—	—	438
生活消费品商贸						
1	浙江省国际贸易集团有限公司	浙江省杭州市中山北路308号	310003	305	—	115
2	江苏国泰国际集团有限公司	江苏省张家港市人民中路国泰大厦30楼3007	215600	308	—	118
3	广州轻工工贸集团有限公司	广州市越秀区沿江东路407号	510199	383	—	137
4	江苏汇鸿国际集团股份有限公司	江苏省南京市秦淮区白下路91号汇鸿大厦	210001	435	—	153
5	新华锦集团	山东省青岛市崂山区松岭路127号11号楼	266101	479	—	166
6	重庆砂之船奥莱商业管理有限公司	重庆渝北区奥特莱斯路1号A馆5楼	401122	—	—	313
7	太平鸟集团有限公司	浙江省宁波市环城西路南段826号	315000	—	—	200
8	浙江凯喜雅国际股份有限公司	杭州市体育场路105号	310004	—	—	352
9	万事利集团有限公司	杭州市江干区天城路68号A幢18楼	310021	—	—	391
10	江苏省苏豪控股集团有限公司	江苏省南京市雨花台区软件大道48号A座519室	210012	—	—	246

续表

行业名次	公司名称	通讯地址	邮政编码	名次(1)	名次(2)	名次(3)
11	安克创新科技股份有限公司	湖南省长沙市高新区中电软件园一期7栋7/8楼	410000	—	—	483
12	搜于特集团股份有限公司	广东省东莞市道滘镇新鸿昌路1号	523170	—	—	249
13	广东省丝绸纺织集团有限公司	广东省广州市东风西路198号丝丽大厦	510180	—	—	306
14	广州尚品宅配家居股份有限公司	广州市天河区花城大道85号3501房之自编01-05单元	510623	—	—	439
农产品及食品批发						
1	中粮集团有限公司	北京市朝阳区朝阳门南大街8号中粮福临门大厦	100020	32	—	16
2	浙江省农村发展集团有限公司	浙江省杭州市下城区武林路437号农发大厦	310006	—	—	353
3	万向三农集团有限公司	浙江省杭州市萧山经济技术开发区	311215	—	—	453
4	宁波市绿顺集团股份有限公司	浙江省宁波市江东县（区）大戴街2号	315040	—	—	455
5	新疆生产建设兵团棉麻有限公司	新疆乌鲁木齐市沙依巴克区西北路955号	830000	—	—	228
6	陕西粮农集团有限责任公司	陕西省西安市未央区凤城七路89号	710018	—	—	311
7	青岛康大外贸集团有限公司	青岛市黄岛区长江西路157号康大凤凰广场16楼	266000	—	—	474
8	江苏省粮食集团有限责任公司	江苏省南京市中山路338号苏粮国际大厦	210008	—	—	418
9	湖南粮食集团有限责任公司	湖南省长沙市开福区芙蓉北路1119号	410008	—	—	369
10	深圳市鑫荣懋农产品股份有限公司	广东省深圳市龙岗平湖华南城发展中心10楼	518100	—	—	429
11	厦门夏商集团有限公司	福建省厦门市思明区厦禾路939号华商大厦17楼	361004	—	—	344
12	安徽安粮控股股份有限公司	安徽省合肥市金寨路389—399号盛安广场20楼	230061	—	—	211
生产资料商贸						
1	物产中大集团股份有限公司	浙江省杭州市下城区环城西路56号	310006	64	—	35
2	广东省广物控股集团有限公司	广东省广州市天河区珠江新城兴国路21号广物中心	510623	390	—	138
3	重庆对外经贸（集团）有限公司	重庆市北部新区高新园星光大道80号	401121	—	—	186
4	浙江建华集团有限公司	杭州市拱墅区沈半路2号	310015	—	—	245
5	常州市化工轻工材料总公司	常州市天宁区桃园路19号	213003	—	—	292
6	江阴达赛贸易有限公司	江阴市滨江西路2号1幢525室	214000	—	—	443
7	江苏禹尧化工有限公司	江苏省无锡江阴市长江路777号1号楼1511室	214400	—	—	473
8	黑龙江倍丰农业生产资料集团有限公司	黑龙江省哈尔滨市松北区新湾路88号	150028	—	—	274
9	佛山市顺德区乐从供销集团有限公司	佛山市顺德区乐从镇跃进路供销大厦四楼	528315	—	—	367
10	广东天禾农资股份有限公司	广州市越秀区东风东路709号	510080	—	—	427
11	厦门路桥工程物资有限公司	福建省厦门市海沧区海虹路5号	361026	—	—	190
12	厦门恒兴集团有限公司	福建省厦门市思明区鹭江道100号财富中心大厦42F	361001	—	—	291
13	安徽辉隆投资集团	安徽省合肥市包河区延安路1779号汇元国际	230051	—	—	253
金属品商贸						
1	西安迈科金属国际集团有限公司	陕西省西安市高新区锦业路12号迈科中心45层	710077	177	—	71
2	上海均和集团有限公司	上海市浦东新区陆家嘴环路166号未来资产大厦35层	200120	184	—	74
3	大汉控股集团有限公司	湖南省长沙市望城区普瑞大道金桥国际未来城4栋	410200	430	—	150

续表

行业名次	公司名称	通讯地址	邮政编码	名次(1)	名次(2)	名次(3)
4	华南物资集团有限公司	重庆市江北区红黄路1号1幢15-1	400020	—	—	192
5	上海闽路润贸易有限公司	上海市杨浦区国宾路36号万达广场B座11楼	200433	—	—	215
6	上海百润企业发展有限公司	上海市浦东新区沈梅路99弄1-9号1幢601室	201202	—	—	378
7	福然德股份有限公司	上海市宝山区友谊路1518弄永景国际1号10楼	201999	—	—	465
8	青岛世纪瑞丰集团有限公司	青岛市市南区中山路44-60号百盛国际商务中心37楼	266000	—	—	231
9	江阴长三角钢铁集团有限公司	江苏省江阴市澄山路2号	214400	—	—	235
10	张家港市泽厚贸易有限公司	江苏省苏州市张家港市锦丰镇永新路1号	215600	—	—	250
11	张家港市沃丰贸易有限公司	江苏省苏州市张家港市锦丰镇永新路1号	215600	—	—	254
12	苏州裕景泰贸易有限公司	张家港市锦丰镇兴业路2号（江苏扬子江国际冶金工业园玖隆物流园1209A）	215000	—	—	318
13	江苏嘉奕和铜业科技发展有限公司	江阴市徐霞客镇璜塘工业园环北路211号	214000	—	—	434
14	张家港保税区日祥贸易有限公司	江苏省苏州市张家港市锦丰镇永新路1号	215600	—	—	448
15	江苏智恒达投资集团有限公司	江苏省常州市新北区太湖东路创意产业园C座8层	213022	—	—	481
16	武汉联杰能源有限公司	武汉市青山区建设三路1栋1-7层2028号	430000	—	—	265
综合商贸						
1	厦门国贸控股集团有限公司	福建省厦门市湖里区仙岳路4688号国贸中心29-30层	361004	77	—	43
2	东方国际（集团）有限公司	上海市虹桥路1488号	200336	167	—	67
3	浙江省兴合集团有限责任公司	浙江省杭州市下城区延安路312号	310006	169	—	68
4	远大物产集团有限公司	浙江省宁波市江东区惊驾路555号泰富广场A座12-15层	315040	274	—	108
5	中基宁波集团股份有限公司	浙江省宁波市 鄞州 区天童南路666号	315199	307	—	117
6	浙江蓝天实业集团有限公司	浙江绍兴柯桥笛扬路富丽华大酒店28层	312030	—	—	366
7	宁波海田控股集团有限公司	浙江省宁波市江北区文教路72弄16号	315020	—	—	407
8	浙江万丰企业集团公司	浙江省杭州市萧山区北干街道北二路万丰大厦	311200	—	—	428
9	北方国际集团有限公司	天津市和平区大理道68号	300050	—	—	333
10	上海协通（集团）有限公司	上海市嘉定区曹安路4671号	201804	—	—	260
11	上海浦原对外经贸有限公司	上海市黄浦区北京东路444号	200001	—	—	471
12	南京金宝商业投资集团股份有限公司	南京市江宁区天元东路257号	211100	—	—	487
13	湖南博深实业集团有限公司	湖南省长沙市岳麓区岳麓大道233号湖南科技大厦16层	410013	—	—	360
14	广西物资集团有限责任公司	广西省南宁市东葛路78号	530022	—	—	240
15	深圳中电投资股份有限公司	深圳市深南中路2070号电子科技大厦A座32-38层	518031	—	—	294
连锁超市及百货						
1	永辉超市股份有限公司	福建省福州市鼓楼区湖头街120号光荣路5号院	350002	259	—	101
2	百联集团有限公司	上海市黄浦区中山路315号百联大厦13楼	200010	288	—	112
3	重庆商社（集团）有限公司	重庆市渝中区青年路18号	400010	324	—	123
4	物美科技集团有限公司	海淀区西四环北路158号物美慧科大厦	100142	415	—	148

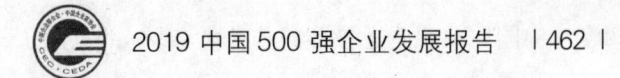

续表

行业名次	公司名称	通讯地址	邮政编码	名次(1)	名次(2)	名次(3)
5	步步高投资集团股份有限公司	湖南省长沙市岳麓区高新区东方红路657号步步高大厦	411100	434	—	152
6	武汉商联（集团）股份有限公司	湖北省武汉市江汉区唐家墩路32号国创大厦B座	430015	458	—	158
7	名创优品（广州）有限责任公司	广州市荔湾区康王中路486号和业广场25层	510000	475	—	164
8	重庆市新大兴实业（集团）有限公司	重庆市涪陵区涪南路1号新大兴大厦三楼	408099	—	—	456
9	银泰商业（集团）有限公司	杭州市下城区延安路528号标力大厦B座21层	310006	—	—	210
10	杭州联华华商集团有限公司	浙江省杭州市庆春路86号	310003	—	—	305
11	杭州解百集团股份有限公司	浙江省杭州市城北路208号坤和中心36-37楼	310006	—	—	460
12	雄风集团有限公司	浙江省诸暨市浣东街道东二路99号	311800	—	—	466
13	月星集团有限公司	上海市普陀区中山北路3300号环球港A座41楼	200060	—	—	196
14	山西美特好连锁超市股份有限公司	山西省太原市和平北路2014号	030000	—	—	397
15	利群集团股份有限公司	山东省青岛市崂山区海尔路83号金鼎大厦	266061	—	—	198
16	淄博商厦股份有限公司	山东省淄博市张店区中心路125号淄博商厦	255000	—	—	243
17	青岛利客来集团股份有限公司	青岛市李沧区京口路58号	266000	—	—	431
18	无锡商业大厦大东方股份有限公司	江苏省无锡市中山路343号	214001	—	—	373
19	江苏华地国际控股集团有限公司	江苏省无锡市县前东街1号金陵饭店26F	214005	—	—	478
20	长春欧亚集团股份有限公司	吉林省长春市飞跃路2686号	130012	—	—	279
21	湖南佳惠百货有限责任公司	湖南省怀化市佳惠农产品批发大市场（佳惠总部）	418000	—	—	400
22	湖南友谊阿波罗控股股份有限公司	湖南省长沙市芙蓉区朝阳前街9号	410001	—	—	404
23	良品铺子股份有限公司	湖北省武汉市东西湖区金银湖街道航天路一号良品大厦	430000	—	—	445
24	石家庄北国人百集团有限责任公司	河北省石家庄市中山东路188号	050000	—	—	232
25	广州百货企业集团有限公司	广东省广州市越秀区西湖路12号23楼	510030	—	—	341
26	深圳市恒波商业连锁有限公司	深圳市罗湖区太宁2路百仕达大厦36层	518020	—	—	399
汽车摩托车零售						
1	上海永达控股（集团）有限公司	上海市黄浦区瑞金南路299号	200023	263	—	103
2	万友汽车投资有限公司	重庆市渝中区华盛路7号企业天地7号楼20层	400043	—	—	343
3	重庆百事达汽车有限公司	重庆市渝北区龙溪街道松牌路521号	401147	—	—	479
4	浙江宝利德股份有限公司	浙江省杭州市西湖区求是路8号公元大厦南楼503	310013	—	—	230
5	浙江恒威集团有限公司	浙江省宁波市江北区洪塘工业B区江北大道1236弄9号	315033	—	—	403
6	宁波轿辰集团股份有限公司	浙江省宁波市高新区星海南路16号轿辰大厦	315040	—	—	413
7	上海申华控股股份有限公司	上海市宁波路1号申华金融大厦21F	200002	—	—	430
8	山西大昌汽车集团有限公司	山西省太原市小店区平阳南路88号	030032	—	—	411
9	山东远通汽车贸易集团有限公司	山东省临沂市兰山区通达路319号	276000	—	—	252
10	润华集团股份有限公司	济南市经十西路3999号润华汽车园	250117	—	—	261
11	湖南永通集团有限公司	湖南省长沙市开福区三一大道303号永通商邸A座	410000	—	—	329
12	湖南兰天集团有限公司	湖南长沙岳麓大道3599号河西汽车城内	410205	—	—	346

续表

行业名次	公司名称	通讯地址	邮政编码	名次(1)	名次(2)	名次(3)
13	河北省国和投资集团有限公司	河北省石家庄市北二环东路68号国际汽车园区东门	050033	—	—	203
14	蓝池集团有限公司	河北省邢台市桥西区邢州大道2332号	054000	—	—	348
15	利泰集团有限公司	广东省佛山市季华五路10号金融广场23楼	528000	—	—	226
16	广东鸿粤汽车销售集团有限公司	广州市白云区白云大道北958号鸿粤集团办公楼	510440	—	—	319
17	广东合诚集团有限公司	广东省佛山市顺德大良广珠公路新松路段	528300	—	—	393
18	广州南菱汽车股份有限公司	广东省广州市白云区白云大道北1399号	510440	—	—	444
19	广东新协力集团有限公司	佛山市顺德区大良街道广珠公路新松路段	528300	—	—	482
20	安徽亚夏实业股份有限公司	安徽省宁国市宜黄线亚夏汽车大厦	242300	—	—	386
家电及电子产品零售						
1	苏宁控股集团	南京市玄武区徐庄软件园苏宁大道1号	210042	19	—	11
2	国美控股集团有限公司	北京市霄云路26号鹏润大厦B座18层	100016	57	—	30
3	深圳市爱施德股份有限公司	深圳市南山区沙河西路3151号健兴科技大厦C座8楼	518055	312	—	119
4	天音通信有限公司	广东省深圳市福田区深南中路1002号新闻大厦26层	518027	423	—	149
5	南京新华海科技产业集团有限公司	江苏省南京市玄武区珠江路435号华海大厦A层	210018	—	—	224
6	江苏五星电器有限公司	江苏省南京市中山北路241号江苏华侨大厦2F	210009	—	—	312
7	常熟市交电家电有限责任公司	江苏省常熟市周行金家浜路2号	215500	—	—	486
8	武汉工贸有限公司	湖北省武汉市硚口区解放大道855号工贸家电大厦	430023	—	—	489
9	迪信通科技集团有限公司	北京市海淀区北洼西里颐安嘉园18号C座颐安商务楼四层406房	100089	—	—	189
医药及医疗器材零售						
1	中国医药集团有限公司	北京市海淀区知春路20号中国医药大厦8-12层	100191	43	—	22
2	九州通医药集团股份有限公司	湖北省武汉市汉阳区龙阳大道特8号	430050	224	—	87
3	重庆医药(集团)股份有限公司	重庆市渝中区大同路1号	400010	—	—	205
4	浙江英特药业有限责任公司	浙江省杭州市滨江区江南大道96号中化大厦1107	310051	—	—	234
5	老百姓大药房连锁股份有限公司	长沙经济技术开发区(星沙)开元西路1号	410000	—	—	371
6	益丰大药房连锁股份有限公司	湖南省长沙市麓谷高新区金洲大道68号	415000	—	—	433
7	广西柳州医药股份有限公司	广西柳州市官塘大道68号	545000	—	—	336
8	大参林医药集团股份有限公司	广东省广州市荔湾区龙溪大道410号、410-1号	510000	—	—	379
9	鹭燕医药股份有限公司	福建省厦门市湖里区安岭路1004号	361006	—	—	342
10	安徽华源医药集团有限公司	安徽省阜阳市太和县沙河东路168号	236600	—	—	267
商业银行						
1	中国工商银行股份有限公司	北京市西城区复兴门内大街55号	100140	5	—	2
2	中国建设银行股份有限公司	北京市西城区金融大街25号	100033	7	—	4
3	中国农业银行股份有限公司	北京市东城区建国门内大街69号	100005	8	—	5
4	中国银行股份有限公司	北京市复兴门内大街1号	100818	10	—	6
5	国家开发银行股份有限公司	北京市西城区复兴门内大街18号	100031	17	—	9

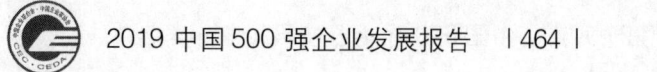

续表

行业名次	公司名称	通讯地址	邮政编码	名次(1)	名次(2)	名次(3)
6	交通银行股份有限公司	上海市银城中路188号	200120	41	—	21
7	招商银行股份有限公司	广东省深圳市福田区深南大道7088号招商银行大厦45楼	518040	47	—	25
8	兴业银行股份有限公司	福建省福州市湖东路154号中山大厦A座	350003	54	—	28
9	上海浦东发展银行股份有限公司	上海市中山东一路12号	200002	56	—	29
10	中国民生银行股份有限公司	北京市中关村南大街1号友谊宾馆嘉宾楼	100873	59	—	31
11	华夏银行股份有限公司	北京市东城区建国门内大街22号华夏银行大厦	100005	133	—	56
12	北京银行股份有限公司	北京市西城区金融大街丙17号北京银行大厦	100033	158	—	64
13	上海银行股份有限公司	上海自由贸易试验区银城中路168号	200120	219	—	85
14	渤海银行股份有限公司	天津市河东区海河东路218号	300012	329	—	124
15	盛京银行股份有限公司	辽宁省沈阳市沈河区北站路109号	110013	367	—	133
16	重庆农村商业银行股份有限公司	重庆市江北区金沙门路36号	400023	370	—	134
17	广州农村商业银行股份有限公司	广东省广州市天河区珠江新城华夏路1号信合大厦20楼	510623	459	—	159
18	上海农村商业银行股份有限公司	上海黄浦区中山东二路70号	200002	477	—	165
19	天津银行股份有限公司	天津市河西区友谊路15号	300201	492	—	170
20	重庆银行股份有限公司	重庆市江北区永平门街6号	040010	—	—	350
21	天津农村商业银行股份有限公司	天津市河西区马场道59号国际经济贸易中心A座	300203	—	—	295
22	青岛银行股份有限公司	山东省青岛市香港中路68号青岛银行12楼办公室	266000	—	—	293
23	青岛农村商业银行股份有限公司	山东省青岛市崂山区秦岭路6号1号楼	266061	—	—	417
24	青海银行股份有限公司	青海省西宁市 西关大街130号1号楼	810000	—	—	499
25	九江银行股份有限公司	江西省九江市濂溪区长虹大道619号	332000	—	—	402
26	赣州银行股份有限公司	江西省赣州市章贡区赣江源大道26号	341000	—	—	459
27	无锡农村商业银行股份有限公司	江苏省无锡市金融二街9号	214125	—	—	447
28	江苏江阴农村商业银行股份有限公司	注册地址：江苏省江阴市澄江中路1号 办公地址：江苏省江阴市砂山路2号汇丰大厦	214431	—	—	472
29	江苏张家港农村商业银行股份有限公司	江苏省张家港市人民中路66号	215600	—	—	495
30	吉林银行股份有限公司	长春市东南湖大路1817号	130033	—	—	256
31	长沙银行股份有限公司	长沙市岳麓区滨江路53号长沙银行大厦	410023	—	—	303
32	武汉农村商业银行股份有限公司	湖北省武汉市江岸区建设大道618号	430015	—	—	326
33	汉口银行股份有限公司	湖北省武汉市建设大道933号	430015	—	—	452
34	郑州银行股份有限公司	河南省郑州市郑东新区商务外环路22号	450046	—	—	217
35	桂林银行股份有限公司	广西桂林市中山南路76号	541002	—	—	308
36	广西北部湾银行股份有限公司	广西壮族自治区南宁市青秀路10号	530028	—	—	406
37	柳州银行股份有限公司	广西壮族自治区柳州市中山西路12号	545001	—	—	451
38	东莞农村商业银行股份有限公司	广东省东莞市东城区鸿福东路2号	523123	—	—	255
39	广东南海农村商业银行股份有限公司	广东省佛山市南海大道北26号南海农商银行大厦	528200	—	—	390

续表

行业名次	公司名称	通讯地址	邮政编码	名次(1)	名次(2)	名次(3)
保险业						
1	中国人寿保险（集团）公司	北京市西城区金融大街17号	010000	11	—	7
2	中国人民保险集团股份有限公司	北京市西城区西长安街88号中国人保大厦	100031	30	—	15
3	中国太平洋保险（集团）股份有限公司	上海市浦东新区银城中路190号	200120	49	—	26
4	华夏人寿保险股份有限公司	北京市海淀区北三环西路西海国际中心1号楼	100086	106	—	48
5	中国太平保险控股有限公司	香港铜锣湾新宁道8号中国太平大厦第一期22层	—	107	—	49
6	泰康保险集团股份有限公司	北京市西城区复兴门内大街156号泰康人寿大厦	100031	121	—	52
7	新华人寿保险股份有限公司	北京市朝阳区建国门外大街甲12号新华保险大厦	100022	126	—	54
8	富德生命人寿保险股份有限公司	广东省深圳市福田区益田路荣超商务中心A栋32层	518048	198	—	78
9	阳光保险集团股份有限公司	北京市朝阳区朝外大街乙12号昆泰国际大厦	100020	227	—	88
10	前海人寿保险股份有限公司	广东省深圳市罗湖区宝安北路2088号深业物流大厦	518023	279	—	110
11	中华联合保险集团股份有限公司	北京市西城区丰盛胡同20号丰铭国际大厦B座10层	100032	395	—	141
12	中国大地财产保险股份有限公司	上海自由贸易试验区银城中路501号第26、27、28层	—	442	—	154
13	渤海人寿保险股份有限公司	天津市和平区南京路219号 天津中心A座30层	300051	—	—	377
14	合众人寿保险股份有限公司	湖北省武汉市江汉区沿江一号MALL写字楼B座11F	430020	—	—	264
证券业						
1	国泰君安证券股份有限公司	上海市静安区南京西路768号	200041	—	—	177
2	海通证券股份有限公司	上海市黄浦区广东路689号	200001	—	—	214
3	中泰证券股份有限公司	山东省济南市市中区经七路86号	250001	—	—	432
4	方正证券股份有限公司	湖南省长沙市天心区湘江中路二段200号华远国际中心37层	410002	—	—	463
5	兴华财富集团有限公司	武安市上团城西	056307	—	—	197
6	广发证券股份有限公司	广州市天河区珠江新城马场路26号广发证券大厦	510627	—	—	286
基金、信托及其他金融服务						
1	马上消费金融股份有限公司	重庆市渝北区黄山大道中段52号渝兴广场B2栋4－8楼	401121	—	—	347
2	天弘基金管理有限公司	天津市河西区马场道59号天津国际经济贸易中心A座16层	300203	—	—	357
多元化金融						
1	中国平安保险（集团）股份有限公司	广东省深圳市福田区益田路5033号平安金融中心	518033	6	—	3
2	中国中信集团有限公司	北京市朝阳区新源南路6号京城大厦	100004	33	—	17
3	招商局集团有限公司	香港干诺道中168－200号信德中心招商局大厦40楼	—	63	—	34
4	中国光大集团有限公司	北京市西城区太平桥大街25号中国光大中心	100033	76	—	42
5	中国华融资产管理股份有限公司	北京市西城区金融大街8号中国华融大厦	100033	179	—	72
6	中国信达资产管理股份有限公司	北京市西城区闹市口大街9号院1号楼	100031	180	—	73
7	武汉金融控股（集团）有限公司	武汉市长江日报路77号投资大厦	430015	450	—	156
8	中国万向控股有限公司	上海市浦东新区陆家嘴西路99号万向大厦	200120	—	—	223

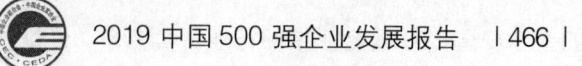

续表

行业名次	公司名称	通讯地址	邮政编码	名次(1)	名次(2)	名次(3)
9	河南交通投资集团有限公司	河南省郑州市郑东新区农业南路100号	450016	—	—	297
10	广州金融控股集团有限公司	广东省广州市天河区体育西路191号中石化大厦B塔26楼	510620	—	—	309
住宅地产						
1	恒大集团有限公司	广东深圳市南山区海德三道1126号卓越后海中心36楼	518054	34	—	18
2	碧桂园控股有限公司	广东省省佛山市顺德区北滘镇碧江大桥侧碧桂园集团	528312	44	—	23
3	绿地控股集团股份有限公司	上海市打浦路700号绿地总部大厦	200023	50	—	27
4	万科企业股份有限公司	深圳市盐田区大梅沙环梅路33号万科中心	518083	67	—	37
5	龙湖集团控股有限公司	重庆市渝江区天山大道西段32号1幢	401123	162	—	66
6	华侨城集团有限公司	深圳市南山区深南大道9012号	518053	170	—	69
7	卓尔控股有限公司	湖北省武汉市盘龙城经济开发区巨龙大道特1号卓尔创业中心	432200	235	—	91
8	弘阳集团有限公司	江苏省南京市大桥北路9号弘阳大厦	210031	249	—	96
9	荣盛控股股份有限公司	河北廊坊开发区春明道北侧	065001	255	—	98
10	天津泰达投资控股有限公司	天津经济技术开发区盛达街9号	300457	300	—	114
11	蓝润集团有限公司	四川省成都市天府新区华府大道1号蓝润置地广场	610000	319	—	121
12	珠海华发集团有限公司	广东省珠海市拱北联安路9号	519020	330	—	125
13	广州越秀集团有限公司	广东省广州市天河区珠江新城珠江西路5号广州国际金融中心64楼	510623	382	—	136
14	成都兴城投资集团有限公司	四川省成都市高新区濯锦路99号	610000	394	—	140
15	福佳集团有限公司	辽宁省大连市沙河口区兴工街4号新天地广场A栋24楼	116021	403	—	143
16	北京首都开发控股（集团）有限公司	北京市东城区沙滩后街22号	100009	404	—	144
17	北京江南投资集团有限公司	北京市朝阳区红坊路8号	100176	465	—	162
18	北京金融街投资（集团）有限公司	北京西城区金融大街33号通泰大厦B座11层	100033	493	—	171
19	香江集团有限公司	广东省广州市番禺区番禺大道锦绣香江花园会所办公楼	511400	495	—	172
20	重庆华宇集团有限公司	重庆市渝北区泰山大道东段118号	401121	496	—	173
21	重庆市中科控股有限公司	重庆市南岸区茶园新区新天泽国际总部城A5栋2单元	401336	—	—	179
22	杭州滨江房产集团股份有限公司	浙江省杭州市江干区庆春东路38号	310016	—	—	229
23	绿城物业服务集团有限公司	浙江省杭州市西湖区文一西路767号西溪国际B座	310012	—	—	436
24	宁波富达股份有限公司	浙江省宁波市海曙（区）解放南路208号建设大厦18－19楼	315000	—	—	488
25	天津亿联投资控股集团有限公司	天津市东丽区金钟河大街3699号	300240	—	—	174
26	天津现代集团有限公司	天津市和平区滨江道219号利华佳商厦	300022	—	—	281
27	天津住宅建设发展集团有限公司	天津市和平区马场道66号	300050	—	—	351

续表

行业名次	公司名称	通讯地址	邮政编码	名次(1)	名次(2)	名次(3)
28	上海中梁企业发展有限公司	上海市普陀区云岭东路 235 号上海跨国采购中心 3 号楼 5 楼、10 楼	200062	—	—	184
29	上海三盛宏业投资（集团）有限责任公司	上海市黄浦区外马路 978 号三盛宏业大厦	200011	—	—	282
30	大华（集团）有限公司	上海市宝山区华灵路 698 号	200442	—	—	284
31	中锐控股集团有限公司	上海市金钟路 767-2 号	200335	—	—	392
32	東渡国际集团有限公司	上海市普陀区光复西路 2857 号	200062	—	—	454
33	西安高科（集团）公司	西安市科技路 33 号高新国际商务中心数码大厦 34 层	710075	—	—	270
34	苏州金螳螂企业（集团）有限公司	江苏省苏州市姑苏区西环路 888 号	215004	—	—	206
35	南京大地建设集团有限责任公司	南京市华侨路 56 号大地建设大厦 27 楼	210029	—	—	358
36	天元盛世集团	湖南省湘潭市熙春路 17 号	411100	—	—	421
37	奥山集团有限公司	湖北省武昌临江大道 96 号万达中心 42 楼	430060	—	—	441
38	建业控股有限公司	郑州市农业东路与如意西路建业总部港 E 座	310002	—	—	216
39	卓正控股集团有限公司	河北省保定市七一东路 2358 号 卓正大厦	071000	—	—	365
40	广西云星集团有限公司	广西南宁市青秀区金湖路 59 号地王大厦 34 层	530028	—	—	323
41	桂林彰泰实业集团有限公司	广西桂林市九岗岭康桥半岛 1 号公馆	541001	—	—	361
42	广州市方圆房地产发展有限公司	广州市天河区体育东路 28 号方圆大厦	510000	—	—	212
43	广州珠江实业集团有限公司	广州市越秀区环市东路 371-375 号世贸中心大厦南塔 28、29 楼	510095	—	—	251
44	广田控股集团有限公司	深圳市罗湖区深南东路 2098 号	518001	—	—	268
45	深圳市奇信建设集团股份有限公司	深圳市福田区福强路 2131 号江南名苑一/二层	518038	—	—	498
46	厦门禹洲集团股份有限公司	厦门市思明区湖滨南路 55 号禹洲广场	361003	—	—	209
47	联发集团有限公司	厦门市湖里大道 31 号	361006	—	—	244
48	厦门住宅建设集团有限公司	厦门市思明区莲富大厦写字楼 8 楼/20 楼	361009	—	—	449
49	广微控股有限公司	上海市长宁区天山路 1717 号 SOHO 天山广场 T1 座 30 层	200051	—	—	237
50	文一投资控股集团	安徽省合肥市瑶海区包公大道 18 号文一集团	230011	—	—	175
51	安徽文峰置业有限公司	安徽省合肥市经开区繁华大道与金寨路交口文峰中心 27 层	230000	—	—	410
52	安徽省众城集团	安徽省合肥市庐阳区滩溪路 99 号	230001	—	—	419
商业地产						
1	大连万达集团股份有限公司	北京市朝阳区建国路 93 号万达广场 B 座写字楼 21 层	100022	108	—	50
2	奥园集团有限公司	广州市天河区黄埔大道西 108 奥园大厦	510623	—	—	180
3	卓越置业集团有限公司	广东省深圳市福田区金田路皇岗商务中心 1 号楼 6501	518048	—	—	182
园区地产						
1	亿达中国控股有限公司	上海黄浦区福佑路 8 号	200010	—	—	424
2	武汉东湖高新集团股份有限公司	武汉市洪山区佳园路 1 号	430074	—	—	383
3	武汉地产开发投资集团有限公司	湖北省武汉市江汉区常青路 9 号地产大厦	430000	—	—	422

续表

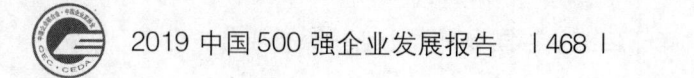

行业名次	公司名称	通讯地址	邮政编码	名次(1)	名次(2)	名次(3)
多元化投资						
1	厦门象屿集团有限公司	福建省厦门市湖里区象屿路99号国际航运中心E栋11楼	361006	84	—	45
2	阳光龙净集团有限公司	福建省福州市台江区望龙2路1号福州国际金融中心	350005	95	—	46
3	重庆市金科投资控股（集团）有限责任公司	重庆市两江新区春兰三路地勘大厦12楼	400000	149	—	62
4	国家开发投资集团有限公司	北京市西城区阜成门北大街6号-6国际投资大厦A座	100034	152	—	63
5	云南省建设投资控股集团有限公司	云南省昆明市经济技术开发区信息产业基地林溪路188号	650501	159	—	65
6	云南省投资控股集团有限公司	云南省昆明市西山区人民西路285号云投商务大厦	650100	175	—	70
7	深圳市投资控股有限公司	深圳市福田区深南中路4009号投资大厦18楼	518048	256	—	99
8	广东省广晟资产经营有限公司	广州市天河区珠江新城珠江西路17号广晟国际大厦50-58楼	510623	306	—	116
9	中运富通控股集团有限公司	黄浦区中山东二路600号外滩金融中心2幢30F中运富通	200010	376	—	135
10	浙江前程投资股份有限公司	浙江省宁波市鄞州区扬帆路999号研发园B1座6楼	315000	405	—	145
11	陕西投资集团有限公司	陕西省西安市碑林区朱雀路中段1号金信国际大厦	710061	453	—	157
12	重庆财信企业集团有限公司	重庆市江北区江北城西大街3号15楼	400020	—	—	398
13	宁波君安控股有限公司	浙江省宁波市高新县菁华路58号君安大厦A座	315000	—	—	285
14	天津大通投资集团有限公司	天津市和平区滨江道1号金谷大厦35层	300041	—	—	415
15	上海中通瑞德投资集团有限公司	上海市长宁区天山路1717号SOHO天山广场T1座30层	200051	—	—	458
16	上海汉滨实业发展有限公司	上海市宝山区宝林八村101号214k室	200120	—	—	470
17	青岛城市建设投资（集团）有限责任公司	山东省青岛市海尔路166号永业大厦	266199	—	—	338
18	盐城市国有资产投资集团有限公司	江苏省盐城市世纪大道669号	224005	—	—	288
19	无锡市交通产业集团有限公司	江苏省无锡市运河东路100号	214031	—	—	349
20	武汉当代科技产业集团股份有限公司	武汉市东湖新技术开发区光谷大道116号当代中心	430000	—	—	194
21	湖北能源集团股份有限公司	湖北省武汉市洪山区徐东大街137号	430077	—	—	327
22	洛阳国宏投资集团有限公司	洛阳市洛龙区金城寨街78号8幢6层、7层	471000	—	—	332
23	河南省国有资产控股运营集团有限公司	河南省郑州市郑东新区商务外环路20号17层	450018	—	—	374
24	广西金融投资集团有限公司	南宁市青秀区金浦路22号名都苑1号商住楼十二层	530028	—	—	289
25	广西农村投资集团有限公司	广西南宁市厢竹大道30号	530023	—	—	331
26	南宁威宁投资集团有限责任公司	广西南宁市锦春路15号威宁大厦2005室	530021	—	—	435
27	广东粤海控股集团有限公司	广东省广州市天河区天河路208号粤海天河城大厦45楼	510620	—	—	258

第十四章 中国500强企业按照行业分类名单

续表

行业名次	公司名称	通讯地址	邮政编码	名次(1)	名次(2)	名次(3)
28	盈峰投资控股集团有限公司	广东省佛山市顺德区北滘镇怡兴路8号盈峰商务中心25楼	528300	—	—	287
29	广东新供销天恒控股有限公司	广东省广州市海珠区滨江西路128号	510235	—	—	477
人力资源服务						
1	中国国际技术智力合作有限公司	北京市朝阳区光华路7号汉威大厦西区25层	100004	215	—	83
2	北京外企服务集团有限责任公司	北京市朝阳区广渠路18号院世东国际B座13层	100022	223	—	86
3	上海博尔捷企业集团有限公司	上海市静安区梅园路77号人才大厦9楼	200070	—	—	322
4	广东南油对外服务有限公司	广州市越秀区德政北路538号达信大厦20-21楼	510045	—	—	475
5	福建省人力资源服务有限公司	福州市鼓楼区六一北路金三桥大厦A座6楼	350001	—	—	461
科技研发、规划设计						
1	上海龙旗科技股份有限公司	上海市徐汇区漕宝路401号1号楼	200233	—	—	310
2	中国海诚工程科技股份有限公司	上海市宝庆路21号	200031	—	—	484
3	广州南方投资集团有限公司	广州市猎德大道20号珠江道商业广场	510623	—	—	394
4	棕榈生态城镇发展股份有限公司	广东省广州市天河区马场路16号富力盈盛广场23-25楼	510627	—	—	480
5	福建发展集团有限公司	福建省福州市湖前路58号	350003	—	—	492
国际经济合作（工程承包）						
1	中国江苏国际经济技术合作集团有限公司	南京市北京西路5号	210008	—	—	277
旅游和餐饮						
1	北京首都旅游集团有限责任公司	北京市朝阳区雅宝路10号凯威大厦	100020	253	—	97
2	开元旅业集团有限公司	浙江省杭州市萧山区市心中路818号	311202	—	—	414
3	浙江省旅游集团有限责任公司	浙江省杭州市龙井路78号	310007	—	—	494
4	上海春秋国际旅行社（集团）有限公司	上海市长宁区空港一路528号2号楼	200335	—	—	271
5	岭南生态文旅股份有限公司	广东省东莞市东城区东源路33号	523125	—	—	380
6	深圳市铁汉生态环境股份有限公司	深圳市福田区红荔路农科商务办公楼7楼	518000	—	—	405
7	众信旅游集团股份有限公司	北京市朝阳区朝阳公园路8号（朝阳公园西2门）众信旅游大厦	100125	—	—	330
文化娱乐						
1	浙江出版联合集团有限公司	浙江省杭州市西湖区天目山路40号	310013	—	—	328
2	浙江华通控股集团有限公司	浙江省绍兴市上虞区曹娥街道越爱路66号	312300	—	—	387
3	四川新华发行集团有限公司	四川省成都市人民南路一段86号10楼	610016	—	—	388
4	西安曲江文化产业投资（集团）有限公司	西安曲江新区雁翔路3168号雁翔广场1号楼18、19、20层	710061	—	—	401
5	芒果超媒股份有限公司	湖南长沙金鹰影视文化城	410003	—	—	364
6	中南出版传媒集团股份有限公司	湖南省长沙市营盘东路38号	410005	—	—	368
7	中原出版传媒投资控股集团有限公司	郑州市金水东路39号	450016	—	—	298
8	广州酷狗计算机科技有限公司	广州市天河区黄埔大道中315号自编1-17	510665	—	—	382
9	福建网龙计算机网络信息技术有限公司	福建省福州市鼓楼区温泉支路58号	350001	—	—	496
10	安徽新华发行（集团）控股有限公司	安徽省合肥市北京路8号	230051	—	—	225

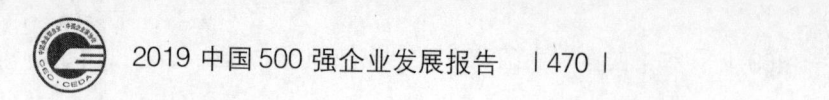

续表

行业名次	公司名称	通讯地址	邮政编码	名次(1)	名次(2)	名次(3)
11	安徽出版集团有限责任公司	安徽省合肥市政务文化新区翡翠路1118号	230071	—	—	241

教育服务

行业名次	公司名称	通讯地址	邮政编码	名次(1)	名次(2)	名次(3)
1	北京学而思教育科技有限公司	北京市海淀区丹棱街丹棱soho15层	100080	—	—	273

综合服务业

行业名次	公司名称	通讯地址	邮政编码	名次(1)	名次(2)	名次(3)
1	中国华润有限公司	广东省深圳市罗湖区深南东路5001号华润大厦28楼2801单元	518001	18	—	10
2	中国保利集团公司	北京市东城区朝阳门北大街1号保利大厦28层	100010	61	—	33
3	中国机械工业集团有限公司	北京市海淀区丹棱街3号	100080	65	—	36
4	雪松控股集团有限公司	广东省广州市珠江西路5号广州国际金融中心62层	510000	78	—	44
5	新疆广汇实业投资（集团）有限责任公司	新疆乌鲁木齐市新华北路165号广汇中天广场39层	830002	104	—	47
6	东浩兰生（集团）有限公司	上海市延安中路837号三楼	200040	125	—	53
7	广西投资集团有限公司	广西南宁市青秀区民族大道109号广西投资大厦	530022	134	—	57
8	宁波滕头集团有限公司	浙江省奉化区萧王庙街道滕头村	315503	—	—	375
9	华茂集团股份有限公司	浙江省宁波市海曙区高桥镇望春工业区龙嘘路125号	315175	—	—	442
10	上海均瑶（集团）有限公司	上海市徐汇区肇嘉浜路789号均瑶国际广场37楼	200032	—	—	181
11	广东省广业集团有限公司	广东省广州市天河区金穗路1号32楼	510623	—	—	183
12	深圳华强集团有限公司	中国深圳市深南中路华强路口华强集团1号楼	518031	—	—	219
13	广州海印实业集团有限公司	广东省广州市越秀区东华南路98号	510000	—	—	247
14	广州岭南国际企业集团有限公司	广东省广州市越秀区流花路122号 中国大酒店商业大厦4层	510015	—	—	299
15	中国南海石油联合服务总公司	广州市越秀区环市东路503号	510075	—	—	425

后 记

一、《中国500强企业发展报告》是由中国企业联合会、中国企业家协会组织编写的全面记载和反映中国500强企业改革和发展的综合性大型年度报告。

二、为深入贯彻党的十九大精神，引导我国大企业持续做强、做优、做大，培育壮大新动能，发展具有全球竞争力的世界一流企业，我会连续第18年参照国际惯例推出了中国企业500强及其与世界企业500强的对比分析报告，连续第15年推出了中国制造业企业500强、中国服务业企业500强及其分析报告，在此基础上连续第9年推出了中国跨国公司100大及其分析报告，并尝试推出了中国战略性新兴产业领军企业100强及其分析报告。国务院领导多次做出批示，希望中国企业联合会继续把这方面的工作做好。2019中国企业500强、中国制造业企业500强、中国服务业企业500强、中国跨国公司100大、战新产业领军企业100强的产生得到了各有关企联（企协）、企业家协会和相关企业的大力支持，在此深表感谢！

三、本报告为中国企业联合会、中国企业家协会的研究成果。各章的作者分别如下，第一章：刘兴国；第二章：赵芸芸、张舰、念沛豪；第三章：高蕊；第四章：李建明；第五章：姚可微、孙鑫、屠晓杰、何伟、辛俊高；第六章：崔新健、欧阳慧敏；第七章：殷恒晨；第八章至第十四章：张德华、吴晓。全书由郝玉峰统稿，参加编辑工作的有：郝玉峰、缪荣、刘兴国、高蕊、张德华、吴晓、王晓君、滑婷。

四、凡引用本报告研究数据、研究成果的，应注明引自"中国企业联合会《2019中国500强企业发展报告》"，未经授权不得转载2019中国企业500强、2019中国制造业企业500强、2019中国服务业企业500强、2019中国跨国公司100大、2019战新产业领军企业100强名单。

五、2020年我会将继续对中国企业500强、中国制造业企业500强、中国服务业企业500强进行分析研究，出版《中国500强企业发展报告》，希望申报2020中国企业500强、2020中国制造业企业500强、2020中国服务业企业500强的企业，请与我会研究部联系，电话：010-88512628、68701280、68431613、88413605；传真：010-68411739。

六、本报告得到了中国企业管理科学基金会、正威国际集团、北大方正集团、金蝶集团、中国保险行业协会、中国人寿保险（集团）公司、应急管理部研究中心、中国可持续发展工商理事会、复旦管理学奖励基金会、工业和信息化科技成果转化联盟、中唐国开投资基金管理（北京）有限公司、江苏金通灵流体机械科技股份有限公司、汇桔网、麦斯特人力资源有限公司的大力支持，在此特别致谢！

由于时间仓促，本报告难免出现疏漏和不尽人意之处，恳请经济界、企业界及其他各界人士提出宝贵意见和建议。

在本书即将出版之际，我们还要向一直负责本书出版的企业管理出版社表示感谢！

编者

二〇一九年八月

2019中国企业500强
2019中国制造业企业500强
2019中国服务业企业500强

部分企业介绍

正威国际集团 2019

AMER 世界500强第119位

正威国际集团是由产业经济发展起来的新一代电子信息和新材料完整产业链为主导的高科技产业集团，近年来大力发展产业投资与科技智慧园区开发、战略投资与财务投资、交易平台等业务。在金属新材料领域位列世界前列。

集团目前拥有员工17000余名，总部位于中国广东省深圳市，应全球业务发展，在国内成立了华东、北方、西北总部，在亚洲、欧洲、美洲等地设有国际总部。

2018年，集团实现营业额逾5000亿元，位列2019年世界500强第119名，位列2018年中国企业500强第27名、中国民营企业500强第3名、中国制造业企业500强第6名、中国民营企业制造业500强第2名。

集团采用区隔互动式人才战略主导的关联多元化新商业模式，在做大做强新一代电子信息主业的同时，积极向金属新材料、非金属新材料等领域进军。

目前，集团旗下拥有深圳金属新材料产业园、江西赣州金属新材料产业园、安徽铜陵金属新材料产业园、兰州新区正威电子信息产业园、辽宁营口高威金属新材料产业园、正威新疆"一带一路"产业园、山东正威光电集成集群项目产业园、正威天津新材料智慧科技城、珠海海威科技创新中心、四川广安宏威金属和非金属新材料产业园、辽宁营口聚酰亚胺非金属新材料产业园、郑州航空港正威智能终端（手机）产业园、新加坡集成电路产业基地、正威（美国）通用钼业产业园、湖南郴州国际矿产资源交易中心、贵州国际商品交易中心、河南洛阳金属交易中心、安徽安庆汉玉产业园、梧州国际宝玉石文化创意产业园、魏紫姚黄红木艺术品产业园、正威园艺产业园、大健康产业园。

集团在全球拥有三大研发中心，即瑞士研发中心、美国研发中心和新加坡研发中心，同时与国内外知名高等院校，如哈佛大学、牛津大学、剑桥大学、北京大学、中国科技大学、华盛顿大学、纽约大学、香港城市大学、南方科技大学、安徽大学等合作发展教育事业。

集团在全球拥有超过10平方公里的商业开发园区，100平方公里工业开发园区，1000平方公里采矿区，1万平方公里矿区面积，10万平方公里探矿权面积，已探明矿产资源储量总价值逾10万亿元；已累积专利2000多项，2019年将新增专利350多项。历经20年的发展，集团实现了从区域的、单一行业到世界的、全产业链的发展格局。集团的发展得益于党和国家的英明领导，得益于改革开放政策好，得益于对五大规律的正确把握，得益于开阔的人才发展空间与人力资源整合，得益于公司经济学与方案经济学的指导与实践深化。

随着经济全球化进程的不断加快和中国经济体制改革的纵深推进，集团将顺势而上，努力实施国际化市场、国际化人才、国际化管理，以及"大增长极、大产业链、大产业园"的新商业模式。秉承文、战、投、融、管、退，即文战先行，投融并举，管退有序的企业发展哲学，走超常规发展之路，打造全球产业链最完整、产品质量最好、最值得信赖和尊重的服务商，进入世界百强企业行列，实现正威"振兴民族精神，实现产业报国"的企业使命！

王文银　　中国·安徽
全国政协委员
正威国际集团董事局主席

社会职务：
中国企业家协会副会长
中国生产力促进中心协会主席
广东省工商联副主席
安徽省工商联副主席
深圳市工商联副主席
深商联理事会主席
深圳市企业联合会、深圳市企业家协会会长
广东省安徽商会创会会长
深圳市文化创意行业协会创会会长

荣誉称号：
全球最具创造力的华商领袖
中国优秀企业家
中国最具影响力商界领袖
广东年度经济风云人物
广东功勋企业家
亚太最具社会责任经济领袖
全球最具影响力的商界领袖

在带领正威持续健康发展的同时，王文银始终高度重视企业社会责任的践行，积极投身教育、慈善等社会公益事业，真情回馈社会，致力于环境友好，谋求可持续发展。

深圳总部　　**华东总部**　　**北方总部**
东海国际中心大厦　　上海东亚银行大厦　　正威天津总部大厦

亚洲区域总部　　**美洲总部**　　**欧洲总部**
新加坡哥烈码头20号　　洛杉矶　　日内瓦航海大厦

方正集团 FOUNDER

　　方正集团于1986年由北京大学投资创办。秉持北京大学创新与实干的传统，方正集团多年来不断加快技术与服务创新，逐步调整战略结构，形成了以IT、医疗、产业金融及产城融合为核心支柱，多产业协同发展的产业格局。截至2018年年底，方正集团年收入1333亿元，总资产3606亿元，净资产655亿元，旗下员工约3.8万名。

IT板块

以方正信息产业集团为业务主体，是中国自主创新的推动者和中国IT行业的领军企业。目前，IT板块形成了覆盖字库、出版印刷、集成电路、医疗信息化、智慧城市解决方案、宽带通信等领域的产业布局。方正集团名列2019年度中国电子信息百强企业第5位。

医疗板块

以北大医疗集团为业务主体，由北京大学医学部和方正集团共同设立。北大医疗以"品质+创新"作为核心战略，致力于医疗服务、创新创投、医药工业领域，努力打造国际化大健康龙头企业。目前，北大医疗集团旗下医疗机构床位数超过1万张。2019年，北大医疗荣膺"社会办医医院集团100强"第一名。

产业金融板块

以方正物产集团、方正证券、北大方正人寿等为业务主体，业务涵盖大宗商品交易、证券、保险、期货等领域。作为产融结合的实践者，方正不断推进产业与资本协同发展，不断探索产融结合新模式，服务实体经济、服务人民生活。

产城融合板块

以北大资源集团（北大科技园）等为业务主体，以高科技、文创等园区建设和运营及创新孵化为核心业务，为科技成果转化、高新企业孵化、创新创业人才培养提供支撑和服务，积极践行和服务于国家创新驱动战略。

企业社会责任

　　方正集团积极履行企业社会责任，发挥多元经营特色，聚焦产业扶贫、教育扶贫、健康扶贫等领域，以科技、医疗、金融等"组合拳"助力脱贫攻坚、助力社会公益。

　　方正集团及旗下单位荣获了"扶贫卓越贡献奖""最佳责任管理奖""责任品牌奖"等一系列奖项，并成功入选国务院扶贫办"企业扶贫50佳案例"、国务院扶贫办"30例企业扶贫分领域案例"。

方正集团接棒IBM，助力第42届国际大学生程序设计竞赛全球总决赛在中国举行

方正证券助力兰考县10亿元扶贫专项债成功发行

2016年以来，方正集团旗下北大资源陆续在江西、云南、湖南和贵阳等地开展星火助学计划

2017年以来，方正集团旗下北大医疗脑健康陆续在山东、河北等地开展了蓝书包公益行活动

方正集团旗下方正信产运用"人工智能+书法教学"的技术成果，以精准帮扶的方式，定向提供书法教育支持，推进区域性整体开设书法课

方正集团旗下中国高科集团向大凉山悬崖村小学捐赠教育物资

最值得托付的企业服务平台

1993年
金蝶创建

680万
每天
超过680万家企业及非营利性机构使用金蝶软件及云服务

8000万
每天
超过8000万个用户使用金蝶软件及云服务

549亿
2018年双11
金蝶管易云商家交易额达549亿元
占全网交易额17%

20万
每天
金蝶云支撑20万家门店的零售业务
链接千万终端消费者

Kingdee 金蝶

金蝶国际软件集团有限公司（简称金蝶国际或金蝶）始创于1993年，是香港联交所主板上市公司（股票代码：0268.HK），总部位于中国深圳。以"致良知、走正道、行王道"为核心价值观，以"全心全意为企业服务，让阳光照进每一个企业"为使命，致力成为"最值得托付的企业服务平台"。

在中国企业云服务市场不断探索，金蝶不仅连续14年稳居成长型企业应用软件市场占有率第一、更连续2年在企业级SaaS云服务市场占有率排名第一。此外，金蝶是目前唯一一个入选Gartner全球市场指南（Market Guide）的中国企业SaaS云服务厂商。

金蝶旗下的多款云服务产品获得标杆企业的青睐，包括金蝶云·苍穹（大企业云服务平台）、金蝶云·星空（中大型、成长型企业创新云服务平台）、金蝶精斗云（小微企业的一站式云服务）、云之家（智能协同办公云服务）、管易云（电商行业云）、车商悦（汽车经销行业云）及我家云（物业行业云）等。金蝶通过管理软件与云服务，已为世界范围内超过680万家企业、政府等组织提供服务。

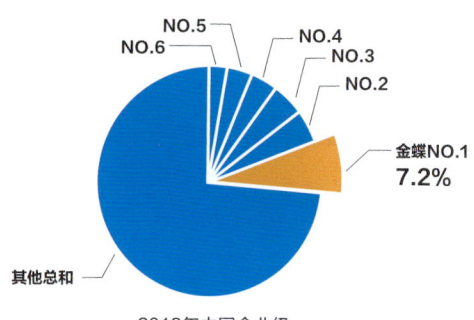

2018年中国企业级 SaaS 厂商销售收入占比
金蝶 NO.1 7.2%

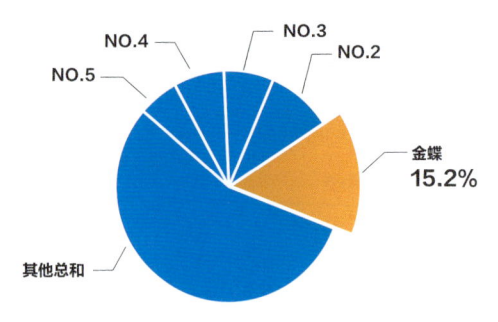

2018年中国企业级 SaaS ERM 应用软件市场占比
金蝶 15.2%

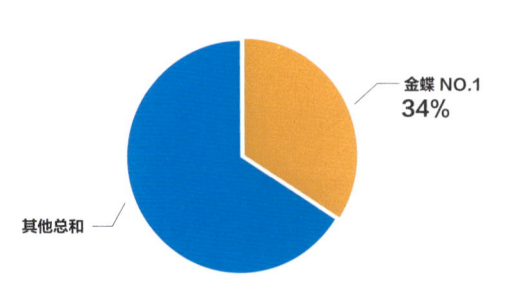

2018中国年财务云市场占比
金蝶 NO.1 34%

---

*市场占有率及销售收入占比数据来自
IDC研究报告《SaaS ERM Add-on-Market PCS Tracker for PRC，2018 IDC. Inc.》

与各行各业一起
推动中国经济发展

伴随20多年的招商局集团、万科、温氏集团、合生创展集团、兴发铝业、深圳华侨城集团等行业标杆与金蝶风雨同舟、砥砺前行，金蝶已深深根植于各行各业。

50%+
财富中国100强企业
超过一半选择金蝶

50%+
制造行业中国TOP 20
超过一半选择金蝶

50%
金蝶的系统支持着
全球50%的钢铁生产

50%
家居行业中国TOP 10
一半选择金蝶

50%
3C数码行业中国TOP 5
一半选择金蝶

50%
政府及公共事业国产中间件
超过一半选择金蝶

60%
全球10大港口
6个选择金蝶
处理全球吞吐量43%

66%
地产企业中国Top 15
10个选择金蝶

山西焦煤
SHANXI COKING COAL

山西焦煤党委书记、董事长　王茂盛

山西焦煤大厦

山西焦煤集团有限责任公司（简称山西焦煤）是全国最大的焦煤生产加工企业，全国最大的焦煤市场供应商，全国最大的焦化企业，也是山西省最大的盐化日化、民爆化工生产企业。

山西焦煤组建于2001年10月，属山西省国有独资企业，总部位于山西省会太原市，下有西山煤电、汾西矿业、霍州煤电等25个子分公司和西山煤电股份公司、山西焦化股份公司、南风化工股份公司3个A股上市公司。

山西焦煤以"1126"发展战略为统领，以焦煤的生产、加工及销售为主业，以焦化、电力、民爆化工为辅业，大力推进金融投资管理、现代物流业等新兴产业。

面向未来，山西焦煤按照"能源革命"基本要求，以高质量发展为主线，全面落实"双百行动"方案，大力实施"1126"发展战略，坚持"聚焦主业、循环发展、创新驱动、开放融合"发展路径，聚焦"安全高效生产煤"和"清洁绿色利用煤"两个关键，争做深化改革、转型升级、能源革命排头兵，加快建设具有全球竞争力的世界一流焦煤企业。

古交电厂厂区

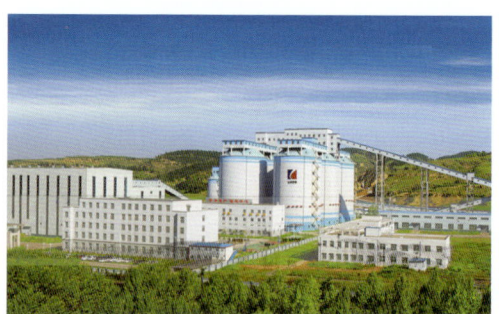

吕临能化公司矿区

山西焦化集团厂区

山西焦煤双创基地

HNEC 河南能源

河南能源党委书记、董事长 刘银志

永城城郊煤矿

中原大化乙二醇厂区

智慧能化系统

三门峡戴卡汽车轮毂生产现场

　　河南能源化工集团有限公司（以下简称河南能源）是经河南省委、省政府批准，分别于 2008 年 12 月、2013 年 9 月经过两次战略重组，成立的一家国有独资特大型能源化工集团，产业主要涉及能源、化工、现代物贸、金融服务、智能制造和合金新材料等产业，主要分布在河南、新疆、青海、贵州、内蒙古、陕西、上海等省（区、市）。位居 2019 年世界 500 强企业第 484 位、2018 年中国 500 强企业第 114 位、中国煤炭企业 50 强第 9 位、中国石油和化工企业 500 强第 7 位。2018 年生产煤炭 7366 万吨，实现营业收入 1705 亿元、利润总额 16.96 亿元。

　　河南能源资源储量丰富，产业结构合理，装置技术先进，发展后劲充足。能源产业主要包括煤炭、电力和新能源。拥有煤炭资源储量 318 亿吨，形成了煤炭勘探开发、洗选加工、销售和高效利用一体化产业体系。化工产业主要包括现代煤化工、化工新材料和生物化工。掌握煤化工世界高端技术，拥有义马、鹤壁、安阳、濮阳、永城等化工循环经济园区，已建成高性能碳纤维生产基地、煤制乙二醇生产基地。现代物贸产业和金融服务产业利用区位优势和现代信息技术，整合优化资源，推动金融服务支撑产业发展、现代物贸助力产业转型。智能制造和合金新材料产业，拥有钼金属资源储量近 150 万吨、国内铝土矿资源量 1 亿吨，钼、铝产业均形成了从采选、冶炼、深加工、贸易直至消费终端一体化的完整产业链，正在推动产业由传统制造向智能制造转型，打造国内一流的高精度、高性能铝合金板材和汽车零部件制造商。

　　站在新的历史起点上，河南能源坚持以习近平新时代中国特色社会主义思想为指导，深入学习贯彻党的十九大精神、中央经济工作会议精神和河南省委十届六次、八次全会精神，抢抓供给侧结构性改革和国有企业改革的重大机遇，秉承"团结拼搏、务实创新、担当作为、追求卓越"的企业精神，以高质量发展为统领，以改组国有资本投资公司为主线，持续优化产权、组织、治理结构改革，持续推动质量变革、效率变革、动力变革，着力把河南能源建设成为核心竞争力突出、政治保障有力的世界一流综合性产融控股集团，为国民经济和社会发展做出新的更大的贡献。

义海能源生态矿区建设被国家七部委称为"义海模式"

北京首农食品集团有限公司

北京首农食品集团有限公司是经北京市委、市政府批准,于2017年12月由北京首都农业集团有限公司、北京粮食集团有限责任公司、北京二商集团有限责任公司三家企业联合重组成立。

联合重组后的集团,集食品生产商、供应商、服务商于一体,资产、营收双超千亿元,员工近6万人,所属企业500余家,其中中外合资合作企业30余家,境外公司10余家,上市公司2家,农业产业化重点企业8家,位列中国企业500强,在首都食品供应保障服务中发挥着主渠道、主载体、主力军作用,肩负着"保障首都食品安全,服务政府宏观调控,做强做优做大首都食品产业"的责任使命。

集团产业横跨农牧渔业、食品加工业、商贸服务与物产物流业,覆盖米面油、肉蛋奶、酱醋茶、糖酒菜等全品类食品,涉及种植、养殖、仓储、加工、贸易、配送、销售等各个环节,形成从田间到餐桌的全产业链条和一二三产融合发展的全产业格局。借助京津冀环渤海通道和自贸区优势,顺势拓展全国食品产业布局、国际食品贸易通道,推进立足北京、协同京津冀、布局全国、走向国际整体产业布局。

集团持有15个中国驰名商标,24个北京著名商标,18个北京老字号,13个中华老字号,月盛斋酱烧牛羊肉制作、六必居酱菜制作和王致和腐乳酿造3项技艺入选国家级非物质文化遗产保护名录,以及三元、古船、八喜、白玉等众多深受消费者青睐的知名品牌。"首农"品牌以价值532.62亿元上榜世界品牌实验室2019"中国500最具价值品牌"排行榜,"三元"品牌价值251.39亿元,"古船"品牌价值147.97亿元。

集团拥有3家国家级工程技术研究中心,4家市级工程技术研究中心,3家部级加工技术研发中心,2家市级以上重点实验室,3家院士专家工作站,4家博士后科研工作站,11家国家高新技术企业,持有专利超过600件。

作为首都市民的菜篮子、米袋子、奶瓶子、肉案子,集团不断加强资源整合优化,构建首都食品全产业链优势;坚持科技和品牌双轮驱动,强化食品安全管控体系建设;加快商业模式创新,推进产业优化升级;围绕首都"四个中心"建设,承担好"四个服务"保障职能,不断提升服务质量和水平;坚决履行国企社会政治责任,在主动融入京津冀协同发展、推进供给侧结构性改革、落实疏解整治促提升专项行动、打赢扶贫攻坚战中发挥积极作用,努力打造具有国际竞争力的现代食品产业集团。

守护 只为更安心的你
美好生活

湖南建工集团
HUNAN CONSTRUCTION ENGINEERING GROUP

建设一流现代集团　力争挺进"世界500强"

- 湖南建工精神：一流　超越　精作　奉献
- 中国企业500强　中国承包商80强
- 连续19年荣获104项中国建设工程最高奖—鲁班奖

集团党委书记、董事长　叶新平

集团党委副书记、副董事长、总经理　李湘波

湖南建工集团为湖南省属大型国有企业，成立于1952年，是一家具有勘察设计、工程投资、施工运营、建筑科学研究、高等职业教育、建筑安装、路桥施工、水利水电施工、新能源建设、工程设备制造、房地产开发、对外工程承包、劳务合作、进出口贸易、城市综合运营等综合实力的大型千亿级国有企业集团。集团注册资本金200亿元，年生产（施工）能力2000亿元以上，经营区域覆盖全中国，海外市场涉及亚洲、非洲、拉丁美洲、大洋洲等30个国家和地区。

集团先后有1000余项工程荣获鲁班奖、詹天佑奖、全国市政金杯奖、省芙蓉奖等荣誉，"建筑湘军"品牌享誉中外。先后承建或参与了援塞内加尔竞技摔跤场、港珠澳大桥、中国国家博物馆、海南三亚国际养生度假中心、长沙火车站、贺龙体育馆、黄花机场等国内外标志性工程。先后荣获"全国优秀施工集团""全国明星施工企业""创鲁班奖工程特别荣誉企业""全国创先争优先进基层党组织""全国五一劳动奖状""湖南省文明标兵单位"等荣誉。

2018年集团首次入选"ENR国际承包商"250强，位列全球上榜企业第211位；连续15年入选"中国企业500强"，位列第191位；入选中国承包商80强，位列第7位；在湖南100强企业中位列第4位。2018年，集团承接任务1557.1亿元，完成企业总产值998.2亿元，同比增长14.5%。

集团入选ENR全球最大国际承包商250强，2018年位列211位

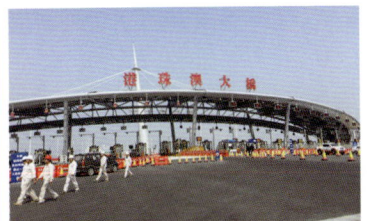

港珠澳大桥

援塞内加尔竞技摔跤场项目

援布隆迪总统府项目

湘西武陵山文化产业园Ⅰ标——非物质文化遗产展览综合大楼（获2018—2019年度中国建设工程鲁班奖3项）

深圳福田站综合交通枢纽（获第十六届中国土木工程詹天佑奖）

郴州市国际会展中心（获2014—2015年度4项鲁班奖）

南京钢铁集团

南钢党委书记、董事长　黄一新

　　因钢铁报国而落成，由钢铁强国而发展。南钢始建于1958年，是江苏钢铁工业摇篮，中国大型钢铁联合企业、国家级高新技术企业、中国最大的精品特钢生产基地之一，南钢先后荣获"全国文明单位""亚洲质量奖""全国质量奖""全国用户满意企业""中国最佳诚信企业""十大卓越品牌钢铁企业""钢铁行业竞争力极强(最高等级A+)企业"等重要荣誉。南钢创新打造JIT+C2M模式和全员合伙人制度。

　　南钢坚持高质量党建引领企业高质量发展，打造"2+3+4"的国际级、国家级及省级高端研发平台，构建钢铁和新产业"双主业"相互赋能的复合产业链生态系统，在钢铁产业重点打造世界一流的中厚板精品基地、国内一流的特钢精品基地、复合材料基地、军民融合基地，新产业着力拓展钢铁产业链延伸、新材料、能源环保、智能制造、航空航天和现代物流等版图。

　　优势产品成功应用于可燃冰开采"蓝鲸一号"、第三代核电示范工程"华龙一号"、免涂装耐候钢桥——拉林铁

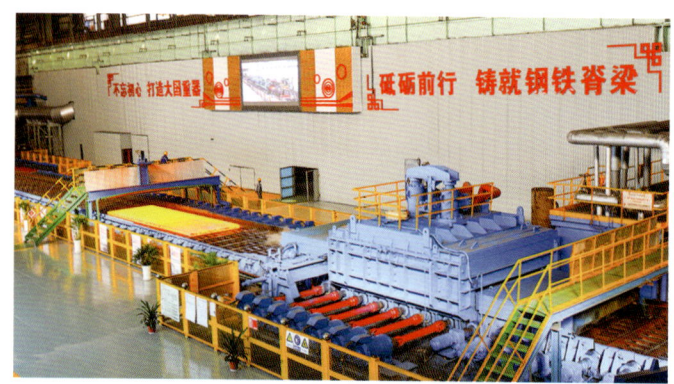

南钢拥有6项专利技术的中厚板卷生产线 　　　　　　南钢产品应用于中石油LNG接收站二期工程项目

路藏木特大桥、北京冬奥场馆、千岛湖引水工程等多项大国重器及重点工程。产品通过国内外170多家知名企业认证，出口130个国家和地区，享誉海内外，成功应用于俄罗斯YAMAL北极项目、卡塔尔足球世界杯体育场馆、克罗地亚佩列沙茨跨海大桥、中俄黑河大桥等"一带一路"重大项目工程。

2018年南钢产钢1005万吨，集团实现营业收入1182亿元，获得国家级绿色工厂、绿色发展标杆企业、智能制造示范基地、双创示范平台、钢铁行业改革开放40周年功勋企业等荣誉称号，南钢党委书记、董事长黄一新荣获南京市市长质量奖（个人）、建国70年·最受尊敬的苏商实业家等荣誉。南钢还作为中国钢铁行业视频展示企业的代表，参加中共中央宣传部、中央改革办等联合举办的"伟大的变革——庆祝改革开放40周年大型展览"。

新时代，南钢以"创建国际一流受尊重的企业智慧生命体"为企业愿景，确立"一体三元五驱动"战略体系，目标是成长为钢铁行业转型发展的引领者，做世界级智能化工业脊梁，管理市值达到千亿美元的全球化高科技产业集团，把企业建设为绿色智慧发展的美好生活家园。

南钢对甘肃武山县精准扶贫捐赠仪式

南钢发展大会及60周年庆典演出

南钢获评国家级清洁生产环境友好型企业（图为厂区景点：凤凰广场）

黑龙江北大荒农垦集团总公司（农垦总局）

简 介

黑龙江北大荒农垦集团总公司是黑龙江垦区整体改制后的企业集团（加挂黑龙江省农垦总局的牌子），由财政部代表国务院履行出资人职责的大型央企，从事农业及农产品生产经营管理业务、投资经营管理业务及其他业务，是国家级生态示范区及国家现代化大农业示范区。辖区土地总面积5.54万平方公里，现有耕地4435万亩、林地1381万亩、草地507万亩、水面388万亩。下辖9个管理局、113个农牧场，978家国有及国有控股企业。总人口165.6万人，从业人员76万人，其中"一产"46.3万人，"二产"7.7万人，"三产"22万人。

北大荒农垦集团总公司（农垦总局）
党委书记、局长、董事长　王守聪

好米源自北大荒
黑龙江省北大荒米业集团有限公司
HEILONGJIANG BEIDAHUANG RICE INDUSTRY GROUP CO.,LTD.
公司地址：黑龙江省哈尔滨市南岗区长江路207号
客服热线：400-0086-999

购种一站式服务 尽在"垦丰商城"
北大荒垦丰种业股份有限公司
Beidahuang Kenfeng Seed Co.,Ltd.
电话：400-666-8232

中华大粮仓

开发建设北大荒，是党和国家做出的重大战略决策。1947年，按照党中央和毛主席"关于建立巩固的东北根据地""培养干部，积累经验，创造典型，示范农民"的重要指示，创建了宁安、赵光等第一批国营农场。之后，由14万名转业官兵、5万名大专院校毕业生、54万名城市知识青年、20万名支边青年和大批地方干部组成的百万大军相继投身北大荒开发建设。垦区先后经历了垦荒、家庭农场、农工商综合经营、集团化企业化等阶段。72年来，累计生产粮食8741亿斤，向国家交售商品粮6887亿斤，农业综合机械化率99.7%、农业科技进步贡献率68.2%、粮食仓储能力达到2277万吨，已成为我国耕地规模最大、现代化程度最高、综合生产能力最强的国家重要商品粮基地和粮食战略后备基地，具备440亿斤的粮食综合生产能力和400亿斤的商品粮保障能力，被誉为靠得住、调得动、能应对突发事件的"中华大粮仓"、国家粮食安全的"压舱石"。

　　2018年，北大荒集团营业收入1160亿元，利税27.6亿元，实现利润2.4亿元。资产总额2182亿元，粮食总产量456亿斤；位列中国企业500强第151位、中国农业生产企业第一位。"北大荒"品牌价值789.18亿元，位居中国500强最具价值品牌排行第52位。目前，集团总公司已按新体制运行，所属的9个管理局中，8个转制为分公司，1个转制为子公司。113个农（牧）场整合为108个农场有限公司。农垦政府行政职能全部移交完毕，涉改人员安置政策已出台。近期财政部党组将专题研究北大荒集团改制方案和章程，报国务院审批后下达批复。

　　当前和今后一个时期，北大荒继续深化国有农垦体制改革，以垦区集团化、农场企业化为主线，推动资源资产整合、产业优化升级，建设现代农业大基地、大企业、大产业，努力形成农业领域航母和新型粮商。

深圳市投资控股有限公司
SHENZHEN INVESTMENT HOLDINGS CO.,LTD.

深圳市投资控股有限公司（以下简称投控公司）因改革而生、应改革而兴，2004年由深圳市原三家资产经营公司合并新设而成，先后经历了国企改制退出、事业单位划转整合、转型创新发展三个阶段，是深圳市委、市政府深化国资国企改革的重要抓手和市国资委履行出资人职责的辅助平台。公司成立15年来，在完善城市功能、投资融资、产业培育、改革创新等方面发挥了排头兵作用，现已发展成为以科技金融、科技园区、新兴产业及高端服务业为主业的国有资本投资公司和市级科技金融控股平台。截至2018年年底，公司注册资本256.49亿元，资产总额5585亿元；全资、控股企业67家，其中上市公司10家。2018年营业收入726亿元，利润总额210亿元。

投控公司学习对标新加坡淡马锡公司等国际一流企业，按照现代企业制度的要求，全力打造成为产业结构合理、商业模式清晰、综合优势突出、管理规范高效的国际一流的国有资本投资公司和科技金控平台。实施以转型布增量、以改革调存量"双轮驱动"，推动存量优化、增量优质；搭建金融控股、科技园区、产业投资"三大平台"，利用金融控股平台打通资金端、利用科技园区平台联通资产端、利用实业投资平台对接投融资，推动资源资产化、资产资本化、资本证券化"三化经营"；打造金融服务产业集群、科技园区产业集群、新兴产业与高端服务产业集群"三大产业集群"，构建"高端科技资源导入+科技园区+金融服务+上市平台+产业集群"五位一体的商业模式；形成以金融服务为"阳光雨露"，以科技园区为"土壤"，以新兴产业和高端服务业为"种子、幼苗和树木"的全生命周期的产业生态体系，实现上市平台不断有资本注入而做强做大、产业投资不断有资产转化而获得收益、科技园区不断有企业入驻而繁荣发展。

投资大厦

中越经贸区

深圳湾科技生态园

深圳湾创业广场

天使母基金

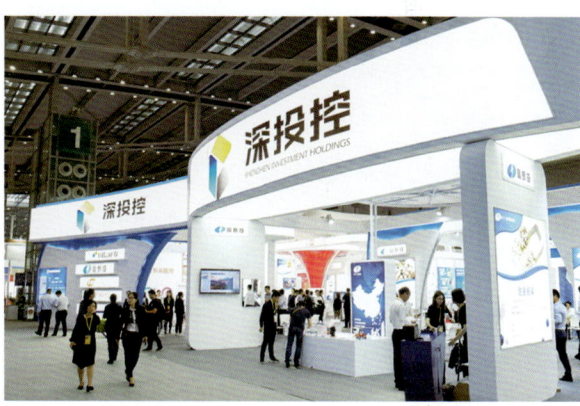

深投控参加第十二届中国（深圳）国际金融博览会

深圳市创新金融总部基地

投资大厦远景

上海银行
Bank of Shanghai
智慧金融·专业服务

上海银行股份有限公司（以下简称上海银行）成立于1995年12月29日，总行位于上海，是上海证券交易所主板上市银行，股票代码601229。

近年来，上海银行以"精品银行"为战略愿景，以"精诚至上，信义立行"为核心价值观，通过推进专业化经营和精细化管理，着力在中小企业、财富管理和养老金融、金融市场、跨境金融、在线金融等领域培育和塑造经营特色，不断增强可持续发展能力。上海银行目前在上海、北京、深圳、天津、成都、宁波、南京、杭州、苏州、无锡、绍兴、南通、常州、盐城、温州等城市设立分支机构，形成长三角、环渤海、珠三角和中西部重点城市的布局框架；发起设立四家村镇银行、上银基金管理有限公司、上海尚诚消费金融股份有限公司，设立境外子公司上海银行（香港）有限公司，并通过其设立了境外投行机构上银国际有限公司。

上海银行随改革而生，伴创新成长，自成立以来市场影响力不断提升，截至2018年年末，总资产20277.72亿元，同比增长12.17%；实现净利润180.34亿元，同比增长17.65%。在英国《银行家》杂志公布的2019年全球银行1000强中，按一级资本排名位列全球银行业第68位；多次被《亚洲银行家》杂志评为"中国最佳城市零售银行"。未来上海银行将继续坚持战略引领、不断提升能力、持续夯实基础，加速驶向"精品银行"的彼岸。

"精品银行"战略实施成效

年份	总资产	净利润
2011年	6558	58
2012年	8169	75
2013年	9777	94
2014年	11874	114
2015年	14491	130
2016年	17554	143
2017年	18078	153
2018年	20278	180

○ 盈利能力持续提升
增速位居主要上市银行前列

■ 总资产稳步增长
7年来基本再造了"两个上海银行"

上海银行：1.14%　332.95%
同业平均：1.83%　186.34%
（2018年年末数据）

资产质量始终处于同业优秀水平

■ 不良贷款率
■ 拨备覆盖率

广西北部湾投资集团有限公司
GUANGXI BEIBU GULF INVESTMENT GROUP CO.,LTD.

投资建设的吴圩机场至大塘高速公路2018年年底建成通车。

承建530米跨径的四川合江长江一桥，获2018-2019年度第一批中国建设工程鲁班奖。

成立广西首家航空公司——广西北部湾航空。2016年8月25日，北部湾航空首架A320客机成功首航。

在交通基础设施建设领域，集团先后荣获鲁班奖3次、詹天佑奖2次以及国家科学进步一等奖等500多项国家和省部级荣誉。

建设运营钦北防污水处理厂。

建设运营的广西凭祥综合保税区。

广西北部湾投资集团有限公司

广西北部湾投资集团有限公司，是广西壮族自治区人民政府直属大型国有独资企业集团，主要从事交通基础设施投资建设及运营、产城投资、贸易物流、水务环保投资及运营、金融等五大业务，致力于成为立足北部湾经济区、对接东盟、面向全球的基础设施领域全产业链综合服务运营商。

2019年公司位列广西百强企业第七位，有48家下属企业单位，拥有广西路桥集团、广西交通设计集团等知名子品牌，是具有优势的交通基建全产业链企业。公司有员工1.8万人，资产总额达1200亿元，净资产490亿元，资产负债率为59%，信用评级为AAA等级。拥有2个国家重点实验室、1个博士后科研工作站、2个院士工作站、10个国家和省部级技术研究中心。获鲁班奖、詹天佑奖、国家科技进步奖、全球基础设施光辉大奖、广西壮族自治区主席质量奖等500余项。

展望未来，集团公司主动融入国家发展大局，聚焦高质量发展，为把集团公司建设成为以北部湾经济区为核心、国内一流、国际知名的基础设施领域全产业链综合服务运营商而努力奋斗！

地址：广西南宁市青秀区中泰路11号

电话（传真）：0771-8095896

张荣华主席

天津荣程集团（以下简称荣程）历经三十年发展，在董事会主席张荣华的带领下，开启"铸就百年时代记忆，打造百年绿色荣程"国际化新征程。

荣程集团坚持"做精做优钢铁主业，跨界跨业融合发展"，形成"钢铁冶金、科技金融、文化创意、健康养生"四大板块，实现了从制造到智能制造，从"一业多地"到"多业并举"的布局一体两翼的格局，实现了产业互联网金融新业态。

截至2019年上半年，集团总资产186亿元，累计实现利税总额212亿元，累计社会总贡献276亿元。其中直接社会公益事业投入6.5亿元。

荣程集团钢铁硬实力造就文化软实力，产业互联网金融领跑融合互联，时代记忆文化品牌拓宽国际视野，健康标准制定引领新的生活方式。努力成为产业互联网金融的领跑者、运营模式的创新者、美丽庄园的建设者、健康标准的制定者。

未来，荣程将始终坚持开放融通、变革创新，顺应经济全球化趋势，输出荣程智慧、中国模式！

钢铁厂区 　　　　时代记忆 　　　　厂区大门

鸟瞰图

双胞胎集团股份有限公司

双胞胎集团董事长 鲍洪星

双胞胎集团总部大楼

黔西南双胞胎猪业有限公司规划鸟瞰图

现代化猪场

现代化工厂

现代化生产车间

  双胞胎集团成立于1998年,是一家专业从事玉米收储、饲料加工、生猪养殖的全国性大型农牧企业,现有投产分子公司100余家,分布在全国21个省、市、自治区,员工总人数近8000人。2018年饲料销量突破1000万吨,生猪出栏150万头。

  双胞胎掌握核心科技,现拥有专业研发人员400多名,硕博人员100多名,成立院士、博士工作站,在荷兰、法国等欧美国家成立研究所,储备了大量的饲料研发技术,如无抗、高温制粒等核心技术,拥有国家CNAS认证的实验室、国家企业技术中心,两次荣获国家科技进步二等奖,国家专利100多项。

  双胞胎集团是中国企业500强,中国民营企业500强,农业产业化国家重点龙头企业、国家级农产品加工示范企业、中国十大饲料领军企业。

  双胞胎坚持以客户为中心、以奋斗者为本,致力于让每位家人吃上放心猪肉。集团通过构建基因育种、生物安全、智能养猪、生猪销售、金融服务全球领先的养猪服务平台,让养猪更简单;通过从原料、饲料、养猪、屠宰、销售闭环管理,让猪肉更安全,立志将安全、健康、美味的猪肉带给每个家庭、每张餐桌。

甘肃建投

甘肃省建设投资（控股）集团总公司（以下简称甘肃建投），中国500强企业、ENR全球最大250家国际承包商、中国承包商80强和中国建筑业竞争力双百强企业。2018年，甘肃建投实现经济总量684亿元。

甘肃建投党委书记、董事长苏跃华（左五）考察调研白俄罗斯市场

极具历史厚重感的老牌国有企业：甘肃建投成立于1953年。"一五"期间，甘肃建投承建了国家156个重点建设项目中设在甘肃的全部16项工程，是兰化、兰炼等"共和国长子"工业项目的缔造者。

——建成了包括404厂和8702工程在内的一大批国防、军工、核工业、航天、兵器工业项目，承建了包括"三线"建设在内的众多电力、石化、医药、军工、冶金、机电、轻工、建材工业项目和学校、医院等一大批公用项目。

甘肃建投承建的中国驻布隆迪大使馆项目

甘肃建投承建的中国驻加纳大使馆项目

——从1978年承担中国政府援建多哥"人民联盟之家"工程开始，甘肃建投先后在亚洲、非洲、欧洲、拉丁美洲40余国开展经援项目建设、国际工程承包、经济技术合作、劳务合作、国际贸易、建材生产加工等多元业务，建成了一大批在海外有较大影响的经援工程和国际承包工程。

敢为天下先的创新型现代化企业：坚持"投资引领、集中管控、转型升级、创新发展"的发展战略，统筹国内、国外两大市场，以多元化发展和走出去发展为支撑，全面有序谋求高质量发展。

——打造了投融资、建安、房地产、海外业务、工业装备制造、科技研发、现代服务业七大经济板块，形成了建筑安装、装配式建筑、设计勘察、房地产开发、工业装备制造、科技研发、建材、矿业、商贸物流、文化旅游、酒店管理、物业管理、保险等多元化、全产业链经营格局。

——以专业化、品牌化、规模化的大地产模式，在国内一二线城市如上海、杭州、天津、成都、重庆、无锡等地和省内主要城市开发居住地产、保障性住房、商务地产、城市综合体，构建了国内多点支撑、区域引领、独居特色的地产版图。

甘肃建投成都百郦锦城地产开发项目

甘肃建投自主研发生产组装的西北首台"黄河1号"盾构机

甘肃建投投资兴建的10万平方米装配式钢结构保障房住宅小区

适应建筑业转型升级，建成第一批国家级装配式建筑产业基地，国家重点研发计划绿色建筑及建筑工业化重点专项科技示范工程，打造兰州新区、天水、榆中三个绿色科技装配式建筑产业园区。

——聚焦"中国制造2025"，坚持以高新技术为引领，以高端装备制造为支撑，建成兰州、武威、兰州新区、加纳特马四个工业产业园区和全国荒漠化防治（机械治沙工程）试验示范基地，生产起重机械、工程机械、隧道掘进机械、风电设备、沙漠治理设备和专用汽车六大系列产品。

甘肃建投承建的兰州中川机场T2航站楼项目

甘肃建投承建的兰州航天煤化工设计研发中心（"鲁班奖"工程）

甘肃建投兰州新区工业产业园区

企业介绍 Company Profile

蓝润集团创始于1997年，二十余年来，伴着改革开放的春风、踏着市场经济的旋律，已逐步成长为民营企业的先锋。现业务遍布上海、深圳、四川等20余个地区，涵盖肉类养殖加工、医疗康养、供应链服务、地产开发运营、酒店管理、物业服务等多个产业，共有员工12000余人，是一家专注实业发展的综合类产业运营集团。2018年，集团实现主营业务收入560亿元，连续多年入榜中国企业500强、中国民营企业500强，荣获"四川省优秀民营企业""四川民营企业100强""中国最佳雇主品牌"等称号。

蓝润集团坚持以人为本，突出"健康生活""舒适生活""品质生活"导向，聚焦"医、食、住、行、用"各个环节，多元并进、稳健发展。

未来，蓝润集团将继续聚焦实业、做精主业，专注实业运营与价值创造，为国家经济社会发展、民生改善做出新的贡献！

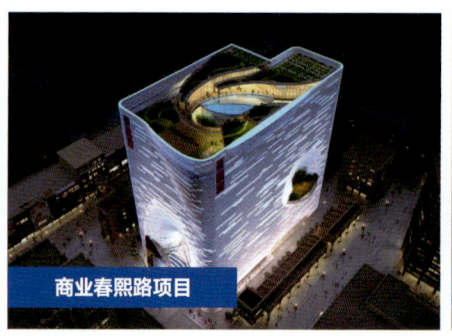

龙大肉食 | 商业春熙路项目 | 璞悦天府酒店

蓝润集团　中国企业500强　肉类养殖加工｜医疗康养｜供应链服务｜住宅开发｜商业开发运营｜酒店管理｜物业服务

医	食	住	行	用
医疗康养 MEDICAL HEALTH CARE	肉类养殖加工 PROCESSING OF MEAT FARMING	地产/商业/物业 REAL ESTATE BUSINESS / PROPERTY	酒店 HOTEL	供应链服务 SUPPLY CHAIN SERVICE

医疗康养
MEDICAL HEALTH CARE

致力于让人们"医"得省心

蓝润集团旗下上市公司运盛医疗建立起互联网信息基础下的全产业链，已有项目实现"一人、一生、一档案"的医疗数据信息互联共享，为病人提供一次就诊、终生可查的全生命周期服务，有效提升就医效率。

肉类养殖加工
PROCESSING OF MEAT FARMING

致力于让人们"食"得放心

蓝润集团旗下上市公司龙大肉食位列中国肉食上市企业第三位，是世界肉类组织金牌会员。已形成肉类养殖加工食品全产业链，业务遍布20余个国家，是百胜集团、麦当劳等数百家知名食品企业原料供应商。依托国际先进的质量管理体系实现全程自控、全程追溯，从养殖到餐桌层层把关，确保食品安全放心。

地产/商业/物业
REAL ESTATE BUSINESS / PROPERTY

致力于让人们"住"得舒心

地产方面，蓝润集团积极探索城市运营模式、专注精品研发，布局各类项目近百个，打造出泷门、蓝润城等系列产品。商业方面，充分契合城市规划与消费升级趋势，紧抓区域核心需求，兼顾社会服务功能，目前在建城市综合体项目近500万平方米，与全球2000余家品牌建立了战略合作关系。物业方面，蓝润集团下属远鸿物业打造创新社区物业平台，是中国物业管理综合实力百强企业。

酒店
HOTEL

致力于让人们"行"得顺心

蓝润集团着力打造"智慧"型精品酒店，已形成"璞悦""璞门""璞里"品牌，荣获"中国酒店星光奖""中国最佳酒店管理集团"。

供应链服务
SUPPLY CHAIN SERVICE

致力于让人们"用"得贴心

蓝润集团旗下保达实业立足深圳、辐射全国，聚焦消费类电子产品供应链业务。完成1500家苹果授权零售店全覆盖，以新流通推动新零售，促进智慧供应链创新与应用。

玖龍紙業(控股)有限公司
NINE DRAGONS PAPER (HOLDINGS) LIMITED

  玖龙纸业成立于1995年，总部位于广东省东莞市，在各级政府的关心和支持下已成长为世界最大的废纸环保造纸的现代化包装纸制造集团和中国造纸的龙头企业。玖龙纸业（控股）有限公司（以下简称玖龙纸业）于2006年在香港成功上市，目前已在东莞、太仓、重庆、天津、泉州、沈阳、唐山、乐山设立造纸基地，并积极响应国家"一带一路"号召，在越南建立造纸基地。2018年还收购了四家位于美国的浆纸一体化工厂。玖龙纸业是中国率先年产能过千万吨的造纸集团（2018年集团年产能超过1500万吨，年总产值600多亿元），连续多年位居中国造纸行业优势地位，2018年名列中国民营企业500强第111位（中国民营企业制造业500强第53位）。

  集团主要生产各类牛卡纸、高强瓦楞纸、涂布灰底白板纸、涂布牛卡纸、环保型文化用纸等产品，为客户提供多元化产品系列和包装纸的一站式服务，占据行业龙头地位，引领纸包装行业往绿色低碳方向发展。

  玖龙纸业一贯秉承"没有环保，就没有造纸"的理念，致力于环境保护和节能减排，倡导可持续发展的循环经济。不仅使用可以回收循环利用的废纸作原料，还与时俱进，不断加大环保投入，使玖龙纸业各项环保和能耗指标都做到优于国家标准，是资源节约型和环境友好型企业的典范。

  制造业是GDP的基石，未来，玖龙纸业将以实现"六化"、打造企业工业4.0为目标，继续朝着环保、节能型、智能化管理的企业目标迈进，巩固行业龙头地位，奠定企业百年基业。

东莞基地

世界领先的造纸生产线

世界领先的造纸生产线

位于东莞松山湖的集团总部

杭州市实业投资集团有限公司

杭州市实业投资集团有限公司（以下简称杭实集团）成立于2001年6月，注册资本60亿元，是杭州市政府直属的国有大型投资集团。经过18年的改革发展，杭实集团目前拥有控参股企业60家，职工近3万余名，获AAA级信用最高评级、"中国企业500强"称号。截至2018年末，杭实集团合并总资产591亿元，净资产218亿元。

杭实集团聚焦"打造产商融结合的国际化投资平台"的战略目标，以实业为基，资本为翼，积极构建资源运作平台、资本营运平台、资产管理平台、资产营运平台，国际贸易平台以及若干产业集团"的"4+1+X"战略发展格局，深耕高端制造业、产业园区建设与运营、战略性新兴产业股权投融资与经营管理、货物贸易及相关投资和服务管理四大主业，旗下杭州热联集团股份有限公司、杭叉集团股份有限公司、杭州锅炉集团股份有限公司、杭华油墨股份有限公司、浙江华丰纸业集团有限公司、新中法高分子材料股份有限公司、浙江大桥油漆有限公司、浙江轻机实业有限公司等均处于国内和行业领先地位。站在国企改革浪潮新的历史起点，杭实集团真诚期待与更多企业和社会各界携手合作，共创互赢！

NEPTUNUS 海王
健康成就未来

热烈庆祝海王成立三十周年
1989-2019

董事长　张思民

海王大楼

　　海王集团 1989 年创办于深圳。30 年来，海王集团专注医药健康产业，以创新驱动成长，成为中国医药健康行业产业链条完整、自主创新能力较强、商业模式创新能力突出的大型骨干企业。2018 年，集团销售规模近 600 亿元，旗下拥有两家上市公司，员工人数 3.15 万人，综合实力在中国医药健康产业位居前列。

　　海王集团打造的"海王"品牌是中国医药健康行业最具影响力的品牌，连续 16 年高居中国医药行业品牌价值榜首。2019 年，"海王"品牌价值达 788.65 亿元。

　　海王集团拥有国内领先的医药产品自主创新能力和完备的研发体系。拥有"国家级技术中心""国家高科技研究发展计划成果产业化基地"、院士工作站等国家级研发平台。在抗肿瘤、心脑血管、海洋药物等领域新药研发成果丰硕，并在一类新药研发方面实现重大突破。

　　目前，海王集团正在以供给侧改革理念，全力推动公立医院药品采购供应模式，推进医药流通产业级创新。海王集团的成功实践得到省政府大力支持和鼓励，获得了政府、医院、患者和企业等各界的肯定和好评。海王集团以"降药价，惠民生，促医改，兴产业"为宗旨，通过努力降低药价、规范医药市场环境、保证百姓的用药安全，以标准化、规范化、专业化的服务体系，最终让民众享受到高质、高效的健康和服务。

海王星辰连锁药店

现代化医药物流中心

深圳海王工业城

海王医药研究院

企业理念：追寻价值 引领发展
发展战略：金融和实业"两轮驱动"
经营路径：资源资产化 资产资本化 资本证券化
运营模式：资本控制 战略管理 产融结合 专业经营
投资理念：能投会卖
经营理念：阶段性持股
企业文化：君子文化

SIGC 陕西投资集团有限公司
SHAANXI INVESTMENT GROUP CO.,LTD.

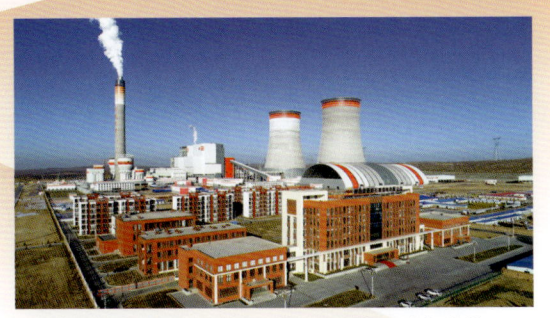

陕投集团旗下赵石畔煤电一体化项目是国内领先的特高压"西电东送"百万千瓦发电机组

陕投集团旗下西藏山南大有新能源开发公司是西藏目前最大的光伏电站

陕投集团总部大楼夜景

陕投集团旗下陕西直升机产业园贝尔直升机项目开工仪式

陕西投资集团有限公司（以下简称陕投集团）是陕西省首家国有资本投资运营公司，注册资本100亿元，现有总资产近1700亿元，全系统员工2万多人。

陕投集团秉承"追寻价值、引领发展"的使命与担当，坚持金融和实业"两轮驱动"战略，打造形成了能源产业阵地稳固、金融产业优势突出、新兴产业蓬勃发展的产业体系。实体产业方面，涵盖地质勘探、煤炭开发、电力、新能源、盐化工、航空、现代物流、房地产酒店及战略新兴产业等；金融产业方面，涉及证券、信托、基金、期货、融资租赁、财务公司等。现有生产和在建电力装机规模1225万千瓦，煤炭产能3000万吨，管理金融资产5000多亿元，金融+战略新兴产业在集团资产结构中的占比超过50%。

自1991年成立至今，陕投集团连续28年保持盈利，两次荣获"全国五一劳动奖状"，在省国资委组织的年度综合业绩考核中一直保持A类排名。2018年实现营业收入371亿元，利润总额31亿元，缴纳税费29亿元。

"十三五"，陕投集团将完成"11525"规划目标：累计完成投资1000亿元以上，实现控股发电装机1000万千瓦以上，控股煤炭产能5000万吨/年以上，总资产达到2000亿元以上，年营业收入达到500亿元以上，资产证券化率提高至60%，打造成为中国一流国有资本投资运营公司。

陕投集团旗下大型商业综合体西安SKP项目成为西安南门外新地标

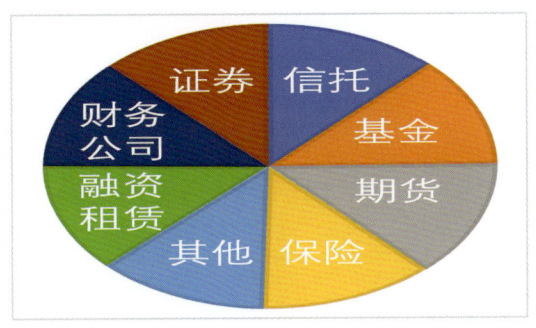

陕投集团旗下金融产业体系图

CCEGC 重庆建工

铸就知名品牌
创建百年企业

重庆建工产业大厦（中国建筑工程鲁班奖）

重庆嘉悦大桥（中国土木工程詹天佑奖）

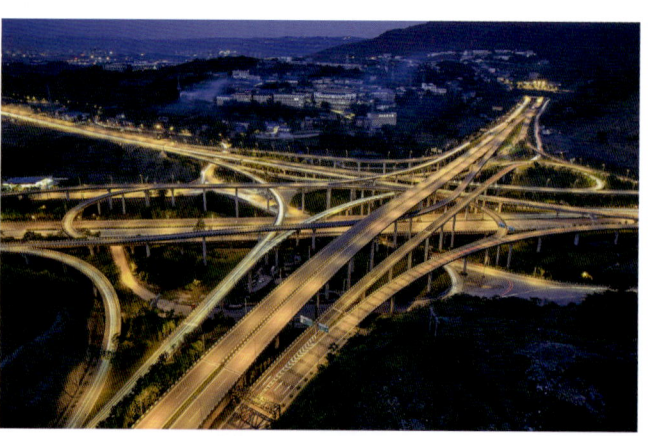

重庆黄桷湾立交（全国最复杂的立交桥之一）

全国抗震救灾英雄集体（重庆市唯一） 　　　　　　　　　　　　　全国文明单位

　　重庆建工投资控股有限责任公司拥有房屋建筑、公路工程施工总承包双特级资质的国有大型建筑企业集团。公司注册资本金14.37亿元，下辖重庆建工集团股份有限公司及30余家全资、控股子公司。2017年2月21日，其所属的重庆建工集团股份有限公司在上交所成功挂牌上市（代码:600939）。

　　1998年成立至今，集团坚持科学发展、打造百年品牌，先后荣获鲁班奖、詹天佑奖、中国市政金杯奖等700多项国家级、省部级大奖，并荣获中共中央、国务院、中央军委授予的"全国抗震救灾英雄集体"最高荣誉，以及"全国五一劳动奖状""全国文明单位""军民共建社会主义精神文明先进单位"等1000多项省部级以上荣誉。现拥有超高层建筑、高速公路、超大跨度桥梁及隧道施工、商品混凝土生产、建筑机械制造等核心技术、专利和标准，拥有数百项专利、国家级工法和省部级工法，业务遍及全国大部分省、市、自治区和世界20多个国家及地区。

　　目前，集团正以习近平新时代中国特色社会主义思想为指导，深入贯彻党的十九大精神，按照"两点"定位、"两地""两高"目标发挥"三个作用"和营造良好政治生态重要指示要求，围绕建设全国一流综合性建筑企业集团目标，依靠创新驱动和品质提升推动发展，加强党的建设、法人治理结构和人才队伍建设，推动企业经营模式、管控模式、营销模式、盈利模式转变，推进产品结构和负债结构改革，实现业绩评价、选人用人、项目管理、科技创新、内部契约五项标准，努力推动集团高质量发展。

TBM盾构机（核心科技装备） 　　　　　　　　　　　　　重庆建工A股上市仪式

成都兴城
BETTER CITY

成都兴城集团党委书记、董事长 **任志能**

国际化城市综合开发运营商
让城市生活更美好

成都兴城投资集团有限公司始创于2003年，现为达沃斯世界经济论坛（World Economic Forum）会员单位。截至2019年6月底，集团资产总额1896亿元，净资产530亿元。目前主营建筑产业、城市综合开发、医疗健康、文体旅游、资本运营与资产管理五大产业板块，集团设有二级全资及控股子公司15家，三级公司116家，员工人数23000余人，正努力打造成为世界一流的国际化城市综合开发运营商。

集团深入贯彻习近平新时代中国特色社会主义思想，积极践行新发展理念，打造了成都市东部、南部新区共计56平方千米两个城市副中心及天府绿道锦城公园、成都规划馆、金沙遗址博物馆、成都天府广场、四川电视塔等一批城市地标，先后建成了双流国际机场航站楼、成都二环路高架等1000余个城市民生项目。目前，集团正加快建设天府绿道和2021年世界大学生夏季运动会149.2千米重要交通配套工程"东西城市轴线"。

精工善成，兴城弘业。成都兴城集团坚决落实党的十九大精神，积极投身成都建设全面体现新发展理念的城市和美丽宜居公园城市建设，力争到2022年，实现资产总额3000亿元以上、年营收1700亿元以上，进入世界500强行列。

文体旅游：天府绿道锦城公园

成都兴城投资集团有限公司

主营业务板块

建筑产业
- 全国第一批"装配式建筑基地"和"国家高新技术企业"
- 建成医院、市场、学校共563所，社区服务设施3285处，累计获得鲁班奖、詹天佑奖等国家级优质工程奖34个，拥有国家发明及实用新型专利349项，各类专业技术人员6526人
- 2018年收购上市公司中化岩土（股票代码002542）

城市综合开发
- 中国房地产业综合实力100强
- 建设超过1400万平方米高品质住宅
- 2017—2018年拿地面积成都市场首位，累计取得开发用地超4700亩（1亩≈666平方米），成功布局广州、西安等城市，是首家落地省外市场的市属国有企业

医疗健康
- 成都市唯一一家市级国有医疗健康投资企业
- 完成西部首个医美小镇、中电（成都）健康医疗大数据、TSRI中国研究中心、淮州新城医院等项目立项
- 2018年收购上市公司红日药业（股票代码300026）

文体旅游
- 建成180千米锦城公园，提升生态景观47.6平方千米，增加成都市绕城内人均绿化面积40%以上，累计接待游客超100万人次
- 兴城足球俱乐部2018年以主场不败战绩晋级中乙联赛，截至2019年8月，排名南区积分榜第一

资本运营与资产管理
- 率先获得国内主体信用评级AAA和国际信用评级BBB+的市属国有企业
- 同时发行美元债券和欧元债券首家中国西南国有企业，成功发行3亿美元无抵押无担保债券和5亿美元无抵押无担保债券
- 成功获批100亿元优质主体企业债券
- 成功申报注册40亿元纾困公司债，成功发行20亿元纾困公司债，创全市场单期最大规模；成功发行10亿元生态环保专项债券，为同批次10年期债券最低成本；成功发行20亿元住房租赁公司债，创2019年中西部同类私募公司债券最低成本

文体旅游：天府绿道锦城公园

建筑产业：成都东西城市轴线（东段）工程

建筑产业：成都双流国际机场2航站楼（鲁班奖）

城市综合开发：广州臻悦府

城市综合开发：白俄罗斯中白工业园明斯克展会中心项目

城市综合开发：锦城湖宾馆

建筑产业：安徽恒大中心基坑项目

文体旅游：天府绿道锦城公园

医疗健康：红日药业医珍堂

中科电力装备集团
ZHONGKE ELECTRIC POWER EQUIPMENT GROUP

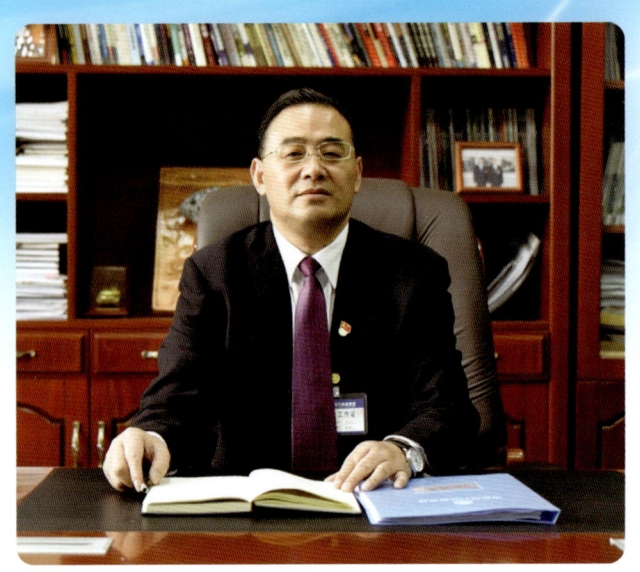

董事长 王小飞

中科电力装备集团是致力于打造成为国际化的科技型、智能型、节能环保型的高低压成套电气设备生产研发和解决方案提供商。2013年年底成立集团公司，总部座落在安徽蚌埠。入选中国企业500强、中国制造业500强，是高新技术企业，荣获中国电力行业管理创新奖和中国电力设备管理特别贡献奖。

拥有江苏、安徽蚌埠、安徽安庆、内蒙古、新疆、青海、河南七大生产制造基地和研发中心。引进了美国、德国、瑞士、加拿大、日本、比利时等国际先进的生产流水线和检测设备，具备智能电网综合节能自动化设备、成套电气设备、500kV及以下节能型变压器、330kV及以下特种变压器的设计、制造及试验能力。公司已通过ISO9001、ISO14001、OHSAS18001三大体系认证、CCC认证和CE认证，具有电力工程设计乙级资质和电力工程施工总承包二级资质。产品广泛运用于国家电网、交通运输、城市建设、石油化工、冶金矿山等重大工程项目，畅销全国30多个省、市、自治区，并出口东南亚和南美等国家和地区。

集团本着技术创新，科技兴业的创业理念，与浙江大学、南京理工大学、哈尔滨理工大学、上海交通大学、清华大学等院校进行了广泛的技术交流与合作。获批成立安徽省中科电力汪槱生院士工作站、安徽省博士后科研工作站、安徽省高压输配电装备工程技术研究中心，安徽省企业技术中心。多项产品荣获安徽省工业精品、安徽省名牌产品、安徽省新产品、安徽省科学技术研究成果、高新技术产品。目前，已取得国家专利300多项，产品检测认证300项和软件著作版权160项。

在当今经济全球化的时代背景下，集团将沿着"国际化、规模化、产业化"的发展道路，将"中科电力"品牌推向全球，朝着"做国际一流企业、创世界民族品牌"的宏伟目标迈进。

七大生产基地

集团研发中心

10kV成套柜流水线 　　　　　干式变压器生产 　　　　　日本村田数控冲床

企业文化展厅 　　　　　　　　产品展厅

五千八千 　　　　　　　　研发成果奖项 　　　　　　长寿命断路器

富冶国际大厦

富冶集团
FUYE GROUP

浙江富冶集团有限公司始建于1958年，至今已走过61年光辉历史，是长三角地区规模大、自动化程度高、技术装备优，集矿铜冶炼、电解精炼、多金属采选、加工、贸易于一体的大型民营集团。总部位于素有"天下佳山水、古今推富春"美誉的富春山居图实景地——杭州富阳，现有员工近3000人，具有年产阴极铜45万吨、黄金15吨、白银400吨、钯2吨产能。2018年实现产值430亿元，纳税23.67亿元。是中国企业500强、中国民营企业500强、中国制造业企业500强。是"浙江省工业行业龙头骨干企业""浙江省突出贡献企业""杭州市工业功勋企业"。

熔炼生产中控室　　　　　　　机器人操作

富冶集团生产厂区

  2001年企业改制以来，董事长、总经理罗忠平以壮大国家铜基础性产业，实现"铜业报国"梦想为己任，机制创新、管理创新、技术创新，企业规模不断壮大，效益迅速攀升。工业销售产值从2000年1.72亿元增加到2018年430亿元，纳税总额从293.47万元增加到23.67亿元。和鼎铜业项目被国家发改委确定为"低碳技术创新及产业化示范工程"，项目采用国际先进、国内领先的生产工艺技术，实现智能化机器人操作，形成规模效益、质量效益、绿色发展、循环发展等多重优势，跃居全国铜冶炼企业第一方阵，是行业内有着重要影响力的铜有色冶炼企业。

  集团已经踏上二次创业征程。未来，将继续坚守铜冶炼主业，加快推进铜产业进入资本市场，加快打造上海公司，加快拓展国际市场，在做强做大主业的同时，将集团打造成为集产业与商贸于一体的大型综合性集团。

  新时代，新起点，新征程。富冶人将以习近平新时代中国特色社会主义思想为指引，树立全球化视野，全力打造有色金属"航母级"百年企业，将企业梦想融入到中华民族伟大复兴梦想之中，为实现铜业报国梦想、助力国家"一带一路"建设不断拼搏奉献！

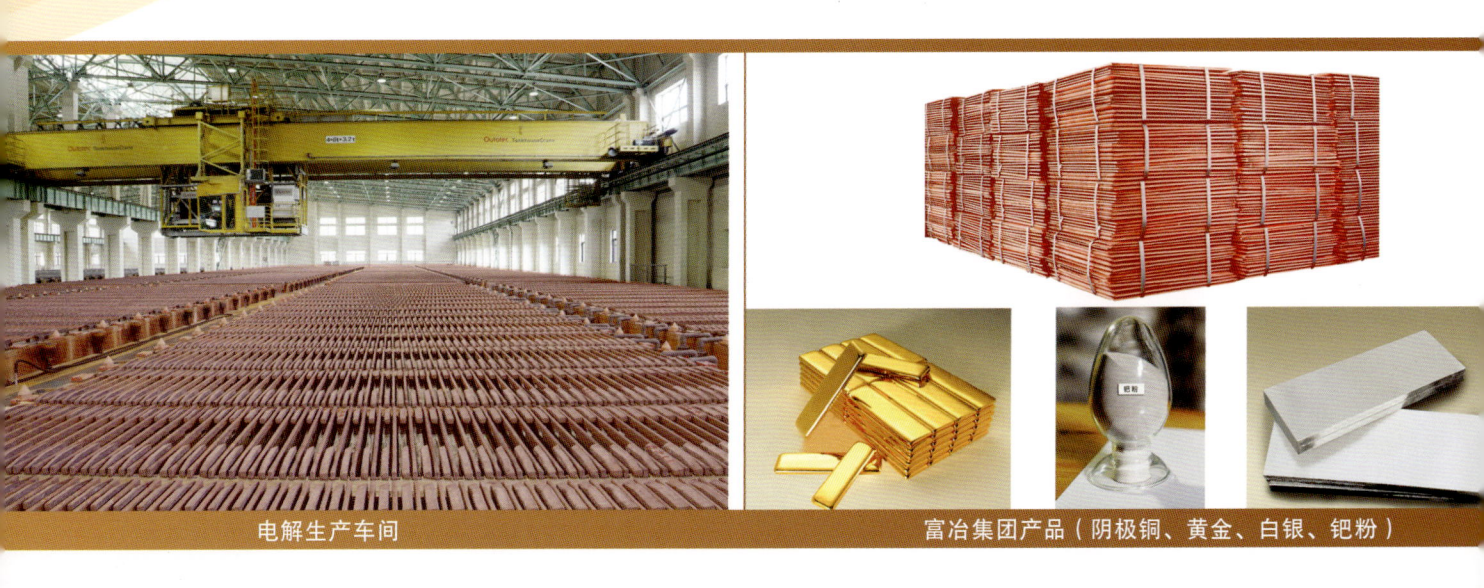

电解生产车间　　富冶集团产品（阴极铜、黄金、白银、钯粉）

山东恒源石油化工股份有限公司
Shandong Hengyuan Petrochemical Company Limited

▶ **企业简介** Company profile

　　山东恒源石油化工股份有限公司是一家以石油化工为主业，集石油炼制与后续化工为一体的国有控股大型企业，历经40余年开拓发展，已成长为蕴藏着巨大发展潜质的现代化、国际化石油化工企业，连续跻身"山东企业100强""中国化工企业500强""中国制造业企业500强""中国民营外贸500强"，2018年荣列中国企业500强。

　　企业境内公司占地1800亩（1亩≈666.67平方米），在岗员工1100人，一次加工能力350万吨/年，是省级安全标准化达标企业，已获批国家发改委350万吨/年进口原油使用权和国家商务部原油非国营贸易进口资格，拥有主体生产装置10余套，汽柴油、液化气等产品十几种。

　　作为中国地炼海外并购案及国家"一带一路"项目的成功典范，2016年2月企业完成51%股权并购。现境外公司位于波德申，是马来西亚上市炼油公司，主营成品油炼化和制造，产品包括汽柴油、燃料油、航空煤油、混合芳烃等，生产能力12万桶/日。

　　2018年企业境内外公司主营收入合计413亿元。

　　未来，企业境内公司将结合山东省深入推行新旧动能转换、炼油大型化、炼化一体化、高端化背景做出战略转型规划，以丙烷脱氢系列工艺发展丙烯及下游高端化工产品为主要方向，并进一步开发脱氢后氢能源的综合利用，坚定由炼油转型升级向高端化工发展；同时，境外继续深入拓展国际合作，积极打造"一带一路"合作新平台，通过内外联动、协同发展，做好全球战略布局，真正实现健康可持续发展。

　　鲲翼搏伟业，志达竞风流！公司董事长、总经理王有德诚携有志之士，同策同力，共拓宏图！

原油公司：0534-4435818　　销售公司：0534-4434666
E-mail:hysh@hyshjt.com　　传真：0534-4225918　　地址：山东省德州市临邑县恒源路111号

把握变化未来

恒源（马来西亚）炼油有限公司
Hengyuan Refining Company Berhad

HRC第60次年度股东大会

Stock Code:4324   Add:Batu1,Jalan Pantai,71000 Port Dickson,Negeri Sembilan,Malaysia

成就现代企业

上海新增鼎资产管理有限公司

上海新增鼎资产管理有限公司是集化工品生产管理、销售、投资及金融服务为一体的专业化资产经营管理公司，成立于2015年4月，2018年销售收入425亿元，总资产50亿元。

公司在化工领域拥有五大B2B贸易平台，实物交易能力可达1000亿元/年。公司以控股、参股、监管、托管、贴牌等方式，联合和控股了近万家生产型企业。

在科技板块方面，公司以物联网、人工智能、大数据分析等技术的开发和应用为核心，聚焦生产型中小企业，聚力为企业解决融资难、风控难、产供销协同难的问题，为运营管理能力的不断升级等提供价值服务并保驾护航。

公司自主研发智能工厂全景监控平台、智能工厂管理大脑舱、企业业财一体化平台，助力银行、小贷和风投机构、保险公司等金融机构，防范企业信用风险；在帮助导入企业各资源要素的同时，助力企业管理者实时、全面、准确地掌控企业生产运行情况、财务安全情况，优化决策流程、提高决策效率。

公司自主研发的B2B电商交易平台、产供销协同大数据平台，实现细分行业产业链上下游大宗产品的价格管理、资金结算、仓储物流、行情分析，以及供应链金融服务等建立企业共生共荣生态发展圈。

公司旗下有2家高新技术企业，已申请专利和软件著作权40余篇，待申请的30余篇，囊括钾化工、磷化工、智能工厂数据采集与应用相关的物联网技术、人工智能技术等诸多领域。

董事长、总裁赵力宾先生出席公司年会

公司荣获"创新大赛"最佳组织奖

公司办公场所

公司科技产品结构

公司荣誉

公司办公楼前台照片

集团本部

融资汇智　众志成城
FINANCING, WISDOM, INTEGRATION WITH UNITED STRENGTH

云南省城市建设投资集团有限公司是由云南省国资委监管的省属骨干企业。目前拥有两家主板上市公司（云南城投置业股份有限公司和云南水务产业股份有限公司），一家新三板公司（一乘股份有限公司），全资及控股40余家二级子公司，参股诚泰财产保险股份有限公司等20余家公司，是曲靖市商业银行第一大股东、莱蒙国际集团有限公司流通股第一大股东、闻泰科技第二大股东。截至2018年12月31日，集团总资产2924.73亿元，累计实现收入逾1400亿元，实现利润逾150亿元，上交税费逾266亿元，实现融资约4285.2亿元、实现投资约2657.7亿元。

围绕绿色康养综合服务商和城镇环境综合服务商战略定位，集团实现了城市开发、城镇环境、健康休闲、战略新兴产业的良好布局，业务拓展至国内多个省份和东南亚，成为持有和运营会展面积双指标第一的中国最大会展集团，是洲际酒店全球最大单一业主，初步形成集成电路材料、芯片设计、封装封测、智能终端等完整产业链。拥有云南省唯一双AAA信用评级，取得了惠誉国际BBB+评级。

发展历程 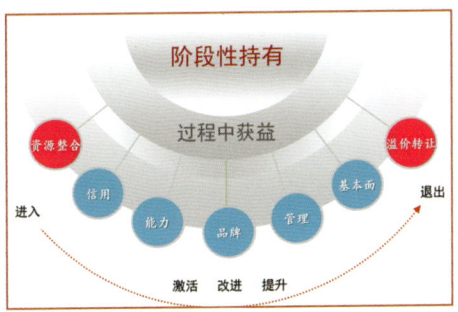　　投资逻辑 　　资本逻辑

城市综合开发

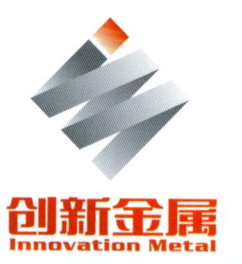

创新成就未来

山东创新金属科技有限公司位于山东邹平国家级经济技术开发区内，始建于2002年，是一家生产经营高端变形、铸造铝合金、铝棒、铝型材、铝板、带、箔、汽车轮毂、电工圆铝杆、超导高强导线、电缆的大型现代化综合企业。

创新金属拥有十个工业园区，下辖十几家子公司，员工一万多人，是国内规模最大的铝合金材料生产基地之一，产品广泛应用于交通运输、工业产品、电子、电力产品、建筑、装饰等领域。近几年，公司多次荣获"中国企业500强""中国民营企业500强""山东企业百强""山东民营企业百强"等诸多荣誉称号，并连续多年被金融部门评定为AAA级信用企业。创新金属将以习近平新时代中国特色社会主义思想为指引，以"争当行业领军、打造百年企业"为总体目标，在"五大发展理念"的引领下，继续发挥好资源、规模、技术、人才、品牌等优势，努力将企业打造成世界一流的铝合金材料研发商和制造商，为实现制造业强国做出积极贡献。

公司产品
Company Product

通州建总集团有限公司
Tongzhou Construction General Contracting Group Co.,Ltd.

董事长　张晓华先生

集团总部大厦

通州建总集团有限公司成立于1958年，系国家房屋建筑工程施工总承包特级资质企业，拥有含市政公用工程、机电工程总承包一级资质在内的十余项增项资质，设有省级研发中心、博士后科研工作站，下辖新三板瀚天智能科技公司（872235）、省级中等专业学校。是集施工总承包、轨道交通、智能通信、机电安装、装饰装修、园林古建等业务为一体的多元化大型企业集团。

公司拥有对外签约权，取得AAA级资信，涉足美国、俄罗斯等国际市场。年均施工面积4000万平方米，完成产值400亿元，连年跻身中国企业500强，位居"全国建筑业竞争力百强""中国承包商80强"等榜单前列。获评全国"守合同、重信用企业""江苏省著名商标"等荣誉。

公司先后获鲁班奖、国优奖等大奖32项，获评"全国创鲁班奖突出贡献企业"。主持建设了1项"改革开放35年百项经典暨精品工程"。参与建设了"百年百项杰出土木工程"中的6项、"新中国成立60周年百项经典暨精品工程"中的6项，主持或参与建设了南京大屠杀遇难同胞纪念馆、南极中山站、上海国际航运中心洋山深水港、浦东国际机场、奥运会体育馆、世博园主题馆、南通轨道交通一、二号线、苏州轨道交通配套工程、南通火车站等代表建筑。

南通轨道交通工程观摩工地

南通地区首台盾构机—紫琅11号

侵华日军南京大屠杀遇难同胞纪念馆工程（鲁班奖）

通州区市民中心（鲁班奖）

苏州慧湖大厦（鲁班奖）

武汉金融控股集团
Wuhan Financial Holdings(Group)

集团荣获支持武汉经济社会发展金融创新单位

集团召开 2019 年度工作会

集团领导调研在建项目

集团开展学习党的十九大精神集中轮训

集团旗下长江国际航运金融港项目效果图

集团举办 2018 年职工运动会

集团旗下湖北金融租赁公司荣获"年度最具成长性租赁公司"奖

武汉金融控股（集团）有限公司是经武汉市委、市政府批准于2005年8月成立，2015年8月更名挂牌的大型国有金融投资集团，注册资本40亿元，是湖北省首家挂牌的金融控股集团。集团旗下全资、控股企业73家，集团系统在册职工8000余人，主体长期信用评级为AAA。

集团是中部地区金融牌照最为齐全的国有金融企业，旗下拥有银行、金融租赁、信托、保险、公募基金、期货、资产管理、产业基金、票据经纪、金融资产交易所、金融外包服务、融资担保、小贷和典当等金融和类金融业态20余项。实业板块主要分布在综合物流、集成电路、新能源等领域。集团按照"金融＋实业"双轮驱动战略布局，积极践行金融服务实体经济总要求，实现稳健快速发展，取得良好的经济效益，截至2018年年底，集团总资产达1124亿元，净资产为339亿元，全年实现营业收入375亿元，利润总额21.3亿元。

集团坚持以党建统领全局，把打造"红色金控"作为党建工作的基本理念和价值追求，积极构建极具特色的现代金融国企治理体系。近年来，集团上下紧紧围绕服务实体经济、防控金融风险、深化金融改革三项任务，发挥"干大事、谋大局、成大业"的作用，做实金融服务、做多金融业态、做好金融创新、做大金融规模，积极为实体经济提供全方位、多功能、一揽子综合金融服务。2018年，集团综合利用金租、信托、担保等金融业态，全年为实体经济提供融资及担保资金支持达1300亿元，近两年合计达2200亿元，成为武汉建设中部金融中心的主力军，建设国家中心城市的助推器。

广州农商银行
GUANGZHOU RURAL COMMERCIAL BANK

　　广州农商银行前身为1952年成立的广州农村信用社，2009年12月改制成为农村商业银行，2017年6月在中国香港挂牌上市，注册资本98.08亿元，辖下拥有在职员工近8000名，网点机构约630个，网点数量居广州同业首位，省内设立6家分行，分布在南沙自贸区、佛山市、清远市等地，并在北京、山东、河南等全国9省（市）开设25家村镇银行。

　　广州农商银行保持良好发展态势，各项业务稳健快速发展。截至2018年年末，集团总资产7632.89亿元，业务规模位居全省农村合作金融机构首位、全国农商银行前列。全资设立的珠江金融租赁公司是广东省首家由银监会批准设立的金融租赁公司，投资控股并参与改制的株洲珠江农村商业银行开创跨省控股农商银行先河。2019年7月，由广州农商银行战略投资控股的潮州农商银行和南雄农商银行完成了战略重组，相继开业。

　　作为广州农村金融服务的主力军，广州农商银行始终坚守"植根本土、支农支小"的市场定位，不断完善三农业务营销体系、加快产品服务创新，打造出独具特色的三农金融服务模式。除此之外，广州农商银行还一直秉承"服务中小企业、服务实体经济"的理念，以支持民营企业、支持地方经济发展为己任，在管理、授信、产品、服务等方面进行积极探索、优化和创新，扶持了一大批民营企业。2019年，广州农商银行迎来改制十周年。在巩固本土特色优势的基础上，广州农商银行将继续改善金融服务水平，助推地方经济发展，践行企业责任。

安哥拉社会住房项目凯兰巴·凯亚西一期工程

新疆生产建设兵团建工集团

奋力谱写兵团建工集团高质量发展新篇章

兵团建工集团自1952年组建以来，几经风雨，历经沧桑，一代又一代兵团建工人艰苦创业，开拓前行，在几十年建设和保卫边疆的过程中，造就了一支特别能吃苦、特别能战斗、特别能忍耐、特别讲奉献的队伍，正是这种精神，使兵团建工集团凝聚成一股无坚不摧的红色力量，为兵团、新疆和国家经济建设和团结稳定做出了不可磨灭的贡献，被新疆各族人民誉为"塞外水利兵""戈壁滩上的铁人""电力建设铁军""黄金大道的铸造者""亚欧大陆的建设者""中国西部建设的雄狮"。

兵团建工集团2000年改制组建为国有独资企业，目前注册资本金10.18亿元，资产总额512亿元，净资产128亿元，下设14个子公司，1个上市公司（北新路桥）。拥有房屋建筑工程总承包和公路工程总承包双特级资质，拥有建筑工程、市政、水利水电、公路、铁路等施工总承包一级资质11项，拥有桥梁、路面工程、隧道工程、钢结构、园林绿化、装修装饰、高耸建筑等专业一级资质20余项，以及对外援助成套项目总承包企业资格和对外承包工程经营资格证书。现有职工12000余人，其中具有高、中级职称的各类经济、技术、科研等管理人员6000余人，从业人员8万余人。现有先进的大型施工设备1000余台（套），年施工能力超600亿元。

今后一段时期，兵团建工集团将大力推进"13579"工程，打造"三型""三化"企业，奋力实现"三大目标"，即：坚持一个总体思路、深化三大市场战略、巩固五大经营板块、拓宽七项产业领域、做好九项重点工作，着力打造"学习型、创新型、责任型""同心多元化、管理现代化、发展国际化"的三型、三化企业，积极主动作为，奋力实现"三大目标"（打造"三个百亿集团""三个上市公司"、未来三年产值突破600亿元）。通过发展战略的实施，集团将在5～10年内在铁路、水利、市政方向获取2～3个特级资质，努力打造千亿集团，争取中国企业500强企业排名持续提升，适时完成集团优质资产的整体上市。

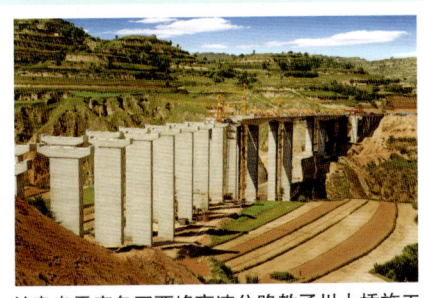

甘肃省雷家角至西峰高速公路教子川大桥施工现场

集团承建的新疆高速铁路

架设中的第一榀箱梁

陕西小河安康高速公路牛岔湾大桥

新疆精伊霍铁路伊克胡伦赛大桥

新疆肯斯瓦特水电站工程

金雅福集团

黄仕坤

金雅福集团董事长

改革开放以来，深圳这片热土缔造了无数传奇，涌现出一大批优秀企业。在改革开放伟大征程中，金雅福集团（以下简称金雅福）卓立潮头，开拓创新，集团旗下黄金珠宝产业运营、智慧供应链服务、产业投资三大板块业务持续发力、成绩喜人。

从2006年成立至今，金雅福已走过13个年头，逐渐发展成为以深圳为起点、业务覆盖全国的多元化产业控股集团。在金雅福战略引领下，三大板块业务均取得了长足发展，成为行业领先的大型综合产业服务商。

作为集团产业成长的基石，黄金珠宝产业运营业务以"全产业链+智造+文创"为基础，目前已发展成为集贵金属精品研发、智能智造、检验检测、个性定制、仓储物流等服务于一体的贵金属行业综合服务商。同时，整合文创IP、非遗工艺、3D智造、权威检测等资源优势，为广大客户提供更优质的贵金属产品与服务，成为行业智能化、规模化转型升级的企业标杆。

智慧供应链版块主要服务于有色金属、黑色金属、稀贵金属、能源化工、农产品等大宗商品细分行业，年产值近400亿元，为央企、国企、上市公司等1000多家实体企业、银行、金融机构等提供综合解决方案。产业投资业务以"黄金珠宝、大宗商品为主的实体产业和战略性新兴产业"为重点投资方向，目前已战略入股2家农村商业银

金雅福高端定制产品——黄金飞机

行，打造全产业链投资平台。

如今，金雅福已获得上海黄金交易所特别会员资质，并在全国众多城市建立了黄金珠宝营销中心，产品主要销往全国各大银行、大型企业、大型商超等终端渠道，形成了专业的文创研发服务、高端的定制服务、权威的检验检测服务、完善的供应链平台服务、便捷化的珠宝共享服务、线上线下联通的供销渠道服务等优势。

凭借强大的规模实力、品牌影响力、优质的产品和服务，金雅福先后荣获"中国民营企业500强""中国民营企业服务业100强""全国供应链创新与运用试点企业""广东省百强民营企业""深圳企业500强"等称号。金雅福旗下智慧供应链旗舰公司入选"中国大宗商品现代流通十佳企业""深圳盐田工业10强企业"。

经过多年深耕，金雅福已走出传统黄金珠宝产业发展的时代局限，着力布局"新文创、新技术、新零售"，积极拓展旗下产业领域，努力在弘扬中国传统文化和非遗工艺的基础上，通过互联网、大数据、3D智能制造等先进技术，全面赋能产销等各个环节，走出了一条技术与创意、文化相结合的特色发展之路。

未来，金雅福将以"引领产业生态，共创智慧生活"为使命，持续推进各大业务板块协同发展，为打造国际化、多元化的产业集团而努力。

粤港澳大湾区科技文化创新产业园——金雅福高端黄金珠宝定制基地

金雅福组织学习习近平总书记在民营企业座谈会上的重要讲话精神

徐矿集团党委书记、董事长冯兴振
出席江苏省十三届人大一次会议

徐州矿务集团有限公司（以下简称徐矿集团）源自1882年清光绪八年成立的徐州利国矿务总局，是中国民族工业的启蒙，煤炭工业改革的先锋，具有纯正的红色基因，至今已有137年的煤炭开采历史。徐矿集团是江苏省政府授权的国有资本投资主体，也是江苏省属唯一能源工业企业，产业涉及煤炭、电力、煤化工以及矿业工程、煤矿机械、建设投资等关联领域。总资产500亿元，是中国大企业500强，全球能源企业竞争力500强，全球煤炭综合竞争力30强。

近两年来，徐矿集团新一届领导班子认真贯彻习近平新时代中国特色社会主义思想，以新发展理念为统领，以供给侧结构性改革为牵引，以高质量发展走在全国行业前列为目标，坚持党的领导，坚持聚焦主业，坚持系统思维，坚持融合发展，坚持依靠职工，大力实施"一体两翼"发展战略，心无旁骛地发展煤电化核心主体产业，盘活资源发展服务外包，融入地方修复治理生态，奋力推进百年煤企在困境中突围、在转型中重生，扭转了多年亏损局面，稳定了大局，破解了困局，开启了新局，改善了民生，治理了生态，高质量发展取得了阶段性成效。2018年在2017年扭亏基础之上创造经营利润27亿元，上缴税费27亿元，百年徐矿正从稳下来走出来向好起来强起来稳健迈进，开辟了一条独具徐矿特色的"困境突围、转型重生"之路。具体表现为"五个样本"：一是聚焦主业发展，推进产业转型，着力解决好产业接续问题，创出资源枯竭型企业转型重生样本；二是聚焦持续发展，拓展服务外包，着力解决好人员安置问题，创出去产能矿井"关井不走人"样本；三是聚焦高效发展，实施"五血疗法"，着力解决好经营亏损问题，创出国有老煤企困境突围样本；四是聚焦绿色发展，协同治理生态，着力解决好环境修复问题，创出了衰老矿区变绿水青山样本；五是聚焦共享发展，建设"三三工程"，着力解决好民生福祉问题，创出新时代产业工人队伍建设的样本。

"产煤不见煤,是矿不像矿"的花园式矿井
——徐矿集团陕西郭家河煤业公司

火力发电、科技领先——徐矿集团江苏华美热电公司
耦合生物质发电试点和矿区增量配电试点项目双获国家批准
建成江苏首家可连续运行烟气"脱白"项目

2017至2018年度全国甲醇行业优秀企业——徐矿集团陕西长青能源化工公司,运营质量和效益水平位居全国同类型装置前列

国家康居示范工程
——"徐矿城"棚户区改造项目

把采煤塌陷地变成绿水青山的国家4A级景区
——潘安湖

共建共维共享徐矿美好大家庭
——同心共筑徐矿梦大型文艺演出

江南集团
JIANGNAN GROUP

北京江南集团，成立于2004年，总注册资金9.9亿元，是一家以房地产开发为主，集投资管理、旅游度假、养老产业、房屋销售、物业管理、建筑设计、商业贸易、文化传媒于一体的跨行业、跨地区的投资管理集团。集团凭借雄厚的资本实力，储备了多个优质开发项目资源，项目遍布北京、环首都经济圈及粤港澳大湾区等地。

作为城市旧改引领者，集团紧跟城市发展脉络，投资开发了多个旧城改造和旧村改造。累计拆迁总面积为450万平方米，实际完成回迁安置建设约200万平方米，产业建筑面积200万平方米，新建住宅总面积约430万平方米。

科技地产是集团发展的战略性业务，集团强调园区与产业协同发展，以产业聚集为目标，以战略性新兴产业为主导，通过开发、运营、服务助推科技园区的产业创新和价值提升。北京江南集团发展至今，始终以"专业化城市建设者"的开发理念自勉，未来将为社会奉献越来越多的精品之作。

江南府效果图

江南大厦

中科科技产业园效果图

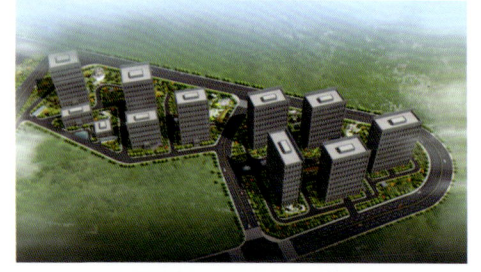

中科科技产业园（一、二、三期）

中科科技产业园（南区、北区）

矿山生态恢复区种植的树木和远方的交相辉映非常漂亮

董事长 李朝春

  洛阳栾川钼业集团股份有限公司（以下简称公司）前身是创建于1969年的河南省栾川钼矿，历经50年的发展，如今成为一家从事铜、钴、钨、钼、铌、磷等矿业生产及金属贸易的国际化资源公司，拥有全球化业务布局和A+H两地上市平台，是全球领先的铜生产商及金属贸易商之一，全球前五大钼生产商、最大钨生产商之一，同时亦为全球第二大钴、铌生产商和巴西境内第二大磷肥生产商。

  为了解决原国有体制下企业亏损、竞争力低、发展缓慢等问题，公司紧紧抓住国家推进国有企业改革的政策机遇，在市县两级政府的主导和支持下，引入上海鸿商产业控股集团战略合作伙伴，分别于2004年和2012年顺利完成两次"混改"。两次混改后，公司由国有独资转型为"民营控股、国资持股、公众参股"的混合所有制企业。

  公司转型升级的主要经验：一是国有控股与民营资本相互交融、优势互补，释放改革强劲动力；二是混合所有制助推企业"三大改造"；三是形成独特的具有洛阳钼业特色的混合所有制企业文化。

无人驾驶工作现场 　　洛钼集团万吨选厂车间 　　洛钼集团选矿三公司生产现场图

澳大利亚北帕克斯铜金矿（NPM）厂区夜景

产城融合—崛起的成都蛟龙港
做强制造业　做优旅游业　做精服务业

成都蛟龙港创始人　黄玉蛟

成都蛟龙港创建于2000年，由香港蛟龙集团投资开发,历经近20年发展，已在成都成功建成成都蛟龙港青羊园区、成都蛟龙港双流园区，开创了民营经济办园区的先河。按照自主建设、自主经营、自主管理的原则，形成了业界独创的"蛟龙模式"。成都蛟龙港已从单一的民营工业园发展成为全国首家民营的港城园区。目前，成都蛟龙港已连续6年进入"中国民营企业500强"，取得了"四川省优秀民营企业""四川企业100强""四川民营企业100强"等多项荣誉，被列为"成都市工业集中发展示范区""成都市非公经济统战工作示范点"。作为民营企业发展平台、中小微企业孵化园，为园区实现可持续发展，成都蛟龙港打造了完整的基础配套设施，同时拥有专业化的运营管理团队和成熟的管理经验。截至目前，园区共引进企业2380多家，年上缴税收约6亿元，常住人口突破10万人。

成都蛟龙港首个产业转型升级项目、国家AAAA级旅游景区—成都海滨城作为集办公、旅游、亲子、教育、美食、休闲、购物、娱乐等多功能于一体的"全国首家商业旅游综合体"，其核心业态—成都浩海立方海

洋馆打破两项吉尼斯世界纪录，是"四川省科普基地""成都市科普基地""成都市青少年科普教育实践基地"，还拥有海滨欧悦真冰场、海滨城飞行俱乐部、海滨城4DMX影院等多种特色业态，以"上天下海，海玩海购"的创新理念让消费者在旅游的同时，可以感受到不一样的购物、美食、休闲、观影体验，充分享受到海陆空三栖旅游景区的独特魅力。2018年，景区实现年接待游客量突破2100万人次，拉动区域经济发展，提升城市形象，成为四川游客满意度极高的旅游景区之一，是成都文化旅游的一张璀璨名片。

在经济新常态下，蛟龙港从未停止创新的步伐，以"财富有限、创新无限"的理念，调结构、转方式，创新经济、发展经济。在首次成功转型升级后，不断开拓创新、寻求突破发展，以TOD模式规划建设蛟龙（空港）海滨新城，打造一片海、两座岛、三中心（产业聚集中心、文化旅游中心、CBD中心），结合"三生"（生产、生活、生态）需要，通过"三态"（新生态、新业态、新心态），运用生态技术、工业技术、信息技术、管理技术，再次转型升级，建成"宜商宜业宜居宜游宜享"的产业新城，展现"天更蓝、水更清、地更绿"的优美环境，助推四川经济蓬勃发展，为成都建设国家中心城市夯实基础，为双流建设空港门户城市、航空经济之都做出积极贡献。

成都蛟龙港园区大景

国家AAAA级旅游景区——海滨城

海滨城核心业态——成都浩海立方海洋馆

齐鲁制药
QILU PHARMACEUTICAL

齐鲁制药集团是中国大型综合性现代制药企业，主要从事肿瘤、心脑血管、感染、精神系统、神经系统、眼科疾病的制剂及原料药的研制、生产与销售。目前建有占地7496亩（1亩≈666平方米）的九大生产基地，下设13家子公司，员工19000余人，除人用药外还涵盖兽用化学药品、兽用生物制品、生物农药的研制、生产与销售。集团连续多年跻身中国医药工业百强榜十强。

7496亩
九大生产基地

13家
集团下设子公司

2017年度位列第8位
中国医药工业百强榜

用科技表达我们的爱
CARING THROUGH SCIENCE & TECHNOLOGY

集团始终坚持创新驱动战略，4个药物荣获国家科技进步二等奖。申请专利超过450件，已获授权专利292件，100%为发明专利；13项PCT申请在英国、美国、加拿大等国家获得22项授权；在美通过挑战专利获批上市制剂产品多个。集团紧跟国际创新药物发展趋势，在美国波士顿、旧金山、西雅图和中国上海、济南建立中美联动五大研发平台，整合全球优质资源，持续开发"全球新""全球好"药物。在肿瘤、感染、肝病、自身免疫、代谢疾病等未被满足重大疾病领域已布局完善的创新药物产品线，未来数年内，将有多个创新药物研发上市。

做最优质、最安全的药品是齐鲁制药人坚定的承诺。齐鲁制药集团引进了国际先进的生产设备、检测仪器和技术，建有与国际接轨的质量管理体系，是国内率先通过美国FDA、欧盟EDQM、英国MHRA无菌产品认证的企业。集团产品结构科学完整，具有治疗领域广、产品系列化特点，产品出口全球70多个国家和地区；制剂产品稳定出口日本、澳大利亚以及北美等国家和地区，迄今实现13个大宗制剂产品对美出口，头孢制剂系列澳大利亚市场占有率具有优势地位。

齐鲁制药集团 总裁

华北集团

金城银行

华北集团董事局主席　周文起

天津华北集团有限公司（以下简称华北集团）成立于1999年，经过二十年发展，现已成为以制造业为基础，金融业、地产业、现代物流业为一体的大型综合性集团公司。集团坚持实业为先，多元发展。目前集团综合实力连续多年蝉联中国企业500强、中国民营企业500强、中国制造业500强、天津市百强企业等荣誉，集团现有近30家子公司，拥有核心专利技术近300项。

由华北集团旗下的江铜华北（天津）有限公司、天津市华北电缆厂有限公司、天津华南线材有限公司、天津华北集团铜业有限公司、天津金山电线电缆股份有限公司组成的制造业堡垒持续发展壮大。

华北集团引进美国南方线材公司生产的SCR4500铜杆连铸连轧生产线，年产值达百亿元。华南线材斥巨资引进意大利翡杰科双头拉丝生产线，带动华北集团线材板块高质量发展。2006年，华北集团成功并购与控股天津金山电线电缆股份有限公司，进一步扎实了华北集团的铜产业链。集团董事局主席周文起创新提出并实践花园式工厂建设理念，通过技术更新、工艺改造，节能减排，为有色工业改革贡献力量，推动有色金属行业技术进步，走出了一条可持续发展的道路。

华北集团金融业以资产经营、金融管理为主体、形成了小贷、资产管理、融资租赁、股权投资、定向增发、二级市场投资等多元化的发展领域。2015年4月27日，华北集团投资的天津金城银行盛大开业，金城银行是中国首批五家民营银行试点单位之一。

近年来，华北集团地产业务发展迅猛，充分体现"高起点、高品质、高价值"的核心价值。开发了"珑著·上御""御园"、武清荔隆时代广场、海南亚龙湾雅阁温泉度假酒店等地产项目。

在未来，华北集团将站在全新的高度，秉承"实业为先、多元化发展"的企业发展思路，用实干铸就华北价值。

荔隆广场

华北集团工业园

江铜华北（天津）铜业有限公司车间 SCR4500 连铸连轧生产线

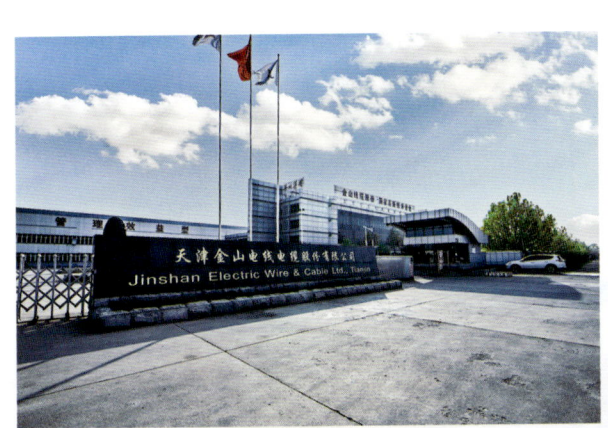

华北集团——金山电线电缆股份有限公司

华北集团——海南雅阁温泉酒店

华北集团工业园全貌

广西农垦集团有限责任公司

广西农垦集团始建于 1951 年，系广西壮族自治区人民政府直属国有企业，拥有 13 万公顷的土地面积，下辖 28 家二级企业，其中 10 家专业集团、18 家区域农场公司、2 家事业单位，分布在广西 14 个市、42 个县（区）。

经过 68 年发展，广西农垦形成了门类比较齐全的经济体系，农工商一体化，产供销一条龙，已建成 1 个国家重点实验室、3 家农业产业化国家重点龙头企业、10 家广西重点龙头企业、2 个广西千亿元产业研发中心，14 种农产品实现全程质量可追溯，培育了 2 个中国名牌农产品、21 个广西名优名牌产品，广西农垦的蔗糖、生猪、木薯淀粉、剑麻、茶叶、柑橘等产业在国内外拥有一定影响力和话语权。

广西农垦集团以实施乡村振兴战略为契机，紧紧围绕"一核三新"主导产业（"一核"即发展以蔗糖、畜牧、木薯淀粉、剑麻、茶叶、果蔬为重点的现代农业核心产业，"三新"即培育壮大综合地产、商贸流通、金融服务三个新产业新业态），着力打造全区"特色产业发展龙头企业、乡村振兴龙头企业、一二三产业融合发展龙头企业"，重点推进畜牧扩张，大力发展糖业、剑麻循环经济；发挥农垦土地资源优势，重点推进"一环一轴一网"项目建设，打造一批特色小镇和田园综合体，迅速做大综合地产新产业；积极响应国家和自治区号召，融入"一带一路"建设，做好"东融"文章，重点推进中国印度尼西亚经贸合作区、越南归仁木薯变性淀粉加工、中缅剑麻种植、俄罗斯农产品加工物流中心等海外项目建设，努力形成全区乃至全国农业领域"航母"。

广西农垦大厦

农垦"双高"糖料蔗示范基地

广西糖业集团大型糖厂

农垦永新畜牧集团自动化生猪养殖基地

广西剑麻集团现代化生产车间

广西糖业集团甘蔗机械化收割

广西农垦明阳生化集团越南归仁厂区全貌

深圳能源
SHENZHEN ENERGY

盐田能源生态园是国内首座"四位一体"现代化环保电厂

深圳能源集团股份有限公司成立于1991年6月，1993年9月在深圳证券交易所上市，是深交所第一家上市电力企业，2007年12月实现整体上市。集团现有总股本39.64亿股，其中深圳市国资委持有47.82%，华能国际持有25.02%，其他股东持有27.16%，是国有控股上市能源企业。

集团致力于为社会提供清洁、安全、高效的能源产品与服务，紧紧把握时代脉搏，科学选定战略方向，全力打造"责任能源、实力能源、环保能源、和谐能源"，逐步形成了以能源电力、能源环保、能源燃气为核心业务，能源资本、能源置地为支撑业务的"三轮两翼"产业体系，确立了三大核心业务板块：以可再生能源（风、光、水）、气电和清洁煤电为主的能源电力板块；以城市固废（生活垃圾、污泥）及工业废水处理为主的能源环保板块；以城市燃气供应、LNG高中压管网运维、基于LNG分布式能源为主的能源燃气板块。截至2018年年底，集团产业布局国内22个省市及非洲加纳等海外地区，总资产891亿元，净资产297亿元，控股装机容量1191万千瓦；坚持最高环保标准，以垃圾处理产业为依托，积极发展能源环保产业，垃圾日处理能力达11300吨，排放指标均达到欧盟标准，处于世界先进水平；积极拓展城市燃气市场，年供气量3.95亿立方米。公司产业构成中，清洁能源装机占比超过58%，利润贡献超过65%，处于国内领先水平。

集团是全国垃圾发电行业的先行者、技术标准的主要制定者，推动垃圾发电行业高标准、高质量的建设运营，获得了国家住建部的高度认可。依据多年的技术和管理经验积累，主编、参编了《生活垃圾焚烧厂检修规程》《生活垃圾焚烧厂运行监管标准》等行业标准24部，占行业标准总量的60%，将企业标准升级为行业标准，向全国输出"深圳标准"，成为垃圾焚烧发电行业标杆企业。集团参与发起成立深圳碳排放交易所，完成国内首笔碳交易和首笔碳资产回购业务，引领行业低碳发展。

集团先后荣获全国先进基层党组织、全国"五一"劳动奖状、《财富》中国500强、"全国质量标杆"、国家级企业管理创新成果奖、达沃斯论坛"全球成长型公司"、联合国工发组织能源与环境促进事业国际合作奖、2018年深圳市市长质量奖大奖、深圳经济特区30年杰出贡献企业、最受投资者尊重的百强上市公司等诸多荣誉称号，集团所属宝安垃圾发电厂二期工程荣获我国工程建设领域最高奖项——国家优质工程金质奖，创行业首例。

华南地区首台60万千瓦超超临界机组，我国首座废水零排放的燃煤电厂

晋钢集团
JIN GANG GROUP

　　山西晋城钢铁控股集团有限公司（以下简称晋钢集团）成立于2002年，位于山西省晋城市巴公工业园区，目前发展成为集钢铁、精密智造、矿渣超细粉及物流为一体的钢联合企业。集团总占地440公顷（一公顷≈0.01平方千米）现有员工10700余人。至2018年年底，集团拥有总资产148.69亿元，全年实现销售收入183.95亿元，同比增长31.58%；上缴税收7.59亿元，同比增加45.96%。公司具有年产600万吨铁、钢、材的能力。2011年，公司注册商标"兴晋钢"被国家工商总局认定为"中国驰名商标"，公司通过了质量、环境、职业健康安全管理体系认证。2012年年底，"兴晋钢"牌热轧带肋钢筋在上期所成功注册，成为上期所螺纹钢标准合约的履约交割产品。"兴晋钢"产品连续三届荣获国家冶金产品实物质量"金杯奖"。

　　集团现为中国钢铁工业协会会员单位，先后荣获"全国钢铁工业先进集体""中国制造企业500强""中国民企制造企业500强""中国对外贸易民营500强""全国钢铁生产链热轧带肋钢筋优秀制造商A级企业""全国质量诚信优秀企业""山西省功勋企业""山西省优秀民营企业""2018山西省民营企业100强第7名""晋城市最具影响力民营企业""晋城市市长质量奖""超亿元纳税先进企业"等荣誉称号。

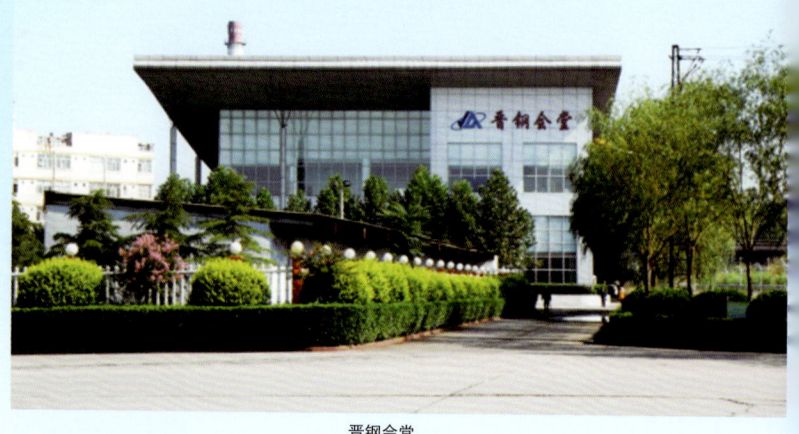

晋钢会堂

晋钢文化公园一角

公司节能减排综合利用项目

公司生产厂区一角

现代化的办公大楼

晋钢全景

董事长王占宏先生

宏兴钢铁办公楼

秦皇岛宏兴钢铁有限公司（以下简称宏兴钢铁）是一家综合性民营钢铁企业。公司位于秦皇岛西部经济开发区昌黎循环经济产业园内，注册资本金33亿元，在册职工5000余人。经过10余年的发展，综合实力位列河北省百强企业，连续多年位列全国制造业500强。

宏兴钢铁主营产品为优质碳素结构钢、低碳热轧圆盘条、热轧钢带、热轧光圆钢筋和热轧带肋钢筋，产品销往国内多省、市地区，具有较强的市场竞争优势和引领带动作用。建筑用钢筋产品已取得国家质检总局核发的工业产品生产许可证。2018年公司实现营业收入174.54亿元；利润总额15.32亿元；上缴国家税金8.91亿元，为地方经济发展、财政税收做出了巨大贡献，对地方经济起到了良好的示范带动作用。

宏兴钢铁按照"务实、奋进、诚信、高效"的企业宗旨和"以人为本、科学发展、回报社会、共建和谐"的经营理念，积极贯彻落实党的十九大高质量发展精神，按照河北省关于冶炼装备大型化升级改造的具体要求，坚决贯彻落实国家钢铁产业发展政策，以"高质量、绿色、环保、高效"为发展目标，踏实做好钢铁主业，迈进干红酒、旅游度假、星级酒店等高端非钢产业，继续发扬"拼搏进取、创新求强"的宏兴精神，逢山开路、遇水架桥，以百折不挠的毅力，为全面实现综合型多元化大型企业的目标而不懈奋斗！

宏兴钢铁——朗格斯酒庄

宏兴钢铁——沙雕海洋乐园

宏兴俱乐部、宏兴体育馆

中国不锈钢交易网
Exbxg·com

　　无锡市不锈钢电子交易中心（以下简称无锡不锈钢）是在传统商品市场发展起来的大宗商品产业互联网平台，成立13年来以年均20%以上的速度持续、快速增长，逐步成为具有国际影响力且服务实体经济成效显著的"全国民营企业500强"和"中国互联网百强"企业，是国内大宗商品交易市场与现代供应链的标杆企业。无锡不锈钢的电解镍、钴、铟的货物交收量占国内消费量的40%以上，其形成的电解镍、钴等价格已经取得了国际认可的定价权。

1. 推动现货贸易形式的转型升级

　　通过无锡不锈钢平台线上交易、交收，已经成为现货贸易的重要形式，平台简化了贸易流程、提升了贸易效率。同时，随着贸易模式的转变，也促使众多中小贸易企业从贸易型逐步向加工型和服务型的转变，无锡不锈钢已成为全球最大的镍、钴、铟和不锈钢现货电子交易市场。

2. 平台价格成为现货贸易的基准价格，具有国际认可的定价权

　　无锡不锈钢平台价格已成为国内电解镍、电解钴的定价依据，现货市场已经形成以参考无锡不锈钢平台价格进行升贴水报价的贸易模式。无锡不锈钢平台交易价格被央视财经频道、汤森路透采集，伦敦金属交易所、芝加哥商品交易所

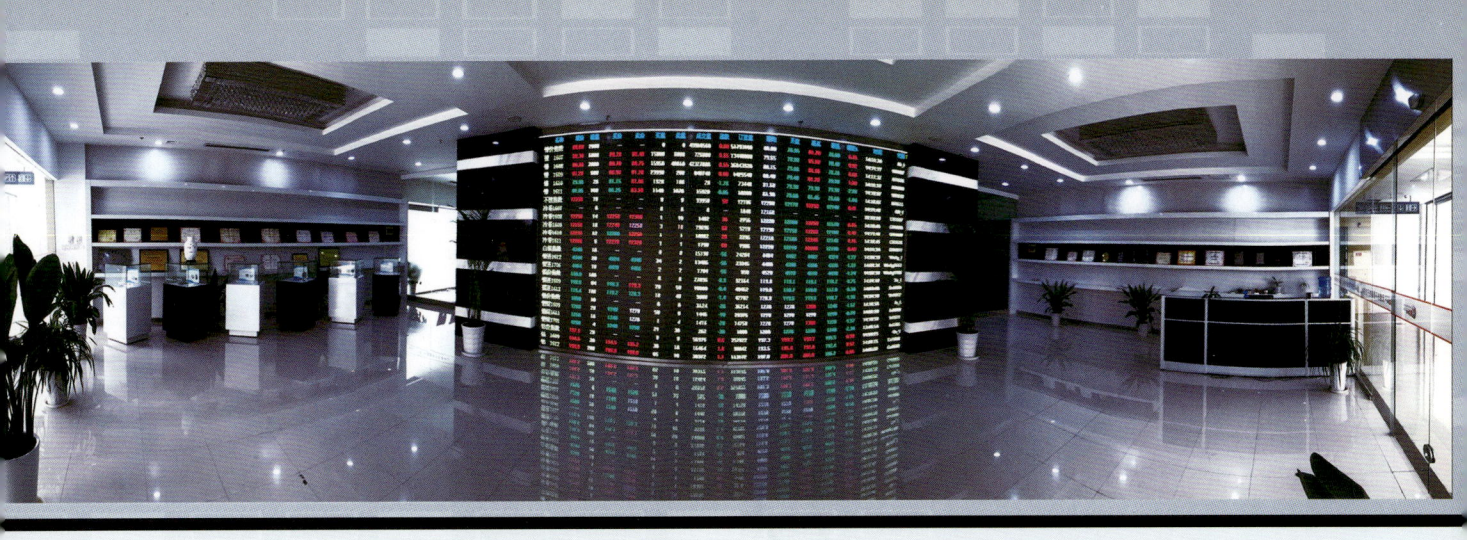

计划增加以无锡不锈钢平台价格作为结算价的镍和钴指数合约。

3.建立覆盖全国的配套服务体系，提供一体化综合服务

无锡不锈钢产业企业客户覆盖全国32个省市、2个特别行政区，在全国4个主要贸易集散地区共设立了26个交收仓库，交收库容约100万平方米，为所有产业客户提供公共库存，同时与全国50余家物流配送企业达成合作。

4.线上交易带动线下贸易，线上商流带动线下物流，促进产业融合

无锡不锈钢通过综合服务提供和生态圈打造，改变了传统的行业贸易流通模式，与产业客户建立了更加紧密的合作关系，线上交易带动线下贸易，线上商流带动线下物流，促进产业融合，为客户提供一体化现代供应链解决方案。

5.线上平台与线下物流中心、加工中心融合发展，促进产业集聚

无锡不锈钢打造了硕放不锈钢物流园等不锈钢物流加工产业园。无锡硕放不锈钢物流园已成为全国最大的不锈钢产业集群之一，为全国范围不锈钢及金属行业企业提供交易、仓储、交收、融资、剪切、加工和配送等一体化服务，并带动无锡地区形成了大型的不锈钢产业集散地，并形成年交易额超1500亿元、年纳税额达6亿元的产业规模。

CVTE
Dream·Future

梦想引领未来

企业简介
Company Introduction

广州视源电子科技股份有限公司（以下简称视源股份，股票代码：002841）成立于2005年12月，注册资本为65584.534万元，旗下拥有多家业务子公司。公司总部设在广州市黄埔区，并在上海、深圳、香港和海外设有技术服务中心。视源股份（CVTE）于2017年1月19日，在深圳证券交易所中小板上市。

主营业务
Main business

视源股份主营业务为液晶显示主控板卡和交互智能平板的设计、研发与销售。旗下有两个品牌，一个是教育信息化应用工具提供商希沃（seewo），一个是高效会议平台MAXHUB。公司始终致力于提升电子产品更加丰富、高效的沟通及互动体验，依托在显示驱动、信号处理、电源管理、人机交互、应用开发、系统集成等技术领域的产品开发经验，面向多应用场景，通过技术创新不断延伸和丰富产品结构，目前产品已广泛应用于家电领域、教育领域、企业服务领域等。

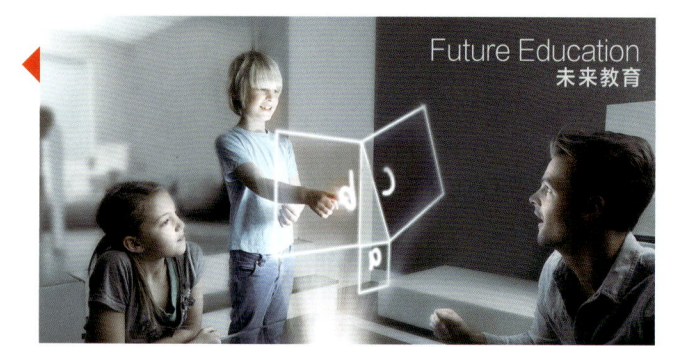

Components Business
部件业务

Enterprise Service
企业服务

Future Education
未来教育

梦想引领未来

CVTE
Dream·Future

企 业 实 力
Company Strength

公司作为高科技企业，对研发和创新的投入亦是重点，拥有多个综合实验室，如投资千万建造的EMC实验室。同时，公司十分重视对核心技术的保护，截至2018年12月31日，公司已拥有授权专利超过3000项。在2016年和2017年，连续2年专利申请数量居广州企业首位。

企 业 发 展
Company Development

目前公司已经发展成为全球领先的液晶显示主控板卡供应商和国内领先的交互智能平板供应商，是一家以显控技术为核心的智能交互解决方案服务商，始终致力于提升电子产品更加丰富、高效的沟通及互动体验。经过13年的发展，成为国家制造业双创试点企业、中国制造业500强、中国电子信息行业百强、国家高新技术企业、国家知识产权示范企业等，并入选2018中国企业创新能力100强。

广州视源电子科技股份有限公司
股票代码：002841

盐城国投集团
Yancheng State-Owned Assets Group

党委书记、董事长　戴同彬

盐城市国有资产投资集团有限公司（以下简称盐城国投集团）是盐城市属国有重点企业，成立于2006年12月，注册资本金20亿元。截至2018年年底，盐城国投集团资产总额376亿元，2018年实际开票收入152亿元。盐城国投集团下设盐城国投置业公司、盐城物资集团、江苏国新新能源乘用车公司、盐城迎宾馆等54家直接投资企业，盐城国投中科公司等53家参控股企业。

盐城国投集团自2012年率先实践产业转型发展，利用资本的力量全速推动产业布局，按照"集团多元化、子公司专业化"发展模式，形成地产置业、商贸流通、高新科技、金融服务、文旅健康和清洁能源等"5+1"核心产业，资产规模、经营业绩主要指标实现裂变式增

盐城国投大厦（国家优质工程奖）　　　　　　　　中国盐城（上海）国际科创中心

盐城国贸中心（中国钢结构金奖工程）

盐城综保区国投自贸园

江苏国新新能源乘用车公司

盐城天合国能公司

上海润鹤国际贸易公司

长，综合竞争力位居全市大企业集团前列。

　　展望未来，盐城国投集团将贯彻落实党的十九大精神和习近平新时代中国特色社会主义思想，围绕"百年国投、千亿国投、万众国投"奋斗目标，按照高质量发展、可持续发展要求，全面打造实力雄厚、主业领先、管理规范、资产优良、收益良好的综合性产业集团，扬帆开启新一轮跨越发展新征程。

盐城国能公司海上风电项目

盐城国能公司响水光伏电站

百色百矿集团有限公司
BAISE MINING GROUP CO., LTD

先进的采煤机组机械化生产　　　　　　　　百矿集团煤业公司车间

百矿集团前身是1956年成立的东笋煤矿。2013年，百色百矿集团有限公司挂牌成立，企业转型升级延伸至八大产业链，"煤电铝锰一体化"产业初具雏形。2016年，集团发展格局有了质的飞跃，形成"煤、电、铝、锰"产业集群，涵盖物流、煤机制造及煤矿专业工程技术服务等行业的综合体集团公司，成为地方工业的领头羊；是全国重要的碳酸锰基地、国家级绿色矿山试点单位、全国中小型标杆煤矿，"百色经验"响誉全国，获批设立博士后科研工作站。2018年上缴税费4.1亿元，荣获"广西十佳企业"称号，连续7年获得"广西优秀企业"荣誉称号。

百色百矿集团有限公司荣登"2019广西企业100强"榜单，排名第24位，荣登"2019广西制造业企业50强"榜单，排名第14位。

近年来，百矿集团解放思想、实干担当、创新创业，积极主动应对市场环境深刻变化带来的挑战，投身供给侧结构性改革，不断将企业转型升级向纵深推进，企业持续健康发展稳中有进，有力推动了地方经济社会的高质量发展。

全国中小型标杆煤矿——百矿集团东怀煤矿

远眺百矿集团发电厂

百矿集团发电厂

百矿集团新山铝业公司

整装待发——百矿集团铝业公司车间

靖西锰业全景

百矿物流码头

百矿集团自主生产的煤矿机械产品

百矿的温馨生活区

百矿人风采

天津源泰德润钢管制造集团有限公司创始人高树成专注于方、矩形钢管，现成为大型联合企业集团，下辖12个法人独资子公司，总注册资金6亿元，总占地面积1450亩（1亩≈666平方米），员工2000余人，集团创立于2002年，总部坐落于天津大邱庄工业区，紧邻唐津高速、津沧高速，距天津新港40千米。

董事长　高树成

源泰大门

高新证书

高新证书

机组

集团是中国民营企业500强、中国制造业企业500强、国家高新技术企业，通过ISO9001、欧盟CE10219、法国船级社、日本JIS工业标准，"源泰德润"是天津市著名商标，拥有40多项技术专利，制定了"建筑结构""机械结构""结构用热镀锌"系列企业标准、团体标准。现有黑色高频焊生产51条，热镀锌加工10条，螺旋焊管生产3条，规格20mm×20mm×1.0mm—1000mm×1000mm×50mm、螺旋焊管Φ219mm—Φ1420mm，年产能达500万吨，常备库存20万吨；每年投入1000万元以上用于研发，唐山滦县新基地投产后预计产能将达1000万吨。

成品

SMCO 工厂鸟瞰图

PENGXIN
鹏欣资源

SMCO 氢氧化钴项目一期开工奠基仪式暨刚果（金）钴矿石交易中心成立仪式

南非 CAPM 7 号矿井

南非 CAPM 厂区图

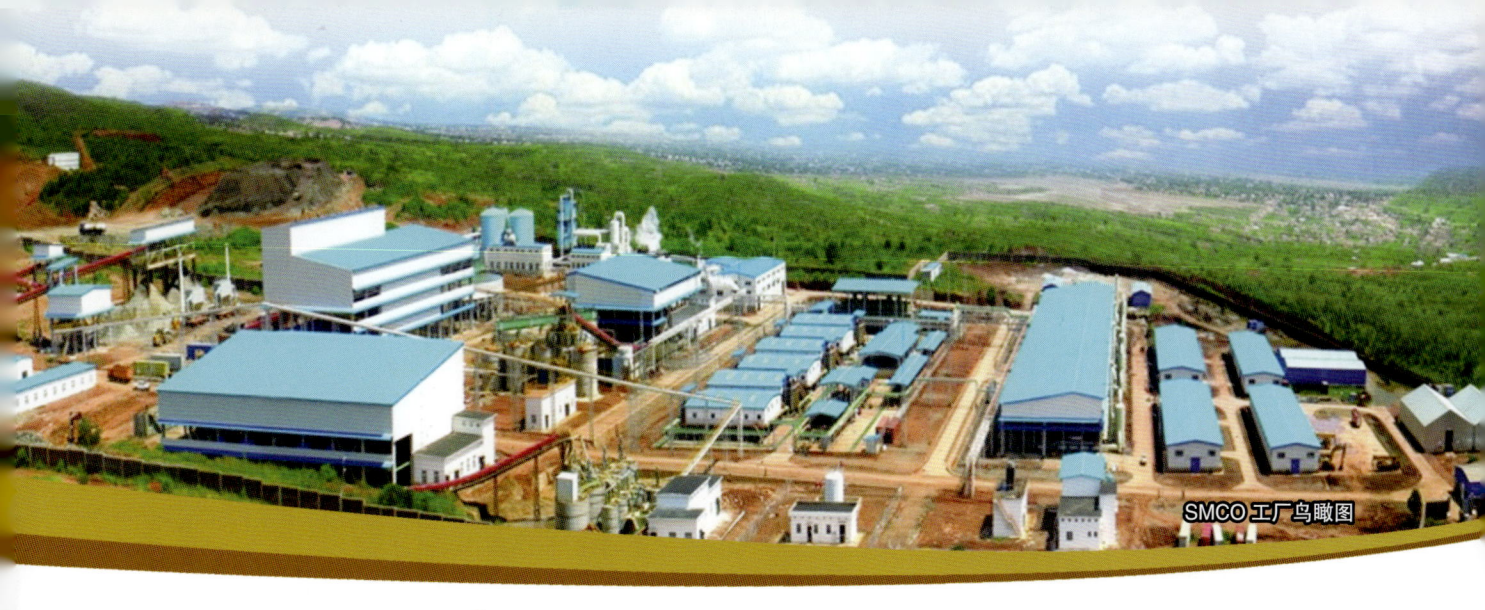

SMCO 露天采场生产状况

  鹏欣环球资源股份有限公司（以下简称鹏欣资源），前身为上海中科合臣股份有限公司，2000年9月在中国上海成立，并于2003年在上海证券交易所上市，股票代码为600490。

  鹏欣资源通过"产业+金融、投资+并购""内生式增长+外延式扩张"的发展路径，从此前单一的铜资源逐渐发展成为铜、钴、金"三驾马车"并驾齐驱。近几年来，鹏欣资源始终坚持"走出去"发展战略，积极响应国家"一带一路"倡议，秉承"全球资源对接中国市场"的发展理念，全方位拓展国际产能合作。鹏欣资源高度契合国家资源储备战略的发展方向，充分发挥国内技术和产能优势，进行技术输出，培育海外生产基地，积极开展国际产能的合资合作。经过多年的深耕，公司已在刚果（金）和南非分别建立起以铜和黄金的采矿、选冶为核心业务的产业链，并同步聚焦新能源产业相关矿种，如镍、钴、锂等新材料。2018年6月，公司旗下南非CAPM奥尼金矿成功并入上市公司并出产金矿石。同年9月，旗下刚果（金）希图鲁矿业有限公司SMCO一期3000吨氢氧化钴生产线顺利竣工并投产。

  未来，鹏欣资源仍将基于矿业、新能源、贸易和金融四大主要领域实施国际化、规模化、行业领先的多元发展战略，为从矿业资源的生产商、销售商，向"全球领先的综合资源服务商"的转型升级不懈努力。

湖南黄金 HUNAN GOLD

砥砺新征程 高质谋发展

党委书记、董事长 黄启富

集团100吨黄金精深加工项目开工奠基

9999黄金产品

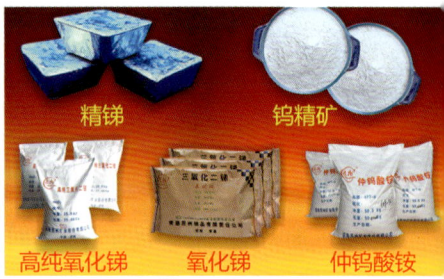

锑品、钨品

湖南黄金集团有限责任公司于2006年1月经湖南省人民政府批准，由湖南省国资委和中国黄金集团共同出资组建。集团注册资本6.6亿元，其中省国资委出资50648.4万元，占76.74%；中国黄金集团公司出资15351.6万元，占23.26%。

集团主要从事黄金和其他有色金属矿产资源的投资、开发利用及相关产品的生产和销售、贸易、资本运营、资产管理、矿山采选冶等工艺、工程的设计、咨询及技术服务，是国内第五大产金公司、第二大产锑公司、重要产钨公司。中国黄金协会副会长单位、中国钨业协会常务理事单位、中国有色金属工业协会理事单位。

集团现拥有二级子公司13家，包括一家上市公司——湖南黄金股份有限公司（002155），三级子公司32家，遍布省内9个地州市及内湖北、甘肃等省，在墨西哥、厄瓜多尔成立了海外子公司。集团在职员工7237人，其中专业技术人员1287人，约占18%。

集团坚持"矿业为主、效益优先、创新发展"战略，以党建引领强根固魂，全面加强党的建设，将党建与生产经营高度融合，夯实了层党建基础。聚焦主业谋发展，加大兼并重组，丰富矿产种类，提升发展质量，规模效益攀升；坚持大资源战略，积极拓展海内外资源，现资源储量年净增长10%，强化了资源保障；坚持以人为本，深化三项制度改革，推行人才竞聘择优机制，实行绩效考核激励，加强职业道建设，内生活力勃发；坚持科技创新，调整产品结构，延伸产业链，信息化、机械化、自动化水平不断提升，企业竞争力不断增强；坚持精细化管理，实施成本精细化管控、安全环保严管重罚、"瘦身减债健体"、从严治厂等举措，管理水平持续提升；坚持以员工为中心，大力弘扬践行"艰苦创业、求是创新、品质创优"企业精神，打造具有湖南黄金集团特色的"三创"企业文化，让员工共享企业改革发展成果，工队伍凝聚力、战斗力进一步增强，奋发进取，建功立业，积极主动为国家谋复兴、为企业谋发展、为员工谋幸福，有力助推了集团持续定健康发展。

集团销售收入从2006年的14.7亿元增长到2018年的128亿元，增长771%；资产总额从12.9亿元增长到108亿元，增长737%；资产从6.1亿元增长到52.7亿元，增长764%；成立以来累计利税总额76.99亿元，充分彰显了企业的经济实力和良好发展势头。

"十三五"末，集团将实现主营业务收入达到240亿元，利润总额10亿元，着力打造以金（银）稀土为主的稀贵金属产业平台，以锑钨、铅、锌、铜为主的有色金属产业平台，以方解石、重晶石、宝玉石为主的非金属产业平台，全力构建湖南黄金集团资本运营中心、贸易中心、交易中心、创新中心，将集团打造成为湖南最大的以黄金、有色金属为主的综合性矿业集团公司。

国家矿山公园辰州矿业

国家矿山公园宝山矿业

OPPEIN 欧派
有家 有爱 有欧派

欧派家居集团股份有限公司（以下简称欧派，股票代码：603833）创立于1994年，是国内综合型的整体家居一体化服务供应商。欧派以整体橱柜为龙头，衣柜、卫浴、木门、软装、厨电、家具、寝具、整装等为舰队，致力于向全球消费者提供个性化的、一站式家居设计方案和高品质的家居产品。目前，欧派拥有清远、天津、无锡、成都四大国际化产业制造基地，打造AI智能工厂，生产规模雄霸亚洲。欧派拥有国际尖端的设计能力，携手意大利顶级设计联盟，坚持原创设计，年研发投入费用高达3.19亿元，始终引领家居行业时尚潮流。欧派全球门店接近7000家，从业人员近10万人，拥有240余项国家专利技术，荣获170余项荣誉与认证，产品远销6大洲118个国家，成为全球4500万家庭的共同选择。凭着雄厚的实力，欧派以285.03亿元的品牌价值荣登中国品牌价值500强，位列中国定制家居行业第1名。

2014年，欧派正式发布大家居战略，从产品提供者转变为一体化家居解决方案提供者。2016年，欧派正式公布"三马一车"重大战略，全力启动大家居、信息化和第二品牌欧铂丽，以新的品牌姿态，把欧派打造成受人尊敬、受人爱戴、国内著名的、具有国际影响力的现代创意家居产业集团。

25年开疆扩土 创建雄霸亚洲的家居生产基地

经过25年的迅猛发展，欧派已完成广州、天津、清远、无锡、成都五大生产基地布局，平均建筑面积超过50万m²。成功建立起单个基地辐射半径500km、物流运输半径8小时内可达的生产供应网络，产品出口覆盖全球6大洲118个国家。

天津基地　　无锡基地　　清远基地　　成都基地

欧派重要发展动态

- 1994年——**筑梦起航**：率先将欧洲"整体厨房"概念引入中国，掀起中国"厨房革命"风暴；
- 1995年——**引领变革**：推出中国第一套现代整体橱柜，开创"厨房与装修一站式"的先河；
- 2003年——**砥砺前行**：荣膺国家建设部厨房标准单位，成为名副其实的中国橱柜标准制定者；
- 2006年——**开疆辟土**：正式进军整体衣柜领域；
- 2009年——**享誉盛名**："有家、有爱、有欧派"全国家喻户晓；
- 2013年——**时代领航**：建立国家级博士后科研工作站和厨电实验室，组建意大利设计师联盟；
- 2015年——**家居航母**：连续11年蝉联中国橱柜会长单位；
- 2016年——**战略升级**：欧派正式公布"三马一车"重大战略，全力启动大家居、信息化和第二品牌欧铂丽；
- 2017年——**执掌未来**：上交所主板挂牌上市，年销售额突破百亿元；
- 2019年——**势不可挡**：升级"整装赋能"的整装大家居全新商业模式；同时启动"名牌计划"。

欧派家居集团董事长　姚良松

欧派转型升级

从单品到平台整合化营销，为满足消费者而生

企业存在的本源理由是满足消费者的需求，而欧派始终以此为重要使命和成长基石。从开创中国厨房革命风暴，到率先发布大家居战略引领行业二次革命，欧派始终屹立在行业最前沿，是中国家居行业当仁不让的先驱与弄潮儿。欧派的每一次转身，都是对消费者心中渴求的精准把握，每一次转型升级，都影响深远。

欧派正在实施的转型战略——"欧派大家居"及"名牌计划"，就是起源于消费渴求，顺应家居业进化、发展，同时结合欧派自身发展优势的资源优化整合，更是顺应供给侧改革，把握消费端的需求，生产消费者心中所需，致力于为消费者提供省时、省力的一站式家装服务。同时，也顺利实现把欧派从产品提供者转变为解决方案提供者，从产品服务供应商转变为平台构建者。

洛阳国宏投资集团有限公司

国宏集团党委书记、董事长 符同欣 　　　　国宏集团党委副书记、总经理 郭义民

洛阳国宏投资集团有限公司（以下简称国宏集团）成立于2013年6月，是洛阳市属国有独资公司，发展定位是：以市场化运营为导向，着重于在工业领域发挥资本运营、资源集成、国资战略重组等综合功能，致力于传统产业转型升级、战略新兴产业引导培育，统筹协调解决国企改革遗留问题。目前，国宏集团注册资本20亿元，拥有9家二级企业和49家三级全资、控股、参股企业，主营业务涵盖产业投资运营、资产运营管理、园区综合开发、资源投资开发和现代服务业五大板块。

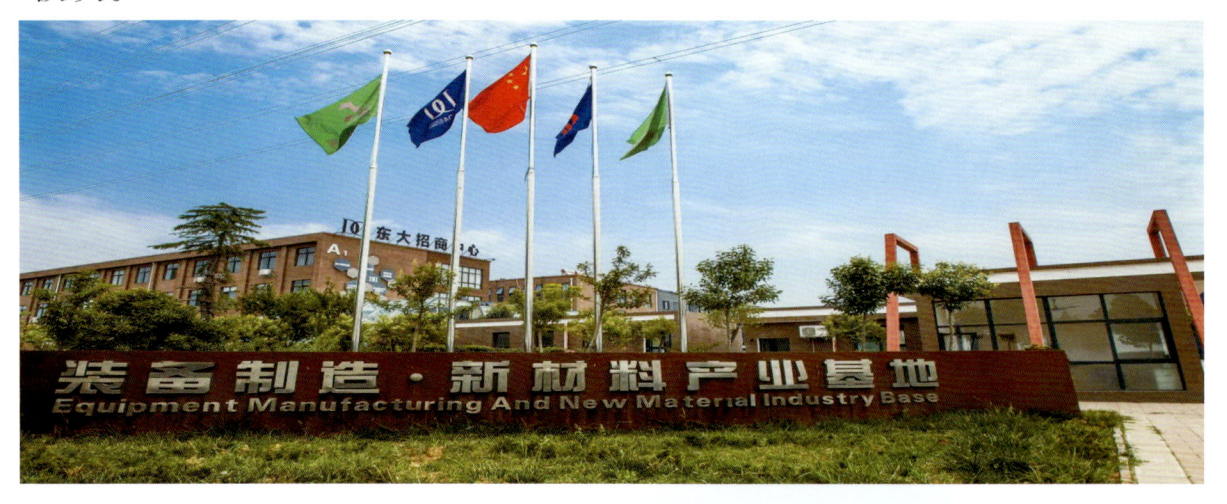

国宏集团所属洛阳东大科技产业园有限公司装备制造、新材料产业基地

国宏集团成立五年多来，秉承"服务区域发展、提升自身价值"的企业使命，通过市场化运营方式强化业务体系与洛阳市经济发展战略对接，坚持战略引领和创新发展，生产经营呈现出稳中向好的态势。2018年，国宏集团实现营业收入121.48亿元，利润总额9.75亿元，资产总额达到201.85亿元，净资产达到141.23亿元，创历史最好水平。

国宏集团党委庆祝建党98周年
不忘初心、牢记使命主题演讲

国宏集团所属宏科创投公司中德海姆朗宸
年产10000台房车项目签约仪式

国宏集团宏兴新能60万吨/年工业三苯项目现场

四川华油集团有限责任公司

谋划

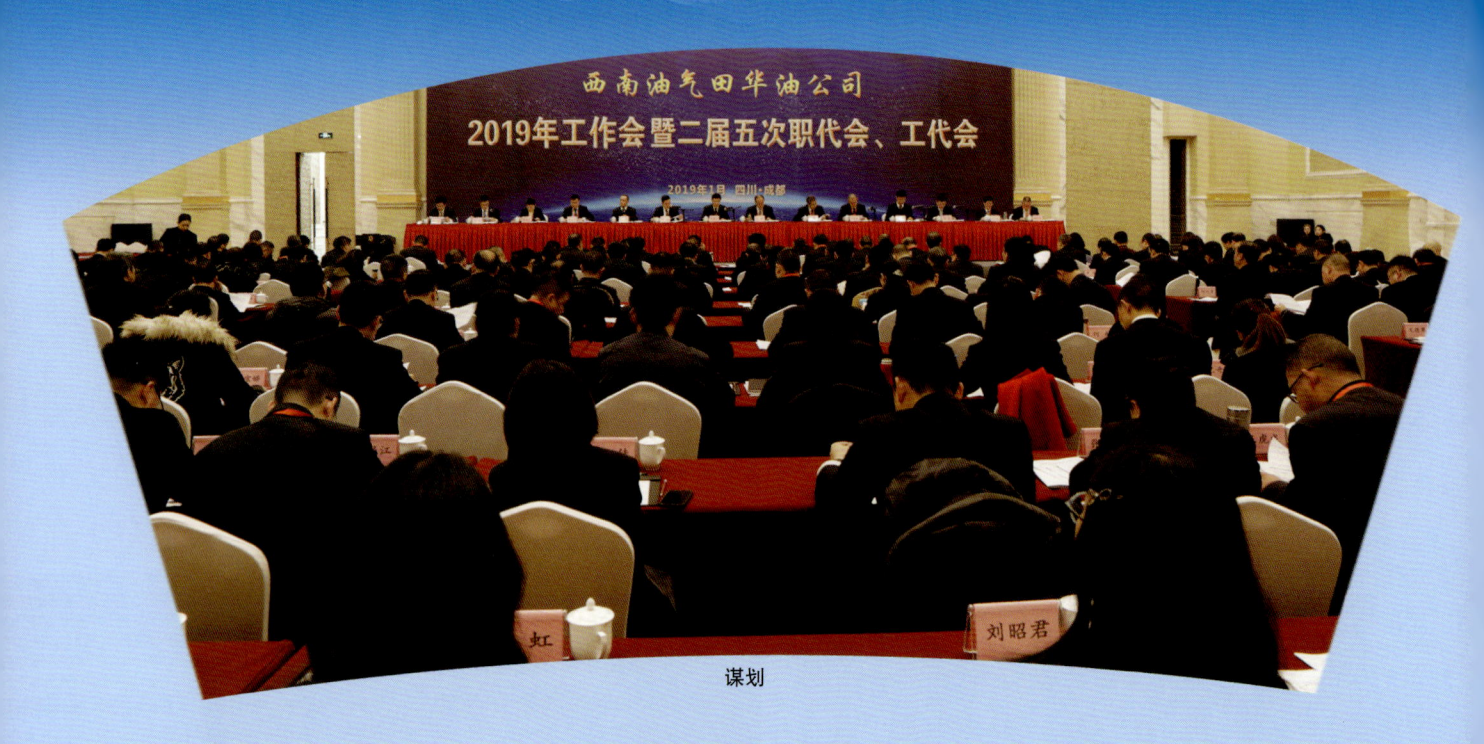

四川华油集团有限责任公司（以下简称华油公司或公司）设立于 2000 年 7 月 1 日，中国西南地区经营规模最大的城市燃气集团公司，连续多年位列中国服务业企业 500 强、四川企业 100 强、成都企业 100 强。2018 年，公司销售天然气突破 42 亿立方米，经营收入突破 100 亿元。2019 年 2 月获得"企业信用评价 AAA 级信用企业"称号。

党建

攻坚

微笑

专业

便民

截至 2018 年 12 月底,华油公司员工总数达 3085 人,有分支机构 4 个,所属各类法人实体 85 个,包括全资及控股公司 30 个,参股公司 28 个,再投资公司 22 个,受托管理单位 5 个。公司及所属企业经营业务涵盖城市燃气、CNG、分布式能源、燃气工程设计及咨询、管道安装、防腐技术服务及产品生产等多个领域。市场主要分布在四川成都天府新区、龙泉驿、双流、温江、郫都及泸州、自贡、宜宾、德阳、眉山、内江、江油,重庆主城区及长寿、万州、江津、永川,广西百色,云南曲靖、楚雄,陕西榆林,安徽定远等 50 多个市区县。其中,终端燃气市场区域面积达 5160 平方公里,建成天然气管线 2.78 万公里,向 400 万天然气用户提供优质服务。

2019 年,华油公司将以习近平新时代中国特色社会主义思想为指导,深入贯彻党的十九大、中央经济工作会精神,牢牢把握稳中求进总基调,重点实施好安全环保、提质增效、改革创新、管理提升、党的建设"五大工程",继续打造"黄金终端",坚持以"再次创业、再次跨越"为思想引领,安全与发展双轮驱动,稳步推进公司高质量可持续跨越式发展。

博深实业 湖南博深实业集团有限公司

博深实业集团，全称湖南博深实业集团有限公司，成立于2010年，本部位于长沙市湘江新区国家级科技孵化器——湖南科技大厦。集团现拥有全资子公司8家、控股公司7家、参股公司11家，产业涉及制造、贸易、高新技术、商业地产、境外经贸园区、海外仓等多个领域，产业触角延伸至全球，在美国、澳大利亚、法国、阿联酋等多个国家落子布局。

集团坚持"多元发展、规模经营、深度延伸"的理念，聚焦"实体运营"和"进出口综合服务"两大产业。在"一带一路"倡议的指引下，积极在境外发展实体经济，建设境外经贸园区。集团在阿拉伯联合酋长国投资的阿治曼中国城项目是集投资、建设、运营于一体的全天候超大型中东中国商品批发采购交易中心。占地2平方千米，现已建成13个场馆，营业面积超过56万平方米。园区内有企业2149家，从业人员10921人，在2018年完成总产值24.16亿美元。在商务部公布的投资额位列前十的合作区情况中，阿治曼中国城排名第六，位列商贸物流型园区第一。

先导企业公园

阿治曼中国城

博深供应链有限公司是集团重点打造的国际贸易综合服务平台。平台紧密依托博深集团的海外布局和项目资源优势，在供应链金融、服务跨境电商、海外仓建设、进出口综合服务等领域不断耕耘，优化供应链管理和应用大数据。凭借着独特的区位优势、与境外东道国良好的合作关系，供应链综合服务业务呈现出后劲足、步伐快、发展稳的积极态势。现已成为纵向一体化、横向专业化的对外贸易综合服务平台。截至2019年上半年累计实现进出口总额1.64亿美元，其中出口1.40亿美元。

集团在自主创新与科技产业化方面不断进取，运用"实体+科技"的模式，加大了对新材料（电子陶瓷）的工艺与规模化方面的研究，与国内外的科研机构建立起深度的合作关系。集团在其相关专业领域的研究硕果连连，现已在关键领域取得了9项国家专利成果，相关技术荣获国家科学技术进步二等奖。

"博闻强识，静水流深"在新时代里博深集团将积极顺应新形势、新环境的变化，以开放发展的理念和开放、融通、互利、共赢的合作观，不断开拓进取，同时热诚欢迎各界贤达与博深共襄发展、合作共赢。

米兰HUB酒店

博深美国资本

博深供应链

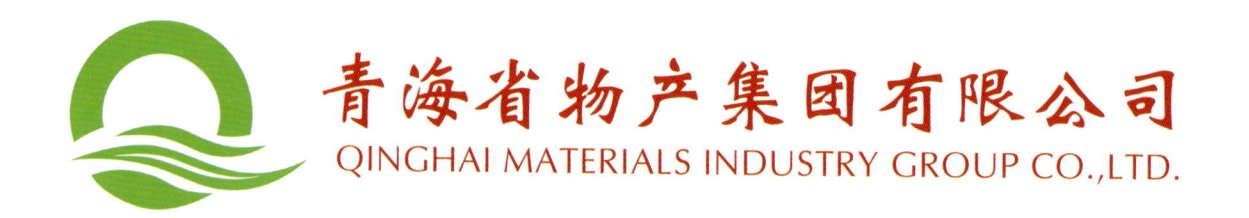

青海省物产集团有限公司
QINGHAI MATERIALS INDUSTRY GROUP CO.,LTD.

青海曹家堡保税物流园

青海北川工业物流园

  青海省物产集团有限公司是由青海省国资委监管的国有独资公司，所属二级子公司10户、三级子公司15户。集团占地面积近3000亩，拥有4.3千米铁路专用线，100多万平方米经营办公场所，是"中国服务业企业500强"，2018年位列第390名；连年入选"青海企业50强"，2018年位列第12名。

  产业布局：做精做强"三大板块"，做优做大"三大园区"

  青海物产"三大板块"：由现代物流、内外贸易、工业生产构成。现代物流主要包括仓储物流、商贸物流、货运物流、冷链物流、保税物流、金融物流、信息物流、传媒物流、应急物流。内外贸易主要包括生产货物经销贸易、商品货物购销贸易、境外货物转口贸易、进出口货物国际贸易。工业生产主要包括铝及铝加工产业链、混装炸药产业链。

青海朝阳城市快速消费品仓储分拨中心效果图

青藏高原全球商品保税直销中心

青海物产"三大园区"：主要由青海朝阳物流园区、青海北川物流园区、青海曹家堡保税物流园区组成。通过优化布局，实现了"三大园区"的资源共享、互联互通、协同发展。

朝阳物流园：位于青海省西宁市城北区朝阳东路，占地面积363亩，拥有铁路专用线2.5千米，主要由朝阳物流交易中心、青藏物流商务中心、物产家美广场、城市快消品仓储分拨中心、机电市场、钢材市场、木材市场，以及民爆器材、剧毒危化品等商贸物流业态组成。该园区正转型升级为青海省大型现代生活物流园区，建成投运了"青海省物流公共信息平台"，为更多企业"互联网+高效物流"提供支撑，提升了青海现代物流水平和行业竞争力。

北川工业物流园：位于青海省西宁市宁张路13千米处，占地1152亩，拥有1.8千米铁路专用线。主要业态有多式联运、司机之家、无车承运、甩挂运输、应急物流，以及电解铝、特种铝合金棒材生产、危险品储运等。园区依托现代生产型服务业基地，正大力推进现代制造业与现代服务业联动发展，努力打造百亿产值的北川多式联运物流园区。

曹家堡保税物流园：位于青海省海东市河湟新区，青海曹家堡机场西侧5千米处，占地面积524亩，总建筑面积60余万平方米。主要由曹家堡保税物流中心（B型）、临空总部基地、保税物流国际商务区、陆港口岸服务中心、青藏高原全球商品保税直销中心、丝绸之路绿色博览中心、星级酒店等组成。曹家堡保税物流中心（B型）于2016年10月28日封关运营。该项目是青海省在"一带一路"国家重要物流节点布局建设的重大项目，是连接中亚、南亚、西亚以及欧洲地区经济带的重要国际物流平台，是全方位、多层次、宽领域提升青海开放型经济发展，打造现代物流国际化水平的重要支撑平台。

青海曹家堡保税物流中心

青海朝阳物流园

兴发铝材
XINGFA ALUMINIUM PROFILES

公司产品总图

刘立斌董事长

兴发铝业博物馆

国家认可实验室理化检测计量中心

包装车间工作照

广东兴发铝业有限公司（以下简称兴发铝业）总部位于广东省佛山市，始建于1984年。2008年3月31日于香港联交所主板上市（证券代号：00098.HK）。

兴发铝业现拥有广东佛山三水、佛山南海、西南四川成都、华东江西宜春、中部河南沁阳五大生产基地，连续三次被中国有色金属工业协会评为"中国建筑铝型材二十强企业第一名"，现有4万多种规格型号，主要产品分为建筑门窗幕墙类和工业铝型材两大类，产品覆盖全国并远销欧洲、澳洲、东南亚，以及日本等30余个国家和地区。

兴发铝业近年来通过经营管理转变及技术研发创新，利润稳步提升，主要产品的产量及销售收入逐年增加，加大精密制造项目投入，将主营产品往高精深型材转型。未来，兴发铝业将打造成为集生产、研发、销售航空航天、轻量化交通及智能电子产品配件等工业新型铝合金及深加工于一体的综合性企业。

兴发铝业三水生产基地全景

深圳市优友金融服务有限公司
ShenZhen Uyoufin Co.,Ltd

2018年中国服务业500强企业　第**374**位

2018年广东省500强企业　第**161**位　2018年广东省民营百强企业　第**42**位

2018年度广东经济风云榜创新企业　广东自主创新标杆企业

产融连接器

小微加速器

普惠助推器

公司简介

深圳市优友金融服务有限公司（以下简称优友金服）成立于2015年10月，注册地深圳前海。公司创办3年多以来业绩稳步快速发展，2015年营业收入1178万元，2016年营业收入46.72亿元，2017年营业收入80.12亿元，2018年营业收入达78.86亿元，2019年1-5月营业收入46.3亿元，有望全年营收破百亿元，累计纳税超过1.3亿元。

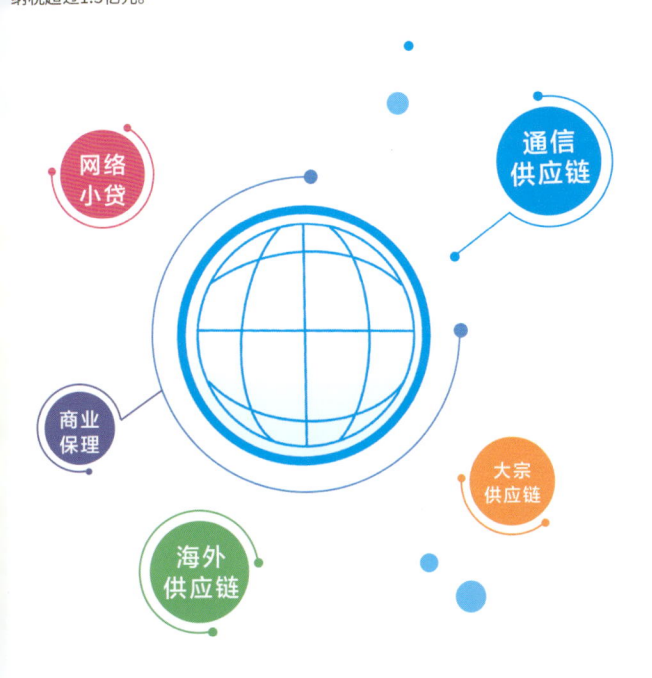

- 网络小贷
- 通信供应链
- 商业保理
- 大宗供应链
- 海外供应链

企业愿景

致力打造产融连接，助力企业资金难题

　　金融是实体经济的血脉，为实体经济服务是金融的天职，是金融的宗旨，也是防范金融风险的根本举措。优友金服响应国家金融支撑实业的号召，致力于为中小微企业提供优质、全方位的金融服务。从国内手机供应链服务起步，逐步扩充了跨境供应链、大宗商品供应链、商业保理、网络小贷等不同业务板块，建立起以"线下资金+物流分储服务+保理"为核心的商业模式，为不同行业的上下游提供资金支持。凭借强大的线上线下一体化服务，以及辐射全国的仓储物流合作伙伴、雄厚的资金实力，成功地解决了企业经营过程中资金紧缺的难题，助力企业提升效率，扩大规模，快速发展。

　　通过历年来的精准布局及风险控制，优友金服的业务发展在2019年取得了稳固的进步，同比2018年1月至5月营收，增幅为214%。2019年，优友金服会继续向着百亿元目标全力奔跑。社会发展瞬息万变，我们也在不断鞭策自己，不断学习，勇于创新，积极响应国家发展号召，坚持自身的发展理念，为中小微企业及普罗大众提供更优质便捷的金融服务。在创办不到4年的时间里，优友金服入围"2017广东省500强企业"第198位、"广东省民营百强企业"第47位、"2017深圳100强企业"第69位、并荣获"广东自主创新标杆企业""2017中国经济新领军企业""2017中国金融行业品牌年度人物"等一系列重要奖项。2018年，优友金服成功蝉联"2018广东省500强企业"第161位、"广东省民营百强企业"第42位、"广东服务业100强企业"第40位，并荣获"中国品牌节金谱奖金融行业领军品牌"奖项，每一个奖项都是对优金人的认可，优金人会带着这份鼓励继续坚定前行。

　　不积跬步无以至千里，全体优金人的理想与目标，是立足大国金融，全力服务实业，通过"产融连接器+小微加速器+普惠助推器"的理念，为中小微企业及普罗大众提供更优质便捷的金融服务。发展迄今，公司业务实现了跨越式发展，业务量实现了从0到400亿元的突破。展望未来，优友金服会更致力于客户价值的挖掘及其产品价值的提升。把自身所拥有的专长和经验带到所服务的每个企业当中，实现双方共赢。

承志供应链有限公司
Chengzhi Supply Chain Co., Ltd

承志供应链有限公司（以下简称承志公司）成立于2011年10月，注册资本、实收资本均为人民币2亿元，注册及经营地址位于广州市天河区花城大道20号703-705房。承志公司是北京青年联创科技集团有限公司的全资子公司，隶属于共青团北京市委，是北京市共青团与北京市国资委双管企业。

经过8年的快速发展，承志公司现已成为集商贸、物流、金融参股、数据服务、餐饮服务、信息咨询、产业投资、酒店管理、商业物业管理等多种业态综合发展的大型企业集团，下辖30几家企业。截至2018年12月31日，承志公司总资产为54.33亿元，净资产为21.51亿元，全年实现营业收入73.72亿元。

承志公司信用记录良好，被评为"企业信用评价AAA级信用企业"，位列2018年广东企业500强第219位，2018年广东流通业百强第35位，同时荣列2018中国服务业企业500强，连续多年被税务部门评定为年度纳税信用最高级别A级纳税人。

依托集团公司的资源优势及资金支持，承志公司与多家世界500强企业及区域性大型企业开展业务合作，参与60多个国家或省市重点项目建设。为实现综合发展，在集团公司的指导下，承志公司审慎选择符合政策导向的实业项目进行投资，目前正在进行的项目有：广州黄埔电信IDC数据中心、花都紫霞山庄禅修特色小镇、重庆合川高阳铁路货运站等。

承志公司秉承"以质量和信誉求生存，以务实和创新求发展"的经营理念，以创行业一流企业作为奋斗目标，致力于成为华南地区团属国企标杆企业。

福建省人力资源服务有限公司

福建省人力资源服务有限公司（前身为福建省劳务派遣服务有限公司）成立于2003年，依托全省20家分公司、17家子公司形成的网络，为3000余家合作单位和超过14万名的外派员工提供便捷、高效、全方位的人力资源服务。合作对象涉及金融、保险、石化、铁路、移动通信、交通运输、医药等多种行业，业绩、口碑处于省内同行业领先地位。

公司坚持不忘国企初心，以"促进就业、维护劳动者合法权益、构建和谐劳动关系"为己任，打造"派遣就业、技能培训、社会保障、依法维权"四位一体的福建特色，始终秉承"服务带动品牌，诚信回报社会"的发展理念，立足于传统人力资源行业，聚焦服务创新、管理创新和产品创新，将服务链延伸至家政、物业、人事代理及产业服务等板块，充分发挥大型人力资源服务机构的综合性服务功能。

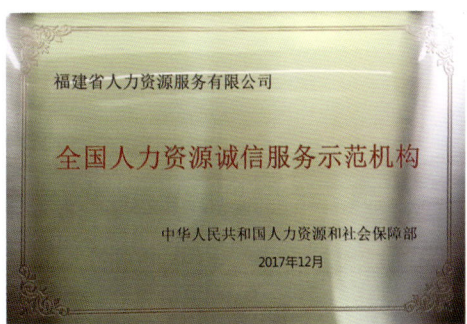

全国诚信示范机构

2016年亚太人力资源服务杰出贡献奖

公司办公场所形象